언제나 영어본래의 모습대로 공부하는

게리오웬의

기본 영뇌

Garryowen's Basic Native Brain English

Garryowen J. Rhee 저

Vol. 1

Ekbe
역순해석

English
Konglish

Plant Your Brain,

BEis native brain,

and finally, IS native brain!

단, BAM영뇌와 F영뇌도 이들 속에 뇌화되어 작동되고 있어,
영뇌영어는 원어민이 하는 것과 똑 같다. 뿐만이 아니라,
영뇌영어는 이론적 체계, 학문적 체계, 실용성 모두를 갖추고 있다.

.. urging extreme caution to the readers and teachers :
이 책은 interactive 학습법으로 design 되어 있기 때문에 독자들은 반드시 free 감주를 간직해야 하고 vocal 감주 F3+E2 말하기를 실천해야 한다. 그리고 선생들은 일방적으로 강의만 하는 것이 아니라, 감주 BEis/IS 영뇌가 되도록 가르치고, 영어로 주거니 받거니 말을 많이 해야 한다.

추천 teaching 순서 : F영뇌→BAM 영뇌→영뇌세포만들기→twenty four 영뇌

For All Learners' and Teachers' English

.. 이 책은 모든 영어의 기초 기본서이다.
영뇌 상급자는 현장영어 또는 각종 시험영어를 하면서 이 책으로 공부하든지,
영뇌 초중급자는 이 책으로 공부하면서 현장영어 또는 각종 시험영어를 하는 게 좋다.
항상 병행하라. 가르칠 때도 같다. 이제 영어의 기본틀이 바뀌어야 한다.
특히 듣기, 말하기, 읽기, 문법의 기본틀이 이 책 속에 다 들어있다.

.. 매일매일 감주로 이해하거나 듣거나 말하여 free 감주를 간직하는 것이 영어공부다.

차세대 영어를 선도하는 영뇌영어, 영뇌란?

(한국사람으로서) 원어민 두뇌로 영어를 하는 것으로서 원어민 두뇌 그 자체[NB]를 말하며, 그래서, 원어민들처럼 이해하는 것만 촛점이 가 있는 것이 아니라, 영뇌로 듣고, 영뇌로 말하고, 영뇌로 쓴다. In concrete, 영뇌는 (영순대로 무한글 이해로서) BEis 또는 IS 영뇌다. 다시말하면 이런 것들을 바탕으로 해서 감각적 주파수로 이해하거나 듣거나 말하는 것이 영뇌다. 영뇌영어는 원어민이 하는 것과 똑 같으며, 영뇌를 쉽게 작동시키려면 읽거나 듣거나 공부하면서 생활 속에서의 뜻으로 free 영뇌를 간직하되, 특히 free (vocal) 감주를 많이 간직하라. 그러면 저절로 BEis/IS로 엮어지고 결국에는 영어도 우리말처럼 감주 일상적인 말이 된다. free 영뇌는 구속받지 않는 자유로운 영뇌로 문장내 뿐만이 아니라 문장간 free 영뇌도 가지되, 특히 아필(我必) free 감주는 반드시 가진다.

tip) 이 책은 문법책이 아니다. 영뇌, 즉 원어민 두뇌로 바꾸어 주는 영뇌서적이다. 그래서 영뇌영어는 소리부터 가르친다.
↳특히 천재두뇌로 바꾸어 주고, 원애 언어습득과 똑 같은 방법으로 영어를 익힌다.
↳영어 본래모습 + 언어소통 병행 학습서

NB English History
Berkeley English Language Research Institute Established in 1999
Changed into G English Research Institute in 2004
Changed into NB English in 2013
NB English ~ Now

Garryowen J. Rhee, an M.A. or MBA from Yonsei University
Garryowen J. Rhee의 영뇌 저서들
Nuance English, 1999
영어하산 리딩, 2004 영어하산 리스닝스피킹, 2004
BAM영뇌, 2010
영뇌영어 vol 1, vol 2, 2013 개정1판 2013, 개정2판 2018, 개정3판 2019, 개정4판 2023
기본영뇌 vol 1, vol 2, 2015 개정1판 2018, 개정2판 2019, 개정3판 2023

New Domains
www.nbenglish.co.kr or www.genglish.com

Garryowen의 **기본영뇌 vol. 1 : 해설[듣고 말하기] ⇒ 유튜브 〉 영뇌영어 〉 동영상**

First published August, 2015
Second Edition, 2018 Third Edition, 2019 Fourth Edition, 2023
Printed in South Korea

Contents

Preface

영어를 왜 한글로 이해하는 가? 해석은 이해의 부산물이지 영어를 이해하는 근본적인 방법이 아니다. 영어는 원어민들처럼 이해해야 한다. 이게 바로 영어공부이다. 엄밀히 말하면 한글로 해석해서 이해하는 것은 한글공부이지 영어공부가 아니다. 해석은 영어 정복의 최대의 적이자 방해물이다. 해석버릇을 고치지 않고는 영어를 절대로 정복할 수 없다.

그런데 과연 한국사람이 원어민들처럼 이해하는 것이 가능할까? 결론적으로 말하면 가능하다. 게리오웬에 의해 원어민 두뇌 실체가 밝혀졌기 때문이다. 그것이 바로 영뇌이다. **즉 BEis 영뇌, IS 영뇌이다.** 다시말하면 이런 것들을 바탕으로 해서 **감각적 주파수**로 이해하거나 듣거나 말하는 것이 영뇌다. 기계의 두뇌를 발견한 사람이 Steve Jobs와 Bill Gates라면 인간의 두뇌를 발견한 사람은 게리오웬이다.

좀더 구체적으로 말하면 **twenty four 영뇌와 free 영뇌, BAM 영뇌, F영뇌**를 통해서 원어민들처럼 무한글 상태에서 영어를 이해하거나 말한다. <u>특히 듣기와 읽기, 말하기, 쓰기의 비밀이 free 영뇌로 밝혀져 우리도 원어민들처럼 free 감주로 자연스럽게 할 수 있게 되었다.</u>

twenty four 영뇌를 크게 분류하면 연결설명어 영뇌와 비연결설명어 영뇌, 등맥설명어 영뇌, sign설명어 영뇌가 있다. **연결설명어 영뇌**에는 콤머유무 연결설명어와 콤머불관 연결설명어가 있고, 전자에는 관계대명사 영뇌, 관계부사 영뇌, 관계과분사 영뇌, 관계현분사 영뇌, 관계형용사 영뇌, 관계문장 영뇌가 있고, 후자에는 to부정사 영뇌, 전치사 영뇌, 종속접속사 영뇌, 종속문장 영뇌가 있다. 모두 10개이다. 그리고, **비연결설명어 영뇌**에는 원동사 영뇌, 과동사 영뇌, 현동사 영뇌, 일반과분사 영뇌, 일반현분사 영뇌, 조동사 영뇌, 관사 영뇌, 명사 영뇌, 일반대명사 영뇌, 동명사 영뇌, 일반형용사 영뇌, 일반부사 영뇌가 있으며 12개이다. 연결설명어 영뇌 10개와 비연결설명어 영뇌 12개, 여기에 등맥설명어 영뇌, sign설명어 영뇌를 포함시키면 twenty four 영뇌가 된다.

이제, 여러분들은 원어민들처럼 단어의 고유한 뉘앙스를 느낄 수 있고, 사전의 수 많은 뜻을 외울 필요도 없고, 사전에 없는 뜻도 원어민들처럼 만들어 낼 수도 있다. 단어의 실체가 밝혀졌기 때문이다. **그것이 바로 BAM 영뇌이다. 원어민들처럼 BNW 하나만 알면 된다.** 그러면 원어민들이 어떻게 표현해도, 아무리 어렵게 표현해도 원어민들처럼 쉽게 이해할 수 있거나 마음대로 자신있게 표현할 수도 있다. 그리고, **F영뇌가 있기 때문에 우리도 원어민들처럼 들을 수 있고, 감각적 주파수로 말할 수 있다. 특히 vocal 감주로 원어민과 똑 같은 말투를 구사할 수 있다.**

영뇌영어에서는 가정법, 화법, 수동태, 진행형, 완료형, 분사구문이라는 기능적 용어로 영어를 가르치지 않는다. <u>twenty four 영뇌로 그냥 단어의 뜻으로 바로 가르친다.</u> 즉 원어민들처럼 가정법은 원동사 영뇌의 **의미원성립**과 과동사 영뇌의 **의미과성립**으로 하나의 단어의 뜻으로 바로 처리하지 패턴으로 외우게 하지 않는다. 가정이 의미원성립과 의미과성립의 극히 일부라는 사실을 알게 되면 지금까지 여러분들이 얼마나 잘못 배워 왔는가를 알게 될 것이다. 화법도 시제일치로 해서 직접화법을 간접화법으로 고치는 식으로 이해시키지 않고, 원어민들처럼 바로 뜻으로 처리한다. 즉 twenty four 영뇌로 상황에 맞게 단어의 뜻대로 표현하도록 가르친다. **단어의 뜻만 정확히 알면 그것으로 끝이다. 단, 원어민들처럼 영순대로 이해하려면 버그단어는 기/설 값이 들어가야 한다.**

수동태와 완료형도 바로 일반과분사 영뇌의 event로 바로 처리한다. 원어민들이 처리하는 것과 같다. 능동태를 수동태로, 경험, 계속, 결과, 완료적 용법하면서 전환식으로 기능적으로 암기식으로 가르치지 않는다. 분사구문도 마찬가지이다. 부사절을 부사구로 고치는 식으로 이해시키지 않고, 원어민들처럼 바로 뜻으로 콤머유무 연결설명어로 바로 이해시킨다. **왜냐하면 관계과분사도, 관계현분사도, 관계형용사도 하나의 단어이기 때문이다.**

우리가 우리말을 배울 때 패턴식으로 암기하거나 기능적으로 고치거나 전환식으로 이해하면서 공부했는가? 언어는 단어의 뜻으로 이해하는 것이지 **원어민들도 그런 패턴식, 전환식, 기능적 이해는 갖고 있지 않다.** 그런 패턴식, 전환식, 기능식 이해는 영국사람들이 비즈네스를 하기에 좋게 지어낸 것에 불과하다. 영국사람들은 문화로서 경제를 일으키는 것으로 유명하다. 대표적인 예로 해리포터와 세익스피어가 있다. 시중에 나와 있는 영어책들은 영국사람들이 지은 것이 대부분이다.

이렇게 먼저 twenty four 영뇌와 free 영뇌, BAM 영뇌, F영뇌를 통해서 감주 BEis 영뇌, 감주 IS 영뇌를 익히고 영뇌청취[일명 감주청취]와 영뇌말하기[일명 감주말하기]를 통해 귀와 입을 열어 최종적 목표인 원어민 (두뇌)으로 만들어 주는 책이 기본영뇌이다. **그래서 이 책은 문법책이 아니다. 영뇌, 즉 원어민 두뇌를 만들어 주는 책이다.** 영뇌만 형성되면 말하기, 듣기, 토익, 토플, SAT, 수능, 내신, 공시, OPic, IELTS, — 등은 쉽게 해결된다. 이 학원 저 학원으로 자꾸 다닐 필요도 없다. **모두 영어를 이해하는 방법은 근본적으로 같기 때문이다. 그래서 기본영뇌는 모든 영어의**

기초 기본서이다. 기본영뇌를 갖추는 것이 영뇌 책이 하는 역할이고, 이것을 바탕으로해서 수 많은 표현을 읽고 듣고 말하고, 문제를 푸는 것은 여러분들 (스스로의) 몫이다. 게리오웬의 영뇌 서적에는 뉘앙스 잉글리쉬, 영어하산 리딩, 영어하산 리스닝 스피킹, BAM 영뇌, 영뇌영어 vol 1, vol 2, 기본영뇌 vol 1, vol 2가 있다. 여러분들의 두뇌가 영뇌로 되지 않고는 영어를 절대로 정복할 수 없다. 아무튼 영어는 영뇌 속에서 해결되어야 한다. 한뇌나 해석습관으로 해결하면 안된다. **한뇌에 영뇌가 지배하도록 하라. Plant your brain, the Basic Native Brain English!**

음력 정월 스무나흔날 March 14, 2015 *Garryowen J. Rhee*

.. 마침내 영어의 4가지 미스테리가 풀렸다!!

1. 원어민 두뇌는 어떻게 움직이는 가 —〉 기/설, 즉 설가뇌 2. 아이들이 언어를 어떻게 습득하는 가 —〉 Free 영뇌 3. 영어를 어떻게 읽을[들을/말할] 것인가 —〉 감주
4. 과연 단어의 고유한 뉘앙스는 무엇이며, 단어의 뜻은 어떻게 만들어지는 가 —〉 BNW와 BAM

CHAPTER I

✓ 먼저 영뇌 근본원리로 총괄적으로 영세를 만든 다음, 각론에서는 TF 영뇌로 구체적으로 영뇌를 만든다.

원어민 수준까지 가는 차세대 영어[새로운 영어생태계] :
영뇌 상급자가 되면 늘 영뇌 경지 속에서 놀아야 한다.

즉, BEis/IS 영뇌, 설가뇌, 설주뇌, 자동설가뇌, 생활 속에서의 뜻, 감주 리딩[리스닝/스피킹], free 영뇌, free 감주, major 감주, 아필(我必) 감주, BAM, Associate, 의음(依音), 의자(依字), 해음/해자, 상음/상자, twenty four 영뇌, 선인영뇌 각인, 뇌화된 D두뇌, 단감주, 장감주,

event, 하생각, vocal 감주, 단어의 최종적인 뜻=감주, 감주 일상적인 말, F3+E2 말하기, BNW=헌법재판소, bnw-BAM, im-BAM, 청취속도조절법, 합치, 완전직독직해, 영어본래의미, 어순본래의미, 단어본래의미, 소리본래의미, 리듬언어, 지음오청, 고난도 감주, 뜻관계 뜻,

감주시동, Ekbe 시동, 삼음가, 감주+단주, 감주+감주, 소감주/빅감주/왕감주, 감주지배, 지감주, 무부감주, 무부(無不) 스텝 청취, FD=always + [=D두뇌음] 유지, D두뇌 Synapse 작동 훈련, 주파수 완전일치음, 원애청취, IS 체화 주파수 사전조절, BNW와 BAM 종류, BAM helpers, 탈리(脫離)/극저음/동화/단타 감주, 청취의 최종한계 벗어나기, 원애의 음완성 과정 강약/약강/약음/비약음/분리/음수조절 감주, 본토말, — 등의 경지 속에서 늘 놀아야 한다.

그래서 특히 영뇌 선생들은 이런 경지 중심으로 영어를 가르쳐야 한다. 영어를 영뇌로 가르치지 않고, 한뇌로 가르치면 본인은 물론 이거니와 학생들 까지도 영어정복은 요원하다.

원어민 강사 채용, 영어마을, 해외어학연수, — 등 각종 영어프로그램들이 실패한 근본 원인은 영뇌로 듣거나 말하거나 읽는 법을 몰랐기 때문이다. 특히 원어민 강사는 일방적으로 자기말만 하지 이런 것들을 가르쳐주지 못할 뿐더러 그럴 능력도 없다.

늘 일상적인 말로 어떠한 외국 방송이든 마음대로 듣거나, 어떠한 영자신문이든 마음대로 읽거나, 언제 어디에서나 마음대로 말을 하려면 영뇌 상급자가 되라. 뿐만이 아니라 영뇌 상급자가 되면 토익, 토플, 수능, 공시, — 등 각종 시험영어는 저절로 해결된다. 글과 말을 원어민 애들 처럼 똑같이 깨워줬기 때문이다.

.. **선인영뇌 각인**=먼저 말에 먼저 영뇌로 각인되는 것
+ 한글[해석]로 먼저 가지않고 바로 IS 세상[세계]으로 가는 것

영뇌세포만들기

공부는 깨우치는 것이지 하려고 하면 안된다.
영겁불망(永劫不忘), 영원히 잊지 않거나
돈오돈수(頓悟頓修), 빨리 정복하려면 깨우쳐라.

tip)1. TF 영뇌 /현장영어 /(각종) 시험영어 정복 최고의 전략 : TF 영뇌 free 감주, 현장영어 free 감주, (각종) 시험영어 free 감주를 많이 간직한다.

2. free 영뇌와 감각적 주파수로 이해하는 기술없이는 영어를 정복할 수 없다.

3. 결국 영뇌[영어]는 소리로서 완성된다. 즉 BEis/IS로 되어 있는 것을 감각적 주파수로 완성시킨다. 그러면 영뇌읽기도 영뇌듣기도 영뇌말하기도 쉽게 된다.

4. 원어민과 똑같이 듣거나 읽거나 말하거나 쓸 수 없었던 것은 영뇌를 몰랐기 때문이다.

(☞.. 해석뇌 방지의 최고의 기술=감각적 주파수 ∵ 한글 (해석) 중심의 의군이 아니기 때문)
↳next, 생활 속에서의 뜻으로 IS 작동/free 영뇌로 이해/영어 본래의미로 이해
↳단어/어순/소리 본래의미
↳BAM/Ekbe/감주[본토말]

Much Attention] 무엇이든지 똑같다. 특히 이 책을 공부로서 이해하는 사람과 깨우치면서 이해하는 사람의 차이는 하늘과 땅 차이다[The sky's the limit].
IS를 생활 속에서의 뜻으로 깨우치면서 이해하는 사람은 그 어려운 영자신문 사설도, 타임지도, 영문소설도, 전공서적도, 영시(英詩)도, 블론디 만화도, 무슨 영어이든 IS를 쉽게 작동시킬 수 있으며, 시동도 독력(獨力)으로 쉽게 걸 수 있다. 공부로 이해하는 사람들은 늘 남들이 번역한 것을 봐야 이해가 되는 수동적인 영어를 할 수 밖에 없다. 명심하라.

생활 속에서의 뜻으로 IS를 작동시키면 쉽게 IS가 작동하는 것은 생활이 뜻을 암시[안내]하기 때문이다. BAM도 깨우치는 것이지 그냥 공부[암기]하는 것이 아니다. 실음도 실제 자기 목소리로 깨우치는 것이고, 감주도 뒷말과 말하는 느낌 때문에 일어나는 이해 작용으로 깨우치는 것이지 그냥 공부[암기]하는 것이 아니다. **영뇌는 생활 속에서의 뜻이다.**

☞.. 생활 속에서의 뜻=외국인과 생활하면서 느껴지는 뜻이자 실제로 적용된 뜻(≠사전의 원형적인 뜻)
⇒ 영뇌 상급자는 IS로 생활 속에서의 뜻이 용해된 감주로 이해한다.

Chapter Ⅰ

Ⅰ. 영뇌세포 만들기(NB Functioning)

영뇌란?

영어두뇌, 즉 원어민 두뇌[NB]로 영어를 하는 것을 말하며, 한글두뇌로 영어를 하면 영뇌가 아니다. BEis, IS, 감주[본토말/소리본래의미], BAM[단어본래의미], Ekbe[어순본래의미]가 바로 영어두뇌다. 비록 한국사람이지만 우리도 원어민과 같은 두뇌를 작동시킬 수 있다.

Extreme Caution](부분역순 포함) 역순해석으로 이해하거나 영어 본래의미를 느끼지 못하거나 특히, 본토말[감주]을 하지못하면 한글두뇌로 영어를 하는 꼴이다. 이제 하나의 두뇌로 두 가지 두뇌작동이 가능해졌다.

Terms 정리

free 영뇌란
=구속받지 않는 자유로운 영뇌로 StE이자 infml E

free 감주
=free 영뇌의 말[소리] 값으로서 구속받지 않는 자유로운 감주, 즉 free 말

영뇌로 만드는 것이 영어공부다 : 영어승차감 즐기기

B=Basic Word 기본어 E=Explanatory Words 설명어

I=itself : 말[소리]자체/글자자체 **무한글 이해=무한글 뜻=IS**

S=actual situation : 실제상황, i.e., A상황 (i.e.=id est=that is)

↗컴퓨터 Os와 같다.

Os=operating system으로 두뇌자체를 움직이는 두뇌작동 시스템으로 두뇌작동 그 자체

영뇌=Native Brain으로서 원어민 두뇌

∴ in shortest, 영뇌=무한글 이해=IS영뇌=해음[해자]//상음[상자] 영뇌=감주

I-Os=(설가로) 엮지않아도, 말[소리]/글자에 의해서 I영뇌가 바로 작동하는 뇌=**I영뇌**

S-Os=(설가로) 엮지않아도, 말[소리]/글자에 의해서 S영뇌가 바로 작동하는 뇌=**S영뇌**

BEis-Os=(설가로) 설명해 나가면서 IS영뇌가 작동하는 뇌=**BEis영뇌, 즉 기/설 영뇌**

I영뇌=말[소리]자체 또는 글자자체가 바로 이해로 작동하는 뇌=해음[해자] 영뇌

S영뇌=말[소리] 또는 글자가 바로 실제상황으로 작동하는 뇌=상음[상자] 영뇌

감주=**BEis/IS 자동작동** **설가뇌**=설명해 나가는 뇌 **설주뇌**=설명해 주는 뇌

F3+E2 말하기=먼저 free vocal 감주로 3번 말하고, 전체(entire)로 2번 말하는 것
↳일종의 vocal segments(목소리 분절음)

↗목으로 실제로 만드는 음=실음 ↗소리[=주파수]는 목으로 만드는 것이지 입으로 만드는 것은 아니다.

소리[즉 주파수]는 배 힘을 이용해 목으로 만들면서 성대가 울리고 입천정[연구개] 쪽에서 공명이 되어야 한다.

그러면 주파수, 즉 고저장단음을 마음대로 조절할 수 있다. 양순음이든 단순음이든 치경음이든 경구개음이든 -- 무슨 음이든 모두 배[아랫 배] 힘을 이용해 목 중심으로 음이 형성되면서 성대가 울리고 입 뒷쪽에서 공명이 일어난다.

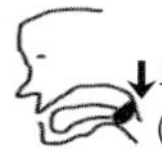

↓주파수생성 주체 (=소리의 생성 주체)

attention)한글도 vocal 음으로 내지않으면 음이 쪼그라들거나 음치현상이 나타난다.

tip)감각적 주파수로 IS 영뇌가 돼야 귀에 익은 소리로 들리고, 눈에 익은 글자로 보인다. 즉 감주 일상적인 말이 된다. IS 영뇌는 생활 속에서의 뜻이고 감각적 주파수는 (해석한) 한글중심의 이해가 아니기 때문이다. 한뇌, 특히 해석으로 이해하면 표현이 나올 때 마다 늘 새롭게 보인다. 명심하라.

↗ 이때 이해=무한글 이해

tip)의음/의자 감주=감주로 이해하거나 감주에 의해 이해되는 것

IIIII *She has /received accolades /from critics.*

영뇌=기→ 설→ 설′ : BEis-Os

or I + I + I : I-Os or S + S + S : S-Os

How to Read[Speak]

=Shehas receivedaccolades fromcritics.

: BEis/IS, 즉 설가뇌와 자동설가뇌로 되어 있는 것을 감각적 주파수로 이해한다.

↘안될 경우 먼저 감주시동

시동=vocal 감각적 주파수로

(BEis 또는 IS 영뇌가 될 때까지) F3+E2 강하게 말하기

영어[영순] 이해흐름을 유지하는게 Top Priority

시동=그 여자는 가졌어요, 받은 것인데 찬사를 받은 것인데 기처 비평가들로부터 말이다.

/그 여자는 가지고 있어요, -- 여러가지 찬사를 --- . 전자=발생현재 후자=소유현재

big tip)영뇌 상급자가 되면 감주로 저절로 엮어진다 : 감주리딩

I 영뇌=영어자체로 (무한글 이해) 느낌이 오는 것

※ **BEis-Os**=(기/설로 생활 속에서의 뜻인 IS) 영뇌의군으로 설명해 나가는 뇌

·))▶ **영뇌의군으로** 주동으로 먼저 요지를 말하고, 무엇을 가졌는 지[가지고 있는 지] 일반과분사와 명사로 설명해 나가면서, 다시 이것이 어디로부터 나왔는지 전치사와 명사로 설명해 나가는 두뇌

⇨ **기/설 IS 영뇌의군, 즉 설가 해음[해자] 영뇌의군/상음[상자] 영뇌의군** ⇨ 설가뇌

※ **I-Os**=말[소리] 또는 글자 자체에 뜻과 A상황이 들어있어[용해] 그것 자체가 바로 이해[뜻]로 작동하는 뇌, 즉 말[소리]/글자 의군에 의해서 (무한글로 생활 속에서의 뜻으로) 이해가 되어버리거나 해가 우러나오는 뇌

⇨ **자동기/설 I영뇌의군, 즉 자동설가 해음[해자] 영뇌의군** [이때 설가는 자동으로 엮어짐] ⇨ 자동설가뇌

※ **S-Os**=말[소리] 또는 글자로 실제상황을 표현하기 때문에 그것들이 바로 실제상황으로 작동하는 뇌, 즉 말[소리]/글자 의군에 의해서 (앞방으로 생활 속에서의 뜻으로) 실제상황이 (머리 속에) 보이거나 표현한 것으로 작동하는 뇌 ⇨ **자동기/설 S영뇌의군, 즉 자동설가 상음[상자] 영뇌의군** [이때 설가는 자동으로 엮어짐] ⇨ 자동설가뇌

그래서, IS 영뇌와 BEis 영뇌는 그 느낌이 다르다. 전자는 설가가 자동이고 후자는 설가로 이해되는 느낌이다. 이런 영뇌들을 바탕으로 해서 우리는 감주로 이해하거나 듣거나 말한다 ⇨ **결국, 영어=감주영뇌**

tip)일련의 BEis/IS 영뇌 (현상들)는 합치로 그냥 (가볍게) 그렇게 일어나는 것이지 인식작용이 떨어져 분리되어 일어나는 것은 아니다. 이게 바로 천재들의 두뇌이다.

Free (vocal) 감주로 이해/간직 하기 ⇨ She has. /Has received. /Received accolades. /Accolades from. /From critics. /She has received. /Has received accolades. /From. /-- etc. ·))▶ Accolades from. 찬사인데 어떤 기자[기처]/누군가로부터 나온 것(이다).

＊어떤/누군가=from associate

↱ 10+=more than 10 10명이상 vs 10 more 10명 더 추가해서 vs 10 fewer 10명 더 적게해서 해당대상으로서 해자↰

: At least 15 killed ; 550+ remain unaccounted for. 여전히 내역설명이 없다. (해자) 무언가에 대해서 말이다. From critics. 기자/기처가 비평가이다. From. 기자[기처]로부터 나온 것 ↳(단어) associate /기자[기처] /발신처 vs To. 수신처 cf] About. 정보 Has received. 가지고 있는데 받은 사실을 가지고 있다. Received accolades. 받은 사실이 있는데 찬사였다 : **일반과분사** free **영뇌 ⇒ 사실** event

tip)**과동사** free **영뇌 ⇒ 단순한 동사서술의미** : Received accolades. 받았는 데 찬사였다.

간직한 free **영뇌**가 한두 개 모이면 간단말이 되고, 몇 개 모이면 문장이 되고, 여러 개 모이면 paragraph (작은 글)가 되고, 많이 모이면 passage (큰 글)가 된다. 결국 알고 보면 free 영뇌가 머리 속에 많아지면 글도 말도 저절로 전개된다. **듣기와 말하기, 읽기, 쓰기의 비밀이 바로 여기에 있다.** 자연스럽게 들리거나 나오는 우리말도 마찬가지이다. 그래서 모든 단어는 free 영뇌로 존재할 때 그 가치가 있다.

Tip) **free 영뇌를 많이 간직하되, 특히 소리값, 즉 free (vocal) 감주로 간직한다.** 그러면 감주 일상적인 말이 되고, 누가 어떻게 말해도 일상적인 말로 들린다. 그리고 아필(我必) free 감주는 반드시 간직한다.

has=손아귀에 넣는 것으로서 소유하는 것/손아귀에 있는 것으로서 소유하고 있는 것
[h: hand s: singular verb s] accolade=최고라고 외치는 것으로서 찬사/호평
[a: 알파벳 첫글자로서 으뜸/최고 c: 조율음 c: chant]
from=출처대상으로서 기자(基者)[기처(基處)] [f: flow 흘러나오는 것으로서 출처]

remain=계속 남아있는 것으로서 여전히 [re>er: series 비두자 철자 BNW m: 남아있는 것=비두자 한글 (종성) BNW]

IIIII *She /has /received /accolades /from /critics.*

기→ 설
기′ → 설′
기″ → 설″
기‴ → 설‴
\+ 기‴′ → 설‴′

=Σ기본어→ 설명어 ※Σ= '시그마' 라고 읽으며 '합의 기호'
=기→ 설(기′)→ 설′(기″)→ 설″ (기‴)→ 설‴ (기‴′)→ 설‴′
=기→ 설→ 설′→ 설″→ 설‴→ 설‴′ ※ `→、=설가표시
=ΣBis → Eis =BEis−Os
=I + I + I + I + I + I=ΣI =I−Os ※ `+、=자동설가 표시 `↑、=앞방표시
=S + S + S + S + S + S or S↑+S↑+S↑+S↑+S↑+S↑=ΣS =S−Os

시동=그 여자는 가졌어요[가지고 있어요], 받은 것인데 그것은 찬사이고, (이것의) 기자[기처]는 비평가이다.＊critic=코멘트하는 사람으로서 비평가[c: comment t: talker] ↳연결 associate

tip)has received=가지고 있는데 동사 event, 즉 받은 event를 가지고 있다는 것 ※그것은=문맥 associate

↗ 어순이 동일하면 영어를 정복하기 쉽다. ∵ 두뇌세포 움직임 방향이 같기 때문

.. 원어민과 똑같은 두뇌작동의 필요충분 조건 ⇒ ①어순=동일: BE ②이해=무한글: IS ③finally, 말로 인식, 즉 감주

※ **BEis-Os**═(기/설로 생활 속에서의 뜻인 IS) 낱개영뇌로 설명해 나가는 뇌

낱개영뇌로 기본어를 먼저 말하고, 이것을 중심으로해서 가졌다고[가지고 있다고] 설명해 나가면서 다시 그것이 무엇인지 과분사로 구체적으로 설명해 나가고, 다시 그 과분사 대상이 무엇인지 설명해 나가면서, 이것의 출처를 전치사로 개략적으로 설명해 나가고, 다시 구체적으로 그 출처를 critics라고 설명해 나가는 뇌, 즉 기본어를 중심으로 해서 낱개로 **연속적으로 설명해 나가는 뇌**
-- 이것은 바로 앞말을 자꾸 기본어로 해서 설명해 나가는 뇌로서 의미가 이렇게 놓여 있고, 이렇게 움직이고 있다. 엄밀히 말하면 각각의 기본어에 대해서 설명어도 각각 하나이다.

⇒ **기/설 IS 낱개영뇌, 즉 설가 해음[해자]/상음[상자] 낱개영뇌** ⇒ 설가뇌 : C over A plus B $= \frac{C}{A+B}$

결국 설명해 나간다는 말=정보를 자꾸 추가해 나가는 것
/의미를 자꾸 확정해 나가는 것/의미를 자꾸 수정해 나가는 것 ∴ 원어민 두뇌, 즉 영뇌=설가뇌

그래서, BEis 영뇌는 영맥을 파악[이해]하는데 유용하고, 감주는 이해하기에 좋다.

※ **I-Os**═낱개 말[소리] 또는 글자에 의해 (무한글로) 이해가 되어버리거나 해가 우러나오는 뇌,
즉 말[소리]/글자 자체에서 (생활 속에서의 뜻으로) 바로 이해가 터지는 뇌
⇒ **자동기/설 I낱개영뇌, 즉 자동설가 해음[해자] 낱개영뇌** ⇒ 자동설가뇌

IS 리딩

※ **S-Os**═낱개 말[소리]/글자에 의해 (앞방으로 생활 속에서의 뜻으로) 실제상황이 (머리 속에) 보이거나 실제상황을 표현한 것으로 작동하는 뇌 ⇒ **자동기/설 S낱개영뇌, 즉 자동설가 상음[상자] 낱개영뇌** ⇒ 자동설가뇌

Tip] 1. S 영뇌는 문맹자나 애기들이 말을 이해하거나 배우는 것과 같다. 즉 글자는 몰라도 (앞방) 실제상황으로 바로 이해한다. 특히 다문화 자녀가 잠시[즉 간단한 표현] 이중 언어를 구사하는 것은 S 영뇌 때문이다.

2. 감주 IS 영뇌는 한글과 영어가 구분이 없어지는 경지이다. 자동 설가이기 때문이다. 즉 언어와 용해상황, 언어와 상황 관계만 존재한다. 3. 낱개 영뇌를 바탕으로 영뇌의군이 되고 감주 영뇌의군이 된다.

4. 비영어권 사람들에게는 낱개영뇌보다 감주 영뇌의군으로 이해하는 것이 훨씬 더 좋고, free 영뇌도 감주 영뇌의군으로 간직하는 것이 훨씬 더 효과적이다. **영뇌의군은 낱개영뇌에 의해 형성되는 의군이다 : 선인 영뇌각인 의군**
리딩에서 영뇌의군은 자기가 만들고, 청취에서는 speaker에 의해서 만들어진다.

5. 인간의 두뇌에는 두 가지 뇌 밖에 존재하지 않는다. 영뇌와 한뇌 두 가지이다. 즉 설가뇌와 설주뇌 두 가지이다. 한뇌에 속하는 대표적인 나라가 한국과 일본이고, 그외 대부분은 영뇌에 속한다.

6. 기계의 두뇌를 발견한 사람이 빌게이츠와 스티브 잡스라면 인간의 두뇌를 발견한 사람은 게리오웬이고, 발견한 시기는 1992년이고, 뉘앙스 잉글리쉬에서 세계 최초로 밝혔다.

- **기계의 두뇌 실체**=윈도우(과거에는 도스)와 Mac Os
- **인간의 두뇌 실체**=①Σ**기본어→ 설명어 : 영뇌** ②Σ**설명어→ 기본어 : 한뇌/일뇌**

한뇌=한글 뇌, 즉 한국인 두뇌
일뇌=일어 뇌, 즉 일본인 두뇌
유독 한국사람과 일본사람만이 영어가 잘 안되는 것은 어순이 다르기 때문이다.

7. **IS 영뇌=자동 BEis 영뇌** ⇒ 자동설가뇌 **BEis 영뇌=기설 IS영뇌=설가 IS영뇌** ⇒ 설가뇌

8. **상음/상자의 두 가지 이해 방향 :** ↗ vs 해음/해자=말[소리]자체가 이해로 작동하거나 글자자체가 뜻으로 보이는 것
① 소리[=실음]/글자 ―〉 A상황 : 소리[=실음]/글자에서 앞방으로 A상황이 (머리 속에) 보이는 것
② 소리[=실음]/글자 〈― A상황 : 소리[=실음]/글자가 A상황을 표현한 것으로 이해하는 것, 말하기와 같다.

↗ 감주로 이해하면 저절로 어순이 동일해진다 : 자동 기/설

영어는 설가뇌이기 때문에 s동사 없는 표현도 가능하다.

IIIII *New American-English Dictionary /for students, office and home /by Thorndike.*

영뇌=기→ 설/설 : BEis-Os or I + I + I : I-Os or S + S + S : S-Os

How to Read[Speak]

=NewAmerican-EnglishDictionary forstudents, officeand homeby Thorndike.
↘약강 감주 ↘강약 ↘강약

: 먼저 감각적 주파수로 이해한다. 뒷말과 말하는 것이 감각적 주파수이다.
↘그러면 소리값으로 먼저 이해가 실린다.

시동=vocal 감각적 주파수로 (자동설가가 될 때까지) F3+E2 강하게 말하기

.. 我必 Free (vocal) 감주 간직하기

= New American-English Dictionary for office by Thorndike.

시동=신 미식영어 사전은 용도가/해자 학생, 사무실, 그리고 가정용이고, 저자는 Thorndike이다.

.. 아필(我必) free 영뇌란?

영뇌로 자유롭게 만들어 자기말로 간직하는 것, 이것을 소리값, 즉 감주로 간직하면 아필(我必) free (vocal) 감주가 된다.

사전을 용도와 저자로 각각 **독립적으로 설명**해 나가는 두뇌로 작동시키면 된다. 즉 먼저 근설로서 **독설**로 가다가 다시 분설로서 **독설**로 작동시키면 된다 : **독설뇌로서 독설 독설뇌**

영뇌=기→ 설/설=하나의 기본어에 대한 설명어가 두 개

vs She made /him /happy.=기→ 설→ 설′=기→ 설(기′)→ 설′

: 연속적으로 설명해 나가는 뇌로 바로 앞말이 기본어가 되는 뇌이니 기본어도 설명어도 각각 한 개

그래서, 전자는 **독설뇌**로 작동시키고, 후자는 **연설뇌**로 작동시키면 된다. 뿐만아니라, **설/설, 즉 독설뇌**는 이동이 자유롭지만, **설-->설′, 즉 연설뇌**는 문맥에 따라 이동이 결정된다. 그래서 by 영뇌의군은 for 앞으로 가져 갈 수 있으나, happy는 him 앞으로 가져 갈 수 없다.

⇨ New American-English Dictionary /by Thorndike /for students, office and home.

Free (vocal) 감주로 이해/간직 하기 ⇨ New American-English Dictionary. /For students. /For office. /For home. /By Thorndike. /For students by. /For students and office by. /Office by. /For students, office and home by Thorndike. /-- etc. ⟫ For students. 용도가 학생용(이다). For students by. 용도가 학생용이고, 저자는 어떤 사람이다. Office by. 사무실 용인데 저자는 어떤 사람이다. /사무실인데 행자 어떤 사람에 의해서 사용되는 사무실
↘용인데/사용되는=**문맥/상황** associate 어떤 사람=**단어** associate

tip]1. 또다른 free 영뇌 : Office by. 사무실인데 (무언가의) 옆에 있는 사무실 : Office by the river.

2. (첫 문장과 두번째) 문장간 free 영뇌 : Accolades from students. -- etc.

.. 영어이해 흐름대로 이해하거나 무한글로 이해하는 원천 기술은 기/설과 IS다.

Tip] How to Read[Speak]

=NewAmerican-EnglishDictionary forstudents, officeand homeby Thorndike.

-- 영어는 (**IS두뇌로**) 설명해 나가는 관계이기 때문에 home /by를 home/by처럼 붙여 말할 수 있다. 붙여도 여전히 독설로 설명해 나가고 있다 : home /by=home/by : **강약 감주**

↘즉 글순대로는 떨어지고 말순대로는 붙어진다.

기/설로 끊어 놓은 것은 영뇌로 뜻 관계를 단지 알리기 위함이니 이해하거나 말을 할때는 감주로 하면 된다. ↘슬래쉬도 여전히 그대로이다.

home=안에서 본 집으로서 가정, 그래서 homework 하면 집에서 하는 정신적 일[작업]을 뜻한다.
따라서 숙제뿐만이 아니라 컴퓨터로 집에서 일하는 것 또는 집에서 하는 저작 활동 --
등에도 쓸 수 있다. (vs assignment(AmE)=내준 과제물로서 숙제)
하지만 house는 밖에서 본 집으로서 housework하면 가사/집안수리 -- 등을 뜻한다.

home=마음을 편안하게 숨길수 있는 곳으로서 안에서 본 집/가정 [h: hide o: 안 m: mind]
vs house=몸을 안전하게 숨기는 곳으로 밖에서 본 것으로서의 집/주택[C] [h: hide ou: out s: safe]
vs house E-BAM=집에 갖추고 있는 것으로서 가재 도구[U]
: We are going to move house next month.
이사하는 데 가재도구를 챙겨 이사한다는 말이다.

office=열심히 움직여 일하는 곳으로서 사무실[사무소] /열심히 움직여 일하는 것으로서 사무
[o : 움직이는 것 ff : fly + fly 날아 다니 듯이 열심히 움직이는 것]
(work room/office work)
: ① The company is moving to new offices in central Seoul.
② Our new head office is in Tokyo. ③ The teacher's office is teaching.

dictionary=말[단어]을 담아 둔 곳으로서 사전 [t: talks or dict 어원: words/d: 단어 y: 지게]

by=(앞의 것에 대한) 행위의 실체로서 그것을 한 사람[것] /원인행위로서 -- 함으로써
[b : behaviour y : 지게를 지는 자로서 행위의 실체 /지는 것으로서 원인행위]
: He enhanced the pride of the nation by winning the men's marathon.

/조금 틈을 두고 놓여진 것으로서 옆[가/곁]에 있는 것 [b: 벌어진 것으로 틈+bit y: 지게]
: A potted flower is close by the window. *potted flower=화분 꽃 flowerpot=화분

tip)1. 영뇌로 유지해 나가다가 갑자기 wheel(운전대)를 꺾지말라. 즉 무한글로 이해되는 감을 그대로 유지하라.

2. free 영뇌를 감각적 주파수로 말을 하면 저절로 이해[의미]가 실린다. 특히 감각적 주파수는 해석뇌로 돌아가지 않게 한다 : incentral Seoul movingto newoffices winningthe men'smarathon

3. Ekbe는 기/설 영뇌, 즉 설가 뇌로 가져 와야지, 그냥 한글어순 바꿔치기로 가져오면 안된다. 영어는 설명해 나가는 관계로 놓여 있기 때문이다 : I have a book. Ekbe=나는 가지고 있는 데 책이에요/나는 가지고 있는 데 그것은 책이에요/나는 가지고 있어요, 책을 말이다 : **영뇌작동**
[≠나는 가지고 있어요, 책을 : **여전히 한뇌지배**]

= 원어민처럼 말할 수 있는 원천기술이 감주다 =

Addition] More bad news /on /your poll, //dad? =기→ 설(기′)→ 설′ ⇨ 전설

-- 연설뇌로 작동시키다가 전설뇌로 작동시키면 된다. **전설도 독설뇌처럼 이동이 가능하다.**

⇒ Dad, //more bad news /on /your poll? =전설 ⇨ 기→ 설(기′)→ 설′

시동=더 많은 나쁜 뉴스가 나왔어요, 아빠 여론에 말이다, 아빠?

on=상에 있게 되는 것으로서 나타나는 것

⇒ Free 영뇌 : Bad news on. On your poll. Dad, more bad news. /-- etc.

Free 영뇌, 즉 Free 감주 간직시 주의사항 1. free 영뇌 중 버그 표현도 반드시 순서대로 의미가 작동해야 한다. 즉 BEis/IS 영뇌에 의해서 선인영뇌 각인으로 free 영뇌가 작동하든지 free 감주로 작동하면 된다. 잘 안되면 Ekbe 또는 감주 시동을 걸라. 2. free 영뇌의 조합은 문장내 표현 순서대로만 이루어지는 것이 아니다. (연속적인) 순서에 관계없이 서로 의율만 되면 가능하다. 그래서 감주도 조합이 되는 단어끼리 발생하면 된다. 예컨데, 첫번째 기본예문에서 Has from critics=Hasfrom critics로 발생하면 된다. 특히 major 감주로 이해하거나 아필 감주로 이해할때 많이 활용하라. ※free 영뇌=가장 작은 것이 낱개이고, 대부분 (낱개에 의한) 의군이다. 그래서 낱개일때 단주가 되고, 의군일때 감주가 된다. ※free 영뇌/free 감주의 조합=문장 간에도 발생

IIIII *Talk /of Iraq war /ignited oil prices.*

영뇌=기→ 설/설 : BEis-Os or I + I + I : I-Os or S + S + S : S-Os

How to Read[Speak]=Talkof Iraqwar ignitedoil prices.

Talk of Iraq war ignited oil prices. : 먼저 감각적 주파수로 이해한다.

↳영뇌상급자는 감주로 말하면 저절로 소리값으로 IS가 실린다.

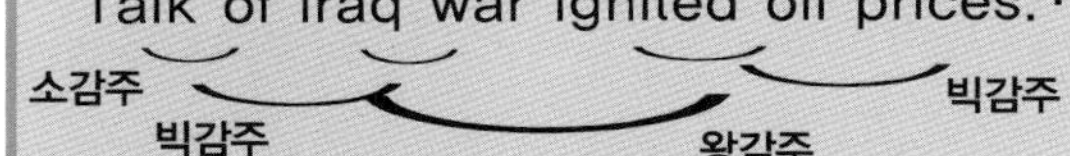

주의]1. 말에 의미가 실리는 것이지 의미를 먼저 생각하고 말하는 것은 아니다.

2. Ekbe 시동은 마지막에 한다.

시동=vocal 감각적 주파수로

(자동설가가 될 때까지) F3+E2 강하게 말하기

.. 我必 Free (vocal) 감주 간직하기=Oil prices ignited.

시동=이야기, 즉 이락 전쟁과 관련된 이야기가 불을 붙였는 데 기름값에 말이다.

/ —— 가, 즉 이락 전쟁과 관련이 있어서, 불을 붙이고 말았다. ——— . : **Ekbe 시동**

설가뇌 의미

자동으로 엮어지면서 이해하려면 먼저 IS **영뇌**를 작동시키면 되나, 기/설로 이해하려면 Talk에 먼저 전치사로 보충하고, s동사로 다시 독립적으로 설명해 나가는 뇌로 작동시키면 된다. 요컨데 독설뇌로서 **보설 독설뇌**이다.

big tip) 동양인들은 vocal 감각적 주파수로 말해야 원어민 말투를 낼 수 있고, 말이 자연스러워진다.

↳하나하나 말하는 것 같지만 드려다보면 원어민들은 감주로 말하고 있다.

원어민 말투를 내게하거나 영어를 말하게하는 끄나풀[연결고리]이 감주다.

영어말투, 즉 본토말에 익숙해지는 것이 영어공부다.

= 한뇌영어, 즉 역순 해석뇌로는 감주로 이해할 수 없다. 순서대로 무한글로 이해하는 머리가 아니기 때문이다 =

이렇게 일반적으로 영뇌는 보충설명을 먼저 하는 데 이런 것을 **보설주의 기/설 영뇌**라 한다.

tip)New American-English Ditionary /for students, office and home /by Thorndike /costs $50. **=기-->설/설/설 : 독설뇌로서 보설 독설뇌**

영뇌 기본패턴, 즉 기본 BEis 영뇌(the basic BEis native brain) :

① 기→ 설/설=독설뇌 -- 독립적인 관계

② 기→ 설→ 설′=연설뇌 -- 연속적인 관계

— 영어는 기본 BEis 영뇌를 바탕으로 해서 '설'이 늘어 나거나 '전설'이 앞뒤로 붙는다.
즉 문장이 복잡해진다 : 기→ 설 ⇨ 전설 or 전설 ⇨ 기→ 설 ※기본 BEis 영뇌=기본 기/설 영뇌

a.. New American-English Ditionary /for students, office and home /by Thorndike.
=기-->설/설 : 독설뇌로서 독설 독설뇌 ⇨ 기본어를 각각 독립적으로 설명해 나가는 두뇌

b.. Talk /of Iraq war /ignited oil prices.
=기-->설/설 : 독설뇌로서 보설 독설뇌
⇨ 기본어를 먼저 보충 설명해 나가면서, 다시 독립적으로 설명해 나가는 두뇌

보설은 s동사의 기본어[즉 주어]가 되지 못한다. 보충 설명하는 말이기 때문이다. 따라서 동사 수일치도 talk에 영향을 받지 무조건 좌에서 우로 의미를 흘러 보내면 보설을 s동사로 설명해 나가는 꼴이 되어 동사 수일치를 해결할 수 없다.

⇨ Talk /of Iraq war /ignites oil prices. Talks /of Iraq war /ignite oil prices.
[**s동사=(문장전체 기본동사로서) 문장동사** s=sentence Talk-o-Iraq war=infml **표기**]

독설뇌는 이동이 자유롭기 때문에 먼저 s동사로 결론을 짓고, 보설을 뒤로 돌려 전설 뇌로도 작동시킬 수 있다. 일반적으로 전설은 기/설 전체를 설명하는 말이다.

⇨ Talk ignited /oil prices //of Iraq war. **=기-->설 ⇨ 전설**

시동= -- 불을 붙였다. 기름값에 말이다. 즉 이러한 것은 관련이 있었기 때문에 이락전쟁과 관련이 있었기 때문이다. ※ of=동격관련 이유
이러한 것은=연결설명어의 **연결** associate 있었기 때문에=**문맥/상황** associate

같은 패턴 : West Bank attack /was blamed //on settlers.
=기-->설 ⇨ 전설 : -- 가했기 때문에 -- 에게 가했기 때문이다.
vs West Bank attack /on settlers /was blamed. **=기-->설/설 (⇐ 전설 이동)**
vs Of Iraq war //talk ignited /oil prices. **= 전설 ⇨ 기-->설 (⇐ 전설 이동)**
즉 관련이 있었기 때문에 이락전쟁과 관련이 있었기 때문에, ---- .

vs Talk /ignited oil prices /(//) of Iraq war. =기-->설-->설′ (⇨ 전설)

즉 관련이 있었기 때문에 -- 관련이 있었기 때문에 말이다 : **연설뇌 or 전설뇌**

vs Talk ignited, /of Iraq war, /oil prices. =기-->설-->설′

-- **일반적으로** 전설과 독설은 이동이 가능하지만, 연설도 부사(적) 의미일 때는 이동이 가능하다. 부사(적) 의미가 아닐 때는 다른 단어를 쓰면 이동이 가능하다. 왜냐하면 그렇게 해도 뜻이 통하고 전달결과가 같기 때문이다. 이동도 일종의 free 영뇌다.

: He /met /yesterday. =기-->설-->설′

=Yesterday //he /met. =전설 ⇨ 기-->설

I want /this check /in singles. =기-->설-->설′

= In singles, //I want /this check. =전설 ⇨ 기-->설 ↗즉 앞으로 해야할 대상으로서 내자 /입작동으로서 해서

내자/해서, 일달러 짜리 지폐로 해서 ※ in=입작동 대상 /입작동 ☞ p294

그대로 이동이 되는 연설뇌를 **비순수 연설뇌**라 하고, 그대로 이동이 되지 않는 연설뇌를 **순수 연설뇌**라 한다. 순수 연설뇌를 이동시키려면 다른 단어가 필요하다.

❶ 순수 연설뇌 :

- She made /him /happy. =기-->설-->설′

⇛ He made /happy //due to her. =기-->설 ⇨ 전설

시동=그는 되었는 데, 행복하게 되었다. 있었기 때문에 대자 그 여자가 있었기 때문에 말이다.

- She gave /him /a gift. =기-->설-->설′

⇛ To him //she gave /a gift. =전설 ⇨ 기-->설

She gave /a gift //[/] to him. =기-->설 ⇨ 전설 or 기-->설-->설′

시동=그 여자는 주었는 데 선물 하나를 주었다. 대자 그에게 말이다 : **전설**

/그 여자는 주었는 데 선물 하나를 대자 그에게 말이다 : **설′ 연설**

❷ 비순수 연설뇌 :

- He /met /yesterday. =기-->설-->설′ : 만난 시기가 어제인 경우

⇛ Yesterday //he /met. =전설 ⇨ 기-->설 He /yesterday met. =기-->설

vs He /met //yesterday. =기-->설 ⇨ 전설 : 그가 만난 시기가 어제인 경우

extreme caution] 이동이 되느냐 안되느냐의 **판단의 기준**은 뜻이지 어떤 루울이 아니다. 이동시켜도 뜻이 통하고 전달 결과가 같을 때는 표현자의 몫[speaker's desire]으로 이동시키는 것이다. 그래서, 달리 표현이 가능한지는 뜻으로 따져봐야 한다. **기/설은 뜻 관계이고, 뜻 문법이기 때문이다.**

말은 보통 연설뇌, 독설뇌, 전설뇌로 말하면 된다.

***독설뇌=독설 독설뇌/보설 독설뇌/독설 보설뇌 전설뇌=기설 전설뇌/전설 기설뇌**

↗사전의 뜻만으로 부족+BAM(Associate)+(특히 설가뇌) 뜻관계 뜻+finally, 감주

.. 영어는 단어의 뜻만 정확히 알면된다.

plus] West Bank attack was /blamed /on settlers.

=기-->설-->설′ : 연설뇌 작동 가능 -- 되[이]었는데 즉 비난을 받았는 데 가했기 때문에 -- .
/상자 -- 에게 가했기 때문이다.
↘상작동으로서 가하는 것/상작동 대상으로서 상자 -- 에게 가하는 것

※ How to Read[Speak]

-- talk에 of를 붙여 말해도 여전히 of로 (IS두뇌로) 설명해 나가는 관계이다.
그래서 Talk /of Iraq war처럼 붙여 말하는 것이다 ⇒ Talk /of Iraq war=Talk/of Iraq war

Free (vocal) 감주로 이해/간직 하기 ⇒ Talk of. /Of Iraq war. /Iraq war ignited. /Ignited oil prices. /Talk ignited. /Talk ignited oil prices. /-- etc.

Talk of. 이야기인데 즉 무언가와 관련이 있는 것[이야기] /즉 관련이 있어서
Of Iraq war. 즉 이라크 전쟁과 관련이 있는 것[즉 이라크 전쟁과 관련이 있어서]
tip)free 영뇌=글자 free 영뇌 + 소리 free 영뇌 ⇒ 후자=free 감주[=감주 free 영뇌]

↗ 문장 오형식은 기능적 학문적 접근이고, 기/설은 그냥 생활 속에서의 뜻이다.

.. 영뇌와 문장 오형식 : 기능보다 원어민들처럼 그냥 기/설로 단어의 뜻 관계로 이해하면 된다.

- Time /flies.=기→ 설 vs S + V : Type 1
  시동=시간이 참 빨리 지나가요[세월이 빠르다].
  우리도 우리말을 익힐때 그냥 뜻으로 익히지 문장 오형식으로 익히지 않는다.
- Roses /smell /fragrant. =기→ 설→ 설′ vs S + V + C : Type 2
  시동=장미가 냄새를 풍기는 데 향기롭다 ⇒ 향기로운 질/상태로 냄새가 나는 것
  ↓ 형용사=주로 질/상태이고, 부사=양태, 방법, 이유, 시간, 장소 — 등이다.
- The early bird /catches /the worm. =기→ 설→ 설′ vs S + V + O : Type 3
  시동=일찍 일어나는 새는 잡아 먹어요, 벌레를 말이다/잡아 먹는 데 그것은 벌레이에요.
- She /brought /me /some water.
  =기→ 설→ 설′→ 설″ (or 설′/설′) vs S + V + IO + DO : Type 4
  시동=그 여자는 갖다 주었는데 나에게 약간의 물을 말이다.(me≠some water ∴ 독설뇌 가능)
  tip) 4형식에서 연설뇌가 가능한 것은 설가뇌이기 때문이다.
- She /made /her family /happy. =기→ 설→ 설′→ 설″ vs S + V + O + OC : Type 5
  시동=그 여자가 만들어 주었는 데 자기 가족을 행복하게 말이다. (her family=happy)

영어구조[즉 원어민 두뇌]는 기/설이다. 문장 오형식이 아니다.

구분	영뇌	문장오형식 (five simple sentence patterns)
문법의 차이	뜻 문법	기능 문법
영맥파악 도구	기/설	주어/동사/보어/목적어/보조어
이해의 효율성	순서대로 바로 이해작용 발생	뜻보다 기능을 따지게 함
표현	표현의 자유	문장표현만 강요

: free 영뇌(특히 s동사 없는 표현도 가능하고, free 영뇌가 가능하니 문장표현도 자유로움)
⇒ More bad news on your poll. Just in breaking news.

☞.. 암기도 역순해석으로 암기하는 것과 영순의미가 느껴지면서 암기되는 것은 다르다.

IIIII.. `modify、의 정확한 의미

영어에서는 수식이라는 말이 없다. 이 말은 한국인과 일본인이 지어낸 기능적이며 도식적인 말이다. 영어를 영어중심으로 보지 않고 한글과 일어 중심으로 판단하여 그네들이 지어낸 말이다.

modify의 사전과 원서에서의 뜻 :

modify=(of a word, esp.an adjective or adverb)

to describe or limit the meaning;

to change a little;

to give more information about a word

--- from “Longman Dictionary” and “Fundamentals of English Grammar”

네 가지 뜻이 있다. 이런 네 가지 뜻의 뉘앙스에 맞는 한글 단어를 고르면 가장 적합 한 것이 설명이다. modify에 수식이라는 뜻이 전혀 품고 있지 않다. cf]decorate 수식[장식]하다

☐ **Tom bought a reference book on English**

describe는 `묘사하다 —〉 설명하다、 이니 결국 Tom을 bought로 설명해 나가고 bought를 a reference book으로 설명해 나가고, 다시 이 책을 on으로 설명해 나가고, on을 English로 설명해 나가는 표현이다.

Tom이라고 그냥하면 너무 광범위하다. 탐이 행위를 했는지 동작을 했는지 bought로 표현되면 매입행위로 일단 그 광범위한 의미가 국한[limit]되고, 만약 매입행위를 했다면 무엇을 구입했는지 a reference book으로 표현되면 Tom의 행위는 더욱 더 한정[limit]되는 것이다. 마찬가지로 출처가 아니라, on[내용]으로 국한되고, 역사가 아니라 Enlgish로 더욱 국한되니 결국 국한되는 것만큼 의미는 점점 더 명확해지거나 확정되는 것이다.

change로 적용시켜 보면,

Tom에 bought를 표현하면 Tom에 bought 의미만큼 조금 변화[change]를 가져오게 된다. 여기에 또다시 a reference book을 표현하면 전달의미는 더욱 변화를 가져오게 된다. on, English도 마찬가지이다. 결국 조금씩 조금씩 변하는 만큼 의미는 더욱 더 명확하게 전달 된다.

마지막으로 more information을 적용시켜 보면

Tom에 bought를 표현하면 Tom에게 bought라는 내용, 즉 구입정보가 더 첨가되는 것이다. 구입한 것에 또 a reference book이라고 표현하면 참고서라는 교재정보가 다시 더 추가된다. on , English도 마찬가지이다. 이렇게 정보가 점점 추가되는 만큼 의미는 점점 명확해져서 의사전달이 점점 확실하게 되는 것이다. **시동**=탐은 샀는데 참고서였고, 관한 내용은 영어이다.

tip)영어는 (원어민이 알고 있는) 단어의 뜻만 정확히 알면 된다. ☞p63/142

☐ Bush leads by a slim margin of 225 votes.

이 표현도 마찬가지이다. Bush로 시작하여 단어 하나 하나가 표현됨으로써 계속해서 의미는 describe되고, limit되고, change되고, more information이 되는 것이다.
시동=부시 대통령이 앞서고 있어요, 차이는 근소한 차이, 즉 225표이다.

이상 modify의 definition[정의]을 통해서 보더라도 modify에는 수식이라는 뜻은 전혀 없다. 네 가지 뜻을 모두 함축할 수 있는 말은 **설명**이다. 그래서, 「형용사는 명사를 수식하고, 부사는 동사, 형용사, 다른 부사, 문장전체, 명사, 전치사구를 수식한다」를 「형용사는 명사를 설명하고, 부사는 동사, 형용사, 다른 부사, 문장전체, 명사, 전치사구를 설명한다」로 바꾸어야 한다.

즉, 영어는 수식으로 이해하는 것이 아니라, 설명으로 이해를 해야 한다.
″She walks fast.〃 를 한글[또는 일어]로 해석하면 「그 여자는 빨리 걸어 다닌다.」로 된다. 한글[과 일어]에서는 `빨리、라는 말이 앞에 있기 때문에 fast를 기능적으로 수식으로 판단하는 것이다.
그래서, 우리는 ″She walks fast.〃를

↑_ 수식

: 이런 식으로 기능중심의 도식적인 관계로 가르쳐 왔고, 이해해 왔다.

그러나, 이제부터는 바꾸어야 한다. 즉 설명으로 바꾸어야 한다.
She /walks /fast.=기→ 설→ 설′ ➾ 그 여자의 걸음걸이가 빠른지 느린지 그 정도를 fast로 설명해 나가는 것이지 수식하는 것은 아니다.
시동=그 여자는 걸어요, 빨리 말이다/그 여자는 걷는데 빠르다/그 여자의 걸음걸이는 빠르다.

그리고, 또한 여기서 우리는 부사가 동사를 수식한다는 식으로 기능으로 이해하지 않고, 바로 뜻으로 이해할 수 있다. 형용사는 대개 질, 상태의 뜻이고, 부사는 시간, 조건, 양보, 이유, 방법, 추가, 정도, 양태의 뜻이다. walks라는 의미는 동작이다. 그 여자가 걷는 동작이 walks로 표현되면 이것이 빠른지 느린지 그 정도를 표현하려면 자연적으로 부사로 표현해야 한다. 하지만 행복한 상태로 표현하려면 happy가 되고, 행복한 양태로 표현하려면 happily로 표현하면 된다.
➾ She walks happy/happily.
시동=그 여자는 걸어가는 데 행복한 상태이다/걷고 있는데 행복하게 걷고 있다.

원어민들도 이렇게 기능보다 자연스럽게 그냥 뜻 관계로 단어를 표현하는 것이다. 그래서, **우리는 영어를 수식으로 이해할 것이 아니라 설명으로, 기능으로 이해할 것이 아니라 뜻으로 바로 이해해야 한다.** 그러면 원어민들처럼 영어를 바로 바로 이해해 나갈 수 있다. 기/설은 기능으로 이해하지 않고 뜻으로 이해하며, 수식으로 이해하지 않고 바로 설명으로 이해한다. 기/설은 원어민들의 두뇌 작동이기 때문이다. 그래서 **설명해 나간다는 말**은 결국 정보를 자꾸 추가해 나가거나 의미를 자꾸 확정지어 나가거나 의미를 자꾸 수정해 나간다는 말이다.

↗ 영어는 모든 표현에 감주로 경험한[이해한] 사실이 있어야 완성된다.

IIIII *Road crews /across the area /are /spreading sand, salt and chemicals /to help melt /dangerous patches of ice.*

영뇌=기→ 설/설 → 설′→ 설″ → 설′″ : BEis-Os

or I + I + I + I + I + I : I-Os or S + S + S + S + S + S : S-Os

↗분리 감주=고난도 감주

How to Read[Speak]=Roadcrewsa crossthearea arespreading sand, salt andchemicalsto helpmelt dangerouspatchesof ice.

: 먼저 감주로 이해한다. 한 단어처럼 뒷말과 말하는게 감주이다. 영뇌 중급자는 부분부분 감주로 먼저 이해하고 전체를 이해한다. 현장영어 뿐만이 아니라 각종 시험영어도 같다.

시동=vocal 감각적 주파수로 (자동설가가 될 때까지) F3+E2 강하게 말하기

↘ .. **major 감주로 이해하기**= -- crews -- spreading sand, salt -- chemicals -- to melt dangerous --- ice. tip)free 영뇌/free 감주=어느 부분을 보더라도 이해되는 것

시동=여러 도로 (일꾼) 조[팀]들이 이리저리 다니면서 자기 구역을 이리저리 다니면서 (하고) 있어요, 즉 뿌리고 있는 데 모래, 염화컬슘, 그리고 화학물질을 뿌리고 있어요, 대동 도움이 되게, 녹는 데 도움이 되게 [대동 도와서 녹게하려고] 위험스럽게 군데군데 얼어 붙은 덩어리, 즉 그런 덩어리 빙판에 말이다.

***사역/지각 동사+원동사=관습적 E** : help buy /let go /let drop[fall] /make believe /make do /hear say //(infml) come study /join help

-- etc. 단, 이때 사역동사라 해서 반드시 사역의미가 되는 것은 아니다.

.. **문장뼈대**=기본어(Road crews) + 연결설명어(across) + S동사(are 하고있다)

아무리 복잡해도 **기본 영뇌**에서 설명어를 늘인 것에 불과, 즉 독설뇌로 작동하다가 연설뇌로 작동하고 있다.

소감주 빅감주

↗**감주** : Roadcrews. Roadcrewsa/cross. Acrossthe area. -- etc.

↗ free 영뇌가 의군일 때는 (그냥 영뇌의군으로 간직하지 말고) 늘 감주로 간직한다. cf]날개 → free 단주

Free (vocal) 감주로 이해/간직 하기 ⇨ Road crews. /Road crews across. /Across the area. /Are spreading. /Sand, salt and chemicals. /To help melt. /Dangerous patches. /Patches of. /Patches of ice. /Across. /Of. /Are. /-- etc.

Tip)토익 part 2 Response는 free 영뇌와 sentence로 표현되어 있다.

➽ Road crews across. 여러 도로 조들이 가로지르며 다니는 것[다니고 있다]. Are spreading. 있는 데 뿌리고 있다. To help melt. 대동 도움이 되게, 녹는 데 도움이 되게 (하는 것/한다). /즉 도움이 되도록, 녹는데 도움이 되도록 (하는 것/한다). Patches of. 군데 군데 덩어리인데, 즉 (무언가의 덩어리). Of. 즉 또는 즉 무언가인 것 Are. (하고) 있어요/있다. ※토익 response는 free 영뇌를 모르면 정확히 해석할 수 없다.

이렇게 간직한 free 감주를 내뱉으면 그것이 바로 말이다. 문장으로 외워서 말하거나 한글에 끼맞추는 것이 아니다. 원어민 애들이 말문을 틔우는 원리와 같고, 우리말도 마찬가지이다. free 한글로 만들어진다. 그 동안 우리는 말이 어떻게 만들어 지는지 그 원리를 몰랐다.

주의] free 영뇌로 간직하는 것은 단어[숙어] 암기식으로 그냥 외우는 것과 다르다. 전자는 선인영뇌 각인으로 생활 속에서의 뜻으로 IS가 작동하는[보이는] 것이다.

※ 영뇌의군=무한글 이해의군 또는 설가 무한글 이해의군 =(선인 영뇌각인) IS 의군 또는 BEis 의군
=해음[해자]/상음[상자] 의군 = †감주의군(=소감주/빅감주/왕감주)

big tip) 영어는 한자 배열과 같기 때문에 명심보감에 나와있는 한자를 이해하듯이 버그단어도

있는 그 위치에서 IS로 이해하면 된다. 즉 동사도 IS로 이해하면 문장 중간에 올 수 있으며, 우리는 **서술종지형['다' 두뇌]**으로 이해하기 때문에 언제나 문장 끝에 온다. 전치사도 한글구조로 토씨로
↳ vs **영어=서술이음형['데' 두뇌]**
이해하지 않고, 직상 일반단어로 IS로 이해하면 명사/대명사 앞에 올 수 밖에 없다. 원어민 두뇌는 설가뇌이기 때문이다. 비록 Ekbe 시동이다할지라도 IS 영뇌[두뇌]로 바뀌면 한글구조 잔재는 완전히 없어져야 한다. 그래야 완전히 원어민 두뇌가 된다. 특히 IS로 의미전달이 되기 때문에 s동사를 써지 않아도 된다.

: I did nothing wrong. 시동=나라는 실체가 한 상황[것]인데 (그것이) 무 잘못인 것 He is a student.
시동=그라는 사람과 동질인 것이/그는 인데 학생이라는 것 He is at home. 시동=그는 있는데 (그곳이) 구처 집인 것
I ate pizza. Malaysia, truly Asia. cf] I don't want.=我不要 (아불요) I love you.=我愛汝 (아애여)
↳나는 먹었는데 (그것은) 피자였음 tip)영뇌=생활 속에서의 뜻으로 IS가 작동하는 것이지, IS에 한글구조의 문맥토씨는 없다.

crews=(일정 공간에서) 같이 일하는 사람들의 여러 조[팀], 예컨데 여러 일꾼/승무원 조[팀] -- 등
[c>s>z: 조 + c: 공간모습(cage) r: 이리 저리 다니는 모습 w: workers
s: not single/several 한 개가 아닌 것/여러 개로서 복수]
▸ crew=(보통[보통집단/조직]) 집합명사 /(보통낱개) 복수명사 :
The crew is/are waiting for instructions from the captain. 그 조/그 조원들
The plane crashed, killing two of the crew and four passengers.
[=two crew members] (is=집단개념 are=구성원 개념 : The family is/are)
/Two pilots and five cabin crew were on board. 비행실 승무원들 : children과 같다
patches=조각 조각 붙이는 것으로서의 여러 헝겊 조각들 ↳있었는데 승선하고 있었는데 비행판 위에 말이다.
[p: piece t: attach s: not single 한개가 아닌 것으로서의 복수
/several 여러 개로서 복수]
patches E-BAM=기워 놓은 헝겊 조각처럼 군데 군데 얼어 붙은 덩어리
patches of ice ⇒ 군데 군데 생긴[얼어붙은] 덩어리, 즉 그런 덩어리 빙판[=icy patches]
*생긴[얼어붙은]= 문맥/상황 associate of=동격연결 설명으로서 즉 그런

plus] ▸ They are /running three-legged race.
영뇌=기→ 설 : BEis-Os
↗기/설은 자기 family대로 잡는 게 좋다.
〈 They are /running /three-legged race.=기→ 설→ 설': BEis-Os
↳주어 family[=주어+s동사], 기수 family, 관사 family, 형용사 family, 전치사 family, -- etc.
시동=그들은 있다, 뛰고 있는 데 세발 경주를 말이다.
⇒ are=보니까 '무언가 하고 있더라' 로서 '있다' : **동개념**
주의]상개념이 아님에 주의하라.

기/설은 문맥에 따라 자기 family만큼 크게 작동시킨다.
caution] 기/설 영뇌로 TOEIC 문제 풀기

• The difference ________ the pressure inside and outside the plane is what affects your ears.

-- 여기서 the pressure 까지만 잘못 생각하면 of가 되나 the pressure family는 inside and outside the plane까지 이기 때문에 between이 정답이 된다.

시동=그 차이. 즉 사이의 차이[간차(間差)]는, 그런 압력 즉 안쪽 압력과 바깥쪽 압력, 즉 비행기 안쪽 압력과 바깥쪽 압력 사이의 차이[간차(間差)]는 인데, 뭐냐하면 영향을 주는 것이다. 여러분의 귀에 말이다[— , 즉 간자(間者) 그 압력 즉 안팎의 압력, 즉 비행기 안팎의 압력의 차이는 —].
vs They had a difference <u>of</u> opinion. tip)간자=사이에 있는 대상/사이를 만들어 주는 대상

IIIII.. **관습적 English :**

Hold it tight and don't **let go.** Don't **let go** (of) the handle.
She **let drop[fall]** the fact that she was expecting a baby.
They **made believe** they were princes and princesses.
We haven't got meat, so we'll have to **make do** with bread.

let go=하도록 즉 빠져 나가도록 하는 것 ＊빠져=**단어/문맥/상황** associate
뜻하는 의미=to stop holding 대동 끊어 버리는 것, 잡고 있는 것을 끊어 버리는 것으로서 놓는 것 cf](steering) wheel 운전대 ∴ wheel=운전대/바퀴

Don't let go of the handle. : Hidden Object=your hands of=**동격소속**
하지마라, 하도록 빠져 나가도록 하지 마라. 즉 손잡이에서 말이다.
or Don't let go the handle. : 관습적 English로 목적어 뒤로 도치
=Don't let the handle go.
하지마라, 하도록 빠져 나가도록 하지 마라. 그 손잡이가 말이다.
/하지마라 하도록 그 손잡이가 빠져 나가도록 하지 마라.

let drop[fall]=하도록 즉 소문을 떨어 뜨리도록 하는 것[소문이 퍼지도록 하는 것]
/하게 하는데 소문이 퍼지게 하는 것 ＊소문=**단어/문맥/상황** associate
뜻하는 의미=to make known 하는 데 알려지게 하는 것
drop/fall=소문 따위가 떨어지는 것으로서 소문이 퍼지는 것
expecting=verb 배가 불룩 나와 있는 것으로서 임신하고 있는 것
[ex: out p>b: 배가 불룩 나온 모습 ing: 하고 있는 것]

tip)vocal 음은 목으로 성대가 많이 울리고 공명이 많이 되도록 말한다. 그러면 음이 더욱 기름진다.

이해한다 : 일종의 skimming

☞.. major 감주=중요한 것만 감주로 이해하거나 각인시키는 것, 특히 본문이나 지문은 major 감주로
⇒ 이때 문맥=BE문맥/associate로 처리
↘기/설 문맥으로 설명해 나가는 문맥: 설가문맥

(infml, euph for pregnant)

▸ euphemism=말을 불쾌하게 하지 않거나 부드럽게 하는 말로서 완곡한 말
[p: pleasant m: 말 s: soft]

make believe=만드는 데 믿도록 보이도록 만드는 것 ＊보이도록=**상황/문맥** associate
뜻하는 의미=to pretend 인체하는 것

make do=꾸려나가면서 해쳐 나가는 것 (with/without) **뜻하는 의미**=꾸려나가는 것
make=만들어 나가는 것으로서 꾸려 나가는 것 do=수행하는 것으로서 해쳐 나가는 것

We haven't got=우리는 없는 데 가진 것/획득해 놓은 것이 없다 : I've got terrible constipation.
got=움직여 취해 놓은 것으로서 획득소유/획득소유로서 소유[go: move t: taken] ↘있는데 가지고 있는데 --
↘획득소유가 자기잘못으로 생긴 것

tip) 'I say pay it.' 나는 말했어요, 지불하겠다고 그것을 말이다.
↘say=발생현재 pay=미래 속에서의 본동사의미

Free (vocal) 감주로 이해/간직 하기 ⇒ The difference between. /The difference between the pressure. /Between the pressure. /The pressure inside and outside. /Between the pressure inside and outside. /Is what. /What affects. /Affects your ears. /-- etc.

▸ The difference between. 그 차이인데 어떤 것 사이의 차이 /그 차이 즉 간차 / 그 차이 즉 간자의 차이
The difference between the pressure. 그 차이, 즉 사이의 차인데 그 압력 사이의 차이 /그 차이 즉 간자 그 압력의 차이 Between the pressure. 사이, 즉 그 압력 사이/간자(間者) 그 압력 The pressure inside and outside. 그 압력, 즉 안쪽과 바깥쪽의[에 있는] 압력 Between the pressure inside and outside. 사이인데, 그 압력, 즉 안쪽 압력과 바깥쪽 압력 사이 /간자 그 압력, 즉 안팎의 압력
Is what. 인데 무언가 이다/인데 그 무언가이다. What affects. 뭐냐하면 영향을 주는 것 Affects your ears. 영향을 주는 데 여러분의 귀에 영향을 주는 것[준다].

Major 감주로 이해하기 ⇒ Pressure inside and outside plane affects ears.

Free 영뇌 쉽게 작동시키기 생활 속에서의 뜻으로 BEis, IS 영뇌를 작동시키면 free 영뇌는 쉽게 작동한다. 언어는 생활의 산물이다. 생활 속에서 뜻이 얻어진다. 그래서 늘 스마트폰이나 IPad에 현장방송 또는 영자신문 앱을 깔아 청취와 알림을 통해 IS 언어생활을 하라. 특히 영뇌 상급자는 free 감주로 이해하면 free 영뇌는 쉽게 작동한다.

영뇌세포를 만드는 가장 좋은 방법 :

IS 언어 생활을 통하여 생활 속에서의 뜻으로 읽거나 듣거나 공부해서 감주 free 영뇌[특히, 我必 free 감주]를 많이 간직하라. 그러면 저절로 BEis로 IS로 엮어진다. 읽기, 듣기, 말하기, 쓰기의 비밀이 감주 free 영뇌[즉 free 감주]에 있다. **성공과 실패는 조그마한 차이이다.**
여러분의 두뇌를 free 영뇌와 감주로 그 성능을 높여라. 특히 두뇌는 영뇌세상이 한뇌세상을 지배해야 한다.

tip) 1. 영뇌로 이해하면 영뇌가 발달하고, 한뇌로 이해하면 해석뇌가 발달한다. 주의하라.
그리고 **free 영뇌**는 SpE(대화, 뉴스, 드라마, 쇼), 리플, 헤드라인, 광고, 알림 -- 등에서 많이 나타난다.
2. 일반적으로 short하게 말하면 free **영뇌**[infml E]가 되고, full로 말하면 StE[formal E/WrE]가 된다.
그래서, 대개 각종 시험영어, 특히 IELTS, TOEFL의 말하기와 쓰기는 full로 표현한다.

☞.. 감주리딩의 최대 장점은 영어자체로 쉽게 (이해되면서) 기억되고 쉽게 일상적인 말이 된다.

IIIII *By the end of the year. //he will have /trained /100 horses.*

영뇌=전설 ⇨ 기→ 설 → 설′ : BEis-Os

or I + I + I + I : I-Os or S + S + S + S : S-Os

How to Read[Speak] ↱비약음 감주 ↱비약음 감주 ↱비약음 감주

=Bythe endofthe year, hewill havetrained 100horses.

↳약음 감주 ↳강약 감주 ↳단주

: 먼저 감각적 주파수로 이해한다 : 감주로 말을 많이하라. 영뇌청취도 쉽게 된다.

시동=vocal 감각적 주파수로 (BEis/IS 영뇌가 될 때까지) F3+E2 강하게 말하기

☞.. **我必 Free (vocal) 감주 간직하기**

= At the end of the year, trained horses would be 100.

시동=쯤에는[近時/近者], 말 즉 연말 쯤에는 그는 할 것 같아요, 갖는 것인데 훈련 시킨 것을 갖는 것인데 백마리의 말을 말이다. ↳ 영어는 어느 부분을 보더라도 (단어 하나이든) free 영뇌, 특히 free 감주[단주]로 이해되면 된다.

기본 영뇌에서 전설이 붙은 것에 불과하다. **즉 전설뇌와 연설뇌로 전개되고 있다.** 여기서 전설은 앞에서 뒷말 전체를 설명해 준다. 즉 전치사 전설로서 **설주뇌**이지만, 전설을 다시 분석해 보면 같은 두뇌흐름으로 좌에서 우로 설명해 나가는 **설가뇌**이다. 원래 설주뇌와 설가뇌의 두 뇌흐름은 좌에서 우로 같다. ➡ By /the end /of the year=B-->E--E′

↱ free 영뇌의 소리값 ⇒ 생활 속에서의 (뜻의) 소리값

Free (vocal) 감주로 이해/간직 하기 ⇒ By the end. /The end of. /Of the year. /He will. /He will have. /Have trained. /Trained 100. /Have trained 100. /Trained 100 horses. **주의)free 감주 간직시 감주 이해감도 같이 유지, 즉 감주 그 자체로 free 영뇌로 작동되어야 함**

Tip)토익 part 2 Response는 free 영뇌로 되어있고 대문자로 시작하면서 period를 찍고 있다.

➡ By the end. 근시[근자] 말쯤[말에] The end of. 말인데 즉 -- /말인데 어떤 시기의 말 Of the year. 즉, 금년 He will. 그는 (앞으로) 할 것이다. Have trained. 갖게 되는 데 훈련 시킨 것을 갖게 된다는 것 -- **여기서 have=원동사 free 영뇌로서 미래 속에서의 본동사 의미 vs 현동사 영뇌 free 영뇌** : 가지고 있는 데 --. Trained 100 horses. 훈련 시킨 것인데 일백마리 말을 훈련시킨 것 : **능동** event -- **설가뇌** /훈련받은 100 마리의 말 : **피동** event -- **설주뇌** ⇒ **모두 일반과분사 free 영뇌** /훈련시켰는데 백마리 말이었어요 : **과동사 free 영뇌**

일반적으로 전설은 이동이 자유롭다. 하지만 논리적 인과 관계 전설은 등맥처럼 이동이 자유롭지 않다. 그래서, 이동할 수 있느냐 없느냐 기준은 문맥관계[뜻 관계]에서 찾아야 한다.

➡ He will have /trained /100 horses, //by the end of the year. =B-->E--E′ ⇨ WE

vs My headache is /so bad //that I cannot think straight. =B→ E ⇨ WE : **이동불가**

※ WE=the whole explanatory word 전설

☞.. 어느 부분을 보더라도 감주로 이해되어야 한다.

> IIIII ***Bush leads /by a slim margin /of 225 votes.***
>
> **영뇌=기→ 설→ 설′** : BEis-Os
>
> or Ⅰ+Ⅰ+Ⅰ : Ⅰ-Os or S + S + S : S-Os
>
> How to Read[Speak]=Bushleads byaslim marginof 225votes.
>
> : 먼저 감각적 주파수로 이해한다. 그러면 저절로 해음/상음이 된다.
>
> **시동**=vocal 감각적 주파수로 주의] 감주로 말을 하기 때문에 우리는 듣기가 가장 어렵다.
>
> (해음 또는 상음이) 되게 F3+E2 강하게 말하기
>
> (해음=해가 들어간 음, 즉 말[소리]자체가 뜻인 것 상음=A상황이 보이는 음, 즉 말[소리]자체가 A상황인 것)
>
> ☞.. **我必 Free (vocal) 감주 간직하기**=Bush leads by 225 votes.

시동=부시가 앞서고 있어요, 차이는[차자] 근소한 차이이며, 그 크기는 225표이다.

↗ 먼저 말에 먼저 (무한글 이해) 느낌이 와 닿아야 한다.

☞ **영뇌각인 : 선강 후약/선인 영뇌각인 -- 일종의 의음/의자**↘원어민은 순서대로[먼저 말에 먼저] 의미를 던진다.

Bush〉leads by〉aslim margin〉of 225〉votes.

IS로 글자[소리]에 의한 영뇌각인 정도가 앞말에 더 강하거나 먼저 말에 먼저 영뇌로 각인이 되거나 감주리딩[감주청취]이 되면 순서대로 쭉 읽어내려[들어] 갈 수 있다. 특히 한글어순식 해석뇌가 발달한 사람들은 (뒷것부터 인식하기 때문에) 이런 훈련을 많이하라. 선인 영뇌각인/의음/의자가 되지 않으면 해석뇌다.

caution] 순서대로 읽어[들어] 나가지 못하거나 영맥이 순서대로 보이지 않는 사람들은 영뇌각인을 하지 않았거나 감주리딩[감주청취]을 하지 않았기 때문이다. 특히, 비영어권 사람들은 감주로 이해하면 선강후약 또는 선인 영뇌각인을 쉽게 유지할 수 있다.

tip)1. We're/He will/You can/He has로 먼저 표현되면 free 감주로 먼저 이해한다.

2. **영맥을 순서대로 보이게 하는 법** : 감주/선강후약 각인/선인 영뇌각인/설가뇌/자동설가뇌 -- 특히 감주로 보이면 순서대로 보인다.

머리 속에 감주를 많이 기억시키거나 암기하면 두뇌세포 인지는 발달한다.

Free (vocal) **감주로 이해/간직 하기** ⇨ Bush leads. /By a. /By a slim. /By a slim margin. /Margin of. /Of 225 votes. -- etc. ·››› By a. 차이[차자]가 어느 정도 되는 것 By a slim. 차이[차자]가 어느 정도 되는 데 근소한 것(**명사 전제** infml) By a slim margin. 차이[차자]가 어느 정도 되는 데 근소한 차이인 것 Margin of. 차이가 즉 /차이인데 그 크기는 Of 225 votes. 즉, 225표

↗ ≠차등비교 대상 차자(=than)

by=옆만큼 사이가 벌어진 것으로서 차이[정도] /차이 대상으로서 차자(**差者**) [b: between]

of=동격크기로서 (즉) 그 크기는 /의 /즉 [o: apposition] : a cup of coffee

slim =adj. 아주 작은 것으로서 근소한 것[가느다란 한 것] /(유연하게) 쭉 빠진 것으로서 잘 빠진 것 [s: small m: much or s〉z: 쭉 l: 빠진 모습]

vs slender =adj. 쭉 빠진 것인 데 들어갈 때는 들어가고 나올 때는 나온 것으로서 (graceful하게) 잘 빠진 것 [s〉z: 쭉 l: 빠진 모습 en: in] ※ a=어떤 하나의 크기정도로서 어느 정도인 것

↗한글도 글자자체/말[소리]자체가 뜻이자 실제상황이다.

☞.. 영뇌, 즉 BEis/IS 영뇌=(한글없이) 영어자체로 충분히 이해되는 것

||||| *Snows /Caused /Pileups, /Delays.*

영뇌=기→ 설→ 설′/설′ : BEis-Os

or I + I + I + I : I-Os or S + S + S + S : S-Os

How to Read[Speak]=Snowscaused pileups, delays.

↳비약음 감주 ↳단주 ↳단주

시동=vocal 감각적 주파수로 : 먼저 감각적 주파수로 이해한다.

↳감주는 주로 I값으로 이해가 실린다.

(해음/상음, 해자/상자가 되게) F3+E2 강하게 말하기

tip)강하게 말해야 약하게 말하는 것은 쉽게 된다.

☞.. **我必** Free (vocal) **감주 간직하기**=Delays, pileups caused by snows.

시동=이 곳 저 곳에 내린 눈이 야기시켰어요. 서로 뒤엉키고, 지체소동이 벌어지는 현상들을 말이다.

tip) 1. ☞.. Ekbe값을 IS값으로 바꾸어주면 IS, BEis 영뇌가 된다.

2. IS가 체화되면 단어만 보아도 쉽게 분위기를 느낄 수 있다.

transfer]Ekbe 리딩 ——> IS 리딩

S **영뇌**의 S는 actual situation, **실제 생활 속에서의 실제상황**이지 절대로 이미지나 그림이 아니다. 소리나 단어는 실제로 있거나 실제로 일어나는 상황을 표현하기 위해 태어난 것이지, 이미지나 그림을 표현하기 위해 태어난 것이 아니다. 우리말도 이미지나 그림으로 이해하지 않는 것과 같다.
그래서 이미지로, 그림으로 이해시키는 학습은 잘 못된 가르침이다. 실제로 여기 저기 폭설이 일어나 생긴 실제 사고로 바로 두뇌가 작동해야 한다. 실제로 일어난 사고는 어디까지나 실제사고이지 이미지가 아니다. 그래서 아래와 같이 실제사고를 이미지나 그림으로 연상하여 이해하지 말라.

따라서 S **영뇌**에서는 소리나 글자에서 앞방으로[실제사고 현장으로] A상황이 보이거나 A상황을 표현한 것으로 보이기만 하면 된다. 머리 속에 **보이는 것이 바로 이해다.** ∴ **S 영뇌=언어 ⇄ 실제상황**

↳즉 언어와 상황관계로 이해

☞.. **원어민이 되는 과정** : Ekbe → BEis/IS/free **영뇌** → **감주**

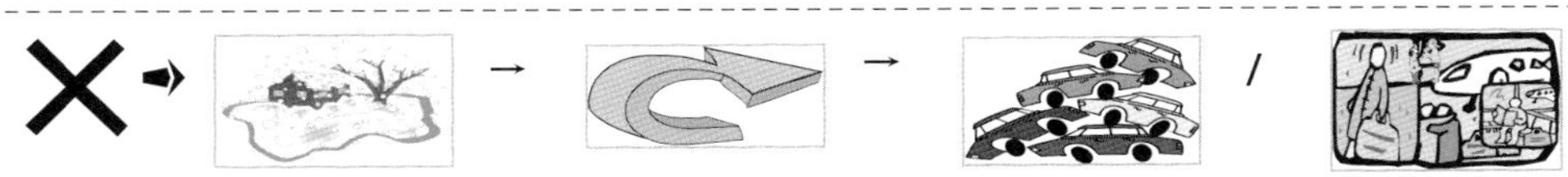

↗즉 단어모양 자체

I **영뇌**는 소리[말] 자체가 이해[뜻]로 작용하고, 글자자체가 이해[뜻]로 작용하는 뇌이다. 그렇게 되려면 비영어권 사람들에게는 실제상황이나 뜻이 소리 속에, 글자 속에 완전히 용해되어 있어야 한다.

∴ **I 영뇌=상황이나 뜻이 용해된 언어 (즉 언어자체로 이해) + 용해과정 필요**

원래 단어를 처음 만들 때 뜻과 실제상황으로 만들었다. 그래서, 소리와 글자가 저절로 또는 바로 뜻[이해]으로 작용하고 실제상황으로 작용한다. 이게 바로 IS영뇌다. 다시 해석해서 이해할 필요가 없다. 최종적으로는 BEis가 아니라 IS 영뇌가 돼야 한글과 영어의 구분이 없어지고, 영어도 우리말 처럼 일상적인 말이 된다.

☞.. **I, S영뇌 쉽게 구별하는 법** : 글자자체에서 실제상황이 (앞방으로) 머리 속에 보이면 S영뇌이고, 뜻으로 보이면 I영뇌다. cf]BEis=IS가 설명해 나가는 관계로 작동하는 것

↘S영뇌가 굳어지면 I영뇌가 생긴다

↗ ∴ 소리/글자에 의해서 이해가 된다. 즉 의음/의자로 이해된다.

■ **해음/해자 형성과정** : 익숙된 의미가 되는 과정 — 용해된 후에는 소리[글자] 자체가 뜻/A상황을 유도함

↘그래서 영뇌 상급자가 되면 IS로부터 해석이 나오지 해석으로부터 IS가 나오지 않는다. 모든 게 IS에 의존해서 해결된다.

※ **실제상황 용해(dissolved) :** ※ **뜻 용해(dissolved) :** ↘영어자체 이해느낌으로부터 Ekbe가 나온다.

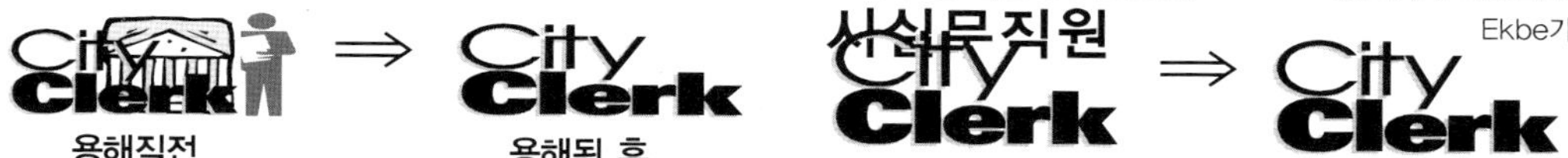

용해직전 ⇒ 용해된 후 용해직전 ⇒ 용해된 후

결국 단어의 뜻은 영어자체이자 실제상황이다. 즉 말[소리]자체/글자자체가 뜻이자 이해이자 A상황이다. 이때 소리는 영어주파수가 용해된 소리이다. 따라서 vocal 주파수가 용해된 소리 또는 글자자체가 바로 뜻이자 이해이자 A상황인데 왜 해석을 하는 가? 그래서 결국 영뇌가 **완성되면** 최종적으로 간직하게 되는 것은 vocal 주파수가 용해된 해음/상음, 즉 일상적인 말이다. 일상적인 말로 들리고 이해되는 경지까지 가야 한다.

실제로 우리말도 그렇듯이 영어는 I영뇌 또는 S영뇌 또는 이들 혼합으로 두뇌가 작동하는 데, **I영뇌 작동이 가장 많다.** 생활 속에서 습관화 되어 용해가 되었기 때문이다. 이제는 역으로 용해된 A상황이 앞방으로 (머리 속에) 보이거나 표현한 것으로 보이면 **S영뇌**가 된다. (**I영뇌**=말[소리]자체가 이해로 작동하거나 글자자체가 뜻으로 보이는 것)

tip) ∴ IS 영뇌/free 영뇌=(소리/글자에 의해서) 생활 속에서의 뜻으로 IS가 작동 ∵ IS=생활 속에서의 뜻

↘**실제로 적용된 뜻(≠사전의 원형적인 뜻)** ↘**시동 외는 한글로 갈 필요가 없다.**

snows=미끄러져 너울 너울 춤추면서 내려오는 하얀 물체로서 이곳 저곳의 눈
[s: slide n: 내려오는 것 o: 하얀물체 w: 너울너울 춤추는 모양 s: several]
caused=야기시킨 것으로서 발생시킨 것[c>키>기: 야기시키는 것 -- 경음화 ed 얻>었: 과음가 or (e:조율음) d: did 실제과거] city clerk=시청 실무직원 /시 실무직원
delays=앞으로 가지 못하고 놓여 있는 것으로서 이곳저곳 지체 현상들[d>:뒤 la:laid s:several]
→ **단어의 뜻=BAM=IS** → 결국 영뇌=bnw-BAM 또는 im-BAM이 IS로 변한 것

※ **실제상황[=A상황]을 쉽게 그리고 확실히 느끼는 법**

실제상황을 보는 방법은 여러 가지가 있겠으나 리딩에서는 **앞방으로 보이는 게 가장 좋다.** 특히 순서대로 실제상황이 잘 보이지 않으면 Ekbe 한글에서 실제상황이 머리 속에 보이면 된다. 실제상황을 그림을 그리거나 이미지를 연상해서 이해하면 쉽게 실제상황이 보일 수 없다. **실제상황은 실제생활 또는 세상 속에 있는 것으로 보이는 것이다.** 그래서 특히 S 영뇌는 실제생활 속에서 언어를 체득하는 것과 같다. ↘S + S + S=S↑+ S↑+ S↑

☞ ❶ **'앞방' 으로 보면 실제상황이 확실히 꽂힌다. (앞방=앞쪽 방향) :** 앞방으로 본다는 것은 자기 쪽으로 당겨서 보는 것이 아니라, **실제상황이 있는 실제생활 또는 세상 쪽**으로 본다는 것이다.
A상황은 시 • 공간적으로 존재하는 실제생활 또는 세상 속에 있는 실제상황이다.

❷ **'앞방' 으로 보면 실제상황이 쉽게 보인다.** 실제생활과 세상 뿐만이 아니라, 자기가 공부한 쪽으로도 쉽게 간다. 예컨데 앞방으로 보면 who 영뇌, by 영뇌 -- 등등 공부한 쪽으로 저절로 가게 된다.

tip) 일반적으로 감주로 읽거나 들리면 저절로 IS영뇌, 의음, 의자가 된다.
↘**이런 3가지 원리를 안다고 해서 영어가 되는 것은 아니다. 이런 것들이 (감주로) 잘 돌아가게 해야 한다.**

☞.. 영어는 영어 이해흐름대로 이해돼야 진짜 영어다 : **영어승차감으로 이해**

Tip] 이해가 가장 빠른 것 : free I영뇌, **특히** free I**영뇌의군으로** 이해하는 것

- 소리 또는 글자에 의해 저절로 이해가 되어버리는 것=이해의 distance '－' : minus **해음/해자**

  ∵ 소리/글자 자체 속에 (이미 익숙한) 뜻과 실제상황이 용해

- 소리 또는 글자에 의해 바로 해가 우러나오거나 (앞방으로) 실제상황이 보이거나 표현한 것으로 보이는 것 =이해의 distance '0' : equal **해음/해자//상음/상자**

  ∵ 소리/글자 자체 속에 (이미 익숙한) 뜻과 실제상황이 용해

> 그래서 말[소리]자체[글자자체]가 바로 이해이자 A상황인데 다시 연상하거나 이미지로 메이킹 할 필요가 없다. 따라서 빠르게 이해하려면 이해의 distance가 minus 또는 zero가 되어야 한다. 영뇌는 소리 또는 글자에 의해서 무한글 상태로 저절로/바로 (이해가) 작동하는 것이지 일단 멈추었다가 일어나는 작용이 아니다. 이렇게 연상은 해석뇌처럼 "Don't-Know Gap"이 발생한다.

- 실제상황을 연상/생각=이해의 distance '+'
- 실제상황을 이미지로 연상=이해의 distance '+++'

big tip) 1. IS 영뇌가 형성된 사람들에게는 소리 또는 글자에 의해서 (무한글로) 저절로/바로 이해가 되지 내가 먼저 이해하는 것은 아니다 : **의음/의자**　2. 소리 또는 글자에 의한 이해≠순수한 자기이해

※의음/의자=의양두뇌로서 일종의 두뇌세포 선인지

전자=소리/글자가 뜻을 유도하기 때문에 그것에 의해서 이해가 되는 것 : **천재두뇌**

후자=해석처럼 다시 자기가 이해하는 것, 즉 암기처럼 다시 의식작용이 발생하는 것 ↳**보통사람 두뇌**

nb - ☞.. **In Tsunami Aftermath, 'Road to Future' Unsettles a Village**

BABANAKAYAMA, Japan : Freshly carved out of the side of a hill, /with layers of rock still exposed along some of its stretches and trees lying nearby, //the construction project /that was supposed to help this fishing village relocate and rebuild after the earthquake and tsunami in March /was optimistically named the Road to the Future.

=WE/WE ⇨ B-->E/E : 먼저 전설로 복잡하게 해놓고 기본어를 나중에 밝히는 예
즉, 전설뇌를 먼저 작동시키고, 기본어와 독설뇌를 작동시키고 있다.

> ➡ **감주로 쭉 읽어 나가되 잘 안되면 free 감주로 이해한다.　※특히 free 감주로 빨리 감을 잡는다 : Best 이해 즉 부분부분 감주로 먼저 이해하고 전체로 이해한다** ⬅　**※모르는 단어나 모르는 부분은 빼거나 함께 이해한다.**
> ➡ **영뇌상급자** → **영맥=BEis로 파악하고, 문장뼈대=기본어/연결설명어/S동사로 잡고, 이해=감주로 한다** ⬅

▭ (앞부분) 뼈대가 되는 것=연결설명어 : carved/with (분전설/전전설) — 전뼈대
▭ 기본어=the construction project　　▭ s동사=was
▭ (뒷부분) 뼈대가 되는 것=연결설명어 : that — 후뼈대　　***s동사=현동사/과동사/조동사=본동사**
↳문장전체 동사

▭ 문장 뼈대=전뼈대 + 기본어 + 후뼈대 + s동사　▭ 기본 뼈대=기본어 + s동사 family

tip) free 영뇌는 해석처럼 낱낱이 하나하나 엮어가면서 이해하는 것이 아니다. 보이는[들리는] 대로 부분으로 이해되는 것이다. 그렇게 이해되면 전체로 또는 부분부분끼리는 저절로 엮어진다 : **free 영뇌의 위력**

Free (vocal) 감주로 이해/간직 하기 :

Freshly /carved out /of the side /of a hill,=E-->B-->E-->E′ : 관계과분사 영뇌의군

⇒ 부사의 설명을 받아 **관계과분사**를 중심으로 전치사 연결설명어로 연속적으로 설명해 나가는 뇌이다. 이런 **관계과분사** family가 기본어를 앞에서 설명해주는 설주 전설뇌로 작동하고 있다. 그래서 관계과분사 연결설명어가 뼈대가 된다. **시동**=새롭게 깍여져 나와 있고, 즉 기슭 즉 언덕 기슭에서 깍여져 나와 있고,

with /layers of rock /still exposed /along some of its stretches |and |trees lying nearby, =B-->E-->E′ -->E″ ⇒ CE ⇒ E : 전치사 영뇌의군

⇒ **전치사**를 중심으로 연설로 설명해 나가다가 등설로 다시 명사를 추가해서 설명해 나가면서 관계현분사로 설명해 나가는 뇌이다. 이런 with family는 앞에서 기본어 the construction project를 설명해 주는 설주 전설뇌로 작동하고 있다. 그래서 with 연결설명어가 뼈대가 된다. 즉 다른 연결설명어들은 이 뼈대를 설명해 나가는 with family의 식솔에 불과하다. 그리고, 등설 and의 기본어는 with이기 때문에 and할 때는 머리는 with로 연결되어야 한다.

시동=아울러 여러 층, 즉 바위의 여러 층[여러 층으로 된 바위]도 여전히 드러 내놓고 있고, 따라, 일부 즉 쭉 뻗은 언덕의 일부를 따라 드러내 놓고 있고, 그리고 나무들은 누워 가까이 누워있는 가운 데

its의 referent=a hill CE=a coordinate explanatory word with=동존상황으로서 아울러
↳즉 동존추가
carved/lying=콤머 관계과분사/관계현분사 -- 비제한적 연결영뇌
with=전치사 -- 콤머 유무에 상관없이 문맥에 따라 제한적/비제한적 연결영뇌

that /was supposed to help /this fishing village relocate and rebuild //after /the earthquake and tsunami /in March
=B-->E-->E′ ⇨ WE-->E′ -->E″ : 관계대명사 영뇌의군

⇒ that 관계대명사를 중심으로 해서 연설뇌로 작동하다가 after에서 앞말 전체를 염두에 두고 설명해 나가는 설가 전설뇌로 작동하고 있다. 글 전체에서는 기본어의 보설뇌로 작동하고 있다.

시동=즉 되어 있었던 예정되어 있었던 계획, 대동[즉] 돕기로 예정되어 있었던 계획인데, 이곳 어부마을이 재배치되고, 재건설 되는 것을 돕기로 예정되어 있었던 계획인데 후에 지진과 쓰나미가 있었던 후에, 내시에 3월 내시[내자 3월]에 발생한 지진과 쓰나미 있었던 후에 돕기로 예정되어 있었던 계획인데

한국에서는 자꾸 한글로 가서 이해한다.
↗ 외국에 나가는 가장 큰 이유 ⇒ 외국에 나가면 생활 속에서의 뜻[IS]으로 바로 이해하는데

tip) ☜.. IS 영뇌/Free 영뇌 : 생활 속에서의 뜻[소리]이므로 미국에서 살면서 얻어지는 뜻[소리]과 같다.
그래서, 미국에 가지 않더라도 영어 정복이 가능하다.

※미국에서 살지 않더라도 (생활 속에서의 뜻으로) 원어민과 똑같이 얻어지게 하는 뜻=IS + BNW[BAM]
미국에 살지 않더라도 (생활 속에서의 소리로) 원어민 말투를 내게[듣게] 하는 것=vocal음 + 감각적 주파수

☜.. **지금까지 우리는 언어를 다르게 습득해 왔다 :** 원어민들은 생활 속에서 뜻과 소리로 언어를 먼저 습득하고, 우리는 사전의 원형적인 뜻과 원형적인 소리로 습득한다. 그래서 실제로 많이 듣고 많이 말해야 한다.

| big tip)**문장내 연속적인 감주로만 이해하는 것이 아니다. 비연속적인 것과 문장간 감주로도 이해하라.**

to=방향 연결[대상]이 동사인 것으로서 즉[대동]   **밑줄부분** : '발생한' =**문맥/상황** associate
in=내 time으로서 내시 /내시 대상으로서 내자
that=노콤머로서 문맥에 따라 제한적/비제한적 연결영뇌 가능, 여기서는 **제한적 연결영뇌**

was /optimistically named /the Road to the Future. =B-->E-->E' : s동사 영뇌의군

⇒ s동사를 중심으로해서 계속해서 설명해 나가는 연설뇌로 작동하고 있다.
글 전체에서는 s동사 family가 기본어의 독설뇌, 즉 분설 독설뇌로 작동하고 있다.

시동=되었지요, 낙관적으로 명명되었지요, '길, 즉 미래로 향하는 길' 이라고 말이다.
(이라고 말이다=Ekbe **문맥**)

remember] free 영뇌는 문장내뿐만이 아니라 문장간에도 발생한다. 문장간 free 영뇌도 간직하라.
↳**영뇌영어 vol 2 p437/440**

**시동=속에서 쑤나미 후유증 속에서 'Road to Future' 프로젝트는 뒤흔들어 놓고 있어요,
어느 한 마을을 말이다.** (프로젝트=**문맥/상황** associate)

새롭게 깍여져 나와 있고, 즉 기슭 즉 언덕 기슭에서 깍여져 나와 있고, 아울러 여러 층, 즉 바위의 여러층[여러 층으로 된 바위]도 여전히 드러내놓고 있고, 따라, 일부 즉 쭉 뻗은 언덕의 일부를 따라 드러내놓고 있고, 그리고 나무들은 누워 가까이 누워있는 가운 데, 그 건설 공사 계획, 즉 되어 있었던 예정되어 있었던 계획, 대동[즉] 돕기로 예정되어 있었던 계획인데, 이곳 어부 마을이 재배치되고, 재건설 되는 것을 돕기로 예정되어 있었던 계획인데 후에 지진과 쑤나미가 있었던 후에, 내시에 3월 내시[내자 3월]에 발생한 지진과 쑤나미가 있었던 후에 돕기로 예정되어 있었던 계획인데 되었지요, 낙관적으로 명명되었지요, '길, 즉 미래로 향하는 길' 이라고 말이다. (밑줄부분=associate)

--모든 게 시작은 이렇게 늘 희망을 주지요. 그러나, 현실은 그렇지 못한가 봐요.

※ **여기서 relocate/rebuild=vi. 자동사 영뇌   우리말 '되다' =자동의미/피동의미**
-- 양향이 미치지 않게 Ekbe **값**을 가져 오면 된다. 그래서 '-- 되다' 로 되었다.

major 감주로 중요한 것만 각인시키거나 아필 감주로 빨리 각인시킨다.

※ **major 감주로 skim하기 :**
... Carved out, ... rock still exposed, ... the construction project ... this fishing village ... relocate and rebuild ... named "... Road to the Future".

.. 아필 감주로 scan하기 :
= ... the construction project ... fishing village ... relocate ... .

tip)현장영어 뿐만이 아니라 수능, 토익, 토플, 아이엘스 독해/청취도 major 감주 또는 아필 감주로 이해하면 쉽게 감을 잡을 수 있고, 특히 (지문/본문) 내용파악은 major 감주로 하고 문제 풀이는 아필 감주로 푼다.

tip) .. 我必 Free (vocal) 감주 간직하기 :
The project, the Road to the Future, which relocates and rebuilds this fishing village.

풀때는 지문에 필요한 것만 감주로 각인시키는 것 : 일종의 scanning associate로 처리

☞.. 아필 감주=자기에게 필요하거나 원하는 것만 감주로 이해하는 것, 특히 문제를 → 이때 문맥=BE문맥/

nb - ☞ .. The ruling /Thursday /by the Supreme Court of Canada /that Quebec cannot unilaterally secede from Canada /is /a landmark decision /which will allow Canadians more time /to think about /the most divisive issue /facing Canada today.

=B-->E/E/E/E-->E′ -->E″-->E‴ -->E⁗ -->E‴″

: 기본어로 중심으로 해서 뒤로 복잡해지는 예이다. 즉 기본어를 중심으로 해서 독설뇌로 작동하다가 s동사 독설에서부터 다시 연설뇌로 작동하고 있다.

장문은 기본어를 중심으로 먼저 복잡해지거나 뒤로 복잡해지는 패턴을 가지고 있다.

▭ 기본어=The ruling 연결설명어=by/that/which/to think/facing

s동사 =is ▭ 문장 뼈대=기본어+연결설명어+s동사+연결설명어

▭ 기본 뼈대=기본어+s동사 family=B-->E-->E′

(E″부터=부연설명이니 제외)

tip)단주가 소감주/빅감주/왕감주로 되기 때문에 major 감주로 skim되거나 아필감주로 scan된다.

Free (vocal) 감주로 이해/간직 하기 :

by /the Supreme Court /of Canada =B-->E-->E′ : 전치사 영뇌의군

⇨ 내린 곳이 대법원 즉 캐나다 대법원이며[인 것]

by=행위실체로서 내린 곳/판결한 곳 [b: behavior y: 지게(모양) → 지게를 지는 행위로서 행위실체]

that /Quebec cannot /unilaterally secede /from Canada =B-->E-->E′ -->E″

: **대명접속사[즉 종속접속사] 영뇌의군** ⇨ 그 내용[그것]은 퀘벡시는 할 수 없다는 것이다. 일방적으로 이탈하는 것인데 기처 캐나다로부터 말이다.

from=출처로서 기처(基處) -- 로부터 [f: flow]

is=(B)-->E : s동사 날개영뇌

⇨ is할 때 머리는 기본어 the ruling으로 가야 한다.

*is=동질연결로서 그런 것[그 판결]은 인데/동질로서 인데

☞.. 속독[speed reading]

=major 감주로 이해하거나 아필 감주로 이해한다.

↳특히 콤머영뇌로 이해하는 기술이 있으면 쉽게 된다.

↗ 어느 부분을 보더라도 free 감주로 이해하는 기술이 있어야 가능

시동=그 판결, 목요일에 <u>나온</u> 그 판결은, 내린 곳이 대법원 즉 캐나다 대법원이며, 그 내용은 퀘벡시는 할 수 없다는 것이다. 일방적으로 이탈하는 것인데 기처 캐나다로부터 말이다. 그런 판결은 인데 지표가 될만한 중요한 판결인데, 어떤 것이냐 하면 (이것은) 앞으로 할 것 같다는 것이다. 즉 허락할 것 같다는 것인데, 캐나다인에게 더 많은 시간을, 대동 생각하도록 관해서 생각하도록 더 많은 시간을 허락할 것 같다는 것인데, <u>이것은</u> 아주 심하게 <u>대두되고 있는</u> 분열문제에 관한 것이고, <u>이 분열문제는</u> 현재 직면하고 있는 문제이다. 캐나다에서 오늘날 말이다.

(나온/이것은=**문맥** associate 대두되고 있는=**상황** associate 이 분열문제는=연결설명어의 **연결** associate to=방향대상이 동사인 것으로서 대동)

tip) ☞.. 我必 Free (vocal) 감주 간직하기 :

The ruling by the Supreme Court Quebec cannot unilaterally secede from Canada.

↳문장동격

※ **associate 영뇌 :** associate는 표현 속에 숨어 있는 뜻으로 읽거나 듣거나 말할 때 그것이 작동하는 뇌

a-Helper

단어 associate=단어 뜻의 일부로서 단어 속에 (추가로) 숨어 있는 뜻

연결 associate=연결설명어 속에 숨어 있는 뜻 ↗ 일종의 단어 associate

문맥/상황 associate=문맥/상황 속에 숨어 있는 뜻 ↗ 일종의 co/si-Helper

↗동사 associate

● I want. 시동=나는 (무언가를) 원한다 ⇨ 무언가=**단어** associate ∵ want=to desire for something

● Tiger Woods arrested on DUI. ⇨ DUI=Driving Under the Influence ⇨ 음주 영향 : **상황** associate

↘관사+명사 associate

● I want to. 시동=나는 원하는 데 대동[즉] 무언가/그렇게 하기를 원한다. ⇨ `는` =Ekbe 문맥

⇨ to=(본동사의미) 연결설명으로서 대동[즉] ↘즉 기/설 문맥으로 be동사 동질연결과 다름

↘부정전치사 associate : 무언가/그렇게=**단어/상황** associate 하기를=**문맥** associate ↘설명해 나가는 문맥

⇨ 이렇게 연결설명어의 연결의미도 associate로 처리하라. 그러면 쉽게 Ekbe값이 결정된다.

plus] ● Good to see. 시동 1=좋아요, 대동 만나 보니까. 시동 2=좋아요, 대동 보이는 게 말이다.

⇨ 니까/이는 게=**상황** associate ⇨ to associate 말이다=Ekbe 문맥

↗둘다 전치사 associate

● Hatchback, a car with. 시동=hatchback이란 일종의 차로서 (이 차는) 무언가 갖추고 있는 것

⇨ with=동존으로서 갖추고 있는 것 이 차는=**연결** associate 무언가=**단어** associate

● Landed soft. It sounds like. : **공이 그린 위에 떨어진 상황** ↘이 사람은/이것은 //그 사람은/그것은

↘그것이 들렸는데 동모[동자] 그처럼 말이다. 그처럼=**단어** associate

Much Attention] associate 아니면 이해할 수 없는 표현(특히 시나 노래) :

Through many dangers, toils and snares, I have already come. -- From 'Amazing Grace'

come=과현 계속 event으로서 여기까지 온 것/와 있는 것 : **단어** associate ⇨ **과분사** associate

시동=통자[통해서] 온갖 위험, 온갖 고생 그리고 온갖 함정을 통해서 나는 가지고 있어요,

이미 여기까지 온 것을 말이다. 즉 여기까지 왔다는 말이다 ⇨ BAM is God, Associate is Sub-God.

∵ **모든 것을 구출 해주기 때문이다.**

ruling=루울에 따라 진행 시킨 것으로서 판결(을 내린 것) ⇨ **사전에 뜻이 없어도 BAM과 associate로 해결가능**

[rul: rule ing: 동명사로서 사실을 한 것 -- finished action]

secede=떨어져 나가는 것으로서 조직을 떠나는 것[탈당/탈퇴 하는 것]

[s: separate e↗ : e라는 글자를 써보면 안에서 밖으로 빠져나가는 모습] : **BAM is cleverer.**

vs **어원분석**[se: apart cede: go]

vs **사전의 definition** : (from) to formally leave a group or organization,

esp. because of disagreement (의견 불일치)

: One of the states has seceded from the federation.

allow=어떤 사람[것]에게 하게 하는 것으로서 허락하는 것[a: a certain person/thing l: let]

future=앞으로 진행되는 미지의 시간으로서 미래 [f: forward u>unknown: 미지 t: time]

think=사물을 머리 속에 그리는 것으로서 생각하는 것 [th: thing(s) in: 속에 두는 것]

time=숫자에 시계 바늘이 마주치면 땡하고 소리나는 것으로서 시간 [t: 땡 m: 마주치는 것]

아날로그 시계는 땡 또는 찰각 찰각하고 소리난다.

unsettle=안정시키지 못하고 동요시키는 것으로서 뒤흔드는 것

[un: not set: 안정되게 고정시키는 것 tle; 들들 떨리는 것 -- 경음화 BNW]

..외국에 나가는 가장 큰 이유=생활 속에서의 뜻/소리 → 의음/의자 + 감주

IIIII *What can /I help /you with?*

영뇌=기→ 설→ 설′ : BEis-Os

or I + I + I : I-Os or S + S + S : S-Os

How to Read[Speak]=WhatcanI helpyou with?

↳ 감각적 주파수, 즉 뒷말과 말하면 저절로 이해가 발생하고 이어진다. (마음 속으로 또는 실제소리로) 뒷말과 말한다.

시동=vocal 감각적 주파수로 F3+E2 강하게 말하기 ↘머리 속으로/눈으로

.. **我必 Free (vocal) 감주 간직하기**=What can I help for you?

시동=무엇이 가능한 가? 내가 돕는 것인데 네가 가지고서 처리하는 것에 말이다?

: 영어는 이렇게 설가뇌 문맥[관계]으로 되어 있다. 그래서 영어는 이렇게 보여야 하고 특히 감주로 보여야 한다.

↱(모두 다 간직하지 않고 free 감주 중에서) 자기에게 필요하거나 원하는 것은 반드시 간직한다. 이게 바로 자기말이다.

tip) .. **아필(我必) free (vocal) 감주 간직하기** : Can I help you with? 아필 감주가 많아야 말하기도 청취도 쉽게 된다. 특히 문제풀이는 아필 감주로 푼다.

↳in short, 아필 감주

IS 값으로 묻는 말로 먼저 개략적으로 물으면서 묻는 내용으로 다시 구체적으로 묻는 뇌로 작동시키면 된다. 즉 묻는 말로 먼저 기준을 잡고, 연설뇌로 작동시키면 된다 : BEis-Os

Free (vocal) 감주로 이해/간직 하기 ⇒ What can? /Can I? /I help? /You with? /Help you with? -- etc. ➾ What can? 무엇이 가능한 가/무엇이지 가능한 게 말이야? Can I? 가능한 가, 내가 말이야? You with? 네가 가지고 처리하는 것에 말이다? Help you with? 돕는 것인데, 네가 (무언가) 가지고서 처리하는 것을 돕는 것 말이다?

wh-questions에서는 마지막 단어는 원래 단어 주파수 대로 소리낸다 : WIth=위ㄷ=slide F

with=동존처리로서 가지고서 처리하는 것/가지고서 다루는 것

[wi 〉 v + v + is : 동존 t: 티〉치〉처: 처리하는 것 or take: Take enemies in succession. You take photos. (사진을 치우는 상황) /t〉d: 다루는 것]

: Off with your clothes. This book is helping you with real English.

시동=벗어라, 가지고서[쥐고서] 너의 옷을 가지고서[쥐고서] 말이다.

/이 책은 하고 있다, 도와 주고 있는 데 네가 (가지고서) 하는 데 실제영어를 (가지고서) 하는 데 말이다. *with=직상뇌

영뇌시동 ↗

시동 종류=원애시동 /vocal음 /Free 영뇌 /F3+E2 /일상적인 생활 /Ekbe /[†]SIUM 말하기 **/무한글** /BNW or 비한글 BNW /BAM /BEis 영뇌[=IS 설가뇌] /connotation /G토씨 /영뇌 기본자세 /패턴 /associate -- (영순대로) 무한글 이해[특히 마지막 경지인 감주영뇌]로 가기 위한 시동의 종류

↳주로 1차 시동=감주시동 2차 시동=Ekbe

☞.. 단계[과정]는 공부해야 하지만, 단어의 최종적인 뜻, 즉 목적경지[IS/감주 경지]가 되면 공부할 필요가 없다.

❖ **원애시동**=듣거나 볼 때 순수한 자기이해로 돌아가면 소리 또는 글자에 의한 이해로 바꾼다. 또는 들을 때 script[caption]보다 D두뇌 무부스텝으로 듣는다 : **무부음/무부감주 --> 지음/지감주로 변함[완성]**

↓ **의음[의자] 시동/무부스텝 시동** ❖ **vocal음**=목으로 말하면 쉽게[저절로] IS영뇌가 발생한다.

❖ **Free 영뇌**=보이는 대로 들리는 대로 자유롭거나 부분부분은 **쉽게 IS 발생** ∵ 전체로 엮는 부담제거

❖ **F3+E2**=free 영뇌로 3번 전체로 2번을 vocal 감각적 주파수로 말하는 것

❖ **일상적인 생활**=언어는 생활의 산물 : BEis, IS 영뇌는 생활 속에서의 뜻으로 작동시키면 쉽게 각인이 된다. 생활이 뜻을 암시[안내]하기 때문이다. ↗**설가뇌 의미(기/설문맥)**

❖ **Ekbe**=영뇌[영순]에 맞는 한글=기/설 관계에 맞는 한글=**영어본래의미**(Ek=English-Korean be=기/설)

↳**영어 이해흐름, 즉 원어민 이해흐름으로서 이것을 무한글 이해로 바꾸어 주면 BEis/IS가 되고 감주가 된다.**

❖ **SIUM 말하기**=강하게 감각적 주파수로 말하면 IS가 쉽게 작동한다. 강하게 말하면 소리에만 집중하게 되어 저절로 이해[의미]가 실리고, 뒷말과 말하는 느낌 때문에 IS가 쉽게 작동하고 쉽게 이어진다: 대표적인 예가 흑인 목사의 설교 (Strong In Understanding or Meaning)

❖ **무한글**=아무튼 한글이 없는 상태에서 해[IS]를 발생시키는 것 ↳**이때 '이해/의미' =IS값**

즉, 한글로 가지 않고 영어자체에서 해[IS]를 느끼는 것 ❖ **BAM**=BAM 영뇌 참조

❖ **BNW**=단어 거주지를 생각하거나 단어 철자에서 본래 뜻이 풍기면 IS영뇌가 쉽게 작동한다.

❖ **비한글 BNW**=해석 한글으로 이해하지 않고 상위 BNW로 바로 이해를 스쳐가게 하는 것

❖ **BEis 영뇌** : IS로 설명해 나가는 두뇌를 작동시키는 것, 즉 IS를 설명해 나가는 관계로 이해하는 것
=버그단어와 버그단어 사이에 살짝 설가뇌를 작동시키면 순서대로 해가 스쳐간다.
영어는 **기/설 문맥**으로 되어 있기 때문이다.

❖ **connotation**=간접상황, 즉 관련상황[관련표현]만으로도 IS가 작동하는 것, 예컨데 Africa를 생각하거나 Slaves work hard.에서 work hard만 생각해도 slaves가 이해가 되게 하는 방식이다. 아니면 한 예[실례]만 생각해도 된다. [≠denotation 실제/직접 상황]

❖ **G토씨** : 일종의 Ekbe 문맥 tip)완전 영뇌리딩에서는 G토씨를 붙이지 않는다.
=기/설 토씨를 살짝 붙여 주면 쉽게 BEis 영뇌가 작동한다. 예컨데 'God parted the Red Sea.'를 이해시 'God이 parted했어요, the Red Sea를 말이다' 처럼 글을 읽거나 들을 때 설가토씨[즉, G토씨]를 붙여서 이해하면 쉽게 BEis 영뇌가 발생한다.

❖ **영뇌 기본자세** : 영어를 보거나 듣거나 말하거나 쓸때 원어민과 같은 자세로 보거나 듣거나 말 하거나 쓰면 쉽게 영뇌가 발생한다. 영어범위내에서만/영어자체로 이해하기 때문이다. ❖ **associate** ☞ p32

❖ **패턴** : 패턴을 앎으로써 이해가 스쳐가는 것, 예컨데 infml 패턴, twenty four 영뇌 패턴, source[출처] 패턴, s동사 패턴, 기설/연설/독설/전설 패턴, family 패턴 -- 등을 인지하는 순간이해가 스쳐간다. 영자신문을 읽거나 영뇌청취를 하면 많은 영어만의 패턴을 익힐 수 있다.

Ekbe 시동목적=(의양두뇌 두뇌세포 선인지로/무한글 이해 느낌인) 영어자체로 느낌을 갖거나 감주로 이해느낌을 갖기 위한 것, 절대로 (역순인) ㅈ시동에는 걸지마라.

↙ 단계[과정]이지 목적이 아니다

영뇌 기본자세

나는 (한글이 없는) 원어민이다. 이런 자세가 되어 있으면 (영어를 보거나 듣거나 말하거나 쓸 때 원어민과 같은 자세가 되어) 해석 뇌가 작동하지 않고 원어민과 같은 뇌가 작동한다. 영어를 대할 때 마다 한국인 입장에서 바라다보지 말고 원어민과 대등한 입장에서 서라.

☞.. **어순을 극복하는 대표적인 방법 :** 감주, IS, BEis, Ekbe,
Free 영뇌, 단어 본래의미[=원어민이 알고 있는 의미]

ⅡⅡ ***What are /you squirming for?***

영뇌=기→ 설 : BEis-Os or I + I : I-Os or S + S : S-Os

How to Read[Speak]=Whatareyou squirmingfor?

: 영어는 감각적 중심으로 말한다. 토씨 중심인 한글과 다르다.

시동=vocal 감각적 주파수로

(무한글 이해가 실릴 때까지) F3+E2 강하게 말하기

☞.. **我必 Free (vocal) 감주 간직하기**=You squirming for?

시동=무엇이지, 당신이 몸을 비틀고 있는 이유말이야?

☞.. 한뇌와 (이해나 어순면에서) 충돌하기 때문에 "감주"라는 게 절실히 필요하다.

묻는 말로 먼저 개략적으로 묻고, 묻는 내용으로 구체적으로 물어보는 뇌로 작동시킨다. 일종의 **개략주의 또는 물음주의 기/설 영뇌**이다 : BEis-Os

Free (vocal) 감주로 이해/간직 하기 ⇨ What are? /Are you? /You squirming? /Squirming for? - etc. ➔ What are? 무엇이지? Are you? 이지 당신이지? : Is X〉Y? You squirming? [.] 당신은 몸을 비틀고 있지? [있다.] Squirming for? 비틀고 있는 데 그 이유는?

※의문문=묻는 말 + 묻는 구체적인 내용
↘주어앞말 ↘주어포함 뒷말

↗이때 의미=(생활 속에서의 뜻인) IS값
즉 의미 전달 값으로 간직하라 ⇨ 의미전달 최소단위=단어하나
↗tip)단어하나를 간직해도 free 영뇌로 간직하라.

are=이지/이다 -- 이제는 are를 보면 두 가지 의미가 스쳐가야 영뇌를 바로 작동시킬 수 있다.

what=사물을 묻는 것으로서 무엇 [w: 묻는 모습 t: thing(s)] -- 의문대명사 BNW

squirm=몸을 비틀거나 꼬거나 꿈틀대는 것 [s: 비트는 모습 q: 꼬는 것 r: 꿈틀대는 모습]

for=해당사항으로서 해당이유 ＊최소단위 free 영뇌=단어 한개 ⇨ 단어암기도 free 영뇌로 간직

ⅡⅡ.. What does /he have /on? =기→ 설→ 설′ : **일반적 뜻관계[기/설관계]** ↗ ≠ What is it?

또다른 감각적[free] 영뇌의군=What does he /have on? ＊이때 '이지' =대동의미로서 '이지'

시동=무엇이지, 그가 하고 있는 것, 즉 걸치고[입고] 있는 것 말이야?

does=보통의미 조동사로서 이지/하지/그런가 **tip)** do=조동사(보통/강조)/일반동사

have=가지고 있는 것으로서 하고 있는 것 ↳영뇌영어 vol 1 ☞ p59

on=위에 두고 있는 것으로서 걸치고 있는 것/입고 있는 것 : What on? 시동=무엇을 걸치고[입고] 있지?

plus]의문문의 또다른 감각적[Free] 영뇌의군 :

Do you /want a /big house? =기→ 설→ 설′

시동=그렇지 너 /원하지, 어떤 것인데 /큰 집을 말이다?

: or Do you /want a big house? =기→ 설

원어민처럼 마음대로 이해할 수 있는 원천기술이 free 감주/free 영뇌다.

ıııı.. When does /the concert start? =기→ 설 **시동**=언제 하지/이지, 그 콘서트 시작 말이야?

또다른 감각적[free] 영뇌의군=When does the /concert start? =기→ 설(웬다저/웬다즈더)

ıııı.. Do /men /in your culture /like to cook? =기→ 설→ 설′ /설′

시동=그런가/하는 가, 남자들, 즉 내에 당신의 풍토 내에 있는 남자들은 좋아하는 가, 즉[대동] 요리하는 것을 말이야? : **또다른** 감각적[free] 영뇌의군=Do men /in -- /like to --? =기→ 설/설

.. 영어본래의미, 즉 Ekbe 시동 또는 감주로 이해되어야 영어승차감이 나온다.

주의] ㅈ시동으로 이해하면 영어승차감을 느낄 수 없다.

ıııı *The ninth /of April /dawned fine and clear.*

영뇌=기→ 설/설 : BEis-Os or I + I + I : I-Os or S + S + S : S-Os

How to Read[Speak]=Theninthof Aprildawned fineand clear.

↳약강약 감주 ↳비약음 〃 ↳강약 〃 ↳단주

시동=vocal 감각적 주파수로 : 이렇게 감각적 주파수로 먼저 이해한다.

해자 또는 상자가 되게 F3+E2 강하게 말하기 그러면 저절로 <u>소리값으로</u> 해자/상자가 된다.

(해자=해가 들어간 글자, 즉 글자자체가 뜻인 것 상자=A상황이 보이는 글자, 즉 글자자체가 A상황인 것)

.. 我必 Free (vocal) 감주 간직하기= The ninth dawned fine and clear.

시동=9일, 즉 4월(의) 9일 새벽은 열리기 시작했다. fine하고[훤하고] clear한[맑은] 날씨로 말이다.

.. 어순에서 한뇌와 충돌하니 ″기/설″이 절실히 필요하고,
이해에서 한뇌와 충돌하니 ″IS″가 절실히 필요하다.

↳ 어떤 뜻으로 시동을 거느냐에 따라 IS도 달라진다.
⇨ bnw-BAM 시동=Best ∵ 원어민과 같은 느낌

영어가 순서대로 이해되지 않은 사람들은 선강후약 각인[선인영뇌 각인]을 하지 않았기 때문이다.

↳먼저 말에 먼저 영뇌로 각인되는 것[시키는 것]

영뇌각인 : 선강 후약[선인영뇌 각인] ↳한글[해석]로 먼저 가지 않고 IS로 먼저 가는 것도 선인영뇌 각인

The〉ninthof April〉dawned fine〉and clear. ⇨ 순서대로 의미 유지 가능

Free (vocal) 감주로 이해/간직 하기 ⇨ The ninth of. /Of April. /April dawned. /Dawned fine. -- etc. ➡ The ninth of. 9일 즉 -- Of April. 즉 4월
April dawned. 4월의 새벽이 열렸다. Dawned fine. 새벽이 열렸는 데 훤하게 열렸다.

dawn=noun/verb 만물이 깨어나 처음으로 움직이기[짓을 하기] 시작하는 시기로서 새벽
/만물이 깨어나 시작하는 것으로서 새벽이 열리는 것
[d: do a: 알파벳 첫글자로서 처음+all w: wake up]

dawned=새벽이 열리는 것이 일어난 것으로서 새벽이 열리기 시작한 것
[dawn + ed: '엇〉었' 으로서 과음가 ⇦ e의 어화(化) or (e: 조율음) d: did 과거]

fine=주먹을 쥐고 팔을 들어 보이는 것으로서 좋은 것 /눈에 확 들어 올 정도로서 훤한 것
[f: 주먹을 쥐고 팔을 든 모습 /확(f=ㅎ음가) e: eyes]

clear=자기 갈 곳으로 모두 가버리고 눈에 보이는 게 아무것도 없는 것으로서 맑은 것
[c: come l: 가버린 모습 e: eyes a: all]

↗원어민들은 그냥소리[그냥 발음기호]로 말하지 않는다. vocal 감주로 말한다.

※ **감각적 주파수** : (감각적으로 한 단어처럼) 뒷말과 말하는 영뇌의군 주파수로서 강약/약강/음수조절/분리/비약음/약음 감주

: 어떤 감주로 말하느냐에 따라 리듬이 달라진다 ⇒ 선택=말하기에 가장 좋은 리듬, ↘**이런 게 소감주/빅감주/왕감주로 움직이고 있다.**

즉 **best 감주** ➜ 흑인 목사의 설교처럼 강하게 vocal 감주로 말한다. ➜ 비약음 감주=가장 많음 ↗ ∵ **영어=IS 설가뇌/설주뇌**

big tip)영뇌= (약음이 앞으로 붙든 뒤로 붙든 비약음으로 두 단어를 한 단어처럼 말하든) 항상 뒷말과 말하는 것

↳ 뒷말과 말하는 느낌 때문에 저절로 이해가 되고, 이어진다.

즉 영어는 먼저 말에 먼저 의미가 부여되기 때문

빅감주 **왕감주**
소감주

- He was /born in /1956.=B—〉E—〉E′
  - ⇒ Hewas ~ bornin ~ 1956. HEWAs BORnin NAinteen FIftySIx.
  - ➜ 감각적 주파수로 네 번에 걸쳐 모두 말한다 : 음수가 비슷한 음수조절 감주
  - =cramp F+retro-root F+ slide F+ double slide F

  caution] in을 뒷말과 함께 영뇌의군을 설정을 해도 읽는[말하는] 것은 같다.
  왜냐하면 여전히 앞말을 in으로 설명해 나가기 때문이다. ☞ p17
  ⇨ He was /born /in 1956. ⇒ born /in=born/in : 강약감주 vs in1956 : 약강감주

↗**일반적 뜻 관계 감주**

- Iam /agolf citizen.=B—〉E : 약음을 뒤로 붙이는 감각적 주파수=약강 감주
- or Iam/a golfcitizen.=B—〉E : 약음을 앞으로 붙이는 감각적 주파수=강약 감주 ↗이 표현에서는 강약감주=**best 감주** — 숨길이 끊어지지 않고 자연스럽게 이어지는 음
- or Iama /golfcitizen.=B—〉E : 기/설 의군을 달리한 감각적 주파수 **주의] 어떤 감주로 간직하든 free 영뇌로 작동되어야 한다.**
  - ⇒ AiAma GOlfCItizen. ➜ 감각적 주파수로 두 번에 걸쳐 모두 말한다. ↗golfcitizen=비약음 감주
  - =double slide F + (basket+slide) F 시동=나는 어떤 사람인데 golf citizen으로 말이다.

소감주 **빅감주**

- World's most /ethical companies.=E—〉B • atthe /world /travelmarket ➜ 약음 감주+단주+비약음 감주 ↳ atthe=약음+약음 : ofthe, isa, — etc.
  - ⇒ World'smost ~ ethicalcompanies.
  - : 음수조절에 의한 음수조절 감주 ↗ 마치 3·4조 4·4조 시조리듬과 같다.
  - WORld'sMOst EthicalCOmpanies. ➜ 감각적 주파수로 두 번에 걸쳐 모두 말한다.
  - =(basket+slide) F + (slide+slide) F

  the fastest man on the day의 **best 감주** : thefastest manonthe day 〉 thefastestman onthe day

- Flight 370.
  - ⇒ Flight3 ~ 70. fLAighttthREE SEventy. ➜ 감각적 주파수로 두 번에 걸쳐 모두 말한다.
  - =(ER+up-slide) F + (slide) F ↳ 분리 읽기, 즉 분리 감주
  - ⇒ Rio de Janeiro=RIo DEja NEiro ➜ 단어 주파수로 말하면 세 번에 걸쳐 말하고, 감각적 주파수로 말하면 한 번에 걸쳐 모두 말한다.
  - San Diego=SAndi Eigo ➜ 단어 주파수로 말하면 두 번에 걸쳐 말하고, 감주로 한 번에 말한다.

영어말투 가운데 가장 듣기 힘든 것이 고저/저고/저음/분리 리듬이다.

Tip] 1. 감주리딩=감각적 주파수로 이해하는 것 2. 감주=일종의 free 영뇌
3. 빠르기=영뇌와 (특히 감각적) 주파수로 결정 4. 제한적 영뇌에서도 감주가 가능한 것은 IS 설주뇌 때문이다.
: a rich man → arich man ➜ 붙여도 여전히 설주뇌 5. 특히 강약/약강/약음/분리 감주 인지력과 speak 능력을 키워라.

.. 영어는 감각적 주파수 중심으로 읽고 한글은 토씨[조사] 중심으로 읽는다. 영어에는 토씨[조사]가 없기 때문이다.

영어말투 ← 주의] 특히 한글 해석중심으로 말하지 말라 : a richman=한뇌리딩[Konglish]

↗역순 이해흐름 방지=단어 본래의미(+설가뇌 의미=어순 본래의미)

☺.. 해석뇌, 즉 한글구조식 한글개입이 없어야 영뇌가 된다. ∵ 두뇌 움직임이 반대

> IIIII *He /is /lifeless /that is /faultless.*=기→ 설→ 설′/설→ 설′ : BEis-Os
>
> or I + I + I + I + I : I-Os or S + S + S + S + S : S-Os
>
> How to Read[Speak]=Heis lifeless thatis faultless.
>
> : 감각적 주파수로 말하면 쉽게 IS가 실린다.
>
> ↳뒷말과 말하기 때문이다.
>
> **시동**=vocal 감각적 주파수로
>
> : (자동 설가가 될 때까지) F3+E2 강하게 말하기
>
> ☺.. **我必** Free (vocal) **감주 간직하기**=He is lifeless, for he is faultless.

시동=그런 사람에게는 있는 데 무인생이 있다. 그런 사람, 즉 있는 데 무결점이 있는 사람에게는 말이다=**제한적 연결영뇌** or 그 사람은 무결점 있기 때문이다=**비제한적 연결영뇌**

※ '때문이다'=**문맥** associate '에게는 말이다'=Ekbe **문맥** **설′/설=일종의 독설 보설뇌**

기본어를 중심으로 연설뇌로 작동하다가 that에서 독설뇌, 즉 분설뇌로 작동해야 한다. 즉 that할 때 머리는 (기본어) He로 가야 한다. 그래서 「/설」이 된다. 하지만 이렇게 나중에 보충하지 않고 먼저 보설로 말하고 s동사로 설명해 나가는 뇌로 작동시켜도 된다 : **보설우선 주의 기/설 영뇌**

⇨ He /that is faultless /is lifeless.=B-->E/E

: 이때 **s동사 수일치**는 보설이 아니라, 기본어에 영향을 받는다. (제한적 연결영뇌의) 보설은 독설로서 기본어의 구성요소가 되기 때문이다 ⇨ 결점이 없는 사실이 무인생이 아니라 그 사람이 무인생이라는 것

시동=그런 사람, 즉 있는 사람, 무결점이 있는 사람은 인데 무인생이다.

/그런 사람, 즉 ---, -- 있는 사람에게는 있는 데 무인생이 있다 : **보설 독설뇌**

Free (vocal) **감주로 이해/간직 하기** ⇨ He is. /Is lifeless. /That is. /Is faultless. /That is faultless.·))) He is. 그에게 있다/그는 있다/그는 Is lifeless. 있는데 무인생이 있다. That is. 그런 사람, 즉 있는[인] 사람 : **관계대명사** free **영뇌** //그 사람은 즉/그 사람은 이지요 : **일반대명사** free **영뇌**

he=직립실체 지정인으로서 그런 사람/그 사람(the person) [h: 두발로 딛고 있는 직립모습 e〉i: is 존재 he: 외적 지정음가로서 그]

: He who likes travel is broad-minded. God created man. In his own image he created <u>him</u>.

☺.. **전체를 이해하는 법**

❶ major 감주 or 아필 감주

❷ 개순식 이해 ↳나머지=흡수식 이해

↳개별순서대로 다 이해

vs  man=흉상과 몸체로 만물의 영장으로서 인간

[m〉M: 흉상과 몸체 모습 a: 최고로서 만물의 영장]

he=수줍어 하지않고 똑바른 자세를 취하는 사람 지정으로서 그 (남자)

[h: 똑바로 서 있는 모습 (straight) + h: human he: 외적 지정음가]

vs she=수줍어하는 사람 지정으로서 그녀/그 여자[s: shy h: human she: 외적 지정음가]

↘ ☺.. **major 감주**=He -- lifeless -- faultless. ◀

↗이것을 고치지 않고는 영어정복 불가, 특히 청취 정복불가

☞.. (역순) 해석뇌=이해를 끊어버리고 이해흐름을 바꾸는 뇌

no 영뇌

=무(無)/불(不)/비(非)로 인식 : 마치 한자와 같다.

강조부정[=not — any] ☞ 기본영뇌 vol 2 p476 **영뇌에서는 무(無)도 존재로 인식한다.**

지구가 움직이는 것도 눈에 보이지는 않지만 사실은 움직이고 있는 것이다. 처음에는 천동설로 있다가 나중에 지동설이 나온 것이다. 어쩌면 신도 눈에는 보이지는 않지만 존재할는지도 모른다. 그래서, 서양인들은 0에서 출발하고 우리는 1에서 출발하는 것이다.

a.. There is no one. **시동**=있는데 무사람이 있다. No time to buy. **시동**=불타임/비타임--결코 시간이 아닌 것 //무타임--결코 시간이 없는 것

b.. I have no money. **시동**=나에게 있는데 무돈이 있다/나는 가지고 있는데 무돈을 가지고 있다.

⇨ 그야말로 무돈 소유, 즉 무소유이다. 결국 전혀 없다는 것이다.

c.. Drones do no work. I did nothing wrong. **시동**=나는 했는 데 무 잘못을 한 것[했다].

시동=drones는 하는 데 무일을 한다. 무일을 하니 결국 아무 일도 전혀 못한다는 의미이다.

vs **동사 부정뇌** : There is not anyone. I have not any money.
Drones don't /do not do any work. I didn't do anything wrong.
시동=하지 못한다, 수행하는 것인데 어떠한 일도 말이다.

영뇌와 한뇌는 사물을 보는 눈이 다르니 영뇌는 무도 존재로 인식할 뿐만이 아니라, 다음과 같이 서로 거꾸로 표현하고 있지만 영뇌는 아주 민주적이고 아주 과학적이다.

> **영뇌**=back and forth vs **한뇌**=앞으로 뒤로/앞뒤로
> 영어는 앞으로 가는 것은 진행방향으로 그대로 두고 뒤로 가는 것을 시작으로 보는 것
> : He paced the room nervously back and forth.
> -- 왔다갔다 했는데 걱정스럽게 뒤로 갔다가 앞으로 갔다가 했다.
> **약자 먼저 생각** : bride and groom vs 신랑신부 ladies and gentlemen vs 신사숙녀 여러분
> **낮이 먼저 시작** : day and night vs 밤낮으로 3 days and 2 nights vs 2박 3일
> tip) 만약 귀신이 활동할 경우 : night and day
> **먼저 공급** : supply and demand vs 수요와 공급
> **생활 예절** : Dear Sir/Madam/Manager 사랑하는 vs 상전에 바치는 유교문화 -- 전상서/귀하
> (Best) Regards/Sincerely/Truly/Your friend, John
> (최고의) 안부를 물으면서/성실히/진실하게 살아가는 vs 드림/올림
> **기타 우리와 다른 표현들** : science fiction vs 공상과학 possible arrests vs 체포 가능성

☞ **기/설 영뇌 중요성 :** 영어는 기/설로 움직이기 때문에 다음과 같은 표현이 가능하다.

The year and make of your vehicle(s). **시동**=연수인데 제조연수, 즉 여러분의 차량 제조연수

--- the year로 말하고 다시 make로 설명해 나가는 뇌

영어의 Black Hole] 영뇌 상급자가 되면 (vocal) 감주로 모든 것을 처리한다. 감주가 영어의 모든 것을 집어 삼키고 있다. 영어의 Black Hole이다. **두뇌세포 선인지도, (언어에 대한) basics도,** Twenty Four 영뇌도, BAM 영뇌도, F영뇌도, BEis/IS 영뇌도, **의음/의자도,** 영뇌 읽기/청취/말하기도, 하생각도, Event도, --, 모든 것이 이 하나로 압축된다.

☞.. 이해는 감주 또는 의음/의자, IS로 하는 것이지 해석이 아니다.

IIIII *They left /Thursday //for the evaluation match 1997.*

영뇌=기→ 설 ⇨ 전설 : BEis-Os

or I + I + I : I-Os or S + S + S : S-Os

How to Read[Speak]=Theyleft Thursdayforthe evaluationmatch 1997.

: 영뇌상급자는 먼저 감각적 주파수로 이해한다.

시동=vocal 감각적 주파수로 -- 뒷말과 말하면 저절로 의음/의자가 된다.

(의음/의자가 되게) F3+E2 강하게 말하기

☞.. **我必 Free (vocal) 감주 간직하기**=They left for the evaluation match.

시동=그들은 떠났는데, 목요일에 떠났다, 하기 위해서 평가전, 즉 1997년 평가전을 하기 위해서 말이다 /해자(該者) 평가전, 즉 1997년 평가전을 하기 위해서 말이다.

— 영어는 순서대로 있는 그 위치에서 의미가 느껴지는 것이 top priority다. 이것이 바로 영뇌다.

↘Ekbe 시동은 영뇌 초급자에게는 이해수단이 되지만, 영뇌 상급자가 되면 영어자체 (무한글) 이해느낌으로부터 Ekbe가 나온다.

목요일에 평가전을 하는 것이 아니기 때문에 전설뇌로 작동시킨다.
그리고, 1997년에 떠난 것이 아니라, 평가전, 즉 1997년 평가전을 위해서 떠난 것이다. 1997년이 바로 앞에 있는 말을 먼저 설명해 나가는 뇌로 작동시킨다. 이런 영뇌를 **근거리주의 영뇌**라 한다. 일종의 **근설 우선주의 영뇌**다. 계약서나 법률조문을 이해시 근거리주의 영뇌로 먼저 작동시켜라.

근거리 주의 영뇌 :

① Volume was 608 million shares, compared with 647 million Friday.

시동=비(교)컨데, 그리고 6억 4천 7백만 주는 금요일 거래량이다. *with=동존첨가로서 그리고

② The president will /issue /a special statement /on economic crisis today.

=B-->E-->E′ -->E″ ➧ '경제위기, 즉 오늘날의 경제위기'

시동=대통령은 할 것이다. 발표하는 것인데 특별성명을 말이다, 내용은 경제위기, 오늘날의 경제위기에 관한 것이다 ⇒ 발표시기=오늘이 아닐 수도 있다.

vs The president will /issue /a special statement/today /on economic crisis.

=B-->E-->E′ -->E″/E″ ➧ '특별 성명을 오늘 하겠다' 는 표현

시동=대통령은 할 것이다. 발표하는 것인데 특별성명을 오늘로 하고, (그) 내용은 경제 위기에 관한 것이다 ⇒ 발표시기=오늘

이럴 경우 today를 맨 앞에 표현하여 **(설주) 전설 뇌**로 작동시켜도 좋다. 즉 오늘 하는 게 그 이하이라는 말이다 ⇨ Today //the president will /issue /a special statement /on economic crisis. =WE ⇨ B-->E-->E′ -->E″

tip) free 감주로 말하는 것과 그냥 외워서 말하는 것은 다르다. 전자는 자기말[자기감정]로 자연스럽게 해나갈 수 있다.

시동=오늘 대통령은 할 것이다. 발표하는 것인데 특별성명을 말이다, (그) 내용은 경제 위기에 관한 것이다.

*on=상관으로서 (그) 내용은 -- 에 관한 것

③ Women in the concentration camps are executed openly.

시동=여자들, 내소 집단 수용소 내소에 있는 여자들

근거리주의 기/설 영뇌이기 때문에 다음과 같이 보완[밀접]주의 기/설 영뇌로 표현해도 전달결과는 같다.

=Women who are in the concentration camps are executed openly.

-- 처형대상을 집단 수용소에 있는 여자들로 국한하고 있다.

vs Women are executed in the concentration camps openly.

근거리주의 기/설 영뇌에 의해 과분사를 설명해 나가는 뇌로 작동시킨다.

처형장소를 말하는 것이지 처형대상을 수용소 내 사람으로 국한하지 않는다.

시동=여자들은 되는데 처형되는데 내소, 집단 수용소 내소에서 공개적으로 말이다.

Free (vocal) 감주로 이해/간직 하기 ⇒ They left. /Left Thursday. /Thursday for. /For the evaluation match. /Evaluation match 1997. /For the. /-- etc.

Left Thursday. 떠났는데 목요일이었다. Thursday for. 목요일에 무언가 하기 위해서 말이다.

For the evaluation match. 해자/해체(該體), 평가전을 하기 위해서 (말이다).

For the. 해자 그 무엇을 위해 : **밑줄= 'the' associate, 즉 단어 associate ⇒ 지정의미 속에 숨어 있는 것**

Tip) 1. free 영뇌=가급적 의군으로 감주로 간직한다. (for=해당사항으로서 해체/해자)

2. 영어는 소리값에 의해서 이해되어야 한다. 특히 문자값도 소리값으로 이해되어야 한다.

※ **일반적 기/설 영뇌** : 각종 시험영어 영작[writing]시 유의 ※기설은 단어의 뜻 관계로 두 단어 이상일 때 성립

❶ 기설주의 영뇌 -- 기본어를 반드시 먼저 표현한다. 만약 주어/동사를 기본어로 할 경우, 특히 이를 **연역주의 기설 영뇌**라 한다. 개략적으로 먼저 결론을 내고 (자꾸) 설명해 나가기 때문이다.

「**명(대)동형부접전**」 가운데 부사를 제외하고 모두 기본어 가능 (여기서 부사=일반부사, 접속사=종속접속사)

❷ 근거리[근접우선] 주의 영뇌 -- 바로 앞말을 먼저 설명해 나간다. 일종의 **근설 우선주의 영뇌**다.

❸ 보완[밀접]주의 영뇌 -- 보설[밀설]로 먼저 설명해 나간다. 일종의 **보설[밀설] 우선주의 영뇌**로 하나의 기본어 대해 설명어가 두 개 이상일 때 많이 적용된다. 그러나 절대적인 것은 아니다.

A Chinese doctor /who infected 12 guests /flew to Singaproe.=기-->설/설 (앞설=보설)

A Chinese doctor /flew to Singaproe /who infected 12 guests.=기-->설/설 (뒷설=보설)

시동=누구냐 하면 감염시킨 사람인데 -- 날랐어요, 대자(對者) 싱가폴로 말이다.

/날랐는데 대자 -- 로 말이다. 그 사람은 누구냐 하면 감염시킨 사람인데 -- 을 감염시킨 사람이다.

tip) 1. 설가뇌=독설 설가뇌 /연설 설가뇌 /전설 설가뇌 /보설 설가뇌 /근설 설가뇌 /분설 설가뇌 — 등

2. 영어는 기/설 두뇌, 즉 설가뇌이기 때문에 대명사 선표현도 가능 : 일종의 개구[개략]주의 기/설 영뇌

⇒ As she exits the race, Elizabeth Warren faces an endorsement dilemma.

시동=동자 그 여자가 빠져나왔기 때문에 — , 즉 Elizabeth Warren는 직면하고 있다.

☞.. 역순 해석식 이해=한뇌영어 vs 영순 무한글 이해=영뇌영어

역순해석식 이해는 영어승차감이 아니다.

||||| *I live /at /55. /Laguna Street. /San Francisco. /California 94102. /USA. /(Earth).* =기→ 설→ 설′→ 설″→ 설‴→ 설‴′ → 설‴″ : BEis-Os

or I + I + I + I + I + I + I : I-Os

or S + S + S + S + S + S + S : S-Os

How to Read[Speak]

=Iliveat 55, LagunaStreet, SanFrancisco, California94102 USA.

: 먼저 감각적 주파수로 이해한다. 자꾸 이렇게 해야 원어민과 같은 두뇌로 읽을 수 있다.

↳그러면 저절로 이해가 되는데 이때 이해는 소리본체에서 느껴진다.

시동=vocal 감각적 주파수로 (BEis 또는 IS 영뇌가 될 때까지) F3+E2 강하게 말하기

☞.. **我必** Free (vocal) **감주 간직하기**=I live on Laguna Street, USA.

*USA=유-에세이=retro-root+slide F : 분리 감주

시동=나는 살고 있는데, 위치[주소]/직자는 55번지, Laguna가, 샌프란시스코, 캘리포니아주, 미국이다.

tip) ☞.. **아필(我必) free (vocal) 감주 간직하기** : I live on Laguna Street[in San Francisco] very well[happily]. : 자기말 추가가능

☞.. 우리말은 입소리가 많으니 〃vocal음[실음]〃이 절실히 필요하다.

주동[연역] 주의에 의해 살고 있다고 먼저 요지를 밝히고, 다음 그 위치(또는 주소)를 at으로 개략적으로 제시하면서, comma로 **자꾸 알기 쉽게 위치를 설명해 나가는 두뇌로 작동시키면 된다.** 즉, 그냥 **영어의 대원리인 기/설 영뇌**로 작동시키면 된다. 위치가 55번지라고 표현했다가 모를 것 같아, 다시 Laguna Street라고 설명하고, 그래도 모를 것 같아 San Francisco라고 말하고 , 그래도 또 모를 것 같아 주(州)를 말하고, 이 주도 어디에 있는지 모르는 사람을 위해 USA라고 말하는 것이다. 만약 외계인에게 전달할 경우에는 다시 Earth라고 밝히면 된다.

*at=직자[직처]로서 위치[주소] /직처대상으로서 직자

또는 **실질주의 기/설 영뇌**를 작동시켜도 소대로 말하거나 이해해 나갈 수 있다.
실질적으로 더 접촉해 있는 것부터 설명해 나가는 두뇌로 작동시키면 된다. 번지가 거리보다 실질적으로 사는 데 더 접촉하고 있다. 시보다 거리가, 주보다 시가, 국가보다 주가 실질적으로 더 접촉하고 있다.

A Quick Note 하지만 영어는 반드시 소대로만 작동하는 것은 아니다.
영어의 대근본은 기/설 영뇌이기 때문이다. 즉 알기 쉽게 설명해 나가는 두뇌가 원어민들의 두뇌 흐름이기 때문이다. 그래서 주소가 아닌 경우 대소표현도 가능하다.

||||| .. Big crowds and demonstrations are /expected /this afternoon /in Seoul /near Hannam Village. =B --> E --> E′ --> E″ --> E‴ or B --> E --> E′ /E′ --> E″

기/설 영뇌를 작동시키는 사람들은 이런 표현이 가능하고 이해도 가능하다. 즉 기/설 영뇌를 모르는 선생들은 틀린

표현이라고 생각할 것이다. 소대로만 가르쳤기 때문이다. 대규모 군중집회와 데모가 예상되는 곳이 in Seoul 인데 다시 알기 쉽게 말하면[설명하면] near Hannam Village이다는 것이다.
시간도 마찬가지이다 : ---, early[earlier] this year, January.

The restaurant is /outside /in the garden. =B-->E-->E′
⋯→ 바깥에 있는데 다시말해 내소 정원 내소에[내자 정원에] 있다.
He is /at home /in the yard. =B-->E-->E′ ⋯→ 있는데 구처 [구자] 집이라는 곳에 있는데 다시말해 내소, 뜰 내소에[내자 뜰에] 있다.

☜.. **기/설 영뇌 종류**= ❶ 개략주의 기/설 ❷ 상황발생주의 기/설 ❸ 실질주의 기/설 ❹ 생각/마음 주의 기/설 ❺ 주동주의 기/설 ❻ 강조주의 기/설 ❼ 물음주의 기/설 ❽ 감정주의 기/설 모든 동작/행위/상태/존재/소유 -- 등은 주체로부터 나옴

기/설 영뇌이기기 때문에 또한 You can say : -- near Hannam Village in Seoul ☞ **영뇌영어 vol 2 영뇌 말하기**
Caution] 복합 (고유) 명사 : in Seoul Hannam Village
in the UK London /in the South Korea Seoul

시동=대규모 군중 집회와 데모들이 되는 데 예상되는 데 오늘 오후 내소 서울 내소에서[내자 서울에서] 다시말해 근처 한남동 근처에서[근자 한남동에서] 말이다. /그 음식점은 있는데 바깥 다시말해 내소(內所) 정원 내소에 있다. /그는 있는 데 구처, 집이라는 곳에[구자 집에] 있는데, 다시말해 내소[내자] 뜰 내소에 있다.

Free (vocal) 감주로 이해/간직 하기 ⇨ I live at. /At 55. /At 55, Laguna Street. /55, Laguna Street, San Francisco. /California, USA. /-- etc.

⋯› I live at. 나는 살고 있는 데 어떤 구자[구역]//직자[직처]에 살고 있다. *어떤=**단어** associate
At 55, Laguna Street. 직자[직처]가 55번지이고, Laguna 거리이다. 55, Laguna Street, San Francisco. 55번지, Laguna 거리, 샌프란시스코(이다). California, USA. 캘퍼포니아, 미국(이다).
At 55. 직자[직처]가 55번지(이다) ☞ p325

*at=구역일치와 그 대상으로서 직처/직자 //구역과 그 대상으로서 구역/구자
↳ a: exact area ↳ a: area

remember] 1. 영어는 한자처럼 배열이 같고, 뜻도 일형태 다의어이다. 특히 단어의 뜻에 associate가 들어 있으나 우리말은 일형태 일의어로서 associate를 일일이 해당단어로 표현한다. 그래서 영어에서는 접속사를 써지 않아도 부사적 접속의미를 표현할 수 있다 : 조건/전환/양보/반대/이유/시간 — 등

: Together we are stronger. **시동**=함께하면 우리는 되는 데, 더 강하게 된다. ※are=동질변화
Report any unattended baggage or suspicious behavior.
시동=알려주세요. 어떠한 돌보지 않는 짐이 있거나 어떠한 수상쩍은 행동이 있으면 말이다.
Sony closes up Thursday. **시동**=Sony는 마감했는데 올라 마감했다. 목요일에 말이다. (발생/설명 현재)
Sales double down on casual craze. **시동**=두배로 떨어졌는데 상에서도 일시적 열풍 상에서도 - . 또는 — 떨어졌어요. 있었지만 일시적 열풍이 있었지만 말이다. ※on=상작동으로서 실시
Tech shakes off 2-day slide. **시동**=기술주가 흔들렸지만 벗어났어요, 이틀간 미끄러져 내림에서 말이다.
Coronavirus sells off panic buying. **시동**=코로나 바이러스 때문에 마구 팔려 나갔어요. 공포구매로 해서 말이다.

⋯› 한글 밑줄부분 모두=일종의 문맥 associate ⇨ **associate를 알면 말을 쉽게 할 수 있다.**

2. 그냥 발음기호/그냥 소리로 말하면 글을 읽는 말투가 된다≠현장말투[=감주]

영뇌세포만들기

영어는 설가뇌이기 때문에 s동사없는 표현도 가능/동사[개략적인 것/묻는 말/감정적인 것/실질적인 것/상황발생 대로]를 먼저 인식한다.

Ⅰ BAM 영뇌(BAM NB)

1 BAM 영뇌와 BNW 종류

BAM을 알아야 영어승차감을 쉽게 탈 수 있다.

BAM 영뇌란 BNW-expressed Actual Meaning, 즉 BNW를 바탕으로 표현된 단어의 실제 뜻으로서 그런 뜻을 알아내거나 간직하는 뇌를 말한다. 즉, BNW를 바탕으로 해서 표현된 단어의 뜻을 처리하는 뇌가 바로 **BAM 영뇌**이다.

원어민들은 BNW를 바탕으로 해서 여러 가지 상황에 적용시키고 있다. 이렇게 적용된 뜻을 알아내는 게 **BAM 영뇌**이다. 그리고 이렇게 적용시켜 나타난 뜻이 바로 사전의 뜻이다. 하지만 우리는 **BAM 영뇌**가 형성되어 있으면 사전을 찾을 필요가 없고, 사전에 나와 있는 모든 뜻을 다 외울 필요도 없다. BNW 하나만 알고 있으면 되기 때문이다.

〃Longman Dictionary of English Language and Culture〃라는 사전에서는 get의 뜻은 22가지, 숙어 뜻은 100 가지가 나온다. 우리는 이 122가지 뜻을 모두 외우려고 덤벼든다. 하지만 걱정하지 말라. BNW 하나만 알면 이 122 가지 모두를 BAM으로 다 처리할 수 있다. 원어민들도 이 모두를 외우지 않는다. 뿐만아니라 원어민들은 BNW를 깔고서 단어를 표현하기 때문에 타임지나 원어민 영자신문에서는 사전에 없는 뜻도 많이 있다. 이것도 BAM으로 간단히 처리된다. 더욱 더 놀라운 것은 여러분들도 **BAM 영뇌**로 원어민들처럼 사전의 뜻을 추가 할 수 있다는 것이다. BNW를 가지고 자유자재로 표현할 수 있는 능력이 생겼기 때문이다.

단어 본래의미 ↘↗ 영어 본래의미 ↗ 두뇌가 원어민들처럼 인식[작동]한다.
BAM을 달리 말하면, 단어의 고유한 뉘앙스로 뜻을 만드는 것

In short, BAM=BNW+AM=**고유성+실제성** ['밤' 이라고 읽음]
BNW=Basic[Born] Nuance of a Word ['비앤 더블유' 이라고 읽음]
: 단어의 고유한 뉘앙스[태생적 뉘앙스/자기 거주지/고유한 속뜻풀이]

tip)BAM은 BNW를 바탕으로 해서 실제로 적용된 뜻
쉽게 말하면 BNW를 바탕으로한 단어의 뜻
vs 사전의 뜻= 표현되지 않았을 때의 뜻으로 실제로 전달의미가 들어가지 않은 뜻, 즉 원형적인 뜻

세상은 자세히 들여다 보면 **모양, 움직임, 소리, 정신, 네 가지로** 되어 있다. 즉 **상[狀], 동[動], 음[音], 염[念]**으로 되어 있다. 인간은 염, 즉 인간만이 가지는 이성을 바탕으로 해서 **상. 음, 동**으로 영어 sign을 만들어 냈다. 이것이 바로 영어 알파벳 26자이고, 한글에서는 기역니은이고, 일본어에서는 히라가나 가따까나이다. 그리고 이들 조합이 바로 영어단어이자, 한글단어이자, 일어단어이다. 테초에 언어는 이렇게 만들진 것이다.

☞.. 원어민은 BAM에 익숙해져 있고, 우리는 사전의 뜻, 즉 원형적인 뜻에 익숙해져 있다.

말하자면, 눈에 보이는 상황은 모두 같으나 그것들을 표현하는 sign만 달랐을 뿐이다.
원어민들은 가지가 축 늘어져 있는 모습을 s라는 sign으로 표현했다. 그래서 sagging branch하면 가지가 축 늘어져 있는 모습이 되고, sagging dollars하면 계속해서 떨어지는 dollar graph의 약세 모습이 된다. financial crisis때 달러의 모습이다. 이렇게 모양에는 상모습만 있는 것이 아니다.
m은 옛날에 성을 쌓을 때 여러 사람들이 함께 어깨에 짊어지고 걸어가는 모습이다. 그래서 move할 때 m sign이 들어가는 것이다.
이렇게 상모습이든 동모습이든 모양을 본떠서 만든 sign을 **모양 BNW**라 한다.

물이 빠질 때 드럭드럭[주럭주럭] 소리나는 것을 d sign으로 나타냈다. 그래서, drain하면 **배수하거나 배수되는 것**이 되고, 안으로(in) 드럭드럭[주럭주럭] 빨려 들어가는 곳이면 (욕실이나 sink대 밑에 있는) **배수구**가 되고, 안(in)에서 드럭드럭[주럭주럭] 소리내면서 흘러 나가는(r: run) 관이면 **배수관**이 된다. 이렇게 소리로서 뜻을 나타내는 sign을 **소리 BNW**라 한다. tip)상황이 같으니 한글 BNW로 단어의 뜻이 나올 수 있다 : 드럭드럭 소리 —〉 'd/r' sign or 'ㄷ/ㄹ' sign

원어민들은 또한, 쑥쑥 빠져 나가는 소리와 모양을 s sign으로도 나타냈다. 그래서, sewer하면 이물질이 쑥쑥 소리를 내면서 통과하는 것이니 **하수관 또는 하수통로**가 된다.

> sewer=[s: 쑥 빠져 나가는 소리와 모습 + w: waste material
> + e: 조율음 r: riser 실체 or er: 일으키는 실체(person or thing) : maker, speaker]

여기서 w가 waste material을, r이 riser를 나타내면 이미 만들어진 어떤 단어를 이용해서 만든 것이므로 이런 BNW를 특히 **철자 BNW**라 한다. 조율음은 소리를 자연스럽게 내기 위한 음조절용 철자이다.

만약 er에서 일으키는 실체로 느껴지면 이런 BNW를 특히 **한글 BNW**라 한다.
한글과 영어가 서로 표현하는 sign만 다를 뿐 뜻이 같다는 것이다. 소나 말이 먹는 나무그릇으로서 여물통을 의미하는 trough도 **한글 BNW와 철자 BNW, 모양 BNW**로 되어 있다.
trough=[g : 구유, 경상도/전라도 사투리로서 구시 or tr : tree u: 움푹 들어간 통모습]

> **사투리가 더 원초적이다.** 즉 언어가 먼저 만들어 진 것이다. 그래서 BNW에 더 가깝다.
> 구경하는 사람들에게 나누어 주기 위해서 뜯어 내는 돈을 경피라 한다. 피가 돈이라는 뜻이다. 영어에서는 내며는 자유롭게 이용할 수 있는 돈이 fee이다. 한글과 일치한다.
> Membership fee. Legal fees. University fees.
> An entrance/registration fee. Tuition fees[AmE].
> We couldn't pay the lawyer's fee.

.. 단어[언어]탄생 원천기술 ⇒ BNW, 단어의미탄생 원천기술 ⇒ BAM

뿐만아니라, 이런 것도 있다.

sewer의 s에서 실을 느끼면 역시 **한글 BNW와 같아 진다.**

한글은 'ㅅ' sign을 사용했고, 영어는 's' sign을 사용 했을 뿐이다. 즉 한글에서는 바르게 쭉 잡아 당겨 이리저리 감아놓은 것으로 관찰했고, 영어에서는 틀어져 있는 모습 그대로 관찰했을 뿐이다.

그래서, sewer는 실을 가지고 꾸불 꾸불 궤메는 사람/기계, 즉 바느질 하는 사람/재봉틀이 된다.

sewer=[s: 실 w: 꾸불 꾸불한 모양 e: 조율음 r: riser 실체]

eye는 e/e로 코를 중심으로 생긴 양쪽 눈 모습이다.

그래서, 이 단어는 **모양 BNW**로 되어 있다. eye=[e, e : 양쪽 눈 모습 y 〉Y 〉v : 코모양]

한자의 法과 영어의 law는 비슷하다.

삼수변은 물이 튀는 모습이고, 去는 흙 속으로 스며 들어 가는 모습이다. 물이 자연적으로 흙속으로 흡수되는 것과 같이 우리 모두가 받아 들여 지켜야 하는 것이 법이다. 또는 法을 이렇게 분석해도 좋다. 물이 흐르는 데 이리 흐르고 저리 흐르는 강 모습으로 관찰해도 좋다. 이런 법은 아마도 자기에게 유리하게 판단할 가능성이 높다.

영어에서 법을 law라고 표현한다.

이때 w는 water이고, l는 한 줄기처럼 쭉 흘러가는 **동모습**이다. a는 최고의 가치로서 top priority[최우선 순위]이다. **모양+철자 BNW**이다. 물이 위에서 아래로 쭉 흐르듯이 이것을 최고의 가치로 생각하여 자연스럽게 우리 모두가 따라야 하는 것이 law이다. 영어의 법이 더 현실적이고 메시지가 분명하다. 그래서 동양의 법은 서양보다 형량이 들쭉 날쭉이고, 부정부패가 더 많을지도 모른다. law와 法의 뉘앙스 차이만큼 말이다.

우리말과 소리로서 원어민과 완전히 뜻이 일치하는 것도 있다. 일종의 한글 BNW이다.

우리가 소를 몰고 갈때 '워, 워' 하면서 세운다. 영어도 마찬가지이다. cowboy들은 'Weoh, Weoh' 한다. 모두 stop의미이다. '예/어~/음' 도 같다. 'Yeah/eoh~/um' 이라고 한다. sign만 서로 다를 뿐이다. 'eoh~/um' 은 말을 할때 'kind of' 처럼 뜻없이 첨가하는 첨가음이다.

이와 비슷한 예도 있다.

헛기침할 때 우리는 '에헴' 하고, 영어는 'hem' 한다.

'예' 하면 영어는 'Yes' 하는 것이다. '어이 뭐하는 거야' 를 영어에서는 **'Oi, mush?'** 라 한다. 수상한 사람이 차를 만질 때 **'Oi, mush, get your hand off my car!'** 라고 쏘아 붙일 수 있다.

'저런! 이런!' 할 때도 Gee!라고 쓴다 : **'Gee, what a dame!'** 저런/이런! 대단한 여자군!

*dame=US slang, *old-fashioned* : woman **ex]She's one classy dame.**

tip)신영어를 거부하는 사람에게 조언 :

영뇌로 바꾸기가 힘들거나 단어의 뜻을 BAM으로 개념적으로 정리하기를 싫어하거나 영순해석보다 한순해석을 더 좋아하는 사람들은 현재 자기영어를 update 시킨다고 생각하라.

따라서, BNW는 **철자 BNW, 모양 BNW(상모습+동모습), 소리 BNW, 한글 BNW** 네 가지로 되어 있다. BNW는 단어에 따라 어느 하나로 나타 나기도 하고, 이들 조합으로도 나타 나기도 한다.

요컨데, **철자 BNW**는 철자로부터 바로 (철자로 이미 만들어진) 영어단어의 뜻을 느끼는 것이고, **모양 BNW**는 철자 모양에서 바로 뜻이 나오는 것이다. 철자 BNW는 만들어 놓은 단어를 가지고 다시 단어를 만들기 때문에 생기는 BNW이다. **소리 BNW**는 철자 소리에서 뜻이 나오는 것이고, **한글 BNW**는 한글철자로 바로 뜻을 느끼는 것이다. 즉 한글 sign이 영어 sign과 뜻이 같은 경우를 말한다. 태초에 인간들은 같은 상황을 두고 기역니은 --, a, b, c -- 로 표현 수단만 달리 했을 뿐, 알고보니 서로 뜻이 같은 것이었다. 그래서 우리는 알기 쉽게 이것을 **한글 BNW**라 한다.

↗즉 원어민이 알고 있는 의미　　↘같은 상황이니 단어의 뜻으로 한글 sign이 나 올 수 있다.

여러분들은 단 한번도 **단어의 본래의미[원래의미]**를 느껴 본 적이 있는 가? 한국사람들은 이 물음에 답할 길이 없다. **BNW와 BAM 영뇌**가 없기 때문이다. **단어의 본래의미[원래의미]**는 BNW와 BNW가 <u>많이</u> 반영된 BAM이다.

BAM 표현 : -- 하는 것으로서 -- 하는 것
앞부분= BNW　　뒷부분=AM
그래서, 가능한 단어의 뜻 가지수=BNW + AM
즉, BNW 그대로 단어의 뜻으로 가져가도 좋다.

tip)단어의 뜻=BAM=bnw-BAM, im-BAM　cf]BAM 종류=e-BAM, se-BAM, pa-BAM

↳ BAM helpers=상황/문맥, 주체, 객체, associate, 사전예문, definition (영영사전), 여러가지 뜻 (영한사전) + position (영영사전)
↳ BAM은 4가지 BNW로 만드는데 이렇게 만들도록 도움을 주는 것들
단어의 줄기를 잡아주는 최상위 의미↲

Money moves.
money=지폐와 동전이 움직이는 것으로서 돈
[m/n: move/note — **철자 BNW**　o: 동전모양 — **모양 BNW**]
vs 우리말 '돈' =돌고 도는 것으로서 돈　tip)원어민이 알고있는 의미=단어 본래의미=생활 속에서의 뜻으로 IS
↳우리도 원어민과 같은 느낌으로 이해하는 것이 우선이다.

Be /vague /with /strangers.
vague=보이되 애매하게 보이는 것으로서 모호한 태도
[v: v=보이는 것　a: 애음가로서 애매한 것 — **한글 BNW**]

또는 정확하지 않은 것으로서 애매한 태도
[a: 아닌 것(not: abnormal)　g: 정확한 것 — **한글 BNW**]

tip) 영어 부정말 BAM : antifreeze ⇨ an: 아닌 것으로서 부(不)　impossible ⇨ m: 못하는 것으로서 불(不)　abnormal ⇨ a: 아닌 것으로서 비(非)　unhappy ⇨ n: not으로서 불(不)　inhuman ⇨ n: not으로서 비(非)　antigovernment ⇨ an: 아닌 것으로서 반(反) -- , etc.

with=사물이 함께 있는 것으로서 동존, 동존으로서 있는 것 /가지고 있는 것 /함께하는 것
[w: v+v 함께 있는 모습 — **모양 BNW** i: is — **철자 BNW** th: things — **철자 BNW**]

시동=있게 하라, 모호한 태도가 있게 하라, 낯선 사람들에게는 말이다. 뒷 '있게하라' =with 뜻
=기-->설-->설′-->설″ : **날개** BEis-Os 'hyphen에게는 말이다' =Ekbe **문맥**

Parched /since /autumn.
parched=b변형으로서 바싹 말라 버린 것
[p>b 변형: 바싹 말라 버리는 것 — **한글 BNW**
ed: 인 것>된 것 -- **한글 BNW** or (e: 조율음) d: done 피동 event — **철자 BNW**]
*ed=인 것>된 것으로서 (피동) event 음가 : 실제소리= t : 무성음 매치
since=si로서 쭉 이래인 것 [s>z변형: 쭉 i: 이래인 것 — **한글 BNW**]
autumn=다 자라 아~하는 계절로서 가을
[a: ah하고 감탄하는 것 + t: tall 다 자란 것 u: up — **소리+철자 BNW**]
심어 놓은 곡식이 다 자랐을 때 보는 peasant[농민/소작인]의 마음이다.
vs fall=만물이 떨어지는 계절로서 가을 [f: off all: 만물 — **철자 BNW**]
vs winter=날씨가 추워서 몸이 안으로 오그라드는 계절로서 겨울[w: weather + in]
시동=바싹 말라 버렸다[버린 일이 생겼다]. 쭉이래로 가을이래로 말이다.
=기-->설-->설′ : BEis - Os

Most villagers are peasant farmers.
peasant=쟁기로 갈아 업고 씨를 뿌리는 사람으로서 농민/소작인
[p: plow/plough s: seed/sow — **철자 BNW**]
farmer=들판에서 농사를 짓는 사람으로서 농부
[f: field m: manage or make e: 조율음 r: riser 일으키는 실체 — **철자 BNW**]
그래서, 14세기 영국 농민반란을 Peasants' Revolt, the라고 표현한다.
시동=농민반란, 즉 대농민반란
the=내부적 the로서 大 revolt=r: 란 v: 반 -- **한글 BNW**

BAM을 가져오는 법	**BNW-Sign을 모르면 그냥 BNW(단어의 고유한 뉘앙스)로 가져와도 된다.**

❶ BNW-Sign으로 가져오기 -- 단어철자에서 뜻이 보이는 게[느낄 수 있는 게] **Best**
❷ 그냥 BNW로 가져오기 — 동존/동격/해당사항/차등비교/동질 — 등 /사전에서는 보통 1번 뜻[많이 사용되는 뜻]
주의] 1. 사전에 없는 뜻은 BNW-Sign으로 가져온다.
2. 가져올 때는 가급적 BNW가 많이 반영된 단어 본래의미로 가져온다 : **bnw-BAM**
특히, 숙어는 그냥 뜻하는 의미로(만) 가져오지 않는다 : **BAM으로 접근 → im-BAM**

4가지-Sign

(단어 본래의미와 그냥 뜻하는 의미는 IS 작동이 다르다
+ 단어 본래의미[BAM]를 알면 어순이 동일해진다)

(그냥 뜻하는 의미는 한 가지 뜻으로 고정되는 위험이 있다
+ BAM으로 접근해야 다른 상황 적용의미도 알 수 있다
+ bnw-BAM에 맞는 한글표현도 있다. 그것을 가져온다)

George Washington, he is the man!
the=사물에 대한 실음 내적 지정음가, 즉 바로 뒷말 지정강조로서 그야 말로
[th: thing(s), e>어 : 실음 내적 지정음가 — **철자+소리 BNW**]

The people clapped and cheered.
the=사물에 대한 실음 외적 지정음가로서 그
[th: thing(s), e: ex or 어(실음 외적 음가) — **철자+소리 BNW**]

Sizzling economy.
sizzle=모습으로서 부글부글 끓고 있는 것 /소리로서 지글지글 끓고 있는 것
[s: 끓는 모습 zz: 즐즐 끓는 소리 — **모양+소리 BNW**]
⇒ sizzling=sizzle + ing: 진행음가로서 진행의미
부글 부글 끓을 때 물이 튀는 모습과 김이 올라가는 모습이 s자 모양이다. zz는 즐즐 끓는 소리로 **소리** BNW이다. 마음 心자도 심장 모양과 심장이 뛰는 것을 점으로 표현 한 것이다. 그래서 우리도 얼마든지 세종대왕처럼 또 다른 언어를 만들 낼 수 있다. ※지글 지글 끓고 있는 경제

"Ok. To be a merry man, //you must /be good /with a bow."
bow=o-u하면서 당기면 볼록 나오는 것으로서 활
[ow>ou: 힘을 쓰는 소리 b: 볼록 나오는 것/볼록 나온 활 모습 — **소리+한글/모양** BNW]
그래서, 활일 때 bou하고 소리내는 것이다.
시동= 좋아요. 되기 위해서 즐겁게 해주는 부하가 되기 위해서는 너는 해야하는 데 즉 잘 다루어야 해요. 가지고서 활을 가지고서 말이다 **=전설 ⇨ 기-->설-->설′** : BEis - Os
vs bau하고 소리내면 절[굽히는] 인사가 된다.
bow=안녕하고 굽히면 튀어 나오는 모습으로서 절 인사
[b: 볼록 튀어 나오는 것/ ʊ : 굽힌 모습 a: 감정 sign — 좋아서 내는 감정소리(hi(hai)의 a음가)
— **한글/모양+소리** BNW]
선수를 뜻할 때도 bau라고 소리를 낸다.
vs bow=아름답게 볼록 튀어 나온 부분으로서 선수/함수
[b: 볼록 튀어 나온 것/ ɑ : 볼록 튀어나온 뱃머리 모습 a: 아름다운 것 — **한글/모양** BNW]
vs stern=배꼬리 부분으로서 선미/함미 [s: ship t: tail — **철자** BNW]
vs hi=좋아 손을 드는 것으로서 인사 [h: hand a: 좋은 감정소리 — **철자+소리** BNW]
a(아~)=좋은 감정/슬픈 감정/놀라움/아쉬움 -- 등으로서 **소리 감정** sign
그래서, Ah! 하면 여러가지 감정을 나타 낸다.

영어 본래의미를 알면 어순이 완전히 동일해진다.

영어 본래의미=특히 단어본래의미(+설가뇌 의미=어순본래의미+감주=소리본래의미)
(단어 본래의미=BAM(bnw-BAM/im-BAM) 주의]이해흐름이 바뀌면 청취정복 불가

vs salute=서서하는 인사[존경표시]로서 거수 경례 /예포[=gun salute]

[s: stand or l: 바로 서 있는 모습 t: 탁하고 오른 손을 갖다 대는 것 — 철자/모양 + 한글 BNW] : The soldier gave a salute and the officer returned it.

tip) **BNW=헌법재판소** : • "This question plays a prank on me! But I cannot answer his question, as it is against my religious principles."

⇨ **on을 쓴 이유** : play와 의율

-- 원래 놀고 하는 게 ground 위에서 이루어지기 때문 -- BNW로 접근해야 함

cf] Children like to play pranks on people.

That's a schoolboy prank.

• Can you run that by me again? [=Can you repeat what you just said?]

-- 보통 뛰는 것은 옆에서 뛴다. 그래서 by와 의율

run=뛰게하는 것으로서 돌리는 것 --> 돌리게 하는 것으로서 작동시키는 것

시동=가능한 가, 네가 작동시키는 것인데 그것을 측자 나에게 또다시 말이다?

cf] Mary runs a five-and-dime store. 돌리고 있다 --> 운영하고 있다

• They are suspected of subjecting their children to abuse.

-- 허리를 굽히거나 머리를 숙이는 방향과 의율, 그래서 to와 의율 : to=방향대상 수단

: 즉 굴복하여 따르도록[복종하도록] 했기 때문에 대자 학대해서 말이다.

subject=굴복하여 따르도록 하는 것으로서 종속시키는 것 [s: surrender b: bow t: 따르는 것]

cf] The prisoners were subjected to torture. 굴복하여 따랐다. 대자 고문에 말이다 : to=방향대상

"All men must die." men=흉상과 몸체의 복수 모습으로서 인간들

[m>M : 흉상과 몸체 — **모양 BNW**

e: each other(철자복수) or e: 이웃, 즉 서로 이웃해 있는 것들(한글복수) — **철자/한글 BNW**]

한자 **사람 人**은 상체와 하체 모습으로 사람을 나타내고 있다. 즉, 영어에서는 두뇌를 가진 동물로 보았고, 한자에서는 그냥 직립동물로 보았던 것이다.

Man[Men/Humans/Human beings] must die.

vs man=흉상과 몸체로 만물의 영장으로서 인간 [m>M: 흉상과 몸체 a: 최고로서 만물의 영장]

vs human=고등 동물로서 인간 [h : high] ↘모양 BNW ↘일종의 철자 BNW

vs human being=고등동물 존재로서 인간 [being : 존재]

vs person=두상과 몸체로서 사람 [p : 두상과 몸체 모양]

vs people=person+person으로서 사람들

vs humanity=한 곳에 실린 인간들로서 인류/인간의 질로서 인간성

[humans+y: 지게 ity: quality=비두자(非頭字) 철자 BNW]

시동= 모든 인간들은 반드시 하지 않으면 안된다. 죽는 게/죽음을 말이다.

=기-->설 : BEis - Os

"Men are mortal." mortal=움직이는 것이 계속하지 못하고 탁 서버리는 것으로서 언젠가는 꼴깍하는 것/죽을 운명인 것

[mo: move r: remain 남아 있는 것으로서 계속성 ta: 탁 서버리는 것 — **철자+한글 BNW**]

vital=adj. 활동이 탁 서버릴 정도로서 치명적인 것
[v : 활동/활기 모습 — 모양 BNW : 일직선보다 화살표가 더 활기가 있음
ta : 탁 서버릴 정도인 것]

"All people are equal before the law."
law=한 줄기 물같이 똑바로 흐르는 것을 최고의 가치로 생각하는 것으로서 법
[l : 한 줄기로 쭉 흘러가는 모습 a : A급 순위로서 top priority가 되는 가치 w : water]
↘**일종의 철자 BNW**

영어도 한자처럼 단어철자에서 바로 뜻을 느낄 수 있다. 어떤 상황을 알파벳이라는 sign으로 만들었기 때문이다. 한자 **법 法 자**는 삼수변에 갈 '거' 자이다. 즉 물이 흙 속에 스며 들거나 이리 저리 흘러가는 모습이다. 이렇게 서양인들은 물이 똑바로 흘러가는 것으로 인식하였고, 동양인들은 여러 강줄기로 물이 흘러가는 것으로 인식하였다. 그래서, 서양인들의 법은 부정, 부패가 덜 작용하고, 동양인들의 법은 재량권이 많아 그것들이 더 많이 작용하는 것같다.

I would like to buy an 'L'. buy=받아서 (짐을) 싣는 것으로서 사는 것/받아 챙기는 것 [b=받는 것 y=지게모양으로서 싣는 도구 — **한글+모양 BNW**]

AFN wheel of fortune 퀴즈프로에서 단어를 구성하는 알파벳을 묻자, 이렇게 말하고 있다. 이때는 돈을 주고 사는 게 아니다. (알파벳 'L자' 하나를) 받아 챙기 겠다는 것이다. 옛날에는 시장에서 물건을 사면 지게에 실어 지고 집으로 온다. 그래서 y자로 buy 단어를 만들었다. 요즈음은 y자가 shopping **카트 모양**이 되어 버렸다.

vs receive

=건네[통해서] 오는 것을 받는 것으로서 받는 것[r: across or through c: come v: 받는 것]

Plus] 비두자 철자 BNW -- 단어의 첫글자가 아닌 BNW

pace=일어나거나 움직이는 속도로서 속도/보조 [a: happen c 〉 c↗ : 움직이는 모습] : Eating pace.

vs speed=가속되는 속도로서 속도/속력//빠름/신속[sp: step up] : Wind speed. More haste, less speed.

brash=속에서 꿈틀대는 고통으로서 속쓰림/가슴앓이[br: 불룩불룩 꿈틀대는 모습 a: pain]

단어의 뜻은	(영한/영영) 사전의 뜻만으로 부족하다.

원어민들은 BAM으로 단어의 고유한 뉘앙스[BNW]를 바탕으로 해서 뜻을 다양하게 표현하거나 Associate로 사전의 뜻대로 표현하면서 관련된 뜻은 숨기고 있기 때문이다. 특히 영한사전에서는 전치사와 종사의 뜻을 영어이해 흐름대로 표현하지 않고 한글구조에 맞는 뜻으로 표현하기 때문이다. 그래서 BAM과 Associate, 설가뇌 의미를 알아야 한다.

.. 이해는 (언어에 대한 basics를 알았다면) 최종적으로 단어의 최종적인 뜻인 감주로 이해한다.

BAM은	어원 분석보다, 사전의 definition보다 더 똑똑하다.

IIIII.. Smoking is strictly prohibited inside the factory.
prohibit=bar[빗장]를 쳐서 앞으로 있게 하는 것으로서 금지시키는 것
[pro : 앞으로 i : 있게 하는 것 b : bar] cf] pre>p+e=앞+eyes : 눈앞으로서 before
↳일종의 비두자 (한글) BNW

어원분석] pro : away hibit 〈 habere : keep
떨어지게 유지시키는 것으로서 금지 시키는 것

결국 etymology로 하나 BAM으로 하나 그 뜻은 같다. 문제는 habere가 왜 keep 뜻이 되는 지 또다시 파고 들어가야 한다. 철자에서 바로 의미가 풍겨져 나오지 않기 때문이다. **BAM 영뇌는 단어철자만 보고 있으면 저절로 뜻이 풍겨져 나온다.** 이렇게 어원분석된 단어도 왜 그런 뜻이 나왔는 가를 또다시 질문을 던져보면 결국 단어가 태어날 때의 뉘앙스, BNW로 귀결된다. 요컨데, 언어는 누가 만들었는지는 모르나 만든 사람이 있을 것이고, 왜 그런 언어를 만들었는 가를 생각해보면 BNW와 딱 맞아 떨어질 것이다.

IIIII.. dictionary=단어들이 담아져[담겨져] 있는 곳으로서 사전
[d : 단어 a : at 어떤 장소 y : 지게모양 — 담아두는 곳]

어원분석] dictio : word or saying, Latin 'ary' : place
말이 있는 곳으로서 사전
⇒ 여기서 ary가 왜 place가 되는 지 우리는 모른다. 태초에 언어를 만들었을 때로 거슬러 올라가면 해결이 된다. **y는 지게으로서 물건을 담아 두는 집합소이다.**

IIIII.. secede=앉아 있지 않고 밖에 나가는 것/떨어져 나가는 것으로서 조직을 떠나는 것
[s: sit/separate
e>ex: e=있는 것 or is x= X 표시 ···› X 표시가 있어 (여기에) 있으면 안되는 것으로서 out
또는 e > e↗ : e라는 글자를 써보면 안에서 밖으로 빠져나가는 모습 **그래서 ex=out**]
tip)BNW는 언어 창조 때의 모습이고 어원분석은 영문도 모르고 그런 뜻이라고 말하고 있어, 우리는 BAM을 더 존중해야 하고 더 믿어야 한다.

vs 어원분석[se: apart cede: go]
vs 사전의 definition : (from) to formally leave a group or organization, esp. because of disagreement (의견 불일치)
: One of the states has seceded from the federation.

plus] exit=안에 있지말고 빠져나가는 방향으로서 나가는 곳[출구]

[e: e↗ 빠져나가는 것 x: x표시=not i: in t〉d: direction]

ex=안에 있으면 안되는 것으로서 out (안에=associate)

⇨ e: is X표시 : not out=안에서 밖으로 나가는 것으로서 밖으로

⇨ o: 밖으로 움직이는 것 u : 안쪽 구역 t: direction

IIIII.. postpone=지주를 뒤에 박아 두고두고 하듯이 뒤로 두고두고 하는 것으로서 연기하는 것

[p: put (up) st: supporter p: put (up) 지주[지지대]를 뒤에 박아 두고두고 하는 것]

— 둑이 무너지지 말라고 말뚝을 뒤에 받쳐서 박아 둔다.

BNW는 이렇게 어원분석 이전의 것을 설명하고 있다.

어원분석] post : after

하지만 왜 after인지 철자에서 알 수 없다 ⇦ 지주를 뒤에 박아 두는 것으로서 뒤인 것

IIIII.. procrastinate=예정 시간보다 앞으로 당기거나 더 뒤로 미루는 것으로서 연기하는 것

[pro : 앞으로 or pro 〉 opro r: 래일〉내일 : **두음법칙** t/t: time + time]

어원분석] pro : forward cras : tomorrow

cras를 BAM으로 분석하면

c: come r: 래일〉내일, 즉 내일 일어나는 것으로서 tomorrow

IIIII.. parasite=(어딘가에 기생하면서) 빨아 먹는 생물로서 기생물 /기식물 /기생충

[pa: 빠는 것 -- **된소리화** sit: sit + 식(食), 즉 어떤 곳에 앉아서 먹는 것]

어원분석] para : alongside sit : food

: Lice and tapeworms are parasites.

Mistletoe is a parasite on oak tree.

Foxes, weasels, rats, fleas, flies, parasites, insects and lice are [considered] all vermin.

IIIII.. insect=(오목하게) 들어 가 잘라 놓은 것처럼 보이는 생물로서 곤충/곤충(같은) 벌레

[in: 오목하게 들어간 것 sect: 잘라 놓은 것]

어원분석=sect: cut, segment, part

: Such as /As spiders, centipedes, bugs, bees and suchlike.

그와 같은 예들 들면/같은 예로서

BAM은	사전에 뜻이 없어도, 사전에 뜻이 불명확해도 정확하게 알려준다.

IIIII.. In just a few decades, petrodollars and modernity have whipsawed Arab states in the Gulf.

사전에 아무리 찾아 봐도 **뜻이 없어도** 걱정하지 말라. **BAM으로 처리하면 된다.**

whipsaw=채찍 끈처럼 가늘고 긴 톱[즉 줄톱]으로 잘라 들어 가듯이 조금씩 조금씩
먹어 들어 가는 것[침투하는 것]
[whip: 채찍끈 s>z: 자르는 것 w: 톱날 모양]

가늘고 긴 톱으로 잘라 들어 가듯이 조금씩 조금씩 갉아 먹어 들어 갔다는 것이다. 현대풍이 침투한 걸프 지역 국가들에게 표현한 것이다. 듀바이 skyscraper가 그 좋은 예이다.

사전은 보통 BNW로 접근하지 않고 단순히 **뜻하는 의미(just-im)**로 풀이 하고 있기 때문에 뜻이 없다면 나중에 다시 '조금씩 조금씩 영향을 미치는 것' 이라고 **update될 것이다.** 단어 본래의미[원래의미]는 BNW로 접근한 **BNW/bnw-BAM/im-BAM**이다. 이들 차이는 BNW 반영 정도이다.

이렇게 우리는 BAM을 알고 있으면, 원어민들처럼 사전에 뜻이 없어도, 그것도 단어 본래 의미로 처리할 수 있다. 뿐만이 아니라, 원어민들처럼 저렇게 BAM으로 여러가지 상황에 적용시켜 **사전에 없는 뜻도 추가할 수 있다.**

시동=지나자 단지 몇 십년이 지나자, 오일달러와 현대풍은 가지게 되었어요, 서서히 갉아 먹어 [침투해] 들어 간 것인데 아랍국가들, 즉 내소에 있는 걸프만 내소에 있는 아랍 국가들에게 말이다. **↱ 어떤 번역으로 시동을 거느냐에 따라 IS영뇌도 달라진다 ⇒ bnw-BAM 시동=Best**

완전번역=서서히 갉아 먹어[침투해] 들어 간 것 -- bnw-BAM **∵ 원어민과 같은 느낌**

이면번역=조금씩 조금씩 영향을 미친 것 -- im-BAM ⇒ **둘다 IS 영뇌가 다르다.**

IIIII.. South Korea have completed their warm-up schedule for the World Cup in extremely disappointing fashion.

fashion 의미로 사전에 방법, 방식으로 나와 있으니 여러분들은 이렇게 해석할 것이다. 아주 실망스런 방법/방식으로 마무리 했다고 말이다. 마치 실망스럽게하는 방법이 존재하는 양

무언가 어색하고, 번역한 한글도 어렵다. 여러분 뿐만이 아니라, 대개 번역이나 통역을 맡기면 이렇게 해석한다. 대개 사전의 뜻은 BNW를 바탕으로해서 어떤 상황에 적용된 그 상황에 맞는 뜻이라 했다. 그래서 이제는 상황이 다르니 이 표현에 맞는 다른 의미를 찾아야 한다. 하지만 걱정말라. BAM으로 찾으면 된다.

fashion=선을 보이기 위해 펼치는 것으로서 패션/(무언가) 펼쳐지고 있는 것으로서 유행
[f: 펼치는 것/펼쳐지는 것 s: 선 sh: show]
cf]fair=펼쳐 놓고 보게 하거나 물건을 파는 것으로서 박람회/품평회/전시회/(취직, 진학) 설명회 //(정기적으로 열리는) 장(날)/바자(회) [f: 펼쳐 놓는 것]
: the Contemporary Art Fair a job fair //a town fair 시골장(날) a craft fair

시동=한국 선수들은 가졌어요. 마무리한 것인데 자기네들의 훈련 스케줄을 , 즉/해체 월드컵 준비 훈련 스케줄을, 하면서 아주 실망스럽게 펼쳐보이면서 말이다.

완전번역=펼쳐 보이면서 -- BNW 그대로 BAM이 되었다. warm-up=훈련/준비운동/예열
South Korea=집단명사로서 구성체 복수 -- 한국선수들 ex] family=가족/식구
have=발생현재 : Unionists use force. 사용했어요 for=해당사항으로서 즉/해체(解體)

BAM은 **단어의 고유한 뉘앙스에 맞는 정확한 한글을 가져오게 한다.**

즉, 단어 본래의미[원래의미]와 뜻하는 의미를 구별시켜 준다.

여러분들은 단 한번도 **단어의 본래의미[원래의미]**를 느껴 본 적이 있는 가? 한국사람들은 이 물음에 답할 길이 없다. BAM **영뇌**가 없기 때문이다. BAM은 BNW를 바탕으로한 실제의미이다. 따라서, 단어의 본래의미[원래의미]는 BNW와 BNW가 많이 반영된 BAM이 된다.

사전의 뜻은 대개 **뜻풀이로서 뜻하는 의미 입장**에서 뜻을 말했을 뿐, 그 고유한 뉘앙스를 확실히 구체적으로 나타내고 있지 않다. 예컨데, 'Revive the sagging economy' 에서 sag 의미를 사전에서 찾아 보면 'to become weaker or less valuable' 라고 표현하고 있다. 그래서 BAM을 모르는 많은 사람들은 '더 약해진 경제를 다시 살려라' 라고 해석한다.

하지만 BAM 영뇌가 있는 사람들은 그냥 BNW뜻이 내포되게 '축 늘어져 있는 경제' 로 이해한다. 이것이 바로 단어의 고유한 뉘앙스에 맞는 한글이자, 단어의 본래의미[원래의미]이다.

sagging=축 늘어져 있는 모습으로서 축 늘어져[쳐져] 있는 것
[s: 축 늘어져 있는 모습 ing: 진행음가로서 진행의미]

BAM 영뇌

역으로 '축 늘어져 있는 경제'를 다시 뜻하는 의미로 말하면 사전의 뜻풀이가 된다. **사전의 뜻풀이와 단어 본래의 뜻은 이만큼 차이가 난다.** 번역자나 해석자는 특히 이런 점에 유의하라.
그래서, BNW를 바탕으로 해서 번역하면 **완전번역**이 되고, 뜻하는 의미로 번역하면 **이면번역, 즉 준번역**밖에 되지 않는다. 우리는 원래 단어가 가지고 있는 고유한 뉘앙스가 충분히 반영되도록 번역하거나 해석해야 글쓴이의 의도를 정확하게 전달 할 수 있다.
(**완전번역**=축 늘어져 있는 경제 **이면번역**=약해져 있는 경제 ⇒ **서로 IS영뇌가 다름에 유의**)

이런 뜻의 차이도 모르고 신문 연재영어나 각종 학습서에서는 준번역, 준해석만 해대고 있다. 정말로 한심스럽다. **엉터리 영어, 장사 영어에 더 이상 속지말라.** 숙어도 마찬가지이다.
만약 '약해져 있는 뉘앙스'로 표현하고 싶으면 weaker라는 단어가 별도로 엄연히 있어 weaker라는 단어를 쓰면 된다. 그래서, sagging도 weaker도 각각 자기만의 뜻을 가지고 태어난 것이다. 즉 자기만이 살고있는 자기 거주지가 있다는 것이다.
이것이 바로 단어 거주지, 즉 BNW이다. tip)단어 거주지는 IS영뇌를 쉽게 작동시킨다.

> 우리말도 마찬가지이다. 저 사람 '뿔이 났다' 할 때 이 말의 뜻하는 의미는 '몹시 화가 났다'는 의미이다. 그러나 '뿔이 났다'와 '몹시 화가 났다'는 말은 결과는 같다할지라도 그 뉘앙스가 근본적으로 다르다. **그래서 IS도 다르다.**
> 어느 나라 사람이든 자국어를 이해할 때는 **표현 그대로 이해하기 때문에** bnw-BAM으로 IS는 모두 같다. 하지만 타국어를 이해할 때는 대개 im-BAM으로 이해하기 때문에 원어민이 이해하는 느낌과 다르다. 즉 IS를 다르게 느낀다. <u>원어민 느낌 그대로 느끼는 것이 바로 영뇌다.</u>

BAM을 모르기 때문에 모든 한국 토익 책에서는 Listening Test의 Part 4. talks 문제에서 talks를 설명문으로 번역하고 있다. 이것은 **준번역**밖에 되지 못한다. 영화를 '봤다 안봤다' 하면서 서로 말을 하면 conversation, 즉 담소로서 대화가 되고, 영화에 대해 쭉 이야기하면 talk가 된다. tip) **완전번역/대체번역**=bnw-BAM **이면[준] 번역**=im-BAM

> talk=어떤 것에 대해 이야기를 하는 것으로서 이야기[t: story a: 어떤 것]
> 그래서 talks는 [talk+s: several]로서 여러가지 이야기 문제=**완전번역**

따라서 사전에서 영어 단어를 찾았을 때 **BAM으로 단어의 본래[원래] 의미**를 다시 찾아내야 한다. **뜻하는 의미**는 BNW만 알면 얼마든지 유추가 가능하고, 단어의 고유한 뉘앙스를 충분히 반영하고 있지 않기 때문이다.

BAM은	**BNW를 바탕으로 하기 때문에 표현과 의율을 쉽게 결정하게 한다.**

다 같이 천재라 할지라도 BAM으로 알고 있기 때문에 적재적소에 마음대로 쓸 수 있다.

genius=타고 난 사람으로서 천재
[g: grown (무언가 좋은 것이) 자라져 있는 것으로서 타고난 것]
: Wynford was an architect of genius.

phenom=육체적으로 잘 움직이는 것으로서 천재[즉 운동천재 -- 등]
[p: physical 육체적인 것 o: 잘 움직이는 모습]
: Michelle Wie is a phenom of golf.

prodigy=톡 튀는 타고난 천재로서 신동
[pro 〉 opro : 앞으로 나오는 것으로서 톡 튀는 것 g: genius]
: Morzart was a musical prodigy.

쉽게 생각하라. 우리말도 마찬가지이다.
예컨데, 화폐와 통화는 돈으로서 뜻하는 의미는 같으나 그 뉘앙스는 다르다. 전자는 교환되는 물건으로서 돈이고, 후자는 유통으로서 돈이다. 소질이라는 단어도 마찬가지이다. 다 같이 소질로 쓰이나 재능으로서 소질이 있고, 경향으로서 소질이 있고, 성미로서 소질이 있고, 체질로서 소질이 있다. 도리도 본분[duty]으로서 도리가 있고, 이치[reason]로서 도리가 있고, 방도로서 도리가 있다. 할 수 밖에 없다는 뜻으로 '도리가 없다' 고 할 때 이때의 도리는 방도로서의 도리이다. tip) BAM을 알면 단어 선택권도 생기고 IS도 다르게 느껴진다. BNW를 알기 때문이다.

그래서, 말도 여러가지 있다.

say=입에서 흘러나오는 것으로서 말하는 것 [s 〉 ~ : 말이 입에서 흘러나오는 모양]
speak=말을 계속하는 것으로서 쭉 말해 나가는 것 [s: saying k: keep]
↗두 사람, 세 사람 -- 뿐만이 아니라 한 사람도 가능 ∴ TOEIC, IELTS talk일때 한 사람일 때가 많다.
talk=어떤 것에 대해 이야기를 하는 것으로서 이야기 (하는 것) [t: story a: 어떤 것]
conversation=공간 내에서 나누는 말로서 대화/담소 [c : (오목한) 공간 s : saying]

dialogue=desk에서 하는 것처럼 마주보고 논리적으로 하는 말로서 대화
[d : desk l : logically]
tell=종을 쳐서 알려 주는 것처럼 알려주는 말로서 말해 주는 것 [t : toll]

BAM 영뇌

cite=누구의 입에서 흘러 나온 말을 다시 들추어 내는 말로서 인용하는 것 [c>s : said t>d : 들추어 내는 것]
↗ 향해서 말하는 것으로서 말을 거는 것/향해서 쭉 말하는 것으로서 연설하는 것
address=어떤 곳을 향해서 [쭉] 말하는 것 /무언가 관해서 말하는 것
[a : at s : say/speak or a : about] ↳ Congress under pressure to address gun law.

따라서, 주로 무엇을 말하거나 출처를 말할 때는 say를, 인용할 경우에는 cite를, 연설을 할 경우에는 speak, address를, 그냥 무엇을 쭉/계속해서 말할 경우에는 speak (She speaks in French. /Don' t speak with your mouth full.)를, 그냥 향해서 말할 경우는 address (A man addresses a women.)를, 서로 의견을 나누는 좌담이나 담소, 대담일 경우에는 conversation을, 공식적인 대화일 경우에는 dialogue를, 어떤 것에 대해 서로 이야기를 할 경우에는 talk를 쓰면 된다. 그래서, 회담을 talks라 하고, news를 말하고 있는 것도 talking이라 한다.

내친 김에 하나 더 예를 들어 보자[over shoes, over books].
우리는 get /make /take /have /use -- 등을 그냥 '하다' 로 번역한다. 다같이 '하다' 라할지라도, 접근하는 뉘앙스와 IS가 다르다. BAM을 알면 자생력, 즉 전달력과 응용력이 생긴다.

get=움직여 취하는 것으로서 하다이고 [g : go 〉 move t : take]
make=만드는 것으로서 하다이고 [m : 만드는 것]
take=(어떤 행위를) 취하는 것으로서 하다이고 [t : 취라고 소리가 남]
be동사= '있다' 발생으로서 하다이고 [b : 발생 e: 있다 : Be careful. I was born]
있었는데 태어난 것이 있었다 --> 했는데 태어났다.
have=가지는 것으로서 하다이고 [h : hand]
use=사용/이용/활용으로서 하다이다 [u : utilize s : 사용 e : 이용]
--- 등등, 이것뿐만이 아니다. '하다' 로 이해하는 단어는 무수히 많다.

I' m getting married next month.
(자기가) 해서 취하겠다는 것 --> 하겠다는 것
(인데 하겠다는 것인데 결혼 하는 것을 말이다)

I would not like to make conversation with you.
만드는 것인데 --> 하는 것인데 (하고 싶지 않다, 하는 것인데 대화를 말이다.)
*conversation=담소로서 대화 - 옹기종기 모여서하는 대화

Nick rolled out of bed and took a shower.
취했는데[취했어요] --> 했는데[했어요]
(그리고, 했는데[했어요] 샤워(하는 행위)를 말이다)

Mary loves having a hot shower.
갖는 것인데 --> 하는 것인데/하는 것을 하는 것인데
(아주 좋아해요, 하는 것인데/하는 것을 하는 것인데 a hot shower를 말이다.)

I used to go to the cinema a lot.
이용하곤 했다 --> 하곤 했다
(하곤 했어요, 가는 것인데 대처 영화관으로 많이 말이다.)
*to=방향대상으로서 대처(對處) -- 으로

상기 예문들은 BNW 그대로 번역하면 **완전번역**이 되고, 그냥 뜻하는 의미로 '하다'로 번역하면 **이면번역[준번역]** 밖에 되지 못한다. 이렇게 BNW를 알고 '하다값'을 가지고 있으면 어떤 상황에 어떤 단어를 쓸지 쉽게 결정할 수 있다. **※완전/대체 번역**=bnw-BAM **준번역**=im-BAM

의율의 잣대는 BNW이다. 즉 BNW가 헌법 재판소이다.
선행사 뒤에 어떤 관계사가 오고, 동사 뒤에 어떤 전치사가 오고, 어떤 전부사가 오는 지 결정은 뜻하는 의미가 아니라, BNW이다.

관계 대명사를 가르칠 때 선행사가 사람일 때 who를 쓰고, 사물이나 동물, 식물 일때는 which를 쓰고, 양쪽 모두에게는 that을 쓴다고 무조건 외우게 가르친다. 바보는 죽지 않으면 못 고친다. **BAM로 가볍게 처리하라.**

who=사람과 묻는 관계 또는 사람을 묻는 말로서 누구냐 하면 /누구
[w : 관계/묻는 모습 h : human(s)] (**전자**=관계대명사 의미 **후자**=의문대명사 의미)
: The fortune teller who is wearing --- . Who is she?
시동=저 점쟁이는 누구냐 하면, 있는 사람, 입고 있는 사람인데 --- . *the=그/저/이

which=비사람과 묻는 관계 또는 비사람[사람]을 묻는 말로서
어떤 것이냐 하면 /어느 것[어느 사람] (**전자**=관계대명사 의미 **후자**=의문대명사 의미)
[w : 관계(v+v)/묻는(= ~´) 모습 앞 h: 비소리로서 비사람 뒷 h: 합성소리로서 사람]

⇒ 언어를 만들 당시에는 비사람에게만 쓰다가, 나중에 사람에게 쓰는 것으로 발전한다. 그래서 which의 BNW는 비사람이다. 따라서 관계대명사일 경우 BNW 입장에서 판단해야 한다. 모든 단어의 의율의 잣대는 BNW이기 때문이다.

: The river which flows through our city --- .
Which do you prefer?
시동=그 강은 어떤 강이냐 하면, 흘러 뚫고 우리의 도시를 지나는 강인데 --- .
// 어느 것이지/어느 사람이지 네가 선호하는 것[사람]이 말이야?

that=사람/비사람과 지정관계 또는 지정으로서
그것은[그 사람은] -- 인 것[인데] /저것은[저 사람], 그것은[그 사람]
[th: the/thing h : human a : animal t : plant]
(**전자**=관계대명사 의미 **후자**=지시대명사 의미)

: The fortune teller that is wearing ---. Who is that?
The river that flows through our city --- . What is that?

IIIII.. Lloyd carved out his niche for himself as a professional tennis player.

벽감이기 때문에 carved를 썼고, carved이기 때문에 out를 썼다. 이런 뜻으로 서로 의율이 되기 때문이다. 그리고 단어 본래의미[원래의미]로 번역하면 carved out는 빚어냈다이고, his niche는 자기 벽감이다. 이것들이 뜻하는 의미가 만들어 냈다이고, 자기 적소가 된다.

즉 빚어냈다로서 만들어 냈다이고, 벽감으로서 적소이다. 마치 우리말 깡통 아파트와 같다. 깡통 아파트는 그대로 그 의미이지, 뜻하는 의미로 빈털털이 아파트라고 하지않는 것과 같다. 왜냐하면 빈털털이는 깡통이라는 뉘앙스를 느끼지 못하기 때문이다.

완전번역=자기 벽감 **이면번역**=자기 적소[適所]
niche=벽에 물건을 넣어 두는 공간이 마치 달라 붙어 숨어 있는 것처럼 보이는 곳으로서의 벽감[틈새공간], 즉 숨어있는 (달라붙은) 공간으로서 벽감[틈새공간]
[n : 공간모습 c : cling 달라 붙어 있는 것 h : hidden 숨어 있는 것]

carved out=빚어(carved) 냈다(out)로서 만들어 냈다
BAM은 단순히 뜻하는 의미가 아니다. BNW로 접근한 의미이다. Best 단어 본래의미[원래의미] 정도는 BNW 〉 bnw-BAM 〉 im-BAM이다. **대부분의 BAM은 BNW 또는 BNW를 많이 반영하고 있다.**
out=(빚은 것이) 밖으로 향하는 것으로서 내는 것

IIIII.. He looks tired out (=very tired).

사전에 이렇게 나와 있으면 **뜻하는 의미**로 같은 것이지 **단어 본래의미[원래의미]**로 같은 것은 아니다. 그래서 뜻하는 의미로 외우고 있으면 왜 out가 쓰였는지 알 수 없다. BAM이 필요하다. BAM 속에는 BNW가 있기 때문이다.

tired=기, 에너지-- 등이 닳을 정도로서 지친 것/지긋지긋한 것[t>d : 닳는 것 d : degree]
out=(닳아/지쳐) 떨어져 나갈 정도로서 해버리는 것
시동=보이는 데 지쳐 버린 것처럼 보여요
⇒ 지쳐(tired) 버린 것(out)의 뜻하는 의미가 매우 지친 것[=very tired]이 된다.

IIIII.. Geithner gets grilled on the Hill. [=the Capitol Hill]

Congress에서 열띤 토론을 벌이는 상황인데 at을 써도 되는 데 on을 쓴 의도를 알아야 한다. 그럴려면 BAM으로 단어의 본래의미[원래의미]를 보유하고 있으면 된다. 무언가 석쇠 위에 얹어 놓고 굽기 때문에 on이 의율이 되는 것이다. 뜻하는 의미, 즉 열띤 토론으로 알고 있으면 on을 왜 썼는지 알 수도 없고 on의 뉘앙스를 충분히 느낄 수도 없다.

grilled=불 위 석쇠에 놓고 굽는 것으로서 굽는 것
[g: 굽는 것 r: 열이나 불꽃이 올라오는 모습 ll: 걸쳐놓은 석쇠모양
ed: (자동) event 음가 or (e: 조율음) d: done 자동의미]
on=윗 장소로서 상소(上所) -- 에서
시동=(하고 있는 데) 달구고 있어요, 상소 국회 의사당 상소에서 말이다.

plus] **또한**, in the House/Senate 처럼 in을 쓰지 않고, on the Capitol Hill로 on을 많이 쓰는 것은 Hill은 hill[언덕]에서 나왔기 때문이다.

↗ BAM을 알면 우리도 원어민처럼 뜻을 마음대로 만들 수 있다.

BAM을 알면 의미를 자유롭게 가져 올 수 있다.

단어의 뜻을 BAM으로 처리하는 원리를 알면 어떠한 표현도 사전에 뜻이 있든 없든 표현자의 의도에 맞게 의미를 가져 올 수 있다.

IIIII.. Sarkozy says there is a wish to humiliate him.
(Sarkozy=former French President로서 부패혐의를 받고 있는 상황)

↗ 상황 associate
a=어음가와 첫번째 글자로서 어떤 하나, 어떤 하나로서 어떤 하나의 세력
[a : '어' 음가로서 어떤 + 알파벳 첫번째 글자로서 하나]
wish=빌고 비는 것으로서 몹시 바라는 것/소원/소망 [w : v + v 빌고 비는 것]

시동=사코지 대통령 말에 의하면 이런게 있다는 것이다. 즉 몹시[절실히] 바라는 어떤 한 세력이 있다는 것인데 굴욕을 주기위해서 자기를 말이다.

BAM을 알면 원어민 표현을 마음대로 이해할 수 있다.

"I think I should <u>warn</u> you – I have a very eclectic bunch of symptoms." : **환자의 말**

-- 환자가 의사에게 말하는 것이니, 사전의 뜻대로 '경고하다' 로 알고 있으면 전혀 문맥이 맞지 않는다. **사전의 이런 뜻은 BNW를 바탕으로 해서 적용된 그 상황의 뜻만 기록한 것이다.** 그래서 우리는 사전의 뜻대로 알고 있다는 게 얼마나 헛점이 있는 가를 알아야 한다.

warn =미리 위험을 알리는 것으로서 경고하는 것
[w=v+v: 위험한 신호 a: advance 미리 or ar: 알리는 것 or n: let know]
시동=내 생각엔 나로 하여금 발생시켜야 겠어요, 위험을 미리 알리는 것인데 선생님에게 말이다. 왜냐하면 나에게는 있기 때문에 아주 다양한 다발[뭉치], 즉 (다양한) 증상 다발[뭉치]이 있기 때문에 말이다.

very eclectic bunch=(어떤 것이) 아주 다양하게 분포되어 있는 다발[뭉치]
eclectic =골고루 있는 것으로서 다양하거나 다방면에 걸쳐 있는 것/골고루 취하는 것으로서 골고루 취사선택하는 것 [e>i : is cl 〉클 〉골 : 골고루 t : take]
dash **영뇌**=이유: 왜냐하면 of=동격구성으로서 있는 should=사발생 정생각

BAM은	**우리가 무시하는 모든 단어들의 의미를 세밀하게 다 느끼게 한다.**

대부분 한국 사람들은 순서대로 매겨지는 뜻을 정확히 몰라 무시하는 경우가 많다. 한뇌로 영어를 이해하기 때문이다.

우리의 무시 단어
=전치사, 전부사 //진행형의 be동사, 완료형의 have 동사, 관사, 복수, 관계대명사, 관계부사, 종속접속사 that, to부정사의 to, 유도부사 there (전부사=전치사부사)
➡ **후자=연결설명어와 비연결 설명어편 참조요**

전치사나 전부사도 다른 일반단어 처럼 뜻을 세밀하게 다 느끼니 BAM 영뇌로 영어를 하면 사물을 보는 관찰력도 좋아진다.

👉.. **완전번역과 이면번역은 IS가 서로 다르다. 완전번역은 영어본래의 모습이 보이고 이면번역은 뜻하는 의미만 보인다. 그래서 전자일 경우 IS 영뇌가 쉽게 작동한다.**

BAM 영뇌

주의[원어민들은] 이면번역을 하더라도 단어 원래 뜻[BNW]을 바탕으로 하고 있다.

IIIII.. Al Qaeda preyed on innocent people.

prey 뜻이 영영사전에서는 'to cheat from someone 즉 어떤 사람을 이용해서 속이는 것' 으로 나와 있어, on을 무시하고 prey on을 ' -- 를 이용해서 속이는 것' 으로 대부분의 한국 사람들은 이해한다. 그러면 왜 on이 여기에 쓰였는지 알 수도 없고, 의미도 느낄 수 없다. 이럴 때는 on BAM으로 해결하면 된다.

밥으로 얹어 놓으니, 즉 누군가를 잡기위해 미끼를 얹어 놓으니 on을 쓴 것이다.

on=prep. 위에 두는 것으로서 얹어 놓는 것/삼는 것
prey=vi. 밥/먹이감으로 하는 것으로서 미끼로 하는 것
[p>b : 밥 e : eaten(먹히는 것)로서 먹이감]
시동=밥[미끼/먹이감]으로 얹어 놓았다[삼았다]. 무고한 사람들로 말이다 : **완전번역**
vs 속였다. 얹어놓고, --- : **이면번역[준번역]**

IIIII.. Cats prey on birds and mice.

각종 참고서나 영한 사전에서는 on 의미를 정확하게 느끼지 못하고 있다. BAM 영뇌가 없기 때문이다. BAM 영뇌는 전치사이든 전부사이든 모두 다 분명히 느끼게 한다. 그래서 collocation은 있어도 영뇌에서는 숙어가 없다. 원어민과 같은 느낌으로 이해하기 때문이다.

on=위에 두는 것으로서 상을 차리는 것
prey=vi. 포획해서 먹는 것으로서 잡아 먹는 것 (to hunt and eat) [p: 포획 e: eat]
시동=잡아서 먹어요, 차려서 새와 쥐를 차려서 말이다 : **완전번역**
각종 참고서/영한사전=잡아 먹어요, 새와 쥐를 말이다 : **준번역**
cats=cat+s: **일반복수(대표/전체 의미)**
-- 그래서 cats=고양이는/고양이들은 (는/은=Ekbe 문맥이지 동질연결이 아니다)
영어자체 느낌으로 이해하려면 Ekbe 문맥 토씨 없이 이해해야 한다.
↳ free 영뇌리딩=감주 reading

사전으로 단어의 뜻을 알고 있더라도 BAM과 기/설을 모르면 현장영어를 극복할 수 없다

사전의 뜻대로 단어의 뜻을 알고 있어도 현장영어에서는 알 수 없는 경우가 많다. 예컨데 비밀번호 생성시 8자리 중 적어도 한자리는 **"case sensitive(p113)"**하게 하라고 했을 때 case도 알고 sensitive도 알고 있어도 BAM과 기/설을 모르면 눈 뜬 장님에 불과하다. 그래서 단어장으로 사전의 뜻으로 무턱대고 외우는 단어는 의미가 없다.

말로 인식

∵ **단어의 뜻=사전의 뜻만으로 부족 + BAM/Associate +** (특히 설가뇌) **뜻관계 뜻 + 감주**

↘영어는 (원어민이 알고 있는) 단어의 뜻만 정확히 알면 된다.
↘생활 속에서의 뜻으로 표현되었을 때의 뜻
↳ 기/설, 특히 연결설명어, 즉 콤머유무/콤머불관 연결설명어의 뜻관계 뜻

: BAM/Associate/뜻관계 뜻(4가지)/감주

IIIII.. Octopuses are preyed upon by sharks, dolphins, morays and conger eels.

각종 참고서나 영한 사전에서는 are preyed upon을 그냥 잡아 먹힌다고 해석하고 있다. are 의미, on 의미를 느끼지 못하고 있다. 한뇌 보유자는 이들 의미를 모르기 때문이다.

upon/on=위에 있게 되는 것으로서 걸리는 것 by=행위 실체로서 행자(行者) -- 에 의해서
preyed=포획되어 먹히는 것으로서 잡혀 먹히는 것
[p: 포획 e: eat ed: 피동 event 음가 or (e: 조율음) d: done 피동의미]
시동=되는 데 즉 잡혀 먹히는 데 걸려서 행자 상어, 돌고래, 곰치, 붕장어에 걸려서 말이다.
: **완전번역** **각종 참고서/영한사전**=잡아 먹힌다. -- -- : **준번역**
octopuses=octopus+e: **조율음**+s: **일반복수(대표/전체 의미)**
-- 그래서 octopuses=문어는/문어들은

IIIII.. Hang out the washing to dry.

out은 수직/수평 기준으로 out 방향이니 펴라는 의미가 된다. 이렇게 쓰인 단어 하나하나 의미를 알면 사물을 보는 영어 관찰력이 생긴다. (out=adv.) 그래서, 축구에서 대포알 슈팅을 'shot-up' 이라고 한다. 이때 up은 수평을 기준으로 하여 바로 꽂히는 현상을 두고 한 표현이다. 수직기준이 아니다.

hang=높은 곳에 핀을 꽂아 고정시키고 나머지는 자유롭게 떨어뜨리는 것으로서 너는 것
[h : high a : at n: 꽂는 핀 모양, 즉 빨래집게(clothespin) g: go]
시동=널어서 펴라. 그 세탁물을 대동 말리기 위해서 말이다.
: **완전번역** **각종 참고서/영한사전**=널어라. -- -- : **준번역**

plus] take off도 활주로를 기준으로 해서 떨어지는[분리되는] 것이니 off가 상승의미가 되어 이륙하다는 의미가 된다. 만약 하강 중에 관제탑에서 take off라고 썼다면 하강기준으로 off하는 것이니 착륙이 아니라 상승시도를 해야 한다. 하지만 모 항공회사 pilot는 착륙시도를 하다가 그만 추락사고(crash)를 일으키고 말았다. 'Stocks close off lows.' 하면 저점을 기준으로 off하니 off가 오히려 상승의미가 되고 'Stocks close off highs.' 하면 고점이 기준이 되니 하락의미가 된다.
시동=주식이 마감했는데 좀 올라[내려], 저점[고점]에서 좀 올라[내려] 마감했다.
↳ off 정도, 즉 분리정도 크기이니 작은 크기 : off the coast 근해

IIIII.. The man is filling out a form. 이때 out은 칸을 다 채우고 나가는 의미이다. 즉 칸 하나 하나 채우면서 나가는 의미이다. 뿐만 아니다. 여기서 a의미도 무시하고 있다.

fill=안으로 집어넣어 가득하게 만드는 것으로서 채우는 것
[f : full i : into ll 〉↓↓: 안으로 집어넣는 모습]
시동=(하고) 있는 데 채워 나가고 있다. 어떤 하나의 (서류) 양식을 말이다 : **완전번역**
각종 참고서/영한사전=채우고 있다. 양식을 --- : **준번역** (서류=상황/단어 associate)

BAM으로	처리 안되는 단어가 없고, 이해 안되는 표현이 없고, 같은 단어는 하나도 없다.

BAM is God. 사전의 모든 단어는 BAM으로 다 처리되며, BAM으로 이해 안되는 단어가 없고, 서로 같은 단어는 하나도 없다. 고유한 뉘앙스 만큼 차이가 난다. 만약 같다면 애초에 두 단어를 만들 필요가 없었을 것이다.

우리말도 BAM으로 다 처리된다. 표현하는 sign만 다를 뿐, 언어를 만드는 방법은 같기 때문이다. 중국어, 일어, 불어도 마찬가지이다. 전세계 모든 언어는 BAM으로 처리된다.

미끄려지다=밀려 끌려나가는 것으로서 미끄려지는 것
가지다=지[持 소지]로서 가지는 것
묶다=뭉치로 만드는 것으로서 묶는 것
신발=발에 신고 다니는 것으로서 신발

I BAM으로 처리 안되는 단어는 없다.

IIIII.. Monday=moon day로서 월요일(月曜日) [m : moon+day]
Tuesday=타는 day로서 화요일(火曜日) [t : 타는 것+day]
Wednesday=water day로서 수요일(水曜日) [w : water+day]
Thursday=tree day로서 목요일(木曜日) [t : tree+day]
Friday=flash day로서 금요일(金曜日) [f : flash(번쩍 번쩍이는 것)+day]
Saturday=soil day로서 토요일(土曜日) [s : soil+day]
Sunday=sun day로서 일요일(日曜日) [s : sun+day]

IIIII.. January=활동을 멈추고 잠자는 시기로서 1월 [j : 잠자는 것 n : not]
February=기지개를 켜고 벌떡 일어나는 시기로서 2월
[f : 기지개를 켜는 모습 b : 벌떡 r : rise]

March=연장을 잘 손질하는 시기로서 3월 [m : 망치 ar : a급으로 다루는 것 cf] art]
April=모든 곡식을 심는 시기로서 4월 [a : all p : plant]

May=보살피면서 (지게에 지고 가) 거름도 주고 하는 시기로서 5월
[m : 만지는 것으로서 보살피는 것 y : 지게]
June=연장을 들고 잡초도 뽑고하는 시기로서 6월 [J : 연장(모습) e ; ex>out]

July=잘 쭉 뻗는 시기로서 7월 [j : 잘　l : 쭉 뻗는 모습]
August=ah!할 정도로 성숙하게 쑥 자라는 시기로서 8월 [a: ah!　g : grown up]

September=씽씽하게 알이 배이는 시기로서 9월 [s : 씽씽한 것　p : 알이 배인 모습]
October=잘 익어 문어 다리처럼 고개 숙이는 시기로서 10월 [oct: octopus　o: 익은 것]

November=정상적으로 다 자라 베어내는 시기로서 11월 [n : normal　v : 베어내는 것]
그래서, Thanksgiving Day=the fourth Thursday in November, which in the US is a public holiday
December=다시 올 것을 약속하면서 해가 저물어 가는 시기로서 12월
[d : down　c : come]

IIIII.. dawn=정지해 있던 것이 깨어나는 것으로서 새벽 [d : down　w : wake up]
morning=만물이 일어나서 움직이는 것으로서 아침 [m : move　r : rise]

noon=오전 오후 딱 중간으로서 정오 [o : 오전　o ; 오후　n/n: no more, no less]
afternoon=정오 이후로서 오후 [after+noon]
evening=만물이 고요해지기 시작하는 것으로서 저녁
[even : 평온한 것/평정한 것　in : 들어가는 것으로서 시작하는 것]
night=빛이 없는 때로서 밤 [n : not　ight : light　t : time]

cf]daylight=빛이 있는 낮으로서 (훤한) 대낮 [day+light]
: Drive while there's daylight.
vs day=일을 할 수 있는 때로서 낮/일(日) //낮에 하는 일로서 일과 [d: do　y: 지게]
: He works day and night.　I'm usually out during the day.
10 days.　What time do you start your day?

vs daytime=낮 time으로서 낮(시기)[day+time] : 34℃ daytime high.
vs midday=중간 낮으로서 한낮/정오[mid: middle+day] : At midday.

plus] breakfast=(일터로 빨리 가기 위해) 팍팍 씹어서 빨리 먹는 식사로서 아침 [break+fast]
lunch=(일을 하고 논두렁 또는 테이블에) 줄지어 앉아 시끄럽게 얘기하며 먹는 식사로서 점심
[l: line+c : 〈 입을 벌리는 모양　ex] church : 목사와 신도들이 소리지르는 곳으로서

교회 vs chapel 아늑한 곳에서 기도[예배]하는 곳으로서 예배당=c: 아늑한 공간+prayer]
supper=해진 후에 다 모여서 먹는 식사로서 저녁[sunset+pp: 사람들이 앉아 있는 모습]
dinner=정장을 하거나 바르게 차려 입고 잘 차려진 테이블에 앉아 먹는 식사로서 정찬
[d>t: table + nn: 정장을 하거나 잘 차려 입고서 바르게 앉아 있는 모습 e: eat]
그래서 정찬은 저녁 또는 점심 때 많이 이루어 진다 : Eat dinner/lunch/supper.

IIIII.. An earth collapses.
earth=만물이 살아 움직이는 땅으로서 지구 [a : all r : 살아 움직이는 모습 th>t : 땅]
-- 한 덩어리의 땅이 꺼진 것을 표현한 것이다.
vs land=펼쳐져 있는 땅으로서 육지 [l : 쫙 펼쳐져 있는 모양 d : 땅]

IIIII.. Hi, Barbara, how are you?
hi=좋아서 손을 들면서 하는 인사로서 안녕 (하세요) [h : hand i>ai>a : 좋은 감정소리]

plus] 1. a (아 ~)=좋은 감정/슬픈 감정/놀라움/아쉬움 -- 등 **소리감정** sign
그래서, 'Ah!' 하면서 여러가지 감정을 나타낸다.

2. hire=hi하고 들어오면 '노동' 을 쓰는 것으로서 고용[채용]하는 것
[hi : 안녕 (하세요) r : 로동>노동]
지금도 작은 가게에서는 이렇게 쓰지만 최초의 채용방법은 이러 했다. 그래서,
사람을 '썼다' 할 때 hire로 표현하면 된다.
: Once hired 5. 한 때 썼는 데 5명이나 썼다는 것이다.

/hi하고 쓰는 것으로서 빌리는 것 : Hired a car.
과거에는 옆집에 가서 농기구를 빌릴 때 인사만 하고 빌려 온다. 필자도 어릴 때
이런 짓을 많이 했다.

IIIII.. "At Christmastime, Santa, Ho-Ho-Hos, in summer."

in=안에 있는 것으로서 안[내] 또는 들어가는 것으로 내지정 수단[내지정 교환/내지정 행위]
/†들어 오는 것으로서 오는 것
[i : 안에 있는 모습 or n : 내 內 > 안 i> ㅡ· : 들어 가거나 들어 오는 모습]
시동=때에 크리스머스 때에 산타가 오는 데, 호--호--, 왔어요 [왔군요], 여름에도
말이다. ＊오는 데/에도 말이다=**문맥** associate in position=place/time/†movement
: Just in good news. **시동**=방금 들어 왔어요. 좋은 뉴스가 말이다.

IIIII.. Come and visit Cambodia.

이 표현은 Cambodia 관광 광고표현이다.

와서 방문하라. 무언가 이상하다. 오면 오는 것이고 방문하면 방문하는 것이지 와서 방문하라는 말은 또 무슨 말인가? visit을 방문하다로만 알고 있다면 이런 표현을 할 수도 없고, 빨리 감을 잡을 수도 없을 것이다. 하지만 걱정하지 말라. BAM으로 처리하면 되니까.

visit=보러 다니는 것 /보러 가는 것으로서 방문하는 것

[v : 보는 것, or s : see t 〉 d : 다니는 것

or it 〉 i(in) + t(to) : 안에 있지 않고 어딘가로 가는 것

그래서 어원분석에서는 it=go]

시동=와서 보러 다녀라, Cambodia를 말이다.

IIIII.. 지금 회사가 발표하는 상황이다.

Allliantz offers financial solutions.

그냥 '제안/제의하다' 로만 알고 있는 사람들은 오역할 수 밖에 없다. '내 놓았다' 는 의미이다[=발생현재].

offer=내놓는 것으로서 제의/제안/제공하는 것

[off : 앞으로서 떨어 뜨려 놓는 것으로서 내놓는 것 or f : forth/forward f : fall]

그래서, 이것도 굳이 제공했다로 이해할 필요가 없다. 우리가 일자리 하나를 내놓은 것이다.

: We offered him a job.

⇒ 요컨데, 제의/제안/제공하다는 의미는 내 놓는 상황에 따라 결정되는 뜻하는 의미이지 offer단어의 본래의미[원래의미]는 아니다.

BAM은 알고 있더라도 잘 기억나지 않을 경우 뜻을 명확하게 알려준다.

영자신문을 읽거나 현장 방송을 들을 때 알고 있는 단어도 뜻이 잘 기억나지 않을 경우가 있다. 그럴 때는 BAM을 **이용하라**. 즉 단어철자에서 뜻이 나오게 하라.

미 국무장관 Rex Tillerson은 BAM으로 여러가지 상황에 적용시킨다.

UN에서 "North Korea must earn its way to talks."라고 말한다. 여기서 earn BAM을 모르면 시동을 걸 수 없다 ⇒ earn=노력해서 얻는 것으로서 버는[따는] 것/노력해서 찾는 것 [e: get r: **로력** or ⳩ : **노력하는 모습**] : He earned a promotion through hard work.

IIIII.. He is displaying his photo.

기자들에게 보여주는 상황으로 이 표현이 나왔다면 이때 display는 전시나 진열이 아니다. 펼쳐 보인다는 뜻이다.

display=펼쳐 보이는 것으로서 전시하는 것 /진열하는것 [s : show p : 펼치는 것]
시동=그는 (하고) 있어요, 펼쳐보이고 있는데 자기 사진을 말이다.

⇒ Most hostages freed, but gunmen kill at least nine officials in audacious display against authorities.
시동=대부분의 인질들은 풀려 났어요, 하지만 총을 가진 범죄자들은 죽였지요, 규모는 적어도 관리 9명이나 되었으며, 하면서 대담하게 펼쳐 가하면서 여러 당국들[당국자들]에게 말이다.

freed=(be 동사) **전제** infml E
free=자유를 주어 내 보내는 것으로서 풀어 주는 것
[f: freedom e: ex(out)]
at=구역이 차지하는 것으로서 규모인 것 [a: area t: taken]
officials BAM=사무를 관장하는 사람들로서 관리들
[offi: office 사무 c: 관장 s: several 복수]

in=들어 가는 것으로서 하는 것
authority=뒤로 젖히고 앉아서 큰 소리로 호탕칠 수 있는 곳[者]으로서 당국/당국자
[au: 오/아로서 큰 소리 hor: 호탕치는 것 y: 뒤로 젖히고 앉아 있는 모습]
audacious=adj. dare로서 대담[과감]하게 하는 것[d: dare or d: 대담]

IIIII.. China exploiting trade **loopholes** -- **Headline**

loophole BAM=빠져 나가는 구멍으로서 작은 창문, 총구멍, 총안, 허점
[l: 쏙 빠져나가는 모습 oo: 굴러가는/움직이는 모습 hole: 구멍]
완전번역=(이용하고 있는 데, 무역 거래 상(上)) 빠져 나갈 구멍들 **이면번역**=허점
cf] loop=고리/올가미 [l: 실이나 끈 모양 o: 묶은 모양]
: in the loop=걸려 있는 데 올가미에 걸려 있다.
in=들어와 있는 것으로서 걸려 있는 것

IIIII.. He is a washed-up actor.

다 같은 BAM이더라도 BNW가 덜 또는 약하게 반영되면 뜻하는 의미가 된다.

완전번역=완전히 한물 간 배우 **이면번역**=더 이상 쓸모가 없는 배우

washed-up
=다 씻겨 간 것으로서 한물 간 것 /한 물 간 것으로서 더 이상 쓸모가 없는 것
/(때가) 씻어졌는데 바로 씻어진 것으로서 잘 빨아 진 것
[washed: 씻겨 간 것(wash + ed 인 것)된 것: 피동 event 음가 or (e: 조율음)
d: done 피동 event up: 씻겨 간 쪽으로 똑바로 된 것으로서 완전히]

2 BAM으로 이해 안되는 표현은 없다.

IIIII.. Due to wet leaves on the line, this train will arrive an hour late.

The restaurant's success was due largely to its new manager.

due=발생이유 : 있었기 때문에 [d: done 발생한 것으로서 있었던 것 e: 이유]
to=방향대상 : 대자 -- 가 [t〉d: direction o: object]
시동=있었기 때문에, 대자 젖은 잎들이 상소, 선로 상소에 있었기 때문에 ---- .

IIIII.. They wrapped up a nearly two-month investigation.

초기에는 가방 대신에 보따리를 싸 가지고 감사하러 갔다. 옛날에는 학생 가방도 보따리였다 : A rate hike is wrapped. : **FOMC가 발표하기 전, 몇 시간을 앞두고 나온 것**

-- 영뇌[즉 원어민 두뇌]에서는 숙어가 없기 때문에 up을 안 써도 좋다. 숙어로 생각하여 to finish or complete 의미로 가져가면 오히려 오역이 된다. 금리인상이 이루어진 것이 아니다. 주의하라. *rate hike=rate increase

wrap=싸서 포장하는 것으로서 싸는 것 [w : 끈으로 싸는 모양 p: pack or 포장]
up=일을 다 마치고 일어나는 것 또는 보따리 싸는 것을 똑바로 하는 것으로서 완전히
[u 〉 우 〉 위 (일본말로 우와기의 우는 위라는 의미) p : 일어나는 모습 or up : 똑바로]
시동=보따리를 싸고 일어났다[보따리를 쌌는데 완전히 쌌다]. 하고서/마치고서 : **완전번역**
/다 마무리를 했다[다 끝냈다] : **이면번역** [=completed/finished]
*하고서/마치고서=**문맥** associate ↗여기서 완전히는 wrapped 의미에 포함된 의미
/금리인상이 있는 데 보따리를 싸놓고 있다: **완전번역** 완전히 준비되어 있다 : **이면번역**

참고] 문제 지문에서 뜻하는 의미로 물을 때는 이면번역으로 답하면 되고, 뜻이 무엇이냐로 물을 때는 완전번역, 대체번역으로 답하면 된다. 완전번역과 대체번역이 best이기 때문이다.

IIIII.. Hunger and disease followed in the wake of the war.

사전에 'as a result of' 로 나와 있는 것은 뜻하는 의미이다.

wake=배가 물을 갉히고 지나 가는 흔적으로서 자국/항적
[w: water+배가 지나갈 때 생기는 물결모습 k: 갉히는 것]
in=들어간 것으로서 통과, 통과로서 있은 후

시동=있은 후, 흔적 즉 전쟁의 흔적이 있은 후 : **완전번역**
/즉 결과로 전쟁의 결과로[=as a result of] : **이면번역**

IIIII.. She's gone and this time it's for good.

for good을 permanently라고 뜻풀이를 해놓았다고 해서 무조건 영원히라고 외우고 있으면 안된다. 뜻하는 의미는 단어 하나 하나의 감정을 느낄 수 없기 때문이다.

good=타임이 가고 가서 없어질 때까지 가는 것으로서 영원히
[goo : go+go d : down]
그래서, a good day's work하면 하루 꼬박걸리는 일이라는 뜻이다. 하루라는 시간이 다 없어질 때까지의 일이기 때문이다.
for=해당사항으로서 해당기간 's=동질연결로서 는/의
시동= 그 여자는 가버렸다. 그리고, 이번에는 그것의 기간은 시간이 가는 한이다.

IIIII.. One night a wolf fell in with a dog.

사전에서 to meet by chance라고 하니 너도 나도 할 것 없이 우연히[갑자기] 만나다로 외우고 있다. **영뇌에서는 BAM만 있지, (특히 collocation은 있어도) 숙어는 없다.**
BAM으로 단어의 본래[원래] 의미를 하나하나 다 느끼기 때문이다.

fall=분리로서 (갑자기/빨리) 떨어지는 것 [f : off] -- 영영사전에서는 fall에 suddenly/quickly 의미가 들어 있다 : **일종의 단어** associate
fell=분리가 일어 난 것으로서 (갑자기/빨리) 떨어진 것 [f : off e : 일어난 것]
with=동존, 즉 함께 있게 되는 것으로서 마주치는 것
fell in with=갑자기 (만나는) 내소로 떨어져 마주친 것 : 이 말의 이면=**사전의 뜻**

그래서, '줄서라' 고 할 때 이렇게 말한다. Fall in!
자기가 붙어 있는 곳에서 떨어져 어떤 줄 속으로 들어가라는 말이다.

사실상 '줄서라' 는 의미는 in에서 찾아야 한다.
그래서, fall in의 정확한 번역은 '나와서 줄서라' 이다.

The plays of Shakespears fall distinctly into four periods.
시동=분리되어 분명히 나누어 지고 있다 : **완전번역** /분명히 나누고 있다 : **이면번역**
*four periods 4기 (4기 희곡들) into=내방향 변화 입작동으로서 나누어지는 것 /내방향 변화 입작동 대상으로서 내대자

IIIII.. Try to keep the children from throwing food all over the floor.
keep=(어떤 상태 그대로) 지키는 것으로서 유지하는 것 /계속하는 것 /보관해 두는 것
[k : 지키는 것 e : is] over=걸친 장소/구역으로서 걸소
from=f: flow로서 출처[근원지] /출처[근원지] 대상으로서 기동 -- 로부터 /출처[근원지] 로서 생기는 것[뿌리 그 자체] (+ f: free로서 하지 못하게 하는 것 : IM)
시동=노력하여 (대동) 유지시켜라. 애들을 기동(基動) 던지는 것으로부터 음식을 전체 걸소, 즉 마루 전체 걸소에 말이다 /애들에게 생기지 않도록 던지는 것이 생기지 않도록 음식을 가지고 전체 걸소, 마루 전체 걸소에 말이다.

IIIII.. The House resolved to take up the bill.
시동=(결의 했는데) 취해서 건져 올리기로 : **완전번역** [take= t〉티〉치〉취 : 취하는 것]
//채택하기로/받아 들이기로 : **이면번역**
[**영영사전 뜻**: to adopt or accept] *the House=하원

모든 문법 (단어들)도 BAM으로 다 이해된다.

☞ 특히 vol 1, 2 Twenty Four 영뇌 참조

*who=누구냐[어떤 사람이냐] 하면 -- 하는 사람[하는데] : **관계대명사** //누구 : **일반대명사**

-- **관계대명사**=사람을 묻는 관계로 연결
[w: 묻는관계 연결 h: human
(w=〜↗ : 묻는모습 + v, v를 묶어 놓는 것으로서 관계/연결,
그래서 w=묻는관계 연결)] : The man who loves the country dies.
The man, who looks 98, dies.

tip) **모든 문법[문법단어들]도 단어의 뜻을 정확히 알면 쉽게 정복된다.**
단어의 뜻= BAM + 뜻관계의 뜻 + 감주 ↗소리값으로 인식
↘기/설, 특히 연결설명어, 즉 콤머유무/콤머불관 연결설명어의 뜻관계 뜻
결국 영어는 BAM과 Twenty Four 영뇌를 알고, 감주로 간직해야 한다 : **원어민들이 정복하는 방법**

/**의문대명사=**누군지 묻거나 누군지 모르는 경우
[w: 묻는모습(=~´) /부지(不知)모습(=~)]
: Who is he? I don't know who he is.

시동= -- 누구냐 하면 사랑하는 사람인데, 자기 나라를 사랑하는 사람인데 --- .
/ 누구냐 하면 보이는 데 98세 처럼 보이는 데, --- .
tip) I know who he is. -- I know로 표현되더라도 I know를 빼면 'who he is' 자체는 부지이다. I know를 표현하면 결국 이런 부지를 아는 것이다.
시동=누구인지 그가 말이다. is=동질연결로서 '가'

*which=어떤 것이냐 하면 -- 하는 것[하는데] : **관계대명사** //어느 것/어느 사람 : **일반대명사**

-- **관계대명사=**비사람을 묻는 관계로 연결
[w: 묻는관계 연결 h: 비소리로서 비사람]
: The river which flows through our city is polluted.
The river, which flows through our city, is polluted.

/**의문대명사=**어느 것[사람]인지 묻거나 어느 것[사람]인지 모르는 경우
[w: 묻는모습/부지모습]
: Which do you prefer? I wonder which you prefer.

시동=그 강, 어떤 강이냐 하면 흘러 뚫고 우리의 도시를 지나는 강인데[강이어서]
/그 강, 어떤 강이냐 하면 흘러 뚫고 우리의 도시를 지나는데[지나므로]

어느 것/어느 사람이지, 네가 더 선호하는 게 말이다?
//나는 잘 모르겠다. 어느 것/어느 사람을 네가 더 선호하는 지 말이다.

* where=어디냐[어떤 곳이냐] 하면-- 하는 곳[하는 데] : **관계부사**
//어디 : **일반부사** //어디냐[어떤 곳이냐] 하면 -- 하는 곳에 : **종속접속사**

-- **관계부사=**장소를 묻는 관계로 연결
[w: 묻는관계 연결 r⟩l: location/place
(w=~´: 묻는모습 + v, v를 묶어 놓는 것으로서 관계/연결)]
: The city where I grew up is now famous for a high crime rate.
The city, where I grew up, is now famous for a high crime rate.

/의문부사=어디인지 묻거나 어디인지 모르는 경우
(w: 묻는모습/부지모습 r〉l: location/place]
: Where is he? I don't know where he is.

/종속접속사=장소를 묻는 관계로 접속
(w: 묻는관계 접속 r〉l: location/place
(w=~ : 묻는모습 + v, v를 묶는 것으로서 관계/접속)]
: Sit down where you like.

시동=그 도시, 어디냐[어떤 곳이냐] 하면 내가 자라 성장한 곳인데, --- .
/그 도시, 어디냐[어떤 곳이냐] 하면 이곳에서 내가 자라 성장했는 데, --- .
//어디에 있지, 그 사람은 말이야? 나는 몰라요, 어디에 그가 있는 지 말이다.
//앉되 아래 쪽으로 앉아라. 어디냐[어떤 곳이냐] 하면 네가 좋아하는 곳에 말이다.

*when=언제냐[어떤 때냐] 하면 -- 하는 시기[하는 데] : **관계부사**
//언제 : **일반부사** //언제냐[어떤 때냐] 하면 -- 할 때[하는 시기에] : **종속접속사**

-- 관계부사=시기를 묻는 관계로 연결
[w: 묻는관계 연결 en: 언제로서 시기/시간]
: Friday is the day when you want to come.
Friday, when we first met, was the day.

/의문부사=언제인지 묻거나 언제인지 모르는 경우
(w: 묻는모습/부지모습 en: 언제로서 시기/시간]
: When does it start? I don't know when he comes.

/종속접속사=시기를 묻는 관계로 접속
(w: 묻는관계 접속 en: 언제로서 시기/시간]
: Come here when you like.

시동=금요일은 인데 그 날인데, 언제냐 하면[어떤 때냐 하면] 이때는 네가 하고 싶은 시기,
즉 오고 싶은 시기이지.

/금요일, 언제냐하면 이때에 우리는 처음으로 만났는데 이었지요, 바로 그 날이었지요.
// 언제하지, 그것이 시작하는 게 말이야? 나는 몰라요, 언제 그가 오는 지 말이다.
// 오되 이쪽으로 와라. 언제냐 하면 네가 좋아 하는 시기에 말이다.

IIIII.. 부정사=단순형 부정사/완료형 부정사 전자=to부정사/원형부정사

* **to+원동사**=대동(代動/對動) 원동사 하는 것/즉 원동사 하는 것 /to하되 원동사 하는 것 / '연결' or '안내' 만하고 바로 원동사 하는 것(단, 후자=기본어일 경우)

-- to 부정사=명(대)동형문에 to로 연결시켜 설명해 나가면서 다시 원동사로 설명해 나가거나 to로 안내하면서 원동사로 설명해 나가는 것
[t〉d : direction 방향연결 or 방동안내 o: 원동사 이때 원동사=본동사의미]
: Get something to drink. To conquer English is not easy. *방동안내=方動案內

to= '연결 또는 안내' 로서 대동(代動/對動) /즉 /to하는 것 / '연결또는 안내' 만 느낌 drink=미래 속에서의 본동사의미로서 앞으로 마시는 것
[drink+ no 's' 원형 본동사 의미]

☆ **원동사의 본동사 의미**
=현재/미래/과거 속에서의 본동사의미 /일반적 본동사의미 /설명 본동사의미
그래서 시제의미는 to에서 보이는 것이 아니라, 원동사에서 보여야 한다. 원래 동사에게만 시제의미가 있다. IS 영뇌도 그렇게 작동돼야 한다.

시동=가져 오세요, 어떤 것, 즉 마실 것으로 말이다 /어떤 것인데 to할 것, 즉 마실 것으로 말이다 /어떤 것인데 마실 것으로 말이다. //to 하는 것, 즉 정복하는 것인데 영어를 말이다. 그러한 것은 쉽지 않다. is=동질연결로서 '그러한 것은'
drink=쭉 안으로 들이키는 것으로서 마시는 것
[d: 쭉 들이키는 것(구개음화) in: 안으로 넣는 것 + no 's' 원형 자체의미]
conquer=점령을 완전히 하는 것/완전히 점령하는 것으로서 정복하는 것
[c: occupy q: quite + no 's' 원형 자체의미]

caution] 여기서 'to할 것' 은 'to+할 것' 으로 to의 본래의미[원래의미], 즉 '방향연결' 에 원동사의 개략적인 의미까지 포함해서 말하는 것이므로 to자체에는 미래의미(예컨데 미래 속에서의 본동사의미)가 들어 있지않다. 그런데 많은 사람들은 to부정사로 엎쳐서 이해하기 때문에 to에 시제의미가 들어 있는 것인양 착각한다. to는 동사가 아니기 때문에 시제의미가 없다.

* to have+pp=즉 가지고 있는 데 능동 event를 가지고 있는 것

-- 완료형 부정사=to로 연결[안내]시켜 have로, have를 능동 event로 설명해 나가는 것

[t⟩d : direction 방향연결 또는 방동안내 o: 원동사 ∴ 원동사 연결 또는 안내

have=본동사의미 과분사=(대개 기의미 성립) 능동 event] ↳연결시--연결설명어 안내시--기본어

: He is said to have masterminded three bank robberies.

To have conquered English is not easy. -- 여기서 have=설명 본동사의미

↗pp이전 선발생 본동사 의미

앞 have=과거 속에서의 본동사의미로서 가진 것 [have+ no 's' 원형 본동사의미]

∵ to=pp 설가 : said=(피동) 기의미성립으로서 과거상황

masterminded/conquered=능동 event, 즉 능동 기의미성립로서 주도/정복한 것

[mastermind + ed: '이었던/했던 것' 으로서 event 음가 or (e: 조율음) d: done]

시동=그는 있는 데 알려져 있는 데[인데 알려졌는 데], 즉 가진 것으로 주도한 것을 세 건의 은행강도 사건을 주도한 것을 가진 것으로 말이다. *사건=단어/상황 associate /(to하는 것 즉) 가진다는 것, 정복한 것인데 영어를 말이다. 그러한 것은 --- .

have=손아귀에 들어 있는 것으로서 가지고 있는 것

[h: hand + no 's' 원형 자체의미]

mastermind=모든 것을 처리하거나 만드는 것으로서 주도하는 것/입안하여 지휘하는 것 [m: many t: take 처리하는 것 m: make + no 's' 원형 자체의미]

IIIII.. 완료형=단순완료 /완료진행[즉 event 진행]

전자=현재/과거/미래 완료 후자=현재/과거/미래 완료진행

* have/has+pp=가지고 있는 데 능동 event를 가지고 있는 것

-- 현재완료=have/has를 능동 event로 설명해 나가는 것

[have/has=소유현재 과분사=(대개 기의미 성립) 능동 event]

: I have eaten lunch.

have=소유현재로서 가지고 있는 것 [have + no 'd' 소유현재]

⋯› no 'd' **현재**=did/done의 d가 없는 것으로서 현재

has=소유현재로서 가지고 있는 것 [has + no 'd' 현재 + s: singular 's']

⋯› singular 's' =단수동사 's'

eaten=(기의미 성립) 능동 event로서 먹은 것
[eat+ en: (능동) event 음가 or en: done]
⋯▸ 'en' event 음가= '언' 하면 소리에서 '었던 것 〉 했던 것' 으로서 '일어난 event' 가 느껴짐

시동=나는 가지고 있어요, 먹은 것인데 점심을 말이다.
eat=입으로 먹거나 이로 씹어 먹는 것으로서 먹는 것
[ea: 이~로서 꼭꼭 씹는 음가 e: 입 t: teeth + no 's' 원형 자체의미]
tip) Dow ekes out 3-day winning streaking. 다우는 힘들게 늘려 가고 있다. 연 3일 상승 연속을 하려고 말이다. 여기서 '이-ㅋ' 도 늘일려고 용쓰는 음가이다.

* had+pp=가지고 있었는 데 능동 event를 가지고 있었던 것
-- **과거완료=**had를 능동 event로 설명해 나가는 것

[had=실제과거 과분사=(대개 기의미 성립) 능동 event]
: I had eaten lunch.

had=실제과거로서 가지고 있었던 것[h: have ad 엇〉었: 과음가 or ha: have d: did]
eaten=(기의미 성립) 능동 event로서 먹은 것 *en : event 음가 or done

시동=나는 가지고 있었다. 먹은 것인데 점심을 말이다.
big tip)완료형 쉽게 이해하기 : 단순동사를 써지 않고 완료형을 쓰면 더 구체적이고 분명한 메시지

* will+have+pp=앞으로 가질 것인데, 능동 event를 가질 것이라는 것
-- **미래완료=**will을 원동사 have로, have를 다시 능동 event로 설명해 나가는 것

[will=(주체발생으로서) 주체래발생
have=(미래 속에서의) 본동사의미 과분사=(대개 기의미 성립) 능동 event]
: I will have eaten two times by then.

will=주체래발생으로서 앞으로 일어나는 것
[w〉v: 발생 i: 주체 ll: 來 no 'd' 현생각]
have=미래 속에서의 본동사의미로서 가질 것이라는 것
[have + no 's' 원형 본동사의미] eaten=(기의미 성립) 능동 event로서 먹은 것

시동=나는 앞으로 가질 것이다. 먹은 것을 두 번이나 쯤에는 그때 쯤에는 말이다.

Tip) 1. 원동사의 본동사의미와 event, 하생각(의미원성립/의미과성립), 현분사, 동명사는 현재/과거/미래 속에 들어 갈 수 있다.

2. have 동사는 소유의미를 갖고 있기 때문에 have 동사 뒤 event는 일반적으로 기의미성립이다. 하지만 일반적[일반적 설명] 의미성립과 미래 의미성립도 있다.

* have/has+been+~ing=가지고 있는 데 있어 왔던 것, 즉 쭉 해왔던 것을 가지고 있는 것

-- (현재) 완료 진행=have/has를 been으로, been을 event 진행으로 설명해 나가는 것

[have/has=소유현재 been=(기의미 성립) 계속 event
현분사=쭉 진행, 즉 event 진행]
: It has been raining.

been=무언가 (전부터) 해오고 있는 것이 보이는 것으로서 있어 왔던 것,
있어 왔던 것으로서 해왔던 것 -- (기의미 성립) 계속 event
[be: 있는 것이 보이는 것 + en: (능동) event 음가 or done]

raining=쭉 진행으로서 쭉 비가 내려 왔던 것 [rain+ ing: 쭉 진행]
···› **쭉 진행**=been의 계속 event 의미가 첨가된 진행, 즉 event 진행
vs **그냥 진행**=is/am/are/was/were/be의 발생존재 의미가 첨가된 진행
: It is raining.
시동=날씨는 있는 데 비가 내리고 있다.
* 중음가 대명사 'it' =situation 'it' 로서 weather를 지칭

시동=날씨는 가지고 있어요, 있어 왔던 것, 즉 쭉 비가 내려왔던 것을 말이다.
/ --- 해왔던 것, 쭉 비가 내려왔던 것을 말이다.

be=보이는 게 있는 것으로서 있는 것
[b: 보이는 것 e: 있는 것 + no 's' 원형 자체의미]
rain=쭉 내리는 물이 지구에 담기는 것으로서 비가 내리는 것
[r 〉 ʟ : 물방울이 맺혀 쭉 떨어지거나[r] 물이 떨어져 땅에 튀는 모습[ʟ]
in: 지구 안으로 담기는 것 + no 's' 원형 자체의미]

: It had been raining.　It will have been raining for 10 hours by tomorrow.
시동=날씨는 가지고 있었어요, 있어 왔던 것인데, 즉 쭉 비가 내려왔던 것을 말이다.
/날씨는 앞으로 가지게 된다. 즉 있어 왔던 것, 쭉 비가 내려왔던 것인데 구시(區時)/해자 10시간 동안 쭉 내려왔던 것을 가지게 된다. 쯤이면/근시(近時)/근자 내일 쯤이면 말이다.
↳근시 대상으로서 근자

IIIII.. **수동태=단순수동태 /진행수동태 /완료수동태**
전자=현재/과거/미래 수동태
중자=현재/과거/미래 진행수동태　**말자=현재/과거/미래 완료수동태**

* is+pp=있는 데 피동 event로 되어 있다는 것 /생겼는 데 피동 event가 생겼다는 것
-- (현재) 수동태=is를 피동 event로 설명해 나가는 것

[is=상태/발생　과분사=피동 event(로부터 상태/동작 event /피동동작)]
: The house is destroyed.

is=상태현재로서 있는 것 /발생현재로서 생긴 것[된 것]
[is + no 'd' 상태현재/발생현재]
destroyed=피동 event로부터 상태[동작] event /피동동작
[destroy+ ed(인 것>된 것): (피동) event 음가 or (e: 조율음) d: done]
＊피동 event ➡ **동작** event ➡ **피동동작**[EM]

시동=그 집은 있는 데 파괴 되어 있어요 -- **상태** event
/그 집에게 생겼는 데 파괴된 것이 생겼어요 -- **동작** event
/그 집은 되었는 데 파괴되었어요 -- **피동동작**

is=있는 것 //있었던 것으로서 생긴 것[된 것]　＊ **'이다' 로서 변화, 즉 '되다'**
[i: 있는 것/있었던 것　or s 〉~　: 상태(state)/발생 모습 + no 'd' 현재]
destroy=공격을 해서 갈기 갈기 찢어 손상을 입히는 것으로서 파괴하는 것
[d: damage　s: strike　t: tear + no 's' 원형 자체의미]

: The house was destroyed.　The house will be destroyed.

was=과거상태로서 있었다는 것 //발생한 것으로서 있었던 것/생겼던 것[되었다는 것]
[w>v: 발생　as: '어즈>었' 으로서 과음가]

be=미래 속에서의 본동사의미로서 있을 거라는 것/될 것이라는 것
[e: 있는 것 be: become 되는 것 + no 's' 원형 본동사 의미]

→ om=엄: 원음가/현음가/event음가 am=에임: 과음가, 즉 일어난 느낌
⇒ become (원동사) /become (현동사) /became /become (과분사)

시동=그 집은 있었는 데 파괴 되어 있었어요 -- **상태** event
/그 집에게 생겼는 데 파괴된 것이 생겼어요 -- **동작** event
/그 집은 되었는 데 파괴되었어요 -- **피동동작**

// 그 집은 앞으로 있을 것이다. 파괴되는 일이 말이다 -- **동작** event**로서 미래 의미성립**
/ 그 집은 앞으로 될 것인데, 파괴될 것이다 -- **피동동작로서 미래 의미성립**

* is+being+pp
=있는 데, 되고 있는 데, 피동동작으로 되고 있다는 것
/있는 데, 생기고 있는 데, 피동 event가 생기고 있는 것
-- (현재) 진행 수동태=is를 being으로, being을 피동 event로 설명해 나가는 것

[is=발생존재 현분사=진행의미
과분사=피동 event(로부터 피동동작/동작 event)]
: The house is being destroyed.

is=발생존재로서 (보니까 무언가) 하고 있는 것으로서 있는 것
[is: 현재 발생존재 — 현음가로서 현재 : 상태가 안되는 이유 ⇒ 진행형=동의미]

being=무엇을 보이고 있는 것으로서 되고 있는 것/생기고 있는 것/하고 있는 것
[be: 보이는 게 있는 것 + ing 속에 있는 것으로서 중에 있는 것(=in+g)]
: He is being a father.
시동=그는 있는 데, 즉 하고 있는 데, 아버지 역할을 하고 있다.
*역할=**단어** associate=a father associate
⇐ 어떤 하나의 아버지 노릇

destroyed=피동 event로부터 피동동작/동작 event ∵ **진행형=동의미**

시동=그 집은 있는 데, 되어가고 있는 데, 파괴되어 가고 있어요 -- **피동동작**
/그 집은 있는 데, 즉 생기고 있는 데 파괴되는 것이 생기고 있다 -- **동작** event

: The house was being destroyed. The house will be being destroyed.

was=보니까 무언가 하고 있었던 것으로서 있었던 것[was: 과거 발생존재]
be=무언가 하고 있을 것으로서 있을 것[be: 미래 발생존재]

시동=그 집은 있었는 데, 되어가고 있었는 데, 파괴되어가고 있었다 -- **피동동작**
/ 그 집은 있었는 데, 생기고 있었는 데, 파괴되는 것이 생기고 있었다 -- **동작** event

// 그 집은 앞으로 있을 것이다. 즉 되어가고 있을 것인데, 파괴되어가고 있을 것이다.
-- **피동동작로서 미래 의미성립**
/ 그 집은 앞으로 있을 것이다. 즉 되어가고 있을 것인데, 파괴되는 일로 말이다.
-- **동작 event로서 미래 의미성립**

↗**피동동질 -- 피동의미로서 피동 event와 동질**
* have/has+been+pp=가지고 있는 데 된 것, 피동 event가 된 것을 가지고 있다는 것
-- (현재) 완료 수동태=have/has를 been으로, been을 피동 event로 설명해 나가는 것

[been=능동 event 과분사=피동 event]
: The house has been destroyed.

been=능동 event, 즉 기의미성립 사실 event로서 된 것
[be: become + en: (능동) event 음가 or done]

시동=그 집은 가지고 있어요, 된 것인데 파괴 된 것을 말이다 -- **상태** event
/그 집은 가지고 있어요, 되고 있는 것인데 파괴되고 있는 것을 말이다
-- **동작 event로서 계속**

: The house had been destroyed. The house will have been destroyed.
시동=그 집은 가지고 있었는 데 된 것, 파괴 된 것을 말이다 -- **상태** event
결국 파괴 되어 있었다는 말이다[=The house was destroyed.]
/ 가지고 있었는 데 있어왔던 것, 즉 파괴되어 왔던 것을 말이다 -- **동작 event로서 계속**
// 그 집은 앞으로 가질 것이다. 된 것, 파괴 된 것을 말이다 -- **상태** event
/앞으로 가질 것이다. 되고 있는 것인데 파괴되고 있는 것을 말이다 -- **동작 event로서 계속**

◇ s동사가 be동사일 경우 being은 현분사로 been은 과분사로 설명해 나갈 수 없다. 언어의 비효율성 때문이다.

: He is being reading. : not ok ➾ He is reading.

He is been killed. : not ok ➾ He is killed.

-- 개략적인 진행의미와 피동의미를 거칠 필요없이 바로 구체적인 진행의미와 피동의미로 설명해 나가는 것이 효율적이다.

단, He is being killed. : ok -- 진행과 피동으로서 서로 다른 의미

He has been killed. : ok -- 둘다 서로 다른 개략적인 의미

He is reading drinking. : ok -- 다 같이 진행의미이지만 서로 다른 진행의미

시동=그는 있는 데 읽고 있는 데 마시면서 말이다.[=He is reading with drink.]

IIIII.. 진행형=단순진행 /완료진행[즉 event 진행]

전자=현재/과거/미래 진행 **후자**=완료형에서 참조

* is+**현분사**=있는 데 현분사하고 있는 것

-- **현재 진행**=is를 진행의미로 설명해 나가는 것

[is=발생존재 현분사=진행의미]

: He is working.

is=발생존재로서 (보니까 무언가 하고) 있는 것

[is: 있다/현음가 — 발생존재 현재]

working=일하는 중에 있는 것으로서 일하고 있는 것

[work+ ing=in+go : go(진행) 중에 있는 것]

시동=그는 (하고) 있는 데 일하고 있어요.

work=이리 저리 열심히 움직이는 것으로서 일하는 것

[w: 이리 저리 다니는 모습 o: 움직이는 것

r 〉ㄱ : 허리를 굽혀 열심히 일하는 모습 + no 's' 원형 자체의미]

만약 o/r 대신에 눈을 뜨고 서서 걸어다니는 모습으로 a/l자를 쓰면 walk가 된다.

: He was working. He will be working.

시동=그는 (하고) 있었는 데 일하고 있었다. / 앞으로 있을 것이다. 즉 일하고 있을 것이다.

☆ is/am/are/was/were + **현분사** ·))) be동사=발생존재
is/am/are/was/were + **과분사** ·))) be동사=상태/발생

been + **현분사** ·))) been=계속 event
been + **과분사** ·))) been=능동 event 과분사=피동 event

·))) **be동사 종류**=is/am/are /was/were /be /been /being

IIIII.. **과분사=일반과분사/관계과분사** — **전자**=완료형과 수동태 참조

일반적으로 HB동사를 설명해 나가는 pp는 **일반과분사**라 하고, 사람/비사람을 설명해 나가는 pp는 **관계과분사**라 한다. ***HB동사**=have동사와 be동사

* **사람/비사람 + pp**=사람/비사람은 pp된 사람/비사람인데
-- (노콤머) 관계과분사
=사람/비사람을 피동/자동 event로 제한적으로 연결시켜 설명해 나가는 것

[사람/비사람=주로 명사/대명사 이때 과분사=주로 피동 event, 즉 피동의미]
: The woman interviewed is only 13 years old.
The house destroyed is hers.

interviewed=피동 event로서 제한적 연결영뇌
[interview + ed: (피동) event 음가 or (e: 조율음) d: done]
destroyed=피동 event로서 제한적 연결영뇌

시동=그 여자는 인터뷰를 받은 일이 있는 여자인데 단지 13세에 불과하다.
/그 여자는 인터뷰를 받은 여자인데 --- .

// 그 집은 파괴 되어 있는 집인데 그 여자의 것이다. : **상태** event
/ 그 집은 파괴된 것이 발생한 집인데 ---- . : **동작** event
/ 그 집은 파괴 된 집인데 ---- . : **피동동작**

interview=마주 보고 견해를 듣는 것으로서 인터뷰하는 것
[inter: 경계를 넘는 것으로서 서로 간(=in+territory)
+ view + no 's' 원형 자체의미]

* **사람/비사람 +** , pp=사람/비사람은 pp되었는데

— (콤머) 관계과분사

=사람/비사람을 콤머 피동/자동 event로 비제한적으로 연결시켜 설명해 나가는 것

[사람/비사람=주로 명사/대명사 이때 과분사=주로 피동 event, 즉 피동의미]

: The woman, interviewed, is only 13 years old.

The house, destroyed, is hers.

, interviewed, =피동 event로서 비제한적 연결영뇌

, destroyed, =피동 event로서 비제한적 연결영뇌

시동=그 여자는 인터뷰를 받은 일이 있는 데, 입니다. 단지 13세에 불과합니다.

/그 여자는 인터뷰를 받았는 데, --- .

// 그 집은 파괴 되어 있는 데, 입니다. 그 여자의 것입니다.

/ 그 집은 파괴 되었는 데, ---- .

관계과분사=노콤머 관계과분사/콤머 관계과분사

(전자=제한적 연결영뇌 후자=비제한적 연결영뇌)

IIIII.. **현분사=일반현분사/관계현분사**

일반적으로 be동사를 설명해 나가면 **일반현분사**라 하고, 사람/비사람을 설명해 나가면 **관계현분사**라 한다. ***일반현분사** — 진행형 참조

* **사람/비사람 +** ~ ing=사람/비사람, 즉 ing하고 있거나 **동사**하는 사람/비사람

— (노콤머) 관계현분사

=사람/비사람을 진행의미 또는 본동사의미로 제한적으로 연결시켜 설명해 나가는 것

[사람/비사람=주로 명사/대명사 이때 현분사=진행의미/본동사의미]

: The man working is my uncle.

Time remaining is 10 minutes.

The building being destroyed is located on Fifth Avenue.

The building having been destroyed is located on Fifth Avenue.

in=속[중]에 있는 것으로서 하고 있는 것 /들어가는 것으로서 하는 것
working=work 중에 있는 것으로서 일하고 있는 것
[work+ ing(진행음가): 하고 있는 것]
/work 본동사의미로 들어가는 것으로서 일하는 것
[work+ iN(본동 작동음가): 하는 것]
remaining/being/having=remain/is/have 본동사의미로 들어가는 것
[remain/is/have+ iN]

시동=그 남자, 즉 일하고 있는 사람은 인데 나의 삼촌이다. [=who is working]
/그 남자, 즉 일하는 사람은 -- . [=who works]
// 시간인데 남아 있는 시간은 이다. 즉 10분이다. [=Time which remains]

// 그 빌딩은 되어 있는 건물, 즉 파괴되어 있는 건물인데 있어요, 즉 차지하고 있는 위치는 상지, 5번가 상지에요. [=The building which is destroyed]

// 그 빌딩은 가지고 있는 건물인데 되어 있는 것, 파괴되어 있는 것을 가지고 있는 건물인데 있는 위치는 상지, 5번가 상지에요.
[=The building which has been destroyed]

remain=뒤에 머무는 것으로서 남아 있는 것
[re: rear m: 머무는 것 + no 's' 원형 자체의미]
: If you take (away) 2 from 9, the remainder is 7.
※take (away)=치우는 것[치워버리는 것]으로서 빼는 것
uncle=엉하고 붙들고 늘어져도 괜찮은 아저씨로서 삼촌/외삼촌/고모부/이모부
/백부/숙부 [un: 엉 c: cling] tip) aunt=앙하고 안길 수 있는 여자/uncle이 아닌 사람으로서 아줌마/고모/이모/백모/숙모/외숙모[aun: 앙 or a: 아닌 것(not) un: uncle]

영영사전

: 아저씨=a man who is not a relative but who is sometimes called uncle by children 삼촌=an uncle on the father's side
외삼촌=an uncle on one's mother's side
고모부=a husband of one's father's sister
이모부=the husband of one's mother's sister
백부=one's father's elder brother 숙부=one's father's younger brother

* 사람/비사람 +, ing=사람/비사람은 ing 하고 있는 데/하는 데

— (콤머) 관계현분사

=사람/비사람을 진행의미 또는 본동사의미로 비제한적으로 연결시켜 설명해 나가는 것

[사람/비사람=주로 명사/대명사 이때 현분사=진행의미/본동사의미]

: The man, working here, is my uncle. Time, remaining, is 10 minutes.

They, having spent two hours over lunch, left the restaurant.

시동=그 남자는 일을 이곳에서 하고 있는 데, 즉 나의 삼촌이다. [=, who is working here,]

/그 남자는 일을 이곳에서 하는 데, 즉 --- . [=, who works,]

// 시간은 남아 있는 데, 즉 10분이다. [=Time, which remains,]

*is=동질연결로서 즉

// 그들은 가진 후에 보낸 것, 두 시간을 하면서, 즉 점심을 먹으면서 보낸 것을 가진 후에 떠났어요. 그 식당을 말이다. [=, after they had spent --,]

분사구문이 별것 아니다. 관계분사에 comma를 찍으면 분사구문이 된다.
즉 비제한 연결영뇌로 만들어 주면 그것이 바로 분사구문이다.

분사=과분사/현분사

▸ 과분사=관계과분사/일반과분사

▸ 현분사=관계현분사/일반현분사 ∴ 관계분사=관계과분사/관계현분사

* 의미원성립

=자체의미를 본동사의미로 성립시키려 하거나 한번 성립시켜 보는 의미

[자체의미=단어의 정의(definition)가 담겨져 있는 단어 그 자체

여기서 본동사의미=현재/미래/과거 속에서의 본동사의미 *미래=현재미래/과거미래

— 그래서, **바람 의미원성립**=현재/미래/과거 속에서 발생

vs **if-의미원성립**=현재/미래 속에서만 발생]

(단, 과거 속에서의 바람 의미원성립=과거미래의 성립적인 생각)

: Always be with God. People demanded that the restrictions be lifted.

If she go now, I also will go. [=Go she now]

If it rain tomorrow, I will not go. [=Rain it tomorrow]

be=원형 하생각으로서 있으시기를 [be + no ‘s’ 원형 under]
go=원형 하생각으로서 가는 것이 이루어 지면 [go + no ‘s’ 원형 under]
rain=원형 하생각으로서 비가 오는 게 이루어 지면 [rain + no ‘s’ 원형 under]

시동=늘 있으시기를 동체 신과 함께 말이다 -- **현재/미래 속에서 함께 하기를 바라는 것**
/국민들은 요구했어요, 즉 규제들이 이루어지면 하고, 철폐되는 일이 말이다.
-- **현재/미래/과거 속에서 그렇게 되기를 바라는 것**

/만약에 그 여자에게 가는 것이 이루어지면, 지금 말이야 , 그렇다면 --- .
[= 가는 것이 이루어 지면 그 여자가 지금 말이야, --- .] *그렇다면=**문맥** associate

/만약에 날씨가 비가 오는 게 이루어지면 내일 말이야, 그렇다면 --- .
[= 비가 오는 게 이루어지면 날씨가 내일 말이야, 그렇다면 --- .]

*** 의미과성립**
=실제로 일어나지는 않았으나 과거 형태를 빌어서 일어난 것처럼 한번 성립시켜 보는 의미

[의미과성립=현재/미래/과거 속에서의 의미과성립]
: If it rained tomorrow, I will not go. [=Rained it tomorrow]
If it rained now, I will not go. [=Rained it now]
If it rained yesterday, I would not go. [=Rained it yesterday]

rained=과거형 하생각으로서
(현재/미래에) 비가 오는 게 이루어 졌을 경우
/(과거에) 비가 오는 게 이루어 졌더라면
[rain+ ed: 과음가 + under or d: did + under]

시동=만약에 날씨가 비가 오는 게 이루어 졌을 경우 내일 말이야, 그랬을 경우 -- - .
[= 비가 오는 게 이루어 졌을 경우 날씨가 내일 말이야, 그랬을 경우 -- - .]
*그랬을 경우=**문맥** associate

/만약에 날씨가 비가 오는 게 이루어 졌을 경우 지금 말이야, 그랬을 경우 -- - .
[= 비가 오는 게 이루어 졌을 경우 날씨가 지금 말이야, 그랬을 경우 -- - .]

/만약에 날씨가 비가 오는 게 이루어 졌더라면 어제 말이야, 그랬더라면 나는 하지 않았을 것이다. 가는 것을 말이다.

[=would : 과생각 -- He ate, but he wouldn't. 하려고 하지 않았다]

[= 비가 오는 게 이루어 졌더라면 날씨가 어제 말이야, 그랬더라면 -- - .]

*여기서 would를 would not have gone으로 표현하나 전달 결과는 같다.
=하지 않았을 것 같다. 즉 간 것[일]을 말이다. have=과분사 소유로서 즉

caution] If it had rained yesterday, I would not go.

[=Had it rained yesterday]

had=**의미과성립** rained=event

시동=만약 날씨가 가졌더라면 비가 온 것인데 어제 --- .

plus] • Israel had agreed to cease-fire but only if the rocket fire stopped.

-- 미래 속에서의 의미과성립

시동=이스라엘은 가지고 있었다. 합의/동의한 것인데 교전을 멈추기로 말이다.
하지만 단지 만약에 로켓발사가 (앞으로) 멈추었을 경우에만 그렇게 하는 것이었다.
*그렇게 하는 것이었다=**문맥** associate

• **다음은 캄보디아 킬링 필드 가담자가 한 말이다.**

"If I told them, they would have told me to stop."

-- 과거 속에서의 의미과성립

시동="만약에 내가 말을 하는 게 이루어 졌더라면[말을 했더라면], 그들에게 말이다.
그랬더라면 그들은 그때 했을 것이다[했을 텐데], 즉 말을 나에게 stop하라고 말이다."
/ "---그때 했을 것 같다, 즉 가졌을 것 같은데 말한 사실, 나에게 stop하라고
말한 사실을 말이다[가졌을 것 같다]."

가정법 패턴을 외울 필요가 없다. 패턴이 의미를 결정하는 것이 아니기 때문이다. 그냥 의미원성립, 의미과성립시키면 저절로 가정의 뜻이 나온다. 가정은 하생각(subjunctive)의 극히 일부분에 지나지 않는다. 하생각으로 우리는 소망/바람/희망/기원 — 등등 얼마든지 말할 수 있다.

3 같은 단어는 하나도 없다. 그래서 동의어, 유사어라 할지라도 IS가 달리 작동한다.

IIIII.. The health club charges an annual membership fee.
Cable TV subscribers pay monthly fees. School fees.
Park entrance fees have gone up to $15. A big transfer fee.

fee=내면 자유롭게 이용이 가능한 피로서 회비 /요(료) [f : 피(요料) + free]

vs fare=날아 간 만큼 계산하는 것으로서 요금 [f : flown r : 료금]

: I need some money for my bus[taxi/train/air] fare.

vs price=비용을 커버하고 이익[이윤]을 붙인 것으로서 가격/값/비

[p : profit c : cost+cover]

: We are cutting all our prices (NOT costs) by 50% for one day only!
What is the price of English lesson in your home?

vs toll=통과 댓가로 받는 요금으로서 통행료/전화요금 [t : 통과 o : 요금]

과거 전화는 반드시 교환원을 통해서 연결되었다.

: toll gate, toll-free, tunnel tolls

vs cost=들어 가거나 치러야 할 돈으로서 값/비용

[c : come 관심쪽으로 가는 것으로서 들어 가는 것 o : 요금
or t : 치러야 하는 것]

: I offered to pay the cost of the taxi.
The cost of accommodation. The cost of a funeral.
The total cost of the trip was under $500.
I worked out the cost of the repairs.

vs rate=(쓰는) 비율에 따라 차등 계산하는 것으로서 요금 [rate : 료율〈요율]

: Water rate. Some hotels offer special rates for children.

그래서, 접근하는 뉘앙스에 따라 공공요금을 (public) utility rates/fees/charges로 표현할 수 있다.

tip) difficult=눈에 쉽게 보이지 않는 것으로서 **비이(非易) 어려움**

[ff: **아른 거리며 눈을 가리는 모습** i/i : eyes]

vs hard=허리를 굽혀 열심히 해야 하는 것으로서 **노(努) 어려움**

[h: **허리** r: **로력〉노력 또는 ᆿ : 노력하는 모습**]

그래서 difficult decision하면 쉽지 않는 결정을 했다는 의미이고, hard decision하면 이리저리 고심 끝에 내린 결정이라는 의미이다. 뿐만이 아니다. Hurricane Irma 상처 복구를

☜.. BAM도 생활 속에서의 뜻이다. 즉 생활 속에서 느끼는 뜻이다.

두고 "It's hard, difficult."라고 CNN Kyung Lah 기자는 현장에서 소리치고 있다. 여기저기 손대야 할 일이 한 두가지가 아니고, 어디부터 손을 대야 할지 눈에 보이지 않는다는 말이다. '어려운' 뜻으로 사전에는 이렇게 두 단어로 나와 있지만 서로 접근하는 뉘앙스가 다르기 때문에 두 단어로 각각 표현하는 것이다. **절대로 뜻하는 의미로 서로 같게 취급하지 말고, 두 단어의 존재가치를 알라.** <u>특히 어려워도 hard처럼 적극적인 지혜가 필요하다.</u>

vs charge=붙이는 돈으로서 요금 /부과요금 /붙여주는 돈 [c : cash a : attach]

: There's an admission charge of $5.

Is there a charge for children or do they go free?

For a small charge we will also make your hotel reservations.

charge가 수수료로 쓰일 때는 붙여 주는 돈으로서 수수료이고, commission은 일을 맡아 수행한 댓가로 받는 수수료이다. 그러니까, 해주신다면 조금만 붙여주면 예약을 잡아 주겠다는 뜻이다.

vs tuition=가르치거나 가르침을 받는 댓가로서 교수료/수업료/교습료 //가르치거나 가르침을 받는 것으로서 교수/수업/교습 [t : teaching or taught]

: When I started college, tuition[tuition fees : AmE] was $350 a quarter.

I had to have extra tuition in maths. 추가 수업료[교습료]/추가 수업[교습]

Before the company transferred her to Mexico, they offered her private tuition in Spanish. 제의했는데 그녀에게 개인교수/개인수업/개인교습을 --- .

IIIII.. '나는 알았다'로 한국 사람들은 'I got it.' 'I see.'로만 알고 있다. 그리고, 많은 선생님들은 'I know.'로 표현하면 틀렸다고 생각한다.

got=움직여 취한 것으로서 알았다는 것

즉 상대방이 말하는 뜻을 내 뇌 작용이 일어나 취했다는 것으로서 알았다는 의미이다. 그래서 'I got it'도 정확한 번역은 '나는 캐취[파악]했다'는 것이다.

[g : go 〉 move t : take /took] : "I understand it. I get it." — Donald Trump

vs see=동일치 지각으로서 알았다는 것

즉, 상대방이 말하자마자 그 뜻을 보았다는 것으로서 알았다는 것이다. 머리 속에 다 보인 것이다. 'I see'도 보다 정확한 번역은 '난 보았어'가 된다**[발생현재]**. 그래서, 원어민들은 'I saw.'도 많이 쓴다. [s 〉 ~ : 어떤 것을 향해 보는 모습 ee : eye+eye]

vs know=지(知)를 가지게 된 것으로서 알았다는 것[kn: knowledge 지식 + k: ok]

즉, 상대방이 말하는 뜻에 대해 지(知)를 가지게 되었다는 것으로서 알았다는 것이다. 그래서, 'I know'도 보다 정확한 번역은 '난 알았어'가 된다**[발생현재]**.

'intuitive knowledge' 라는 표현도 직관력이라는 의미이고, knowledge도 지식외[外] 인식/이해라는 의미도 된다. know를 '알고 있다' 로만 알고 있기 때문에 **대부분의 한국사람들은 틀린 표현이 라고 생각한다.** 하지만 중국 사람들은 알았다는 의미로 'I know' 를 더 많이 쓴다.

know=지(知)를 가지고 있는 것으로서 알고 있는 것
/지(知)를 가지게 되는 것으로서 알게 되는 것

그래서, Longman **영영사전**에서는 전자의 뜻으로는 'to have information about something' 이라 하고, 후자의 뜻으로는 'to realize, find out about, or understand something' 라고 뜻풀이를 하고 있다.

vs understand=보이는 범위 하에 놓인 것으로서 보이게 된 것이고, 보이게 된 것으로서 이해한다는 뜻이다. 머리 속에 보이면 이해가 된 것이다. [under + see]
caution]계단 밑에 서서 올라가는 여성을 보니까 이해가 된다는 의미는 아니다.

IIIII.. **Ban on a mission**

Mr. Ban is on a six-nation swing through the region.

swing=한번 휙 둘러보는 것으로서 짧은 여행/짧은 방문
[s : 싹/휙 하는 모습 또는 소리 g : go 가보는 것/다니는 것]
미국인들은 한 바탕 일주하는 여행을 쭉 한 바탕 둘러보는 것으로 느끼고 있다.
그래서 swing은 AmE이다. *on=작동으로서 실시/수행 vs on=상소에 닿는 것으로서 부닷히는 것 : Head on collision. 머리가 부닷히다[쳤다]. 충돌로 말이다.

vs trip=잠시 밟아 보는 것으로서 짧은 여행/짧은 방문
[t : tread p : 잠시 서 있는 모습, 그래서 stop에 사용한다]
vs travel=쭉 밟아 가는 것으로서 밟아 다니는 여행
[tr : 쭉 + tread — **유음화(축 〉 쭉) + 철자** BNW]

그래서, 트럭이면 쭉 달리는 것이 되고 사람이면 쭉 가는 것이 된다.
: The truck[He] is traveling somewhere. A business traveller. 출장자
Travel safely. 쭉 운행하되/쭉 달리되 안전하게 하세요
vs Drive safely. 운전하되 안전하게 하세요

vs tour=둘러 보는[돌아 다니는] 것으로서 관광 /돌아 다니며 하는 event로서 경기/둘러보는 것으로서 방문 [tur : 둘러 보는 것　r : 돌아 다니는 모습]

그래서, 성묘라는 의미로도 적용시킬 수 있다 : He toured his family graveyard.

vs journey=쭉 (무언가 타고서) 돌아 다니는 것으로 긴 여행
[j : 쭈욱　r : 돌아 다니는 모습　y : 지게로서 운송수단]

vs voyage=타고서 멀리 보러 가거나 멀리 가는 것으로서 긴 여행 /긴 여정 /항해 /원정
[v : 보는것　y : 운송수단　a : far and away　g : go]

IIIII.. festival -- made in 14th century
=무언가를 날려 놓고, 소리를 지르고, 다니며 발발 거리는 것으로서 축제/제전
[f : fly　s : 소리를 지르는 것　t⟩d : 다니는것　v : 발발 대는 것]

vs feast=음식을 함께 나누어 먹는 것으로서 잔치/피로연 [f : food　s : share]

태초에 초기의 파티는 이런 것이었다. 피로연의 披는 나눌 피이고, 露는 이슬르이다.

: The Feast of St. James.　A Muslim feast day.

vs party=쌍으로 어떤 곳에 모여서 즐기는 것으로서 파티/잔치 -- 원래 이렇게 시작했다.
[p : pair　y : 모이는 곳] : A birthday[dinner] party.　A farewell party.

☞ session BAM ⟩ 영뇌영어 vol 2 ⟩ p455

cf] 모임은 gathering, get-together이라 한다. 특히 연속적인 모임 중의 하나의 모임은 session이다 : We failed to attend a gathering.　A jazz session.

BNW로 보면 failed는 (사정이 있어) 못했다는 것이고, 안했다는 것은 didn't do이다. 후자는 다소 의도성이 있다.

fail=떨어져 일어나지 못하거나 이루지 못하는 것으로서 하지 못하는 것 /실패하는 것 [f : fall　il : 일어 나는 것/이루는 것]

cf] fall=(특히 힘이 없어) 떨어지는 것[f : 붙어있는 모습　l↓ : 떨어지는 모습]

At last the ass, whose strength began to fall.

완전번역=시작했는데 대동/즉 떨어지기 시작했다.

대체번역=시작했는데 대동/즉 딸리기[달리기] 시작했다.

이면번역=시작했는데 대동/즉 쇠약해지기 시작했다.

vs reception=접견하여 베푸는 것으로서 연회 [rece : receive　p : 베푸는 것]

결혼 피로연을 reception이라고 쓰면 손님을 접견하여 베푸는 개념이고, 조용히 베푼다면 banquet이다. 요즈음 잔치는 이렇지만 과거 잔치는 온 동네 사람이 모여서 음식을 나누어 먹었기 때문에 feast였다. 그래서, 단어가 만들어진 연대도 다르다. feast는 13세기에, reception과 banquet는 15세기에 만들어 졌다. ＊**베푸는 것=give/hold/throw** (쏘는 것)으로서 베푸는 것

신입생 환영회, 졸업생 환영회는 신입생, 졸업생을 접견하는 것이니 reception이다.
: welcoming reception graduating reception

vs banquet=조용히 베푸는 것으로서 연회
[b : 베푸는 것 qu : quiet] : A state banquet.
그래서, banquet에는 speech가 따른다.

IIIII.. 'All that soot. Make it snappy.'

snappy=adj. 신속하게 퍼뜩하는 것 [s: 신속하게 하는 것 p: 퍼뜩하는 것 y: 질형용사]

chimney sweeper에게 하는 말로 전체가[온통] 저렇게 검댕이 칠갑이니 신속하게 퍼득하라는 표현이다. 신속하게 퍼득해치우니까 성급한 의미, 팔팔한 의미, 또는 척척해치우는 것으로도 적용시킬 수 있다. 그래서 사전에 '성급한, 팔팔한, 척척해치우는' 뜻으로 적혀 있다.

vs quick=adj. 쾌속으로[잽싸게] 하는 것으로서/한번에 싹 움직이듯이 아주 빠른 것
↳일종의 se-BAM ∵ BNW는 여러 개이나 best BNW으로서 BAM도 하나이기 때문
[q: 쾌속 k: kick 하듯이 잽싸게 하는 것 or Q: 한번에 싹 움직이는 모습: a quick drink]
vs swift=adj. 스쳐 가듯이 날랜 것으로서 신속한 것 [s: 스쳐가는 것 f: fly]
그래서, 눈깜짝할 사이에 지나가는 세월을 swift years라 한다.

vs fast=adj. adv. 날랜 것으로 빠른 것 [f: fly or 빠른 것 — **된소리 BNW**]
vs rapid=adj. 퍼뜩 달려 가는 것처럼 재빠른 것[민첩한 것]/퍼뜩 달려 가듯이 급한 것
[r: run p: 퍼뜩] 그래서, 가파른 성장을 rapid growth라 한다.

vs prompt=verb adj. noun 퍼뜩 움직이는 것으로서 퍼뜩하는 것/즉시하는 것
[p: 퍼뜩 om: 움직이는 것]
vs hurried=adj. 황급히 빨리 움직이는 것으로서 서두르는 것 [h: 황급히 r: run]

vs abrupt=adj. 예기치 않게 갑자기 일어나는 것으로서 돌연한 것
[a: not b: break cf]The Korean War broke out. Breaking news.
He breaks the news. 속보로 전했어요 : 발생현재]

vs sudden=adj. noun 예기치 않게 놀랄정도로 갑자기 일어나는 것으로서 갑작스러운 것
[s: surprisingly e: expected n: not adv.=suddenly 갑자기
cf] all of a sudden 모든 게 즉 갑자기 어떤 일이 일어나는 것으로서 완전히 갑자기]

plus] soot=숯과 같이 붙어 있는 것으로서의 검댕이/그을음

[s: 숯　t: 붙어 있는 것 or stick]

vs grime=묻어 있는 때가 일어나는 것과 같은 것으로서 검댕/때

[gr: 일어나는 모습　m: 묻어 있는 것]

그래서, soot는 굴뚝에 붙어 있는 것이고,

grime은 (석탄 가루로서) 광부 손에 붙어 있는 것이다.

IIIII.. "Friendly, boss to master English in an old way."

"미안하지만 계산이 잘못 되었어요, -------- ."

friendly=기분나쁘지 않게 하려는 것으로서 미안하지만

vs sorry=잘못한 것에 대해 굽히는 것으로서 미안한 것/애석한 것으로서 (참) 안된 것

[s>z: 잘못한 것　rr: 굽히는 모습　or so>os: 애석한 것]

vs afraid=더 팍 굽히는 것으로서 정말로 미안한 것

[fr: 팍 굽히는것/팍 엎어지는 것 or fall + r 엎어지는 모습]

: I' m afraid I can' t come this evening.

plus] boss=산술을 바보 같이 한 것[오산 한 것]으로서 계산이 잘 못된 것

[b: 바보　ss: 산술　or os: 오산]

/부르면 모두 굽실거리게 하는 사람으로서 두목[상사/부장/manager]

[b: 부르는 것　ss: 서서 굽실 굽실거리는 모습]

IIIII.. 우리는 특징, 특색이라는 말로, feature, characteristic, trait라는 단어를 쓴다. 한글은 다같이 특징, 특색이지만 속뜻이 다 다르다. **즉 접근하는 뉘앙스도 다르고, IS도 달라진다.**

The main features of the resort are its climate and scenery.

features=그 리조트 중에서 주안점을 둔 것으로서 특징들 [f : focus　s : several]

vs characteristic=성격으로서 또는 속에 자신의 것만 들어 있는 것으로서 특징/특색

[character : 성격　h : hide　s : self]

: A big nose is a family characteristic.

Ruggedness is a characteristic of American marines.

vs trait=다른 것과 다른 것으로서 특징/특색

[t〉d: different] : Cheerfulness is her finest trait.

cf] property=특유한/고유한 것으로서 특성/특질[p: particular/proper]

: The property of copper is that it conducts heat and electricity.

IIIII.. **우리는 '미끼' 라는 말로** decoy, bait, prey**라는 단어를 쓴다.** 하지만 접근하는 뉘앙스가 다르다. 어떤 뉘앙스를 바탕으로 하느냐에 따라 단어의 쓰임새도 달라진다. 어떤 단어라도 뜻이 이꼴로[=]로 되는 것은 절대로 없다. 뜻하는 의미는 같을 지언정 단어 자체로 같은 것은 하나도 없다.

decoy=속이거나 혼란을 주기 위한 것으로서 미끼 [d: deceive or d〉t : trick c: confuse]

: They used a girl hitch-hiker as the decoy to get him to stop.

vs bait=물도록 어떤 곳에 장착하는 것으로서 미끼 [b: bite a: at]

: Bait a hook with worm. They were digging up worms to use for bait.

We put down some poisoned bait to kill the rats.

-- 놓아 설치해 두었다. down=내려놓는 것으로서 설치하는 것

vs prey=먹이가 되는 밥으로서 미끼(로 삼는 것) [p 〉 b변형 – 밥 e: eat]

: Al Qaeda preyed on innocent people.

IIIII.. **다 같이 '썩다' 라 할지라도** BNW**가 다르다.**

decay=쇠퇴/쇠약해지는 것으로서 썩는 것 [down c〉s: 쇠퇴/쇠약]

: Sugar makes your teeth decay.

vs rot =살아 움직이는 것이 다하는 것으로서 썩는 것/부패하는 것

[r: 살아 있는 모습 o: 움직이는 것 t〉d: 다하는것 — BNW]

: Rain has got in and rotted (away) the woodwork.

The smell of rotting fruit/garbage. (rotting=**동명사/현분사**)

tip) 부패한 과일을 rotted fruit로 표현하면 안된다. 능동 event는 형용사 역할을 하지못하기 때문이다. 부패한 과일은 동명사로, 부패하고 있는 과일은 현분사로 표현 : ☞ p215

하지만 능동의미가 아닌 피동의미는 가능 : rotted fruit=부패가 된 과일 : **피동** event

IIIII.. 심지어 같은 단어라도 BNW가 어떤 것이냐에 따라 BAM도 달라진다.

means=m : method + money인 경우

수단으로 사용되는 돈으로서 재물 -- **복수의미 [또는 s>z : 재물]**

: He has the means to buy half the houses in the street if he wanted to.

His means are enough to pay for college.

/means=m : method인 경우

method로서 수단 -- **단복의미 [또는 s : 수단]**

: They had no means of communication. One means is still to be tried.

I will try all/every means possible. "May I come in?" "By all means."

행자 모든 수단을 다 동원해도 좋다는 것으로서 of course : certainly

/means=m : 의미 + s : singular verb 현재인 경우

-- 의미하는 것 : Say what this word means.

/means=m : mind + s : singular verb 현재인 경우

-- 할 마음이 있는 것/할 의도를 갖고 있는 것

: He always offends me – he means any harm.

IIIII.. 다 같이 전문가라 할지라도 buff, authority, expert, specialist가 다 다르다.

A computer/opera/film buff.

buff=많이 알고 있다고 입에 거품을 무는 사람으로서 큰 소리 (팡팡) 치는 전문가

[b : bubble ff : 거품이 자꾸 흘러나오는 모습 /flow+flow]

뭐하면 그 분야에 대해 입에 거품을 무는 사람이 바로 buff이다. 더구나 informal**한 뜻으로 가야 하니 그냥 전문가라고 이해하면 그 냄새가 나지 않는다.**

She's a world authority on 19th-century Irish history.

vs authority BAM=어느 분야에 당국으로부터 인정받는 사람으로서 권위자

[authority : 허락/허가, 인정, 권한, 권위, 권력, 당국, 당국자]

-- 단어에서 권위적인 냄새가 풍겨야 한다.

add] authority BAM=당국이 서명하는 것으로서 허락/허가

[au : autograph 자필 t>d : 당국]

A gardening/medical expert.
My mother is an expert at dress-making. He's a world expert on marine mammals.

vs expert BAM
=경험이나 트레이닝을 많이 한 사람으로서 실무전무가/실제전문가/실질적인 전문가
[exper : experience r : 로력〉노력 t : training]
그래서 외환 전문으로 Forex expertise로 표현한다.
add] experience=바깥에서 perform한 것으로서 경험
[ex : out/outside per : perform]

An attorney who is a specialist in banking law
vs specialist=어느 특별한 분야에 특별히 많이 알고 있는 사람으로서 특별 전문가/전문의/전공자
[special: 특별한/특수한 것 ist: 전문적인 사람=i: in s: special t: things]
add] special 어떤 분야에 특별한 여러가지를 알고 있는 사람
=어느 파트에 특수한 것으로서 특별한 것 [s: 특수한 것 p: part]

BAM에도 associate가 있다.

: Incident has cleared. No delays. 가지고 있었는데 깨끗이 치워진 것[일]을 말이다.
incident=갑자기 들어온 피해로서 사고[in: come + d: damage] 갑자기=in associate

IIIII.. 다 같이 '시체' 다할지라도 corpse, cadaver, stiff, body**가 다르다.**

corpse=관 또는 어느 곳에 죽어 누워 있는 사람으로서 시신
[c: 관 or 어느 일정한 (구석진) 곳 p: person s: 시신 — '스'로 소리나면 시신]
: It is called 'corpse flower'. A battlefield strewn with corpses.

cf] corps=일정한 곳에 있는 사람들의 집단으로서 단체/부대 -- **단복명사**
[c: 둘러싸인 공간 p: people
주의] 단수 — s 비소리 복수 — '즈'로 소리 ∴ 시체가 아님]
: a corps of volunteers Navy Marine Corps News the press corps

vs cadaver=죽어서 관속에 있는 것으로서 송장, 특히 해부용 송장
-- 철자에 p가 없어 해부가 가능, 즉 사람 모습으로 보이지 않기 때문에 가능
[c: 관 d: dead/died + dissection] : He examined the new cadaver.

vs stiff=죽어 뻣뻣하게[딱딱하게/단단하게] 된 것으로서 시체

[s : solid 단단한 것   t : 딱딱한 것   ff : 뻣뻣한 것]

: They pulled another stiff out of the river.

stiff adj. =단단한 것으로서 굳은 것/딱딱한 것으로서 뻣뻣한 것

[s : solid 단단한 것   t : 딱딱한 것   ff : 뻣뻣한 것]

vs body=받쳐주는 몸체[육체]가 죽은 것으로서 사체/시체

[b : 받쳐 주는 것   d : dead]   body=잘 받쳐 주는 것으로서 몸(체)/육체/신체

[b : 받쳐 주는 것   y : 지게처럼 잘 받치고 있는 모양]

.. 다 같이 멈추는 것이다할지라도 halt, stop, suspend가 다르다.

halt =하던 것을 세우는 것으로서 중단시키는 것 [ha: 하던 것   t: 턱/탁 세우는 것]

: Sales halted.

"Halt!" called the guard. "You can't go any further without a permit."

vs stop =가다가 쏵/탁 세우는 것으로서 정지시키는 것 [s: 쏵 서는 것   top: 탁 세우는 것]

: Once I start eating chocolate, I can't stop.

vs suspend =계속하지 않고 세우는[걸어두는] 것으로서 중지시키는 것 [s: 계속   s: 세우는 것]

: Toyota to suspend sales of luxury SUV.

suspend=붙여 널어 뜨려 두는 것으로서 걸어 놓는 것/매다는 것

[p : 붙여 놓는 것   d : down]

cf] See watching CNN. 봐라, CNN을 지켜보면서[주목하면서] 봐라 ⇒ TV를 '보다' 할때 see, watch를 쓰지만 다르기 때문에 둘을 같이 쓸 수 있다. 후자는 보더라도 지켜보는 것이다.

tip)원어민은 사전의 원형적인 뜻도 표현된 뜻(생활 속에서의 뜻)으로부터 나온다.
우리는 사전의 원형적인 뜻(특히 단어장)으로 암기하고 있다.

BAM과 | Free 감주 -- 결국 단어의 뜻은 free 감주로부터 나온다.

BAM은 결국 (생활 속에서의 뜻인) free 감주를 갖기 위한 것이다.
그래서, 매일 매일 읽거나 들어서 단어의 본래[원래] 의미가 보이지 않으면 BAM으로 처리하여 free 감주를 많이 간직하라. 이제는 역으로 free 감주를 많이 간직하면 그 감주로부터 단어의 뜻을 유추할 수 있다. 우리 엄마들이 사전을 찾지 않고 애들에게 알고 있는 표현으로부터 한글 뜻을 애기 해주는 것과 같다. **따라서, 단어 수에 자랑말고, free 감주 수에 자랑하라.**

tip)외국에서 오랜 생활을 하면서 경험으로 얻어지는 뜻도 이제 살지 않더라도 단어마다 그런 고유한 뜻을 다 느낄 수 있다. BAM이 있기 때문이다. 그래서 단어의 뜻은 항상 BAM으로 처리하여 free 영뇌로 간직하라.

tip)단어는 문맥 속에서 익히는 것이지 단어장으로 익히는 것은 아니다.
↘Learn words in context — not from a word list.

BAM과	각국의 영뇌, 즉 각국의 NB

각국의 영뇌, 즉 각국의 NB에 따라 BAM이 달라진다. 같은 상황을 두고 동양인과 서양인의 사물관찰이 다르듯이 서양인 내에서도 BNW 차이가 있다. 그래서 AmE, BrE, Canadian English, AusE, -- 등등이 있다.

IIIII.. Bridget can' t come – she' s sick[ill].
다 같이 병이 났다[들었다]는 의미로 쓰였지만, 미국인들은 쑤시고 아프거나 앓고 있는 것으로 보았고, 영국인들은 나쁜 기가 들어 온 것으로 보았다.

sick AmNB=s[쑤시고 아픈 것/씩씩 앓고 있는 것]
vs ill BrNB=i[나쁜 것이 일어 난 것/발생한 것]
⇐ i=일자 위에 점이 붙은 것으로서 **나쁜** sign : Ill news.

IIIII.. sidewalk AmNB=차도 옆 걸어다니는 길로서 인도/보도 [side: 옆 walk: 걸어 다니는 것]
vs pavement BrNB=사람이 다니도록 포장하여 만든 도로서 인도/보도
[pave : 포장하는 것 m : made]

영국인들은 최초의 포장도로로서 인도로 생각했다. 최초의 길은 비가 질퍽질퍽한 비포장도로이다. 사람들이 다니기에 좋게 사람 길부터 먼저 (돌)포장을 했다. 그래서, pavement가 인도/보도가 되는 것이다. 요즈음은 concrete나 tarmac로 하지만, 차나 마차가 생기기 전에는 사람이 다니 곳은 돌로 잘 포장했었다. 절에 올라 갈 때 보통 돌포장 도로를 우리는 자주 만난다.

차도도 미국인들은 요즈음 건자재로 된 pavement를 사용하지만, 영국인들은 처음 건설할 때 모습으로서 roadway를 사용한다. 미국인들은 차도를 포장한 것으로 보았고, 영국인들은 쭉 달리는 닦은 길로 보았기 때문이다. 그래서 도로로서 차도로 쓸 때는 그냥 road로 쓴다.

IIIII.. pavement AmNB=차가 다니게 포장하여 만든 도로로서 차도
[pave : 포장하는 것 m : made]
vs roadway BrNB=달리도록 방향을 잡아서 만든 도로로서 차도
[road : 달리거나 다니도록 만든 길로서 도로(r : run d : 다니는 것)
way : 길로서 방향]

영국식 영어가 더 **원초적 개념**이고, 반면에 미국식 영어는 개발적 개념이다.

IIIII.. subway AmNB=땅 밑에 있는 길로서 지하철 [sub : under way : 길]
vs tube BrNB=터널처럼 생긴 것으로서 지하철 [t : tunnel]
미국인들은 지하길로서 subway로, 영국인들은 터널처럼 생긴 것으로서 tube로 보았다.
cf] metro=전기 열차가 다니는 지하 railway system으로서 지하철
[m: 움직이는 것 et: electric train r: railyway system]

IIIII.. underpass AmNB=밑으로 통과하는 길로서 지하도 [under: 밑으로 pass: 통과하는 것]
vs subway BrNB=땅밑 길로서 지하도 [sub: under way: 길]

IIIII.. automobile AmNB=자동으로 움직이는 것으로서 자동차 ⇨ In short, auto.
[auto : automatic mobile : 이동할 수 있는 것]
vs car BrNB=덮개가 달리는 것으로서 차 [c : cover or c>ch : 차 r : running]

IIIII.. restroom AmNB=쉬는 방으로서 화장실/변소[便所]
cf]toilet=(변기) 통이 있는 곳으로서 통시(경상도 사투리)/화장실
: Don' t forget to flush the toilet.
vs lavatory BrNB=서서 비벼대며 씻는 세면대가 딸려 있는 곳으로서 화장실
[la : 서있는 세면대 모양 v : 비벼 씻는 것 y : 세면대 받침 모양]
washroom 세면장 washstand 세면대

IIIII.. movies AmNB=움직이는 것들을 보는 것으로서 영화, 이런 영화들을 상영하는 곳으로서 영화관 [mov: moves or mo: motion pictures e: eyes s: 취급복수]
cf] movie=움직이는 것들을 보는 것으로서 영화
theater=테마를 가지고 연기하는 곳으로서 극장[the: theme at: act]
movie theater=movie가 테마가 되는 곳으로서 영화관
vs cinema BrNB=어떤 공간에서 움직이는 것들을 보는 곳으로서 영화관
[c : 공간모습 e : eyes m : moves]

IIIII.. gas AmNB=정제한 기름으로서 휘발유 [g: 기름 s>z: 정제한 것]
In long, called 'gasoline' : I' ll stop and get some gas – we' re runnig low.

For '가스' in Korean, it' s also called 'gas'.
[g: go a: air 공기처럼 날아 가는 것으로서 가스]

vs petrol BrNB=석유에서 얻은 기름으로서 휘발유 [petr : petroleum o : obtained]

ⅡⅢ.. elevator AmNB=사람들을 태우고 쭉 오르내리는 것으로서 엘러베이터
[e/e : eyes and eyes l : 쭉 오르내리는 모습]
vs lift BrNB=쭉 날라가듯이 오르내리는 것으로서 리프트 [l: 쭉 오르내리는 모양 f: fly]

ⅡⅢ.. cab AmNB=작은 덮개 같은 것이 움직이는 것으로 택시 [c : cover b : bit]
vs taxi BrNB=부르면 탁탁 서는 차로서 택시 [tax〉taks=tak+stop : 탁탁 서는 것]

ⅡⅢ.. cookie AmNB=구운 원형 모양의 소형과자로 쿠키 [c : 구운 것 oo : 원형 모양체들]
vs biscuit BrNB=구운 둥근 모양의 소형과자로서 비스킷[b: baked s: 소형 c: 둥근 모양]

ⅡⅢ.. candy AmNB=둥근 모양의 단 것으로서 사탕 [c : 둥근 모습 d : 단 것]
vs sweets BrNB=잘잘 흐르는 꿀처럼 단 것으로서의 사탕 **cf]** artificial sweeter 인공감미료
[s : 잘잘 흐르는 모습 wee〉v(비)+v(비)+ee〉 : bees' honey s : several]

ⅡⅢ.. roundtrip AmNB=밟아보고 빙 돌아 오는 것으로서 왕복인 것
[round : 빙 돌아오는 것 trip : 잠시 밟아 보는 것]
vs return BrNB=돌아오는 것으로서 왕복인 것[re : back turn : 도는 것]

영어의미=BAM(+설가뇌 의미)

BAM의 뜻하는 의미와 사전의 뜻하는 의미의 차이 — 뜻하는 의미도 항상 BAM으로 가져가라

BAM은 BNW를 바탕으로 해서 드물게 뜻하는 의미로 가져 갈 수 있으나 BNW가 그대로 적용되었거나 많이 반영된 단어를 가져오는 게 Best이다. 왜냐하면 고유한 뉘앙스를 느낄 수 있고, 의율[특히 전치사 의율]을 결정하기 때문이다. 사전의 단순한 뜻하는 의미[just-IM]와 BAM의 뜻하는 의미[im-BAM]는 다르다.

: The four-month-long battle all but ended. ↘ 후자=BNW를 바탕으로 해서 접근한 의미
전자=그냥 하나의 독립된 뜻으로 접근한 의미

All but three states are using the SAT-less, i.e. ACT. She rarely goes there.

본래[원래] 의미=모두는 아니지만 (-- 는 제외하고) /띄엄띄엄 — Best

[rare: run+run a: a+another 달리듯이 하나 나 있고, 또하나 나 있는 것[BNW]으로서 띄엄띄엄 하는 것[BAM] ly: 빈도]

뜻하는 의미=거의[nearly] ⇐ 모두는 아닌 것으로서 거의
아주 좀처럼 하지 않는 것[very seldom] ⇐ 띄엄띄엄 하는 것으로서 아주 좀처럼 하지 않는 것

⇒ **단어 본래의미=BAM(bnw-BAM/im-BAM)** : 중자= BNW가 많이 반영된 BAM ☞ more p119
말자=BNW가 덜 반영된 BAM

☞.. 이해는 최종적으로 단어의 최종적인 뜻인 감주로 이해한다. ※감주=영뇌의군

↘그러면 영어말투가 형성되고 영어말투에 익숙해진다.

❷ E-BAM

E-BAM은 Extended BAM[**확장 BAM**]으로서 BAM이 다시 BNW가 되어 또다른 BAM을 만들어 내는 것을 말한다. 즉 BNW를 바탕으로 만들어진 뜻이 다시 BNW가 되어 또 다른 뜻을 만들어 내는 것을 말한다. 단어의 뜻은 이렇게 항상 발전해 나가는 것이다. 일종의 언어의 발전현상이다. 여러분들도 사전의 뜻이 마치 바이블인양 그 뜻 범위 내에서만 생각하지 말고, BNW 또는 BAM을 바탕으로 해서 **또하나의 뜻을 만들어 내라**.

원어민들은 이렇게 BNW 또는 BAM을 바탕으로 해서 시시각각으로 상황에 적용시켜 표현하기 때문에 1대 1 대응식, 즉 영한 사전식으로 외운 사람들은 타임지나 원어민 영자 신문을 보기가 여간 힘들지 않을 것이다. 심지어는 사전에 뜻이 나오지 않은 경우도 더러 있어 어찌할바를 모르는 경우가

일반적으로	BAM을 찾는 표현 —— 정보가 힘이다! **Information is power!**

일반적으로 BAM은 '— 하는 것으로서 blah blah'로 표현하여 찾는다 : (품사에 관계없이) 개념적 표현

➾ BNW= — 하는 것 AM= blah blah

∴ 가능한 단어의 뜻 ⇒ BNW 부분과 AM 부분, 모두 가능

∴ BAM=bnw-BAM or im-BAM (↗ bnw 덜 반영)

↳ bnw 100% 또는 많이 반영

↳ p62/55 〉 warn/sagging

↳ p68 〉 earn its way

in BAM=안에 있는 것으로서 안에 품고 있는 것/안에 품고 있는 것으로서 임신하고 있는 것

➾ bnw-BAM=안에 품고 있는 것 im-BAM=임신하고 있는 것[pregnant]

[in: 안에 있는 것]

: The cow is in calf. (그 암소는 있는데 안에 품고있어요, 송아지를 말이다)

sabotage BAM=철자 sign으로부터 고의로 저지시키거나 방해하거나 파괴하는 것

[s: stop b: 방해 t〉d: deliberately/destroy]

※철자 sign=4가지 — 모양/소리/철자/한글 BNW

(하나의) **단어의 뜻은 무한대(infinity)다**. 사전의 뜻은 BNW를 바탕으로 한 AM에 불과하다. 그래서 우리도 원어민처럼 단어의미를 추가할 수 있고, 현장영어에서는 사전에 없는 뜻도 많다. 하나의 숙어표현의 뜻도 무한대다.

단어의미 생성 원리 :

BNW

↙ ↓ ↘

AM1 AM2 AM3 —— etc.

↗단어 본래의미가 아니다(BAM=단어 본래의미)

주의] just-IM[그냥/단순히 뜻하는 의미]의 단점 :

a. BNW를 느끼지 못하고 독립된 뜻으로 암기

b. 뜻이 하나로 고정 — 하나의 상황에만 적용

(BNW가 두개 이상인 경우도 마찬가지다 : BNW1, BNW2, — etc.)

tip)BAM을 모르면 단어의미를 정리할 수 없다. 특히 BAM을 모르면 유사어, 동의어 구별은 물론이거니와 뜻이 같은 한국말인 경우 분간하기가 어렵다. BNW를 모르고 무턱대고 외우는 것은 죽은 단어를 외우는 것과 같다.

한 두번이 아닐 것이다. 뿐만아니라 원어민들처럼 자유자재로 단어를 표현하지 못하고 반드시 영한 사전의 뜻을 대입시켜 표현하기 때문에 표현의 자유를 누리지 못하는 것이 **한국식 영어교육의 현실**이다. 자, 이제 BNW와 BAM, E-BAM을 통해서 **이해의 자유와 표현의 자유를 누려보자.**

parcel BAM=작은 포장물로서 소포[p: package c>s: small -- BNW]
parcel E-BAM=소포와 같은 묶음으로서 한 무데기[무더기]/한 무리[떼] /한 뭉치/한 구획/한 필지(筆地) -- 얼마든지 적용이 가능하다. **이것이 바로 표현의 자유, 이해의 자유이다.**
: A 60-acre parcel. A parcel of rubbish.

trough BAM=나무로 움푹하게 만든 통으로서 여물통
[tr: tree u: 움푹 들어간 통 모양 or g: 구시[구유] -- BNW]
: Cows at the feeding trough. Two kids to feed and clothe.

trough E-BAM=이와 같은 여물통 모양으로서 기압골 /(빵집의) 반죽그릇 /(빗물/광석을 씻는) 홈통 -- etc.. 그렇다면 약을 조제하는 그릇이 이런 모양이니 이런 곳에 우리는 적용이 가능하다. 그래서, 약국의 조제그릇이라는 뜻도 된다. 경기저점도, 해구도 이런 모양이니 trough라고 하면 된다. 의미가 이렇게 되는 것이니 **1대 1 대응식으로 사전의 뜻을 몽땅 외우고 그 범위 내에서만 단어를 사용하려는 우를 범하지 말라.**
: A trough of low pressure over hilly areas will bring heavy thunderstorms overnight.

그래서, 주식의 저점도 이 단어로 표현하면 된다 : Investing small amounts regularly is a good way of smoothing out the peaks and troughs of the stock market.

from someone else or reading it
learn BAM=알려고 서 있는 것처럼 누군가로부터 배우는 것
[l : 서 있는 모습 ar : 알려고 하는 것 — BNW]
옛날에는 걸상이 없었다. 그냥 서서 배우곤 했다. 배우려고 서 있는 모습이 'l 자(字)' 이다.
learn E-BAM=누군가로부터 배우듯이 누군가[어떤 것]로부터 통해서 아는 것
: We were all shocked to learn of his death. 대동 통해서 알고서
We came here to learn whether they died or not. 대동 통해서 알기 위해서
vs to see=대동 알아 보기 위해서 vs to know=대동 알기 위해서

toll BAM=때려서 울리는 것/때려서 울려 알리는 것
[t : 때리는 것 o : 울리는 것/울려 알리는 것 — BNW]
BNW 그대로 BAM이 되거나 많이 반영된 것을 bnw-BAM이라 한다. cf] im-BAM=덜 반영된 BAM
: At Cathedral Square, the bell of the medieval tower tolled.
The church bell tolled the hour.

toll E-BAM=때려서 울려 희생자 수를 알리는 것으로서 사상자수
통신 수단으로 옛날에는 종을 쳐서 급한 상황을 알렸다. 그래서, 사망자수를 death toll라 한다.
: Independent sources say that the death toll from the earthquake runs into thousands.

tip) **또다른 BAM과 E-BAM은 다르다.**
toll BAM=도로나 다리를 통과한 댓가로 지불하는 돈으로서 통행료
[t : 통과 o : 동전(모양) ll : 도로나 다리(모양) — BNW]
: We had to stop to pay the toll.
↗ 여기서 장거리 전화는 사내 전화가 아닌 경우를 뜻한다.
toll BAM=장거리 전화 댓가로 지불하는 돈으로서 장거리 전화요금
[t : telephone o : 동전(모양) ll : 전선(모양) — BNW]
: a toll-free call/number 장거리 무료 전화[통화] //장거리 무료 전화번호
-- 과거에는 사무실외에도 교환수(operator)를 통해서 전화를 했다.
toll call [AmE]=trunk call [BrE] 추가요금 장거리 전화통화
(=a long-distance telephone call with an extra amount of money)

추상체의 실체 E-BAM :

추상체가 (보다 구체적인) 실체로 확장되는 의미
beauty BAM=잘 빚어져 있는 것으로서 아름다움/미
[b : 빚어져 있는 것 〉 가꾸어져 있는 것 a : a급으로서 잘 y : 질 명사]
beauty E-BAM=아름 다움의 실체, 즉 사람인 경우 미인, 사물인 경우 아름다운 것
(somone or something beautiful) : She was a great beauty. They' re beauties.

그래서, 사전에서는 [U], [C]로 의미를 구분하고 있다.
[U]=uncount **비개체 의미** [C]=count **개체의미**

tip) **1차적** BAM=구체적 의미의 BAM : beauty 미인 **2차적** BAM=추상적 의미의 BAM : beauty 미
3차적 BAM=비유적 의미의 BAM : She screamed her head off. 그 여자는 비명을 질렀는데 자기 머리가 떨어져 나갈 정도로 말이다 : 실제로 머리가 떨어져 나가는 것은 아니다.

물질체의 개체 E-BAM :

물질체가 (보다 구체적인) 개체로 확장되는 의미
glass BAM=빛이 통과하는 물질로서 유리[g : go l : light s : substance]
glass E-BAM=유리로 만든 것으로서 유리잔/안경 -- 등등으로 유리 제품은 다 해당한다.
실체의 추상체 E-BAM : 실체가 추상체로 확장되는 의미
husband BAM=집안의 boss로서 남편 [h : house b : boss]

husband E-BAM=남편 역할로서 남편노릇

: He took to husband. 하겠되었는데 대자(對者) 남편노릇을 하게 되었다는 것이다. 결혼한 상황을 두고 이것을 표현했다면 **뜻하는 의미는** married가 된다.

고유체의 보통개체 E-BAM :

고유체가 보통개체로 되는 경우

Edison BAM=Edi+son으로서 사람명칭

Edison E-BAM=Edison이 만든 것 : This is an Edison.

add] Edisons=에디슨이 발명한 여러 개를 의미할 수도 있고, 같은 이름으로서 여러 명일 수도 있다. 그냥 보통명사처럼 counting하면 된다. **전자=C의미 보통체 후자=C의미 고유체**

집단의 구성체 E-BAM :

조직/단체/그룹이 구성하고 있는 구성체 의미가 되는 경우

community BAM=일정한 곳에 많이 모여 살면서 공동의 관심사를 갖고 있는 곳으로서 지역사회/지역 공동체 [c: 일정한 지역을 둘러싼 fence로서 곳 m: many people unity: 단일성/통일성 어원분석=com: all together]

community E-BAM=그 곳을 구성하는 members로서 지역주민들/지역공동민들

: The community center.

구성체의 조직 E-BAM :

구성체가 오히려 조직으로 확장되는 의미이다.

personnel BAM=어떤 조직에서 일하는 사람들로서 조직원들

[personn : person + person + — , el : 일하는 것]

: All personnel were asked to participate.

그 조직원들이 회사이면 회사직원, 군대이면 군요원, 경찰이면 경찰요원이 된다.

personnel E-BAM=조직원들의 애로사항을 처리하는 곳으로 인사행정부/인사부/인사과

: She works in personnel which keeps the records of employees.

추상체의 조직 E-BAM :

추상체가 집단/조직으로 확장되는 의미이다.

mission BAM=꼭 확실히 해야하는 것으로서 임무/목적

[m : must ss : sure+sure] : Their mission is to blow up the radio station.

mission E-BAM=그런 임무/목적을 수행하는 집단으로서 단 또는 체
: The American trade mission has just reached Leningrad.

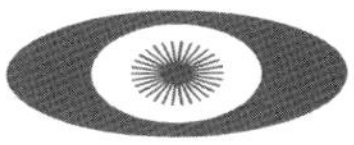

개체의 추상체 E-BAM:
개체가 추상적 개념으로 확장되는 의미이다.

TV/television BAM=전파를 멀리 보내 볼 수 있게 한 기구로서 TV 수상기[or television set]
[tele : far (t〉d : distance) v : 볼 수 있는 것 or s : see]
: We are getting a color television/a color TV.

TV/television E-BAM=TV가 받는 것으로서 TV 영상[프로]
: "He is a couch potato. He spends all his time watching TV."

.. 이해는 최종적으로 단어의 최종적인 뜻인 감주로 이해한다.

❸ 사전에서 BNW와 BAM을 찾아 내는 법 ↘소감주/빅감주/왕감주로 된 영뇌의군

사전의 뜻은 단어 본래[원래]의 뜻과 뜻하는 의미로 되어 있다.
어떤 단어는 본래[원래]의 뜻은 아예 없고, 단순히 뜻하는 의미로만 되어 있다. 그래서, 사전을 찾았을 때 단어 본래[원래] 의미가 무엇인지 우리는 다시 찾아내야 한다. 단순히 뜻하는 의미는 BNW가 근본적으로 반영되어 있지 않기 때문이다.

↗ BNW로 접근한 의미 : BNW/bnw-BAM/im-BAM cf]just-IM

단어의 본래[원래] 의미는 BNW 또는 BNW가 반영된 BAM이다. 단순히 뜻하는 의미는 단어의 본래[원래] 의미가 될 수 없다. 주의하라. BAM은 BNW를 반영하고 있기 때문에 BNW와 더불어 단어의 본래[원래] 의미가 된다. 따라서, 단어의 본래[원래] 의미는 BNW 또는 BAM 영뇌 원리로 찾으면 된다. 찾을 때는 단어철자에서 본래[원래] 뜻이 우러나오도록 영한 사전과 영영 사전을 참고하여 BAM Helpers로 찾되, 특히 여러가지 뜻과 definition, 예문을 통해 찾는다. 이때 가져 오는 한글은 BNW와 BAM에 맞게 정확하게 가져 온다. **단, 버그단어는 B/E값이 반영되어야 한다.** 즉 영뇌 뜻을 찾아야지 한뇌 뜻을 찾으면 안된다. 말하자면 영순에 맞는 뜻이어야지 한순에 맞는 뜻은 영어 뜻이 아니다. 한글공부로 영어공부를 절대로 하지말라.

extreme caution] BAM은 BNW를 바탕으로한 Actual Meaning이므로 해당표현의 (BNW를 바탕으로 한) 실제 뜻이다. 그래서, 표현과 함께 기억돼야 한다. BNW를 바탕으로 하지 않는 단어장으로 단어를 외우는 것은 의미가 없다. BAM으로 free 영뇌로 간직하라. 간직시 의군으로 감각적 주파수로 간직한다. 특히 영뇌 상급자가 되면 단어의 뜻은 **간직한 free 영뇌**로부터 찾을 수 있다. 즉 표현으로부터 단어의 뜻이 나오기 때문이다. 마치 애들이 엄마에게 물었을 때 사전을 찾지 않고 뜻을 말해 주는 것과 같다.

IIIII.. **Cartoon** : Foot and mouth disease spreads --- .
"We just fed off the trough as usual!"

여기서 trough를 모를 경우 사전을 찾았을 때 나타나는 뜻은 다음과 같다.

▭ 영한사전의 뜻 :

1. 구유, 여물통, 나무그릇
2. (비유,구어) 식사가 주어지는 장소, (특히) 디너테이블, 식사, (특히 간단히 얻어지는) 수입원
3. 반죽 그릇(미국-트로우 영국-트라우라고 발음)

4. (빗물) 홈통, (광산) 광석을 씻는 홈통, (인쇄) 석판석 연마용 물통
5. 물통(조제용) 6. 마루사이 골, (항해) 해구
7. (기상) 기압골 8. (경제) 경기주기의 저점 9. (미, 연극) 각광기

이 많은 뜻을 외울 수 없다. 원어민들도 이 많은 뜻을 외우고 쓰는 것은 아니다. BNW 또는 BAM으로 단어 본래[원래] 의미를 찾아 내는 것이 급선무이다. 나머지들은 이것이 적용된 의미이기 때문이다.

trough BNW=나무로 움푹 들어 가게 만든 나무통 [tr: tree u: 움푹 들어간 통 모습]

이런 BNW, 즉 이런 통이 소나 말에 적용시켰다면 여물통(manger)이 되고 이런 모양의 기압전선에 적용시켰다면 기압골이 되고, 이런 모양의 통으로 반죽하면 반죽 그릇이 되고, 약사가 이런 통모양으로 조제하면 조제 그릇이 된다. 만약 이런 통 모양을 주식 그래프에 적용시키면 이 때는 주식 저점이 된다. 뿐만아니라, 이런 통 모양에 넣어 빻으면 '빻는 그릇' 이라는 새로운 의미도 또 탄생하게 된다. 그래서, 방아 찧을 때 곡물을 넣는 움푹 들어 간 곳을 trough라고 표현할 수 있다.

이렇게 단어의 뜻은 BNW를 BAM으로 처리하여 해결할 수 있다. 이렇게 BNW가 적용된 실제 뜻이 바로 BAM이기 때문이다.

trough BAM=나무로 움푹하게 만든 통으로서 여물통 [tr: tree u: 움푹 들어간 통 모습]
trough E-BAM
=이와 같은 여물통 모양으로서 기압골 /(빵집의) 반죽그릇 /(빗물/광석을 씻는) 홈통 -- etc..

tip)세상의 사요소 중 염[念]이 좋아야 BAM을 쉽게 그리고 잘 만들 수 있다. 염[念]으로 (먼저 삼요소를 가지고 알파벳 26자를 만들었고) 소리, 모양, 철자, 한글 BNW가 만들어 지기 때문이다.

IIIII.. BNW를 찾는 정도와 최상위 BNW, BAM 간직하기

1. 「다른 단어와 구별 + 사전의 모든 뜻 cover」할 정도로 찾으면 된다.
   즉 단어의 뜻에 필요한 (모소철한) sign만 가져온다.
   단어의 모든 철자에서 일일이 다 찾을 필요는 없다.

2. 하나의 BNW으로 바탕으로 해서 뜻이 하나 또는 그 이상 나오면 se-BAM이다 : feature BAM
   그래서 BNW는 여러 개이나 best BNW 하나로 뜻이 나오면 이럴 경우에도 se-BAM이 된다.
   : be동사/can 최상위 BNW=있다/능력 ☞ vol 2 p242/260 ※se=series se-BAM=직렬식 BAM
3. BNW가 병렬식으로 여러 개일 때[pa-BAM]는 그것에 맞는 각각의 BAM을 찾아라.
   ↳병렬식 BAM 예 : 관계현분사 BNW=진행의미/본동사의미 ※pa=parallel
   settle=① s: set l: live ⇨ 살도록 set시키는 것으로서 정착시키는 것
   ② s: solve t: take ⇨ 취해서 푸는 것으로서 해결하는 것 : He settled with her.
   ↗ 영뇌영어 vol 1)p302
4. BAM이 다시 BNW가 되는 E-BAM도 찾아라 : trough BAM **cf]meet**=se/pa/e-BAM
5. 영영사전에서는 definition과 예문을 통해 또는 영한사전에서는 나와 있는 단어의 뜻과
   예문을 통해 BNW와 BAM을 찾는다 : **de-Helper + ex-Helper**
6. 찾은 BAM은 반드시 아필(我必) free 영뇌로 간직한다. 간직시 의군으로 (vocal) 감주로
   간직한다. **tip)사전의 뜻은 BNW를 바탕으로 하지않고 무조건 병렬식으로 되어 있다. 주의하라.**

영한 사전으로 해결이 안되면 영영사전을 찾아 보아야 한다.

▭ **영영사전의 뜻 :**

1. (container) a long narrow open container that holds water or food for animals
   : a horse trough
2. (low point) a short period of low activity, low prices etc [≠peak]
   trough of : The graph showed peaks and troughs of activity.
3. (waves) the hollow area between two waves
4. (weather technical) a long area of fairly low pressure between two areas of high pressure
5. have your nose/snout in the trough

British English if people have their noses in the trough, they are involved in something which they hope will get them a lot of money or political power - used to show disapproval

영영 사전에서도 일반적으로 1번 뜻에서
예문을 통해 BNW와 BAM을 쉽게 찾아 낼 수 있다. 나머지 뜻들은 BAM 영뇌 원리로 쉽게 해결되는 사항이다. tip)단어 실력이 있는 사람은 자기가 아는 범위에서 BNW와 BAM을 찾아도 좋다.

IIIII.. **Cartoon** : Foot and mouth disease spreads --- .
"We just fed off the trough as usual!"

여기서 fed off를 단순히 먹어 치웠다로 이해하면 이 comic한 표현을 이해할 수 없다. **fed와 ate는 서로 그 뉘앙스가 다르다.** 그래서 번역도 다 같이 먹었다로 할 것이 아니라 서로 달리 해야 구제역에 대한 돼지의 comic한 행위를 느낄 수 있다.

▭ eat 영영 사전의 뜻 :

eat=to take food into your mouth and swallow it

to put or take food into the mouth, chew[=crush with the teeth] it, and swallow it

: We usually eat at about 7 o' clock. Let' s eat out[in] tonight.

He eats soup from the plate. He eats rice. [=boiled rice]

·))) definition과 real example을 통해서 BNW와 BAM을 찾아라.

eat BAM=입으로 먹거나 이로 씹어 먹는 것으로서 먹는 것
[ea: 이~로서 꼭꼭 씹는 음가 e: 입 t: teeth — BNW]

vs feed 영영사전의 뜻 :

feed=transitive verb to give food to

: Feed the baby. I usually feed the neighbor' s cat.

Let' s feed the kids first and have our dinner after.

intransitive verb to consume food: eat

: The baby only feeds once a night at the moment.

Most babies can feed themselves by the time they' re a year old.

feed 영한사전의 뜻 :

feed=transitive verb 먹이를 주다, 음식을 먹이다, 젖을 주다
intransitive verb (동물) 먹이를 먹다, (사람) 식사를 하다

영영사전이든 영한사전이든 **타동사인 경우에는** 먹이는 것/먹여주는 것으로 쉽게 감을 잡을 수 있으나, **자동사인 경우에는** eat와 뉘앙스를 달리 느낄 수 없다.
따라서, 이 단어는 타동사 의미에서 hint를 얻어 **'주는 것을 받아 먹다'** 로 이해해야 할 것이다.
feed BAM=주는 음식을 받아 먹는 것으로서 주는 것을 받아 먹는 것/그냥 받아 먹는 것
[f: food ee: '이~입' 하면서 먹여 주는 것을 받아 먹는 모습 — BNW]

그래서 fed off는 '주는 것을 받아 먹어 치웠다' 로 되고, ate off는 '그냥 먹어 치웠다' 로 되어, 주인이 주는 것을 받아 먹었을 뿐인데 (여물통에 있는 것을 말이다) 구제역 때문에 우리에게 죄를 덮어 씌운다는 시사만평의 한 마디 표현이다.
돼지 옆에 prosecutor(검사)가 서 있으니 이런 뉘앙스 차이는 알아야 똑바로 이해할 수 있다.

지금 모든 사전의 뜻은 BNW 입장에서 기록되어 있지 않고, 그냥 표현에서 뜻하는 의미로 뜻을 말하고 있기 때문에 우리는 단어의 개념을 다시 잡을 필요가 있고, **사전도 재편집되어야 한다.** 사전도 인간이 만든 것이기 때문에 휴대폰이 스마트 폰으로 바뀌듯이 업데이트 되어야 한다.

우리는 우리말에 단어의 고유한 뉘앙스를 느낄 수 있다. 영어도 단어철자에서 단어의 본래의미[원래의미]를 느낄 수 있어야 한다. **따라서 교실에서 처음부터 이렇게 BNW와 BAM 영뇌를 가르쳐야 한다. 숙어나 뜻하는 의미로 가르치면 절대로 영어를 정복할 수 없다. 영뇌는 원어민과 같은 느낌으로 이해하는 것이다.**

BNW=단어의 고유한 뉘앙스를 알려주는 것이고
BAM=단어의 뜻이 어떻게 만들어지는 가를 알려주는 것이다.

사전의 뜻으로는 이 표현을 이해하기 힘들 것이다.
심지어 아래 표현은 더욱 어려울 것이다.
His 66 featured no bogies, 6 birdies.

사전을 찾아도 BNW와 BAM 영뇌 감각이 없으면 해결이 안된다.

A – 영영사전의 뜻 :

feature

1. a part of something that you notice because it seems important, interesting, or typical : An important feature of Van Gogh's paintings is their bright colours.
   The most distinctive feature of the dinosaurs was their size.

2. a piece of writing about a subject in a newspaper or a magazine, or a special report on television or on the radio : a feature on holidaying with your dog

3. [usually plural]
   a part of someone's face, such as their eyes, nose etc:
   : He had fine delicate features. Her eyes were her best feature.
4. a part of the land, especially a part that you can see
   : Hedges are an important feature of the landscape in Britain.
5. a film[movie] being shown at a cinema
   : There were a couple of short cartoons before the main feature.

여기서도 BNW와 BAM을 잘 모를 것 같으면, 또 다른 사전을 들추어 보자.

B – 영영사전의 뜻 :

[C] a typical quality or an important part of something
: The town's main features are its beautiful mosque and ancient marketplace.

[C] a part of a building or an area of land
: This tour takes in the area's best-known natural features, including the Gullfoss waterfall.

[C usually plural] one of the parts of someone's face that you notice when you look at them : Her eyes are her best feature.

[C] a special article in a newspaper or magazine, or a part of a television or radio broadcast, that deals with a particular subject
: a double-page feature on global warming

[C] (also feature film) a film that is usually 90 or more minutes long

C – 영한 사전의 뜻 :

1. (두드러진) 특징, 특색; 주안점
2. 얼굴 생김새, 이목구비; 얼굴의 어느 한 부분 (눈 · 코 · 입 · 귀 · 이마 · 턱 등); [pl.] 용모, 얼굴
3. (신문 · 잡지 등의) 연재 기사, 연재물, 특별 기사, 특집 기사(= ~ story) (뉴스 이외의 기사 · 소논문 · 수필 · 연재 만화 등)
4. (영화 · 연예 등의) 인기 있는 것[프로], 특별 프로, 주요 작품; 볼거리; 장편 영화(= ~ film)
5. (산천 등의) 지세, 지형

타동사 1. 특색[주요 프로] 으로 삼다, 특집하다; (배우를) 주연시키다; (사건을) 대서특필하다
2. … 의 특색을 이루다; … 의 특징을 그리다 3. (구어 · 방언) … 와 닮다
4. (미 · 구어) 상상하다

자동사 1. 특색이 되다; 중요 임무를 다하다; 주연하다

영영사전과 영한 사전을 다 들추어 보아도
Free Daily Features와 His 66 featured no bogies, 6 birdies는 이해하기 어렵다.

Jay Leno의 The Tonight Show에서는 'Featuring -- 하고' 다음에 사람 이름을 표현한다. 이 역시 사전의 힘으로는 뜻을 찾아내기 힘들 것이다. 뿐만이 아니라, 영한 사전의 뜻은 틀린 경우도 많아 원어민 표현들을 이해하기 어려울 때가 한 두번이 아니다.

BNW와 BAM영뇌 원리를 활용하면 쉽게 해결된다.
BAM은 BNW를 바탕으로 한 실제 뜻이니까, 실제 예문에서 실제상황을 늘 깔고 있어야 한다. 그래야 단어 본래의미[원래의미]를 빨리 캐취할 수 있다.
feature BAM=어떤 것에 촛점을 맞춘 것으로서 주안점을 둔 것 [f: focus at: a thing — BNW]
이것 하나만 알고 있으면 그 복잡한 사전의 모든 뜻이 다 해결되고, 저렇게 새로운 표현이 나오더라도 쉽게 이해할 수있다.

뿐만아니라 'His 66 featured' 처럼 여러분들도 또다른 상황에 적용시켜 **사전의 뜻을 추가 시킬 수도 있다.** 그 사람이 친[이룩한] 66타는 모든 사람들의 촛점이 가도록 만든 것이니 **특작이었다**로 된다. (노보기, 버디 6개로 해서 말이다). 물론 특징으로 이해해도 좋으나 66타의 뉘앙스를 느끼기엔 역부족이다 ➾ 그이의 66타의 특징은 -- 였다.

Free Daily Features도 제공회사가 특별히 주안점을 둔 것이니, 공짜로 매일 매일 제공하는 **특별선물**이 된다. Featuring Dr. Smith라고 하면 방송국에서 주안점을 두고 출연 시킨 사람으로서 '(오늘의) **특별출연**에 닥터 스미드씨입니다' 로 된다. ＊오늘의=**상황** associate

영영사전을 보든 영한 사전을 보든 **특작, 특별선물, 특별출연**이라는 말은 전혀 없다. **BNW와 BAM 영뇌 원리로 해결 할 수 밖에 없다.** 사전의 단어의 뜻은 BNW를 바탕으로 해서 적용된 상황에 맞는 뜻을 BAM으로 정리해 놓은 것에 불과하다. 더구나 그 정리해 놓은 것도 뜻하는 의미가 되는 경우가 많다. **사전의 정체를 똑바로 알라.**

tip)bnw-BAM[im-BAM]이
생활 속에서의 뜻으로 IS로 변한 것이 바로 영뇌다.
우리는 한글[해석]로 가지않고 바로 IS세상으로 가면된다.
그것이 바로 무한글 이해다. 모든 단어는 자기 거주지가 있다. 그 세계가 보이면 된다.
※e-BAM도 bnw-BAM 또는 im-BAM 가능

plus] 사전의 힘으로 해결불가 -- 오로지 BAM의 힘으로 해결 가능!

↗뜻관계 뜻 =관계형용사

비밀번호 생성 조건 : Minimum 8 characters, at least 1 digit – case sensitive

감주=casesensitive↙

sensitive= '민감한/예민한/세심한' 이라는 사전의 뜻만으로 이 표현을 이해할 수 없다. 이것은 sensor가 쉽게 작동하는 것으로서 '민감한/예민한/세심한' 이라는 뜻이고 이런 BNW를 바탕으로 해서 원어민들은 윗 표현을 했기 때문에 BNW를 바탕으로 해서 해당표현의 뜻을 유추하면 된다. 즉 sensor가 쉽게 작동하는 것으로서 '쉽게 구별이[인지가] 되게 하는 것[=BAM]' 이라는 새로운 뜻으로 이해할 수 있다. 이렇게 사전에 뜻도 다시 추가가 된다.

시동=그 규모가운데 적어도 한 자리수는 경우가 되게 즉 쉽게 구별이[인지가] (되는 경우가) 되게 하라.
— 대문자나 @, #, % — 등으로 하면 된다. [s: sensor si: easily – 비두자(非頭字) 철자 BNW]

그래서, 원어민들은 자유롭게 영어를 표현하나 우리는 사전의 뜻대로 1 대 1 대입식으로 표현하거나 이해하기 때문에 영어가 어렵게 되는 것이다. 하지만 이제는 걱정할 필요가 없다. BNW와 BAM이 있기 때문이다.

따라서, 영영 사전과 영한 사전에서 그 어렵게 아주 많이 뜻을 제시한 것도 이렇게 간단히 처리할 수 있다. 주안점을 둔 것으로 **특징/특색**이 되고, 신체에 대해 썼다면 신체의 주안점이 되는 것이니 **얼굴 생김새/용모**가 되고, 기사에 대해 썼다면 주안점을 둔 기사이니 **특집기사/대서특필**이 되고, 영화에 대해 썼다면 주안점을 둔 영화로 **특집영화/특별장편 영화**가 되고, 지형에 썼다면 어떤 모양에 촛점을 두거나 (어느 한 부분에) 주안점이 된 것으로 **특별지형/특별지세/특별지형지물**이 된다. 단순한 지형/지세, 단순한 영화, 단순한 생김새가 아니다.

그냥 지형/지세로 뜻풀이 한 영한 사전은 오역이다. a part of the land, an area of land를 오역한 것이다. 원어민들은 전체 중에서 특색이 있는 부분에 주안점을 두고 a part, an area로 표현 한 것이다. 즉 어떤 한 부분/한 구역이라는 의미 속에 주안점이라는 의미가 들어 있다. 일종의 associate이다. **'특별 지형지물'** 이라는 뜻도 그 밑에 있는 예문을 통해서도 충분히 판단이 된다. 그래서 **실제 예문을 통한 실제상황**은 BAM을 잡는 데 아주 유용하다.

BNW와 BAM은 positive**한 뜻**으로 쓰였으면 positive**한 뜻**으로 접근해야 하고, negative**한 뜻**으로 쓰였으면 negative**한 뜻**으로 접근해야 한다 : **PN 단어**
우리말도 같은 현상이 있다. 우리가 '이용하다' 할 때 이 말이 positive하게 쓰이면 활용하다는 뜻이 되고, negative하게 적용되면 이용해 먹는 것으로서 악용하다가 된다.

☆ **영영사전에서 negative하게 표현하는 말 :** disapproving (좋지않게 생각하는 말/경멸적인 말)
offensive (가학적인 말) derogatory (깎아 내리는 말/비어) slang (속어) -- etc.

exploit BAM=바깥으로 갈아 나가는 것으로서 개척하는 것/개발하는 것 **/(잘) 활용하는 것** <-- positive **입장** [ex: out pl: plow it: go — BNW]

그래서, 사전에서는 to use something for advantage로 뜻풀이를 하고 있다.

: We need to make sure that we exploit our resources as fully as possible.

exploit E-BAM=개발을 빌미로 하여 **이용해 먹는 것/등쳐 먹는 것** <-- negative **입장**

그래서, 사전에서는 to use someone or something unfairly for your own advantage로 뜻풀이를 하고 있다 : Laws exist to stop companies exploiting their employees.[=from exploiting]

bimbo [derog slang] [bimbos]

a young woman who is physically attractive, but empty-headed

-- 사전에 이렇게 되어 있으면 negative **입장에서** BNW**와** BAM**을 찾아야 한다.**

bimbo BAM=아름답지만 비어 있는 여자로서 든 게 없는 젊고 이쁜 여자

[b: beautiful b: 비어 있는 것 — BNW]

: He went out with a succession of blonde bimbos.

He picked up some bimbo at the club.

complacency noun

= a feeling of satisfaction with a situation or with what you have achieved, so that you stop trying to improve or change things – used to show <u>disapproval</u>

or <u>disapproving</u> a feeling of calm satisfaction with your own abilities or situation that prevents you from trying harder

-- definition**을 보니 이 단어는** disapproval**한 말이다.**

complacency BAM=갇힌 만족감 표시로서 자기 스스로 흐뭇해 하는 것 /자기 만족인 것/자만심

[c : 갇힌 것 m : 만족(감) p : 표시하는 것 — BNW]

: Doctors have warned against complacency in fighting common diseases.

영영사전에서는 self-satisfied도 disapproval하게 처리하라고 하니 자기만족이 된다.

self-satisfied [noun self-satisfaction]

=too pleased with yourself and what you have done – used to show **disapproval**

: A self-satisfied smile settled on his face. *settled=자리잡고 있었다

militant noun/adj. *somtimes derog*

=무장하여 싸우기를 좋아 하는 사람으로서 호전가/호전적인[전투적인] 것

정상 군인이 아닌 무장인[m: 무장 li: like t: 치고 받고 하는 싸움 or m: armed a: abnormal]

: The disorders were caused by a few militants. A militant speech.

setback도 뒤로 빠진 것으로 측량에 쓰이면 초과거리가 되나 negative로 쓰이면 역행/퇴행이 된다. plot가 positive한 의미로 가면 구상이 되고, negative한 의미가 되면 음모가 된다. 음모도 비밀리에 속이기 위한 것이라면 scheme이다. 그래서 은밀한 사기 사건을 scheme이라 한다.

: Madoff's Ponzi scheme (**다단계 판매의 효시**)

plot=생각을 이리저리 해보는 것으로서 구상/음모 [p: perform t: think]
scheme=모든 움직임에 비밀로 하는 것으로서 음모 [s: secrecy m: moves]

BNW와 BAM을 찾을 때 formal, infml 단어는 그 입장에서 찾아내야 한다.

그래야, 정확한 뉘앙스가 반영될 수 있다. 전자는 **공식적인 말**로 공문서, 의식행사 때 많이 쓰는 문구이며, 후자는 일상생활의 일반적인 문구이다. 우리말도 책머리에 쓰는 글을 권두언으로 표현하면 formal한 한글이 되고, 그냥 머릿말로 표현하면 infml한 한글이 된다.

IIIII.. The old servant fulfilled his master's charge to care for the children.

이 때 charge는 명령에 대한 **공식적인 말**이다. 그래서, 훈련/지령이 되는 것이다.

charge BAM=공식적인 말로서 훈련/지령 [c: 공식적인 말 h: 훈령 g: 지령 — BNW]

: He was charged with taking care of the premises.

원어민 두뇌는 | **BAM만 있지,** (특히 collocation은 있어도) **숙어는 없다** : 숙어값으로는 단어 각각 IS작동 불가

give up=주어버리고 손드는[일어서는] 것/주되 완전히 내놓는 것으로서 포기하는 것/버리는 것 /단념하는 것 /항복하는 것 /양보하는 것 -- 등 : **후자 접근의미=일종의 im-BAM**
[g: 주는 것 up: 손들거나 일어서거나 해당쪽으로 똑바로 하는 것으로서 완전히]
: She has still not given up the search. ↳ 여기서는 give하는 것을 똑바로 하는 것

give up=(에너지를) 주되 끌어올려 주는 것으로서 열창하는 것 : "She gives up."

give in=주고 들어가는 것[숨는 것]으로서 포기[굴복]하는 것 **tip)영뇌=원어민과 같은 느낌으로 이해하는 것**

Sony Pictures : "We have not caved. We have not given in. And we have not backed down." — 북한의 사이버 공격 위협때 한 말

주의] 숙어로 give up을 '포기하다', give in을 '굴복하다'로 무조건 외우지 말고 BAM으로 접근하라. 더구나 포기하다, 굴복하다는 말은 별도로 있다 ⇨ abandon/surrender

: The defense <u>gave up</u> two touchdowns in the first quarter. ↗ im도 BAM, 즉 BNW로 접근하라.

— 포기한 것이 아니다. 주되 완전히 내 준 것이다 : **그냥 뜻하는 의미/숙어로 암기한 자의 위험[≠im-BAM]**

특별 주의]숙어로 외우면 숙어 값으로만 특정 지우는 잘못된 signal를 가질 수 있다.

.. 고난도 감주 : Shehas stillnotgiven upthe search.
↳숙어로 생각하여 givenup으로 붙여 말하기 쉽다.

BNW와 BAM을 찾을 때 *old use* (고어), *lit* (문학적 용어)도 그들 입장에서 찾아내야 한다. 그래야, 단어의 본래의미[원래의미]를 느낄 수 있다.

harlot=n. *old use or lit* a prostitute
harlot BAM=이리 저리 다니면서 인사하고 이야기하면서 즐기는 여자로서 기생(*old use*) / 매춘부(*lit*)
[h : hi rl : 이리저리 서서 다니는 모습 t : talk — BNW (어원분석=harlot: vagabond)]
-- 왕년의 기생과 봄을 파는 여자는 지금의 창녀와 그 질이 다르다.
vs prostitute BAM=몸을 팔기 위해 앞에 나가 서 있는 여자로서 창녀
[pr : pre or pro>opro : 앞으로 s: sell st : stand — BNW
(어원분석=pro: publicly stitute: stand)]
vs whore BAM= *esp. old use or derog*
비도덕적으로 sex 행위를 하는 여자로서 창녀/타락한 여자/정조 관념이 없는 여자
[w : woman h : sexual behaviour e>i : immoral — BNW]

사전에 plural /the로 되어 있다고 해서 항상 그렇게 표현하지 말라.
이 때 -s /the 의미를 BNW와 BAM으로 살펴 보아야 한다.

spirit=(종종 pl.) 주정, 알코올 ; [pl.] 화주(火酒), 독한 술
-- 종종 pl로 표시되었다고 해서 의미도 모르고 그렇게 쓰지 말라.
spirits는 정신이 바짝 바짝 들게하는 술로서 s로 표현한 것이다. 이런 상황으로 쓰일 뿐이지 언제나 그렇게 쓰인다는 것은 아니다. 뜻이 모든 것의 판단의 기준이 된다.

spirits BAM
=정신이 여러번 바짝 바짝 들게하는 술로서 화주[독주]
[spirit : 혼이 박혀 있는 것으로서 정신 s: several — BNW]
: Spirits are more expensive than beer, but they get you drunk faster.
vs Vodka is a type of spirit.
spirit=혼을 빼는 술로서 화주[독주] [spirit : 혼 + 비수 단독표현]
spirit BAM=정신이 내적으로 움직이거나 다니는 것으로서 정신/혼/신기[혼령/영/영혼/영체/영가]
spirit E-BAM=동개념 정신력을 가진 자로서 강한 정신력 소유자
[s : soul i: into t>d: 다니는 것 — BNW (it=go: 어원분석)]
: Team spirit. He was tortured by the secret police, but they could not break his spirit.
She is a strong and independent spirit.
I can't come to your wedding, but I'll be there in spirit.

vs soul=감각/인지 능력[또는 육체와 반대되는 개념]으로서 정신/영혼/넋

[s: sense o: opposite u: 육체(모양)]

: Hardship is good for the soul. (고생은 --- .)

"You don' t care if they cut down that beautiful old tree.

You' ve got no soul!" -- 넋이 나갔다는 표현

In the Christian religion people believe that when you die your soul goes to Heaven.

이때 soul은 인지 정신으로서 인지 영혼을 말한다. 인간이 살아오면서 그 동안 인지하고 식별해 왔던 두뇌 영혼이 가버린다는 뜻이다. (인지능력이 없는) 육체와 반대되는 개념이다.

movie noun [C] mainly US for a cinema film

: My favourite movie is 'Casablanca'.

the movies [plural] mainly US a cinema or group of cinemas

여기에서는 the를 붙였고, 복수로 표현하여 영화관/영화업계/영화산업라는 뜻으로 만들었다. 여러 영화를 상연하는[취급하는] 곳으로 the로 묶은 것이다. 이때 the는 내부적 지정이다. 그래서, 영화관, 영화업계, 영화산업이라는 뜻이 되는 것이다. 만약 내적 the로 묶지 않고 외부적 지정으로 the를 썼다면 그 영화들/그 여러가지 영화가 된다. 문제는 반드시 the movies가 영화관, 영화계, 영화산업이라는 뜻이 아니다는 것이다. 사전에 보통 동사와 함께 쓰인다고 하는 전치사도 그 뜻을 살펴봐야 한다.

: What's on/showing at the movies this week? Shall we go to the movies tonight?

A career in the movies. vs You should have seen the movies.

↗ **BAM은 반드시 4가지 BNW-Sign으로 가져오지 않아도 된다. 그냥 BNW[단어의 고유한 뉘앙스]로 가져와도 된다.**

주체 helper와 객체 helper	**주체와 객체에 의율이 되는 말이 곧 BAM이다.**

Students are in Florida on summer vacation.

vs Our family are in Hawaii on summer vacation.

주체 students와 의율 : 방학 주체 family와 의율 : 휴가 ⇒ su-Helper (↱ subject) tip) sm-Helper (↱ several meanings)

즉, 어떤 장소에 비어 있게 하는 것으로서 학생이 쓰면 방학이되고, 가족이 쓰면 휴가가 된다.

[v: vacant 빈 것 at: 어떤 장소] tip) ex-Helper (↳ example) de-Helper (↳ definition) a-Helper (↳ associate) si-Helper (↳ situation)

co-Helper(co=context)

Close the window. vs Close the umbrella.

객체 window와 의율: 닫는 것 객체 umbrella와 의율: 접는 것 ⇒ ob-Helper (↱ object) tip) po-Helper (↳ position)

[cl: 앞을 가리는 모습 ⇒ c: 둘러서 가리는 모습 l: 내려서 가리는 모습 se: see]

tip)examine : customs officer ⇒ 검사하다 police/prosecutor ⇒ 조사/수사/심문하다

student ⇒ 시험보다 doctor ⇒ 진찰하다 : 이렇게 사용주체에 따라 뜻이 달라지며,

그래서 보통 영어는 **일형태 다의어**라하고, 한글은 **일형태 일의어**라 한다.

BAM 영뇌

the movies BAM

=movies를 외내적으로 지정한 것으로서 그 영화들 /영화관[영화계/영화산업]

[the : 실음 외내적 지정 movie : 영화 s : 취급복수]

tip) 만약 외내적으로 지정하지 않으면 지정느낌없이 그냥 영화들, 영화관, 영화계, 영화산업이라는 뜻이되고, 내적 지정 영화관, 영화계, 영화산업도 외적 지정의미로 가져갈 수 있다. 그러면 그 영화관, 그 영화계, 그 영화산업이라는 뜻이 된다. 취급복수만으로도 영화관, 영화계, 영화산업이라는 뜻이 충분히 될 수 있기 때문이다.

movie BAM= 움직이는 것(들)을 보는 것으로서 영화

[mo : 움직이는 것 v : 보는 것 or mo : motion pictures]

vs film=막과 같은 것이 길게 펼쳐지는 것으로서 필름 /움직이는 것이 길게 펼쳐지는 것으로서 영화 [BrE] [f : 펼쳐지는 것 l : long m : 막 또는 움직이는 것] : What's your favourite film?

➾ film처럼 쭉 움직여 나오니까 미국에서는 속어로 설사를 (the) movies라 한다.

vs picture=painting으로서 그림 /photo로서 사진 [p : painting or photo]

custom=관습, 풍습, 관례, (pl.) 관세, (pl.단수 취급) 세관 -- 복수형 단수취급

-- 사전에 이렇게 뜻이 나와 있을 때 왜 관습일 때는 단독으로 표현하고 관세, 세관일 때는 왜 s를 붙이는지 BAM으로 이해하면 된다.

customs BAM=통관하는 것에 세를 부과하는 것[곳]으로서 관세[세관]

[c : 통관/come t : tax/붙이는 것 s : 일반복수/취급복수]

이 때 통관은 tax와는 달리, 오고 가는 것이 눈앞에 늘 전개되는 것이고, 또한 하나 둘이 아니다. 이런 현상들을 통틀어서 s를 붙였고, 그런 업무들을 관장하는 곳으로서 s를 붙였다. 즉 일반적으로 오고 가는 물건에 대해 세금을 부과하는 것이 관세이고, 그런 업무를 관장하는 곳이 세관이다.

: Have you paid customs (duty) on this camera?

She was stopped at customs and questioned.

customs officials[officers]은 세관에 근무하는 직원으로서 세관원이다. 즉 customs는 세관이라는 조직체이다. 그래서, customs duty하면 세관에서 부과하는 duty가 된다. 즉 세관 관세이다. 바로 관세 의미로 표현하려면 customs로 표현하면 된다. 마치 tuition이 바로 수업료로도 쓰일 수 있고, 교수라는 가르침 의미로도 쓰일 수 있기 때문에 수업료/등록금을 tuition 또는 tuition fee로 표현하는 것과 같다. **후자는 미국인들의 두뇌작동이다.** tip) a customs agent/officer/inspector

사전에서 단어를 찾았을 때 단어의 뜻은 **영영사전** 처럼 개념적으로 정리해 둬라. 영한 사전식으로 형용사를 --한, 부사를 --하게, 동사를 --하다, 명사를 한 개의 단어식으로 외우지 말고 BAM처럼 '-- 하는 것으로서 하는 것[명사]' 으로 **개념적으로 또는 속뜻 풀이식으로 정리해 둬라.** 그러면 해석도 훨씬 자유로와지고 단어의 뜻도 명쾌해진다. 무엇보다도 순서대로 의미를 쉽게 적용시킬 수 있다. 즉 BAM을 Ekbe **또는 영뇌**로 쉽게 가져 갈 수 있다.

tip)단어는 BAM으로 개념적으로 알고 있어야 Ekbe 시동이 쉽게 걸린다.

이렇게 **'-- 하는 것으로서 blah blah'** 로 모두 표현해도 이것이 부사이고, 형용사이고, 명사이고, 동사이고, -- 구분이 가능한 것은 단어철자에서 그 뜻 성격을 알수 있기 때문이다. 그러니 반드시 **영한 사전식 뜻 표기**대로 외울 필요도 없고, 뜻을 이렇게 정리해 둬도 걱정할 필요가 없다.

어차피 영어는 **설명해 나가는 두뇌**로 움직이기 때문에 영한 사전식 표기법대로 뜻을 대입시켜 해석[이해]하는 것은 아니다. **설명해 나가는 두뇌로 단어의 뜻을 해석[이해]하는 것이다.** 이것이 바로 원어민이 알고 있는 단어의 본래의미[원래의미]이기 때문이다. 그래서 버그단어는 BAM에 항상 설가 값이 들어가야 한다. 영한 사전의 뜻은 한뇌, 즉 한글기준으로 뜻을 밝힌 것에 불과하다.

형용사는 대개 질(성격 포함), 상태를 의미하고, **부사**는 양태, 방법, 정도, 시기, 장소, 이유 -- 등을 의미하고, 명사는 질, 상태, 행위 -- 등을 의미하고, **동사**는 상[state], 아니면 동[move]으로 되어 있고, **전치사**는 정동 또는 직간상으로 되어 있다. 이런 뜻 성격을 단어철자에서 다 느 낄 수 있다.

명사를 quality(질), state(상태), act(행위) -- 등으로 **영영사전**에서는 속뜻풀이 식으로 뜻풀이를 하고 있고, **영한사전**은 한글구조에 맞게 그냥 하나의 단어로 표현하고 있는 데 영영 사전식으로 알고 있는 게 훨씬 낫다. 그래서 **명사도 BAM으로 '-- 하는 것으로서 명사' 로 표현해서 개념을 잡아 두는 게 좋다. 동사, 형용사, 부사, 전치사, 접속사도 BAM 표현으로 이해한다.** 특히 **영한사전**에서는 동사 /형용사 /부사 /전치사 /종속접속사를 한뇌, 즉 한글구조에 맞게 표현하고 있는 데 Ekbe 또는 영뇌를 쉽게 발생시키려면 BAM으로 정리해 두는 게 좋다.

다만 단어철자에서 **품사구분**이 잘 되지 않은 단어는 사전을 찾았을 때 **제시한 품사를 염두에 두고 단어의 뜻을 BAM으로 정리해 두면 된다.** tip)단어를 개념적으로 알고 있으면 해석뇌로 가지않는다. 마치 우리말을 사전을 통해서 이해하는 것과 같다. 1대 1 대응식 한글구조에 맞는 뜻은 쉽게 해석뇌를 작동시킨다.

BNW가	**많이 반영된** BAM 찾기 -- 이런 BAM이 없을 때만 im-BAM으로 시동을 건다.

사전의 뜻 : gut=verb ① to remove the internal organs from (a fish or an animal)
: The salmon is already gutted and filleted.
② to destroy the inside of (a structure) : Fire gutted the building.

gut BAM=속에 있는 기관들을 들어내어는 것으로서 내장을 들어내어 제거하는 것
[g: 기관 u: 속모습 t: take 치우는 것 —〉 들어내는 것 : BNW]

▸ gut BNW와 BAM이 이렇기 때문에 ①번 뜻은 bnw-BAM과 (완전) 일치하여 단어 본래의미가 되나, ②번 뜻은 그대로 가져가면 그냥[단순한] 뜻하는 의미[just-IM}가 된다. 그래서 gutted를 BNW가 많이 반영된 BAM[bnw-BAM]으로 가져가면 '내부를 완전히 들어냈다' 가 되어 단어 본래의미가 된다.
사전의 뜻이라고 해서 단어 본래의미가 되는 것은 아니다. (bnw-BAM=BNW 그대로/많이 반영된 BAM)

▸ The plan is going to gut net neutrality. 대동 파괴할 것이다 ⇒ 이 문맥에서는 ②번 뜻을 im-BAM으로 시동을 걸 수 밖에 없다. ↳BNW를 바탕으로 한 IM

tip)원어민이 알고있는 의미=단어 본래의미(bnw-BAM/im-BAM) ∴ 이렇게 이해하는 것이 우선

↗실제로 (BNW를 바탕으로) 어떤 뜻으로 적용되었는 가를 알아내는 기술

4 BAM 영뇌 실전

IIIII.. "It was 65 feet, downhill, with a double break. In the hole for one under."

| Free 감주 간직하기 + 我必 Free 감주 간직하기

↳65 feet, downhill, but in the hole.

시동

=거리는 되었지요, 65 피트나 되었고, 내리막 경사이고요, 그리고 거기에다가 갖추고 있었지요, 이중 브렉까지 말이다. 결국 들어 갔는데 홀안으로 빨려 들어갔지요, 그리하여 원 언더가 되었어요. /-- 경사였고, 동자 이중 브렉도 있었어요. 하지만 내자 홀로 들어가서 해자 -- 가 되었어요.

동자[with]할때 동존추가 대상이 보이면 된다 : S영뇌

it= '이ㅌ' 하고 탁 멈추는 음가로서 중음가, 중음가 지정으로서 situation 'it' : distance를 지칭함 [i: '이' 음가 t: 탁 멈추는 것]

with=동존추가와 그 대상으로서 거기에다가 갖추고 있는 것/동자 -- 도 있는 것 [w: v + v 함께하는 모습 i: is t: things]

in=내로 들어가는 것[입작동]과 그 대상으로서 안으로 들어가는 것/내자 -- 들어가는 것 [n: 내(内) + i 〉 -· : 들어가는 모습] ※하지만=문맥 associate

for=해당결과와 그 대상으로서 그리하여 /해자 [f: 해당사항]

IIIII.. As investigators sifted through the wreckage of the Polish leaders' plane, officials were asking why the pilot attempted to land in thick fog after being warned not to by air traffic control. | Free 감주 간직하기 + 我必 Free 감주 간직하기

The pilot warned not to land in thick fog.↲

시동

=바로 이 때[동자], 즉 수사관[조사관]들이 골라 끄집어 내었을 때, 파편 즉 폴란드 지도자들을 태운 비행기의 파편 조각을 끄집어 내었을 그때 관리들은 하고 있었는데, 즉 묻고 있었다. 왜 파이로트가 시도를 했는지 대동 착륙하는 것을 속에서[내자] 짙은 안개 속에서 시도했는지 묻고 있었다. 그 전에 [전동(前動)이] 이미 있었는 데 경고를 받은 것이 있었는 데, 하지 말라는 (대동) 그렇게 하지 말라는 경고를 행자(行者) 관제탑에 의해서 받은 일이 있었는데도 불구하고 말이다.

as=동급시기 종맥과 그 실체로서 바로 이때/동자 (즉) -- 때 -- (그 때에)
[a: apposition 나란히 놓는 것 s: same]

sifted=sift 실제과거로서 골라 냈던 것 [sift + ed: 과음가 or (e: 조율음) d: did]

sift=(체로) 쏵쏵 흔들면 안에 있던 것이 떨어져 나오는 것으로서 걸러내는 것/골라내는 것
[s 〉 ~ : 쏵쏵 흔드는 모습 i: in f: fall t: things + no 's' 원형 자체의미]

tip)결국 영뇌=bnw-BAM 또는 im-BAM이 IS로 변한 것

☞.. 이해는 (언어에 대한 basics를 알았디면) 최종적으로 단어의 최종적인 뜻인 감주로 이해한다.

sifted through=골라서 끄집어 낸 것

through=통과로서 끄집어 내는 것 [thr: 쏵 빠져 나가거나 나오는 것 또는 그런 모습 이런 것으로서 통과]

tip)In September, they will visit Sicily. Then in October, they will bicycle in northern Italy. In the early November, they will travel through France. By the late November, they hope to be in Paris.

-- 통과 시작점을 기준으로 하면 빠져 나가는 것이 되고 이것을 통과후 지점에서 바라다 보면 빠져 나오는 것이 된다. 그래서 여기서 travel through는 쭉 타고서 빠져나와 들어간다는 말이다. *들어간다=단어 associate=through associate

In the early November=early November 초, 즉 11월 초 ↳즉 전치사 associate

cf]earlier November 일찍감치 초, 즉 11월 초

earlier morning 일찍감치, 즉 아침[오전] 일찍감치 : earlier this day

vs early Morning 일찍, 즉 아침[오전] 일찍 /이른 아침[오전][=in the early --]

were asking=(하고) 있었는데 즉 묻고 있었다. were=발생존재로서 (하고) 있었던 것

after=무언가 한 후에 일어나는 것과 그 대상이 동사인 것으로 그 전에/전동 -- 있었던 것 [f: following or a: 먼저 글자로서 먼저 일어나는 것]

not to =하지 말라고, 즉/대동 그렇게 하지말라고

to=원동사 연결로서 (대동) 그렇게 하는 것 -- 원동사=land

↳본동사의미 연결

IIIII.. Long history
at Toyota of dragging on safety issues

Fixes were made quietly, without warning issued
for cars still on the road --------------------

| Free 감주 간직하기 + 我必 Free 감주 간직하기

시동=긴 내력이 있었는 데, 즉[직자] 토요다에서, 즉 질질 끌어 온 것, 관해서[상자] 안전 문제에 관해서 질질 끌어 온 것이 있었다. -- 여러번 고치는 일도 있었는 데, 실시가 된 것으로, 은밀히 실시가 된 것으로 말이다. 즉 없이[무자] 경고, 발표된 경고도 없이 실시되었고, 그리고 해자 자동차들은 여전히 상소, 도로 상소에서[상자 도로에서] 달리고 있어요. *밑줄=문맥 associate

history=이야기가 숨겨져 있는 것으로서 역사/내력 [h: hidden story: 이야기]

dragging =동사사실, 즉 하는 사실를 한 것으로서 질질 끌어 온 것 [drag+ing: 하는 사실]

drag =걸거나 붙잡혀 질질 끌려 가는 것으로서 질질 끄는 것 [d: 질질(구개음화)
r: 끄는 모습 a: 걸어 매거나 붙잡은 모습 g: go + no 's' 원형 자체의미]
warning=명사 issued=관계과분사(로서 피동의미) made=일반과분사(로서 피동의미)
for =해당대상으로서 해자/해당
: He has ordered an official investigation into the crash, and for rescue teams to be sent to the crash site.
시동=가지고 있는데 명령한 사실을 가지고 있다. --- 그리고 또한 해당 구조팀이 대동되도록 파견되도록 대처 그 추락 (사고) 지역에 말이다.
만약 for를 써지 않으면 그냥 구조팀이 된다. [=and rescue teams to be]

IIIII.. Along Mekong,
short on water and trust

BANKOK | Free 감주 간직하기 + 我必 Free 감주 간직하기

시동=쭉따라/측추자, 메콩강을 따라, 부족함이 놓여 있어요, 물과 신뢰에 말이다.
/ --- , 부족함이 상자 물과 신뢰 상에 있어요.

along=측추와 그 대상 ⇒ 쭉따라/측추자(側追者) — 을 따라
short=적어 딸리는 것으로서 부족한 것/모자라는 것 [s: small rt>tr: 딸리는 것(경음화)]
vs scarce=극히 적은 것으로서 아주 부족한 것/아주 모자라는 것 [s: small c>k>ㄱ: 극히]
vs lack=요구할 정도로 충분히 없는 것으로서 부족한 것/모자라는 것
[l: 없어서 일어서거나 손을 드는 모습 a : ask ck>ch : 충분한 것]

add]night=빛이 없는 것으로서 밤 [n: not ight: light]
vs light=한 줄기로 쫙 뻗어 가는 것으로서 빛 [l: 한 줄기로 뻗치는 모습 g: go]

on=위에 있는 것과 그 대상으로서 놓여져 있는 것/상자 -- 상에 : **정개념** short /on=B-->E

IIIII.. "Everyone's invited except me. "
"Who cares?" | Free 감주 간직하기 + 我必 Free 감주 간직하기

시동=누가 돌보기나 하겠어/관심이나 가져 주겠어? : **완전번역** //누가 아니래? : **대체번역**
cares=[care+s: sigular s] care=[c: check or a: attention]
except=제외와 그 대상 ⇒ 제외하고/외자 -- 을 제외하고

IIIII.. **Our deluge,**
drop by drop

\-\-\-\-\-\-\-\-\-\-

Meanwhile

\-

NASHVILLE, TENNESSEE
A flood is in the beginning,
only rain, neither as sudden as an earthquake nor as imperative as fire.

| Free 감주 간직하기 + 我必 Free 감주 간직하기

시동=우리의 대홍수는 한 방울씩 한 방울씩 모여 생긴다.

-- 한편 --

어떤 한 홍수도 내자 처음에는 단지 비에 불과하다. 원인이 이 쪽도 아니다. 즉 갑자기, 처럼[동자] 지진처럼 일어나는 것도 아니고, 또한 이런 쪽도 아니다. 즉 긴급하게, 처럼[동자] 화재처럼 발생하는 것도 아니다.

➾ 일반적인 대홍수 현상을 말하고 있다. 그래서 이 기사는 충분히 대비할 수 있다고 전하고 있다.

deluge=장대비가 내려 모든 것이 잠기고 파괴되는 것으로서 대홍수/대범람/호우
[d: destroyed l 〉| : 장대비가 내리는 모습 g: 잠기는 것]

by=옆만큼으로서 차이 ⇨ 시간차를 두고 일어나는 것으로서 계속 ⇨ 계속 반복으로서 씩
meanwhile=중간에 잠시 시간을 돌리는 것으로서 한편/그런데
[mean: 중간 while: a short time]

is=동질연결로서 '도' in=내범위 대상으로서 내자 : in the morning 내자 아침에/오전에
rain=지구에 담기는 쭉 내리는 물로서 비
[r 〉ㄴ : 쭉 내리는 물(모습) in: 지구 안으로 담기는 것]

imperative=결코 피할 수 없어 빨리 달려가야 할 것으로서 긴급한 것/긴박한 것/절박한 것
[im: never p: 피하는 것 r: run tive: 질 형용사 suffix ∴ 영한사전식으로 형용사를 '— 한' 으로 표현하지 않아도 단어철자에서 바로 형용사임을 판단가능]
└→ im=i: 박혀 있는 모습 m: move
➾ 움직이지 못하고 박혀 있는 것으로서 결코 하지 못하는 것/불가능한 것
/결코 피할 수 없는 것으로서 필수적인 것[절대적으로 필요한 것]
[im: never p: 피하는 것 tive: 질 형용사]

/결코 피하지 말고 빨리 하라는 것으로서 명령법인 것[명령적인 것]
[im: never p: 피하는 것 r: run tive: 질 형용사]

neither=어느 쪽도 아니거나 이쪽도 아닌 것
[n: not either: 어느 한쪽으로서 이쪽인 것] : You may sit at either end of the table.
nor=아니면/또는 아닌 것으로서 또한 이쪽도 아닌 것 [n: not or: 아니면/또는]

neither -- nor -- =이 쪽도 아니고, --또한 이 쪽도 아니다
/어느 쪽도 아니다. -- 도 또한 -- 도 말이다 : I am neither happy nor unhappy.
as=동급으로서 동급정도, 동급정도로서 즉[같은 정도로]
/동급으로서 동급비교, 동급비교와 그 대상으로서 처럼/동자
[a: apposition 병렬/병치 s : same]

IIIII.. Death Notice :

It is with great sadness that we would like to announce the death of Princess Bonnie. | Free 감주 간직하기 + 我必 Free 감주 간직하기

↳It is our great sadness that we announce the death of Princess.

시동

=부고(訃告 obituary) :

그것은 갖게 하는 데 정말로 슬픈 마음을 갖게 한다. 즉 우리가 하고자 하니, 즉 받아 들이고자 하니 대동 발표하는 것, 죽음, 즉 왕비 보니의 죽음을 발표하는 것을 받아 들이고자 하니 말이다.

/그렇게 하고자 하니 동자 정말로 슬픈 마음이 생긴다. 즉 우리가 하고자 하니, 즉 받아 들이고자 하니 대동 발표하는 것, 죽음, 즉 왕비 보니의 죽음을 발표하는 것을 받아 들이고자 하니 말이다.

it=referring forward, 즉 선it으로서 referent=that부터
is=동질연결로서 '은' /발생으로서 '하고자 하니' ⇒ **동질동사/동동사**
with=동존 소유로서 갖게 하는 것/동존발생 대상으로서 동자 -- 이 생기는 것

would=의향/원함 주체성발생 정생각으로서 하겠다는 것/하고 싶다는 것
[w: v(발생) + we(주체) + v(체크표시로서 하겠다는 것/w:want) d: did+decide 정과거]

like= '좋다' 는 것으로서 ok[받아들이는 것/승인/인정]/원하는 것[want]
-- 우리말 '그래도 좋다' 할 때 '좋다' 가 바로 ok이다.
[l: 쫙 빠진 것으로서 좋은 것 k: ok]

plus] I would like coffee.
시동=나는 하겠어요, ok를 커피에 말이다/나는 하고(의향) 싶어요(원함), 커피로 말이다.
/나는 하고 싶어요, ok를 커피에 말이다 [would=의향/원함 like=ok/want]
tip) wish=want의 formal E : 정말로 하고 싶어요[=love : would love]
/소원[소망/기원] 하는 것

I would like you to come.
시동=나는 하고 싶어요, ok를, 네가 오는 것에 말이다.
/나는 하기를 원해요, 네가 오기를 말이다.

add] He's very well-liked (= popular) at work.
시동=그는 아주 잘 호(好)를 받고 있다. 즉 일에서 말이다.
▸ 사전에서 popular(인기가 좋은 것) 뜻이 있다는 것은 **뜻하는 의미**이지,
단어 **본래의미[원래의미]**는 아니다.

How do you like this food?
▸ 이때 like=좋은 가로서 **의견개진** /좋아 하느냐로서 **감정표출**
시동=어떻게 당신은 좋은 가, 이 food가 말이다[어떤가, ---]?
/얼마나 당신은 좋아하지, 이 food에 대해서 말이다?
[얼마나 되지,네가 좋아하는 것인데 --- ?]

"Shall we eat Italian tonight?"
"Yes, why not?"

| Free 감주 간직하기 + 我必 Free 감주 간직하기
시동= "일어나게 할까요, 우리들로 하여금 먹는 것인데 이태리식 요리로 오늘 밤에 말이야?"
"그래요 이유가, 못할 이유가 있나요?"

이럴 때, 선생들은 숙어로 why not를 of course, certainly, sure -- 등등으로 가르친다. 이것은 어디까지나 **뜻하는 의미**이지 **단어 본래의미[원래의미]**가 아님에 유의하라.
▸ why not
=이유가, 못할 이유가 있나요/왜 안하겠어/왜 못하겠어로서 of course, certainly, sure
⇒ agreement 동의/동감

shall=사발생으로서 하여금 일어나는 것 [hl: happen+let l: 래來 + no'd' 현생각]
Italian=infml E로서 이태리 요리(점)

vs "Shall we eat Italian tonight?"

"No" "Why not?" | Free 감주 간직하기 + 我必 Free 감주 간직하기

시동=이유가 뭐야, 못하는 이유가 뭐야? /왜 못하지? ➾ why not ⇒ reason 이유

why=이유를 묻는 것으로서 이유가 뭐야/이유가/왜

[w: 묻는 것(= ~↗) wy〉yw: 이유]

vs Why not use my car?

Why don't you buy a new pair of blue jeans?

| Free 감주 간직하기+我必 Free 감주 간직하기

시동= 뭐 하지 않겠니, 사용하는 것인데 내차를 말이야? : suggestion 감정

or 왜 하지 않느냐, 사용하는 것인데 내차를 말이야? : reason

/뭐 하지 않겠니, 네가 사는 것인데 새 한 벌, 즉 청바지 새 한 벌을 말이야? : suggestion 감정

or 왜 하지 않느냐, ------ ? : reason ※어찌 되었던 간에로서 '뭐'

why=이유감정으로서 감정부사//감탄부사 ※어찌 되었던 간에/어쩐 일인고=이유감정

즉 이유 감정으로서 suggestion/surprise/anger 감정

: 뭐[어머 /아니 /이런 /아] //이 얼마나 놀라운 사실인가 : **감정어**

[w : 생각하는 모양으로서 suggestion 감정

놀라는 모양으로서 surprise 감정 또는 화나는 모양으로서 anger 감정]

⇒ surprise 감정 : Why, it's you! 아! 바로 너구나! ※어쩐 일인고로서 '아/아니/이런 -- 등'

"Would you like another drink?" "Why, yes. Thank you." 아니, 진짜지.

Why your world! 이 얼마나 놀라운 사실인가, 여러분의 세계가 말이다!

anger 감정 /reason : Why, I am wrong! 이런/왜, 내가 틀렸다는 거야!

caution] suggestion (제의) 감정일 때 '-- 하는 것이 어때?' 라고 외우지 말라.

'-- 하는 것이 어때?' 는 'How do you think?' or 'How about?' 라는 표현이

따로 있기 때문이다 ➾ How (do you think) about using my car?

more ☞ 영뇌영어 vol 1 p110

⇒ 이상과 같이 why는 문맥/쓰인 상황에 따라 agreement, reason, emotion을 나타낸다 : **si-Helper**

↳**전자**=co-Helper **후자**=ba-Helper (co=context ba=background)

tip) what=**대상과 감정어로 사용** how=**방법과 감정어로 사용** why=**이유와 감정어로 사용**

전자=대상감정으로서 감정부사/감탄부사 **중자**=방법감정으로서 감정부사(어떻게)/감탄부사(얼마나)

말자=이유감정으로서 감정부사(뭐, 아니, -- 등) /감탄부사(이 얼마나 놀라운 사실인가)

IIIII.. "I had a row with my sister and now she's refusing to talk to me."
"Well, that's a fine how do you do!"

| Free 감주 간직하기 + 我必 Free 감주 간직하기

시동

="나는 가졌다. 한 바탕 소동[입씨름/말다툼]을 함께 나의 동생과 함께 말이다. 그래서, 지금 그 여자는 있어요, 거절하고 있어요. 이야기 하기를 대자 나에게 말이다."

"음~, 그런 것이 좋은 데 어떻게 니가 하겠어[어떻게 하겠어, 니가 말이다/뾰족한 수가 있겠어]!" : **완전번역** / "음~ 그렇게 하는 것은 좋으나 너는 걱정이 많이 되겠지!" : **이면번역**

row=으르렁 거리며 벌이고 벌이는 싸움으로서 소동/입씨름/말다툼(noisy quarrel)
[r: roar w>v+v: 벌이고 벌이는 것]

사전 뜻 : how do you do=a difficult, worrying and unpleasant situation
어렵고 걱정되는 불쾌한 상황 -- 사전의 뜻대로 시동을 걸면 **이면번역**이 된다.

▶ how=감정어로서 감탄부사/감정부사 : 얼마나/어떻게
: How do you do? 얼마나 좋은 가, 당신도 이렇게 하니까로서 '처음 뵙겠습니다'
vs Nice to see[meet] you. 좋은데 대동 만나 봐서[만나서] 좋은 것으로서 '처음 뵙겠습니다'
"Daddy finger, daddy finger, Where are you?"
"Here I am. Here I am. How do you do?" (이제) 어떻하지?

cf] how=감정부사 -- 어떻게 /감탄부사 -- 얼마나 : How swift!
what=감정부사 -- 뭐 : What, I have nothing. ↗즉 감탄부사 associate
/감탄부사 -- 얼마나 (이쁜가) : What a bride! 이쁜가=감탄부사의 단어 associate

more) 1. well= '음~첨가어' 로서 그럼 so= '그래서' 로서 그럼 : Well/So, good-bye.
You know what?= '너는 알고 있는데 무언가 알고 있지' 로서 '있잖아요?'
2. How are you? 어떠세요/어떻게 지내세요? : 근황을 묻는 말이지 감정어가 아님

IIIII.. **Face-off persists on king's day**

BANGKOK

Thai monarch marks anniversary as protesters hold fast to occupation.

BY THOMAS FULLER | Free 감주 간직하기 + 我必 Free 감주 간직하기

BAM 영뇌

시동=대치상태가 모질게 지속되고 있다. 상일, king's day 상일에도 말이다[상자 king's day에도 말이다]. --- 방콕 --- 태국 군주는 기념하고 있고, 기념일을 기념하고 있고, 아울러 시위자들도 개최하고 있는 데 빠르게 즉 [대자] 점령하여 개최하고 있다. ---------
이렇게 보도한 기자는 Thomas Fuller이다.

face-off=얼굴을 서로 마주보고 떨어져 있는 상황으로서 대치/대결 상태(confrontation)
persists=지속현재로서 끈질기게 지속하는 것 [persist + s: singular 's' 지속현재]

persist=통과될 때까지 계속하고 계속하는 것으로서 끈질기게 지속하는 것/고집하는 것
[p: pass s/s: series+series + no 's' 원형 자체의미]

on=달력 위 날짜와 그 대상으로서 상일(上日)/상자 -- 에
monarch=모든 것을 통제할 수 있는 사람으로서 군주 [m: 모든 것 c: control]
as=동급으로서 동시상항, 동시상황 등맥으로서 아울러/동시에/또한 다른 한편
to=방향 대상으로 즉/대자
by=행위 실체로서 쓴 사람/보도자 -- 등등

IIIII.. **Luxury carmakers pull out all the stops**
to woo free-spending Chinese

BEIJING

Sales in the No. 1 market
are surging as they sag in some other regions.

BY ANITA CHANG | Free 감주 간직하기 + 我必 Free 감주 간직하기

시동=고급차 메이커들은 끄집어 냈어요[내고 있어요], 몽땅 숨겨 둔 것을, 대동 구애하려고 부담없이 써대는 중국인들을 구애하려고 말이다. -- 베이징 -- 판매량, 내소, No. 1 시장 내소에서의 판매량은 있는데 급증하고 있고[내자, No. 1 시장에서의 판매량은 --], 또한 다른 한편 그것들은 축쳐져 있다. 내소, 일부 다른 지역 내소에서는 축쳐져 있다[내자, 일부 다른 지역에서는 축쳐져 있다].

*penny-pinching Asians and free-spending Americans
푼돈에도 벌벌 떠는 아시아인들과 마구 써대는 미국인들

all the stops=몽땅 숨겨 둔 것을 다 : **완전번역**
/(지니고 있는) 그 모든 수단 : **이면번역**
stops=진행하려다 잠시 중단시켜 놓은 것들로서 숨겨 둔 것들
/숨겨 둔 것들로서 지니고 있는 수단들
pull=당기는 것으로서 끄집어 내는 것 out=밖으로 내는 것으로서 내는 것

IIIII.. **North assassins foiled in bid to kill top defector**

Trained in China, posed as refugees
to murder Kim's ex-mentor Hwang

| Free 감주 간직하기 + 我必 Free 감주 간직하기

시동=북한 암살자들은 접게 되었다. 했지만[내자], 시도, 즉[대동] 죽이려고 시도 했지만 최고위층 망명자에게 말이다. 훈련은 내소[내자] 중국 내소에서 받았고, 자세를 취하면서, 마치[동자] 난민처럼 자세를 취하면서 대동 살해하려고 했다. 김일성의 전 맨토였던 황장엽씨를 말이다[자세를 취하면서, 즉 난민인체 자세를 취하면서 --]. kill/murder=과거 속에서의 미래 본동사의미 : 과거미래

foiled=접게 되었다 : **완전번역** //좌절되었다/허사가 되어 버렸다 : **이면번역**
[foil + ed: (피동) event 음가 or (e: 조율음) d: done 피동의미 : He given a gift.: infml E]
foil=나쁜 것을 접게하는 것으로서 좌절 시키는 것/ 헛되게 하는 것
[f: fold il: ill 나쁜 것 + no 's' 원형 자체의미]
in=입작동과 그 대상으로서 했지만/내자 -- 했지만 as=동급비교와 그 대상으로서 마치/동자[즉]

영어는	BAM 영뇌와 associate 영뇌가 형성되어 있지 않으면 이해하기가 어렵다.

God said to Moses, "I am who I Am. So say to the Israelites, 'I Am has sent me to you.'"

I Am=내 상태존재로서 내 스스로 존재하는 자 send=이쪽에서 저쪽으로 보내는 것으로서 파견하는 것/내려주는 것/전하는 것[s)~ : 이쪽에서 저쪽으로 보내는 모습] me=단어 associate로서 내 뜻/자기 뜻[내 말/자기 말] am=동질 연결로서 '는' to=방향대상으로서 대자 — 에게

시동=하나님은 말했는데 대자 모세에게 말했는데 나는 누구냐 하면 내 스스로 존재하는 자이니라, 그래서, 가서 말하라. 대자 이스라엘 백성에게 내 스스로 존재자가 가지고 있다고, 전한 사실[내리다 준 것]을 자기 뜻을 대자 너에게[모세에게] 전한 사실[내리다 준 것]을 가지고 있다고 말이다.

주의] 1. 각종 성경책에서 me를 moses, you를 Israelites로 번역한 것은 이 표현의 뜻하는 의미[IM]이다.
2. 다른 절에서는 따옴표를 제거한 표현도 많다. 그러면 직접화법이 묘출화법[묘출표현]으로 된다.

plus] 1. 영어는 단문이더라도 접속사를 써지 않더라도 반대, 이유, 조건 — 등이 나올 수 있다.
영어는 (문맥/단어/상황/콤머) associate로 기/설[설가] 문맥이 흘러가기 있기 때문이다.

❶ I tried my best only to fail.
시동=노력을 했는데 최선을 다해 노력을 했는데 하지만 오로지 대동 그때 실패만 했어.

❷ No more Qadhafi is out[killed].
시동=더 이상 카다피는 없다. 되었기 때문에 out되었기[살해되었기] 때문에 말이다.

❸ Together we are stronger. 시동=함께하면 우리는 되는 데, 더 강해진다는 것이다.

2. **최종적인 영뇌=감주 IS 영뇌 :**

감각적 주파수로 이해하면 자동 설가로 저절로 이해[IS]가 발생한다.
감각적 주파수는 순전히 영어 중심으로 이해하는 것이지 한글해석 느낌으로 이해하는 것이 아니다. 따라서 부분부분 free 영뇌가 감각적 주파수로 읽혀져야 하고,
영어 말[읽기]의 원리를 감각적 주파수에서 찾아야 한다.

3. **감각적 주파수와 단주 연속음은 다르다.**
전자는 한 단어처럼 뒷말과 말하는 것이고, 후자는 약간 떨어지면서 뒷말과 말하는 것이다.
감주 연속음[감주+감주]도 감주 끼리 약간 떨어지면서 뒷말과 말하는 것이다.

4. **영어가 모국어처럼 느껴지는 경지 :**
영어도 감주 IS 영뇌가 되면 감주 일상적인 말이 된다. 새롭게 늘 공부하는 영어가 되는 것이 아니라, 우리말 처럼 늘 그냥 일상적인 말로 다가와야 된다. 특히 영뇌청취로 영어가 들리면 영어는 쉽게 일상적인 말로 다가온다. 감주 일상적인 말은 IS영뇌의 최종적인 단계이자, 최고의 수준이다.

5. **I영뇌의 실제상황과 s영뇌의 실제상황은 다르다.**
전자는 글자자체/말[소리]자체 속에 실제상황이 뜻으로 용해된 것이고, 후자는 용해되지 않고 앞방으로 보이는 것이다. 그래서, I영뇌는 글자자체/말[소리]자체가 바로 뜻으로 작동하고, I영뇌가 돼야 영어도 모국어가 된다.

6. **영어도 상형문자이자 소리글자이다.** 모양으로 뜻을 느낄 수 있을 뿐만이 아니라, 과음가와 event음가, 외적음가, 내적음가, 근음가, 비근음가, 중음가처럼 소리에서 바로 뜻을 느낄 수 있다.
예: the=실음 외내적 음가 this=실음 근음가 that=실음 비근음가
it=실음 중음가 she/he/you=실음 외적음가

머리가 좋다는 것=의양두뇌 인지를 잘하는 것

영뇌 상급자의 BEST 이해법

(뇌화된 D두뇌 하에서 ↗Double 두뇌로 집중된 머리=명상머리) 특히 major 감주 또는 아필 감주로 의음 또는 의자[의양두뇌 인지]로) free 영뇌, 즉 free 감주로 감을 잡는다 : **천재들의 두뇌** ↗**영어자체로 (무한글 이해) 느낌이 오는 것** 이해한다.

tip)free 영뇌는 생활 속에서의 뜻이지 사전 속에서의 뜻이 아니다. 즉 사전의 원형적인 뜻이 아니라 실제로 적용된 뜻이다. 사전의 뜻은 free 영뇌의 뜻을 원형적으로 적어 놓았을 뿐이다. 단어의 뜻은 생활 속에서의 뜻이 반영되어야 한다. free 영뇌는 보이는 대로 들리는 대로 생활 속에서의 뜻으로 IS가 작동하는 것이다.

천재들은 모든 것에 대해 의양두뇌 인지로 두뇌세포가 (나보다) 먼저 인지한다.
우리가 공부하는 것도 의양두뇌 인지를 위한 것이다.

2 F 영뇌(F NB)

실제말, 즉 본토말

5 F영뇌와 vocal 주파수 종류 : 영어는 리듬언어다.

여기서 영어말투를 익혀라.

F영뇌는 vocal 영어주파수, 특히 vocal 감주로 듣고, vocal 감주로 말하는 것, 쉽게 말해서 영어말투[영어리듬]로 듣고, 영어말투[영어리듬]로 말하는 뇌이다. 영어주파수는 한글주파수와 다르다. 전자는 (목에 의해 소리본체에) 음색 고저장단음이 한꺼번에 움직이는 음파이고, 후자는 (입 또는 목에 의해) 고저가 분명하지 않고 장단도 없이 고르게 움직이는 음파이다. 그래서, 영어주파수를 리듬음[사선음/곡선음]이라 하고, 한글주파수를 평음[직선음]이라 한다. 따라서 영어가 듣기가 더 어렵다. 구체적으로 말하면 영어주파수는 배 힘을 이용하여 목으로 만들면서 성대가 울리고 공명이 일어나는 음파, 즉 vocal 주파수이다. (F=Frequency of English 음색[timbre]=각자가 가지고 있는 고유한 고저장단음 ⇒ 고음=고단음/고장음 저음=저단음/저장음) 음 색깔

요컨데 현장의 소리로 목으로 만드는 소리파동[음파]

표현되었을 때의 소리로 전달의미가 들어간 소리

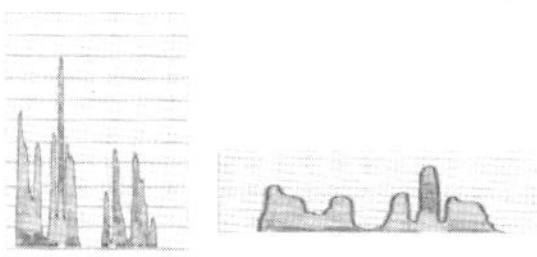

영어주파수 한글주파수

영어 주파수는 악센트 소리와는 달리 소리를 파악하기에 아주 좋다. 소리를 한 눈에 볼 수 있고, 영어다운 소리를 쉽게 낼 수 있고, 소리를 쉽게 기억시킬 수 있다. 영어소리는 **노래와 같으니** 항상 영어주파수, 특히 vocal 감주로 뇌화되어 있어야 한다. 그러면 읽기도 가능해진다.

tip]F영뇌=의군일 때는 감각적 주파수가 된다. 즉 단어주파수가 합쳐진 것이다. 따라서 F영뇌에서는 단주 외에 감주 훈련도 함께 해야 한다. 이다. 주의]단주도 뒷말과 말하기 때문에 광의로는 감주에 속한다.

▦ 소리본체와 영뇌소리를 내는 법 : 삼음가를 알면 미국 사람이 말하든 영국 사람이 말하든 호주 사람이 말하든 누가 말하든 방언까지도 다 알아 들을 수 있다. 영어소리는 vocal 감주로서 발음기호에서 나오는 것이 아니라, 영어단어 철자에서 나온다. 그래서 **소리본체는 영어단어 철자이지 발음기호가 아니다.** 사전의 발음기호는 이렇게 나오는 소리를 기호로 나타냈을 뿐이다. 사전마다 발음기호가 다른 이유도 여기에 있다. 마치 의성어와 고유명사를 표기할 때 영어단어 철자로 표기하지 발음기호로 표기하지 않는 것과 같다. 그래서 발음기호는 근원지 소리의 결과물로서 참고용으로 활용할 뿐이다.

↱의성어 뿐만이 아니라 고유명사도 삼음가 원리로 만들지 발음기호로 만들지 않는다.

: Honk, Honk /Beep Beep -- 자동차 경적소리 Oink, Oink -- 돼지 울음 소리

word=a sound or combination of sounds that has a meaning

: Webster Dictionary -- 단어가 곧 뜻을 가진 소리이다. 그래서, 영어단어가 곧 소리본체이다.

tip)**영어에서의 vocal음**= (배 힘을 이용해) 입 뒷쪽 목으로 만들면서 성대 진동과 입천정 공명이 발생하는 음 ⇒ 목으로 고저장단음으로 내 뿜어니 소리에 에너지가 생긴다. 청취시 S두뇌에서는 이런 에너지에 져야 vocal 음과 감주를 쉽게 느낄 수 있다.

따라서, 우리는 영어단어를 보고 소리를 내는 버릇을 길러야 하고 소리값으로 이해하는 습관을 길러야 한다. 특히 문자값도 소리값에 의해 이해되어야 한다. hot에서 o를 **감정음가**로 소리내면 '하ㅌ', '하ㅌ'이 되고, **알파벳음가[철자음가]**로 소리를 내면 '호ㅌ', '호ㅌ'이 된다. 어떤 상황을 보고 Ah!하는 사람이 있는가하면 Oh!하는 사람도 있다. 그래서 더운 날씨를 보고 사람에 따라 '하ㅌ/호ㅌ, 하ㅌ/호ㅌ' 하는 것

tip)고유명사도 철자에서 소리내는 것과 같이 단어도 철자에서 소리가 나온다 : 소리본체/소리근원지

↗그래서 받침음가 발생가능 : 하ㅌ/호ㅌ=slide **주파수** cf]하ㅌ/호ㅌ=post **점형 주파수**

이다. 영어의 받침은 초성과 중성을 강하게 작동시키는 기능을 하고, 자신은 약간 떨어지므로 '핫/홋' 이 아니라 '하ㅌ/호ㅌ' 이 원어민 소리에 더 가까운 표기가 된다. 주의하라.

단, 약음의 받침은 받침 그대로 표기 : fanTAstic=팬**태**스틱 → 팬/틱

소리본체에서 소리가 나오는 원리를 알아야 감주와 단주, 합성/비합성 감주,
단타음, 탈리감주[폐쇄음], 동화음, 일형태다소리 — 등을 알아들을 수 있고, 낼 수 있다.

a음가도 **알파벳으로 소리**를 내면 '에이' 가 되지만, **강한 감정음가**로 작동시키면 '애(æ)' 가 된다 ⇨ make: MEik cat: 캐ㅌ/캐ㅌ

철자대로 소리를 내면 '아' 가 된다 ⇨ water 와러 이것을 **강한 감정음가**로 내면 '어' 가 된다 ⇨ water 워러 장음 '오-' 로 나는 경우에도 **강한 감정음가**가 된다 ⇨ talk 토-크 일반적으로 특히, 영어는 고저로 소리를 내기 때문에 '어' 약한 감정음가가 생긴다('어' 화) ⇨ family=FAmily 패멀리 Pentagon 페너곤 하지만, 어 음가가 반드시 약한 감정음가만 되는 것은 아니다. 고장음으로 내면, 즉 높은 장음으로 내면 **강한 감정음가**가 된다. 그래서, 능구렁이를 보고 serpent 써-펀트라고 한다. 뿐만아니라, 자음도 'ㅅ' 대신 'ㅆ' 로 말하면 **강한 감정음가** 된다 ⇨ song 쏘ㅇ

this의 t도 성문쪽[h:성문음]으로 가서 소리를 내면 **성문 '드(ð) 감정음가'** 가 된다 : 디스 [ðis] 하지만 desk의 d는 **치경 '드 철자음가'** 로서 그냥 윗니 잇몸근처에서 나는 유성음이니 서로 음질이 다름에 유의하라. think에서는 t를 성문쪽으로 가져 가면서 잉음가가 첨가되면 성문 쓰음가(θ)로 **무성 감정음가**가 된다 ⇨ **씨**ㅇ크 만약 앵음가가 첨가되면 성문 '드음가' 또는 '쓰음가' 가 된다 : Thank you=**쌔**ㅇ규/**대**ㅇ규 (이때 n=ㅇ(ŋ) : 자음 감정음가) 원래 알파벳 음가로 단모음이던 것이 이중모음으로 되면 **감정음가**가 된다 : motor=모우터/모우러 하지만 단모음으로 소리내면 **철자[알파벳] 음가**가 된다 : motor=모터/모러 묵음은 앞 실음을 암암리에 도와주는 감정음가이다 : talk 토-크 [nightly/right] ⇨ t=철자음가, a=감정음가 wring도 '우' 하기위해 입을 오므리자 마자 고음으로 가져가면 w음가는 저절로 낼 수 없는 음가가 되어버린다 : 리잉 (이때 g=묵음 감정음가 또는 ng=이중자음 감정음가(ŋ) 이=내성음)
장음도 일종의 **감정음가**이다. 우리말도 웅변이나 연설을 할 때 강하게 쭉 끄는 음을 많이 사용한다. 그래서 past의 a음가를 철자음가로 길게 소리를 내면 **철자 감정음가**가 된다 : 파-스트
철자음가는 소리본체 대로 내는 것이다. 만약 '애' 로 소리내면 **더 강한 감정음가**로 된다 : 패스트

↗**소리본체에서 나오는 음가의 종류 : 말음가 종류**

이렇게 영어주파수는 일반적으로 **감정음가 /알파벳음가 /철자음가** 세 가지 소리로 되어 있다. 이들 세 가지 음가로 원어민들은 같은 단어를 가지고 여러가지 소리를 낸다.
우리도 이렇게 내면 된다. 따라서, **청취시 여러 가지 소리에 걱정할 필요가 없다.**
중년 남자들이 좋아하는 Viagra도 모음을 알파벳 음가와 약한 감정음가로 발음하면 바이어그러가 된다.
자음은 대개 철자음가 대로 소리난다. **tip)영어 주파수=vocal 주파수=삼음가 주파수 ※음가 종류=삼음가**
television의 앞 'e' 는 철자음가이고, 뒷 'e' 는 약한 감정음가 '어' 이다 : **테**르러비젼
fashion show할 때 감정이 발생하지 않을 수 없다. 그래서 a음가를 감정음가 '애(æ)' 로 낸다.

그리고, sh의 s는 성문쪽으로 가져가면 자연적으로 s가 쉬로 길게 늘어져 감정음가(ʃ)가 된다 : 패션
이때 s는 성문 s음가이고 치경 s음가와 다르다. ☞ **기본영뇌 vol 2〉p184**
h음이 없으면 윗 잇몸 근처에서 나는 치경 s음가로서 무성음이 된다 : **sky** 스까이 k를 까로 소리낸 것

은 (된소리) **감정음가**로 낸 것이다. **자음 감정음가**이다. 감정을 살려서 내면 저절로 '까' 로 된다. dollars를 **도**러러스로 '오' 로 소리내면 철자 또는 알파벳 음가가 되고, **다**러러스로 '아' 로 소리내면 감정음가가 된다. 알파벳 음가는 '에이, 비, 씨, 디, -- 할 때의 알파벳 소리' 이다.

이렇게 **감정음가는 대개 미국인이 많이 내는 소리이고, 철자음가는 영국인이 많이 내는 소리이다.** 그래서 영화 Avata를 미국인들은 애버타로, 영국인들은 아바타로 뇌를 작동시킨다. 어느 음가를 지배음가로 하느냐에 따라 소리가 달라지는 단어도 있다. buoyant에서 o음가를 지배음가로 하면 보이언트가 되고, u음가를 지배음가로 하면 부-연트로 된다. 이때 o는 철자 또는 알파벳 음가(∵ 오=둘다 동일)로, u는 철자음가(∵ 유=알파벳 음가 우=철자음가)로 소리났다. 대구를 Daegu로 표기하는 것은 a를 지배음가로 하여 감정음가 '애' 로 소리나게 두뇌를 작동시킨 것이다 : Walking down the boulevard.
boulevard=u 지배음가 : abbreviation Blvd : Sunset Blvd
nosegay할 때 y도 알파벳 음가 '와이' 에서 이음가를 지배음가로 하여 두뇌를 작동시킨 것이다 -- 노우즈게이 이때 이음가는 a의 알파벳 음가 '이음가' 와 중복되는 소리이다.

more]1. read=i(알파벳음가)+ei의 i지배음가=i+i=i-(이-)=RI:d read(p/pp)=e철자지배음가=REd
lived=e 폐쇄 : 리브드 : d철자음가 liked=e 폐쇄 : 라익트 : 트=d감정음가 ↗vs have to=해프터: 역행동화
decided=e비폐쇄 알파벳음가=디사이디드 wanted=e비폐쇄 알파벳음가=워ㄴ티드/워ㄴ니드 : 순행동화]

2. **사전소리와 실제 현장소리는 다른 경우가 많다** : family=패밀리/패멀리/홰밀리 : ㅎ=감정음가 ∵ vocal음[실음]
tree=트리- /츄리- or 트리/츄리 (맥밀란 사전=보통 단음 다른 사전=장음, 현장의 소리=장음과 단음 트=철자음가 츄=감정음가) drink=드링크/쥬링크/쥬렁: 단어에 따라 자음을 고음으로 내는 경우도 있다: **일종의 변형주파수**
president=President/pREsident : slide or cramp F ratio=REiʃou : ʃ=감정음가
thirty=THIrty/THIrry/THIrdy: t가 단타음 r/d로 나면 **자음 감정음가** dust=더스트: Δ =아어 중간 감정음가

이렇게 소리본체에서 소리[특히 감주도]가 나오기 때문에 청취를 할 때 소리에 용해되어 있는 소리본체로 연결되어야 소리라는 것을 느낄 수 있고, 소리가 들리지, 발음기호로 연결되면 안된다.

＊소리본체=소리가 나오는 근원지로서 영어단어 (철자), 그래서 머리/손 받아쓰기도 소리본체로 하면된다.
＊감각적 주파수 : 읽거나 말할 때 Best 주파수 ☞p37 tip)특히 고유명사는 삼음가 원리를 모르면 소리를 낼 수 없다. 발음기호가 없기 때문이다.
＊주파수 생성 주체 : 소리는 목소리(vocal sound)이지 입소리가 아니다.
— 모든 소리를 만드는 주체는 목이다. 즉 입뒷쪽 목이다. 그래서 성대가 울리고 입천정에서 공명이 일어나 음이 기름지게 들리는 것이다. 지금까지 음이 만들어지는 위치만 제시했을 뿐, 그 음이 무엇에 의해 만들어지는 지는 알지 못했다. 게리오웬에 의해 세계 최초로 밝혀졌다. 12개의 기본입자외 4개의 매개입자와 힉스입자를 발견한 것과 같다. 소리를 목으로 만드는 기술없이는 원어민 말투를 낼 수 없다. 목소리와 입소리는 다르기 때문이다.
＊vocal음[실음] 생성 위치 : ↳ vocal 감주만의 특유한 소리 간직
vocal음[실음]은 음[사람]에 따라 목 또는 목 앞쪽에서 난다. 즉 음[사람]에 따라 목, 입 뒷쪽 또는 입 앞쪽에서 난다. 하지만 입 앞쪽에 나더라도 목이 만드는 음, 즉 목이 주도하는[headline] 음이다.
거의 많은 사람들은 입 앞쪽에 나는 음을 입소리로 착각한다.

↗주파수는 현장의 말[소리]이자 생활 속에서의 말[소리]이다. 주파수로 말해야 리듬과 빠르기가 생긴다.

(vocal) 주파수에는 단어주파수와 감주가 있다.

단주가 감각적으로 뒷말과 (한 단어처럼) 말해지는 것이 감주다.

1. Slide 주파수

tip)주파수=리듬 ∴ 소리=주파수, 즉 리듬으로 익혀지는 것, 그냥 악센트음가로 익혀지는 것이 아님

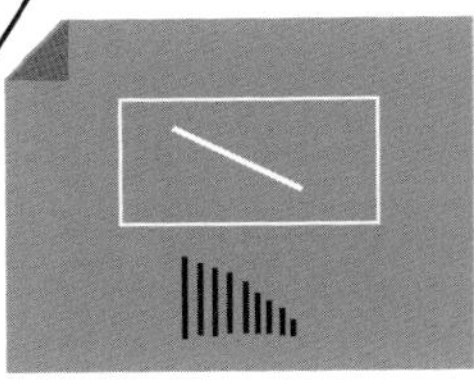

• (목/vocal로) 쳐주고 내려온다 : 고저리듬

또는 (목/vocal로) 빨리 밀어주면서 떨어진다.

↗비약음 감주

motor news=MOtor NEWs : 감각적 주파수=MOtorNEWs

주의] MOtor=모우러[모러 : 단모음화와 t단타] (배 힘을 이용해) 목으로 한 번에 걸쳐, MO로 쳐주고 tor로 빠르게 떨어진다. motor news=단어주파수로는 두번에 걸쳐, 감각적 주파수로는 한번에 걸쳐 모든 음을 다 낸다. 주파수에는 단어주파수가 있고, 단어주파수가 감각적으로 뒷말과 말해지는 감각적 주파수가 있다(☞p37). 주파수는 음악에서 악보와 같다. **tip) 배 힘을 이용한다는 것은 배로 뱃속 공기를 뿜어내면서 목으로 음을 만들어내는 것**

tip]주파수 사요소=고저장단음이 한꺼번에 움직이는 것+배힘 (작용)+소리 생성주체[즉 입뒷쪽목]+감주

참고] 주파수 6요소=사요소+소리본체+음색 감주와 삼음가 결정=Speaker' s Desire

2. Retro-Slide 주파수 : 저고리듬

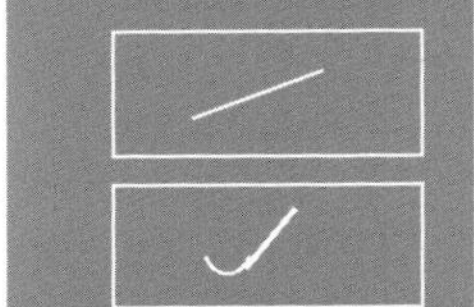

• (목/vocal로) 약하게 시작하면서 더 쳐준다.

• (목/vocal로) 앞으로 밀면서 더 쳐준다.

• (목/vocal로) 높게 시작하면서 더 쳐준다.

⋯› up-slide 주파수

• (목/vocal로) 약하게 곡선으로 시작하면서[감으면서] 더 쳐준다.

⋯› spiral-slide 주파수

stop=sTOp begin=beGIn hotel=hoTEl

slam=sLAm

tip)초성과 중성이 잘 쳐지지 않으면 내성음을 살짝 넣어준다 : 호테ㄹ ⇨ 호테에ㄹ: 테에 에를 살짝 넣어줌

3. Cramp 주파수

tip)주파수 (특히 삼음가 주파수)는 CNN, NBC — 등 사전의 소리보다 현장의 말[소리]로 확인하라.

∵ 다른 경우가 많기 때문

간단한 표기

소리파동

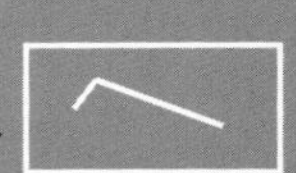

• (목/vocal로) 좀 강하게 앞으로 밀면서 쳐주고 내려온다.

• (목/vocal로) 살짝 앞으로 밀면서 쳐주고 내려온다.

• (목/vocal로) 약하게 앞으로 밀면서 쳐주고 내려온다.

fantastic=fanTAstic pacific=paCIfic

against=aGAinst

compare] Sunday=SUnDAy=post 점형 F+small slide F

☞.. 비영어권 사람은 사전의 소리에 익숙해 있고, 원어민은 감주[즉 현장의 말/소리]에 익숙해 있다.

4. Check Mark 주파수

tip)주파수로 말하면 현장의 소리가 되지만 발음기호[악센트]로 말하면 글을 읽는 말투가 된다.

or

- (목/vocal로) 약간 높은 곳에서 앞으로 밀어주고 내려오면서 다시 up-slide로 쳐준다.
- (목/vocal로) 앞으로 세게 쳐주고 내려오면서 다시 up-slide로 쳐준다.

↗생활 속에서의 말[소리]
↗표현되었을 때의 말[소리]
↗단어주파수

tip)단주가 소감주/빅감주 /왕감주로 된다.

exam=EgZAm mammogram=MAmmogRAm

tip) 1. 배힘을 이용하여 목으로 쳐주거나 밀어주면 영어 소리는 내 뿜는 말이 된다. 이게 바로 vocal 음이다. speaker에 따라 목으로 내 뿜는 정도가 다르며 뉴스는 대개 크고 대화는 작다.

2. **vocal음 시동** : 아음~ (Ium~)/에~ 하면서 성대를 먼저 떨리게 한 후 vocal음으로 소리내기 /SIUM 말하기 처음에는 배 힘이 저절로 이용될 때까지[숙달될 때까지] 배 힘을 많이 이용하라. 소리를 낼때 뱃속의 기(氣)가 목구멍을 통과하는 것이 느껴져야 한다.

5. ER 주파수

- (목/vocal로) 높은 곳에서 곡선으로 내면서[약간 감으면서] 더 쳐주고 내려온다.

cf]사전의 소리=표현되지 않았을 때의 소리
↘단순한 발음

electric=ELEctric cf]salute=SALUte -- 좀 길게 쳐줌
: 앞이 감기는 일종의 trapezoid F

6. Basket 주파수

tip)모든 단어의 발음을 정확(accuracy)하게 내려면 주파수로 말해야 한다.

- (목/vocal로) 곡선으로 쳐주면서[감으면서 쳐주고] 내려온다.
- (목/vocal로) 곡선으로 밀어주면서[감으면서 밀어주고] 떨어진다.

technology=TEchNOlogy metropolitan=MEtroPOlitan

주의] 1. **F영뇌**가 형성되지 않으면 절대로 들을 수도 없고, 영어다운 말을 할 수도 없다. 한글주파수 두뇌를 영어주파수 두뇌로 뇌화시켜라. ˋ같이 갑시다ˏ로 뇌화되어 있으면 안된다. vocal 주파수로 ˋ같이 갑시다ˏ로 뇌화되어 있어야 한다. 전자는 평음으로 한글 주파수이고, 후자는 리듬음으로 영어주파수이다 : double slide F

2. more time=모[어] 타임=up-slide F+ slide F — 음은 노래와 같아 가장 자연스럽게 나오면 된다.
: 약음이 고음이 되는 경우 (약음≠저음 : 반드시 약음이 저음이 되는 것은 아니다. 주의하라.)

3. **vocal음 생성 위치에 따라 주파수도 달라진다** : fantastic을 만약 목에 의해 fan을 입뒷쪽에서 내고 tastic을 입앞쪽에서 내면 "post 점형 F + slide F" 가 된다. cramp F가 되려면 목에 의해 fan이 앞쪽에서 나고 tastic이 뒷쪽에서 나야 한다. 4. **단어[사람]에 따라 vocal음 생성 위치가 다르다** : CIgaREtte=만약 뒤가 낮은 double slide F로 내면 목에 의해 CIga가 앞쪽에서 나고 REtte는 뒷쪽에서 난다. 하지만 모든 음을 목으로 목에서 내면 음은 아주 빨라지고 진동도 달라진다. the answers to no one : 모두 목에 의해 목 앞쪽에서 나나 to는 약한 vocal음으로 난다. happy를 목으로 목에서 낼 수도 있고 목 앞쪽에서 낼 수도 있다. 목에서 내면 h음은 거의 사라지고 "애피"에 가깝다.

tip)목으로 음의 생성 위치를 바꿀 수 있다. 초기에는 목소리를 발달시키기 위해 목에서 만드는 게 좋다.

vs 발음기호[악센트음가]로 그냥 하나하나 말하면 글을 읽는 소리가 된다.

7. Point 주파수

tip)약음단어이든 강음단어이든 두 단어 이상이면 감주로 말해야 현장의 말[소리]이 된다.

① Dot 점형 주파수 [–]

순수점형 주파수로 고저가 전혀 없는 주파수이다. (목/vocal로)
약하게 앞으로 밀어준다. 대개 앞 단어 또는 뒷 단어와 함께 감각적 주파수가 된다. cf]보통 dot 점형은 단감주[즉 합성/비합성 감주] 형성

↘사이 time : 합성감주=minus
비합성감주=zero

a=a an=an the=the

단어와 단어 사이의 장단길이

단, 장감주=+ 단주=++ : 장장감주

② Post 점형 주파수 [ı]

받침에 의해 일어나는 것으로서
(목/vocal로) 초성과 중성을 그냥 세우듯이 쳐준다.

이 때는 초성과 중성은 단음으로서 고음이다.
영어소리는 리듬이기 때문에 음이 하나라도 고음이 있다[≠악센트 음가]

pan=PAn not=NOt look=LOOk

③ Line 점형 주파수 [–]

(목/vocal로) 받침에 의해
초성과 중성을 약간 길게 쳐준다. cf]강음의 받침은 분리표기하고(pan=패ㄴ)
약음의 받침은 받쳐표기 한다.
그러면 원어민 말투가 된다.

즉, 초성과 중성이
고음이면서 장음이면 line점형 주파수가 된다.

teen=TEEn 티-ㄴ[티인] teem=TEEm 티-ㅁ[티임] ※인/임=내성음

④ Spiral 점형 주파수 [◡]

(목/vocal로) 받침에 의해
초성과 중성을 곡선으로[감으면서] 밀어준다. cf]단주와 장감주의 차이 :
전자는 빅감주/왕감주가 되고,
후자는 하나의 감주가 된다.
☞영뇌영어 vol 1 p113

초성과 중성이 고음이면서
단음이면 짧게 감기고, 장음이면 길게 감긴다.

gal=GAl 개ㄹ/개앨 (앨=단음내성음) fall=FAll 포-ㄹ/포올 (올=장음 내성음)

단감주 리듬, 단주리듬 또는 장감주 리듬 → ↱감주+단주 ↱단감주+장감주

tip)사람에 따라 art를 단주 또는 장감주로 말한다 : work of art ⇒ workof art or workof • art=workofart

↳장감주일 경우 단감주와 함께 한 단어처럼 말함 소감주 빅감주 감주(=단장감주)

저고리듬

↗겉으로 보기엔 하나하나 말하는 것같지만 실제로는 감주로 말하고 있다. 주의하라.

8. Root 주파수

tip)토익/아이엘스/수능 원어민 녹화는 현장소리보다 감주가 덜 뚜렸하지만 여전히 감주로 말하고 있다.

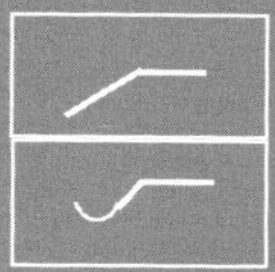

- (목/vocal로) 앞으로 약하게 밀어주고 길게 쳐준다.
- (목/vocal로) 앞으로 곡선으로 밀어주면서[감아주면서] 길게 쳐준다.

taboo=taBOO balloon=balLOOn

9. Retro-Root 주파수

tip)주파수는 소리 또는 소리본체에 용해되어 있다. 그래서 그들 속에 주파수가 보여야 한다.

- (목/vocal로) 길게 앞으로 밀어주고[쳐주고] 내려온다 : 고저리듬

tip)vocal 주파수 ↘ 표현되었을 때의 말[소리]로 전달의미가 들어간 것 vs 발음기호=표현되지 않았을 때의 소리로 전달의미가 들어가지 않는 원형적인 소리

SARS=SArs EpiDEmic

10. Tail 주파수

tip)각종 시험영어 말하기, 특히 IELTS 말하기를 유창(fluency)하게 말하려면 감주로 말하면 된다.

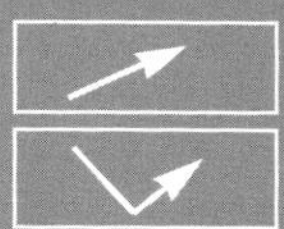

- (목/vocal로) 바로 치켜든다.
- (목/vocal로) 내려오면서 치켜든다.

Have you got a car?=HAve YOU⤴ GOta CAR?

Have you got 20 dollars?

=HAve YOU⤴ GOt tWEnty DOllarS?

cf] wh-questions : 원래 단어 주파수대로 작동시키면 된다. 끝이 무조건 내려 가는 것은 아니다.

- What happened?=WHAt HAppened. ▸ happened= slide 주파수
- When did it begin?=WHEn DId It beGIn? ▸ beGIn은 치켜 들면서 말하면 된다=up-slide 주파수
- Where is your navy club?=WHEre Is YOur NAvy CLUb? ▸ club=spiral slide 주파수

attention] you/are/it 중간 tail 주파수 :

'Did you get a ticket?' 'I tried to, but I didn't.' (디ㄷ유⤴/디듀⤴/디쥬⤴=중간 tail F — you 중간 tail 주파수는 의문사가 있든 없든 같다. tail 주파수는 약음으로 해서 올라가야 한다. TIcket⤴=문미 tail 주파수 게러=slide F: t단타와 감주)

'What do you⤴ think⤵?' (워러유⤴=중간 tail F) vs 'Do you⤴ think?⤴' (두유⤴=중간 tail F)

'What are you⤴ doing⤵?' (워러유⤴=중간 tail F) vs 'Are you⤴ doing?⤴' (아유⤴=중간 tail F)

'How are⤴ you⤵?' (하우아⤴=중간 tail F) 'Can't it⤴ wait /a week, Sara?'

11. 조합 주파수 tip)특히 노래나 slogan(구호)은 감주로 말해야 리듬을 탈 수 있다.

아무리 음수가 많아도, 즉 아무리 긴 단어라도,
기본 주파수의 조합으로 나타난다. 따라서, 듣거나 말할 때 기본 주파수만 잘 익히면 된다.

application=AppliCAtion

appreciation=appREciAtion

playboy magazine=PLAyBOy MAgaZIne

television=TEleVIsion

application [애플리**케**이션]=slide F+slide F=double slide F

appreciation [어프리쉬**에**이션]=cramp F+slide F

빅감주 빅감주 소감주
tip)state-of-the-art light and sound system
스테트어/터 디아-트 라이트언 사운시스텀

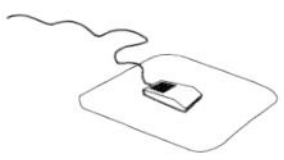

playboy magazine [플**레**이보이 **매**거지-ㄴ]=(ER F+slide F) + (slide F+ line point F)

television[**테**ㄹ러비젼]=basket F + slide F 이상에서 가장 높은 음은 **케/에/레/테**ㄹ **음가**이다.

주의]아무리 주파수가 많아도 한 단어 또는 감각적 의군 내에서는 최고음은 하나 밖에 없다. 이것이 바로 리듬이다.

▦ **기본 주파수[기본 리듬]** : 음수가 많더라도 하나의 주파수는 한 번에 걸쳐 모든 소리를 다 낸다.
↳그래서 현장의 소리가 된다.

1) slide 주파수[미끄럼틀형 주파수]
2) retro-slide 주파수[逆미끄럼틀형 주파수] ···▸ up-slide 주파수 /spiral slide 주파수
3) cramp 주파수[꺾쇠형 주파수] 4) check mark 주파수
5) ER 주파수[eighth rest(8분쉼표형) 주파수] 6) basket 주파수[농구골대형 주파수]
7) point 주파수[점형 주파수]
···▸ dot점형 주파수 /post점형 주파수 /line점형 주파수 /spiral점형 주파수
8) root 주파수[루트형 주파수] 9) retro-root 주파수 10) tail 주파수=꼬리형 주파수 ···▸ 바로 치켜드는 꼬리형 주파수 /내려오면서 치켜드는 꼬리형 주파수

▦ **영어소리는 리듬이기 때문에 음이 하나 또는 일음절이더라도[음이 두개이상이면 무조건] 고음이 있다. 악센트 음가와 다르다** : man=MAn this=THIs : 매/디가 고음이다 — 매ㄴ/디ㅅ

: 매가 고음[초성과 중성]이기 때문에 내성음이 들어가기도 한다=매앤

tip)영어음은 모음 위주로 음이 형성되기 때문에 고음과 장음에 내성음이 발생한다.

tip)삼음가 선택도 좋은 리듬이다 : Saying nothing is not right. ⇒ Sayingnothing isnotright.

···▸ not=노ㅌ 〉 나ㅌ : 전자=best 리듬 — 철자음가[알파벳음가]가 오히려 숨길이 끊이지않고 자연스럽게 이어지기 때문이다. 즉 right 음가 때문에 나ㅌ 감정음가는 무언가 거북하다.

12. 변형 주파수

tip) 빠른 리듬을 주기위해 장음을 단음으로 말하는 것도 일종의 변형 주파수이다.

소리는
감주가 되거나 본인의 감정에 따라 단어의 고유한 주파수가 변하기도 한다.

하지만, 아무리 변해도 기본주파수 범위를 벗어나지 못한다. 여전히 영어말투를 가지고 있으니 말자체가 이상해지는 경우는 없다. 변형 주파수도 즐겨라.
tip)변형 주파수도 일종의 감각적 주파수이다.

gas station=GAsTAtion　　everybody=EveRYBOdy

결국 말, 즉 소리는 사전상의 발음기호가 절대적인 기준이 아니다. 사람이 소리를 내는 것이다. 사람마다 자기 감정을 말에 실어 전달하는 것이 언어다. 따라서, 변형주파수로 말하는데 용감하라.

- gas station 원래 주파수=GAs sTAtion[개스(깨스) 스테이션]=slide F + cramp F
  변형 주파수 ⋯› GAsTAtion [개스**테**이션]=post point F + cramp F
  감주 뇌가 작동되면 겹자음 s음 중 앞음은 저절로 소리나지 않는다.
- everybody 원래 주파수=EveryBOdy[**에**버뤼바디]=slide F + slide F
  변형 주파수 ⋯› EveRYBOdy[에버**뤼**바디]=check mark F + slide F

저음 ry음을 높은 음 bo음을 따라 올라가면서 높은 음으로 소리를 내면 또다른 **소리감정**을 낼 수 있다. 이렇게 주파수를 변형시켜도 여전히 check mark 주파수로 영어말투[영어리듬]를 유지하고 있어 영어말자체가 이상하게 들릴까 걱정할 필요는 없다. "Good morning, everybody." 인사를 변형주파수로 말해 보아라. 틀린 소리가 아니다. 특히 이런 변형주파수를 ~~응용주파수~~라 한다.

↱ ∵ 한글 미개입　　↱ ∵ 감주리듬과 단어리듬

▦ 빠르기는 영뇌[즉 BEis/IS]와 (특히 감각적) 주파수로 결정된다.

주파수에는 단어주파수와 단어주파수가 감각적으로 뒷말과 말해지는 감각적 주파수가 있다. 일반적으로 dot점형 주파수는 앞으로 또는 뒤로 붙으면서 감각적 주파수가 된다.

tip) 감주이든 단주이든 영어는 항상 뒷말과 말하는 것이다. 전자는 한단어처럼 뒷말과 말하는 것이고, 후자는 약간 떨어지면서 뒷말과 말하는 것이다.

- He' s a motivator, teacher.
  =HE' sa MOtivator, TEAcher =히-저/즈어 모러베이러 티-쳐 =(retro-root+slide+retro-root) F
  -- He' s와 a 사이에 설가뇌가 작용하거나 그냥 IS 영뇌가 작동하면서 세번에 걸쳐 모든 음을 다 낸다 : **감각적 주파수 1개[강약/고저/단감주 리듬] + 단어주파수 2개[단주리듬]**
  -- 단어가 이렇게 감각적으로 결합되면 리듬이 변한다. 이런 감각적 주파수로 말해서 이해하는 것이 감주 리딩이다. 영어를 볼때 마다 항상 감주 리딩으로 이해하라.
- motor news=MOtor NEWs or MOtorNEWs=모러 뉴-스[즈] =(slide+retro-root) F
  -- 단어 주파수로는 두 번에 걸쳐, 감각적 주파수로는 한 번에 걸쳐 모든 음을 다 낸다.
  ↳단주+단주=단주리듬　　↳비약음 감주=장감주 리듬

주파수로 말해야 리듬과 빠르기가 생긴다.

CHAPTER Ⅱ

↗영어의 패러다임[생태계]이 빠르게 바뀌고 있다. 비록 여러분들은 한뇌이지만 원어민과 똑같은 두뇌작동으로 영어를 할 수 있다.

원어민들처럼 쉽게 읽으려면 확실히 생활 속에서의 뜻으로 free 영뇌로 간직하되, free (vocal) 감주를 많이 간직하라. 간직시 我必 free (vocal) 감주는 반드시 간직한다. 머리 속에 free 감주가 많으면 저절로 BEis로 IS로 엮어진다.

영어는 free 영뇌의 조합에 불과하다. 읽기의 비밀이 바로 여기에 있다. ↳**애들이 언어를 습득하는 과정과 같다.**

tip)한글도 free 한뇌로 이해되거나 저장되어 있음 ※free 감주=free 영뇌의 말값

↗ ∵ 말[소리]자체/글자자체=뜻 + 생활 속에서의 뜻

주의] 영뇌리딩=감주로 이해한다. ↗ **영어자체로 이해되는 것=감주, IS, BEis, free 영뇌, 의음/의자, 선인영뇌각인**

그러면 해석뇌가 발동하지 않고, Ekbe 문맥 토씨없이 저절로 영어자체로 충분히 이해가 된다. 잘 안되면 감주시동을 걸든지 free 영뇌로 해서 감각적 주파수로 이해한다. 일반적으로 free 영뇌는 (의율이 되는 대로) 부분부분으로 하여 이해하는 것이다.

tip)영뇌=한글구조의 문맥 토씨없이 이해하는 것 — 예컨데 : You have a car할 때 you를 '당신' 이라는 실체로 이해하는 것이지 '당신은' 하고 '은' 을 붙여서 이해하지 않는다. a car도 '를/를 말이다' 를 붙이지 않고 그 실체로 바로 이해한다. 다른 단어들도 마찬가지이다. 즉 영어자체로서 바로 이해가 되어야 한다. 그래서 have도 '가지고 있다' 로 이해하는 것이 아니라, '가지고 있는 상황', 즉 소유 그 자체로 이해한다. 이런 것들이 감주로 자동설가 또는 설가로 읽혀 지는 것이다. 그래서 영어도 한글처럼 쭉 읽어내려 갈 수 있다. 이렇게 감주로 이해하면 영어자체로 바로 이해가 된다. 이때 절대로 해석식으로 엮는 의식이 발생하면 안된다.

.. IS 영뇌/Free 영뇌 : 생활 속에서의 뜻[소리]이므로 미국에서 살면서 얻어지는 뜻[소리]과 같다. 그래서, 미국에 가지 않더라도 영어 정복이 가능하다.

※미국에서 살지 않더라도 (생활 속에서의 뜻으로) 원어민과 똑같이 얻어지게 하는 뜻=IS + BNW[BAM]

미국에 살지 않더라도 (생활 속에서의 소리로) 원어민 말투를 내게[듣게] 하는 것=vocal 감주

.. IS 세상[세계] : 한글[해석]로 먼저 가지 않고, 생활 속에서의 뜻으로 IS 세상[세계]으로 먼저 간다. 생활 속에서의 뜻으로 IS 세상[세계]이 분명히 존재한다. 우리는 그곳으로 가면 된다. 그것이 바로 이해이자 영뇌다. 생활 속에서의 뜻으로 모든 단어는 자기 거주지가 있다.

※선인영뇌 각인=먼저 말에 먼저 영뇌로 각인되는 것

\+ 한글[해석]로 먼저 가지않고 바로 IS 세상[세계]으로 가는 것

단주 연속음=Quest ˇmeans ˇbusiness vs 감주=Questmeansbusiness

감주는 한단어처럼 뒷말과 말하는 것이고 단주는 약간 떨어지면서 뒷말과 말하는 것

.. free 영뇌의군=vocal 감주로 간직한다 : Hospital in the capital.=Hospitalinthe capital.↗

(강약) 감주↙ ↘단주

— 그냥 영뇌의군으로 간직하는 것과 다르다 : 감주는 뒷말과 말하는 것이고 이런 느낌 때문에 바로 이해작용 발생+저절로 기억

: high definition camera

=highdefinition camera=(비약음) 감주+단주

소감주 **빅감주**

주의]특히 단주연속음을 근접감주라하고 한단어 감주를 밀접감주라 함

연결설명어 영뇌

↗ 먼저 영뇌 근본원리로 총괄적으로 영세를 만든 다음, 각론에서는 TF 영뇌로 구체적으로 영뇌를 만든다.

☞.. 감각적 주파수로 이해하면 읽기도 청취도 말하기도 쉽게 정복이 된다.
그래서 감주 리딩을 습관화 시켜라. 영어읽기와 한글읽기는 서로 다르기 때문이다.

⇨ 다른 free 영뇌와 조합이 되면 감각적으로 감각적 주파수[리듬]가 달라진다.
one lethal factor ···› onelethal factor : 여기에서는 one이 뒷말과 말하게 된다. ↗ ∵ Best 리듬 (↗음수조절 감주)
하지만 여기에 "at least" free 영뇌가 붙으면 atleastone lethalfactor로 원어민들은 말한다.
여기에 또 "but there's" free 영뇌가 붙으면 Butthere'satleast onelethalfactor로 말하니 이런 리듬으로 두뇌가 적응되어 있어야 영어를 쉽게 읽을 수 있고, 듣기도 말하기도 가능해진다.
Butthere'satleast=버ㅌ데어젓리-스트 : IS로 이해가 실리니 한 단어처럼 말할 수 있고 그렇게 말해야 영어 빠르기가 나온다.
↳데어젓=약한 주파수 리-스트=강한 주파수 : 표현에 따라 약강/강약 주파수로 말해야 리듬이 생긴다.

more) considerate=컨씨더러트 ···› Be considerate=비컨씨더러트 : con이 앞쪽으로 붙었다=분리 감주=**고난도 감주**
It's a connected world=이ㅌ서 ···› It'sa connectedworld=강약/비약음 감주

☞.. 영뇌 상급자는 major 감주 또는 아필 감주로 이해한다. 나머지는 흡수식 이해다.

Chapter Ⅱ

II. 연결설명어 영뇌(LEW NB)

☞.. 연결설명어 영뇌란?

여러 연결설명어를 쓰서 하나의 장문 문장을 만들 수 있다.

무한글 이해로 사람/비사람 또는 명(대), 동, 형, 문에 연결시켜 제한적 /비제한적으로 설명해 나가는 뇌

전자=콤머유무 연결설명어[즉 콤머영뇌 작동/비작동 연결설명어]
-- 관계대명사 /관계부사 /관계과분사 /관계현분사 /관계형용사 + 관계문장
후자=콤머불관 연결설명어 -- to부정사 /전치사 /종속접속사 + 종속문장

말로 인식 즉 언어로서의 뜻

tip)단어의 뜻=사전의 뜻만으로 부족+BAM/Associate+(특히 설가뇌) 뜻관계 뜻+감주
기/설 관계 뜻, 특히 콤머 유무/불관 연결설명어의 뜻관계 뜻 본토말

∴ 영어는 (원어민이 알고 있는) 단어의 뜻만 정확히 알면 된다.
↘ 생활 속에서의 뜻으로 표현되었을 때의 뜻 : BAM/Associate/뜻관계 뜻(4가지)/감주

vs 비연결 설명어 영뇌
=무한글 이해로 (연결의미가 없어 연결하지 않고) 그냥 앞말을 서술적으로 설명해 나가는 뇌
— 원동사 /과동사 /현동사 /일반과분사 /일반현분사 /조동사 /관사 /명사 /일반대명사 /동명사 /일반형용사 /일반부사 : **서술적 영뇌 (단, 관사=제한적 영뇌)**

▭ **콤머유무 연결설명어**=콤머유무에 따라 제한적/비제한적 연결영뇌가 작동하는 뇌[단, that제외]
▭ **콤머불관 연결설명어**=콤머유무에 상관없이 제한적/비제한적 연결영뇌가 작동하는 뇌
※무한글로 이해하니까 IS로 이해할 수 밖에 없다.

Recapping]
▭ **영뇌** : BEis-Os=ΣBis → Eis in short ΣB → E 즉 **BEis 영뇌**
I-Os=I + I + -- =ΣI S-Os=S + S + -- =ΣS 즉 **IS 영뇌**

B=basic word 기본어 **E**=explanatory words 설명어
I=itself 말[소리]자체/글자자체 **S**=actual situation 즉 A상황
Bis=기본어로서 IS값 in short, B **Eis**=설명어로서 IS값 in short, E

▭ **설명어**=연결설명어 /비연결설명어 /등맥설명어 /sign설명어
▭ **twenty four 영뇌 :** 하루 24시간과 일치 ⇒ 생활 속에서의 뜻이자 표현되었을 때의 뜻
=연결설명어 영뇌 10개 + 비연결설명어 영뇌 12개 + 등맥설명어 영뇌 + sign설명어 영뇌

생활 속에서의 단어, 즉 생활 속에서의 표현 : T로 무장하기
cf]사전의 단어/단어장 단어=죽은 단어

tip)모든 문법단어들도 (BAM으로 생활 속에서의 뜻으로 해음/상음, 해자/상자로 만들어) 我必 free 감주로 간직하라. 이때 감주는 vocal 음이고, 감주로 간직하면 저절로 기억되기 때문에 암기부담도 없고, BEis/IS 영뇌도 쉽게 발생한다. 그리고 twenty four 영뇌를 알아야 free 영뇌도 가능하다.
주의]단어의 뜻을 한글로만 보유하는 것은 별로 의미가 없다. 생활 속에서의 뜻이 반영된 IS로 보유해야 한다. 특히 BNW를 모르면 IS가 정확하게 작동하지 않는다.

↗ 제한적/비제한적 연결의미 ↗ 서술적/제한적 의미

tip)연결설명어=연결의미 vs 비연결설명어=비연결의미

twenty four 영뇌를 공부하고, 감각적 주파수 free 영뇌, 즉 free 감주를 갖는 것은 영뇌 읽기, 듣기, 말하기, 쓰기를 위한 IS 사전 체화이며, 특히 영뇌 청취의 주파수 사전조절이다.

□ **대명사**=관계대명사/일반대명사 □ **부사**=관계부사/일반부사 □ **과분사**=관계과분사/일반과분사
□ **현분사**=관계현분사/일반현분사 □ **형용사**=관계형용사/일반형용사

***7대 기본품사**=명동형부접대전 — 명동에 형부가 접대전이다.
— 명사, 동사, 형용사, 부사, 접속사, 대명사, 전치사

영어를 하려면 단어의 품사 정도는 알아야 한다. 비영어권 사람들에게는 어쩔 수 없다. 이것을 알아야 이해의 자유, 표현의 자유가 생긴다. **품사가 뜻과 기능을 암시하기 때문이다.**

※서술적 영뇌
≠비제한적 연결영뇌의 차이
: 전자=그냥 좌에서 우로 의미가 흘러가는 것
후자=연결대상에 연결시켜 그것이 무엇이라고 설명해 나가는 것

↗more]영뇌영어 vol 1 p184

□ BEis 영뇌 종류 : 4가지 영뇌에 따라 뜻 관계의 뜻이 달라진다 ⇒ **영어의 4가지 뜻관계 뜻**

❶ 서술적 영뇌[PR NB]=(연결시키지 않고) 그냥 서술적으로 설명해 나가는 뇌 -- **서술적 의미**
❷ 제한적 영뇌[AT NB]=(연결하지 않고) 그냥 제한적으로 설명해 주는 뇌 -- **제한적 의미**

: **둘다 비연결설명어 -- 연결의미가 없다.** 일반적으로 제한적 영뇌는 한뇌와 같고, **문장부분**에서 일어나고, 서술적 영뇌는 **문장부분 또는 문장전체**에서 일어난다.

❸ 제한적 연결 영뇌[DL NB]=제한적으로 연결시켜 설명해 나가는 뇌 -- **제한적 연결의미**
❹ 비제한적 연결영뇌[non-DL NB]=비제한적으로 연결시켜 설명해 나가거나 설명해 주는 뇌
↳**비제한적 연결의미**

: **둘다 연결설명어 -- 연결의미가 있다.** 일반적으로 제한적 연결영뇌와 비제한적 연결영뇌는 연결의미로서 **문장부분**에서 일어난다.

• I met the man. ➧ I → met → the man.=기-->설-->설′ : BEis - Os

그냥 I를 met로, met를 the man으로 설명해 나가는 뇌, 즉 **서술적 영뇌**이다. 전체 문맥은 이렇게 흘러 나가면서 부분문맥 the man=the → man=설-->기 즉 the가 앞에서 man을 설명해 주는 뇌, 즉 **제한적 영뇌**이다. '그 남자' 로서 한뇌와 같다. 하지만 전체 영맥은 서술적 영뇌[설가뇌]이든 제한적 영뇌[설주뇌]이든 이해흐름은 좌에서 우로 같다. 시동=나는 만났는데 그 남자였다. 이것을 연결설명어를 써서 **제한적 연결영뇌**로 바꾸면 The man /whom I met. =기-->설 : the man에 whom으로 연결시켜 어떤 사람인지 그 성격을 제한적으로 설명해 나가는 뇌이다.
시동= 그 남자, 누구냐 하면 (이 사람은) 내가 만난 사람(이다).

tip)Ekbe값을 IS값[무한글 이해/뜻]으로 바꾸어주면 IS, BEis 영뇌가 된다 : **transfer]Ekbe리딩 —>IS 리딩**

big tip) 제한적 영뇌도 감각적 주파수로 읽어라. 즉 뒷말과 말하라. 그러면 해석한 한글 느낌이 아니라,
영어느낌으로 이해할 수 있다 : the man → theman the good man → thegood man
I met the man → Imetthe man ↳the goodman : 해석한 한글느낌 리딩
I met the good man → Imetthe goodman ↳한뇌리딩[Konglish]

↗사전의 뜻만으로 부족+BAM(Associate)+(특히 설가뇌) 뜻관계 뜻+finally, 감주

.. 영어는 단어의 뜻만 정확히 알면된다.

다시 s동사로 서술적으로 설명해 나가면 The man /whom I met /was friendly.=기-->설/설 즉 The man을 whom으로 제한적 연결영뇌로 먼저 설명해 나가면서 다시 s동사로 서술적 영뇌로 설명해 나가는 뇌이다. 시동= 그 남자 누구냐 하면 (이 사람은) 내가 <u>만난 사람</u>인데 이었어요, 친구와 같았어요. 이것을 다시 **비제한적 연결영뇌**로 바꾸면 The man, /whom I met , /was friendly.

시동= 그 남자 누구냐 하면 (이 사람은) 내가 <u>만났는데</u> 이었어요, ---- .

▦ **영뇌용어 :** 연결설명어=the linking explanatory word **[LEW]**

비연결설명어= the non-linking explanatory word **[non-LEW]**
서술적 영뇌=the predicative native brain **[PR NB]**
제한적 영뇌=the attributive native brain **[AT NB]**
제한적 연결영뇌= the defining linking native brain **[DL NB]**
비제한적 연결영뇌=the non-defining linking native brain **[non-DL NB]**

Extreme Caution] 콤머유무 연결설명어는 콤머유무에 따라 뜻이 달라진다는 말이지, 콤머를 찍을 수 있고, 안 찍을 수 있다는 말은 아니다. 그래서, 콤머가 없는 but, than, 관계문장은 제한적 연결영뇌이고, 단, 콤머가 없어도 that은 제한적/비제한적 연결영뇌이다. 모두 노콤머 연결설명어이다.

일종의 제한적/비제한적 연결의미

부사적 연결의미=이유/양보/조건/추가(그리고) /전환(인데) /결과[계속](그리하여) -- 등등
↘제한적 부사적 연결의미= — 한 것인데/사람인데[전환]=**제한적 연결영뇌**
+ 비제한적 부사적 연결의미= — 하는 데[전환]=**비제한적 연결영뇌**
cf]순수 제한적 연결의미= — 한 것/사람은=**제한적 연결영뇌**

1. 관계대명사 영뇌(RP NB)란 :
무한글 이해, 즉 IS두뇌로 사람, 비사람을 묻는 관계 /지정관계 /동급관계 /반대관계 /차등관계로 referring back 하면서 자기문장을 제한적/비제한적으로 연결시켜 설명해 나가는 뇌 in short, 연결설명어 in concrete, 콤머유무 연결설명어

▭ **관계대명사 BNW**=묻는[지정/동급/반대/차등] 관계 <u>referring back 제한적/비제한적 연결의미</u>
단, as/than=referring forward도 가능
(referent=주로 명사/대명사로서 사람/비사람 cf]관계문장=문장관계
드물게 표현으로서 비사람) tip)**일반대명사 BNW**=그냥 referring back/forward
↳그냥 대명사 vs 관계대명사=관계를 짓는 대명사

tip)관계문장
=문장관계

▭ **관계대명사 -- 콤머유무 연결설명어로서**
노콤머/콤머 연결설명어 : who[whose/whom] /which /as
노콤머 연결설명어 : that /but /than

▭ **노콤머 관계대명사**=성격/실체 규정 vs **콤머 관계대명사**=추가정보

▭ **영어가 전개되는 원리[NB 원리]**=사람/비사람, 명(대)/동/형/문의 연결설명어도 알고보면 한 문장 내에서 대명사를 써서 가리키는 것과 같다 : 선 it, 후 인칭대명사(즉 tag questions의 대명사),— etc.

.. 선생들은 일방적으로 강의만 하지말고, 영어로 (특히 5W1H로) 주거니 받거니 말을 많이하라.

1) who 영뇌(who NB)

무한글 이해, 즉 IS두뇌로 사람을 묻는 관계로 referring back하면서 자기문장을 제한적/비제한적으로 연결시켜 설명해 나가는 뇌

in short 연결설명어 in concrete 노콤머/콤머 연결설명어,

[w: 묻는관계 h: human— BNW (w=~: 묻는모습+v, v를 묶어놓는 것으로서 관계)]

> **말**=(w)HO /(w)HO- =post/line 점형 주파수 w=o음가를 감정음가 u로 변형시키는 역할음가
> **who BAM**=사람 묻는관계 언급으로서 누구냐[어떤 사람이냐] 하면 —— 인 사람[하는 사람] /인데 [하는 데]=**본래의미[bnw-BAM]**
>
> vs **단순히 뜻하는 의미[just-IM]**=이 사람은 —— 인 사람[하는 사람] /인데 [하는 데] //즉 —— 인 사람[하는 사람] /인데 [하는 데]
> : 묻는 관계가 아니기 때문에 뜻하는 의미가 되고, 뜻하는 의미로 that으로 달리표현 가능
> 묻는 관계=보통 관계 ∴ 콤머영뇌 작동가능 **tip)본래의미와 뜻하는 의미 ⇒ IS영뇌가 다름에 유의**

결국 영어는 영어본래의미와 본토말 뿐이다.

↗who할때 제한적 연결상황이 (머리 속에) 보이면 된다 : S영뇌

↙**제한적 연결영뇌** ↙**서술적 영뇌**

A.. Sailors /who are superstitious /don't want to embark on Friday.

영뇌=기-->설/설 : BEis-Os 소감주 빅감주

or I + I + I : I-Os or S + S + S : S-Os [= -- , they don't : infml E /SpE]

↘George Washington, he is the man.

How to Read[Speak] ↗embarkon=단감주 Friday=단주

=Sailorswhoare superstitious don'twantto embarkon Friday.

: BEis/IS, 즉 설가뇌와 자동설가뇌로 되어 있는 것을 감각적 주파수로 이해한다.

즉 한 단어처럼 뒷말과 말하면 저절로 이해가 된다. tip)Sailorswhoare 감주=Sailors • whoare=장감주+단감주 don'twantto 감주=don't • wantto=장감주+단감주

시동= vocal 감각적 주파수로

(BEis/IS 영뇌가 될 때까지) F3+E2 강하게 말하기 who referent=Sailors

(후어 : 어화(化) 또는 약한 감정음가=slide F /후-아=retro-root F 도ㄴ: t폐쇄와 ou의 단모음화=post 점형 F /도운=slide F : (n, t 조음점이 같아) t폐쇄 도ㄴ트/도운트=slide F 원트투=check mark F /워너= slide F : t의 역행동화(wann)+t폐쇄+o의 어화와 합성감주)

.. **我必 Free 감주 간직하기**=Sailors superstitious don't embark on Friday.

시동=선원들, 누구냐 하면 인사람, 즉 미신을 **믿는 사람들은[인데]** 하지 않는다. 원하기를 대동 출항을 원하기를 날짜는 금요일에 말이다. or 선원들, 어떤 사람이냐 하면 인 사람이어서 즉 미신을 **믿는 사람들이어서** 하지 않는다. ↘who할때 묻는관계 언급이 보이면 된다 : S영뇌

: **보설 독설뇌** -- 믿는 사실이 하지않는 것이 아니라 선원이 하지 않는 것 ∴ 연설뇌 불가

☞.. 5W1H Short Talk Drill ⇒ Teacher : Who does not embark on Friday?

Student : Sailors who are superstitious.

Teacher : Why? Student : Because they are superstitious.

— IELTS 시험은 이렇게 follow-up question (후속 질문)을 던진다.

☞.. **문장 뼈대**=기본어(Sailors) + 연결설명어(who) + s동사(don't)

▸ 분설 보설뇌[즉 독설 보설뇌]로 작동시키면 :

A- E.. Sailors /don't want to embark on Friday /who are superstitious.

영뇌=기-->설/설 : BEis-Os

시동=선원들은 하지 않아요, 즉 원치 않아요, 대동 출항하기를 날짜는 금요일에 말이다.

단, 그들은 어떤 사람들이냐 하면 미신을 **믿는 사람들이에요**[이어서 그래요]

···› 전치사 분설과 같은 패턴

: Deadline /approaches /for Iran Nuclear Deal.=기-->설/설

[=Dealdline /for -- /-- .]

일반적 기/설 영뇌=일반적으로 보완 또는 밀접한 것부터 먼저 작동시킨다.

이게 바로 보설[밀접]주의 기/설영뇌이다.

▸ 콤머영뇌를 작동시켜 근설 보설뇌[즉 보설 독설뇌]로 작동시키면 :

A- E.. Sailors, /who are superstitious, /don't want to embark on Friday.

영뇌=기-->설/설 : BEis-Os ↘**비제한적 연결영뇌 ⇒ 분리 관계대명사 cf]미분리 관계대명사**

시동=선원들인데 누구냐 하면 이 사람들은 미신을 **믿기 때문에** 하지 않는다. ---- .

/-- 이들은 어떤 사람이냐 하면 **이기 때문에**, 즉 미신을 믿기 때문에 하지 않는다. ---- .

tip)종사 접속사는 (동격을 제외하고) 언제나 연결대상과 비제한적 연결영뇌이기 때문에 콤머 관계사와 호환이 가능

뜻하는 의미로 달리표현= --, because they are superstitious, don't ---.

who=묻는 관계로서 referring back 이유 vs because=원인을 밝히는 것으로서 종맥이유

-- 다 같이 이유이지만 서로 접근하는 뉘앙스와 문체도 다르고, IS도 달라진다.

▸ 콤머영뇌를 작동시켜 분설 보설뇌[즉 독설 보설뇌]로 작동시키면 :

A- E.. Sailors /don't want to embark on Friday, /who are superstitious.

영뇌=기-->설/설 : BEis-Os

시동=선원들은 하지 않는다. 원치 않은데 대동 출항하기를 날짜는 금요일에 말이다. 어떤 사람들이냐 하면 그들은 **이기 때문에**, 즉 미신을 믿기 때문이다.

: County Sheriff Hanlin identified the nine dead, who range in age from 18 to 67.

vs I count him braver who overcomes his desires than him who conquers his enemies.

-- 노콤머 분설뇌와 근설뇌 cf] Don't count on a very merry Christmas.

.. Major 감주=Sailors -- superstitious don't --- embark -- Friday.

A.. Sailors who are superstitious don't want to embark on Friday.

Free 감주로 이해/간직 하기 ⇒ Sailors who. /Who are. /Sailors who are. /Are superstitious. /Superstitious don't. /Don't want. /Want to. /Embark on. /On Friday. /-- etc.

Sailors who. 선원들인데 누구냐 하면 (이 사람들은)

cf]관계문장의 선행사 : • Who is rich didn't come here.
• Whoever is superstitious doesn't come.

Who are. 누구냐 하면 (이 사람들은) 인 사람들 : (연결대상 전제) 관계대명사 ☞177

Are superstitious. 인 사람들[것들], 즉 미신을 믿는 사람들[것들] : (연결대상 전제) 관계문장

⇦ There are sailors are superstitious.[infml] vs -- sailors superstitious.[StE]

tip)1. 관계문장이 되기 때문에 who의 family가 가능 ☞p173

2. 하는데 미신을 믿는다[인데 미신적이다] : 서술문장

Superstitious : sailors, village women.

Superstitious don't. 미신을 믿는 사람이어서 하지 않아요 : (연결대상 전제) 관계형용사 (infml)

⇦ "Sailors superstitious don't." 에서 관계형용사만 떼어낸 free 영뇌

Don't want. 하지 않는 데 원하기를 말이다/하지 않는 데 원하지 않는다.

Want to. 원하는 데 무언가 하기를 원해요/원하는 데 to[대동] 하기를 원해요.

Embark on. 출항하는 데 어떤 날짜[상일]에 출항한다.

A-E.. Sailors, who are superstitious, don't want to embark on Friday.

Free 감주로 이해/간직 하기 ⇒ Sailors, who. /, Who are. /Who are. /Sailors, who are. /Superstitious, don't. /Superstitious, don't want. /-- etc.

Sailors, who. 선원들인데 누구냐 하면 이 사람들은 , Who are. 누구냐 하면 이들은 이기 때문에

Superstitious, don't. 미신을 믿어서 하지 않아요.

Superstitious, don't want. 미신을 믿어서 하지않는데 원치 않는다 : 관계 형용사의 비제한적 연결영뇌

Plus] 1. Charles Manson and his fiancée, who already considers herself his wife, have gotten a marriage license, a source close to the couple told CNN.

-- who의 referent, 즉 기본어=his fiancée: 한 사람 s동사의 기본어, 즉 주어=두 사람

시동=누구냐 하면 이 여자는 --- , 이들은 갖고 있어요, 받은 것인데 --- . *이들은=문맥 associate

2. On the phone right now Richard Quest who knows a lot about debris of MH 370.

-- s동사 없이 표현 on의 기본어=뒤에 있음 : Richard Quest 시동=상에 전화 상에 바로 지금 있는 사람은 Richard Quest인데 누구냐 하면 아는 사람, 즉 많이 알고 있는 사람인데 --- .

2) whom 영뇌(whom NB)

무한글 이해, 즉 IS두뇌로 사람을 묻는 관계로 (목적격으로) referring back하면서 자기문장을 제한적/비제한적으로 연결시켜 설명해 나가는 뇌

in short 연결설명어, in concrete 노콤머/콤머 연결설명어

[w: 묻는관계 h: human m: 목적격 in short, who+m: 목적격 — BNW]

> **말**=(w)HOm/(w)HO-m=post/line 점형 주파수 o : u=감정음가
> **whom BAM**=사람 묻는관계 언급으로서 누구냐[어떤 사람이냐] 하면 —— 하는 사람 //하는 데
> =**본래의미[원래의미]** -- bnw-BAM
> ➡ 묻는관계 referring back 제한적/비제한적 연결영뇌

↗whom할때 제한적 연결상황이 (머리 속에) 보이면 된다 : s영뇌

↙**제한적 연결영뇌**[DL NB]

A.. The woman /whom I saw /was walking her dog. [=who]

영뇌=기-->설/설 : BEis-Os

or I + I + I : I-Os or S + S + S : S-Os

How to Read[Speak]

=Thewoman whomIsaw waswalkingher dog.

: 먼저 감각적 주파수로 이해한다. 그러면 저절로 이해된다. 이때 이해는 소리본체에서 느껴진다.

시동= vocal 감각적 주파수로 (자동 설가가 될 때까지) whom referent=The woman

F3+E2 강하게 말하기

↘**그러면 영어말투가 형성되고 영어말투에 익숙해진다.**

(더우면 /디우면 /디이우면 : cramp F /cramp F /내성음 slide F + slide F : the는 뒷단어 자음/모음 시작과 관계없이 강한의미를 나타낼때는 strong sound '디 또는 디이'로 소리낸다=post 점형 F/내성음 slide F 내성음=고음과 장음, 곡선음에 저절로 붙는 극저음)

(역순이해인) 不시동은 걸지마라. 이것은 Ekbe 시동에 의해 저절로 걸리니까.

☞.. **我必 Free 감주 간직하기**=The woman I saw loves walking her dog.

시동=그 여자, 누구냐 하면은 내가 본 여자인데 하고 있었어요, 즉 걷고 있었어요. 자기 dog을 데리고 말이다. ↘whom할때 묻는관계 언급이 보이면 된다 : S영뇌

[=walking dog : free 감주, 즉 (지정사 전제) infml E]

*whom, who 다 같이 묻는 관계로 '누구냐 하면'으로 연결되기 때문에 대화영어에서는 who도 많이 쓴다.

Free 감주로 이해/간직 하기 ⇨ The woman whom. /Whom I saw. /I saw. /Whom I saw was. /Whom I saw was walking. /Was walking. /Walking her dog. /-- etc.

☞.. **문장 뼈대**=기본어(The woman) + 연결설명어(whom) + s동사(was)

☞.. 어느 부분을 보더라도 영뇌[무한글 뜻]로 이해되는 게 free 영뇌/free 감주다.

▸ The woman whom. 그 여자, 누구냐 하면 (이 사람은) Whom I saw. 누구냐 하면 (이 사람은) 내가 본 사람 : (연결대상 전제) **관계대명사** /누구냐 하면 내가 본 사람 : **관계문장의 선행사[연결대상]** /누구를 내가 보았는지 : **의문대명사** **중자**=Whom I saw was your uncle. **대명사+관계문장** : 대명사로서 선행사 ☞ p177 **말자=서술적 영뇌** : I don't know whom I saw.

> I saw. : **관계문장 또는 서술문장** **전자**=(연결대상 전제) 내가 본 것/사람 **후자**=나는 보았어요.
> ⇨ 관계문장이 되기 때문에 노콤머 whom의 family 가능

> Whom I saw was. 누구냐 하면 (이 사람은) 내가 본 사람인데 (하고) 있었어요.
> Whom I saw was walking. 누구냐 하면 내가 본 사람인데 있었어요, 즉 걷고 있었어요.
> Was walking. 있었는 데 걷고 있었다 : 이런 **서술적 영뇌**도 관계대명사의 family가 되면 **제한적/비제한적 연결영뇌**가 되고, 관계문장이 되면 **제한적 연결영뇌**가 된다.

↙**비제한적 연결영뇌[Non-DL NB]**

B.. I don't know /so distant relatives, /whom I have never seen. [=, who]

영뇌=기-->설-->설' : BEis-Os

or I + I + I : I-Os or S + S + S : S-Os

> **How to Read[Speak]**=Idon'tknow <u>sodistant</u> relatives, whomIhave neverseen.
> : 먼저 감각적 주파수로 이해한다. 그러면 저절로 순서대로 IS가 실린다.
> **시동**= vocal 감각적 주파수로
> (BEis/IS 영뇌가 될 때까지) F3+E2 강하게 말하기
> whom referent=so distant relatives

☞.. **我必 Free 감주 간직하기**= I don't know so distant relatives, I never saw them.**[infml]**
시동=나는 몰라요, 그렇게 먼 친척들을 말이다. (왜냐하면) 누구냐 하면[어떤 사람들이냐 하면] 이 사람들은 내가 가진 적이 결코 없기 때문인데 본 사실로 말이다/내가 가진 적이 있기 때문인데 결코 본 적이 없는 사실을 말이다.[=because I have -- them] ＊**연결 설명어의 문맥** associate=사유

↗ 영어는 항상 어느 부분을 보더라도 free 영뇌, 특히 free 감주로 이해되어야 한다.

Free 감주로 이해/간직 하기 ⇨ I don't. /Don't know. ↳그러면 감주 패턴이 눈에 보인다.
/, Whom. /, Whom I have. /, Whom I have never. /, Whom I have never seen.
/Whom I have never seen. /Have never seen. /Never seen. /-- etc.

▸ I don't. 나는 없어요. Don't know. 없는 데 아는 게 말이다/없는 데 아는 게 없다.
, Whom. (왜냐하면) 누구냐 하면 이 사람들은 : **콤머 영뇌 + 관계대명사 영뇌** → **비제한적 연결의미**
, Whom I have. 누구냐 하면 이 사람들에 대해 내가 가지고 있기 때문이다 : **콤머 관계대명사**

☞.. **문장 뼈대**=기본어(I) + s동사(don't) + 연결설명어(whom)

, Whom I have never. 누구냐 하면 이 사람들에 대해 내가 가진 적이 결코 없기 때문이다.

, Whom I have never seen. 누구냐 하면 이 사람들에 대해 내가 가진 적이 결코 없기 때문인데 본 사실로 말이다. Whom I have never seen. 누구냐 하면 내가 가진 적이 결코 없는 사람, 즉 본 것으로 말이다 : (연결대상, 즉 선행사 전제) **관계대명사 또는 관계문장의 선행사[연결대상]**

↘**둘다 제한적 연결의미**

Have never seen. : **서술문장 또는 관계문장**

전자=가진 적이 결코 없는데 본 것으로 말이다/가졌는데 결코 본 적이 없는 것을 말이다.

후자=가진 적이 결코 없는 것[사람], 본 것으로 말이다.

: Who has never seen won' t come here.

Never seen. : **서술문장 또는 관계문장 (전자=서술의미, 즉 비연결의미 후자=제한적 연결의미)**

전자=결코 본 적이 없다 **후자**=결코 본 적이 없는 것[사람]

➧ B-E.. **infml E로 콤머 영뇌로 말하면 :**

I don' t know so distant relatives, I have never seen (them).

-- comma **의미**=이유 : comma associate, 즉 일종의 문맥 associate

whom할때 비제한적 연결상황이 (머리 속에) 보이면 된다 : S영뇌 ↙**비제한적 연결영뇌**

C.. Altogether 987 people /were prosecuted, /650 of whom were /convicted.

영뇌=기-->설/설 : BEis-Os

or I + I + I : I-Os or S + S + S : S-Os

How to Read[Speak]

=Altogetherninehundred 87people wereprosecuted, 650 ofwhom wereconvicted.

: 먼저 감각적 주파수로 이해한다. 뒷말과 말하면 이해가 발생하는 것은 IS 설가뇌와 IS 설주뇌 때문이다.

시동= vocal 감각적 주파수로

(자동 설가가 될 때까지) F3+E2 강하게 말하기 whom referent=987 people

↗ **아필 free 영뇌의 소리값 → 아필 생활 속에서의 (뜻의) 소리값**

.. 我必 Free 감주 간직하기

= Altogether 987 people prosecuted, 650 convicted.

시동=모두 합해서 987명은 되었어요, 기소되었어요, 그런데 650명, 즉 어떤 사람들이냐 하면 그들 중 650명에게 생겼어요, 유죄판결을 받은 일이 말이다.

/ -- 650명, 즉 그들중 650명은 되었어요, 즉 유죄판결을 받았어요.

[= ----, of whom 650 ---- . **시동**=즉 누구냐 하면은 그들중 650은 ---- .]

.. 문장 뼈대=기본어(987 people) + s동사(were) + 연결설명어(of whom)

cf]whom family 'were'=속문장[절] s동사

달리 말하기 ↓ 일반대명사=접속능력 없음 ∴ (StE에서는) 접속사 필요
= ---, and 650 of them were convicted. : StE
vs ----, 650 (of them) convicted. : (comma) infml E -- 접속사를 안 쓸 경우
↳ (be동사) 전제 infml E

↗ free 영뇌의 말[소리]값 ⇒ 생활 속에서의 (뜻의) 말[소리]값 [≠사전의 원형적 소리인식] ↗단순한 발음

Free 감주로 이해/간직 하기 ⇒ Altogether 987 people. /Altogether 987 people were. /987 people were. /Were prosecuted. /, 650 of whom. /, 650 of whom were. /, 650 of whom were convicted. /Were convicted. /-- etc.

Altogether 987 people. 모두 합해서 987명 Altogether 987 people were. 모두 합해서 987명은 되었어요. Were prosecuted. 되었는 데 기소 되었어요 : 서술문장[=*(usually)* Prosecuted.] 된 사람들, 기소된 사람들 : 관계문장 , 650 of whom. (그런데) 650명, 즉 누구냐하면 그들중 650명
↳ (그런데)=콤머 영뇌의 문맥 associate=콤머 associate

, 650 of whom were convicted.
650명, 즉 누구냐하면 그들중 650명에게 생겼어요, 유죄판결을 받은 일이 말이다.
: (연결대상 전제) 관계대명사의 비제한적 연결영뇌(즉 비제한적 연결의미) : 계속 [=, and 650 of them]
tip) 간직한 free 영뇌로부터 말문 더 틔우기 : 650 of them were incarcerated. ↑
일반대명사는 연결의미가 없어 접속사 필요

Were convicted. 생겼는데 유죄판결을 받은 일이 생겼다/받았는 데 유죄판결을 받았다 : 서술문장 [=*(usually)* Convicted.] /받은 사람들, 즉 유죄판결을 받은 사람들 : 관계문장 free 영뇌 ↘과동사 free 영뇌
: Whoever was convicted died early. A prize will be given to whoever solves the riddle.

tip) 글(text)=[†]simple statement(간단말) /sentence /paragraph(문단/단락) /passage(절) //introduction(서론) /body(본론) /conclusion(결론) text=t: tied ext: context 문맥이 되게 단어들을 묶어 놓은 것으로서 글

.. 관계대명사를 두 문장을 한 문장으로 고치는 학문적인 접근보다 그냥 단어의 뜻으로 바로 처리하라.

3) whose 영뇌(whose NB)

무한글 이해, 즉 IS두뇌로 사람, 비사람을 묻는 관계로 소유격으로 referring back 하면서 자기문장을 제한적/비제한적으로 연결시켜 설명해 나가는 뇌
in short 연결설명어, in concrete 노콤머/콤머 연결설명어
[w: 묻는관계 who + s: 소유격 or wh: which + s: 소유격 — BNW]

말=(w)HO-se=retro-root 주파수
whose BAM=사람/비사람 묻는관계 언급으로서 누구냐 [어떤 것이냐] 하면
이 사람의/이것의 — 는 — 하는 사람[것] //하는 데
=**본래의미[bnw-BAM]** : whose 영뇌에 맞게끔 시동을 걸면 Ekbe값이 이렇게 나온다.

연결설명어 영뇌

↗whose할때 제한적 연결상황이 (머리 속에) 보이면 된다 : S영뇌

↙**제한적 연결영뇌**

A.. That's /the man /whose house was burned down.

영뇌=기-->설-->설′ : BEis-Os

or I + I + I : I-Os or S + S + S : S-Os

How to Read[Speak]=That'sthe man whosehouse wasburneddown.

: 먼저 감각적 주파수로 이해한다.

기/설로 끊어 놓은 것은 영뇌로 뜻 관계를 단지 알리기 위함이니

이해하거나 말을 할때는 감각적 주파수로 하면 된다. ∵ **그렇게 해도 여전히 IS 설가뇌 유지**

↳absolutely more) ☞ p211

시동= vocal 감각적 주파수로

(자동 설가가 될 때까지) F3+E2 강하게 말하기 whose referent=the man

(대ㅌ서/대ㅌ스더 : s무성음 매치, 겹자음 th폐쇄, e의 약한 감정음가(어)=slide F/slide F

매ㄴ/매앤=post 점형 F/내성음 slide F) .. **문장 뼈대**=기본어(That) + s동사('s) + 연결설명어(whose)

.. **我必 Free 감주 간직하기**= The man's house was burned down.

or The man's house burned down.

↳headline은 오히려 후자 표현이 더 많다.

시동=저분이 바로 그 사람[남자]인데

즉 어떤 사람이냐 하면은 자기 집이 되어버린, 즉 타서 내려 앉아 버린 사람이다.

↘whose할때 묻는관계 언급이 보이면 된다 : S영뇌

Free 감주로 이해/간직 하기 ⇨ That's. /The man whose. /Whose house was.

/Whose house was burned. /Was burned. /Burned down. /-- etc.

➧ That's. 저 분이[저 분은 인데] The man whose. 그 사람, 즉 누구냐 하면 자기의[이 사람의]

무엇[누구]인 것 *무엇[누구]인 것=**단어** associate ↳The man whose phone/wife is good.

Whose house was. 누구냐 하면 자기[이 사람]의 집이 되어버린 사람 : **관계대명사** /누구의 집이 되었는지 : **의문대명사** Whose house was burned. 누구냐 하면 자기 집이 되어버린 사람, 즉 타버린 사람 : **관계대명사** /누구의 집이 되었는지 즉 타버렸는지 : **의문대명사**

Was burned. 되어버린, 즉 타버린 사람[것] : **관계문장** -- 그래서 노콤머 whose의 family 가능

/되었는데 불타버렸다 : **서술문장** -- 그래서 콤머 whose의 family 가능

big tip] 일반대명사는 referring back or forward만 하지 기본어, 즉 선행사에 연결시키는 연결능력은 없다. 비연결설명어이기 때문이다. 그래서 whose를 써야지 his를 쓰면 안된다.

: That's the man <u>his</u> house was burned down. : not ok ···› whose house /, and his house

vs This is the place <u>his house was in old times.</u> : ok ∵ **관계문장 (주기능 비소유 관계문장)**

-- 여기서 his는 the place와 연결시키는 것이 아니다.

시동=이곳이 바로 그 곳인데 즉 그 사람 집이 있었던 곳, 내시, 옛날 내시에 있었던 곳이다.

-- 즉 옛날에 있었던 곳이라는 말 *내시(內時)

↗whose할때 비제한적 연결상황이 (머리 속에) 보이면 된다 : S영뇌

↙**비제한적 연결영뇌**

B.. Her house, /whose windows are all broken, /is a depressing sight.

영뇌= 기-->설/설 : BEis-Os

or I + I + I : I-Os or S + S + S : S-Os

How to Read[Speak]

=Herhouse, whosewindowsare allbroken, isa depressingsight.

: 먼저 감각적 주파수로 이해한다. 영뇌 상급자에게는 감각적 주파수는 주로 I영뇌로 작동한다.

시동= vocal 감각적 주파수로

(BEis/IS 영뇌가 될 때까지) F3+E2 강하게 말하기

whose referent=Her house : 비사람 ↘**그러면 영어말투가 형성되고 영어말투에 익숙해진다.**

.. 我必 Free 감주 간직하기

=The windows of her house all broken, looks depressing sight.

시동=그 녀의 집은, 어떻게 된 것이냐 하면 이 집의 창문들이 있어서 모두 깨어져 있어서, 있어요. 침울한 모습으로 말이다. [=, because its windows] ↘**whose할때 묻는관계 언급이 보이면 된다** : S영뇌

달리 말하기[paraphrasing]= --- , the windows of which --- , --- .

/--- , of which the windows --- , --- .

➧ of 소유격 전치사와 목적격 which 사용

시동= 그 창문들, 즉 어떤 것이냐 하면 이 집의 창문들은 ---- .

/즉 어떤 것이냐 하면 이집의 그 창문들은 ---- .

↗ 항상 vocal로 F3로 말하여 간직

Free 감주로 이해/간직 하기 ⇒ Her house, whose windows. /, Whose windows are. /Whose windows are. /Windows are all broken. /All broken, is. /Is a depressing sight. -- etc.

➧ Her house, whose windows. 그 녀의 집인데 (어떻게 된 것이냐 하면) 이 집의 창문들(은)

, Whose windows are. (어떻게 된 것이냐 하면) 이 집의 창문들은 있다[되어 있다] : **비제한적 연결영뇌**

Whose windows are. (어떻게 된 것이냐 하면) 이 집의 창문들은 되어 있는 것 : **제한적 연결영뇌**

Windows are all broken. 창문들이 있는데 즉 모두가 깨어져 있다 : **서술문장**

/창문들이 있는 것, 즉 모두가 깨어져 있는 것 : **관계문장** ⇒ This is the place windows --- .

All broken, is. 모두가 깨어져 있어서, (무언가로) 되어 있어요 : **관계과분사**

Is a depressing sight. 있는 데 음침한 모습로 되어 있어요 : **서술문장** ⇒ **현동사** free **영뇌**

/있는 것, 즉 음침한 모습로 되어 있는 것 : **관계문장** ⇒ What is a depressing sight is his house.

.. 문장 뼈대=기본어(Her house) + 연결설명어(whose) + s동사(is)

☞.. 단어 본래의미를 알면 어순이 동일해진다. 영어가 어려운 것은 어순을 다르게 생각[이해} 하기 때문이다.

4) which 영뇌(which NB)

무한글 이해, 즉 IS두뇌로 비사람을 묻는 관계로 referring back하면서 자기문장을 제한적/비제한적으로 연결시켜 설명해 나가는 뇌

in short 연결설명어, in concrete 노콤머/콤머 연결설명어

[w: 묻는관계 h: 비소리로서 비사람 — BNW
(w=〜 : 묻는모습 + v, v를 묶어 놓는 것으로서 관계, 그래서 w=묻는관계)]

☞.. 본래의미와 뜻하는 의미는 IS가 서로 다르다.

> **말**=W(H)Ich=slide 주파수 i=이: 철자음가
>
> **which BAM**=비사람 묻는관계 언급으로서 어떤 것[어느 것]이냐 하면 —— 인 것[하는 것] /인데[하는데] =**본래의미[bnw-BAM]**
>
> ↳ bnw-BAM 시동=Best
>
> vs **단순히 뜻하는 의미[just-IM]**=이것은 —— 인 것[하는 것] /인데[하는데] //즉 —— 인 것[하는 것] /인데[하는데]
>
> : 묻는 관계가 아니기 때문에 뜻하는 의미가 되고, 뜻하는 의미로 that으로 달리표현 가능
>
> tip) bnw-BAM과 just-IM=IS영뇌가 다름에 유의

↗which할때 제한적 연결상황이 (머리 속에) 보이면 된다 : S영뇌

↙**제한적 연결영뇌**[DL NB] ↙**서술적 영뇌**[PR NB]

A.. The river /which flows through our city /is polluted.

영뇌=기-->설/설 : BEis-Os

or I + I + I : I-Os or S + S + S : S-Os

즉 이 문장에서 Key 감주
↗고난도 감주

How to Read[Speak]=Theriver whichflows throughour cityispolluted.

or — throughourcity ispolluted. ↗ 뒷말과 말하는 느낌이 머리[마음] 속으로/눈으로 보이면 저절로 이해된다.

: 먼저 감각적 주파수로 이해한다 ⇒ 이때 감주=마음의 소리 or 실제소리

시동= vocal 감각적 주파수로 (BEis/IS 영뇌가 될 때까지) F3+E2 강하게 말하기

which referent=The river

감각적 주파수=생활 속에서의 뜻이 용해된 대부분 I값이다.

☞.. **我必 Free 감주 간직하기**= The river polluted through our city.

시동=그 강, 어떤 강이냐 하면은 흘러 뚫고서 우리의 도시를 지나는 강인데 되어 있어요, 오염되어 있어요/ --- 지나는 강이어서 --- . : **보설 독설뇌** [=through city : infml E]

↘which할때 묻는관계 언급이 보이면 된다 : S영뇌

↳ 영어는 항상 어느 부분을 보더라도 free 감주로 이해되어야 한다.

주의)원어민들은 이면 뜻으로 가더라도 단어 원래 뜻(BNW)을 바탕으로 하고 있다.

뜻하는 의미로 시동 ☜.. **문장 뼈대**=기본어(The river) + 연결설명어(which) + s동사(is)
= ---, 이 강은 흘러 --- 지나는 강인데 ---. [=The river that flows -- .]

분설 보설뇌[즉 독설 보설뇌]로 작동시키면 :

A- E.. The river /is polluted /which flows through our city.
영뇌=기-->설/설 : BEis-Os (관계절=분설)

시동=그 강은 오염되어 있는 데 어떤 강이냐 하면 (이 강은) 흘러 뚫고서 우리의 도시를 지나는 강이기 때문이다[강이다]/그 강은 있는데 오염되어 있는데 --. [=The river polluted which : infml E]
*is=동질 또는 동질연결로서 '은'/상태로서 '있는데'
: Wang Lequan adopted policies during his tenure that marginalized Uighur culture.
↳(독설뇌로서) 분설

콤머영뇌를 작동시켜 근설 보설뇌[즉 보설 독설뇌]로 작동시키면 :

↗which할때 비제한적 연결상황이 (머리 속에) 보이면 된다 : S영뇌
↙비제한적 연결영뇌[non-DL NB] **↙서술적 영뇌**[PR NB]

A- E.. The river, /which flows through our city, /is polluted.
영뇌=기-->설/설 : BEis-Os
or I + I + I : I-Os or S + S + S : S-Os

How to Read[Speak]= Theriver whichflows throughourcity ispolluted.
: 먼저 감각적 주파수로 이해한다. (이즈펄**루-**티드=small slide F + trapezoid F)
시동= vocal 감각적 주파수로
(자동 설가가 될 때까지) F3+E2 강하게 말하기 ↗the attributive Native Brain
which referent=The river **cf]제한적 영뇌**[AT NB] ☞ p143

영어는 마음의 소리[귀에 익은 소리/자기 소리/sp의 소리] 또는 글자에 의해서 (무한글로) 이해된다.이들 자체가 IS이기 때문이다. **전자=의음(依音) 후자=의자(依字)**

시동=그 강, 어떤 강이냐 하면은 (이 강은) 흘러 뚫고 우리의 도시를 지나므로 되어 있어요, 오염되어 있어요. / --- 우리의 도시를 지나는 데 ---. : **이유/전환 비제한적 연결영뇌**

콤머영뇌를 작동시켜 분설 보설뇌[즉 독설 보설뇌]로 작동시키면 :

A- E.. The river /is polluted, /which flows through our city.
영뇌=기-->설/설 : BEis-Os (관계절=분설)

시동=그 강은 되어 있어요, 즉 오염되어 있어요, 어떤 강이냐 하면은 (이강은) 흘러 뚫고 우리의 도시를 지나기 때문이다. tip) Which child would you support? : 어떤 아이를/어느 아이를

연결설명어 영뇌

달리 말하기= --- , because it flows through our city. ↗접속능력이 있음 -- 연결의미

▸ 관계사는 (이유) 접속사를 쓰지 않아도 이유를 나타낼 수 있다. 연결 설명어이기 때문이다. 일반 대명사와 다르다. 일반대명사는 비연결 설명어이기 때문에 StE에서는 접속사가 필요하다.

↘접속능력이 없음 -- 비연결의미

A.. The river which flows through our city is polluted.

Free 감주로 이해/간직 하기 ⇒ The river which. /Which flows through. /Flows through /Through our city is. /Through our city is polluted. /Is polluted. /Polluted. /-- etc.

▸ The river which. 그 강, 즉 어떤 강이냐 하면은 (이 강은)

Which flows through. 어떤 것이냐 하면 (이 강은) 흘러 뚫고 가는 것/것인데

Flows through. 흘러 뚫고 가는 것(인데) : **관계문장** -- 그래서 노콤머 which의 family 가능

/흘러 뚫고 가고 있다 : **서술문장** -- 그래서 콤머 which의 family 가능

Through our city is. 뚫고서 우리의 도시를 뚫고 가는 것인데 되어 있어요.

A- E.. The river, which flows through our city, is polluted.

Free 감주로 이해/간직 하기 ⇒ The river, which flows. /Flows through. /Through our city, is. /Which is polluted. Our city polluted. River polluted. /-- etc.

▸ The river, which flows.

그 강, 즉 어떤 강이냐 하면은 (이 강은) 흘러가기 때문에[이다] [= -- , because it flows.]

Flows through. 흘러서 뚫고 지난다 : **서술문장** ⇒ **현동사 free 영뇌**

/흘러서 뚫고 지나는 것 : **관계문장** : Whichever flows through is polluted.

Through our city, is. 뚫고서 우리의 도시를 지나므로 (무언가로 되어) 있어요.

Which is polluted. : **관계대명사 /관계문장의 선행사 /의문대명사 free 영뇌**

B.. Susan drinks /so much beer, //which /made /her /fat. [=that= , as]

영뇌=기-->설 ⇨ 전설 (-->설′-->설″-->설″′) : **BEis-Os**

How to Read[Speak]=Susandrinks somuch beer, whichmadeher fat.

: 먼저 감각적 주파수로 이해한다.

시동= vocal 감각적 주파수로

(BEis/IS 영뇌가 될 때까지) F3+E2 강하게 말하기

which referent=앞문장 전체 : 비사람

(드리ㅇ크스=cramp F : 단수동사 s 무성음 매치 : 일종의 순행동화)

시동=Susan은 마셔요, 정말로 많은 beer를 말이다. 이러한 것이 어떻게 했는가 하면은 만들고 말았어요. 그 여자를 뚱뚱하게 말이다. IM 시동= -- , 이러한 것이 -- . **달리 말하기**= --, and this made -- .

tip) <u>All options are on the table</u> that I can say. : that의 노콤머 비제한적 연결영뇌

↘표현=기본어 : -- 그렇게 나는 할 수 있는데 말을 말이다.[= , which]

C.. She is /rich, /which /I am not. [= — rich that I am not. : that의 노콤머 비제한적 연결영뇌]

영뇌=기-->설-->설′-->설″ : BEis-Os

How to Read[Speak] =Sheis rich, whichIam not. : 먼저 감각적 주파수로 이해한다.

시동= vocal 감각적 주파수로

(자동 설가가 될 때까지) F3+E2 강하게 말하기 which referent=rich : 비사람

(아이애ㅁ=check mark F [=slide F + post점형 F] 나ㅌ/나ㅌ=post점형 F + slide F)

시동=그 여자는 있어요. 부자로 말이다. 어떻게 된 것이냐 하면은 이런 것은 나에게는 없어요.

IM 시동= -- . 이런 것은 나에게는 없어요.

▭ which=보격: 보어 which=this/that/it처럼 주격/보격/목적격으로 사용

caution] She is rich, which most people want.

➧ which가 가리키는 부분이 rich이나 which는 대명사이므로 want의 목적어 가능

D.. He beckoned /her /to approach, /which /she didn't. [=that= , as]

영뇌=기-->설-->설′-->설″-->설′″ : BEis-Os

How to Read[Speak]=Hebeckonedher toapproach, whichshe didn't.

: 먼저 감각적 주파수로 이해한다.

시동= vocal 감각적 주파수로 (BEis/IS 영뇌가 될 때까지) F3+E2 강하게 말하기

which referent=to approach : 비사람

(투어프로우취=little slide F + cramp F : 앞 p 폐쇄 ∵ 조음점이 같아 겹자음 동시 발음불가)

시동=그는 손 짓을 했어요, 그 여자에게 가까이 오라고 말이다. 하지만 어떻게 했는가 하면은 이러한 것을 그 여자는 하지 않았어요.

beckon=보고 그리는 것으로서 손짓하는 것[b: 보는 것 e: eyes ck 〉 크 〉 그 : 그리는 것]

※ **노콤머 비제한적 연결영뇌** : 자기 문장 주기능이 아닌 전치사 주기능인 경우

— 전치사는 콤머불관 연결설명어이기 때문에 (콤머가 없어도) 비제한적 연결영뇌도 가능

↗and=명사 등맥이지 관계대명사와 관계없다 : 명사등설

IIIII .. His age, his heritage, his potential, and the aplomb with which he handled a dicey situation. 시동=그의 나이, 그가 물려받은 자질, 그의 잠재력, -- 그리고 침착함인데, 동자/가지고서 이런 것들을 가지고서 그는 처리했어요, 아슬 아슬한 상황을 말이다 : 14살 Guan의 Masters 참가 상황

➧ aplomb=어떤 것에 평정한 마음의 상태로서 침착함 [a: at p: 평정한 것 m: mind]

dicey=위험이 올 것같은 것으로서 위태로운 것/아슬아슬 한 것 [d: danger i: likely c: come]

IIIII .. Out of his mouth comes a sharp sword with which to strike down the nations.

-- to strike=속문장 s동사 대용, 즉 문장대용 : with which he strikes ---.

[=Coming out of -- is a sharp sword=A sharp sword is coming out of --] ↗영뇌영어 vol 1 p189/190/191

시동=밖으로 즉 -- 나왔는데 그것은 -- 이며 동자/가지고서 이것을 가지고서 대동 때려 눕혀노라, ↗문장 접속능력이 없음

tip) StE : 한 문장 내에서 접속사없이 문장을 거느리면서 referent와 함께 쓰려면 관계대명사를 써야지 일반대명사를 쓰면 안된다.

cf] John lay on the floor, his hands crossed behind his head. : 비문장

연결설명어 영뇌

☞.. 단어 본래의미[즉 원어민이 알고있는 의미]를 알아내는 원천기술은 BAM이다.

5) that 영뇌(that NB)

무한글 이해, 즉 IS두뇌로 사람, 비사람을 지정관계로 referring back하면서 자기문장을 제한적/비제한적으로 연결시켜 설명해 나가는 뇌

in short 연결설명어, in concrete 노콤머 연결설명어

[th: the/thing h(합성소리): human a: animal t: plant

or th: the a: all t>d: direction 방향으로서 관계 — BNW]

↗infml E /SpE

주의] 1. that=콤머없이 제한적/비제한적 연결영뇌 ∵ 지정관계 뜻 (단, 콤머를 찍으려면 one that 사용)

vs who/which=콤머유무로서 제한적/비제한적 연결영뇌 ∵ 묻는관계=보통관계

2. 지정관계는 분명한 관계이고, 지시대명사와 구별해야 하기 때문에 콤머영뇌가 작동하지 못한다. 만약, 콤머영뇌가 바로 작동하면 **infml E**로 지시대명사가 된다.

말=THAt=대ㅌ/대ㅌ[더ㅌ]=post 점형/slide 주파수[dot 점형 주파수] (a=애: 강한 감정음가 어: 약한 감정음가)

that BAM=사람/비사람 지정관계 언급으로서 이/그 사람[것]은 — 한 사람[것] /— 하는데

=본래의미[bnw-BAM] : 보통 뉘앙스

//바로 이 사람[것]/이 사람[것]이야 말로 — 한 사람[것] /— 하는데

=본래의미[bnw-BAM] : 강조 뉘앙스

vs **단순히 뜻하는 의미[just-IM]=즉/즉** — 한 사람[것] /— 하는데 **: 보통/강조 뉘앙스**

: 지정 관계 뜻이 아니기 때문에 뜻하는 의미가 된다.

||||.. **보통 뉘앙스 :**

that할때 제한적/비제한적 연결상황이 (머리 속에) 보이면 된다 : S영뇌

- Two year manhunt led to /drone strike /that killed Awlaki.

영뇌=기—> 설—> 설′ : BEis-Os ↘**제한적 또는 비제한적 연결영뇌**

or I + I + I : I-Os or S + S + S : S-Os

↳drone strike, one that — .

: 그러한 것, 즉 이것이 죽였죠, — .

How to Read[Speak]

=Twoyear manhunt ledto dronestrike thatkilled Awlaki.

: 먼저 감각적 주파수로 이해한다. that referent=drone strike | Free 감주 간직하기

시동= vocal 감각적 주파수로 (BEis/IS 영뇌가 될 때까지) F3+E2 강하게 말하기

(레드투/레드어/레더 : t폐쇄와 o의 어화[약한 감정음가], 비합성 감주과 합성감주=모두 slide F : 이때 '어'는 극저음으로 내면 된다.)

☞.. **我必 Free 감주 간직하기**=Drone strike killed Awlaki in two year manhunt.

☞.. **major 감주=** Two year manhunt --- drone strike -- killed Awlaki.

↘ 2년간 추적하다가 드론 공격으로 죽였어요, 알라키를 말이다.

↗that할때 지정관계 언급이 보이면 된다 : S영뇌

시동=2년간의 범인[수배자] 수색[추적]이 결국 이끌어 내고 말았어요.원격무인 조정기 공격을 말이다. 그리하여 결국 이 공격은 <u>죽인 것</u>, Awlaki를 <u>죽인 것</u>이 되었다.[-- 이끌어 냈어요, 대자 드론 공격을 말이다.] /그리하여 이것이 결국 <u>죽이고 말았는데</u>, Awlaki를 <u>죽이고</u> 말았어요.

그리하여 결국=**문맥** associate to=방향결과로서 되고 마는 것/방향대상으로서 대자(對者)
여기서 **제한적 연결영뇌=성격규정 느낌** [=which killed]
비제한적 연결영뇌=결과 느낌 [= , which killed]

.. **문장 뼈대**=기본어(Two year manhunt) + s동사(led) + 연결설명어(to/that)

caution] 1. that=지정관계로서 성격[실체] 규정 또는 추가정보(further/extra information)
vs who/which=묻는 관계로서 성격[실체] 규정 또는 추가정보(further/extra information)

2. that이 비제한적 연결영뇌일 때는 콤머영뇌를 작동시켜 who/which로 대체할 수 있다. 하지만 순서대로 일어나거나 결과일 때는 that을 더 선호한다.

I found a purse that I took to a police-box. 찾은 것은 지갑이고 그것을 나는 가져갔다.
=I found a purse, which I took to a police-box.
(그리고) 그것을 나는 가져갔다. 대처 파출소로 말이다.
I bought a book yesterday that I found dull.
샀는데 책을 어제 샀는데 이런 것이 있었음을 나는 발견했다. 즉 지루함이 말이다.
=I bought a book yesterday, which I found dull. (그리고) 이것에서 나는 발견했는 데 지루함을 -- .

3. that=관계대명사 뿐만이 아니라 관계부사, 종속접속사도 콤머없이 제한적/비제한적 연결영뇌 가능
June 25 that I came, the Korean War broke out. 이 날은 -- <u>왔던 날인데</u>/이 날에 -- <u>왔는데</u>
I'm so happy that I came here. 비제한적 연결영뇌
Concerns that he might fail grow. 동격 -- 제한적 연결영뇌

||||.. **강조 뉘앙스 :** ↙**제한적 또는 비제한적 연결영뇌**

• It was /beer /that I drank last night. (it 시동=emphasis 'it')
영뇌=기--〉 설--〉 설' : BEis-Os
or I + I + I : S-Os or S + S + S : S-Os

How to Read[Speak]=Itwas beerthat Idrank lastnight. : 먼저 감각적 주파수로 이해한다.
시동= vocal 감각적 주파수로 (자동 설가가 될 때까지) F3+E2 강하게 말하기
that referent=beer | Free 감주 간직하기
(이ㅌ=post 점형 F 워즈=slide F 드래ㅇ크/쥬래ㅇ크=cramp F : 철자/감정 음가 라-스(트)=retro-root F : t폐쇄와 비폐쇄)

.. **我必 Free 감주 간직하기**= The beer I drank last night with my friends.

.. **문장 뼈대**=기본어(It) + s동사(was) + 연결설명어(that)

연결설명어 영뇌

시동=바로 그것은 beer이었는데, 바로 이것은 내가 **마신 것**, 즉 지난 밤에 **마신 것**이었다.

[바로 이것을 내가 **마셨지요**. 지난밤에 말이다]

-- it=referring back : **대화상황 지칭** -- 무엇을 마셨지' 할 때 그것이라고 referring back한다.

that=근설 연설뇌 (=It was beer, not wine, that I drank last night. : referent를 달리하기 위해 콤머사용)

Super Bowl 2016 : folks, it' s the game on with the Broncos and the Panthers!

it=Super Bowl 지칭 folks=세상 사람들이여 Broncos=Denver팀 Panthers=Carolina팀

it' s=강조와 현재동질로서 '바로 그것 즉' : 바로 그것, 즉 그 게임이 시작했도다[=in]

• It /was beer /that I drank last night. (it 시동=emphasis 'it')

영뇌=기--> **설/설** : BEis-Os

시동=바로 그것은 beer이었다. 즉 내가 **마신 것**, 지난 밤에 **마신 것**은 말이다.

-- it=referring forward : referent=that that=독설 보설뇌 : **먼저 요지+보설로 보충**

-- it=referring back and forward : referents=**대화상황**+that

: 하지만 '무엇을 마셨지' 할 때 그것이라고 referring back하면서 다시 구체적으로 that이하로 말하면 referring back and forward가 된다. *was=과거동질로서 은 -- (이었다)

[=It is beer that I drank last night. 과거상황 그대로 표현하지 않고 (과거 상황에 대한) 설명현재로 표현 가능 : 바로 그것은 beer인데 즉 -- .]

☞ p278

① 보통 뉘앙스로 연결

A.. -- an insomniac that (who) has trouble sleeping.

-- the cat that (which) caught the mouse.

-- roses that (which) are thought of as a typical English flower.

-- the oxygen that (which) human beings need.

-- the people and animals that she saw in the animal park. **시동**= -- 이 사람들과 이 동물들은

-- the students and the things that he saw. **시동**= -- 이 학생들과 그것들은

보통 뉘앙스일 경우=who/which로 대체 가능

하지만 referent가 사람과 비사람일 때는 대체할 수 없다. who/which는 어느 한 쪽을 뜻하기 때문이다. ▭ that=**지정관계 뉘앙스** vs who/which=**묻는 관계 뉘앙스**

plus] 순서대로 일어나거나 결과일 때는 비제한적 연결 영뇌로 콤머없는 that을 더 선호한다.

• Eurozone finance chiefs are gathering in Brussels for a meeting that could decide whether new Greek proposals are sufficient to secure a third bailout and prevent a possible eurozone exit.

시동= -- 모이고 있는데 내소, 브리셀 내소로 즉 미팅을 하기위해 모이고 있는데 여기에서[이 미팅에서] 할 수 있을 것 같다. 즉 결정할 수 있을 것 같다. 어떤 것인지 즉 새로운 그리스 제안들이 충분한지[것인지] 즉 확보 하기에 -- 그리고 방지하기에 -- 충분하지[것인지] 결정할 수 있을 것 같다.

② 강조 뉘앙스로 연결

선행사[기본어]가 강하게 표현되면 강조 뉘앙스 관계대명사로 의율[意律]을 시킨다. 이럴 경우 일반 뉘앙스인 who/which로 대체시킬 수 없다. 강조는 강조끼리 보통은 보통끼리 의율이 되어 두뇌가 작동하기 때문이다. that이 강조일 경우 「더ㅌ」이 아니라, **「대ㅌ/대ㅌ」**로 강하게 말한다. 영어받침과 한글받침은 다르다. 전자는 초성과 중성을 강하게 하는 역할이고, 후자는 그야말로 받침역할을 하는 것이다. 그래서 **'댓'** 으로 표기하면 한글발음식 표기가 된다.

- **This is /the very ring /that she carries[carried].=기--〉 설--〉 설′** : BEis-Os

  the=(외부적) 강조 very=강조어

  시동= --- 바로 그 반지인데, **이것이야 말로** (그 여자가 갖고 다니는/다녔던 것이다.)

  : **every -- that /everything that** ➧ every=**강조 뉘앙스 단어** : 모든 /모든 것

  who that ---? ➧ who=**수사적으로 표현된 강조말** : 누가 ↗영뇌영어 vol 1 p160

↗it의미=강조/보통 의미

③ 강조 또는 보통 뉘앙스로 연결 tip)that의 강조/보통 의미=the/형용사/it 의미에 따라 결정

- **This is /the same ring /that she carries. =기--〉 설--〉 설′** : BEis-Os

  the=(외부적) 강조/보통

  시동=이것은 정말로 그것과 같은 반지인데 vs (그냥) 그것과 같은 반지인데 -- .
  바로 이것은 vs 이것은 그 여자가 갖고 다니는 것과 똑 같은 것 vs 같은 것이다.
  (보통 뉘앙스 뇌일 경우= -- which -- .)

cf] This is the ring as she carries. : 그 링, 즉 그 여자가 갖고 다니는 것과 같은[유사한] 것

: as=동질[동급] 비교로서 **동일물**(usually with 'same')
/유사질[유사급]로서 **유사물**(usually with 'similar')

vs that=**동일물**(usually with 'same') /**해당물**(without 'same') ↗묻는/문장 관계 해당물

후자=This is the ring that she carries.[=This is her ring./which she/she carries]
-- 그 링인데 이것은/즉 그 여자가 갖고 다니는 것, 즉 그 여자 것이라는 것

➧ as=동질[동급] 비교로서 비교 동일물 -- 해당물에는 못 씀
vs that=지시적 동일물 -- 유사물에는 못 씀 ☞ 영뇌영어 vol 1 p168

: **the only -- that** ➧ the=(내부적) 강조 또는 보통 only=**강조/보통 뉘앙스 단어**

그야말로 오로지 유일한[오로지/정말로 하나 밖에 없는] //(그냥) 유일한[(그냥) 하나 밖에 없는]
the가 강조일 경우 뒷말 철자 자음/모음 관계없이 **「디이/디-」**로 강하게 소리를 낸다. (이=내성음)

both the comics that ➧ the=**강조 또는 보통** : 두 권의 바로 그 만화책/두 권의 그 만화책 ※comics=comic books
보통 뉘앙스 뇌일 경우= -- which --. both/same=일반[보통] 뉘앙스 단어, 그래서 the 뜻에 따라 선행사 의미가 결정되어 that 또는 which 뇌가 작동하는 것이지 both 때문이 아니다.

each of -- that ➾ each/that=**강조/보통 뉘앙스 단어** : 각각 따로 //(그냥) 각각/각자

there is not much that

➾ not much=**강조표현** -- much는 원래 보통 뉘앙스 단어이나 not와 함께 쓰여 강조로 된 것인데 '정말로 많지는 않다'는 말이다.

보통표현: There is much of the city which[that] was destroyed in the attack.

his writings contain very little that

➾ very little=**강조표현** : 포함되어 있는 데 정말로 조금만 있다[정말로 거의 없다].

보통표현 : His writings contain little that is new or startling. [=which]

anyone that ➾ anyone=**강조/보통 뉘앙스 단어** : 어느 누구든지 //누군가가

all that ➾ all=**강조/보통 뉘앙스 단어** : 모두 다[모두 깡그리] // 그냥 모두

anything that ➾ anything=**강조/보통 뉘앙스 단어** : 어느 것이든지[어떠한 것도] //어느 것

보통 뉘앙스 뇌일 때 -- which 뇌 가능

cf] vendor, someone that/who sells from a small stall or cart.

someone=보통 뉘앙스 단어 -- 어떤 사람   some=보통 뉘앙스 단어

any=선행사로 표현될 경우 강조/보통 뉘앙스 단어

그런데 no=강조단어이지만 who/which로 쓰는 것은 **관습적 E**

: No student whom Bill teaches and who learns the subjects easily.

the main idea that ➾ the main idea=**강조 또는 보통 뉘앙스** : 정말로 그 주제 //그 주제

the 표현에 따라 강조 또는 보통 의미가 된다. main idea는 주제로서 보통표현이다.

보통 표현 뇌일 경우 : -- which ---.

↗the가 강조일때는 자모에 상관없이 "디-"로 소리내는 것이 일반적이다 : 청취시 유의

the greatest -- that 정말로[그야 말로] 최고[가장 최고] ← the=강조일 경우

➾ the=**강조 또는 보통** **최상급=보통 뉘앙스 단어** ∴ who/which **사용 가능**

tip)비교급이나 최상급은 많고[크고] 적은[작은] 정도의 문제이지 강조(의 문제)가 아니다.

그래서 the의미에 따라 that을 선택하는 것이지 최상급 때문이 아니다 : the=보통 → 그런 최고

the first/last -- that 정말로[그야 말로] 최초 /그런[그냥] 첫 번째

//정말로[그야 말로] 최후 /그런[그냥] 마지막 번째

➾ the=**강조 또는 보통** **서수=보통 뉘앙스 단어** ⇒ 첫 번째/마지막 번째

tip) the **의미에 따라** that, who[which]**를 선택하는 것이지 서수 때문이 아니다.**

구문법의 한계]

much, all, every, both, each, the only, the very, the same, the main, the chief, **최상급, 서수 -- 등**과 함께 선행사가 표현되면 관계대명사 that을 써야 한다고 주장하는 책이 있는 가 하면 어떤 책은 뚜렷한 구분이 없다고 한다. **정말로 한심하다.** 단어의 뜻을 정확히 모르고서 그냥 남의 책을 베껴 쓴 결과이다.

관계대명사 that 제약

tip)that의 두 가지 제약과 두 가지 특혜
❶전자=콤머와 전치사 사용불가
❷후자[즉 밑줄]=제한적/비제한적 연결의미와 보통/강조 의미

-- 콤머로 분리 불가능/전치사 사용불가

만약 comma를 찍거나 전치사를 쓰면 지시대명사가 되기 때문이다. 뿐만아니라, that은 BNW가 지정관계로 분명한 관계이기 때문에 콤머로 분리할 수 없다. 관계부사 that도 마찬가지이다.

그리고 전치사를 써지 못하기 때문에 관계대명사 소유격 표현으로 of which는 있으나 of that은 없다. 만약 of that으로 쓰려면 일반대명사[즉 지시대명사]로 써야 한다.

IIIII.. This is the best hotel that I know.

comma 분리 : This is the best hotel, that I know.

⇒ 목적어 도치 일반대명사 -- (comma) infml E (or -- , I know that.)

∵ 일반대명사=연결[접속] 능력이 없음

Standard E : This is the best hotel, and that I know/I know that.

↘일반대명사=그냥 명사를 대신하지 접속능력이 없어 접속사 필요

IIIII.. The chair that I am sitting in is hard.

-- 일반대명사[즉 지시대명사] 오해방지를 위해 전치사를 뒤로 돌려야 함

vs This chair is hard. In that I am sitting.
vs The chair which I am sitting in is hard.
vs The chair in which I am sitting is hard.
-- 전치사와 함께 표현해도 지정관계가 아니라 묻는 관계이기 때문에 일반대명사로 오해가 생기지 않는다.

시동=그 의자, 이 걸상은 내가 앉아 있는 곳인데 그 내소에 앉아 있는 곳인데 입니다. 딱딱합니다.
/그 의자, 내소 어떤 것이냐 하면은 이 의자 내소에 내가 앉아 있는 데[것인데] 입니다. ---.

Plus] 관계대명사=단복대명사 일반대명사 that=단수대명사
I know the woman that is sitting over there. vs That is a book.
I know the people that are sitting over there. vs Those are books.

영어는	단어의 뜻만 정확히 알면 된다 — 관계사절 만들기/화법전환/가정법 패턴 — 등은 불필요

as=동급관계 언급대상으로서 동자 but=반대관계 언급대상으로서 반자 than=차등관계 언급대상으로서 차자

: More people who/as/but/than were expected came here.

1. 더 많은 사람들 누구냐 하면 되었던 예상되었던 사람들인데 왔어요. 여기에 말이다.
2. 더 많은 사람들 동자[이와 같은 사람들은] 되었던 예상되었던 사람들인데 왔어요. 여기에 말이다.
3. 더 많은 사람들 반자[하지만 이들은] 되었던 예상되었던 사람들인데 왔어요. 여기에 말이다.
4. 더 많은 사람들이 차자[이런 사람들보다] 되었던 예상되었던 사람들보다 더 많이 왔어요. 여기에 말이다.

↘이와 같은 사람들=referring back 이런 사람들=referring forward

6) as 영뇌(as NB)

무한글 이해, 즉 IS두뇌로 사람, 비사람을 동급관계[드물게 유사관계] 언급으로 referring back하면서 자기문장을 제한적/비제한적으로 연결시켜 설명해 나가는 뇌
in short 연결설명어, in concrete 노콤머/콤머 연결설명어
[a: all s: same/(rarely) similar — BNW] (단, as=referring back/forward로서 referent 앞뒤가능)

> **말**=As=slide 주파수 (a=애 : 강한 감정음가=애ㅈ 어 : 약한 감정음가=어ㅈ s=z : 유성음매치)
> **as BAM**=사람/비사람 동급관계 언급으로서 이와[그와] 같은 사람[것]은/동자
> — 한 사람[것]인데/하는 데 //같은 것인데/유사한 것인데 =**본래의미 -- bnw-BAM**
> ➡ as, such와 같은 상관어가 없으면 문맥에 따라 that과 호환가능 ↗관계대명사=주로 referring back
> 주의)1. 동급관계=보통 관계이므로 콤머영뇌 가능 2. 대명사 BNW= referring back/forward

↗as할때 제한적 연결상황이 (머리 속에) 보이면 된다 : S영뇌
↙ **제한적 연결영뇌[DL NB]**

A.. As many people /as came first /were given the tickets.
영뇌=기-->설/설 : BEis-Os or I + I + I : I-Os or S + S + S : S-Os

> **How to Read[Speak]**=Asmany peopleas camefirst weregiventhe tickets.
> : 먼저 감각적 주파수로 이해한다.
> **시동**= vocal 감각적 주파수로 (BEis/IS 영뇌가 될 때까지) F3+E2 강하게 말하기
> as referent(선행사)=As many people as=주기능: 주어 | Free 감주 간직하기
> (케임퍼-스[트]=slide F + retro-root F — 비약음 감주, 특히 t탈리시 탈리감주라 함
> : t폐쇄 또는 t비폐쇄 — s/t는 치경음으로 같은 조음점 ☞ 기본영뇌 vol 2 p184))

☞.. **我必 Free 감주**= As many people came first, they (were) given tickets.
시동=같은 많은 사람들, 그와 같은 사람들은/동자, 즉 도착을 먼저 한 사람들인데 받았지요, tickets을 말이다. ↘were의 '인데' 동질
↘동자[as]할때 동급관계 언급이 보이면 된다 : S영뇌

☞.. **문장뼈대**=기본어(As many people) + 연결설명어(as) + s동사(were)
: Beware of /such persons /as flatter you.=**기-->설-->설'**
시동=조심하라. 즉 그런 사람들을 조심하라. 이와 같은 사람들은 아첨하는 사람들인데 당신에게 아첨하는 사람들 이다.. ※ of=동격목적으로서 즉

☞.. **major 감주=** --- people as came first --- given -- tickets.
↘사람들, 그와 같은 사람들은/동자 오기를 먼저 한 사람인데 받았어요, 티켓을 말이다.

as할때 비제한적 연결상황이 (머리 속에) 보이면 된다 : S영뇌

↗비제한적 연결영뇌[Non-DL NB]

B.. Tom too much likes /the liquor, //as is /usual with /sailors. [=that= , which]

영뇌=기-->설 ⇨ 전설-->설′-->설″ : BEis-Os

or I + I + I + I + I : I-Os or S + S + S + S + S : S-Os

↗고난도 감주↖

How to Read[Speak] =Tomtoo muchlikesthe liquor, asis usualwith sailors.

: 먼저 감각적 주파수로 이해한다.

시동= vocal 감각적 주파수로 (자동 설가가 될 때까지) F3+E2 강하게 말하기

as referent=Tom too much likes the liquor : **비사람=앞표현** -- referring back

(라이크스어/라이크서//라익스어/라익서=slide F: th폐쇄와 비합성 감주과 합성 감주)

.. 我必 Free 감주= Usual with sailors, Tom also likes the liquor. : 관계형용사 영뇌

시동=이와 같은 일은 보통 있어요[있는 일이에요], (동자) 선원들에게는 말이다. vs -- , which --.

시동=어떤 것이냐 하면은 이런 일은 with=동존으로서 있는 것/동존대상으로서 동자 -- 에게

➾ referring forward 뇌로 작동시키기[전설 설주뇌] :

As is usual with sailors, //Tom too much likes /the liquor.=전설 ⇨ 기-->설 : BEis-Os

시동=그와[이와] 같은 일은 (인데) 보통 있는 일인데 (동자) 선원들에게는 보통 있는 일이다. 즉 탐이 너무 많이 좋아한다는 사실인데 술을 말이다. | Free **감주 간직하기**

일반적으로 관계대명사와 관계부사는 **referring back**으로 연결[연관] 짓기 때문에 referent 앞으로 이동할 수 없지만 as **관계대명사**는 '그와[이와] 같은 의미' 가 들어 있기 때문에 **referring forward**로 해서 referent 앞으로 나갈 수 있다.

plus] She has the pain as you have. ↗그래서 pain에 same 또는 similar를 표현하여 분명히 밝힘

시동=같은 것인데//동자 네가 가진 것과 같은 것 : **동일물** [a: quality/apposition s: same]

유사한 것인데//동자 네가 가진 것과 유사한 것 : **유사물** [a: quality/apposition s: similar]

referent가 대명사인 예

관계대명사의 referent가 사람/비사람일 때는 주로 명사/대명사

- We/You who wish to survive had better go on a strict diet. *wish=want의 강조로서 정말로 하고자 하는 것
- He who steals my purse steals trash. ➾ He=그런 사람/남자 vs She who ➾ she=그런/그 여자
- A journeyman is one who is often paid by the day. ➾ one=(일반적 의미로서) 사람
  vs the one who/which ➾ the one=그런 사람/그런 것[그 사람/그 것] : the로 국한된 의미
- What makes you who you are today? ➾ 누구냐 하면 너의 오늘날의 모습으로 말이다?

  * journeyman=솜씨 기술자/장인 the day=그 날 당일치기 by=행위기준과 그 대상으로서 '해서/행자'

7) but 영뇌(but NB)

무한글 이해, 즉 IS두뇌로 사람, 비사람을 반대관계 언급으로 referring back 하면서 자기문장을 제한적으로 연결시켜 설명해 나가는 뇌

in short 연결설명어, in concrete 노콤머 연결설명어

[b: 반대사실 u: human(s) t>d: direction 방향관계 + thing(s) — BNW]

말=BUt=버ㅌ/버ㅌ=post점형/slide 주파수 ↗자기가 저음으로 낼 수 있는 한 최대한 저음으로 내는 음

u=아/어 중간음가, 즉 중간 감정음가 ㅌ=극저음 — 살짝 건드리는 음

but BAM=사람/비사람 반대관계 언급으로서 그렇지만[하지만]/반자 — 하지않는/하는 사람[것]

=**본래의미 -- bnw-BAM**

vs **단순히 뜻하는 의미[just-IM]**=즉 (그런 사람/것) — 하지않는/하는 사람[것]

주의)반대관계는 분명한 관계이기 때문에 콤머영뇌가 작동하지 못함 *하지않는=**but (문맥) associate**

/ '하지만' 도 '그러하지만' 의 준말로서 referring back이다.

보통 수사적 표현/부정 선행사

↗but할때 제한적 연결상황이

↙**제한적 연결영뇌** (머리 속에) 보이면 된다 : S영뇌

A.. There is /no person /but hopes for happiness.

[=Is no person/No person but -- . : infml E]

영뇌=기--> 설--> 설' : BEis-Os or I + I + I : I-Os or S + S + S : S-Os

> **How to Read[Speak]** =Thereis noperson buthopesfor happiness.
>
> : 먼저 감각적 주파수로 이해한다. 감주는 남들보다 머리를 빨리 쓰는 것이다.
>
> **시동**= vocal 감각적 주파수로 (BEis/IS 영뇌가 될 때까지) F3+E2 강하게 말하기
>
> but referent=person | Free 감주 간직하기
>
> (buthopesfor 버ㅌ호우프스포[호웁스포]=강약 감주(강=강강)=post 점형 F + check mark F
>
> 주의]영어의 받침 고음은 초성과 중성만 강하게 내면 된다. 그러면 버트가 되어 slide 주파수도 가능)

.. 我必 Free 감주 간직하기=Any person hopes for[pursues] happiness.

시동=그런 사람은 없어요, 그렇지만[하지만]//반자 바라지 않는 사람, 즉[해자] 행복을 바라지 않는 사람은 없어요. ↘**반자[but]할때 반대관계 언급이 보이면 된다 : S영뇌**

(않는=but의 문맥 associate but=주기능: hopes의 주어)

뜻하는 의미=있으나[있는데] 그런 사람은 없다는 것이다, 즉 바라지 않는 사람은 없다는 것인데, 즉 행복을 말이다. [=that does not hope]

.. 문장 뼈대=기본어/s동사(is) + 연결설명어(but) : there=유도부사

.. 암기도 역순해석으로 암기하는 것과 영순의미가 느껴지면서 암기되는 것은 다르다.

vs but=반대사실로서 부정/제외 (conj. except that) -- 일종의 단어 associate
: But for my father's pension, we would starve.
시동=하지만 없다면[제외한다면], 즉 나의 아버지의 연금이 없다면[을 제외한다면],
우리는 할 것같다. 굶어 죽을 것 같다.

B.. Who /is here /but hopes for love? [=that does not hope]
영뇌=기-->설/설 : BEis-Os -- **관계절=분설 보설**
or I + I + I : I-Os or S + S + S : S-Os

How to Read[Speak]=Whois here but hopesfor love? 〈 Whois herebut — ?
: 먼저 감각적 주파수로 이해한다. **후자=Best 감주**
시동= vocal 감각적 주파수로 (자동 설가가 될 때까지) F3+E2 강하게 말하기
but referent=Who (but=주기능 : hopes의 주어)
(후-이즈=line 점형 F + small slide F)

시동=누가 있겠는가, 여기에, 하지만/반자, 바라지 않는 사람, 해자 사랑을 바라지 않는 사람이-- ?
[--- , 여기에 그런 사람, 즉 바라지 않는 사람, 해자 사랑을 바라지 않는 사람이 말이다?]

전자=반대관계 제한적 연결영뇌 -- 본래의미
후자=뜻하는 의미 ∵ '하지만/반자' 로서 반대관계가 아니기 때문

C.. Who /but hopes for love /is here?
영뇌=기-->설/설 : BEis-Os -- **관계절=근설 보설**
or I + I + I : I-Os or S + S + S : S-Os
고난도 감주, 즉 이 문장에서 Key 감주
How to Read[Speak]=Whobut hopesfor loveis here?
: 먼저 감각적 주파수로 이해한다.
시동= vocal 감각적 주파수로 (BEis/IS 영뇌가 될 때까지) F3+E2 강하게 말하기
but referent=Who

시동 =누가, 하지만/반자 바라지 않는 사람, 즉/해자 사랑을 바라지 않는 사람이 있겠는 가, 여기에서 말이다? [=that does not hope] : People but are rich came here. 사람들 하지만/반자 인 사람, 즉 부자인 사람들이 왔어요.

but의 associate가 들어가는 경우와 들어가지 않는 경우 :
Nobody but has his fault. -- William Shakespeare [=who/that -- not]
vs Anybody but has his fault. [=who/that]

tip)원어민이 되는 과정 : ❶ 감각적 주파수 → BEis/IS/free 영뇌 → Ekbe=Top-Down 방식
❷ Ekbe → BEis/IS/free 영뇌 → 감각적 주파수=Bottom-Up 방식

8) than 영뇌(than NB)

무한글 이해, 즉 IS두뇌로 사람, 비사람을 차등관계 언급으로 referring back and forward 하면서 자기문장을 제한적으로 연결시켜 설명해 나가는 뇌
in short 연결설명어, in concrete 노콤머 연결설명어
[t>d: difference+direction a: all — BNW] ※back and forward=선행사와 관계하면서 먼저 언급하는 말

> **말**=THAn=대ㄴ/더ㄴ=post점형/dot점형 주파수 a=애: 강한 감정음가 어: 약한 감정음가
>
> **than BAM**=사람/비사람 차등관계 언급으로서 이런 사람[이런 것]은 이런 것보다
> —— 하는 것보다 //즉 이런 사람[것]보다/차자 —— 하는 사람[것]보다
> =**본래의미 -- bnw-BAM**
> : 이런 사람/이런 것은=referring back 이런 것/이런 사람보다=referring forward
> 주의)차등관계는 분명한 관계이기 때문에 콤머영뇌가 작동하지 못함

↗than할때 제한적 연결상황이 (머리 속에) 보이면 된다 : S영뇌
↙**제한적 연결영뇌**

A.. More people /than were expected /came here.
영뇌=기-->설/설 : BEis-Os
or I + I + I : I-Os or S + S + S : S-Os
[=than expected : infml E]
↗**고난도 감주**
How to Read[Speak] =Morepeople thanwere expectedcamehere.
: 먼저 감각적 주파수로 이해한다.
시동= vocal 감각적 주파수로 (BEis/IS 영뇌가 될 때까지) F3+E2 강하게 말하기
than referent(선행사)=More people | Free 감주 간직하기

☞.. **我必 Free 감주 간직하기**= More people than expected came here.
시동=더 많은 사람들, 이 사람들은 이런 것보다 즉 예상되었던 것보다 더 많은 사람들인데 왔어요, 이곳에 말이다/더 많은 사람들, 차자/즉 이런 사람들보다 예상되었던 사람들보다 더 많은 사람들이 왔다 : **근설보설 독설뇌** than=주기능: were의 주어 were=(과거) 동질연결로서 '즉'
↘차자[than]할때 차등관계 언급이 보이면 된다 : S영뇌
☞.. **문장 뼈대**=기본어(More people) + 연결설명어(than) + s동사(came)
↘ ☞.. **major 감주**= More people than --- expected -- came --- .
·))▸ **분설 보설뇌로 작동시키면 : More people /came here /than were expected.**
영뇌=기-->설/설 : BEis-Os -- 주동으로 먼저 요지를 말하고,
분설로 보충하는 두뇌 : **분설 보설독설뇌**

시동=더 많은 사람들이 왔는데 여기에 왔어요. 그 사람들은 이런 것보다, 즉 예상되었던 것보다 더 많은 사람들이었다.
/ -- 왔는 데 여기에 -- . 즉 이런 사람들보다/차자, 예상되었던 사람들보다 말이다.

vs Mitt Romney delivered a sweeping broadside against Donald Trump on Thursday, laying into the Republican presidential front-runner with a sharper attack than any of the party's 2016 contenders have made against the billionaire business mogul.

any=대명사일 때 복수 : She asked if there were any present who needed assistance.
vs any/no/some+단수/복수/비수 명사 vs anyone=단수 : There wasn't anyone on the information desk.
*than=종속접속사 lay into=두고서 가두어 두고서 계속 가하는 것으로서 세게 때리는 것/몹시 비난하는 것
against=맞설 대상으로서 대자 (associate=계속 가하는 것)

B.. Students shouldn't /have /more money /than is needed.

영뇌=기-->설-->설'-->설" : BEis-Os
or I + I + I + I : I-Os or S + S + S + S : S-Os

How to Read[Speak]=Studentsshouldn't havemore moneythan isneeded.
: 먼저 감각적 주파수로 이해한다.
시동= vocal 감각적 주파수로 (자동 설가가 될 때까지) F3+E2 강하게 말하기
than referent(선행사)=more money | Free 감주 간직하기

(스튜던 : ts폐쇄=cramp F 슈-든 : t폐쇄==retro-root F) more]should't have 감주 ⇨ 슈든트해브=double slide F /슈든해브 : t폐쇄=double slide F /슈든어브 : t, h폐쇄와 어화 [또는 약한 감정음가]=slide F /슈드너 : t, h 폐쇄와 어화와 합성감주과 ve 폐쇄=slide F 만약 u지배음가를 아/어 중간 감정음가[ʌ]로 하면 셔든트해브 /셔든해브 /셔든어브 /셔드너가 된다 ☞ 영뇌영어 vol 2 〉p201 : 조동사와 have 동사 주파수) ☜.. **문장뼈대**=기본어(Students)+s동사(shouldn't)+연결설명어(than)

☜.. **我必 Free 감주 간직하기**=They shouldn't have more money than needed.
시동=학생들로 하여금 일어나게 해서는 안된다. 가지는 것인데 더 많은 돈을 말이다, 이것은 이런 것보다, 즉 필요한 것보다 말이다 /학생들로 하여금 일어나게 해서는 안된다. 가지는 것인데 더 많은 돈을, 즉 이런 것보다 /차자 즉 필요한 것보다 말이다. * '이것은' =referring back '이런 것보다' =referring forward
should=사발생으로서 정생각 vs will=주체발생 is=동질연결로서 '즉'

plus) referent 도치

- I saw thrones on which were seated those who had been given authority to judge.

시동=나는 보았노니 왕좌, 즉 상소 이 왕좌 상소에 있었던 것, 즉 앉아 있었던 것을 보았노라, 그런 자가 누구냐 하면 이들은 가졌던 자들인데 즉 위임된 것을, 권한, 즉 심판할 수 있는 권한이 위임된 것을 가졌던 자들인데 거기에 앉아 있었던 것을 보았노라 : **요한계시록** Revelation 20 : 4
* those=도치로서 were의 주어 [=on which those who -- were seated.]
seated=자동 event[즉 자동의미]로서 앉아 있었던 것 거기에=**문맥** associate

9) 관계문장 영뇌(RS NB)

무한글 이해, 즉 IS두뇌로 사람, 비사람을 (특히 관계대명사/관계부사를 거치지 않고) 바로 문장관계로 제한적으로 연결시켜 설명해 나가는 뇌

in short (문장) 연결설명어, in concrete 노콤머 연결설명어 　　콤머영뇌를 작동시킬 수 없다.
↳콤머를 찍으면 일반적으로 비문맥이 되기 때문에

관계문장=제한적 연결영뇌, 종속문장=비제한적 연결영뇌 ⇒ 둘다 문장관계 연결설명어
서술문장(대개 기본문장)=서술적 영뇌
그래서 관계문장, 종속문장, 서술문장의 BNW는 각각 이들 영뇌가 된다.

연결대상=사람/비사람 (preceding word/antecedent 선행사)
— 주로 명사/대명사이나 종속접속사도 가능함 ☞ p358
관계문장=주기능 소유 관계문장/주기능 비소유 관계문장 : **관습적 E /(일부) infml E**
↳ **단, 종속접속사의 속품사 관계문장=StE**

모든 문장은 관계문장이 되나
특히, **전자**=관계대명사를 써지 않는 경우 **후자**=관계부사를 써지 않는 경우와 같다.
주기능=주어 /목적어 /보어 **목적어**=동사/전치사의 목적어
관계문장 영뇌는 목적어 도치 서술적 영뇌와 다르다. **cf]종속문장=관습적 E**

[I] 주기능 소유 관계문장

↗관계문장으로 말할때 제한적 연결상황이 작동하면 된다 : S영뇌
↙**제한적 연결영뇌**

A.. The cough medicine /<u>a doctor recommended</u> /was good. : 관습적 E
영뇌=기-->설/설 : BEis-Os 　　관계대명사를 안 써도 되는 것으로 굳어짐.↲
or I + I + I : I-Os or S + S + S : S-Os

How to Read[Speak]=Thecough medicine adoctorrecommended wasgood.
: 먼저 감각적 주파수로 이해한다.
시동= vocal 감각적 주파수로
(BEis/IS 영뇌가 될 때까지) F3+E2 강하게 말하기 　주기능 소유 ⇒ (동사) 목적어
관계문장 연결대상=The cough medicine 　| Free 감주 간직하기

☞.. **我必 Free 감주 간직하기**=Cough[Cold] medicine doctor recommended was good. 　↗문장으로 말할때 문장관계 언급이 보이면 된다 : S영뇌

시동=그 감기약은 닥터가 추천한 것인데 이었어요, (효과가) 좋았어요. 　*효과가=**단어** associate

☞.. **문장 뼈대**=기본어(The cough medicine) + 연결설명어(a doctor recommended) + s동사(was)
tip)주기능 소유는 기능을 소유한 것이지 실제로 주어/목적어/보어를 가진 것은 아니다.

관계대명사 영뇌로 작동 시키면
= -- which a doctor recommended ---. [=doctor : infml E]

* The medicine a doctor recommended의 두 가지 뇌
a. 관계문장인 경우 : 그 약, 즉 -- 추천한 약 : **제한적 연결영뇌**
b. 서술문장인 경우 : 그 약을 -- 추천했다 : **서술적 영뇌**
-- 목적어 도치로서 강조표현
보통표현 : A doctor recommended the medicine. : 서술적 영뇌

↙**제한적 연결영뇌**
B.. The rapidity /infants acquire habits with /is amazing. : 관습적 E
영뇌=기-->설/설 : BEis-Os
or I + I + I : I-Os or S + S + S : S-Os

How to Read[Speak]=Therapidity infantsacquire habitswith isamazing.
: 먼저 감각적 주파수로 이해한다.
시동= vocal 감각적 주파수로 (자동 설가가 될 때까지) F3+E2 강하게 말하기
관계문장 연결대상=The rapidity 주기능 소유 ⇒ (전치사) 목적어

(더러피더디/더러피더티=little slide F + slide F : 분리감주과 t단타와 비단타, i의 약한 감정음가 어화
인펀스어콰이어/인펀서콰이어=double slide F : 자음과 자음 사이 t폐쇄와 비합성 감주과 합성감주
이즈어메이징/이저메이징=small slide F + slide F : 비합성 감주과 합성감주 *t단타=보통 r 또는 d로 단타)

.. 我必 Free 감주 간직하기=Infants acquire habits with rapidity.
시동=그런 빠른 속도, 즉 어린애들이 습득하는 그런 빠른 속도, 습관을, 동자 그런 빠른 속도로서 습관을 습득하는 그런 빠른 속도는 놀랄만하다. | Free 감주 간직하기
↘ **.. major 감주=** -- rapidity infants acquire habits --- amazing.

C.. Her son, Pappu, /who is half /the weight /he should be. : 관습적 E
영뇌=기-->설-->설′-->설″ : BEis-Os ↖**제한적 연결영뇌**
or I + I + I + I : I-Os or S + S + S + S : S-Os
↗**고난도 감주**
How to Read[Speak]=Herson, Pappu, whois halfthe weighthe shouldbe.
: 먼저 감각적 주파수로 이해한다.
시동= vocal 감각적 주파수로 (BEis/IS 영뇌가 될 때까지) F3+E2 강하게 말하기
(하-프더/해프더=retro-root/slide F)
관계문장 연결대상=the weight 주기능 소유 ⇒ 보어 | Free 감주 간직하기

.. 我必 Free 감주 간직하기=Pappu is half the weight he should be.

시동=그녀의 아들 Pappu는 누구냐 하면 절반정도 무게가 나가는데[아들인데] 그로 하여금 발생돼야 할 무게의 절반이다. * '하면' =묻는관계+동질연결
-- 영양실조에 걸린 자식을 두고 한 표현이다[=that he should be]

↙제한적 연결영뇌

D.. What is /it /happened to him? : 관습적 E ∵ 선행사=의문대명사

영뇌=기--〉설/설 : BEis-Os [단, 뒷설의 기본어=is 제외 관계문장=분설 → 독설로서 보설]

or I + I + I : I-Os or S + S + S : S-Os | Free 감주 간직하기
↳What is it happened? -- etc.
↳What is it tells?
↳What is it tells us?

How to Read[Speak]=Whatisit happenedto him?
: 먼저 감주로 이해한다.

시동= vocal 감주로 (자동 설가가 될 때까지) F3+E2 강하게 말하기

관계문장 연결대상=What 주기능 소유 ⇒ 주어

(워ㅌ이즈이ㅌ=slide F 와-ㅌ이즈이ㅌ=retro-root F 해펀드투/해펀드어/해펀더=slide F : 유성음 매치와 t폐쇄와 어화와 비합성 감주, 합성감주 워ㅌ/와-ㅌ=post 점형 F/line 점형 F)

.. 我必 Free 감주 간직하기=What happened to him? ⇒ 분열강조=**D..**

시동=무엇이지 (그것이 말이야/그것), 즉 일어났던 것인데 대자(對者) 그에게 일어났던 것이 말이야?
[=What is it that happened to him? : Formal E] ↗bid/offered=자동 event -- 주기능 소유=보어

cf]The auctioneer said, "What am I bid[=offered] for this lamp?
시동=얼마이지, 내가 부친 입찰[내놓은 것]인데 해자 이 램프에 대해서 말이다?
↳ cf] I am given $100. What am I given?

↙제한적 연결영뇌

E.. What /<u>you say</u> /is always right. : 관습적 E → 관계대명사 that을 안써도 되는 것으로 굳어짐

영뇌=기--〉설/설 : BEis-Os

or I + I + I : I-Os or S + S + S : S-Os

↗고난도 감주

How to Read[Speak]=Whatyou sayis alwaysright. : 먼저 감주로 이해한다.

시동= vocal 감주로 (BEis/IS 영뇌가 될 때까지) F3+E2 강하게 말하기

관계문장 연결대상=What 주기능 소유=목적어 | Free 감주 간직하기

(워츄 : t가 y음가를 만나 츄화=slide F 오올웨이스[즈]라이트=basket F+slide F : '올'을 내성음으로 하여 '오올'을 곡선음[감는음]으로 소리내면 된다. 오-ㄹ웨이스/오-ㄹ웨이즈=retro-root F : 스=infml 소리 즈=유성음 매치 — 내성음 대신 장음 가능)

.. 我必 Free 감주 간직하기=Whatever is right.

시동=무엇이냐 하면 당신이 말하는 것은 ---- .

IM으로 선대 표현 가능=The thing[That] which ---. ↗일종의 What tells?의 분열강조

tip)<u>What</u> is it tells? 무엇이지, (그것) 즉 말해 주는 바가 말이다? : 의문사+(관계문장의) 선행사

vs <u>What</u> does that mean? 무엇이지, 그것이 의미하는 바는? : 의문사 → 그냥 의문문

tip) what that이나 that which는 같은 표현방식이다. 더구나 What is it that happened to him?에서 that의 선행사는 what이다. 그래서 다음 표현은 맞는 표현이다.
: What that you say is always right. : Correct -- Formal E
cf)관계문장 필요성 : 같은 관계대명사로 하여 선행사로 표현할 수 없다. 그래서 관계문장이 필요하다. Who is it who was angry -- ? : not ok

plus] 관계문장과 관습적 E, infml E, StE :

주기능 소유가 | 목적어/보어 : **관습적 E** ⇒ 단, 주어인 경우 : **infml E** (아직 덜 굳어졌기 때문이다)
/(there is 관계문장) 주어인 경우와 (의문사를 선행사로 하는 관계문장의) 주어인 경우 : **관습적 E**
/주기능 비소유 관계문장 : **관습적 E** /종속접속사의 속품사 관계문장 : StE

There's /somebody /wants you on the phone. : Infml E
영뇌=기-->설-->설′ ↘ wants 관계문장=주기능 소유 : 주어
: there is 관계문장이 아니다. 그래서 infml E가 된다.

관계문장 연결대상[즉 선행사]=somebody
시동=있는 데 어떤 사람이 있는 데 원하는 사람이 있다. 너와 하기를 전화하기를 말이다.
= ---- somebody who wants you on the phone. *on=작동으로서 '하는 것'

ex] Infml 관계문장 : There was a farmer had a dog. -- Bingo --
There is a boy wants to see you. Here is a lady wants to see you.
It is Tom wants to see you. He is a police officer wants to see you.
Government forces routed rebels briefly held the town.[=who --.]
주의]청취시 관계문장으로 말할 때 주의

관습적 관계문장 : This is the most beautiful car there is in the world.[=that there]
What is it happened to her? [=What is it that happened --.]
Whoever robbed the bank, probably Mr President, should be punished.
누구든지 턴 사람은 (주어절인 경우=누구든지 털었다면) [=Anyone who/Whoever that]
시동=이것은 인데 그야말로 가장 아름다운 차이다. 있는 것 중에서 내소, 세상 내소에 있는 것 중에서 말이다. = -- car that there is ---. : Very Formal E
↘주기능 소유한 것이 that으로 나타났다.

tip)주기능=주어절/목적절/보어절/동격절
보조기능=부사절
제한기능=형용사절

This is the place it all begins. : 주기능 비소유[=where it all]
Where is it you were born? : 주기능 비소유[=Where is it that you were --.]
StE 관계문장 : Sit down where you like. : 속품사=대명사/명사 -- 어디냐 하면/곳에 -- 하는 곳에

주의]토플, 토익 문제를 풀때는 Standard Written English기준으로 답을 내라.
좋은 글 입장에서 판단하기 때문이다. 관습적 E도 일종의 StE이다. 즉 관습적 StE이다.

2 주기능 비소유 관계문장

↙제한적 연결영뇌

A.. This is /the place /I was born. : 관습적 E ⇒ 관계부사를 안 써도 되는 것으로 굳어짐

영뇌=기--〉설--〉설′ : BEis-Os

or I + I + I : I-Os or S + S + S : S-Os | Free 감주 간직하기

↗고난도 감주

How to Read[Speak]=Thisisthe place Iwas born or placeI wasborn.

: 먼저 감각적 주파수로 이해한다. **시동=** vocal 감각적 주파수로 (자동 설가가 될 때까지)

F3+E2 강하게 말하기 관계문장 연결대상=the place

(디스어 : 뒷 is, th 폐쇄와 비합성 감주 /디서: 폐쇄와 합성 감주 /디스이즈더=후저(後低) double slide F)

.. 我必 Free 감주 간직하기=The place I was born.

시동=이곳은 인데 바로 그 곳인데 내가 했던 곳, 즉 태어 났던 곳 말이다.

=This is the place where I was born. *was=과거발생로서 '했던'

시동= --, 어떤 곳이냐 하면 내가 태어 났던 곳 --- . *was=과거 동질로서 '가'

vs This is /the house /I grew up in. -- 주기능 소유=전치사의 목적어 ☞ p199

영뇌=기--〉설--〉설′ : BEis-Os

시동=이곳은 인데 바로 그 집인데 즉 내가 자라 성장했던 곳인데 그 내소에서 말이다.

↙제한적 연결영뇌

B.. This is /where /I was born. : 관습적 E ⇒ 관계부사 that을 안 써도 되는 것으로 굳어짐

영뇌=기--〉설--〉설′ : BEis-Os

or I + I + I : I-Os or S + S + S : S-Os | Free 감주 간직하기

How to Read[Speak] =Thisis whereI wasborn. : 먼저 감각적 주파수로 이해한다.

시동= vocal 감각적 주파수로 (자동 설가가 될 때까지) F3+E2 강하게 말하기

관계문장 연결대상=where : 선부 명사/대명사

디스이즈/디스 : 같은 음가 뒷 is 폐쇄 웨어라이=slide F : r음가가 살짝 살아나 합성감주가 됨

.. 我必 Free 감주 간직하기=Where I was born.

시동=이 곳은 인데 장소, 즉 내가 태어 났던 장소이다. /이곳은 인데 ↗관계부사/명사[대명사]
어디냐 하면 내가 태어 났던 곳이다. IM=This is the place where/where that I was born.

↗동격 관계문장 ↗infml E vs that 동격접속사=StE

tip) There is still a point past which some people will not go. : which 동격접속사[=that some]

시동=있는데 여전히 지적사항, 즉 과거 지적사항이 있다. 어떤 것이냐 하면 일부 사람들은 하지 않는 습성이 있는데 즉 가지않는 습성이 있다는 지적사항이다 : 투표장에 나가지 않는 것을 두고 한 표현

☺.. 이해는 최종적으로 단어의 최종적인 뜻인 감주로 이해한다.

plus] [I] (선대/선부) 대명사[명사] + 관계문장 : ↘그러면 영어말투가 형성되고 영어말투에 익숙해진다.

A.. That's not who we are. : 주기능 소유[=보어]

who=(선대) 대명사로서 관계문장의 선행사/보어+s동사의 보어

시동=그것은 아니다[그건 아니지]. 누구냐 하면 우리의 현재의 모습이 아니다[참 모습은 아니지].
즉 우리가 보여주고자 하는 장면이 아니다는 말이다.
-- Osama bin Laden을 사살한 후 사진 공개 여부를 놓고 Obama 대통령이 한 말

That=사살 사진 장면 뜻하는 의미=That's not the persons who we are.
시동=그것은 아니다. 그런 사람, 즉 누구냐 하면 우리의 현재의 모습[참 모습]과 같은 사람으로 말이다.

: God said to Moses, "I am who I am." : 주기능 소유 (Exodus 3 : 14)
시동=하나님이 이르셨는데 대자 모세에게 이르셨는데 '나는 (인데) 누구냐 하면 내 스스로 존재하는 실체[자]이니라' 라고 이르셨다.
[=the identity who I am ··· ▸ 하나님은 사람이 아니므로 선행사로 the person으로 못함
or God said unto Moses, 'I am that I am.'
: 나는 인데, 그런 실체 즉 내 스스로의 존재이니라 : (그냥) 대명사+관계문장
/나는 인데, 즉 내 스스로의 존재이니라/나는 곧 나이니라] : 종속접속사
↘즉 대명접속사

: "That's not who I am." [=the person/identity who I am]
시동=저분은[그것은] 아닌데 누구냐 하면 내가[나의 모습이] 아니다.
Donald Trump : "I have to be who I am." [=the person/identity who I am]
시동=나는 해야 하는데 즉[대동] 돼야 하는데 누구냐 하면 내 자신의 존재가 되어야 한다.
"I wish who I be/were." [=the person/identity who I be/were]
시동=내 소망은 누구냐 하면 내 자신의 존재가 되면 해요/되었으면 해요.
: 의미원성립/의미과성립 ↘자신=I associate

↗어떤 것이냐 하면/즉 그것

We hate who you like. : 주기능 소유[=목적어] **more)** We hate which/that you like.

who=(선대) 대명사로서 관계문장의 선행사/목적어+s동사의 목적어[=whom]

시동=우리들은 싫어해요, 누구냐 하면 당신네들이 좋아하는 사람들을 말이다. ↗that 선행사= who
[=the people who/whom you like : who=infml E or who that you like : formal E]
cf]Who is it that was angry with her?
↘that 선행사= who

tip)This is who[whom] you want. : (선대) 대명사
vs Choose whom you will serve. [=who] 선대 대명사 ⇒ 누구냐하면 너희들이 앞으로 섬길자
또는 의문 대명사 ⇒ 누구를 너희들이 앞으로 섬길지

B.. This is where you like. : 주기능 소유[=목적어]

where=(선대) 대명사/명사로서 관계문장의 선행사/목적어+s동사의 보어

시동= 이곳은 어디냐 하면 네가 좋아하는 곳이다. *is=은
/이곳은 곳[장소], 즉 네가 좋아하는 곳[장소]이다. 뜻하는 의미=the place which/where that

vs **This is where you were born.** : 주기능 비소유
where=(선부) 대명사/명사로서 관계문장의 선행사+s동사의 보어
시동=이 곳은 어디냐 하면은 네가 태어난 곳이다. *is=은 were=과동질 연결로서 '가'
/이 곳은 곳인데, 네가 태어난 곳이다. 뜻하는 의미= the place where/where that

: Egypt is /where /it all begins. : 주기능 비소유=기-->설-->설' : BEis-Os
시동=어떤 곳이냐 하면 그 모든 것이 시작하는 곳이다/곳인데, 즉 --- .
뜻하는 의미=Egypt is the country where it all begins.
-- 인데, 그런 나라인데 어떤 곳이냐 하면 이 나라는 -- 하는 곳

C.. **Now is when you want.** : 주기능 소유[=목적어]
when=(선대) 대명사/명사로서 관계문장의 선행사/목적어 + s동사의 보어
시동=지금이 언제냐 하면은 네가 원하는 때이다/지금은 때, 즉 네가 원하는 때이다.
뜻하는 의미=the time which/when that (when=대명사/명사로서 선행사 -- formal E)

vs **Saturday is when we're less busy.** : 주기능 비소유
when=(선부) 대명사/명사로서 관계문장의 선행사 + s동사의 보어
시동=토요일은 언제냐 하면 우리가 덜 바쁜 날이다. * is=은 're=가
/토요일은 때[시기], 즉 우리가 덜 바쁜 때[시기]이다.
뜻하는 의미=the time[day] when/when that : 관계부사로서 보조기능=보조어

D.. **This is why you want.** : 주기능 소유[=목적어]
why=(선대) 대명사/명사로서 관계문장의 선행사/목적어 + s동사의 보어
시동=이것은 인데 어떤 이유이냐 하면 네가 원하는 이유이다.
/이것은 이유, 즉 네가 원하는 이유이다.
뜻하는 의미=the reason which/why that : 관계대명사로서 모두 주기능

vs **That's why she walks.** : 주기능 비소유
why=(선부) 대명사/명사로서 관계문장의 선행사 + s동사의 보어
시동=그 것은 인데, 어떤 이유이냐 하면은 그 여자가 걷는 이유이다.
/그 것은 이유인데 그 여자가 걷는 이유이다. 뜻하는 의미=the reason why /why that

E.. **This is how you want.** : 주기능 소유[=목적어]
how=(선대) 대명사/명사로서 관계문장의 선행사/목적어 + s동사의 보어

시동=이것은 인데 어떤 방법이냐 하면은 네가 원하는 방법이다/이것은 방법, 즉 네가 원하는 방법이다. **뜻하는 의미=the way which/how that**

vs That's how she lives along. **: 주기능 비소유**

how=(선부) 대명사/명사로서 관계문장의 선행사 + s동사의 보어

시동=그 것은 인데, 어떤 방법이냐 하면은 그 여자가 살아가는 방법이다.

/그 것은 방법인데 그 여자가 살아가는 방법이다. **뜻하는 의미=the way how (old E) /how that**

F.. This is what you want. **: 주기능 소유[=목적어]**

what=(선대) 대명사로서 관계문장의 선행사/목적어 + s동사의 보어

시동=이것은 인데 무엇이냐 하면은 네가 원하는 것이다.

뜻하는 의미=the thing[one]/that which //what that

↗which, that도 포함

⇒ 이상 A, B, C, D, E, F의 who, where, when, why, how, what을 **대명사/명사**로만 보지 않고, 접속 의미[기능]를 추가시키면 **종속접속사**, 즉 대명접속사 또는 명사접속사로 보아도 좋다. ☞ p197/395

관계문장으로만 이해가능↖

plus] (선대) 대명사+관계문장 : Whom the gods love die young. (선행사/목적어 + s동사 주어=복수의미)

Who never climbs will never fall. (선행사/관계문장 주어 + s동사(will) 주어)

↗서술적 영뇌

tip)주어절인 경우=절로서 s동사(will) 주어(단 이때 who=자기문장의 주어) : 누구냐 하면 결코 오르지 못하면

즉 서술문장

시동=누구냐 하면 신들이 아주 좋아하는 사람들은 죽는 데 일찍 죽는다. [=Those who/whom]

/누구냐 하면 결코 올라가지 못하는 사람은 앞으로 결코 일어나지 않을 것이다.

떨어지는 게 말이다. [=The one who] ↘ 제한적 연결영뇌

↗ 일종의 free 영뇌

vs 관계문장 영뇌 또는 서술적 영뇌 (전자=s동사 없는 문장 후자=의문대명사 -- 주어)

: Who is John F. Kennedy. **: 퀴즈에 대한 답변**

누구냐 하면 (인 사람 즉 -- 인 사람) : **관계문장** /누구냐 하면 -- 이다 : **서술문장**)

What is water. 무엇이냐 하면 (인 것 즉 -- 인 것) /무엇이냐 하면 -- 이다 ※하면=동질연결

⇨ (Standard) **관계문장** ⇒ This is who is John F. Kennedy. This is what is water.

↘ **s동사가 있어야 함** -- 관계문장, 즉 속문장 s동사는 문장전체 s동사가 아님

Big Tip] 선대/선부는 해당단어의 본래의미[원래의미]가 뜻하는 뜻하는 의미이다. 그래서 선대[선부] 대명사/명사는 대명사 또는 명사이지 관계대명사 또는 관계부사가 아니다.

구문법의 자기 모순 :

what에 선대의미가 있어 관계대명사라면 who/where/when/why/how도 관계 대명사에 넣었어야 했다. 그래서, Longman Dictionary of Common Errors에서는 'What is not used as a relative pronoun.' 이라고 밝히고 있다. what은 뜻하는 의미로 선대의미가 들어 있을 뿐이다. 그래서 관계대명사가 아니다. 관계대명사가 아니기 때문에 앞에 선행사를 표현하지 않는 것이지, 선행사를 포함하는 관계대명사이기 때문에 그런 것은 아니다.

모든 것은 BNW로 판단하라. BNW가 헌법재판소이다.

☞.. 이해는 (언어에 대한 basics를 알았다면) 최종적으로 단어의 최종적인 뜻인 감주로 이해한다.

2 강조 선대대명사 + 관계문장 :

A.. **Goats eat whatever they can find.**

↖They can find whatever. 서술적 영뇌를 제한적 연결영뇌로 바꾼 것

↖그냥 부정대명사

whatever=강조 선대대명사로서 관계문장의 선행사/목적어 + s동사의 목적어

시동=염소는 먹는 데 무엇이든지 그들이 할 수 있는 것, 즉 찾을 수 있는 것은 다 먹는다.

뜻하는 의미=anything that ⇒ that=관계대명사(강조 뉘앙스)

: 어떤 것이든지, 즉 (그들이 할 수 있는 것이면 --- .)

whatever=부정사물 지정강조로서 무엇이든지

[what + ever — w: 不定 t: thing ever : 지정강조]

vs **Whatever you may have, it is mine.** : 강조 의대접속사 + 서술문장

whatever=강조 의대접속사

: 강조 의문대명사로서 서술문장의 목적어

\+ 최종적으로 자기문장을 주절에 접속시키는 접속사

시동=그 무엇을 네가 해도 가진다 해도, 그것은 내 것이다. *may=허가/허락 양보로서 해도

뜻하는 의미=No matter what you may have ⇒ what=의대접속사

➾ what=자기문장과의 관계에서는 의문대명사로서 목적어 역할을 하고, 최종적으로 자기 문장을 주절에 접속시키는 접속사 *의대접속사=종속접속사로서 복합품사

whatever=부정사물 양보강조로서 그 무엇을 [의대] -- 한다해도 [접속사]

[what + ever — w: 不定 t: thing ever: 양보강조]

B.. **Whoever gains the most points wins the competition.**

↖Whoever gains the most points. 서술적 영뇌를 제한적 연결영뇌로 바꾼 것

↖그냥 부정대명사

whoever=강조 선대대명사로서 관계문장의 선행사 + s동사의 주어 [또는 주어절로서 s동사 주어]

시동=누구든지 얻는 사람은 가장 많은 점수를 말이다. 그런 사람이 이긴다. 그 시합을 말이다.

뜻하는 의미=Anyone that ⇒ that=관계대명사(강조 뉘앙스) : 어떠한 사람도 즉 얻는 사람은 -- .

할 수 없다. 특히 주어절=단수동사↖

☞.. **관계문장의 위력** : 관계문장으로만 이해해야 하며 그래서 복수 s동사도 가능 ⇒ 문맥상 주어절로 이해

- Who hate me without reason outnumber the hairs of my head. [=Those who=They that]

  누구냐 하면 미워하는 자, 즉 나를 미워하는 자가 : 제한적 연결영뇌 ※who=단복 대명사

- Whom the gods love die young. [=Those who/whom]

  (whom=관계문장의 선행사/목적어 + s동사의 주어=복수의미)

주어절인 경우=누구든지 얻으면 가장 많은 점수를 말이다. 그러면 이긴다 : 서술적 영뇌
whoever=부정사람 지정강조로서 누구든지
[who + ever — w : 不定 h : human ever : 지정강조]

Cf] What Mary is is a competent conductor. 뭐냐하면 매리는 인 사람인데 (그런 사람) 이지요, -- .
what=관계문장의 선행사/보어+s동사의 주어 [또는 주어절=뭐냐하면 매리는 인데 이지요]
≠주절 : 종속절 대비 개념
vs 주어절 : 절로서 주어
↳what=자기문장의 보어

vs **Whoever may come, he will be welcome.**
: 강조 의대접속사 + 서술문장
whoever=강조 의대접속사 : 강조 의문대명사로서 서술문장의 주어
\+ 최종적으로 자기문장을 주절에 접속시키는 접속사

시동=그 누가 해도, 즉 와도 그 사람은 할 것이다. 즉 환영을 받을 것이다.
뜻하는 의미=No matter who may come ⇨ who=의대접속사
➾ who=자기문장과의 관계에서는 의문대명사로서 주어 역할을 하고, 최종적으로 자기 문장을 주절에 접속시키는 접속사
whoever=부정사람 양보강조로서 어느 누가 (의대) -- 한다해도 (접속사)
[who + ever — w : 不定 h : human ever : 양보강조]

tip)관계문장의 선행사가 5W1H가 되는 경우
: who/what/where/when/why/how //이들 단어 + ever

C.. Choose whichever you want.
↖You want whichever. 서술적 영뇌를 제한적 연결영뇌로 바꾼 것
↖그냥 부정대명사

whichever=강조 선대대명사로서 관계문장의 선행사/목적어 + s동사의 목적어
시동=골라라. 어느 것이든지 네가 원하는 것으로 해서 말이다.
뜻하는 의미=anything that ⇨ that=관계대명사(강조 뉘앙스)
: 어떤 것이든[어느 것이든지], 즉 ---- .
whichever=부정선택 지정강조로서 어느 것이든지/어떤 것이든지
[which + ever — w : 不定 ch : choose ever : 지정강조 위치에버=후음 고음 double slide F]

big tip] 1. 하지만 whatever/whoever/whichever 선대대명사에 접속의미[접속기능]가 부여되면 선대 대명접속사, 즉 종속접속사가 된다. 즉 자기문장[자기 관계문장]을 명(대)동형문에 접속시키는 것이다.
2. 선대대명사를 선대로 표현하지 않고 자신을 선행사로 표현하면 Formal English가 된다.
: whatever /whoever /whichever ⇨ whatever that /whoever that /whichever that

vs Whichever you may choose, you' re right. : 강조 의대접속사 + 서술문장
whoever=강조 의대접속사 : 강조 의문대명사로서 서술문장의 목적어
+ 최종적으로 자기문장을 주절에 접속시키는 접속사

시동=그 어느 것을 해도, 즉 선택해도 너는 옳다/맞다.
뜻하는 의미=No matter which you may choose ⇒ which=의대접속사
└→ 명사부사 + 의대접속사
·))) which=자기문장과의 관계에서는 의문대명사로서 목적어 역할을 하고, 최종적으로 자기 문장을 주절에 접속시키는 접속사

cf] Sanders declared victory no matter vote total. -- vote counting under way[underway] 중에 나온 말 : **명부**=아무런 문제[차이]가 없는 것으로서 관계없이

whichever=부정선택 양보강조로서 그 어느 것을 (의대의미) -- 한다해도 (접속의미)
[which + ever — w : 不定 ch : choose ever : 양보강조]

3 대명/명사 접속사 + 관계문장 :

A.. She follows me wherever I go.

대명 접속사 + 관계문장=어디든지 내가 가는 곳마다 말이다.
명사 접속사 + 관계문장=곳마다 내가 가는 곳마다 말이다.
·))) wherever=대명사/명사로서 관계문장의 선행사가 되면서 최종적으로 자기문장을 주절에 접속시키는 접속사
지정강조가 뜻하는 의미=to anyplace that (**관계부사**)

vs 부사 접속사 + 서술문장=어디든지 내가 가도 말이다.
양보강조가 뜻하는 의미=no matter where --- .
·))) 아무런 문제[차이]가 전혀 없다. 어디를 내가 가도 말이다.
(matter=명사부사로서 문제/차이 no=부정 강조말 where=부사접속사)

wherever=부정장소 지정강조로서 어디든지 -- 하는 곳마다 : **대명접속사**
/그냥 장소 강조로서 곳마다 --- 하는 곳마다 : **명사접속사**
/부정장소 양보강조로서 어디를 -- 해도 : **부사접속사**
[where + ever — w : 不定 r〉l : place/location ever: 양보/지정 강조/그냥강조]

tip)속문장 종류=관계문장 /서술문장 /종속문장 /제한적 연결문장 /비제한적 연결문장
↳말자 2개=관계대명사절/관계부사절
단, 종속절=동격 ⇒ 제한적 연결문장, 동격 외 모두 ⇒ 비제한적 연결문장

B.. You can come whenever you like.

대명 접속사 + 관계문장=언제든지 네가 좋아할 때마다 말이다.

명사 접속사 + 관계문장=때마다, 즉 네가 좋아할 때마다 말이다.

▸ whenever=대명사/명사로서 관계문장의 선행사가 되면서, 최종적으로 자기문장을 주절에 접속시키는 접속사

지정강조가 뜻하는 의미=at anytime that (**관계대명사**)

vs 부사 접속사 + 서술문장=언제든지 네가 좋아하게 되면 말이다.

▸ whenever=자기문장과의 관계에서는 부사역할을 하면서, 최종적으로 자기문장을 주절에 접속시키는 접속사

whenever=부정시기 지정강조로서 어느 때이든지[언제든지] -- 할 때마다 : **대명접속사**

/그냥 시기 강조로서 시기마다 -- 시기마다 : **명사접속사**

/부정시기 지정강조로서 언제든지 -- 하면 : **부사접속사**

[when + ever — w : 不定 en : time ever : 지정강조/그냥강조]

vs You can' t come whenever you like.

부사 접속사 + 서술문장=언제든지 네가 좋아해도 말이다.

양보강조가 뜻하는 의미=no matter when --- .

▸ 아무런 차이가 전혀 없다. 언제 네가 좋아해도 말이다.

(when=부사접속사, 즉 의문부사 접속사)

whenever=부정시기 양보강조로서 언제든지 -- 해도 : **부사접속사**

[when + ever —w : 不定 en : time ever : 양보강조]

C.. You can do it however you like.

대명 접속사 + 관계문장

=어떤 방법으로 하든[이든] 네가 좋아하는 방법으로 해서 말이다.

/어떻게 해서든지 네가 좋아하는 방법으로 해서 말이다.

▸ however=대명사로서 관계문장의 선행사가 되면서, 최종적으로 자기문장을 주절에 접속시키는 접속사 cf] anywhere=**대명접속사** : 어떤 곳이든 -- 하는 곳

지정강조가 뜻하는 의미=in anyway that (**관계대명사**)

tip)

5W1H + | **관계문장 ⇒ 5W1H=선행사(선대/선부 대명사/명사 or 선대/선부 대명/명사 접속사)**

| **서술문장 ⇒ 5W1H=의문사(의문대명사/의문부사)**

연결설명어 영뇌

vs You can't do it however you like.

부사 접속사 + 서술문장=제아무리 어떻게 네가 좋아해도 말이다.

양보강조가 뜻하는 의미=no matter how --- .
→ 아무런 차이가 전혀 없다. 어떻게 네가 좋아해도 말이다.
(how=부사접속사, 즉 의문부사 접속사)

however=부정방법 양보강조로서 제아무리 어떻게 -- 해도 : **부사접속사**
/부정방법 지정강조로서 어떤 방법이든/어떻게 해서든지 -- 하는 방법으로 : **대명접속사**
[how + ever — w: 不定 + way ever: 양보/지정 강조]

Plus] 1. whyever 강조부사 :

- You can't do it whyever.
  → whyever=부정이유 지정/양보 강조로서 어떤 이유이든/이유야 어떻든
  //어떤 이유가 되더라도 /이유야 어떠더라도
  [why + ever — w: 不定 + wy〉yw: 이유 ever: 양보/지정 강조]
- Whyever did they do that?
  → whyever=이유 강조로서 도대체 왜 [wy〉yw: 이유 e: enforce]

2. 「의문사 + ever」 일때 ever BAM
[e=enforce (강조) v: 탁꽂히는 모양으로서 지정 r: 량보〉양보
그래서 ever=지정강조/양보강조/그냥강조]
: whatever /whoever /whichever /wherever /whenever /however /whyever

3. 철자 주의 : any place=anyplace any time=anytime any way=anyway
everyday=adj. every day=adv. 단, anywhere, anyhow, every time

4. 모든 문장은 관계문장이 가능하다. 주어가 있든 없든, 보어가 있든 없든, 목적어가 있든 없든 (기/설로 의율이 될 경우) 가능하다. 즉 주기능 소유, 비소유로 가능하다. 이것이 바로 표현의 자유이다.

: What they destroyed is his house. What is destroyed is his house.

I have to be who I am a teacher.[=who is a teacher=who that is] I have to be who I am.
: You have to be who you are.
=You have to be you. : Trump

This is the reason I love her. This is the reason I love.

There was a farmer had a dog.[=who had a dog]

단, There was a farmer he had a dog. : incorrect ∵ no 의율 -- 일반대명사로 바로 앞말을 가리키기 때문
↳자기문장 접속능력이 없음 ⇒ who

vs The fact he had a dog is right. : correct ∵ 의율=문장동격

tip) He said that we must disarm Iraq.

-- (종속) **접속사**로 보지 않고 **관계문장**으로 바로 이해할 수 있다.

⇒ that=대명사로서 s동사의 목적어+선행사

: 그는 말했어요. 그것은 우리가 해야한다는 것인데 무장해제를 이락에게 말이다.

☺.. 이해는 (언어에 대한 basics를 알았디면) 최종적으로 단어의 최종적인 뜻인 감주로 이해한다.

10) 제한적 연결영뇌와 비제한적 연결영뇌의 차이

1 뜻의 차이가 없는 경우

뜻의 차이가 없으면 **뜻하는 의미**로 제한적 연결영뇌를 비제한적 연결영뇌로, 비제한적 연결영뇌를 제한적 연결영뇌로 시동을 걸어도 좋다.

A.. The elderly man who is poor is quite contented.

시동=그 어른, 누구냐 하면 이 분은 가난한 사람인데/가난한 사람이라할지라도=**본래의미**

or -- 가난한데/가난하다할지라도=**뜻하는 의미**

B.. The elderly man, who is poor, is quite contented.

시동=그 어른, 누구냐 하면 이 분은 가난한데/가난하다 할지라도=**본래의미**

or 가난한 사람인데/가난한 사람이라 할지라도=**뜻하는 의미**

2 뜻의 차이가 있는 경우

일반적으로 콤머 유무[콤머영뇌 작동/비작동]에 따라 뜻의 차이가 심한 경우, who/which를 선택하면 되고, 만약 **실체규정**으로서 제한적 관계를 더 강조하거나 콤머없이 비제한적 연결영뇌를 작동시키려면 that을 선택하면 된다. 계약서 또는 법률조문을 작성하거나 통상교섭시 **주의하라.**

A.. The travellers who knew about the floods took another road.

시동=즉 누구냐 하면 (이들은) 알고 있었던 사람들로 국한한 것

그래서 모르고 있었던 사람들은 이 길을 선택했을 지도 모른다는 의미가 암시되어 있다. 만약 that으로 국한하면 지정관계 만큼, 즉 지정하는 만큼 더 국한되니 제한적 성격이 더 강해진다. 이런 것은 주로 **강조 표현**에서 많이 나타난다.

B.. The travellers, who knew about the floods, took another road.

시동=그 여행자들, 누구냐 하면 이들은 알고 있었는데로 비제한하면서 추가정보 제공 역할

이들은 알고 있었던 사람들로 국한하지 않고 그냥 알고 있었다고 그냥 비제한적으로 설명해 나가고 있다. 즉, 그냥 추가정보만 제공하지 암시하는 의미가 들어 있지 않다. 몰랐던 사람들이 있었는지 암시하는 내용이 전혀 없다. 그래서, 그 여행자들, 이들은 모두 몇 명인지 모르나 아무튼 이들 (모두는)은 알고 있었고, 그래서, 또 다른 길을 택했다는 의미이다.

노콤머 관계대명사=(제한적 연결영뇌로서) 성격 또는 실체 규정 — defining clause
콤머 관계대명사=(비제한적 연결영뇌로서) 추가정보 — non-defining clause
단, that 관계대명사/관계부사=노콤머로서 제한적/비제한적 연결영뇌 모두 가능
caution] 콤머 유무는 WrE에서 나타나고, SpE에서는 상황에 따라 알아서 판단해야 한다.

연결설명어 영뇌

Question 문맥에 맞는 말을 고르시오.

tip) 특히, 자기문장과의 관계에서 주기능 뇌냐 보조기능 뇌냐 그것만 따지면 된다.

A.. Temperatures were relatively mild throughout the country yesterday, (when, which) was 'Sohan' by the traditional seasonal division.

B.. This is the house (where, which) he was born.

C.. This is the house (where, which) he was born in.

D.. I don't know the time (when, which) he will arrive here.

E.. That was the reason (why, which) prevented them from coming with me.

F.. We visited Central Park, (where, which) is noted for its plum blossoms.

G.. I went to Cheju-do, (where, which) is one of the most beautiful views in Korea.

∵ 관계대명사 ···› 주기능=주어/목적어/보어
관계부사 ···› 보조기능=보조어, 즉 주기능 비소유

H.. We'd better wait till 10 December, by (when, which) Mike will have had his exam.

--> We'd better wait till 10 December. By (then, which, when) Mike will have had his exam.

∵ 관계사=연결설명어 뇌이기 때문에 period밖으로 나갈 수 없음.
vs 지시대명사=비연결설명어 : period밖으로 나갈 수 있음
then=지시대명사로서 전치사의 목적어

plus 1. 주기능을 하기 때문에 동사 수일치 필요

관계대명사=단복대명사 --- 그래서 referent(언급물)를 보고 판단

A.. -- the residents who live in the cottage.

B.. -- the lions which live in Africa

C.. -- the subway that (which) goes downtown.

D.. A crocodile is a large reptile that lives on land and in lakes and rivers in the hot wet parts of the world.

E.. The 10:15 train, which is usually very punctual, was late today.

F.. The ladder on which I am standing begins to slip.

2. What you said was/were right.
=The thing/The things which you said was[were] right.
what=선대대명사로서 단복대명사
: What were once truths are true no longer.
David Nieland, who helped draw attention to what he said were shortcomings in the government's probe, resigned from his job.
-- 쪽으로 뭐 그가 말한 것들에는 있었다는 것, 즉 여러가지 결함이 있었다는 쪽으로

3. free 영뇌[infml English]는
일반적으로 SpE(뉴스, 드라마, 쇼, 대화), 리플, 알림, 광고, Headline, — 등에서 많이 표현한다.

- 3.5 million people, who turned out today across France to show their unity in the face of terrorism and joining them, world leaders, the heads of state, of some 50 countries, European, Middleeastern, African, ---, missing, however, and I --- . : **프랑스 단합대회 보도 내용**

s동사없이 접속사와 일반 현분사, missing 간단말로 infml하게, 즉 free 영뇌로 보도하고 있다. 그래도 말이 통한다. 특히 who앞 comma는 말에서는 나타나지 않으니 상황에 맞게 알아서 판단한다. 그리고 다른 comma들도 말에서는 나타나지 않으니 알아서 판단해야 한다.

and joining [infml E] --> , were joining / , joined /, joining [=Standard WrE]
joining=**일반현분사 영뇌** ↳were/joined=**과동사 영뇌=s동사** , joining =**관계현분사 영뇌**
, missing, [infml E] --> There were missing countries, --- . [=Standard WrE]

시동=삼백 오십만명, 누구냐 하면 이들은 (집밖으로) 돌아 나왔는데 오늘 곳곳에서 프랑스 곳곳에서 나왔는데 즉 보여주기 위해서 그들의 단합된 모습을 보여주기 위해서 속에서도 직면 즉 테러위험의 직면 속에서도 나와서 (그리고) 동참하고 있었다. 그분들, 즉 세계 지도자들, 즉 국가 수반들과 함께 말이다. 이들 소속은 자그마치 50개국이나 되며, 유럽출신, 중동출신, 아프리카 출신 --- 그런데 빠진 국가도 있었다. 하지만 그리고 나는 ----- .

*집밖으로=**상황** associate 그런데=**문맥** associate
missing[=skipped/absent] 빼먹은/참석하지 않은 나라 -- 뒤에 countries **전제**

☞.. 시동으로 (영어) 글자/말 자체에서 뜻이 보이거나 상황이 (머리 속에서) 보이면 된다 : IS 영뇌

2. 관계부사 영뇌[RAD NB)란 :

무한글 이해, 즉 IS두뇌로 장소, 시기, 이유, 방법을 묻는 관계/지정관계로 referring back하면서 자기문장을 제한적/비제한적으로 연결시켜 설명해 나가는 뇌

in short, 연결설명어
in concrete, 콤머유무 연결설명어

▭ **관계부사 BNW**=묻는[지정] 관계 referring back 제한적/비제한적 연결의미
↳ referent=비사람으로서 장소/시기/이유/방법
tip)**일반부사 BNW**=그냥 부사 position

▭ **관계부사 -- 콤머유무 연결설명어로서**
노콤머/콤머 연결설명어 : where /when
노콤머 연결설명어 : why /how /that tip)관계부사=관계를 짓는 부사 일반부사=그냥 부사

▭ **노콤머 관계부사**=선행사 성격/실체 규정 vs **콤머 관계부사**=추가정보

☞.. **영뇌 상급자가 되면 영어로부터 뜻[IS]이 나오지 한글[해석]에서 뜻이 나오지 않는다.**

1) where 영뇌(where NB)

무한글 이해, 즉 IS두뇌로 장소를 묻는 관계로 referring back하면서 자기문장을 제한적/비제한적으로 연결시켜 설명해 나가는 뇌
in short, 연결설명어, in concrete 노콤머/콤머 연결설명어
[w: 묻는관계 r〉l: location/place — BNW
(w=〜: 묻는모습 + v, v를 묶어 놓는 것으로서 관계)]
주의] 장소/시기 묻는 관계=보통 관계 — 콤머영뇌 작동가능

결국 영어는 영어본래의미와 본토말 뿐이다.

말=W(H)Ere=slide 주파수 : (H)=성문 내성 (철자) 음가
where BAM=장소 묻는관계 언급으로서 어디냐 하면/어떤 곳이냐 하면 (이곳은)
— 인 곳 /인데=**본래의미 -- bnw-BAM**

vs **just-IM**=이곳은— 인 곳/인데 ∴ no comma that으로 달리표현 가능
//즉 — 인 곳 /인데

IIIII.. **관계부사가 대명사가 아님에도 불구하고 referring back이 가능한 것은 묻는 관계로 연결하기 때문이다.**

↗where할때 제한적 연결상황이 (머리 속에) 보이면 된다 : S영뇌

↙서술적 영뇌 **↙제한적 연결영뇌**

A.. This is /the place /where I was born.

영뇌=기-->설-->설′ : BEis-Os

or I + I + I : I-Os or S + S + S : S-Os

> **How to Read[Speak]**=Thisisthe placewhere Iwasborn.
> or Thisisthe place whereI wasborn. or Thisis theplace whereI wasborn.
> : BEis/IS, 즉 설가뇌와 자동설가뇌로 되어 있는 것을 감각적 주파수로 이해한다.
> 즉 한 단어처럼 뒷말과 말하면 저절로 이해가 발생한다.
> **시동=** vocal 감각적 주파수로 **↗그러면 영어말투가 형성되고 영어말투에 익숙해진다.**
> (BEis/IS 영뇌가 될 때까지) F3+E2 강하게 말하기 where referent=the place

☞.. **문장 뼈대**=기본어(This) + s동사(is) + 연결설명어(where) cf]was=속문장[절] s동사

☞.. **我必 Free 감주 간직하기**=The place I was born. /The place that I was born.

시동=이곳은 인데 그 곳, 즉 어떤 곳이냐 하면 (이곳은) 내가 **태어났던 곳[했던 곳, 즉 태어났던 곳]**이다.

↘where할때 묻는관계 언급이 보이면 된다 : S영뇌

Ekbe 시동목적=(무한글 이해 느낌인)

영어자체로 느낌을 갖거나

감주로 이해느낌을 갖기 위한 것

콤머영뇌를 작동시켜 비제한적 연결영뇌를 작동시키면 :

↙비제한적 연결영뇌

A- E.. This is /the place, /where I was born. **=기-->설-->설′** : BEis-Os

↘where할때 비제한적 연결상황이 (머리 속에) 보이면 된다 : S영뇌

☞.. **我必 Free 감주 간직하기**=The place, where I was born.

시동=이곳이 바로 그 곳인데, 어떤 곳이냐 하면 이곳에서 내가 **태어났지요.**

뜻하는 의미로 달리표현= ---, whereas there I was born. : 그런데 거기에서

*is=현동질(연결)로서 '이' was=과동질(연결)로서 '가' /동동사, 즉 발생으로서 했던 것

: Welcome to me, my Golf TV where here brings me back from a trip to Orlando.

시동=어디냐 하면 이곳은 오게한 나를 돌아오게 한 곳 --- . here=대명사

where 의미 속에 들어 있는 redundant 표현[infml]↵

-- 그래서 빼어도 좋다.

A.. This is the place where I was born.

Free 감주로 이해/간직 하기 ⇨ This is. /Is the place. /The place where. /Where I was. /The place where I was. /I was. /I was born. /-- etc.

This is. 이곳은/이곳은 인데/이곳은 입니다. Is the place. 인데 그 곳입니다. The place where. 그 곳인데 어떤 곳이냐 하면 (이곳은) Where I was. 어떤 곳이냐 하면 (이곳은) 내가 했던 곳 : (기본어/선행사 전제) **관계부사** /어떤 곳이냐 하면 내가 했던 곳[곳인데 내가 했던 곳] : **관계문장의 선행사[=대명사/명사]** /어디에서 내가 했는지 : **의문부사** The place where I was. 그 곳, 즉 어떤 곳이냐 하면 (이곳은) 내가 했던 곳

연결설명어 영뇌

I was. 내가 했던 것 : **관계문장** ⇒ This is the place <u>I was</u>. -- 주기능 소유[=보어]

/내가 했다 : **서술문장** *was=과거발생, 즉 '이었다' 로서 '했다' : **동동사** cf] '있었다' : **상동사**

I was born.

내가 했던 것, 즉 태어났던 것 : **관계문장** ⇒ This is the place <u>I was born</u>. -- 주기능 비소유

/나는 했는데 즉 태어났어요 : **서술문장**

⋯› 이렇게 관계문장 또는 서술문장이 되기 때문에 (노콤머/콤머) 관계부사의 family가 가능

tip)free 영뇌=특히 단어의 최종적인 뜻인 소리값으로 (vocal) 감각적 주파수로 이해한다.

↗분리 관계부사 cf]미분리 관계부사

A- E.. This is the place, where I was born.

↘ ☜.. **major 감주=** --- the place, --- I -- born.

Free 감주로 이해/간직 하기 ⇒ Is the place. /The place, where. /, Where I was. /, Where I was born. /Where I was born. /I was. /I was born. /The place I was born. /-- etc.

⋯› The place, where. 그 곳인데 어떤 곳이냐 하면 이곳에서 , Where I was. 어떤 곳이냐 하면 이곳에서 내가 했지요 ⇒ **연결의미=referring back 비제한적 연결의미**

, Where I was born. 어떤 곳이냐 하면 이곳에서 내가 했지요, 즉 태어났지요.

Where I was born. : (기본어/선행사 전제) **관계부사/관계문장의 선행사/의문부사 free 영뇌**

I was. : **관계문장 또는 서술문장** I was born. : **관계문장 또는 서술문장**

The place <u>I was born</u>. : **관계문장** *was=과거발생[즉 '이었지요']로서 '했지요' : **동동사**

시동 종류=원애시동 /vocal음 /Free 영뇌 /F3+E2 /일상적인 생활 /Ekbe /†SIUM 말하기
/무한글 /BNW or 비한글 BNW /BAM /BEis 영뇌[=IS 설가뇌] /connotation /G토씨
/영뇌 기본자세 /패턴 /associate — BEis 영뇌=「이해용 + IS 시동용」
: 최종적인 영뇌[=감주 IS영뇌]로 가기위한 시동종류

2) when 영뇌(when NB)

무한글 이해, 즉 IS두뇌로 시기를 묻는 관계로 referring back하면서 자기문장을 제한적/비제한적으로 연결시켜 설명해 나가는 뇌

in short, 연결설명어, in concrete 노콤머/콤머 연결설명어

[w : 묻는관계 en : 언제로서 시기/시간 — BNW]

tip)한 문장 내에서 접속사 없이 문장을 거느리면서 referent와 함께 표현 가능 단어 : 관계대명사//관계부사

↘단, 일반대명사와 일반부사(즉 지시부사)=문장 접속능력이 없음

말=(웨hㄴ)=W(H)En=post점형 주파수 —— (H)=성문 내성 (철자) 음가 **when BAM**=시기 묻는관계 언급으로서 어떤 때[언제이]냐 하면 (이 때는) —— 인 시기 /인데 =본래의미 -- bnw-BAM vs just-IM=이 때는— 인 시기/인데 ∴ no comma로 that으로 달리표현 가능

↗when할때 제한적 연결상황이 (머리 속에) 보이면 된다 : S영뇌

↙**제한적 연결영뇌**[DL NB]

A.. Saturday is /the day /when we're less busy.

영뇌=기-->설-->설′ : BEis-Os

or I + I + I : I-Os or S + S + S : S-Os

↗음수조절 감주↖

How to Read[Speak]=Saturday istheday whenwe're lessbusy.

: 먼저 감각적 주파수로 이해한다.

시동= vocal 감각적 주파수로

(자동 설가가 될 때까지) F3+E2 강하게 말하기 when referent=the day

.. 문장 뼈대=기본어(Saturday) + s동사(is) + 연결설명어(when)

(이즈더/이즈어/이저=slide F 주의]th폐쇄 또는 th폐쇄와 합성감주로 들려도 소리본체는 isthe라는 사실을 알아야 청취시 정확한 영뇌의군으로 각인이 된다. 마치 신라를 실라로 같이를 갓치로 들려 이해되는 것과 같다.)

.. 我必 Free 감주 간직하기= Saturday when we're less busy.

/Saturday we're less busy. ↗when할때 묻는관계 언급이 보이면 된다 : S영뇌

시동=Saturday는 인데 그 날, 즉 어떤 시기냐 하면 (이 날은) 우리가 덜 **바쁜 날**이다.

뜻하는 의미로 시동= -- 그 날 즉, 이 날은 우리가 덜 **바쁜 날**이다.

[=Saturday is the day that we're less busy.]

콤머영뇌를 작동시켜 비제한적 연결영뇌를 작동시키면 :

↗when할때 비제한적 연결상황이 (머리 속에) 보이면 된다 : S영뇌

↙**비제한적 연결영뇌**[Non-DL NB]

A- E.. Saturday is /the day, /when we're less busy.=기-->설-->설′ : BEis-Os

.. 我必 Free 감주 간직하기= Saturday, when we're less busy.

∴ 접속사 필요--StE

시동=토요일은 바로 그 날인데, 어떤 때냐 하면 이 때에는 우리가 덜 **바쁘지요**. ↗vs 지시부사=접속능력이 없음

뜻하는 의미로 달리표현= --, but then we're less busy. tip)관계부사=(접속사 없이) 접속능력 있음

↘, then we're less busy : infml E

연결설명어 영뇌

↗ ☜.. **major 감주=** Saturday ---- we -- less busy.

A.. Saturday is the day when we're less busy.

Free 감주로 이해/간직 하기 ⇨ Saturday is. /Is the day. /The day when. /When we' re. /The day when we' re. /We' re. /We' re less busy. /-- etc.

▸ Saturday is. 토요일은 인데/토요일은 입니다. Is the day. 인데 그 날입니다.

The day when. 그 날인데 어떤 때냐 하면 (이날은) When we' re. 어떤 때냐 하면은 (이날은) 우리가 인 때 : (기본어/선행사 전제) **관계부사** 어떤 때냐 하면은 우리가 인 때[때인데 우리가 인 때] : **관계문장의 선행사[=대명사/명사]** 언제인지 우리가 말이다 : **의문부사**

The day when we' re. 그 날인데 어떤 시기냐 하면은 (이날은) 우리가 인 때(이다).

We' re. 우리가 인 것 : **관계문장** 우리는 이다 : **서술문장**

We' re less busy. 우리가 인 것, 즉 덜 바쁜 것 : **관계문장**

/우리가 인데, 덜 바쁘다 : **서술문장**

ex] Saturday is the day <u>we' re.</u> : **주기능 소유** -- 그 날, 즉 우리가 인날이다.

Saturday is the day <u>we' re less busy</u>. : **주기능 비소유** -- 그 날, 즉 우리가 인날, 즉 덜 바쁜 날이다.

A- E.. Saturday is the day, when we're less busy.

Free 감주로 이해/간직 하기 ⇨ The day, when. /The day, when we' re. /, When we' re. /When we' re. /, When we' re less busy. /We' re. /We' re less busy.

▸ The day, when. 그 날인데 어떤 시기이냐 하면 이 날은

The day, when we' re. 그 날인데 어떤 시기이냐 하면 이 날은 우리가 이지요.

, When we' re. 어떤 시기이냐 하면 이 날은 우리가 이지요.

When we' re. : **관계부사 /관계문장의 선행사 /의문부사** *' re=동질연결로서 '가'

We' re. : **관계문장/서술문장** We' re less busy. : **관계문장/서술문장**

-- 관계문장 또는 서술문장이 되기 때문에 (노콤머/콤머) 관계부사 when의 family가 가능

제한적 연결의미↙ ↘ **비제한적 연결의미**

3) why 영뇌(why NB)

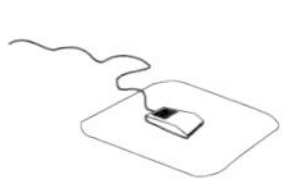

무한글 이해, 즉 IS두뇌로 이유를 묻는 관계로 referring back하면서 자기문장을 제한적으로 연결[연관]지어 설명해 나가는 뇌

in short, 연결설명어, in concrete 노콤머 연결설명어 [w: 묻는관계 wy〉yw: 이유 — BNW]

주의] 이유/방법 묻는 관계=분명한 관계 — 콤머영뇌 작동불가

☞.. 영어본래의미, 즉 Ekbe 시동 또는 감주로 이해되어야 영어승차감이 나온다.

> 말=W(H)Ai=slide 주파수
> why BAM=이유 묻는관계 언급으로서 어떤 이유이냐 하면 — 하는 이유 ← why 본래의미가 느껴져야 영어승차감을 탈 수 있다.
> =본래의미 -- bnw-BAM
> vs 단순히 뜻하는 의미[just-IM]=즉 그런 이유 — 인 이유/즉 —— 한 이유
> ∴ no comma로 that으로 달리표현 가능

↗why할때 제한적 연결상황이 (머리 속에) 보이면 된다 : S영뇌
↙제한적 연결영뇌

IIIII.. That's /the reason /why she walks.

영뇌=기-->설-->설′ : BEis-Os or I + I + I : I-Os or S + S + S : S-Os

How to Read[Speak]=That'sthe reasonwhy shewalks.
or That'sthe reason whyshe walks.
: 먼저 감각적 주파수로 이해한다.
시동= vocal 감각적 주파수로 (BEis/IS 영뇌가 될 때까지)— 대ㅌ슈아이 해드어/더
F3+E2 강하게 말하기 why referent=the reason

more]고난도 감주 :
That's why I had to wait in a long line.
↳hy자음 탈리, 즉 wai중 ai가 I소리와 같아 ai탈리

(대ㅌ스더 /대ㅌ스어: th 폐쇄=자음 연속시 뒷자음 보통 폐쇄 : 비합성감주 /대ㅌ서: th폐쇄와 합성감주= 모두 slide F s=t무성음 영향을 받아 무성음화 : 무성음 매치(일종의 순행동화) ☞ 기본영뇌 vol 2 p184 vs of course=어브 코-스를 어프 코-스로 내면 역행동화)
즉 무성음 k음가 영향을 받아 유성음 v음가가 무성음 f음가로 변함 ↲

☞.. 我必 Free 감주 간직하기=The reason why she walks. /The reason she walks. /Why she walks. ↗why할때 묻는관계 언급이 보이면 된다 : S영뇌

시동=그게 그 이유, 어떤 이유냐 하면은 그 여자가 걷는 이유이다.

뜻하는 의미로 시동= --- 그 이유, 즉 그런 이유, 그 여자가 걷는 이유이다.
[=That's the reason that she walks.]

Free 감주로 이해/간직 하기 ⇨ That's. /'S the reason. /The reason why. /Why she walks. /She walks. /-- etc.

·›› That's. 그것은/그것은 인데/그게 * 's=동질연결로서 은/은 -- 인데/게 'S the reason. 인데 그 이유입니다. The reason why. 그 이유(인데) 어떤 이유이냐 하면 Why she walks. 어떤 이유이냐 하면 그 여자가 걷는 이유 : (기본어/선행사 전제) **관계부사** 어떤 이유이냐 하면 그 여자가 걷는 이유 [이유, 즉 -- 걷는 이유] : **관계문장의 선행사[=대명사/명사]** 어떤 이유로 걷는지 : **의문부사**

ex] This is why you walk : 관계문장 I don't know why she walks. : **관계문장/의문부사**
↳이유, 즉 -- 걷는 이유 /어떤 이유이냐 하면 -- 걷는 이유 : **명사/대명사**

She walks. 그 여자가 걷는 것 : **관계문장**
/그 여자는 걷고 있어요 : **서술문장**
ex] Tell me the reason (why) you were absent from school. : **관계부사 또는 관계문장**

.. (free) 4감주, 즉 들은 감주, 말한 감주, 읽은 감주, 쓴 감주가 많아야 영어가 저절로 된다.

4) how 영뇌(how NB)

무한글 이해, 즉 IS두뇌로 방법[방식]을 묻는 관계로 referring back하면서 자기문장을 제한적으로 연결[연관]지어 설명해 나가는 뇌

in short 연결설명어, in concrete 노콤머 연결설명어 [w: 묻는관계 + way — BNW]

> **말**=HOw=slide 주파수 o=아: 감정음가
> **how BAM**=방법[방식] 묻는관계 언급으로서 어떤 방법[방식]이냐 하면 — 하는 방법[방식]
> =**본래의미** -- bnw-BAM
> vs **단순히 뜻하는 의미[just-IM]**=즉 그런 방법[방식] — 하는 방법[방식]
> ∴ no comma로 that으로 달리표현 가능

↗how할때 제한적 연결상황이 (머리 속에) 보이면 된다 : S영뇌

↙**제한적 연결영뇌**

IIIII .. That's /the way /how he lives along. : formal E (old use)

영뇌=기-->설-->설' : BEis-Os or I + I + I : I-Os or S + S + S : S-Os

↗**고난도 감주로서 Best 감주**

How to Read[Speak]=That'sthe wayhow helivesalong.

〉That'stheway howhelivesalong.

: 먼저 감각적 주파수로 이해한다.

시동= vocal 감각적 주파수로 (자동 설가가 될 때까지) F3+E2 강하게 말하기

how referent=the way

(히[히이: 내성음]=post 점형 F[내성음 slide F] 리브서[저]=slide F : 합성감주 로o=post 점형 F 주의] 청취시 along이 롱으로 들리니 주의하라. 마치 two years ago[투이어저고우=cramp F + slide F]의 ago와 같다. lives=리브스/리브즈 : 전자=**infml 소리** v가 유성음이니 s도 유성음 즈로 소리를 내야 맞으나[유성음 매치 : 일종의 순행동화] 일상 말에서는 소리본체 대로 소리내는 경우가 많다. 심지어는 단수동사 s음을 폐쇄시키는 경우도 있다 : **일종의 infml 소리**

일반적으로 유성음은 유성음끼리 무성음은 무성음끼리 어울린다=**유성음매치 무성음매치** : likes=라이크스/라익스 needs=니-드즈/니-즈 goes=고우즈: 모음도 일종의 유성음) **영어=일형태 다소리[일형태 다의어] vs 한글=일형태 일소리[일형태 일의어]**

.. **我必 Free 감주 간직하기**=The way he lives along. /How he lives along.

시동=그게 그 방법, 어떤 방법이냐 하면 그가 살아 (나)가는 방법이다.

↘how할때 묻는관계 언급이 보이면 된다 : S영뇌

뜻하는 의미로 시동= --- 그 방법, 즉 그런 방법, 그가 살아 (나)가는 방법이다.

[=That's the way that he lives along.]

Free 감주로 이해/간직 하기 ⇒ That' s. / ' S the way. /The way how. /How he lives. /How he lives along. /He lives along. /-- etc.

▸ That' s. 그 것은/그것은 인데/그게 ※ '은/은 인데/인데' 동질 ' S the way. 인데 그 방법입니다. The way how. 그 방법, 어떤 방법이냐 하면 How he lives. 어떤 방법이냐 하면 그가 사는/생활하는 방법 : (기본어/선행사 전제) **관계부사** 어떤 방법이냐 하면 그가 사는/생활하는 방법[방법, 즉 그가 사는/생활하는 방법] : **관계문장의 선행사[=대명사/명사]** 어떤 방법으로 그가 사는지/생활하는 지 : **의문부사**
How he lives along. : **관계부사 /관계문장 /의문부사 free 영뇌**

He lives along. 그가 살아가는 것 : **관계문장**
/그는 살아가고 있어요 : **서술문장**

the way how의 old formal E 예 :

- We perceive not <u>the ways and manners how</u> they are produced.
  – Locke (ways and manners=방법과 방식들) *perceive not (old E) =don' t perceive
- Let me know <u>the way how</u> this problem may be solved.
  (단, 둘다 의문부사도 가능 : 즉 어떻게 -- 생산되는지/될 수 있는지, 즉 풀릴 수 있는지)

▸ 이렇게 the way how로 표현해도 틀린 표현은 아니지만 the way 자체가 접속사도 되므로 현대 영어에서는 다음과 같이 어느 하나로 관용으로 굳어 졌다. 즉 너도 나도 이렇게 쓰니 이런 것으로 굳어진 것이다.

↗ ∵ 종속접속사의 속품사 관계문장

A.. That' s how <u>he lives along</u>. **: 관습적 E or StE**
시동=① 그게 그 방법, 즉 he가 살아가는 방법이야.
⇒ how=**명사**로서 s동사의 보어 + 관계문장의 선행사
또는 종속접속사로서 명사접속사 + 관계문장
② 그것은 어떤 방법이냐 하면 he가 살아가는 방법이다.
⇒ how=**대명사**로서 s동사의 보어 + 관계문장의 선행사
또는 종속접속사로서 대명접속사 + 관계문장

B.. That' s the way <u>he lives along</u>. **: 관습적 E or StE**
시동=그게 그 방법, 즉 he가 살아 나가는 방법이야. ↘ ∵ 종속접속사의 속품사 관계문장
⇒ way=**명사**로서 s동사의 보어 + 관계문장의 선행사
또는 종속접속사로서 명사접속사 + 관계문장

↙중앙감주
⇒ **감주리딩**=Step backand see.
↗ Step back and see. ↘빼컨

Big tip) 결국 영어는 감주영뇌, 즉 감주다.

- 소감주+단주, 소감주+소감주, 단주+소감주, 단주+단주, 단주+소감주+단주, — 등 : **근접감주**는 다양하다.
- 감주 크기 : 보통 2단어 〉3단어 〉4단어로 형성되나 **2단어 감주**가 가장 많다.
  ↘ Be one with innovation. ⇒ **감주리딩**=<u>Beonewith</u> innovation.

구문법 탈피와	모양 /정도[횟수] 관계부사

..시기/장소/방법/이유가 아닌 모양, 정도[횟수] 관계부사 :

모양 관계부사=where 정도[횟수] 관계부사 =how (관계부사=that : 노콤머로서 모두 사용)

-- 보조기능으로서 referent와 의율이 되는 관계부사를 쓰면 된다.
반드시 장소, 시기, 방법, 이유에만 쓰이는 것이 아니다.

1.. quadrilateral [US] noun [C]
a flat four-sided shape, ***where*** two of the sides are parallel
▸ where=**보조기능** -- that대체 가능 : 콤머없이 제한적/비제한적 연결영뇌 모두 가능)
시동=일종의 평면 사변형인데 어떤 것이냐 하면은 이 형태에서는 두 변이 평행이다.
[=a flat shape with four straight sides]

2.. pedometer noun [C]
a device which measures how far someone has walked by counting the number of times the feet are raised and put down again

▸ **밑줄부분=주기능 비소유 관계문장 : 일종의 문장동격 관계문장**
이 관계문장에 관계부사를 쓰려면 referent와 의율이 되는 것은 how와 that밖에 없다.
⇒ --- by counting the number of times ***how/that*** the feet are raised and put down again ▸ how/that=**보조기능**
시동=일종의 장치기기인데 어떤 것이냐 하면은 이것은 측정하는 기기이다. 즉 얼마나 멀리 어떤 사람이 가졌는 가, 즉 걸은 것을 가졌는 가를 측정하는 기기이다. 해서 카운팅을 해서, 수 즉 횟수를 카운팅해서 측정하는 기기이다. 즉 어느 정도 되는지 발이 올라가고 내려놓고 하면서 반복하는 횟수가 어느 정도 되는 지 측정하는 기기이다.
/ -- 이 횟수는 -- 반복 횟수이다.
*again=다시로서 반복 how=얼마로서 어느 정도 : 방법만 뜻하는 것은 아니다.

cf] how much를 써지않고 how만으로도 정도의미를 나타낼 수 있다.
: How Helmut loves to cook. 시동=얼마나 되는 지/어느 정도 되는 지, 헬뮤트가 아주 좋아하는, 먹는 것을 만들기를 아주 좋하는 정도가 말이다.
How do you sell these apples? 시동=얼마에 너는 팔지, 이 사과들을 말이다?
/얼마이지 너가 판매하는 것인데 이 사과들을 말이다?

5) that 영뇌(that NB)

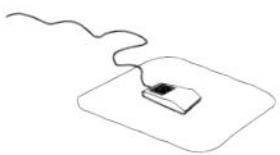

무한글 이해, 즉 IS두뇌로 장소, 시간, 이유, 방법[방식]을 지정관계로 referring back하면서 자기문장을 제한적/비제한적으로 연결[연관]지어 설명해 나가는 뇌
in short 연결설명어, in concrete 노콤머 연결설명어
[th: the a: all t>d: direction 방향으로서 관계 — BNW]

주의] 1. 관계부사 that도 콤머없이 제한적/비제한적 연결영뇌 가능 ∵ 지정관계 뜻
2. 지정관계=분명한 관계 — 콤머영뇌 작동불가 cf]지시부사 : that easy

말=THAt=대ㅌ/대ㅌ[더ㅌ]=post 점형/slide 주파수 [dot 점형 주파수]
(a=애 : 강한 감정음가 어 : 약한 감정음가)
that BAM=지정관계 언급으로서 이 곳[날/이유/방법]은 — 하는 곳[날/이유/방법]인데/— 인데
=**본래의미[bnw-BAM] : 보통 뉘앙스**
// 바로 이 곳[날/이유/방법]은 — 하는 곳[날/이유/방법]인데 /— 인데
=**본래의미[bnw-BAM] : 강조 뉘앙스**
vs **단순히 뜻하는 의미[just-IM]**
=즉 **[즉]** —— 한 장소, 시간, 이유, 방법인데 /— 인데=**보통[강조] 뉘앙스**

보통 뉘앙스로 연결

-- that=일반적으로 사람/비사람 모두를 가리키기 때문에 보통 뉘앙스일 경우 관계부사 where/when/why/how와 대체 가능 하지만, 지정관계와 묻는 관계 의미만큼 뉘앙스 차이는 있다. 단, the way that=오늘날 영어에서는 the way 또는 how로 대체 : **관습적 E**
(장소/시간/이유/방법=비사람)

1.. This is the place that I was born.
2.. Saturday is the day that we're less busy.
3.. That's the reason that she walks.
4.. That's the way that he lives along. tip) the way how=(old) formal E

강조 뉘앙스로 연결

--- 대체 불가능

연결설명어 영뇌

that할때 제한적/비제한적 연결상황이 (머리 속에) 보이면 된다 : S영뇌↘

↙제한적 또는 비제한적 연결영뇌

IIIII .. **This is /the very house /that I was born.**

영뇌=기-->설-->설′ : BEis-Os

or I + I + I : I-Os or S + S + S : S-Os

How to Read[Speak]

=Thisisthe veryhouse thatI wasborn.

: 먼저 감각적 주파수로 이해한다.

시동= vocal 감각적 주파수로 (BEis/IS 영뇌가 될 때까지) F3+E2 강하게 말하기

that referent=the very house

(**디**스이즈디=slide F + small slide F: 빠르게 리듬을 주면 디로 단음화 or **디**스이즈**디**이=slide F + small slide F + 내성음 slide F

➙ the=디-/디이=line 점형/내성음 slide F : 강하게 말할 경우, 뒷말 첫 글자의 자음/모음 구별이 없다.)

말은 배 힘을 이용해 목으로 음을 만들면서 성대가 울리게 (강하게) 말한다. 말은 내 뿜어야 하며 입소리로 말을 하면 안된다. 음치들은 대개 후자에 속한다. I Free 감주 간직하기

☞.. **我必 Free 감주 간직하기**=The very house I was born in.

시동=이 곳은 인데 바로 그 집, **즉 바로 이 집이** 내가 태어났던 곳이다. /--- **즉 바로 이 집**에서 내가 태어 났어요. // **뜻하는 의미**=이 곳은 바로 그 집, **즉** 내가 태어났던 곳이다.

↘that할때 지정관계 언급이 보이면 된다 : S영뇌

-- 제한적 연결영뇌 ➙ 성격 또는 실체 규정

비제한적 연결영뇌 ➙ 추가정보

☞..**단주가 소감주/빅감주/왕감주로 되기 때문에 major 감주로 skim되거나 아필감주로 scan된다.**

↘ ☞.. **major 감주=** --- the very house -- I -- born.

[I] 관계부사 영뇌와 다른 영뇌와의 관계

IIIII.. **1.. This is the place that I was born.**

2.. Saturday is the day that we're less busy.

3.. That's the reason that she walks.

4.. That's the way that he lives along.

⇨ **관계부사 영뇌로 표현 :**

1.. This is the place where I was born.

2.. Saturday is the day when we're less busy.

3.. That's the reason why she walks.

4.. That's the way how he lives along.

관계문장 영뇌로 표현 :

↙관계문장(주기능 비소유)

1.. This is the place I was born.
2.. Saturday is the day we' re less busy.
3.. That' s the reason she walks. 4.. That' s the way he lives along.

⇒ place/day/reason/way=명사로서 관계문장의 선행사

↙관계문장(주기능 비소유)

1.. This is where I was born.
2.. Saturday is when we' re less busy.
3.. That' s why she walks. 4.. That' s how he lives along.

⇒ where/when/why/how=명사/대명사로서 관계문장의 선행사
이때 명사/대명사는 뜻하는 의미로 선부의미가 들어 있기 때문에, 특히 **선부명사 / 선부대명사**라 한다. (선부=선행사+관계부사)

명사/대명사 뜻하는 의미로 선부 영뇌로 표현 :

1.. This is the place where I was born.
2.. Saturday is the day when we' re less busy.
3.. That' s the reason why she walks.
4.. That' s the way that/how he lives along. (the way how=formal E)

where/when/why/how=명사/대명사로서 시동
=곳인데 /어떤 곳이냐 하면 내가 태어났던 곳이다. //때인데 /어떤 때냐 하면 우리가 덜 바쁜 때이다. //이유인데 /어떤 이유이냐 하면 그 여자가 걷는 이유이다. //방법인데 /어떤 방법이냐 하면 그가 살아가는 방법이다.
종속접속사로서 명사[대명] 접속사로 시동 가능 : 뜻은 같다 ☞ p202/395

Caution]
1. (선부/선대) 명사[대명사]에 접속기능이 들어가면 (선부/선대) 명사[대명] 접속사가 된다.
2. '선부/선대'는 해당단어의 본래의미[원래의미]가 뜻하는 뜻하는 의미이다.
3. 주기능=주어/목적어/보어 4. 영어는 과정으로 느끼지 말고, 그냥 뜻으로 바로 이해하라.

IIIII.. 1.. This is the place where I was born.

2.. Saturday is the day when we' re less busy.

3.. That' s the reason why she walks.

4.. That' s the way how he lives along. [the way how=(old) formal E]

↱ 전치사가 붙으면 비제한적 연결영뇌도 가능 : 전치사=콤머불관 연결설명어

·))) 관계계부사 뜻하는 의미로 「전치사+관계대명사」 영뇌로 표현 :

⇨ This is the place in which I was born.

시동=이 곳은 인데 즉 그 곳인데, 다시말해 내소[내자], (어떤 곳이냐 하면은) 그 내소가[그 곳이] 내가 했던 곳, 태어 났던 곳이다. / --- 내소[내자], (어떤 곳이냐 하면은) 그 내소[그 곳] 에서 내가 태어났다. -- 전치사로 먼저 연결시키고 다시 관대로 연결시키고 있다.

*is=(동질연결로서) 인데 즉 : '인데 즉' 동질

was=(발생로서) 했던 곳/(동질연결로서) 가 : '가' 동질 다시말해=**문맥** associate

= --- the place which I was born in.

시동=이 곳은 인데, 즉 그 곳인데 어떤 곳이냐 하면은 내가 태어났던 곳인데, 그 내소[내자]에서 말이다. *in=그 내소/내자 ⇨ 그=**(연결설명어의) 연결** associate

-- 관대로 먼저 연결시키고 다시 전치사로 연결시키고 있다.

↳ 즉 그 내소/내자로서 born을 설명해 나가는 것

⇨ Saturday is the day on which we' re less busy.

시동=토요일은 그 날인데, 상자 어떤 날이냐 하면은 이 날은 우리가 덜 바쁜 날이다. / --- 그 날인데, 상자 어떤 날이냐 하면은 이 날은 우리가 덜 바쁘다. *is=동질연결로서 '은' ' re= '가 ' 동질 on=달력 상의 날[날짜] 대상으로서 상자 ↳ '은 ' 동질

= --- the day which we' re less busy on.

시동=토요일은 그 날인데, 즉 어떤 날이냐 하면은 이 날은 우리가 덜 바쁜 날인데 그 날짜[상자]에 말이다. *on=(달력 상의) 어떤 상일(上日)으로서 그 날짜

⇨ That' s the reason for which she walks.

시동=그게 바로 그 이유인데 즉[해자] 어떤 이유이냐 하면은 그녀가 걷는 이유이다. /그게 바로 그 이유인데 즉[해자] 어떤 이유이냐 하면은 그런 이유로 해서 그녀가 걷는다.

* 's= 동질연결로서 '바로' : '바로' 동질 for=해당이유 대상으로서 '즉/해자'

= --- the reason which she walks for.

시동=그게 바로 그 이유인데, 어떤 이유이냐 하면은 그녀가 걷고 있는 이유이다.

* for=해당이유로서 '이유'

big tip)관계부사만 전치사 영뇌를 작동시키는 것이 아니다. 무조건 외우지 말라. 단어의 뜻이 중요하다. 관계문장도 표현에 따라 가능하다 : The house all windows are broken. =The house all windows of which are broken.

⇒ That's the way in which he lives along.

시동=그게 바로 그 방법 즉 방법[내자], 어떤 방법이냐 하면은 이 방법이 그가 살아 가는 방법이다.
/그게 바로 그 방법인데 해서[내자], (어떤 방법이냐 하면) 이런 방법으로 해서 그가 살아간다.

구문법 삭제하기] 무조건 관계부사를 전치사+관계대명사로 바꾸고 있는데 전치사 의미 그대로 존중해 주어야 한다.

↗즉, 하는 대상/내수단[내방법] 대상

* in=들어가는 것으로서 하는 것 /입작동으로서 수단[방법] /입작동 대상으로서 내자 -- 로 해서

: He wrote in ink. cf] He wrote with ink. with=동존 수단으로서 가지고서
/동존 수단 대상으로서 동자 -- 가지고서

= --- the way which he lives along in.

시동=그게 바로 그 방법, 어떤 방법이냐 하면은 이 방법이 그가 살아 나가는 방법이다.

.. **이해는 (언어에 대한 basics를 알았디면) 최종적으로 단어의 최종적인 뜻인 감주로 이해한다.**

plus] 관계부사 생략시 전치사 표현 여부 :

선행사를 자기 문장과 함께 독립시켰을 때 **명사부사로 표현이 가능한 경우 :**
관계부사 대신 관계문장으로 표현시, 즉 관계부사 생략시, 전치사=optional : **관습적 E**

① This is the place where I was born. : where 부사와 뒷문장 관계이므로 전치사 불필요

⇒ This is the place I was born. : the place 명사부사 관습적 표현의 영향을 받아 전치사 미사용

← The place I was born. : the place 부사와 뒷문장 관계이므로 전치사 불필요 *was=발생으로서 '했다'

=I was born the place. → 이 서술문장을 관계문장으로 바꾼 것 (the place=명사부사)

vs This is the place I was born in. ▸ 명사로 생각 : 주기능 소유 관계문장

← In the place I was born. ↳the place 명사의군과 뒷문장 관계이므로 전치사 필요

=I was born in the place. → 이 서술문장을 관계문장으로 바꾼 것 (place=명사)

시동=나는 했는데, 태어났다. 내소, 그 곳 내소에서 말이다.

② This is the house where I was born.

⇒ This is the house I was born in. : 전치사가 있어야 문맥이 통함 -- 주기능 소유 관계문장

← I was born in the house. → 이 서술문장을 관계문장으로 바꾼 것 (house=명사)

vs I was born the house. : incorrect ∵ 명사부사가 아니기 때문이다.

▸ 자기문장과 함께 독립시켰을 경우 명사부사로 써지 못할 때는 전치사가 있어야 문맥 의율이 된다. 전치사가 살아나는 이유를 다시 말하면 선행사를 자기문장과 함께 독립시켰을 때 명사부사로 쓰일 수 없기 때문이다. 단, 명사부사 또는 명사로 쓰일 수 있으면 두 가지 표현이 가능하다. **영어는 항상 뜻 관계로 생각하면 그 이유를 알 수 있다. 루울 암기가 아니다.**

›))) **관계부사 생략시 전치사가 살아나는 경우**

a.. This is the restaurant where I had lunch.
=This is the restaurant I had lunch at.
시동=그 식당, 즉 내가 먹은 곳인데 점심을 그 곳에서 말이다.
*at=어떤 장소를 나타내는 것으로서 그 곳

b.. This is the house where I grew up.
=This is the house I grew up in.
시동=그 집, 즉 내가 자라 성장한 곳인데, 그 내소에서 말이다.

c.. This is the office where he works.
=This is the office he works in. *in=어떤 장소 내로서 그 안[그 내소]
시동=그 사무실, 즉 그가 일하는 곳인데, 그 안[내소]에서 말이다.

›))) **관계부사 생략시 전치사가 살아나지 않거나 살아나는 경우**

IIIII.. This is the way I did it. -- **명사부사** ⇐ The way I did it. I did it the way.
vs This is the way I did it in. -- **명사** ⇐ In the way I did it. I did it in the way.
시동=이것은 그 방법 즉 내가 한 방법인데, 그것을 그런 식으로 말이다.
*in=어떤 수단/방법으로서 그런 식

↗ **이해는 (언어에 대한 basics를 알았디면) 최종적으로 단어의 최종적인 뜻인 감주로 이해한다.**

caution]

관계대명사 표현 과정으로 느끼면 관계부사 생략시 전치사가 항상 살아나니 주의하라.

• This is the place where I grew up. : 선행사를 자기문장과 함께 독립시켰을 때 명사부사 가능
=This is the place in which I grew up.
=This is the place which I grew up in.

=This is the place I grew up in. -- **명사** (From 'Longman English Grammar')
or This is the place I grew up. -- **명사부사**
-- 선행사를 자기문장과 함께 독립시켰을 때 **전자=명사기능** **후자=명사부사 기능**

명사부사=시기/방법/이유/장소 -- 등으로 일반적인 부사의미 단어
-- 단일품사로서 부사이다.
관사가 붙었다고 해서 명사로만 기능하는 것이 아니다.
문장에서 겉으로 보기에는 명사처럼 보이나 실질적인 기능과 의미는 부사이다.
명사부사가 명사로 작용하려면 앞에 전치사를 붙이면 된다.
: I was born in the month.

.. 이해는 최종적으로 단어의 최종적인 뜻인 감주로 이해한다.

2 **제한적 연결영뇌와 비제한적 연결영뇌**

뜻의 차이가 없으면 뜻하는 의미로 제한적 연결영뇌로 표현되었어도 비제한적 연결영뇌로 시동을 걸어도 좋고, 비제한적 연결영뇌로 표현되었어도 제한적 연결영뇌로 시동을 걸어도 좋다. 하지만, 계약서 작성시, 법률조문 해석시 유의하라. **단어 본래의미[원래의미]를 먼저 존중하라.**

1.. The city **where** I grew up is now famous for a high crime rate.
제한적 연결영뇌로 시동=어떤 곳이냐 하면 이 곳은 내가 자라 성장한 곳인데 : **본래의미**
=The city I grew up in is --- .
vs **비제한적 연결영뇌로 시동**=(어떤 곳이냐 하면) 이 곳은 내가 자라 성장했는데 --- .
: **뜻하는 의미**

2.. The city, **where** I grew up, is now famous for a high crime rate.
비제한적 연결영뇌로 시동=어떤 곳이냐 하면은 이 곳에서 내가 자라 성장했는데 : **본래의미**
vs **제한적 연결영뇌로 시동**=어떤 곳이냐 하면은 이 곳은 내가 자라 성장한 곳인데 : **뜻하는 의미**

3.. I saw him yesterday **when** it began to rain.
시동=그런데 이 날은 어떤 날이었냐 하면은 날씨가 시작한 날, 즉 비가 오기를 시작한 날이었어요.
/그런데 이 날은 어떤 날이었냐 하면은 날씨가 시작했어요, 비가 오기를 말이다.
*그런데=**문맥** associate

제한적 연결영뇌로 표현하면 **성격/실체 규정**이 되고,
비제한적 연결영뇌로 표현하면 **추가정보**가 된다.

- paddy=a field where rice is grown in water or a field that rice is grown
  시동=일종의 들로, 이곳은 어떤 곳이냐 하면은 벼가 재배되는 곳이다. 물속에서 말이다.
  해당 우리말을 가져오면 '논' 이란 뜻이 된다: **성격/실체 규정** [=that]
  *paddy=paddy field=rice paddy rice=벼 /볍씨 /쌀 /쌀밥

  vs We happened to find a small house, where we stayed for a couple of days.
  시동=우연히 찾게 되었어요 --- , 그리하여 어디냐 하면은 거기에서 우리는 머물게 되었지요, ---. [=that]
  : **추가정보**= --- , and there we ---- .
  = --- , and we stayed there -- .
  ➾ 여기서 접속사를 빼면 **infml E**가 된다. *그리하여=콤머 영뇌의 **문맥** associate

caution] 1. 콤머유무는 WrE에서 나타나고, SpE에서는 상황에 따라 알아서 판단한다.
2. that은 콤머없이 제한적/비제한적 연결영뇌가 가능하므로 분명히 구별하려면 ⇨ where/when 선택

.. 이해는 (언어에 대한 basics를 알았디면) 최종적으로 단어의 최종적인 뜻인 감주로 이해한다.

3 wherever/whenever/however/whyever 영뇌 ☞ p180

구문법에서는 복합관계 부사라 하지만 복합 관계부사가 아니다. 이들 단어 속에 뜻하는 의미로 선부의미가 있다고 해서 관계부사로 보면 안된다. 뜻하는 의미는 단어 본래의미 [원래의미]가 아니다.

특히 이들 단어 속에는 선대의미도 들어 있다. 그렇다면 관계대명사도 된다고 해야 하지 않는가? 구문법이 자기 모순에 빠진 것이 한 두 가지가 아니다. 이렇게 이들 단어에 뜻하는 의미로 선부 또는 선대 의미가 들어 있으면 「선행사+강조 관계부사 that 또는 「선행사+강조 관계대명사 that」으로 대체 시킬 수 있다.

4 where/when 대명사/명사 or 대명/명사 접속사 + 관계문장

대명사/명사 속에 선대의미가 들어 있으면 선대대명사, 선대명사라 하고, 여기에 다시 접속의미가 들어가면 선대 대명접속사 또는 선대 명사접속사라 한다.

그리고 또한, 대명사/명사 속에 선부의미가 들어 있으면 선부대명사, 선부명사라 하고, 여기에 다시 접속의미가 들어가면 선부 대명접속사 또는 선부 명사접속사라 한다. 선대인지 선부인지는 문맥에 따라 결정된다. 즉 전자는 자기문장과의 관계에서 주기능을 하고, 후자는 보조기능을 한다.

A.. This is where you like.

시동=이곳은 어디냐 하면 네가 좋아하는 곳이다.

: (선대) 대명사 (+관계문장)로 시동 [=the place which]

⇒ **대명사로서 s동사 보어+관계문장의 선행사/목적어**

/이곳은 장소인데 네가 좋아하는 장소이다.

: (선대) 명사 (+관계문장)로 시동 [=the place which]

⇒ **명사로서 s동사 보어+관계문장의 선행사/목적어**

또는 (선대) 대명/명사 접속사(+관계문장)로 시동 가능 : 뜻은 같다 [=the place which]

⇒ **종속접속사**=대명사/명사로서 s동사 보어 + 관계문장의 선행사/목적어

\+ 최종적으로 접속기능

: 자기문장을 명(대), 동, 형, 문 가운데 동사 또는 앞문장에 접속시키는 것으로 두뇌를 작동시키는 것

caution] 관계문장이 주기능 소유이면 관계대명사로, 주기능 비소유이면 관계부사로 대체가능

vs This is where you were born.

시동=이곳은 어디냐 하면 네가 태어난 곳이다.

: (선부) 대명사 (+관계문장)로 시동 [=the place where]

⇒ **대명사로서 s동사 보어/관계문장의 선행사**

/이곳은 곳인데 네가 태어난 장소이다.

: (선부) 명사 (+관계문장)로 시동 [=the place where]

⇒ **명사로서 s동사 보어/관계문장의 선행사**

또는 (선부) 대명/명사 접속사(+관계문장)로 시동 가능 : 뜻은 같다 [=the place where]

⇒ **종속접속사**=대명사/명사로서 s동사 보어/관계문장의 선행사

+ 최종적으로 접속기능

: 자기문장을 명(대), 동, 형, 문 가운데 동사 또는 앞문장에 접속시키는 것으로 두뇌를 작동시키는 것

caution] 자기문장과의 관계에서 관계문장이 주기능 비소유이면, 대명사/명사는 관계문장의 선행사만 된다. 특히 독립시켰을 때 부사로도 쓰일 수 없으면 반드시 전치사가 있어야 문맥이 통하게 된다.

: This is the house you were born in.

vs This is the place you were born. or This is the place you were born in.

B.. This is when you like.

시동=이번이 언제냐 하면 네가 좋아하는 때이다. ↗그 때인데 어떤 때냐 하면

: (선대) 대명사 (+관계문장)로 시동 [=the time which]

⇒ **대명사로서 s동사 보어+관계문장의 선행사/목적어**

/이번이 때인데 네가 좋아하는 때이다.

: (선대) 명사 (+관계문장)로 시동 [=the time which]

⇒ **명사로서 s동사 보어+관계문장의 선행사/목적어**

tip) This is when you like it. ⇒ the time when : **관계부사** ∵ **부기능**

↘그 때인데 언제냐 하면

또는 (선대) 대명/명사 접속사(+관계문장)로 시동 가능 : 뜻은 같다 [=the time which]

⇒ **종속접속사**=대명사/명사로서 s동사 보어 + 관계문장의 선행사/목적어

+ 최종적으로 접속기능

연결설명어 영뇌

vs Today is when you were born.

시동=오늘이 언제냐 하면 네가 태어난 때이다.

: (선부) 대명사 (+관계문장)로 시동 [=the time when]

⇒ **대명사로서 s동사 보어/관계문장의 선행사**

/오늘이 때인데 네가 태어난 때이다.

: (선부) 명사 (+관계문장)로 시동 [=the time when]

⇒ **명사로서 s동사 보어/관계문장의 선행사**

또는 (선부) 대명/명사 접속사(+관계문장)로 시동 가능 : 뜻은 같다 [=the time when]

⇒ **종속접속사**=대명사/명사로서 s동사 보어/관계문장의 선행사

+ 최종적으로 접속기능

This is what you like. -- **상기 A.. B.. 와 같은 패턴의 표현이다.**

시동=이것은 무엇이냐 하면 네가 좋아하는 것이다.

: (선대) 대명사 (+관계문장)로 시동 [=the thing[the one/that] which]

⇒ **대명사로서 s동사 보어+관계문장의 선행사/목적어**

또는 (선대) 대명접속사 (+관계문장)로 시동 가능 : 뜻은 같다

⇒ **종속접속사**=대명사로서 s동사 보어 + 관계문장의 선행사/목적어

+ 최종적으로 접속기능

3. 관계과분사 영뇌[RPP NB]란 :
무한글 이해, 즉 IS두뇌로 사람, 비사람을 피동[자동] event 또는 그 확장의미로 제한적/비제한적으로 연결지어 설명해 나가는 뇌
또는 전설로 설명해 주거나 설명해 나가는 뇌 (단, 문두전설 설주뇌=문두단설 설주뇌 가능)

in short, **연결설명어** in concrete, **콤머유무 연결설명어**

□ **과분사 BNW**=event ∴ **관계과분사 BNW**=피동/자동 event로서 제한적/비제한적 연결의미
vs **일반과분사 BNW**=그냥 능동/피동/자동 event

□ **사람, 비사람**=주로 명사/대명사//표현[즉 문맥연결대상] tip)관계과분사=관계를 짓는 과분사 일반과분사=그냥 과분사

※동사관계=보통관계 ∴ 콤머영뇌 작동가능

⇒ referring back 의미가 아닌 연결설명어는 콤머영뇌를 작동시켜 문두이동도, 즉 앞으로 이동도 가능

↳vs RB 연결설명어=관계대명사, 관계부사 cf]문장 연결설명어=이동불가

non-RB 연결설명어=관계분사, 관계형용사, to부정사, 전치사, 종사

과분사=event로서 능동의미/피동의미/자동의미
즉 능동 event 또는 피동 event/자동 event + EM ↗확장 event
※EM=BNW가 많이 반영된 것 : 일종의 bnw-BAM
vs IM=BNW가 덜 반영된 것 : 일종의 im-BAM

▭ **관계과분사 — 연결설명어**
=피동의미와 자동의미, 즉 피동/자동 event와 EM tip)이때 자동 event는 관계형용사로 보아도 좋다.
[피동 event ···▸ 피동동작으로 확장(즉 동작 event ···▸ 피동동작으로 확장)
자동 event ···▸ 자동동작으로 확장] **주의]**단, 능동 event=관계과분사로 쓸 수 없음
↳관계현분사가 있기 때문 ⇒ 본동사 의미

vs 일반과분사 — 비연결설명어
=능동/피동/자동 의미, 즉 능동 event 또는 피동/자동 event와 EM
특히 will
↗과분사=원동사 + ed=본동사 의미 + event ※본동사=현동사/과동사/조동사

tip)관계과분사도 event이기 때문에 또는 본동사 의미가 들어있기 때문에 현재/과거/미래 속에 들어 갈 수 있고, 특히 본동사 의미가 들어 있기 때문에 현과미 속에서의 event 또는 일설 event가 된다.
: The bomb exploded tomorrow will severely damage the community.

1) 관계과분사 영뇌(RPP NB)

무한글 이해, 즉 IS두뇌로 사람, 비사람을 피동[자동] event 또는 그 확장의미로 제한적/비제한적으로 연결지어 설명해 나가는 뇌 또는 전설로 설명해 주거나 설명해 나가는 뇌 in short 연결설명어, in concrete 노콤머/콤머 연결설명어

① **피동의미=피동 event와 그 확장의미, 즉 상태[동작] event /피동동작**
bitten : 물려 있는 것 —— 상태 event /물린 일이 생긴 것 —— 동작 event
/물린 것 —— 피동동작

② **자동의미=자동 event와 그 확장의미, 즉 자동행위** cf]일반과분사 자동의미 → 끝났다
finished : 끝난 일이 생긴 것 — 자동 event /끝난 것 — 자동행위

↙**제한적 연결영뇌** ↙**서술적 영뇌**

A.. The postman /bitten by a dog /doesn't come here.
영뇌=기-->설/설 : BEis-Os
or I + I + I : I-Os or S + S + S : S-Os | Free 감주 간직하기

How to Read[Speak]
=Thepostman bittenbya dogdoesn't comehere.
: 먼저 감각적 주파수로 이해한다. 이런 주파수로 말을 하니까 듣기가 가장 어렵다.
↳dog과 말해도 doesn't할때 The postman 설가로 이해하면 된다.

시동= vocal 감각적 주파수로 ↗그러면 영어말투가 형성되고 영어말투에 익숙해진다.
(BEis/IS 영뇌가 될 때까지) F3+E2 강하게 말하기
관계과분사 연결대상=The postman -- 사람

• Thepostman bittenbyadog doesn'tcomehere. : 가능한 감주
(더포스맨=cramp F : t폐쇄 비든[튼]바이어=slide F + slide F : t 단타와 비단타 도ㄱ=post 점형 F)

I영뇌는 소리/글자에 의해 (무한글로) 이해가 되어버리거나 해가 우러나오면 되고, S영뇌는 소리/글자에 의해 앞방으로 A상황이 보이거나 A상황을 표현한 것으로 보이면 된다. BEis 영뇌는 이런 것들이 설명해 나가는 관계로 작동된다. 이때 IS는 생활 속에서의 뜻이고, 이런 것들이 바탕이 되어 감각적 주파수로 이해된다.
.. **문장 뼈대**=기본어(The postman) + 연결설명어(bitten) + s동사(doesn't)

.. **我必 Free 감주 간직하기**=The postman bitten by a dog.
or Postman bitten by dog.

시동= 그 postman은 물려 있는 사람이어서, 행자/원자(行者/原者) 개에 의해서 물려 있는 사람이어서, 하지 않아요. 오는 것인데 여기에 말이다 : 상태 event
/그 postman은 물린 일이 발생한 사람이어서 의해서 개에 의해서 말이다. 그래서 --- .
: 동작 event 확장 event↘
/그 postman은 물린 사람이어서 행자/원자(行者/原者) 개에게 물린 사람이어서 : 피동동작

* -- 한 사람이어서=**제한적 연결의미, 특히 제한적 부사적 연결의미**
그래서=**문맥** associate by=원인행위 실체로서 행자/원자 -- 의해서/에게

.. **Topic[topic sentence/main idea] Talk Drill → Teacher : Tell about a problem with dogs. Student : Dogs have a problem at home. Lots of dogs are noisy and dirty. Fierce dogs can event injure or kill people. But dogs are useful animals. They can guard houses and guide blind people.** — IELTS, TOEFL — 등 시험영어 말하기/쓰기 문제도 이렇게 풀면 쉽게 해결된다.
※topic=**중심소재** topic sentence=**글전체 요지** main idea=**작자의 주장**-- 보통 transition word 사용
↳dogs' problem ↳Dogs have a problem at home. ↳Dogs are useful animals. ↓
글의 변화를 주는 단어 =but, so -- etc.

말=BItten=slide 주파수 (i=이: 철자음가 e=어: 약한 감정음가)
bitten=피동 event로부터[로서] 상태[동작] event/피동동작
[bit: bite en: event 음가 — '언'하면 소리에서 '일어난 것 또는 일어나진 것'이 느껴짐, 즉 언>었던 것[했던 것] /된 것 **전자**=능동 event **후자**=피동 event or (t: 조율음) en: done]
bite=이빨로 물어서 부수는 것으로서 물어 뜯는 것/무는 것
[b: break t: teeth + no 's' 원형 자체의미]

·))) 콤머영뇌를 작동시켜 근설 보설뇌로 작동시키면 :

↙**비제한적 연결영뇌[Non-DL NB]**

A - E.. The postman, /bitten by a dog, /doesn't come here.

영뇌=기--)설/설 : BEis-Os [=, being/to be bitten,]

↘비연결설명어

시동=그 우체부 아저씨는 물려 있기 때문에, 행자/원자(行者/原者) 개에 의해서 물려 있기 때문에 하지않아요, 오기를 여기에 말이다. /그 우체부 아저씨에게 물린 일이 생겼기 때문에 ------ . /그 우체부 아저씨는 물렸기 때문에 ---- . | Free 감주 + 我必 Free 감주 간직하기

관계 과분사의 제한적 연결영뇌는 **동사 관계**로 보통 관계이다. 그래서 comma로 분리시킬 수 있다. 이게 바로 **분사구문**이다. 이때 비제한적 연결영뇌는 대개 문맥 associate로 **비제한적 연결의미, 즉 비제한적 부사적 연결의미**이다 ⇒ **부사적 연결의미**=이유 /시간 /조건 /양보 /추가(그리고) /전환(하는데) /결과/계속(그리하여) /나열(vol 2 p35) /구체적 설명(vol 2 p35) -- etc.

tip)**관계사=관계대명사/관계부사/관계분사/관계형용사/관계문장** -- 연결설명어이기 때문에 접속능력이 있음
vs **일반대명사/일반부사/일반분사/일반형용사** -- 비연결설명어이기 때문에 접속능력이 없음
그래서 접속사 필요 ⇒, as he is bitten --,

·))) 콤머영뇌를 작동시켜 기본어를 달리하여 근설 보설뇌로 작동시키면 :

↙**비제한적 연결영뇌[Non-DL NB]**

A- E.. The postman, /his leg bitten by a dog, /doesn't come here.

영뇌=기--)설/설 : BEis-Os ↘관계과분사=연결설명어 ∴ his=일반대명사

or I + I + I : I-Os or S + S + S : S-Os ↘문장을 거느리지 않고 그냥 가리킴

How to Read[Speak] ↗**고난도 감주** — (행자) 개에 의해서 하지않는다

=Thepostman, hisleg bittenbya dogdoesn't comehere. ↘밑줄부문=associate

: BEis/IS, 즉 설가뇌와 자동설가뇌로 되어 있는 것을 감각적 주파수로 이해한다.

이런 주파수로 말을 하면 듣기가 쉽다.

시동= vocal 감각적 주파수로
(BEis/IS 영뇌가 될 때까지) F3+E2 강하게 말하기

.. **문장 뼈대**=기본어(The postman) + 연결설명어(bitten) + s동사(doesn't)

관계과분사 (실질) 연결대상=his leg -- 비사람 | Free 감주 + 我必 Free 감주 간직하기
-- 모든 동사에는 자기 주어가 있다. bitten의 주어가 신체 일부중 팔이면 his arm으로, 자기 엄마이면 his mother로, 동생이면 his (younger) brother로 얼마든지 기본어를 달리하여 표현할 수 있다 ⇒ He lay on the floor, his hands crossed behind his head.

[= , whose leg was bitten by a dog,]

↘(소유격) 관계대명사=연결설명어 vs bitten=비연결설명어, 즉 일반과분사

↘문장을 거느림

시동=그 우체부 아저씨는 자기 다리가 물려 있기 때문에, 행자/원자 개에 의해서 물려 있기 때문에

---- : 상태 event *his leg=관계과분사의 주어로서 관계과분사의 기본어

/그 우체부 아저씨는 자기 다리에게 물린 일이 생겼기 때문에 --- : 동작 event

/그 우체부 아저씨는 자기 다리가 물렸기 때문에 ---- : 피동동작

↖확장 event

콤머영뇌를 작동시켜 문두 전설뇌로 작동시키면 :

A- E.. Bitten by a dog, //the postman doesn't /come here.

영뇌=전설 ⇨ 기-->설 : BEis-Os

or I + I + I : I-Os or S + S + S : S-Os

↗**고난도 감주**

How to Read[Speak]=Bittenbya dogthe postman doesn'tcomehere.

: 먼저 감주로 이해한다. or Bittenbya dog, thepostman doesn'tcomehere.

시동= vocal 감각적 주파수로

(자동 설가가 될 때까지) F3+E2 강하게 말하기

관계과분사 문맥 연결대상=뒷문장 전체 -- 표현으로서 비사람

(다즌(트)**캄**히어=후음 고음 double slide F[=slide F + slide F] : t 폐쇄와 비폐쇄)

☞.. **문장 뼈대**=전설 연결설명어(bitten) + 기본어(the postman) + s동사(doesn't)

⇒ IS로 먼저 전설로 뒷표현 전체를 설명해 주면서 본론을 말해 나가는 뇌 : BEis-Os

| Free 감주+我必 Free 감주 간직하기

시동=물려 있기 때문에, 행자/원자 개에 의해서 물려 있기 때문에, 그 postman은 ---- .

[=Because bitten by a dog, -- .] /물린 일이 생겼기 때문에 ---- . /물렸기 때문에 ---- .

↘**콤머 관계분사**의 뜻 관계를 확실히 하기 위해서 접속부사를 쓰기도 한다.

: The vaccine, if approved, would likely be made available to health care workers first.

[=The vaccine, approved, ----. ※health care workers 보건진료 직원 ☞ 접속부사 vol 2 p498]

Money is a needful and precious thing – and when well used, it is a noble thing.

[= – and well used, ----. → and=앞뒤 문장을 연결하는 접속사]

전설=부전설 /전전설 /종전설 /분전설[과분전설/현분전설] /형전설 /to전설 /등전설

-- 그래서 전설 뇌가 될 수 있는 단어

=일반부사, 전치사, 종속접속사, 관계분사, 관계형용사, to부정사, 등위접속사

⇒ **문두전설 설주뇌로 작동시키지 않고, 문두단설 설주뇌로 작동시키면 :**

A-E-1.. Bitten by a dog, /the postman /doesn't come here.

영뇌=설→ 기→ 설 : BEis-Os

기본어를 중심으로 설명을 받고 설명해 나가는 식으로 두뇌를 작동시키면 된다.

↘ ☞.. **major 감주=** Bitten --- , the postman doesn't come -- .

즉 **문맥 연결대상으로 두뇌**를 작동시키지 않고, **실질 연결대상으로 두뇌**를 작동시킨다.
즉 Bitten할 때 바로 the postman으로 머리가 가면 된다.
관계과분사 실질 연결대상=The postman : 일종의 (bitten의) 마음의 주어 ↙콤머가 있을 때
↘ s동사의 주어와 관계분사의 주어가 같을 때는 관계분사의 주어는 마음 속에 있지 실제로 표현하지 않는다 : **관습적 E**

콤머영뇌를 작동시켜 문미 전설뇌로 작동시키면 :

A- E.. The postman doesn' t /come here, //bitten by a dog.

영뇌=기-->설 ⇨ 전설 : BEis-Os **↘분리 관계과분사 cf]미분리 관계과분사**

How to Read[Speak]
=Thepostman doesn' tcomehere, bittenbya dog.
: 먼저 (생활 속에서의 뜻이 용해된) 감각적 주파수로 이해한다.
시동= vocal 감각적 주파수로
(자동 설가가 될 때까지) F3+E2 강하게 말하기
관계과분사 문맥 연결대상=앞문장 전체 -- 표현으로서 비사람

.. **문장 뼈대**=기본어(The postman) + s동사(doesn' t) + 전설 연결설명어(bitten)

⇒ IS로 먼저 요지를 말하고, 앞문장 전체를 염두에 두고 설명해 나가는 뇌 : BEis-Os
| Free 감주+我必 Free 감주 간직하기
시동=The postman은 하지 않는다. 오는 것인데 여기에 말이다. (그 이유는) 물려 있기 때문인데 행자/원자 개에 의해서 말이다.
// --- . 물린 일이 생겼기 때문에 ---- . //---- . 물렸기 때문에 ------- .

⇒ 문미 전설뇌로 작동시키지 않고, 분설 보설뇌로 작동시키면 :

A- E - 1.. The postman /doesn' t come here, /bitten by a dog. [=by dog : infml E]
영뇌=기-->설/설 : BEis-Os (뒷설=보설)

관계과분사 실질 연결대상=The postman : 마음의 주어
⇒ 보설 독립적인 관계로 설명해 나가는 뇌로 작동시켜도 좋다. 즉 bitten할 때 the postman을 염두에 두고 두뇌를 작동시키면 된다. 하지만, 전설 뇌일 경우 문맥연결로 앞문장 전체에 대해 설명해 나가는 느낌이다.

| Free 감주+我必 Free 감주 간직하기
시동= -- 하지 않아요, 오기를 여기를 말이다. (그 사람은) 물렸기 때문인데 행자/원자 개에 의해서 물렸기 때문이다. / -- 물렸기 때문인데 물은 자는 개이다.

⇒ **문미 전설뇌로 작동시키지 않고, 연설뇌로 작동시키면 :**

A- E - 2.. **The postman /doesn' t come here, /bitten by a dog.**

영뇌=기-->설-->설′ : BEis-Os

관계과분사 문맥 연결대상=doesn' t come here -- **표현으로서 비사람**

보설이 뒤에 있을 때는 **연속적 설명뇌**로 작동시켜도 좋다.
즉, doesn' t come here를 설명해 나가는 뇌로 작동시켜도 좋다.
오지 않는 것이 물렸기 때문이라고 설명해 나가는 뇌로 작동시키는 것이다.

하지만 보설이 앞에 있을 때는 독립적으로 설명해 나가는 뇌로 작동시켜야 한다.
물린 사실이 오지 않는 것이 아니라, 우체부 아저씨가 오지 않기 때문이다.
그러면 동사 수일치도 된다.

- The postman, /bitten by a dog, /doesn' t come here.
  영뇌=기-->설/설 : BEis-Os *by=행위실체 /원인행위 /행위수단

⇨ • The women /who wanted to play seesaw jumping /were disappointed when it rained.

- The woman /who wanted to play seesaw jumping /was disappointed when it rained.
  영뇌=기-->설/설 : BEis-Os (앞설=근설 보설) *seesaw jumping=널뛰기

(분리관계 과분사로서) 비제한적 연결영뇌

실질연결대상에 콤머가 없어도 문맥연결대상에 콤머가 있으면

(With) Russia' s military advance stalled, its troops in disarray.

콤머영뇌를 작동시켜 기본어를 달리하여, 문두 전설뇌로 작동시키면 :

A- E.. His leg bitten by a dog, //the postman doesn' t /come here.

영뇌=전설 ⇨ 기-->설 : BEis-Os tip)His leg having been bitten --, ---.

↘관계현분사로서 연결설명어
vs 일반과분사로서 비연결설명어

How to Read[Speak]

=Hisleg bittenbya dog, thepostman doesn' tcome here.
or — doesn' tcomehere. : 먼저 감각적 주파수로 이해한다.

그 사람의 다리는 가졌기 때문에 된 것,
즉 물렸던 것을 가졌기 때문에

시동= vocal 감각적 주파수로
(자동 설가가 될 때까지) F3+E2 강하게 말하기
관계과분사 실질/문맥 연결대상=His leg /뒷문장 전체 -- 비사람

**big tip)관계과분사에 능동 event[능동과분사]가 될 수 없는 것은 관계현분사가 있기 때문이다.
즉 관계현분사에 본동사 의미가 있기 때문이다.**

⇒ IS로 **비사람**을 설명해 나가면서, 뒷말문장 전체를 염두에 두고 **설명해 주는 뇌** : BEis-Os
 | Free 감주+我必 Free 감주 간직하기

시동=자기 다리가 물려 있기 때문에 행자/원자 개에 의해서 말이다. 그래서 ---.
 /자기 다리에게 물린 일이 생겼기 때문에 ---. /자기 다리가 물렸기 때문에 ---.

콤머영뇌를 작동시켜 기본어를 달리하여, 문미 전설뇌로 작동시키면 :

A- E.. The postman doesn't /come here, //his leg /bitten by a dog.

영뇌=기-->설 ⇨ 전설-->설′ : BEis-Os

관계과분사 실질/문맥 연결대상=His leg /앞문장 전체 -- 비사람
⇒ IS 영뇌로 먼저 주동과 원동사로 말하고, 앞말 전체를 염두에 두고 설명해 나가는 뇌
 : BEis - Os | Free 감주+我必 Free 감주 간직하기

시동=The postman은 하지 않는다. 오는 것인데 여기에 말이다. 이유는 자기 다리가 물려 있기 때문인데, 행자/원자 개에 의해서 말이다.
 / --. 자기 다리에게 물린 일이 생겼기 때문에 --. / --. 자기 다리가 물렸기 때문에 --.

⇒ **문미 전설뇌로 작동시키지 않고, 연설뇌로 작동시키면 :**

A- E - 1.. The postman /doesn't come here, /his leg bitten by a dog.

영뇌=기-->설-->설′ : BEis-Os

관계과분사 실질/문맥 연결대상=His leg / doesn't come here -- 비사람로서 명사와 표현
⇒ IS 영뇌로 'doen't come here'를 염두에 두고 설명해 나가는 뇌
 : BEis - Os | Free 감주+我必 Free 감주 간직하기

시동=The postman은 하지 않는데, 즉 오지 않는데 여기에 말이다. 이유는 자기 다리가 물려 있기 때문이다. 행자[원자] 개에 의해서 말이다.
 / ---. 자기 다리에게 물린 일이 생겼기 때문이다. ---. /자기 다리가 물렸기 때문이다.

big tip) 1. We will also see -- we are already seeing. : 미래의 인간 모습에 대해 말하는 상황
 ⇒ **Wewill alsoseeweare alreadyseeing.** 오ㄹ소우씨-위어
 -- 원어민들은 네 단어를 한 단어처럼 한꺼번에 이런 감주로 말하고 있다. 그렇게 말해도 이해가 되거나 말이 가능한 것은 영어는 IS **설가뇌**이기 때문이다. 한글해석 때문이 아니다.
 시동=우리는 앞으로 또한 보게 될 것이고, 하지만 우리는 이미 보고 있는지도 모른다.

2. Dow falls 300 points, weighed down by Goldman Sachs shares.
 시동=--- (이것은) 짓눌러 내렸기 때문인데 행자 골드만 삭스 주식에 의해서 말이다.

연결설명어 영뇌

add] 1, • **He says he was blindsided by the scandal.**

by=원인 행위 실체로서 행자/원자(原者) -- 에 의해서

시동= 당했다고, 갑자기 당했다고 했다. 행자/원자 그 사건에 의해서 말이다.

2, A - E.. The postman, /bitten by a dog, /doesn't come here.

the postman에 관계대명사 영뇌를 추가시키면 :

A- E - 1.. **The postman, /who looks 55, /bitten by a dog, /doesn't come here.**

영뇌=기-->설/설/설 : BEis-Os

시동=The postman은 누구냐 하면 이 사람은 보이는 데, 55세로 보이는 데, 물렸기 때문에 행자 개에 의해서 물렸기 때문에 하지 않아요, 오기를 여기에 말이다.

a dog에 관계대명사 영뇌를 또 추가시키면 :

A- E - 2.. **The postman, /who looks 55, /bitten by a dog /which does not bark, /doesn't come here.**

영뇌=기-->설/설-->설′/설 : BEis-Os

(단, 설′의 기본어=bitten by를 제외한 a dog)

시동=The postman은 누구냐 하면 이 사람은 보이는 데, 55세로 보이는 데, 물렸기 때문에 즉 행자 개에게 물렸기 때문인데, 이 개는 어떤 개이냐 하면은 하지 않는 개, 즉 짖지를 못하는 개인데, 이런 개에게 물렸기 때문에 하지 않아요, 오기를 여기에 말이다.

*이런 개에게 물렸기 때문에=**문맥/상황** associate

A- E.. The postman, /his leg bitten by a dog, /doesn't come here.

his leg에 전치사 영뇌를 추가시키면 :

A- E - 1.. **The postman, /his leg /over the stairs /bitten by a dog, /doesn't come here.** =기-->설-->설′/설′/설 : BEis-Os

시동=The postman은 자기 다리를 걸쳐놓고 있다가 계단에 걸쳐놓고 있다가, 물렸기 때문에 행자 개에 의해서 물렸기 때문에 하지 않아요, 오기를 여기에 말이다.

주의]free 영뇌[특히 free 감주]로 이해하는 기술이 있어야 저절로[스스로] 말의 조합력이 생긴다.
하루에 몇 문장씩 외운다고 해서 말의 조합력이 생기는 것은 아니다. ※TF를 알아야 free 영뇌도 가능
↳이것은 해석뇌이지, 원애 언어습득 방법도 아니고 일반적 언어습득 방법도 아니다. ↳twenty four 영뇌
↳의음[의자]+free 감주+자연조합+무부스텝+부지언인

↗ ☞.. **major 감주=** The postman bitten --- doesn't come -- .

A.. The postman bitten by a dog doesn't come here.

Free 감주로 이해/간직 하기 ⇒ The postman bitten. /Bitten by.
/Bitten doesn't come. /Bitten, doesn't come. /-- etc.

➧ The postman bitten. 그 postman은 물린 사람(이다): **관계과분사** free **영뇌**[=who is bitten]--**제한적 연결영뇌**
그 우체부 아저씨는 물렸다: **일반과분사** free **영뇌**[=is bitten] -- **서술적 영뇌: s동사전제**

Bitten by. 물린 것인데 (어떤) 행자에 의해서 물린 것 : (연결대상 전제) **관계 과분사**[=One bitten] : **연결의미 보유**
물렸는데 (어떤) 행자에 의해서 물렸다 : **일반과분사** ↗기본어 전제 ☞ 영뇌영어 vol 1〉p239 〉live 실전

Bitten doesn't come. 물린 사람은 하지않아요, 오기를 -- : **관계[일반] 과분사** [=One bitten/Bitten one]

Bitten, doesn't come. 물렸기 때문에 하지않아요, 오기를 말이다 : **콤머 관계과분사** free **영뇌 -- 연결의미=이유**

A-E.. The postman, his leg bitten by a dog, doesn't come here.

Free 감주로 이해/간직 하기 ⇒ The postman, his leg bitten. /, His leg bitten by.
/His leg bitten by. /His leg bitten by, doesn't. /Bitten, doesn't come. /-- etc.

➧ The postman, his leg bitten. 그 postman은 자기 다리가 물렸기 때문이다 : (콤머) **관계과분사** free **영뇌** /그 postman은 자기 다리가 물렸다/물려 있다 : (s동사 전제) **일반과분사** free **영뇌** His leg bitten by, 그 사람 다리가 물렸기 때문에, 즉 (어떤) 행자에 의해서 물렸기 때문에 His leg bitten by. 그 사람 다리는 물린 다리, 어떤 행자에 의해서 물린 다리 : (노콤머) **관계과분사** free **영뇌** /그 사람 다리가 물렸어요. (어떤) 행자에 의해서 말이다 : (s동사 전제) **일반과분사** free **영뇌** His leg bitten by, doesn't. 자기 다리가 물렸기 때문에 어떤 행자에 의해서 물렸기 때문에 하지 않아요. Bitten, doesn't come. 물렸기 때문에 하지 않는데 즉 오지 않아요.

↙**제한적 연결영뇌** ↙**서술적 영뇌**

B.. The postman /finished /didn't yet come. [=who was finished]

영뇌=기--〉설/설 : BEis-Os
or I + I + I : I-Os or S + S + S : S-Os

시동= 그 postman은 일이 끝난 것이 생긴 사람인데 하지 않았다. 아직도 오기를 말이다 : 자동 event
/그 postman은 일이 끝난 사람인데 ---- : 자동 행위 | **Free 감주+我必 Free 감주 간직하기**

vs The postman, finished, didn't --- . : **비제한적 연결영뇌**
= -- 일이 끝나도 — . : Distance flown - 90,000 km. 거리인데 날아간 거리

plus] ________________________ : **Self-Study Contract** (자기공부 서약서)
signed ↗자동/피동 event
↳사인할 곳/사인이 이루어 질 곳 -- 연결대상[=line]이 전제된 (현재/미래 속에서의) **관계과분사**

tip)자동 event=자동형용사=동사형용사[≠질/상태 형용사] ⇒ **관계형용사로 취급해도 좋다.**

연결설명어 영뇌

2) 관계과분사 영뇌와 일반과분사 영뇌

관계과분사 영뇌는 연결설명어이고, 일반과분사 영뇌는 비연결설명어이다. 즉 전자는 사람, 비사람[주로 명사, 대명사]에 연결시켜 설명하는 말이고, 후자는 그냥 자신만 뜻하는 말로서 그냥 설명하는 말이다. 그래서, 후자는 연결능력[접속능력]이 없다. 즉 연결의미가 있고 없고의 차이다. 이런 차이를 알아서 관계과분사 말과 일반과분사 말의 선택의 자유를 가져라.

↙관계과분사

A.. The postman bitten by a dog doesn't come here.
: (뒤로) 설명해 나가는 말　연결대상=The postman

↙관계과분사

B.. Bitten by a dog, the postman doesn't come here.
: (앞에서) 설명해 주는 말
문맥 연결대상=the postman doesn't come here　실질 연결대상=the postman

tip)관계과분사 강조 : as it is
Written, as it is, in an easy style, the book is suitable for beginners.
시동=쓰여졌는데 즉 정말로 그렇게 되어 있기 때문에
(즉 내자 -- 로 되어있기 때문에) --- .

↙일반과분사 -- 피동 event

vs a.. The postman was bitten by a dog.
b.. The dog has bitten the postman.
↖일반과분사 -- 능동 event
: (a, b 둘다) 그냥 설명해 나가는 말
c.. A bitten leg. : 그냥 설명해 주는 말
↘일반과분사

tip)관계현분사 강조 : as one does
Living, as I do, so remote from towns, I rarely have visitors.
시동=살고 있는데 즉 정말로 내가 그렇게 하고 있어서 (즉 정말로 멀리 떨어져 기처 작은 도시로부터 살고 있어서 나는 드문 드문 맞이해요).

시동= a.. 그 우체부 아저씨는 되어 있었는데 물려 있었던 상태였다. 행자 개에 의해서 말이다
[물은 놈은 a dog이었다] : **상태** event
/그 우체부 아저씨에게 생겼는데 물린 일이 생겼다. --- : **동작** event
/그 우체부 아저씨는 되어버렸는데 물려 버렸다. ----- : **피동동작[피동행위]**

b.. 그 개는 가지고 있어요, 물은[문] 것인데 그 우체부 아저씨를 말이다.　c.. 물린 다리

by=지게를 지는 행위로서 행위실체 /원인행위 /행위수단
[b: behaviour　y: 지게　그래서, 지게를 지는 행위]

plus] Video released showing Trump acknowledging that his comments calling Mexicans 'rapists' harmed his business interests. : 관계과분사 /일반현분사(infml) /동명사 /관계현분사

목적격 보어일 경우 :

비연결설명어이다. 목적어뿐만이 아니라 동사와도 관계하면서 서술적으로 설명해 나가기 때문이다. 연결설명어는 연결대상, 즉 자기 기본어만 관계하는 뇌이다.

↙**서술적 영뇌**

A.. Children want their father **buried** next to their birth mother. He dies **aged** 47.

-- **일반과분사 영뇌로서 비연결설명어** ↳동사와 관계

시동=애들은 원해요, 자기 아버지가 묻히기를[에게 묻히는 일이 생기기를] 옆에 대자 자기 본엄마 옆에 말이다. /죽었는데(발생현재), (먹은) 나이는 47세이다.

Plus]다른 관계사처럼 서술적 영뇌도 뜻의 차이가 없으면 뜻하는 의미로 제한적 연결영뇌로 작동시켜도 좋다 ➾ **뜻하는 의미로 시동**=묻히는 사람이 되기를

↙**제한적 연결영뇌**

vs The postman **bitten** by a dog doesn't come here. He is a man **aged** 40 years.

-- **관계과분사 영뇌로서 연결설명어** ↳명사와 관계

여기서 bitten은 the postman만 관계[연결]한다. 그래서 연결설명어 뇌가 된다.

시동= -- 물려 있는 사람/물린 일이 생긴 사람/물린 사람으로 [=who is/was bitten]

뜻하는 의미=물렸기 때문에 : **비제한적 연결영뇌** //사람, 즉 나이가 40년이 되는 사람

B.. He had his purse **stolen.** -- **일반과분사 영뇌로서 비연결설명어**

=그에게 생겼다, 지갑 도난이 말이다. ∗have=가지는 것으로서 생기는 것

/그는 가졌다. 지갑이 도난 된 것을 말이다.

vs **관계과분사 영뇌로서 연결설명어** =그는 가지고 있었다, 지갑인데 도둑 맞은 지갑을 말이다

-- 결국 찾은 것이다.[=which was stolen]

↱ 피동과분사 ↱ 자동과분사

tip) 피동[자동] event와 그 확장의미, 즉 피동의미 또는 자동의미와 동명사, 현분사는 설주뇌로 쓸 수 있으나, 능동 event(능동의미), 즉 능동과분사는 설주뇌로 쓸 수 없다.

① **피동의미** : There is no killed person. ② **자동의미** : There is no surprised person.

③ **동명사/현분사** : There is no killing person. (살인하는 것을 한 자, 즉 살인자 /죽이고 있는 사람)

attention] There is no bought person.

능동 event로서 능동의미로는 못쓰나 피동의미는 가능 : 매수된 자, 즉 인신매매 된 자

There is no buying person. (구입한 자) ∵ **동사사실로서 한 것--동명사**

↳ or 구입하고 있는 사람 : 일반현분사도 가능

There is no killed knife. : incorrect

--> There is no killing knife. (죽인 칼/죽이는 칼) ∵ **동사사실로서 한 것 or 동사사실--동명사**

그래서 All <u>stabbing</u> suspects killed.**라고 표현한다.** ☞ **기본영뇌** vol 2 〉 p437

: Percentage of students getting passing grades. 비율 즉 학생들 비율인데 받은 합격(한) 접수를 받은 학생들 비율 ※getting=**관계현분사** passing=**동명사**

tip)능동 과분사는 설주뇌[즉 제한적 영뇌]와 관계과분사가 될 수 없다.

동명사가 있기 때문↩ ↳관계현분사가 있기 때문

.. 시동으로 (영어) 글자/말 자체에서 뜻이 보이거나 상황이 (머리 속에서) 보이면 된다 : IS 영뇌

4. 관계현분사 영뇌[RPRP NB]란 :

무한글 이해, 즉 IS두뇌로 사람, 비사람을 진행의미/본동사의미로 제한적/비제한적으로 연결지어 설명해 나가는 뇌
또는 전설로 설명해 주거나 설명해 나가는 뇌
in short, 연결설명어 in concrete, 콤머유무 연결설명어

▭ **현분사 BNW**=진행의미/본동사의미 ▭ **사람, 비사람**=주로 명사/대명사 //표현[즉 문맥연결대상]

▭ **관계 현분사 BNW**=진행의미/본동사의미로서 제한적/비제한적 연결의미 — 연결설명어

tip) **관계현분사**=진행의미이기 때문에 또는 본동사 의미가 들어 있거나 본동사 의미가 되기 때문에 현과미 속에 들어 갈 수 있고, 특히 본동사 의미가 들어 있기 때문에 현과미 속에서의 진행의미 또는 일설 진행의미가 되고, 또한 본동사 의미로 들어가는 것으로서 현과미 속에서의 본동사의미 또는 일설 본동사의미가 된다.

↳ 관계 현분사=원동사 + ing i.e., 원동사 + ing/iN ※iN=in 입작동

: Persons attending now[yesterday/tomorrow] are[were/will be] our students.

= who are[were/will be] attending or who attend[attended/will attend]

vs 일반 현분사 BNW=그냥 진행의미 — 비연결설명어 tip)관계현분사=관계를 짓는 현분사 일반현분사=그냥 현분사

주의] be동사의 본동사의미와 현분사의 본동사의미는 모두 단순한 동사서술 의미이기 때문에 서로 충돌이 일어난다. 그래서, 일반현분사는 진행의미만 갖는다. 하지만 관계현분사는 명사/대명사/표현을 설명해 나가거나 설명해 주기 때문에 본동사의미가 가능하다.

1) 관계현분사 영뇌(RPRP NB)

무한글 이해, 즉 IS두뇌로 사람, 비사람을 진행의미/본동사의미로 제한적/비제한적으로 연결지어 설명해 나가는 뇌 또는 전설로 설명해 주거나 설명해 나가는 뇌
in short 연결설명어, in concrete 노콤머/콤머 연결설명어 ※ 단, 문두전설 설주뇌=문두단설 설주뇌 가능

진행의미= 동일치 진행 /계속[지속] 진행 /앞으로 진행 /일반적[설명] 진행 /쭉 진행
본동사의미=원동사의 본동사 의미에 해당하는 의미로서
현재/과거/미래 의미와 일반적 의미/설명의미
즉 현과미 속에서의 본동사의미와 일설 본동사의미

tip]원동사의 본동사의미=비연결설명어 관계현분사/to부정사의 본동사의미=연결설명어
그래서 연결설명어로서 본동사의미를 표현하려면 관계현분사 또는 부정전치사 to로 표현하면 된다.

↙제한적 연결영뇌 ↙서술적 영뇌

A.. The train /arriving at the platform /is the 12:30 to Seoul.

영뇌=기-->설/설 : BEis-Os or I + I + I : I-Os or S + S + S : S-Os

> How to Read[Speak]=Thetrain arrivingatthe platform isthe 12:30to Seoul.
> or Thetrain arrivingatthe platform isthe12 :30toSeoul. : **후자=고난도 감주**
> : BEis/IS, 즉 설가뇌와 자동설가뇌로 되어 있는 것을 감각적 주파수로 이해한다.
> 그러면 저절로 선인영뇌각인과 선강후약이 유지된다. 특히 영맥도 감주로 보여야 한다.
> 주의]기본어 대각인이 되어 있으면 platform을 is와 함께 말해도 is할 때 기본어로 머리가 가니
> 순서대로 이해하는 데 문제가 없다. 우리는 전자로 말할 때 듣기가 가장 어렵다.
>
> **시동=** vocal 감각적 주파수로 (BEis/IS 영뇌가 될 때까지) F3+E2 강하게 말하기
> **관계현분사 연결대상=The train -- 비사람 여기서 관계현분사=진행의미**
> (이즈더/이즈어/이저=small slide F : th 비폐쇄와 폐쇄, 비합성 감주과 합성 감주)

☜.. **我必 Free 감주 간직하기**=The train arriving at the platform in Seoul.
시동=저 열차는 도착하고 있는 열차로 그 위치는 platform인데 입니다.
12시 30분 행[대자] 서울 행입니다. *to=방향으로서 행/방향대상으로서 대자 -- 행

: • **Pyongyang is China's very real ally proceeding cautiously. -- 계속[지속] 진행**
시동=평양은 인데 중국의 정말로 진짜 동맥국인데 무언가 진행시키고 있는 동맹국, 즉 조심스럽게 진행시키고 있는 동맹국이다. *무언가=**단어** associate=proceeding associate

• **The man getting married next month is my uncle. -- 앞으로 진행** *인데=동질연결로서 인데
시동=저 남자는 하기로 되어 있는 남자인데 결혼하기로 다음 달에 하기로 되어 있는 남자인데 나의 삼촌이다.

• **The new machines will work twice as fast, thus greatly reducing costs.**
-- 미래 속에서의 본동사 의미[=and thus they will greatly reduce]-- 일종의 본동사 will 대용
시동= ----, 그래서/그렇게 크게 줄여 줄 것이다. 여러가지 비용을 말이다.

: Obama expected to address UN General Assembly beginning at 10:00.
시동= ----, 시작 시기는 오전 10시이다.

• **The weather raining until now is clear today. -- 쭉 진행** 시동= 날씨가 쭉 비가왔던 날씨인데
도자 지금까지 --,

☜.. 5W1H Short Talk Drill ⇒ Teacher : What is arriving at the platform?
Student : The train. or The train is arriving. Teacher : Then, what time to Seoul is it?
Student : 12 : 30. /The 12 : 30. or It's 12 : 30.

> **소리**=aRRIving=cramp 주파수 a=어: 약한 감정음가 i=아이: 알파벳음가
> **arriving**=arrive의 진행의미로서 동일치 진행 [arrive + ing: 진행음가로서 진행의미]
> **arrive**=어떤 곳에 이르는 것으로서 도착하는 것 [ar>at: 어떤 곳 r: reach no 's' 원형 자체의미]
> **cf]reach**=어떤 곳에 이르는 것으로서 도달[도착]하는 것/뻗치는 것[re>er: 이르는 것 a: at]

☜.. **문장 뼈대**=기본어(The train) + 연결설명어(arriving) + s동사(is)

연결설명어 영뇌

·))) **콤머영뇌를 작동시켜 보설뇌로 작동시키면 :**

↙**비제한적 연결영뇌[Non-DL NB]**

A- E.. The train, /arriving at the platform, /is the 12 : 30 to Seoul.

영뇌=기-->설/설 : BEis-Os

or I + I + I : I-Os or S + S + S : S-Os | Free 감주 간직하기

How to Read[Speak]=Thetrain, arrivingatthe platform, isthe12: 30to Seoul.

: 이번에는 이런 감각적 주파수로 이해한다.

시동= vocal 감각적 주파수로 (BEis/IS 영뇌가 될 때까지) F3+E2 강하게 말하기

관계현분사 연결대상=The train -- 비사람 여기서 관계현분사=진행의미

(어**라**이빙애ㅌ더=(후음저음형) train F[=cramp F + small slide F] **플래**ㅌ**포**-ㅁ=ER F + line 점형 F **주의]**아무리 주파수가 많아도 감각적 의군 또는 한단어 내에서는 최고음은 하나밖에 없다. 이것이 바로 리듬이다. **라/래**가 최고음이다. 이렇게 소리내야 리듬이 생긴다)

.. 我必 Free 감주 간직하기=The train, 12 : 30 to Seoul. /Train, 12 : 30 to Seoul.

시동=저 열차는 도착을 하고 있는 데 그 위치는 승강장이며 입니다. ----.

: I lived with a dog, not barking, I sold out.

-- 짖지 않는 동물로서 일반적 또는 설명 본동사의미 : 안 짖어서/짖지 않아서

관계분사[관계과분사/관계현분사]

=동사 관계는 보통 관계이므로 콤머로 분리하여 두뇌를 작동시킬 수 있다. 즉, 콤머를 찍어 비제한적 연결영뇌를 작동시킬 수 있다.

tip)**관계분사**=연결설명어이기 때문에 접속능력이 있고, **일반분사**=비연결설명어기 때문에 접속능력이 없다. 그래서 일반분사로 표현할 경우에는 접속사가 필요하다 : The train, whereas it is arriving -- , 그 열차, 그런데 이 열차는 있는데 도착하고 있는데 입니다. ---- .

·))) **콤머영뇌를 작동시켜 문두 전설뇌로 작동시키면 :**

A- E.. Arriving at the platform, //the train is /the 12 : 30 to Seoul.

영뇌=전설 ⇨ 기-->설 : BEis-Os

How to Read[Speak]=Arrivingatthe platform, thetrainisthe 12:30to Seoul.

: 먼저 감각적 주파수로 이해한다.

시동= vocal 감각적 주파수로 (자동 설가가 될 때까지) F3+E2 강하게 말하기

관계현분사 문맥 연결대상=뒷문장 전체 -- 비사람으로서 표현

⇨ 감각적 주파수로 뒷말 전체를 염두에 두고 설명해 주면서, 다시 본론을 말해 나가는 뇌 : BEis-Os

시동=도착을 즉[직자] 승강장에 하고 있는데 그 열차는 입니다. -- -- . [=at platform : infml E]

*at=구역일치 대상[바로 대상/구역일치 지정대상]으로서 즉/직자

.. 문장 뼈대=전설 연결설명어(arriving) + 기본어(the train) + s동사(is)

⇒ **문두전설 설주뇌로 작동시키지 않고, 문두단설 설주뇌로 작동시키면 :**

A- E -1.. Arriving at the platform, /the train /is the 12 : 30 to Seoul.

영뇌=설→ 기→ 설 : BEis-Os

관계현분사 실질 연결대상=the train : 마음의 주어

기본어를 중심으로 설명을 받고 설명해 나가는 식으로 두뇌를 작동시키면 된다.

즉 **문맥 연결대상으로 두뇌**를 작동시키지 않고, **실질 연결대상으로 두뇌**를 작동시킨다.

즉 arriving할 때 바로 the train으로 머리가 가면 된다.

콤머영뇌를 작동시켜 문미 전설뇌로 작동시키면 : ↗**분리 관계현분사 cf]미분리 관계현분사**

A- E.. The train is /the 12:30 to Seoul, //arriving at the platform.

영뇌=기-->설 ⇨ 전설 : BEis-Os

↘ **.. major 감주=** The train --- 12:30 to Seoul, -- arriving --- .

How to Read[Speak]

=Thetrainisthe 12:30to Seoul, arrivingatthe platform.

: 먼저 감각적 주파수로 이해한다. 단주도 근접감주로서 감주에 속한다 : Seoul/platform

시동= vocal 감각적 주파수로 ∵ 단주도 뒷말과 말하기 때문이다.

(자동 설가가 될 때까지) F3+E2 강하게 말하기

: He walked, with his head bent, shoulders drooping.

관계현분사 문맥 연결대상=앞문장 전체 -- 표현으로서 비사람

앞문장 전체를 염두에 두고, 설명해 나가는 뇌로 작동시킨다.

.. **문장 뼈대**=기본어(The train) + s동사(is) + 전설 연결설명어(arriving)

| Free 감주+我必 Free 감주 간직하기

시동=그 열차는 입니다. 12시 30분행 서울행인데 도착을 하고 있어요. 즉/직자 platform에 말이다.

[=and it is arriving] ↳ 영어는 항상 어느 부분을 보더라도 free 영뇌, 특히 free 감주로 이해되어야 한다.

⇒ **문미 전설뇌로 작동시키지 않고, 문미[분설] 보설뇌로 작동시키면 :**

A- E -1.. The train /is the 12:30 to Seoul, /arriving at the platform.

영뇌=기-->설/설 : BEis-Os (뒷설=보설)

관계현분사 실질 연결대상=The train -- 비사람

하나의 기본어를 중심으로해서 두 개의 설명어로 설명해 나가는 뇌로 작동시켜도 좋다.

tip) 1. Pay only for what you use, thus <u>reducing</u> hardware and software expenses.

[=and thus you can reduce : 본동사의미=can 본동사 대용

2. U.S. will hit debt limit Thursday, <u>taking</u> steps to avoid default, Yellen warns. 미국은 앞으로 얻어맞을 것이다. -- 그래서 취할 것인데 단계적 조치를 취할 것이다 : **본동사의미=will 본동사 대용**

연결설명어 영뇌

시동=그 열차는 12시 30분행 서울행이고, 그 열차가 도착하고 있어요, 즉 승강장에 말이다.

*그 열차가=(연결설명어의) **연결** associate

⇒ **문미 전설뇌로 작동시키지 않고, 연설뇌로 작동시키면 :**

A- E -2.. The train is /the 12 : 30 to Seoul, /arriving at the platform.

영뇌=기-->설-->설′ : BEis-Os

관계현분사 연결대상=the 12 : 30 to Seoul

-- 일종의 문맥 연결대상 : 표현으로서 비사람

보설이 s동사 뒤에 있을 때는 연속적으로 설명해 나가는 뇌, 즉 연설뇌로 작동시켜도 좋다. 즉, the 12 : 30 to Seoul를 설명해 나가는 뇌로 작동시켜도 좋다. 12시 30분 서울행이 도착하고 있다는 것이다. **하지만** 보설이 s동사 앞에 있을 때는 독립적으로 설명해 나가는 뇌, 즉 독설뇌로 작동시켜야 한다. 선원이 원치 않는 것이지 미신을 믿는 사실이 원치 않는 것이 아니기 때문이다. 그러면 자연적으로 **동사 수일치 뇌**도 발생한다.

: Sailors /who are superstitious /don' t want to embark on Friday.

vs The sailor /who is superstitious /doesn' t want to embark on Friday.

영뇌=기-->설/설 : BEis-Os (앞설=보설)

Plus] 1. **연결설명어 두개 작동** : Cards on the table, we' re both showing hearts, risking it all, though it' s hard. 시동= 리스크가 그것 모두에게 있고, 비록 그것이 어렵다할지라도

2. **s동사없이 (두개) 표현** : Joice Mitchell, tearful in court and taking responsibility.

-- **관계형용사와 관계현분사**

∵ **콤머** -- 이때 and는 두 연결설명어를 이어주는 등설이다.

시동=눈물을 흘리고 있고,

-- 그리고 지고 있다. 책임을 말이다[지고 있는데 책임을 지고 있다].

3. A source /familiar with the investigation into MH 370 /tells ABC News /the picture of the airplane part found on La Reunion Island appears to be a Boeing 777 part.

-- **관계형용사와 s동사, 종속문장**으로 설명해 나가고, 종속문장 속에 또 관계과분사도 있음

시동=한 소식통, 잘 알고 있는 소식통이 말해 주고 있다. 그 사진은 인 것 같다고 말이다.

4. **분사구문 전환식 문법 설명불가 : 영어실체인 기/설로만 설명가능**

"So when did you realize that you had a great singing voice?"

"When I was in the car, my dad driving.=기-->설 : 기/설로 그냥 설명해 나가면 된다. 언제냐하면 내가 있었을 때인데 내자 차에 있었을 때인데 이때가 나의 아빠가 운전할때였지[운전하고 있을 때였지]

※내자=내소대상 관계현분사=본동사의미/진행의미 : 연결대상=기본어 이때가=문맥 associate

만약 my dad' s일 경우→동명사 ↘문맥연결대상=앞문장 실질연결대상=my dad

↘의미상 주어=소유격 : 콤머가 문맥 연결역할

B.. Students /attending this school /have to /wear their school uniform.

영뇌=기→ 설/설→ 설′ : BEis-Os

or I + I + I + I : I-Os or S + S + S + S : S-Os

How to Read[Speak] ↗스튜-던스어[서]테ㄴ딩 : **분리감주 — 고난도 감주**

=Studentsa/ttending thisschool haveto weartheir schooluniform.

: 먼저 감각적 주파수로 이해한다. 그러면 저절로 의음/의자, 해음/해자, 상음/상자가 된다.

시동= vocal 감각적 주파수로

(의음/의자, 해음/해자, 상음/상자가 될 때까지) F3+E2 강하게 말하기

↘그러면 영어말투가 형성되고 영어말투에 익숙해진다.

관계현분사 연결대상=Students -- 사람 여기서 관계현분사=진행의미/본동사의미

(해프터=slide F : 후음 무성음매치 cf]of course=어브코-스/어프코-스=little slide F + retro-root F : 후자=후음 무성음매치 : f ⟨— k)

: 일종의 역행동화

☞.. **我必 Free 감주 간직하기**=Students must wear their uniform. | Free 감주 간직하기

☞.. **문장 뼈대**=기본어(Students) + 연결설명어(attending) + s동사(have)

시동=학생들, 다니고 있는 학생들인데[다니는 학생들인데] 이 학교에 말이다. 그런 사람들은 해야 해요, 입는 것인데 자기 네들의 uniform을 말이다.

*그런 사람들은=문맥 associate : 독설 문맥

attending=진행 의미로서 일반적/설명 진행의미[=who are attending]

또는 본동사 의미로서 일반적/설명 본동사의미[=who attend]

[attend + ing: 진행음가로서 진행의미 or + in: 본동 작동음가로서 본동사 의미]

attend=어떤 곳 내로 들어가는 것으로서 참석하는 것/다니는 것

[at: 어떤 곳 en: in 들어 가는 것 + no 's' 원형 자체의미]

B - E.. **콤머영뇌를 작동시켜 근설 보설뇌, 문두 전설뇌[문두단설 가능], 문미 전설뇌, 문미 보설뇌, 문미 연설뇌로도 작동시킬 수 있다.**

↙비제한적 연결영뇌

C.. Objectively speaking, //he lay /dead, /both the eyes open.

영뇌=전설 ⇨ 기→ 설→ 설′ or **전설 ⇨ 기→ 설/설** : BEis-Os

↘ ☞.. **major 감주=** Objectively --- , he -- dead, --- eyes open.

How to Read[Speak]

=Objectivelyspeaking, helay dead, boththe eyesopen.

[or both theeyes open] : 먼저 감각적 주파수로 이해한다.

시동= vocal 감각적 주파수로 (자동 설가가 될 때까지) F3+E2 강하게 말하기

관계현분사 문맥 연결대상, 즉 문맥 기본어=뒷문장 전체 -- 비사람으로서 표현 : 뒷 문장 설주뇌
관계현분사 실질 연결대상, 즉 실질 기본어= I /we : 입장 표명자 -- 마음의 주어
여기서 관계현분사=본동사의미

(어브제ㅋ티블리=little slide F + slide F 보쓰디=slide F : ou의 단모음화 보우쓰디=slide F : u감정음가 촌가)

我必 Free 감주 간직하기

=He lay dead, both eyes open. or Dead, both eyes open.

| Free 감주 간직하기

시동=객관적으로 말하면, 그는 누워 있었어요, 죽은 상태로, 두 눈을 떠고서 말이다.

*open=콤머 관계형용사 -- 비제한적 연결영뇌
-- 앞에 콤머가 찍혔고, 비사람으로서 명사를 설명해 나가기 때문이다.

소리=sPEAking= trapezoid 주파수
ea=이: 알파벳 e음가와 알파벳 a, 즉 ei의 i지배음가가 합쳐서 고장음을 만들어 준다.
speaking=speak의 본동사의미로서 설명 본동사의미 -- 말하면/말하자면
[speak+ in 들어 가는 것/하는 것 그래서,
speak로 들어 가는 것/하는 것으로서 본동사 의미: 본동 작동음가]
speak=계속해서 말하는 것으로서 말하는 것/연설하는 것
[s: saying k: keep no 's' 원형 자체의미]
lie/lay/lain=눕다 lie/lied/lied=거짓말 하다 lay/laid/laid=두다

관계 현분사와 마음의 주어 : ↗모든 동사에는 주어가 있는데 이것을 표현하느냐 안하느냐가 관건이다.
관계 현분사의 주어가 입장표명자, 일반인 또는 문맥상 분명할 경우
(s동사의 주어와 다르다 할지라도) 마음의 주어로 습관적으로 표현하지 않는다.

우리말도 이럴 경우 습관적으로 표현하지 않는 것으로 굳어져 있다 : **관습적 E/관습적 K**
- Judging from her accent, she must be an American. [=If we/I judge --]
- This city, constantly leaving, is empty. [=, because/as people/residents are leaving, --]
- Coming to a bend in the road, a beautiful house struck my eyes.
  [=As/When I came to --] ※**마음의 주어**=관계분사/to 부정사/동명사/관계형용사의 주어가 마음 속에 있고 실제로 표현되지 않는 주어 : **대개 s동사 주어와 같을 때 많이 일어남**

tip) **구문법** : 일반인인 경우(we/people/residents)=비인칭 독립분사구문
일반인이 아닌 경우(I)=현수 분사구문
tip)독립분사구문 : <u>This</u> done, <u>we</u> went out for a walk. <u>He</u> being honest, <u>everybody</u> loves him. 일반적으로 관계분사 주어와 s동사 주어가 다르면 표현해야 전달이 분명해진다.

tip) Donald Trump : We need Roy Moore, voting for him.[= , and so you must vote for him.]
➡ voting 주체=일반인 -- 여러분들 ⇒ We need Alabama <u>to go vote</u> for him. (to associate=그래서)
그래서 대동 가서 투표해야 해요, 해자 그에게 말이다.

⋯▸ 여기서는 표현자인 내가 객관적으로 말해서 그렇다고 말할 수도 있고, 만약에 조사팀이 말하는 것이면 우리 입장이 된다. 구문법에서 we만 바꾸는 것은 잘 못된 가르침이다.

=Objectively if I/we speak, ----.

-- 인칭 대명사는 비연결설명어이므로 접속능력이 없다. 그래서 접속사를 써야 한다.

: a.. Seeing that she is bright, she will not be easily taken in by him.
: 우리 입장에서 말하는 것 (알게되면) [=If [When] we see that she ----.]

b.. Considering his age, he looks young.
: 나 또는 우리 입장에서 말하는 것 [=If [When] I/we consider his age ----.]

c.. Taking all things into consideration, his plan is impracticable.
[=If [When] we/I take ----.]

d.. Granting that he is poor, we can' t allow him to do such a mean thing.
그렇다 할지라도, 즉 그가 -- [=Though we grant ---- .]
＊grant=내려주는 것으로서 하사[수여]하는 것
/내려주는 것을 받는 것으로서 응하는 것[들어 주는 것]
/들어 주는 것으로서 동의[인정]하는 것
＊granting=동의/인정 양보로서 그렇다 할지라도 mean=adj. 야비한 것

e.. Judging from the look of the sky, it will rain in the afternoon.
[=If [When] we/I judge ---- .]

⋯▸ 상기 관계 현분사는 본동사의미이기 때문에 뜻하는 의미로 전환시 모두 현동사 영뇌로 작동시키면 된다.

remember] '하는 데 /해서 /하고서 /하므로 /하려고 /하기 위해서 /하면' 이라는 연결의미를 간단체로 쉽게 통역하려면 관계현분사 또는 to부정사 영뇌를 작동시켜라.

add] 1, A.. The train /arriving at the platform /is the 12:30 to Seoul.

⋯▸ the train에 관계과분사 영뇌를 추가시키면 :

A- E .. The train /arriving at the platform /made in Korea /is the 12:30 to Seoul. =기-->설/설/설 : BEis-Os

시동=그 열차, 즉 도착하고 있는 열차, 즉 platform에 도착하고 있는 열차는 제조된 것인데 내소 한국 내소에서 제조된 것인데 입니다. 12시 30분 행 서울 행입니다.

cf]Make in India. 만드는데 내소 인도 내소에서 만든다.
vs Made by India. 만들어 졌는데 만든 곳이 인도이다.

연결설명어 영뇌

2, B.. Students /attending this school /have to /wear their school uniform.

·))) **this school에 전치사 영뇌를 추가시키면 :**

B- E .. Students /attending this school in Seoul /have to /wear their school uniform. =가→ 설/설→ 설′ : BEis-Os

시동=학생들, 다니고 있는 학생들인데[다니는 학생들인데] 이 학교, 즉 내소 서울 내소에 있는 이 학교에 말이다. 그런 사람들은 해야 해요, 입는 것인데 자기 네들의 uniform을 말이다.

3, 관계현분사의 본동사 의미 -- 현재/과거/미래 속에서의 본동사의미 //일반적[설명] 본동사의미

a.. Time remaining is 10 minutes. **-- 현재 속 〃**

시동=시간인데 남아 있는 시간은 [=Time which remains vs Remaining time : **일반 현분사**]

b.. Gunfires exchanged, killing two people. **-- 과거 속 〃** [=and it killed] (it=그 사건)

Energy shares climb, pulling Asia shares higher. [=and it pulls] **-- 현재 속 〃**

└→ **시동**=그리하여 끌어 -- 올리고 있어요.

c.. Turning left, you'll see the sign. **-- 미래 속 〃** **시동**=돌게되면 [=If you turn left, --.]

d.. This is the law forbidding the import.

The bank will expand internal review of fake accounts by two years, starting in 2009.

시동=법인데 금지를 담고 있는 법 **-- 설명 본동사의미** [=the law which forbids --.]

/-- 씩이나 2년 씩이나 시작하는 시기를 2009년으로 해서 말이다[시작은 내자 2009년이다].

e.. I'm a South Florida girl making moves and news. [=who makes moves and news]

시동= --- 하면서 여기저기 돌아다니면서 뉴스를 만드는 여자이다. ＊moves=움직임[옮겨 다니는 것]의 복수로서 이리저리 다니는 것

-- 일반적/설명 본동사의미

↗일종의 분리 관계현분사=구체적 설명 ☞ vol 2 p35

f.. This part of the building, collapsing entirely, trapping her daughter-in-law, who also eventually managed to get out. : Nepal Earthquake**에 대한 기자 현장 보도**

-- 과거 속 〃 : trapping**의 목적어=결과물** ⇒ trapping**=자동적 타동사**

trapping **연결대상[즉 기본어]=앞말전체, 즉 설가 전설**

시동= 이 부분, 즉 그 빌딩의 이 부분이, 무너졌는데 완전히 무너졌고, 그리하여 갇히고 말았는데 자기 며느리가 갇히고 말았어요. 하지만 누구냐 하면 이 며느리도 또한 종국에 가서는 이리저리 잘 헤쳐서 대동 움직이어 빠져 나왔어요 : Experience battling Corvid-19.

g.. They meet the mother and daughter mutilating other women in the name of female circumcision. **-- 과거 속 〃** [=who mutilated other women] : Kenya**에서 사건발생 후 보도**

시동= -- 만나고 있어요, 그 엄마와 딸, 즉 절단한, 다른 여자의 것들을 절단한 엄마와 딸을 해서 명목으로 해서 즉 여성 할례라는 것을 명목으로 해서 절단한 엄마와 딸을 만나고 있어요.

＊other women=(단어) associate, 즉 다른 여자들의 것으로서 다른 여자들의 음핵

h.. "No fewer than three restaurants are planned for the new hotel, including one at ground level, and two others on the top two floors of the building, providing city vistas along with the viands." -- 설명 〃 : *The Chicago Business Journal*

시동=-- , 이 신 호텔은 포함하고 있는데 하나는 구처 지상 1층에 있고, 그리고 두 개의 다른 것은 상자 꼭대기 두 개층 즉 그 빌딩의 꼭대기 두 개층에 있으며, 그리고 또한 제공해요, 도시 조망에 쭉 동자 그런 음식과 함께 제공해요[말이다]. ※providing **기본어**=꼭대기에 있는 두 식당

A.. The train arriving at the platform is the 12:30 to Seoul.

Free 감주로 이해/간직 하기 ⇒ The train arriving. /Arriving at. /At the platform. /At the platform is the 12:30. /The 12:30 to Seoul. /The train arriving is the 12 : 30.

▸ The train arriving. 그 열차, 즉 도착하고 있는 열차 : **관계현분사** 저 열차는 도착하고 있다 : **일반현분사**

Arriving at. 도착하고 있는 것인데 어떤 곳[구자/직자]에 도착하고 있는 것 : (연결대상 전제) **관계현분사** ⇒ **제한적 연결영뇌**

↘Reading now : 읽고 있는 것인데 지금 읽고 있는 것(=One(s) reading now) cf]Happening now, breaking news.

일어났는데, 즉 지금 일어났는데 속보이에요.

: **관계현분사 -- 비제한적 연결영뇌**

/도착하고 있었어요, 어떤 곳에 말이다 : **발생현재 일반현분사**(s동사전제)

/도착하고 있는데 어떤 곳에 도착하고 있다 : **현재시점 일반현분사**(s동사전제)

The 12 : 30 to Seoul. 12시 30분 행인데 도착지는 서울이다.

관계과분사 ↙ ↘ With Russia's military advance stalled, ----.

동자 러시아군은 진격하지 못하고 멈추어 섰고,

↘**동존부대상황 대상**으로서 '동자' ↙ **둘다 콤머사용**

The train arriving is the 12 : 30. 그 열차, 즉 도착하고 있는 열차는 인데 12시 30분 차이다. ↳tip) Stocks making the biggest moves : Apple, Microsoft and Amazon.

At the platform. 즉, 승강장에 있는 것/곳, 즉 승강장이라는 곳에 있는 것[곳에 있다].

: **전치사 영뇌**=콤머불관 연결설명어 -- **제한적/비제한적 연결영뇌**

At the platform is the 12 : 30. 곳에 승강장이라는 곳에 있는 것은[있는데 그것은] 12시 30분 차이다 -- **도치영뇌** *is=동질/동질연결로서 '은/그것은'

A- E.. The train, arriving at the platform, is the 12 : 30 to Seoul.

Free 감주로 이해/간직 하기 ⇒ The train, arriving, /Arriving at, /At the platform. /At the platform, is the 12:30. /The 12:30 to Seoul. /The train, arriving, is the 12 : 30. / -- etc.

▸ The train, arriving, 그 열차는 도착하고 있는데 Arriving at, 도착하고 있는데 어떤 곳[구처]에 도착하고 있는 데 : **진행의미** /도착했는데 어떤 곳에 도착했는데 : **본동사 의미** ⇒ **둘다 (관계현분사의) 비제한적 연결의미**

The train, arriving, is the 12 : 30. 그 열차는 도착하고 있는데[도착 했는데] 입니다.

At the platform, is the 12 : 30. 곳에 승강장이라는 곳에 있는 데[구처 승강장에 있는 데] (그것은) 입니다. 12시 30분 차입니다.

.. **문장 뼈대**=기본어(The train) + 연결설명어(arriving) + s동사(is)

2) 관계현분사 영뇌와 일반현분사 영뇌

tip)동사 연결설명어 =관계분사 /to부정사

동사 비연결설명어 =일반분사 /원동사 /동명사

□ **관계 현분사=연결 설명어 -- 연결의미 vs 일반 현분사=비연결 설명어 -- 비연결의미**

그래서, 전자는 연결시켜 설명해 나가니 **연결대상**이 있고, 후자는 자신만 말할 뿐이다. 즉 그냥 **자신의 뜻**으로 서술해 나갈 뿐이다. 연결 능력이 없기 때문이다.

> 또한 관계 현분사는 **진행의미**(ing) **또는 본동사의미**(in)로 두뇌가 작동하고,
> 일반현분사는 **진행의미**(ing)로만 두뇌가 작동한다.

□ **관계현분사:**

1.. The train arriving at the platform is the 12:30 to Seoul. : 진행의미
2.. Objectively speaking, he lay dead, both the eyes open. : 본동사 의미
3.. Somali(s) fleeing feminine make the way to Kenya. : 진행의미
4.. Seventeen governors had become presidents, the last being George W. Bush.
: 본동사 의미 [=and the last was]
5.. 'Your/His/Her Honor' used <u>when speaking</u> to or about a judge or mayor.
: 본동사 의미 -- 명사/대명사를 설명해 나가는 것 [=when you speak]
*used=**전제** infml E -- is used when=**대명사/명사** --언제냐 하면/때에

vs **일반현분사:** 1.. The train is arriving. 2.. Two arriving trains.
3.. Objectively they are speaking.
4.. Somali are fleeing feminine. He is being a father.
5.. He is speaking to her. -- 모두 진행의미

↗We arrived, the train arriving.

특히 비제한적 연결영뇌의 free 영뇌일 경우 (문맥) 연결대상 전제 ⇒ **본동사의미** 가능

⇒ 그 열차도 도착했다 : Russia cutting off gas supplies to two NATO members. 끊어버렸다 -- 뉴스 보도시 현장감을 살리기 위해 과동사를 쓰지 않고 자주 등장함
↳vol 2 p35

"The train arriving." Free 영뇌 :

① 관계현분사일 경우 : (연결의미로서)
진행의미 또는 본동사의미
제한적 연결영뇌=그 열차, 즉 도착하고 있는[있었던/도착 예정인] 열차
//<u>도착한</u> 열차 [=The train which is/was arriving.
/The train which arrives/arrived.]

② 일반현분사일 경우 : 그 열차는 도착하고 있다[도착 예정이다](↗앞으로 진행)/도착하고 있었다
-- be동사, 즉 s동사 전제[=The train is/was arriving.] -- **서술적 영뇌 (비연결의미)**
tip)발생현재 일반현분사 : 그 열차는 도착하고 있었어요 -- **낮에 일어났던 저녁뉴스**
↳vol 2 p35

caution] 주격보어/목적격 보어일 경우에는 주격/목적격 뿐만아니라,

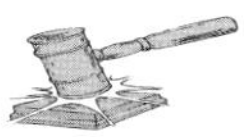

s동사와도 관계하면서 그냥 서술적으로 설명해 나가기 때문에
비록 **'명사/대명사+분사' 형태**를 취했다할지라도 비연결설명어이다. 즉 서술적 영뇌가 작동한다.
연결설명어는 연결대상, 즉 자기 기본어만[어느 한 부분만] 관계하는 두뇌이다.

① Jane /hurt her arm /playing tennis. =기→ 설/설 or 기→ 설→ 설′
-- playing은 Jane (마음의 주어) 뿐만아니라, 동사의 보어도 된다.
시동=다쳤는 데 자기 팔을 (다쳤는 데) playing하면서 tennis를 말이다.
: He /rode away his bike /whistling. =기→ 설/설 or 기→ 설→ 설′
cf]**동사 보어로서 동사와 관계** : Jane hurt <u>playing</u> tennis. Chuck died <u>aged</u> 90.

② We heard /you /arguing with someone.=기→ 설→ 설′
시동=들었어요, 네가 말다툼을 하는 것을 --- .
Cf] Schumacher is injured /skiing.=기→ 설
시동= -- 있는 데, 다쳐 있는 데 스키를 하다가 말이다. *하면서/하다가=**진행의미**

ing 의미 **동사원형 + ing에서 ing의미**
자체의미가 ing로 적용된 것으로서
현분사 또는 동명사 의미

현분사의 ing
= a) ing="하는 것(in) + 하는 중(going)" 즉 하는데 하고있는 중으로서 진행의미
⇒ **진행음가**
b) in=하는 것(in)으로서 본동사 의미 ⇒ **본동사음가**

동명사의 ing="in+noun" 즉 하는 것(in)에 명사사실의미가 첨가된 것,
즉 하는 것을 하는 것으로서 동사사실 의미 ⇒ **동사사실음가**
tip)go=실시로서 하는 것 in=입작동으로서 하는 것

tip] 1. Dangote calling power of Africa.
관계현분사 영뇌 : 시동 1=Dangote는 목소리를 <u>낼 수 있는</u> 회사, 힘 즉 아프리카의 힘을 말이다 : **조동사 본동사의미**
시동 2=Dangote는 목소리를 <u>내는</u> 회사, 힘 즉 아프리카의 힘을 말이다 : **현동사 본동사의미**
vs **일반현분사 영뇌 : 시동**=Dangote는 목소리를 <u>내고 있다.</u> 힘 즉 아프리카의 힘을 말이다 : **진행의미**

2. **comma 영뇌** : A student of science, he was not interested in politics. ***주어**=he
시동=선동격 : 학생, 즉 과학도인 그는 없었다. 관심이 없었는데 내자 정치학 분야에 말이다.
vs **분리이유** : 학생, 즉 과학도이기 때문에, --- .

☞.. 시동으로 (영어) 글자/말 자체에서 뜻이 보이거나 상황이 (머리 속에서) 보이면 된다 : IS 영뇌

5. 관계형용사 영뇌[RADJ NB]란 :
무한글 이해, 즉 IS두뇌로 사람, 비사람을 형용사 의미로 제한적/비제한적으로 연결지어 설명해 나가는 뇌
또는 전설로 설명해 주거나 설명해 나가는 뇌 (단, 문두전설 설주뇌=문두단설 설주뇌 가능)
in short, **연결설명어** in concrete, **콤머유무 연결설명어**

▭ **관계형용사 BNW**=주로 질/상태 position로서 제한적/비제한적 연결의미
(단, today/there 관계형용사 ☞ 영뇌영어 vol 2〉p351)
vs 일반형용사 BNW=그냥 형용사 position

▭ **사람, 비사람**=주로 명사/대명사 //표현[즉 문맥연결대상]
▭ **형용사**=관계형용사/일반형용사
전자=연결설명어 후자=비연결설명어 tip)관계형용사=관계를 짓는 형용사 일반형용사=그냥 형용사

▭ **관계형용사**
=일부를 제외한 거의 모든 형용사는 관계형용사로 작동시킬 수 있음
cf]1. **전형 관계형용사** : 전형은 전치사 형용사로서 일종의 형용사, 그래서 전형도 관계형용사/일반형용사 모두 가능
2. **자동 과분사/자동 현분사** : 동사 형용사로서 관계형용사 가능

1) 관계형용사 영뇌(RADJ NB)

무한글 이해, 즉 IS두뇌로 사람, 비사람을 형용사 의미로 제한적/비제한적으로 연결지어 설명해 나가는 뇌
또는 전설로 설명해 주거나 설명해 나가는 뇌
in short 연결설명어, in concrete 노콤머/콤머 연결설명어

관계형용사의 관계
=동사의 관계처럼 보통 관계이기 때문에 콤머영뇌 작동이 가능함 ※동사의 관계=관계과분사/관계현분사

big tip) 1. IS 영뇌가 형성된 사람들에게는 글자 또는 소리에 의해서 (무한글로) 바로 이해가 되지 내가 먼저 이해하는 것은 아니다. 영뇌 상급자는 의음/의자 감주 두뇌로 이해한다.
2. 일반적으로 청취는 의음(依音)이고, 읽기는 의자(依字)이다.
↳ 의음=소리에 의해 (무한글로) 이해되는 것 의자=글자에 의해 (무한글로) 이해되는 것
↳ 감각적 주파수로 이해하면 저절로 의음/의자로 이해가 된다.
↳ 의음/의자는 의양두뇌 인지로서 일종의 두뇌세포 선인지이자 선인영뇌 각인이다.
↳ 의음/의자에는 무부 의음/의자도 있다. ※무부(無不)=모르거나 알듯 모를듯 하는 것

↙제한적 연결영뇌 ↙서술적 영뇌

A.. The student /responsible /was expelled. [=expelled : infml E]

영뇌=기-->설/설 : BEis-Os

or I + I + I : I-Os or S + S + S : S-Os

〈 The student responsible /was expelled.

: 기/설은 크게 잡는 게 좋다 =기-->설

How to Read[Speak]

=Thestudent responsiblewas expelled. or — responsible wasexpelled.

: 먼저 감각적 주파수로 이해한다. 그러면 저절로 의음/의자가 된다.

시동= vocal 감각적 주파수로 **↗그러면 영어말투가 형성되고 영어말투에 익숙해진다.**

(의음/의자가 될 때까지) F3+E2 강하게 말하기

관계형용사 연결대상=The student tip)소리=마음의 소리/귀에 익은 소리/실제소리

(익스페ㄹ드=small slide F + basket F : ed=선음 유성음매치 주의]감으면서 떨어지니 똑똑한 사전은 e음가를 'ε'로 표시하고 있다.)

.. **我必 Free 감주 간직하기**=Student responsible expelled. | Free 감주 간직하기

.. **문장 뼈대**=기본어(The student) + 연결설명어(responsible) + s동사(was)

시동=그 학생은 책임이 있는 학생으로[이어서] 되었는데 쫓겨나는 신세가 되었다.

: 뜻의 차이가 없으면 뜻하는 의미로 비제한적 연결영뇌 작동 가능

= --- 책임이 있기 때문에 --- .

소리=REsPOnsible=double slide 주파수 e=이: **알파벳음가** o=아: **감정음가**

responsible=무언가에 대해 응답의 부담을 지는 것으로서 책임이 있는 것

/책임져야 하는 것 /책임감이 있는 것

[responsi: response 응답 b: 부담]

: the sum /total : 관계형용사 vs the //total /sum : 일반형용사

전자=합계[총액]인데 (일부가 아니라) 전부 합친 합계[총액]=**기-->설**

-- 설명해 나가는 제한적 연결영뇌 : **for 16 hours total**

후자=전부 합친 합계[총액] =**전설** ⇨ **설-->기** -- 설명해 주는 제한적 영뇌

sum=모두 모은 것으로서 합계[총액] [s: set m: many] 여기서 total=adj.

.. **5W1H Short Talk Drill** ⇒ **Teacher : Who was expelled?**

Student : The student. or The student was expelled. Teacher : Why?

Student : Because he was responsible.

·))) 콤머영뇌를 작동시켜 보설뇌로 작동시키면 : ↗**분리 관계형용사 cf]미분리 관계형용사**
↙**비제한적 연결영뇌**

A- E.. The student, /responsible, /was expelled. [=expelled : infml E]

영뇌=기-->설/설 : BEis-Os

or I + I + I : I-Os or S + S + S : S-Os [= , being/to be responsible,]

↳비연결설명어

How to Read[Speak]

=Thestudent responsible wasexpelled. : 먼저 감각적 주파수로 이해한다.

시동= vocal 감각적 주파수로 (자동 설가가 될 때까지) F3+E2 강하게 말하기

관계형용사 연결대상=The student

.. 我必 Free 감주 간직하기=Student, responsible, expelled.

시동=그 학생은 책임이 있으므로[책임져야 하므로] ---- .

: 뜻의 차이가 없으면 **뜻하는 의미**로 제한적 연결영뇌를 작동시켜도 좋다.

= --- 책임져야 하는 사람이기 때문에----

일반적으로 관계사는 comma가 있으면 **비제한적 (부사적) 연결영뇌**로 문맥이 이어지고, comma가 없으면 **제한적 (부사적) 연결영뇌**로 문맥이 이어진다.

부사적 연결영뇌=이유 /조건 /양보 /전환 (인데) /추가[계속/결과](그리고/그리하여) -- 등등

관계사=관계대명사 /관계부사 /관계과분사 /관계현분사 /관계형용사 /관계문장

tip)**관계형용사**도 연결설명어이기 때문에 (접속사없이) 접속능력이 있다. 그러나 **일반형용사**는 비연결설명어이기 때문에 접속능력이 없어 접속사가 필요하다 : The student, because/as he was responsible, --- .

·))) 콤머영뇌를 작동시켜 문두 전설뇌로 작동시키면 :

A- E.. Responsible, //the student /was expelled. **[=Being/To be responsible,]**

영뇌=전설 ⇨ 기→ 설 : BEis-Os

관계형용사 문맥 연결대상=뒷문장 -- 표현으로서 비사람

⇒ (IS두뇌로) 뒷문장 전체를 염두에 두고 설명해 주는 뇌로 작동시킨다.

(실질 연결대상=the student : 마음의 주어)

.. 문장 뼈대=전설 연결설명어(Responsible) + 기본어(the student) + s동사(was)

시동=책임이 있으므로[책임져야 하므로], 그 학생은 ---- . | Free 감주+我必 Free 감주 간직하기

✂ 전설[WE] 종류 : 분전설=관계분사 전설　형전설=관계형용사 전설　전전설=전치사 전설
부전설=일반부사 전설　종전설=종속접속사 전설
to 전설=to부정사 전설　등전설=등위접속사 전설

⇒ **문두전설 설주뇌로 작동시키지 않고, 문두단설 설주뇌로 작동시키면 :**

A- E -1.. Responsible, /the student /was expelled.

영뇌=설→ 기→ 설 : BEis-Os

관계형용사 실질 연결대상=The student : 마음의 주어

⇒ 설명해 주면서[설명을 받으면서], 실질 연결대상을 다시 s동사로 설명해 나가는 뇌로 작동시켜도 좋다. responsible할 때 뒷문장 전체가 아니라, the student를 염두에 두고 의미가 스쳐가면 된다.

.. **문장 뼈대**=단설 연결설명어(Responsible) + 기본어(the student) + s동사(was)

| Free 감주+我必 Free 감주 간직하기

시동=책임이 있으므로[책임져야 하므로], 그 학생은 ---- .

실질연결 대상, 즉 관계형용사 주어와 s동사 주어를 달리하여 작동시키면

The boss responsible, the student was, also, expelled.

시동=그 우두머리에게 책임이 있으므로 ------ .

: 일반적으로 referring back 연결설명어는 콤머가 앞에 찍히고, 그 외 연결설명어는 뒤에 찍히기도 한다. 그래서 **'명사+형용사' 형태**를 취했다할지라도 콤머가 찍혀 있으면 비제한적 연결영뇌로 작동한다.

콤머영뇌를 작동시켜 문미 전설뇌로 작동시키면 :

A- E.. The student /was expelled, //responsible.

영뇌=기→ 설 ⇨ 전설 : BEis-Os

※문맥 연결대상과 실질 연결대상은 관계과분사/관계현분사/관계형용사에 많다.

관계형용사 문맥 연결대상=앞문장 전체 -- 표현으로서 비사람

⇒ 앞문장 전체를 (염두에 두고) 설명해 나가는 뇌로 작동시키면 된다.

.. **문장 뼈대**=기본어(The student) + s동사(was) + 전설 연결설명어(responsible)

| Free 감주+我必 Free 감주 간직하기

시동=그 학생은 ---- . 책임이 있기 때문이다[책임져야 하기 때문이다].

⇒ **문미 전설뇌로 작동시키지 않고, 독설뇌 또는 연설뇌로 작동시키면 :**

A- E -1.. The student /was expelled, /responsible.

영뇌=기→ 설/설 or 기→ 설→ 설′ : BEis-Os

⇒ 독립적인 관계 또는 연속적인 관계로 두뇌 작동을 시켜도 좋다.

↙제한적 연결영뇌[DL NB]

B.. Rome is /a city /famous /for what it was rather than what it is.

영뇌=기→ 설→ 설′→ 설″ : BEis-Os

or I + I + I + I : I-Os or S + S + S + S : S-Os

How to Read[Speak]=Romeisa city famousfor whatit was ratherthan whatit is.

: 먼저 감각적 주파수로 이해한다.

시동=vocal 감각적 주파수로 (자동 설가가 될 때까지) F3+E2 강하게 말하기

관계형용사 연결대상=a city -- 비사람

(로움이즈어/로움이저=slide F : 비합성 감주과 합성 감주 — isa를 slide 주파수로 내지않고 한번에 걸쳐 빠르게 리듬을 주면 그냥 하나의 주파수가 된다. Rome=로움/로우머=slide F : e 부활음 워(ㄹ)이트=slide F : 약한 단타음 첨가 워즈=slide F 0 즈=slide F)

我必 Free 감주 간직하기=Rome is more famous than what it was.

| Free 감주 간직하기

시동=로마는 인데 도시인데, 유명한 도시이다. 그 이유는 뭐냐하면 그것이 과거의 모습으로 있기 때문에 오히려 더 그렇다. 보다 뭐냐하면 그것이 현대풍의 모습으로 있는 것보다 말이다.

: He is just waiting to find out how many. : **관계형용사** -- 어떤 방법이냐 하면 많은 방법 /방법, 즉 많은 방법 (how=대명사/명사) vs **일반형용사** : 얼마나 많이 있는지

↳ 있는지=**문맥/상황** associate

↙비제한적 연결영뇌[Non-DL NB]

C.. Worse, //sunbathers' skin /loses /elasticity |and| ages /prematurely.

영뇌=전설 ⇨ 기→ 설→ 설′ ⇨ 등설 ⇨ 설→ 설′ : BEis-Os

or I + I + I + I + I + I + I : I-Os

or S + S + S + S + S + S + S : S-Os

How to Read[Speak]

=Worse, sunbathers' skin loseselasticity andages prematurely.

: 먼저 감각적 주파수로 이해한다.

시동=vocal 감각적 주파수로 (자동 설가가 될 때까지) F3+E2 강하게 말하기

관계형용사 문맥 연결대상=뒷말전체 -- 비사람으로서 표현

⇨ 먼저 뒷말 전체를 염두에 두고 설명해 주는 뇌로 작동시키면 된다.

(써ㄴ베이더즈=post 점형 F + slide F 루-지즈=retro-root F 에이쥐즈=slide F : 단수동사 s도 복수명사 s처럼 [선음) 유성음[무성음] 매치 적용 ☞ vol 2 p383) **cf]** 46 old=**감주리딩** : forty 6old — 분리감주

↳46 years old=**감주리딩** : fortysix yearsold

我必 Free 감주 간직하기=Skin loses elasticity and ages.

시동=더욱 악화되면 일광욕자의 피부는 잃게 되는 데 탄력성을 잃게 되고, 그리고, 노화가 빨리 일어나게 된다. [=When/If it is worse, --- .] | Free 감주 간직하기

☞.. **문장 뼈대**=전설 연결설명어(Worse) + 기본어(sunbathers' skin) + s동사(loses/ages)

먼저 문두단설 설주뇌로 작동시키면

F - E .. Worse, /sunbathers' skin /loses /elasticity |and| ages /prematurely.

영뇌=설→ 기→ 설→ 설′ ⇒ 등설 ⇒ 설→ 설′ : BEis-Os

관계형용사 실질 연결대상=sunbathers' skin

☞.. **我必 Free 감주 간직하기**=Worse, skin ages prematurely. | Free 감주 간직하기

☞.. **문장 뼈대**=단설 연결설명어(Worse) + 기본어(sunbathers' skin) + s동사(loses/ages)

시동=더욱 악화되면 일광욕자의 피부가 악화되면 잃게 되는 데 탄력성을 잃게 되고, ---- .

↙제한적 연결영뇌

D.. Kim Jong-il anointed /Kim Jong-un /as his heir apparent.

영뇌=기→ 설→ 설′ : BEis-Os

or I + I + I : I-Os or S + S + S : S-Os

관계형용사 연결대상=his heir -- 사람

☞.. **我必 Free 감주 간직하기**=Kim Jong-il anointed his heir apparent.

| Free 감주 간직하기

시동=김정일은 공식적으로 지명했어요, 김정은을 즉 자기 후계자, 외관상 명백한 후계자로 말이다.

anointed=어떤 곳에 공식적으로 지명한 것으로서 공식적으로 선정한 것

[a: at n: name o: officially ed 얻>었: 과음가 or d: did 실제과거]

apparent=겉으로 보이는 것으로서 외관상인 것/뻔한 것

[appar: appear ent: 질/상태의미 형용사 suffix]

: Dow <u>previous</u>: down 390. Nasdaq <u>previous</u> : down 60. Be life <u>confident</u>.

Voters 16 and <u>older</u> are allowed to cast. 투표자는 16세 이상자<u>로</u> 허락된다. 투표권이 말이다.

conservation <u>special</u> 보호지역, 즉 특별 보호지역 (vs reserve 보존지역) ＊are=동질연결로서 '로'

standard <u>chartered</u> 표준인데 공인된 표준 : **관계과분사**

/표준인데 천하가 다 아는 표준 : **관계형용사**

⇒ Bank of SC

vs **관습적인 관계형용사** : China proper

시동=차이나인데 본래 모습으로서 China [China 그 자체]

Prime minister designate The president elect

Qatar Foundation International 카타르 재단, 즉 카타르 국제재단
cf] an England international 국제선수/세계선수=**명사**

the Director General 이사인데 총괄하는 이사로서 총괄이사
UN secretary general 유엔 사무장인데 총괄하는 사무장으로서 유엔사무총장

a Sergeant Major 상사인데 주요업무를 맡은 상사로서 주임상사
the Princess Royal 공주인데 로얄 공주로서 제1공주
=a title given to the first daughter of a British king or queen.

the sum total 합계인데 (일부가 아닌) 모두 합친 합계으로서 총액
from time immemorial 부터/기자, 시간 즉 아득한 시간으로 부터로서 아득한 옛날부터
Asia Minor 아시아인데 작은 아시아로서 소아시아

God Almighty 신인데 전능하신 신으로서 하나님
Court Martial 법정인데 군인을 다루는 법정으로서 군법회의
cf] martial song 군가

Alexander /the Great =기-->설 : BEis-Os
▸ the=강조의 the로서 대(大) /그야말로
알렉산더인데 대왕 알렉산더 /알렉산더인데 그야말로 위대한 분(이시다)
Napoleon /the Third =기-->설 : BEis-Os
나폴레온(인데 그 집안의) 3세

도치도 그대로 영뇌로 이해하면 the는 지정부사가 되어,
이 지정부사의 의미를 받아 관계형용사로 설명해 나가는 뇌로 작동시킨다.

add] 1, A.. The student /responsible /was expelled.

▸ the student에 관계대명사 영뇌를 추가시키면 :

A- E .. The student /responsible /who attends this school /was expelled.
영뇌=기-->설/설/설 : BEis-Os

시동=그 학생은 책임이 있는 학생이고, 그리고 또한 누구냐 하면은 다니는 학생, 즉 이 학교에 다니는 학생이므로 되었는 데, 쫓겨나는 신세가 되었다. *그리고 또한 =**문맥** associate

2, A- E.. The student, /responsible, /was expelled.

▸ **responsible에 전치사 영뇌를 추가시키면 :**

A-E-1.. The student, /responsible for the bullying, /was expelled.

영뇌=기→ 설/설 : BEis-Os

시동=그 학생은 책임이 있으므로, 즉 그 왕따 사건에 대해서 책임이 있으므로, 되었어요, 쫓겨나는 신세가 되었어요.

↘ .. **major 감주=** The student, ---- bullying, --- expelled.

tip)Best 감주=콤머, 피어리어드, 접속사 무시

A.. The student responsible was expelled.

Free 감주로 이해/간직 하기 ⇒ The student responsible. /Responsible was. /The student was. /The student expelled. /-- etc.

▸ The student responsible. 그 학생은 책임이 있는 학생 : **관계형용사**

그 학생은 책임이 있다 : **일반형용사**

Responsible was. 책임있는 자였기에 되었지요 : (연결대상 전제) **관계형용사**[=A man/One responsible]

책임감을 가진 자가 되었지요 : (기본어 전제) **일반형용사**[=A responsible man/One]

The student was. 그 학생은 되었지요.

tip)free 영뇌는 특히 의군으로 (vocal) 감각적 주파수로 간직하라.

The student expelled.

그 학생에게 쫓게 나는 일이 생겼다/그 학생은 쫓게났다 : **일반과분사**

그 학생, 즉 쫓게 난 학생 : **관계과분사**

tip) **간직한 free 영뇌로부터 말문 더 틔우기** : Those responsible will be punished/rewarded.

A- E.. The student, responsible, was expelled.

Free 감주로 이해/간직 하기 ⇒ The student, responsible. /Responsible, was. /The student was. /The student expelled. /Responsible, expelled. /-- etc.

▸ The student responsible. : (노콤머) **관계형용사/일반형용사**

Responsible, was. 책임이 있어 되었다 : (콤머) **관계형용사**

The student expelled. : **일반과분사/관계과분사**

Responsible, expelled. 책임이 있어 쫓게 나는 일이 생겼다/쫓게 났다 : (콤머) **관계형용사**

2) 관계형용사 영뇌와 일반형용사 영뇌

▭ 관계형용사=연결설명어 –– 연결의미 vs 일반형용사=비연결 설명어 –– 비연결의미

전자는 연결대상을 정하여 설명하는 뇌이고, 후자는 그냥 자신만 말하면서 설명하는 뇌이다. 그래서 후자는 연결 능력이 없다. 이런 차이를 알면, 말도 자유롭게 되고 글도 자유롭게 된다.

관계 형용사 : A.. The student responsible was expelled.

↘**설명해 나가는 제한적 연결영뇌[DL NB]**

↘제한적 연결의미

A–E.. The student, responsible, was expelled.

↘**설명해 나가는 비제한적 연결영뇌[Non–DL NB]**

↘비제한적 연결의미

vs 일반 형용사 :

A.. The person is directly responsible.

↘**설명해 나가는 서술적 영뇌[PR NB]**

시동= –– 직접적으로 책임이 있다.

↘서술적 의미

B.. He seems a responsible person.

↘ **설명해 주는 제한적 영뇌[AT NB]**

시동=그는 인 것 같은데, 즉 책임감[분별력]이 있는 사람인 같다.

↘제한적 의미

IIIII.. 설명해 나가는 영뇌와 설명해 주는 영뇌 :

① 설가뇌와 설주뇌에 따라 뜻이 달라지는 형용사

The people present were all moved to tear.

시동=되었는 데, 모두 감동을 받아 되었다. 눈물 바다로 말이다.

vs Our present situations are much worse.

: present=출석한/참석한/나타난 vs 현재의 responsible=책임이 있는 vs 책임감이 있는

certain=확실한 vs 어떤/어느 정도 ill=아픈/병이 난 vs 나쁜

② 설가뇌 형용사 vs 설주뇌 형용사

––– 어느 한쪽으로만 쓰이는 단어이다.

He gave her a bird alive.

: alive, awake, content, well, wont, liable, bound, else, –– etc.

vs woolen sweater: wooden, silken, leaden, --etc.
elder brother /thorough investigation /utter denial /only daughter /mere child /outer surface /chief problem /the very person /the /a /my --ect.

" **The student responsible.** " **Free 영뇌**

① 관계형용사 영뇌일 경우 :

시동= 그 학생, 즉 책임이 있는 학생 [=The student who is responsible ---.]

② 일반형용사 영뇌일 경우 : **시동**=그 학생이 책임이 있다.

▸ responsible=(be동사) 전제 infml E [=The student is responsible.]

caution]목적보어일 경우 비연결설명어이다. 목적격 보어는 him 뿐만이 아니라, 동사와도 관계하면서 그냥 서술적으로 설명해 나가기 때문이다.

- We believe /him /innocent. =기→ 설→ 설′ : BEis-Os

-- 일반형용사 영뇌로서 비연결설명어 **시동**=우리는 믿는다. 그가 죄가 없다고 말이다.

vs He gave /her /a bird alive. =기→ 설/설 or 기→ 설→ 설′ : BEis-Os

-- 관계형용사 영뇌로서 연결설명어 **시동**= -- (새는) 새인데 살아 있는 새(를 말이다)

이때 alive는 a bird만 관계하지[설명하지], gave와는 아무런 관련이 없다.

그래서, 연결설명어가 된다. [=a living bird]

참고] 간목과 직목을 독설 뇌로 작동시키든 연설 뇌로 작동시키든 이해의 결과는 같다.

※**관계 형용사**=형용사의 관계형용사와 관계대명사의 관계형용사 두 가지가 있다.

: The letter was written in French, which language I did not understand.

-- 관계대명사의 관계형용사 : referring back 의미가 있다.

tip)**콤머 제한적 연결영뇌** — 콤머가 있어도 제한적 연결영뇌가 되는 경우

Imagine you are lying on your bed with this awesome view of the cosmos whirling around you, complete with a misty blue Milky Way and the occasional shooting stars.

-- 또다른 연결설명어를 추가하기 위해 콤머를 찍은 것이지 비제한적 연결영뇌를 작동시키기 위해서 콤머를 찍은 것은 아니다. 그래서 이런 경우 and를 표현해도 좋다 : -- and comlete with -- .

시동= 상상해보아라. 네가 누워있다고 상자 침대 위에서, 동자 이 멋진 광경과 함께, 즉 이 우주, 빙빙돌고 있는 변자 너 주위를 빙빙 돌고 있는 우주의 광경과 완전한 우주, 즉 동자 -- 와 함께 하는 완전한 우주의 광경과 함께 말이다. (whirling=관계현분사 complete=관계형용사)

cf]콤머 제한적 연결영뇌 ☞ 영뇌영어 vol 1 p137 vs 노콤머 비제한적 연결영뇌 ☞ p157 /영뇌영어 vol p145

..뒷말과 말하면 저절로 이해가 되는데 소감주/빅감주/왕감주로 이해된다 : **감주 이해의 원리**

6. to부정사 영뇌 [일명 to원동사 영뇌 TRTV NB] 란 :
무한글 이해, 즉 IS두뇌로 명(대), 동, 형, 문에 to로 (제한적/비제한적으로) 연결시켜 설명해 나가면서 원동사의 본동사의미로 설명해 나가는 뇌

in short, 연결설명어 in concrete, 콤머불관 연결설명어
때로는 전설로 앞에서 설명해 주는 뇌 /기본어로 먼저 말하는 뇌

▭ **to 부정사의 BNW**
=to 원동사로서 to 본동사의미
[부정전치사 to=본동사의미 연결 또는 안내 역할 : **후자=기본어**] cf]조동 원동사=조동 본동사의미
↳동사를 연결하는 의미로서 代動[즉] /동사를 안내하는 의미로서 對動[즉]
↘연결 또는 안내의미를 느낄때 **영어승차감**을 탈 수 있다.

대동/즉[to] 할때 연결 또는 안내 동사상황이 보이면 된다 : S영뇌

▭ **to 부정사의 원동사**=본동사 의미
문장 속에서 무언가에 연결시켜 본동사 의미를 표현하고 싶으면 본동사인 현동사, 과동사, 조동사를 써지 않고, to를 써서 원동사로 표현하면 된다. 즉 to로 그런 본동사 의미를 표현하는 것이 바로 to부정사이다. to부정사가 별것 아니다. 본동사 의미를 나타내는 방법은 조동사와 같지만, 다만 다른 것은 연결설명어이기 때문에 연결의미가 있다는 것이다. tip)관계현분사로 본동사의미를 만드는 방법도 있다.
➾ **무언가**= 명(대), 동, 형, 문
제한적 연결영뇌 — 주로 명대 연결 **비제한적 연결영뇌** — 주로 동형문 연결

▭ **연결설명어**=콤머유무 또는 콤머불관 연결설명어
전자=콤머유무에 따라 제한적/비제한적 연결영뇌
+ 사람/비사람과 연결시켜 설명해 나가는 뇌
후자=콤머유무와 상관없이 제한적/비제한적 연결영뇌
+ 명(대), 동, 형, 문과 연결시켜 설명해 나가는 뇌

➾ **콤머유무 연결설명어[콤머영뇌 작동/비작동 연결설명어]**
=관계대명사 /관계부사 /관계분사 /관계형용사 + 관계문장
vs 콤머불관 연결설명어=to부정사 /전치사 /종속접속사 + 종속문장

tip)콤머영뇌 작동 연결설명어=콤머+연결설명어 ∴ 비제한적 연결영뇌

much attention] to가 감주로 되어 앞말에 포함되더라도 「방향연결」 만큼은 '어'에서 느낄 수 있어야 한다. 뜻이 없는 것이 아니다 : **비한글 BNW 시동**
• Niceto meet you. (나이서) • Gladto meet you. (글**래**더) • I wanna buy this. (와너)

big tip] 부정사 to도 일종의 직상뇌다 : 대동 — 하는 것/즉 — 하는 것 ↗대동/즉 동사하는 것
↳to 의미=대동/즉 → 단어 본래의미(대동=bnw-BAM 즉=im-BAM)
↳앞말(명(대)/동/형/문)에 동사를 연결하여 설명해 나가는 의미로서 대동/즉
vs 먼저 동사를 안내하는 의미로서 대동/즉

☞.. 영어에 대한 모든 지식은 언어로 나타나야 한다. 그게 바로 "감주"다.

1) to부정사 영뇌(TI NB)

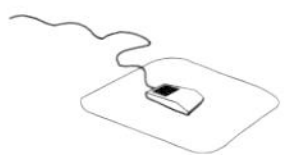

무한글 이해, 즉 IS두뇌로 명(대), 동, 형, 문에 to로 (제한적/비제한적으로) 연결시켜 설명해 나가면서 원동사의 본동사의미로 설명해 나가는 뇌
in short 연결설명어, in concrete 콤머불관 연결설명어
때로는 전설로 앞에서 설명해 주는 뇌 /기본어로 먼저 말하는 뇌

to=연결설명어/기본어 [t 〉d 변형: direction 방향으로서 연결/안내 o: 원동사
∴ 연결 의미 또는 안내의미로서 ` 대동(代動/對動)/즉 ˛]
원동사=비연결설명어 ↘'대동' 할 때 '대'=이을 '대(代)', 안내 '대(對)'
∴ **to 부정사**=어떤 것에 to로 연결시켜 설명해 나가면서 다시 원동사로 그냥 설명해 나가는 뇌
: 연결영뇌 또는 to로 안내하면서 원동사로 설명해 나가는 뇌 : 안내영뇌
⇒ **전자 to=연결설명어 후자 to=**기본어

원동사=자체의미 /본동사의미 /의미원성립 ⇒ **to 부정사의 원동사**=본동사의미
본동사 의미=현재/과거/미래 속에서의 본동사의미 /일반적 본동사의미 /설명 본동사의미
요컨데, 본동사=현동사/과동사/조동사 — 이들 동사의미를 to를 써서 대변[연출]하는 게 to 부정사

↗단어 본래의미를 알면 어순이 동일해지고 그 원천기술은 BAM이다.

① 명사에 연결시켜 설명해 나가는 뇌

↙**제한적 연결영뇌** -- 콤머유무에 관계없이 문맥이 결정함

A.. The promise /to move the capital /is not being taken seriously.
영뇌=기-->설/설 : BEis-Os or I + I + I : I-Os or S + S + S : S-Os

How to Read[Speak]
=Thepromiseto movethe capital isnot beingtaken seriously.
: BEis/IS, 즉 설가뇌와 자동설가뇌로 이해하는 것을 감각적 주파수로 이해한다.
즉 한 단어처럼 뒷말과 말하면 저절로 이해가 실린다.
시동= vocal 감각적 주파수로 (BEis/IS 영뇌가 될 때까지) F3+E2 강하게 말하기
to 연결대상=The promise move=미래 속에서의 본동사의미

(더프**라**미스투=dot 점형 F + cramp F + dot 점형 F /더프**라**미스어=dot 점형 F + cramp F : 비합성 감주과 t폐쇄 /더프**라**미서=dot 점형 F + cramp F : 합성 감주과 t폐쇄)

☞.. **我必 Free 감주 간직하기**=Promise to move capital not taken seriously.
☞.. **문장 뼈대**=기본어(The promise) + 연결설명어(to) + s동사(is)

⇒ 연설뇌가 아니라, 보설 독설뇌가 작동해야 **동사 수일치**도 된다. 그래서, the promises → are 시동=그 약속, 대동[즉] 옮긴다는 것인데 수도를 옮긴다는 것인데 되지 않고 있어요, 즉 취급되지 않고 있는데 심도있게 말이다 : **제한적 연결영뇌 ∵ 동격연결 설명 ⇒ to 연결의미=동격**

> **소리**=to[투/터/더/어]=dot점형 주파수 어=t가 폐쇄된 약한 감정음가
> to=「본동사의미 연결 또는 안내, 즉 방향대상이 동사인 것」으로서 대동[즉] -- 하는 것
> 여기서 move=미래 속에서의 본동사 의미로서 앞으로 옮긴다는 것
> [move + no 's' 원형 본동사 의미]
> ⇐ move=어깨 위에 받치고 이동하는 것으로서 옮기는 것
> [m: 여러 사람들이 어깨 위에 받치고 있는 모습 + o: 이동+ no 's' 원형 자체의미]

▸ to를 앞말과 함께 감각적 영뇌의군을 작동시켜도 좋다.

A- E.. The promise to /move the capital /is not being taken seriously.

영뇌=기-->설-->설′ : BEis-Os

▸ The promise와 the capital에 전치사 영뇌를 추가시키면 :

A- E .. The promise /for the president to move the capital of Korea /is not being taken seriously. [=not being : infml E]

영뇌=기-->설/설 : BEis-Os

시동=그 약속, 즉 대통령이 옮기겠다는 약속, 수도, 즉 한국의 수도[도읍지]를 옮기겠다는 약속은 되지 않고 있어요, 취급되는 것인데 심도있게 말이다.

⇒ 다시 마지막에 전치사 영뇌를 추가시키면 :

A-E-1 .. The promise /for the president to move the capital of Korea /is not being taken seriously /in the National Assembly[Congress].

영뇌=기-->설/설-->설′ : BEis-Os

시동=그 약속, 즉[해자] 대통령이 (대동) 옮기겠다는 약속, 수도, 즉 한국의 수도[도읍지]를 옮기겠다는 약속은 되지 않고 있어요, 취급되는 것인데 심도있게 취급되는 것인데 내자 국회[의회]에서 말이다. for=해당주체로서 '즉/해자' **Ekbe가 나온다.**

↗Ekbe 시동은 처음에는 이해수단이 되지만, 나중에는 영어자체 (무한글) 이해느낌으로부터

시동 종류=원애시동 /vocal음 /Free 영뇌 /F3+E2 /일상적인 생활 /Ekbe /†SIUM 말하기 / 무한글 /BNW or 비한글 BNW /BAM /BEis 영뇌[=IS 설가뇌] /G토씨 /connotation /영뇌 기본자세 /패턴 /associate — 최종적인 영뇌, 즉 감주 IS영뇌로 가기위한 시동종류

↘현장 영어에서는 BAM과 associate를 모르면 시동을 걸수 없는 경우가 많다. 명심하라.

↗사전의 뜻만으로 부족+BAM(Associate)+(특히 설가뇌) 뜻관계 뜻+finally, 감주

.. 영어는 단어의 뜻만 정확히 알면된다.

ChapterII. 연결설명어 영뇌

머리 속에,
감주 free 영뇌가 많으면 사전을 찾지 않더라고, ※감주 free 영뇌=free 감주
BAM을 이용하지 않더라도
단어의 뜻을 알 수 있다. 표현으로부터 뜻이 나오기 때문이다.
예컨데, 'There is God' 을 알고 있기 때문에 is가 '있다' 라는 뜻으로 알게 되고,
'This is CNN' 이라는 표현을 알기 때문에 is가 '이다' 라는 뜻으로 알게 된다.

↗ .. **major 감주=** The promise to move -- capital -- not --- seriously.

A.. The promise to move the capital is not being taken seriously.

↘ 영어는 항상 어느 부분을 보더라도 free 영뇌, 특히 free 감주로 이해되어야 한다.

Free 감주로 이해/간직 하기 ⇒ The promise to move. /To move. /To move is not. /To move the capital is not. /Is not being. /The capital is not being. /Is not being taken. /Not being taken. /Being taken. /Taken seriously. /Not being taken seriously. /-- etc.

▸ The promise to move. 그 약속, 즉 옮긴다는 약속 ⇒ **일종의 to부정사 free 영뇌**

To move. 즉 옮긴다는 것 : definition/**제목/상황설명**

즉 옮긴다는 것/즉 옮길 것/즉 옮긴 것/즉 옮기니까 : **안내 또는 연결 의미**

즉[대동] 옮긴다 /즉[대동] 옮길 것이다 /즉[대동] 옮겼어요 : **s동사 대용**

To move is not. 즉 옮긴다는 것은 되지 않다/되지 않고 있어요 (**현재상황에 대한 설명현재**)

/ -- 않았어요 (**발생현재/과거상황에 대한 설명현재**)

To move the capital is not.
즉 옮긴다는 것, 수도를 옮긴다는 것은 되지 않고 있어요[않았어요].
/즉 옮긴다는 것, 수도를 말이다. 그러한 것은 되지 않고 있어요[않았어요].
*is=(현재) 동질[동질연결]로서 '그러한 것은 되다'
tip) **간직한 free 영뇌로부터 말문 더 틔우기** : He broke his promise to move the capital.

Is not being. 되지않고 있어요. The capital is not being. 그 수도는 되지 않고 있어요.

Is not being taken. 되지 않고 있는 데 취급되지 않고 있다.

Not being taken. 안되고 있는 데 취급(되는 것)이 말이다 : **s동사를 안 쓰는 게 보통 infml 표현**

Being taken. 되고 있는 데 취급되는 일이 말이다/되고 있는 데 취급되고 있다.

Taken seriously. 취급되고 있는 데 중대하게[심도있게] 취급되고 있다 : **일반적 설명 의미성립**

취급되었는데 -- 취급되었다 : **과거 의미성립**

Not being taken seriously. 안되고 있는 데 취급되는 것이 중대하게[심도있게] 말이다.

② **대명사에 연결시켜 설명해 나가는 뇌**

A.. Get /something /to drink.   Here's /what /to do.

영뇌=기-->설-->설' : BEis-Os   or I + I + I   : I-Os   or S + S + S   : S-Os

How to Read[Speak]= Get somethingto drink. Here's whatto do.

: 먼저 감각적 주파수로 이해한다. 감주는 남들보다 머리를 빨리 쓰는 것이다.

시동= vocal 감각적 주파수로

(자동 설가가 될 때까지) F3+E2 강하게 말하기

to 연결대상=something/what   drink/do=미래 속에서의 본동사의미

(워ㅌ러 /와-ㅌ러=slide F /retro-root F : t단타)   **☞.. 문장 뼈대**=기본어/s동사(Get) + 연결설명어(to)

☞.. 我必 Free 감주 간직하기=Get to drink. What to do. ↗ **to 연결의미=형격**

시동=가져 오세요, 어떤 것, 대동/즉 마실 것으로 말이다 : **제한적 연결영뇌** ∵ **대명사[명사]연결 설명**

G토씨 시동=get하세요, something인데 to drink할 것으로 말이다. ↳문맥에 따라 비제한적 연결영뇌도 가능

여기서 drink=미래 속에서의 본동사 의미로서 실제로 앞으로 마시는 것

[drink+ no 's' 원형 본동사 의미]

: to 연결영뇌는 associate로 처리하되 주로 **문맥** associate로 해결하면 된다.

⇐ drink=쭉 안으로 들이키는 것으로서 마시는 것

[d: 쭉 들이키는 것(구개음화)   in: 안으로 넣는 것 + no 's' 원형 자체의미]

시동=여기에 있는데 무엇이냐 하면 대동/즉 해야할 것이 있다.   The thing(s) that you must watch.

: What to watch. **제한적 연결영뇌일 경우**=뭐냐하면 (즉) 주목해야 할 것 : (선대) 대명사

비제한적 연결영뇌일 경우=무엇을 (즉) 주목해야 하는 지 : 의문대명사

↳I love /you[John] /[//]not to love me. : **문맥이 해당 영뇌결정**

=기-->설-->설' [⇒**전설**]

∵ 콤머불관 연결설명어

(하지 않아도 대동 사랑하지 않아도)

Coronavirus :

❶ What to do. ❷ What to avoid.

❸ When to see your doctor.

무엇이냐 하면 대동/즉 해야하는 것 무엇이냐 하면 대동/즉 피해야 하는 것

언제냐 하면 대동/즉 진찰받아야 하는 시기인데, 여러분의 의사에게 말이다.

▸ to를 앞말과 함께 감각적 영뇌의군을 작동시켜도 좋다.

A- E.. Get /something to /drink.=기-->설-->설' : BEis-Os

전치사는 토씨/조사가 아니다. 하나의 **일반단어**이다. 그래서 영뇌에서는 앞말을 설명해 나가는 두뇌로 **이해의군 관계**를 만들 수도 있다. 뒷말과 함께 이해의군 관계를 형성시켜도 토씨로 시키는 것이 아니라, 일반단어로 시켜야 한다. 즉 to라는 직상 일반단어의 뜻으로 앞말을 설명해 나가면서 원동사로 설명해 나가는 뇌로 작동시켜야 한다. **토씨/조사 의미는 한뇌 뜻이지 영뇌 뜻은 아니다.**

: The scandal threatens to mar his image. : mar=설명 본동사의미
⇒ 대동 흠집을 내는 쪽으로 *to=동사, 즉 본동사의미 연결대상으로서 대동 -- 쪽으로

Get에 일반부사 영뇌를 추가시키면 :

A- E.. Get right now /something /to drink.=기-->설-->설′ : BEis-Os
시동=가져와라, 바로 지금, 무언가 to할 것, 즉 마실 것으로 해서 말이다.

마지막에 일반부사 영뇌를 추가시키면 :

A- E.. Get /something /to drink right now.=기-->설-->설′ : BEis-Os
시동=가져와라, 무언가 to할 것, 즉 마실 것인데 바로 지금 마실 것으로 말이다.

or Get /something /to drink //right now.
영뇌=기-->설-->설′ ⇨ 전설 : BEis-Os
시동=가져와라, 무언가 to할 것, 즉 마실 것인데 바로 지금 말이다.

something에 관계형용사 영뇌를 추가시키면 :

A- E.. Get /something /good /to drink.=기-->설-->설′/설′ : BEis-Os
시동=가져와라, 무언가 좋은 것으로 해서 즉 마실 것으로 말이다 : quality에 중점
vs Get /something /good /to drink.=기-->설-->설′-->설″ : BEis-Os
시동=가져와라, 무언가 좋은 것, 즉 마시기에 좋은 것으로 말이다 : **먹기에 좋은 것**

⇒ **독설뇌냐 연설뇌냐에 따라 뜻이 달라지는 데 상황에 따라 해당 뜻을 판단한다.**
독설뇌=대명사를 설명해 나가는 뇌 연설뇌=형용사를 설명해 나가는 뇌

A.. Get something to drink.

Free 감주로 이해/간직 하기 ⇒ Get. /Something to. /To drink. /Something to drink. /Get to drink. /-- etc.

Get. 가져 와라/가져 오는 것 : **원동사** 가져 오고 있어요 : **현동사** Something to. 무언가 to할 것/대동 할 것[to/대동 할 수 있는 것] Something to drink. 어떤 것인데 즉 마실 것[즉 마실 수 있는 것]

Get to drink. 가져와라, 즉 마시고자[마시려고] 하니 말이다 : non-to**형 명령 -- to부정사 부분은 명령이 아닌 것, 즉 원동사 하나만 명령** 가져와서 마셔라 : to**형 명령 -- 원동사 둘다 명령** [=Get drink. : infml E]
가져오는 것인데 즉 마시려고 가져오는 것/가져와서 마시는 것 : definition[**제목/상황설명**] **원동사**

To drink. 즉[대동] 마시는 것 /즉[대동] 마실 것 /즉[대동] 마신 것/즉[대동] 마시니까 : **안내 또는 연결 의미**
: To drink is bad. To drink tonight is beer. To drink last night was whiskey.
I throw up to drink. [=vomit]

.. 영어본래의미, 즉 Ekbe 시동 또는 감주로 이해되어야 영어승차감이 나온다.

/즉[대동] 마신다 /즉[대동] 마실 것이다 /즉[대동] 마셨다 : **s동사 대용**

: To drink often, to eat sometimes. To drink tonight. To drink last night.

즉[대동] 마시는데 종종 마시고, 즉[대동] 먹는데 가끔 먹는다[=Drink --, eat -- . : **일반적/설명 현재]**

/즉[대동] 마시는 데 오늘 밤에 마신다[=Drink -- . : **래발생현재** or Will drink -- .]

↳s동사

/즉[대동] 마셨는데 간밤에 마셨다[=Drank -- .]

③ 동사에 연결시켜 설명해 나가는 뇌 (동사=원동사 /현동사 /과동사 /과분사 /현분사 /동명사)

A.. We /decided to /sell /this T-shirt. =기-->설-->설′-->설″ : BEis-Os

or I + I + I + I : I-Os or S + S + S + S : S-Os

> **How to Read[Speak]**=Wedecidedto sellthis T-shirt. (위디**사**이디드/위더**사**이디드)
>
> : 먼저 감각적 주파수로 이해한다.
>
> **시동=** vocal 감각적 주파수로
>
> (자동 설가가 될 때까지) F3+E2 강하게 말하기
>
> to 연결대상=decided sell=과거 속에서의 미래 본동사의미 : 일종의 과거미래

(디**사**이디드투=cramp F + dot 점형 F /디**사**이디드어 : t폐쇄와 비합성감주=cramp F /디**사**이디더: t폐쇄와 합성감주=cramp F 참고]과음가와 event음가 ed는 무성음 뒤에서는 t로 유성음 뒤에서는 d로 소리[=무성음 매치/유성음 매치] 나나 t/d로 끝나면 id로 소리난다 : liked=라이ㅋ트/라이크트 lived=리브드 wanted=원티드 decided=디**사**이디드) ※T-shirt=also tee shirt

.. 我必 Free 감주 간직하기=Decided to sell this T-shirt.

시동=우리는 결정했어요, 대동[즉] 파는 것인데[팔기로] 이 티-셔츠를 말이다.

: **비제한적 연결영뇌 ∵ 동사 연결설명 ⇒ to 연결의미=목적격**

G토씨 시동=We는 decided했어요, to하기로, 즉 sell하기로 this T-shirt를 말이다.

tip)과거 속에서의 미래 본동사의미가 현재에 유효하면 미래 속에서의 본동사의미로 작동시켜도 좋다.

-- 이렇게 문장 속에서 현동사, 과동사, will로 표현하지 않고 to로 연결시켜 **현재, 과거, 미래 의미, 즉 본동사 의미를 나타내는 것이 to 부정사이다.** 여기서는 decided도 sell도 단순한 동사서술의미이다. 단순한 동사서술의미 끼리 서로 충돌을 to로 연결시켜 막고 있다. 또한 to 부정사가 일반적[설명] 본동사 의미가 되는 것은 현동사에게 일반적 현재와 설명현재가 있기 때문이다.

여기서 sell=과거 속에서의 미래 본동사 의미로서 (앞으로) 파는 것인데/팔기로

[sell + no 's' 원형 본동사 의미] *본동사=현동사 /과동사 /조동사

⇐ sell=돈을 받고 얹어 놓은 물건을 주는 것으로서 파는 것

[s>z: 주는 것 ll: 물건을 얹어 놓은 각목모양 + no 's' 원형 자체의미]

.. 문장 뼈대=기본어(We) + s동사(decided) + 연결설명어(to)

·))) to를 뒷말과 함께 감각적 영뇌의군을 작동시켜도 좋다.

A- E.. We decided /to sell /this T-shirt.=기-->설-->설′ : BEis-Os

⇒ **to 부정사 앞에 일반부사 영뇌를 추가시키면 :**

A- E - 1.. We decided /now to sell /this T-shirt.=기-->설-->설′ : BEis-Os

시동=우리는 결정했어요, 지금 하기로, 즉 팔기로 이 티-셔츠를 말이다.

*to=연결설명으로서 '하기로'

⇒ **문미에 관계과분사 영뇌를 추가시키면 :**

A- E - 2.. We decided /to sell /this T-shirt /made in China.

영뇌=기-->설-->설′-->설″ : BEis-Os

시동=우리는 결정했어요, 즉[대동] 팔기로, 이 티-셔츠, 즉 만들어진 내소 중국 내소에서 만들어진 이 티-셔츠를 말이다. *to=연결설명[연결대상]으로서 '즉/대동'

⇒ **we와 문미에 전치사와 관계대명사 영뇌를 추가시키면 :**

A- E - 2 -1.. We at Samsung decided /to sell /this T-shirt /made in China /which we like.

시동=우리는 근무처가 삼성인데 결정했어요, 즉 팔기로 이 티-셔츠를, 만들어진 내소 중국 내소에서 만들어진 이 티-셔츠를 말이다. 그리고 이 나라는 어떤 나라이냐 하면 우리가 좋아하는 나라이다. /그리고 이 옷은 어떤 것이냐 하면 우리가 좋아하는 것이다.

-- **근설 우선 주의**에 의해서 전자로 먼저 이해할 수 있으나 후자로도 이해가 가능하다. 그래서 후자의미를 확실히 하고 싶으면 which family를 T-shirt 뒤에 놓으면 된다.

*그리고=**문맥** associate

A.. We decided to sell this T-shirt.

↗ **항상 vocal로 F3로 말하여 간직**

Free 감주로 이해/간직 하기 ⇒ We decided. /Decided to. /To. /To sell. /Sell this. /Sell this T-shirt. /We to sell. /We to sell this T-shirt. /-- etc.

·))) We decided. 우리는 결정했어요. Decided to. 결정했는 데 대동/무언가 하기로 말이다[to하기로 말이다/그렇게 하기로 말이다]. *무언가/그렇게=**단어** associate To. 대동 하는 것/to하는 것 /무언가 하기로 /그렇게 하기로 /to하기로 /즉 /즉 하기로 /to하는 쪽으로 /대동 하는 쪽으로 //대자 --에게 /수신처 /도착지 : **부정전치사 또는 일반전치사** To sell. 즉[대동] 파는 것 : definition/**제목/상황설명**

//즉[대동] 파는 것 /즉[대동] 팔 것 /즉[대동] 판 것 /즉[대동] 파니까 : **안내 또는 연결 의미**

//즉[대동] 팔아요 /즉[대동] 팔 것이다 /즉[대동] 팔았어요 : **s동사 대용**

→ 이런 여러가지 to 부정사 의미도 현과미 속에서의 본동사의미/일설 본동사의미를 벗어나지 못한다.

Sell this T-shirt. 팔아라/판다는 것 -- : **원동사** 팔아요/팔았어요(발생현재), -- : **현동사**
We to sell. 우리가 즉[대동] 팔아요/팔 것이다/팔았어요 : **s동사 대용**
우리가 즉[대동] 판다는 것 : **제목/상황설명** We to sell this T-shirt. 우리가 즉 팔아요[팔 것이다/팔았어요] //우리가 즉 판다는 것 -- : **s동사 대용 및 제목/상황설명**
Sell this. 팔아라/파는 것 : **원동사** 팔아요(설명현재)/팔았어요(발생현재) -- : **현동사**

B.. definition : sell verb /to exchange for /money

영뇌=기-->설-->설′ : BEis-Os
or I + I + I : I-Os or S + S + S : S-Os

How to Read[Speak]=sell toexchangefor money : 먼저 감각적 주파수로 이해한다.
시동= vocal 감각적 주파수로 (자동 설가가 될 때까지) F3+E2 강하게 말하기
to 연결대상=sell exchange=일반적[일반적 설명] 본동사의미

.. 我必 Free 감주 간직하기= 'sell' to exchange for money.
시동=sell이란 대동[to하는 것인데] 교환하는 것인데 해자 돈을 받고서 말이다.
: **비제한적 연결영뇌 ∵ 동사 연결설명 ⇒ to 연결의미=동격** | Free 감주 간직하기

여기서 exchange=일반적[일반적 설명] 본동사의미로서 교환하는 것
[exchange + no 's' 원형 본동사 의미]
⇐ exchange=서로 바꾸는 것으로서 교환[환전]하는 것
[e: each other change: 바꾸는 것 + no 's' 원형 자체의미]
change=어떤 상황으로 오는 것으로서 변하는 것
/오고 가는 것으로서 바꾸는 것[변화시키는 것]
[c: come a: 어떤 것 g: 가는 것 + no 's' 원형 자체의미]

⇒ 그래서, 서로 오고 가는 거래 시장[소]일 때는 exchange를 쓴다 : NY Stock Exchange
for=해당사항으로서 해당 교환[수령] : 해자 -- 받고서

.. 문장 뼈대=기본어(sell) + 연결설명어(to/for) : s동사 없음

▭ **시동 '하는 것'** = ① 연결설명어로서 '하는 것', 즉 제한적/비제한적 연결영뇌로서 '하는 것'

② 비연결설명어로서 '하는 것', 즉 서술적 영뇌로서 '하는 것'
-- '하는 것' 이 반드시 제한적 연결영뇌만 되는 것이 아니다.

C.. I remember to /have /posted /the letter.

영뇌=기-->설-->설′-->설″ : BEis-Os
or I + I + I + I : I-Os or S + S + S + S : S-Os

How to Read[Speak]=Irememberto havepostedthe letter.

: 먼저 감각적 주파수로 이해한다.

시동= vocal 감각적 주파수로 (자동 설가가 될 때까지) F3+E2 강하게 말하기

to 연결대상=remember have=현재 속에서의 본동사의미

(reMEmberto=cramp F **포**우스티드더=후음저음 double slide F

/**포**우스티드어[**포**우스티더] =slide F : th 폐쇄와 비합성감주/합성감주=청취시 어와 합성감주 음가 속에서 the를 느낌)

.. 我必 Free 감주 간직하기= I remember posting the letter.

시동=나는 기억해요, (즉/대동) 가지고 있다는 것, 부친 사실을 가지고 있다는 것인데, 그 letter를 말이다. /-- , (즉/대동) 있다는 것인데, 부친 사실이 있다는 것인데 그 letter를 말이다.

: 비제한적 연결영뇌 | Free 감주 간직하기

여기서 have=현재 속에서의 본동사 의미로서 (부친 사실을) 현재 소유하고 있는 것

[have + no 's' 원형 본동사 의미]

⇐ have=손 안에 있는 것으로서 가지고 있는 것/있는 것

[h: hand + no 's' 원형 자체의미]

posted=기의미 성립 능동 event tip] **완료형 동명사 having**=대개 'finished action' 으로 많이 쓰임

D.. He expects to/ have /finished /by July.

영뇌=기-->설-->설'-->설" : BEis-Os

or I + I + I + I : I-Os or S + S + S + S : S-Os

How to Read[Speak] =Heexpectsto havefinished byJuly.

: 먼저 감각적 주파수로 이해한다.

시동= vocal 감각적 주파수로 (자동 설가가 될 때까지) F3+E2 강하게 말하기

to 연결대상=expects have=미래 속에서의 본동사의미

(expects to=ExPEctsto익스**펙**서=후음 고음 double slide F: t/t 폐쇄)

.. 我必 Free 감주 간직하기= He expects to finish by July.

| Free 감주 간직하기 **.. 문장 뼈대**=기본어(He) + s동사(expects) + 연결설명어(to/by)

시동=그는 기대하고 있어요, (즉/대동) 가지는 것인데 끝내 놓은 것[완성이 된 것]을 가지는 것인데 근시[근자] 7월 쯤에 말이다. / 즉[대동] 가지는 것인데 끝나 있을 것을 가지는 것인데 -- : **비제한적 연결영뇌**

have=미래 속에서의 본동사 의미로서 앞으로 가지는 것 [have+ no 's' 원형 본동사 의미]

finished=미래 (속에서의) 기의미 성립 능동 event

: have 동사 뒤 과분사는 **일반적으로 기의미성립**

add] 과분사/현분사를 설명해 나가는 뇌 :

A. He was /heard /to sing. =기-->설-->설′ : BEis-Os

① He 자신이 to sing 하지 않았을 경우

: 그에게 들렸다. (즉/대동) 노래 부르는 소리가 말이다. [=heard for someone to sing]

*was=피사체 동질연결로서 '에게' / '이'

② He 자신이 to sing한 경우 : 그에게 들렸다. (즉/대동) 노래 불렀던 것이 말이다.

-- 자기 노래를 자기가 들은 경우 (sing=과거 동시점 발생 본동사 의미)

: Only 60 Syrians were trained to fight ISIS. (fight=미래 속에서의 본동사 의미)

The Greek government is expected to present creditors.

특히 이런 경우 He associate가 행위인 경우 : He --> 그가 한 것=대명사 associate

: 그가 한 것이 들렸다. (즉/대동) 노래 불렀던 것으로 말이다.

-- 주위 사람들이 그가 부르는 노래를 들었다는 얘기이다.

↳Eliza : UK PM deserves right to be heard. *heard=자동 event

: 영국 수상의 말은 가치가 있다. 정말로 대동 할만한, 즉 들을만한 가치가 있다.

그래서 Eliza는 수상의 연설을 들어라는 것이다. *United Kingdom Prime Minister

B. I have /been waiting /to hear from you. =기-->설-->설′ : BEis-Os

: 가지고 있어요, 있었던 것, 쭉 기다려 오고 있었던 것인데 대동 들을려고 기처/기자 너로부터 --- .

단순형 부정사와	완료형 부정사 -- to부정사까지는 같지만 후자가 더 구체적이고 분명한 message
단순형 부정사[=to부정사]=to로 연결시켜 설명해 나가면서 다시 본동사의미로 설명해 나가는 뇌 완료형 부정사[to have +pp, 즉 to부정사 event 소유]=to로 연결시켜 설명해 나가면서 다시 본동사의미로 설명해 나가고, 또다시 event로 설명해 나가는 뇌 ※`to 안내、도 같다. event 하나 차이 밖에 없다.	

동사 설가뇌 보충] Your denying to defend yourself is not right. : 동명사 설가뇌

I have been waiting to hear from you. : 현분사 설가뇌

④ 형용사에 연결시켜 설명해 나가는 뇌

A.. The plate is /too hot to /touch.

영뇌=기-->설-->설′ : BEis-Os or I + I + I : I-Os or S + S + S : S-Os

How to Read[Speak]=Theplate istoo hotto touch. or Theplateis toohotto touch.

: 먼저 감각적 주파수로 이해한다 ⇒ 이때 감주=마음의 소리 or 실제소리

시동= vocal 감각적 주파수로 (자동 설가가 될 때까지) F3+E2 강하게 말하기

to 연결대상=too hot touch=현재 속에서의 본동사의미/현재상황 설명 본동사의미

.. 뒷말과 말하는 느낌이 머리[마음] 속으로 보이면 저절로 이해된다.

(투하려=cramp F : t단타=r or d : water=워터/워러 city=시티/시디

주의]주파수로 빠르게 리듬을 주면 저절로 단타, 폐쇄[탈리], 어화가 된다 : natural sound or 투하ㅌ투/투하ㅌ투)

☞.. **我必 Free 감주 간직하기**= Too hot to touch.

시동=그 플레이트는 너무(나) 뜨거워요, 대동[to하기에 즉] 만지기에는 말이다.

-- 이 말이 암시하는[뜻하는] 의미는 결국 만질 수 없다는 것이다. [=so hot that we/I cannot]

: 비제한적 연결영뇌 ∵ 형용사연결 설명 ⇒ to 연결의미=부사격으로서 실시/결과

G토씨 시동=The plate는 인데 too hot해요, to touch하기에 말이다.

is=동질 또는 동질연결로서 '는' / '는 인데'

touch=현재 속에서의 본동사 의미 또는 현재상황 설명 본동사 의미로서 만지는 것

[touch+ no's' 원형 본동사 의미]

touch=촉각이 느껴지게 더듬 더듬거리는 것으로서 만지는 것

[t>d: 더듬 더듬 거리는 것 ch: 촉각 + no's' 원형 자체의미]

to를 뒷말과 감각적 영뇌의군을 형성시켜 설명해 나가면

A- E.. The plate is /too hot /to touch.

영뇌=기-->설-->설′ : BEis-Os

⇒ **주어 뒤에 전치사 영뇌를 추가시키면 :**

A- E - 1.. The plate /on the table /is /too hot /to touch.

영뇌=기-->설/설-->설′-->설″ : BEis-Os

시동=그 플레이트는 상소, 태이블 상소에 있는 것인데 너무(나) 뜨거워요,

대동[to하기에, 즉] 만지기에 말이다. *is=동질[동질연결]로서 '인데'

⇒ **to 부정사 앞에 일반부사 영뇌를 추가시키면 :**

A- E - 2.. The plate is /too hot /instantly to touch.

영뇌=기-->설-->설′ : BEis-Os

시동=그 플레이트는 너무(나) 뜨거워요, 즉시 대동 만지기에는 말이다.

↗ ☞.. **major 감주=** The plate -- too hot -- touch.

A.. The plate is too hot to touch.

Free 감주로 이해/간직 하기 ⇒ The plate. /The plate is. /Is too. /Is too hot. /Too hot to. /Hot to touch. /Too hot to touch. /Too hot touch. /The plate is too hot. /-- etc.

☞.. **문장 뼈대**=기본어(The plate) + s동사(is) + 연결설명어(to)

.. 시동으로 (영어) 글자/말 자체에서 뜻이 보이거나 상황이 (머리 속에서) 보이면 된다 : IS 영뇌

The plate. 그 접시/그 접시야/그 접시이지, -- etc.

The plate is. 그 접시는 이다/입니다 : **동질** 있다 : **상태** Is too. 인데 너무하다/있는데 너무한 상태로 있다. Is too hot. 인데 너무 뜨겁다/있는데 너무 뜨거운 상태로 있다.

Too hot to. 너무 뜨거운데 대동/to하기에/무언가 하기에 말이다 : **부정전치사**
너무 뜨거운데 대자 누구에게는 말이다 : **일반전치사**

Hot to touch. 뜨거운데 즉[대동] 만지기에는 말이다. Too hot to touch. 너무 뜨거워요, 즉[대동] 만지기에 말이다. The plate is too hot. 그 접시는 인데 너무/아주 뜨겁다(는 것이다) : **동질 또는 동질연결**
그 접시는 있는데 너무/아주 뜨겁게 있다 : **상태** (too=**지나친 강조/큰 강조**)

Too hot touch. 너무 뜨겁는데 만지기에 너무/아주 뜨겁다 : to**전제** infml E
: We have no intention attack North Korea. [=to attack : StE]
Talk about yesterday, --- . ↳감주로 말하면 전제없이 쉽게 말할 수 있다.
: 일기예보[=To talk] -- **비제한적 연결영뇌** : to**전제와 콤머로 문맥연결**
말할 것 같으면 관련해서 어제와 관련해서 말할 것 같으면 --- .

⑤ 문장에 연결시켜 설명해 나가는 뇌

A.. You need to /isolate /the unknown //to solve a linear equation.

영뇌=기--〉 설--〉 설′ ⇨ 전설 : BEis-Os
or I + I + I + I : I-Os or S + S + S + S : S-Os

How to Read[Speak]
=Youneedto isolate theunknown tosolvea linearequation.
: 먼저 감각적 주파수로 이해한다. 특히 감주로 말하면 쉽게 full로 말할 수 있다.
시동= vocal **감각적 주파수로** (BEis/IS **영뇌가 될 때까지**) F3+E2 **강하게 말하기**
to **연결대상**=You need to isolate the unknown isolate/solve=**일반적 설명 본동사의미**
⇨ 앞문장 전체를 염두에 두고 to로 연결시켜 설명해 나가는 뇌로 작동시킨다.

(유니-드투=trapezoid F 유니-드어=trapezoid F : t폐쇄와 어화와 비합성감주 유니-더=trapezoid F : t폐쇄와 합성감주
투소(-)ㄹ브어=ER F/trapezoid F : e폐쇄와 비합성감주 투소(-)ㄹ버=ER F/trapezoid F : e폐쇄와 합성감주)
↳ 주의]사람에 따라 단음으로 내기고 하고 장음으로 내기도 한다. 그래서 사전마다 발음기호 표기가 서로 다르다.

↗**현동사 대용 표현** : 대동 분리시킨다

.. **我必 Free 감주 간직하기**=To isolate to solve a linear equation.

시동=여러분들은 할 필요성이 있다. 즉/대동 분리시키는 것인데
미지수를 말이다. 이렇게 하는 것은 즉/대동, 풀기위한 것인데, 그것은 일차 방정식이다/일차 방정식을 말이다.
: **비제한적 연결영뇌** ∵ **앞 to -- 동사 연결설명 뒷 to -- 문장 연결설명**
↘ **to 연결의미=목적격** ↘ **to 연결의미=부사격으로서 목적**

*이렇게 하는 것은=(연결설명어의) **연결** associate 그것은=**문맥** associate

☞.. **문장 뼈대**=기본어(You) + s동사(need) + 연결설명어(to) + 전설 연결설명어(to)

solve=일반적 설명 본동사 의미로서 푸는 것/해결하는 것
[solve+ no 's' 원형 본동사 의미]
solve=얽혀 있는 것을 푸는 것으로서 푸는 것/해결하는 것
[s: 푸는 모습 o: 얽혀 있는 것 + no 's' 원형 자체의미]
: He solves the problem/question. (문제/질문)
*no 's' **원형**=단수 현재동사가 아닌 것으로서 원형[s=singular 's']

앞 to를 뒷말과 감각적 영뇌의군을 형성시켜 설명해 나가면

A- E.. You need /to isolate /the unknown //to solve a linear equation.
영뇌=기--〉 설--〉 설′ ⇨ 전설 : BEis-Os

How to Read[Speak]
=Youneed toisolate theunknown tosolvea linearequation.
or Youneedto isolate —— .
: 먼저 감각적 주파수로 이해한다.
시동= vocal 감각적 주파수로 (BEis/IS 영뇌가 될 때까지) F3+E2 강하게 말하기
to (문맥) 연결대상=앞표현 전체 ↘**그러면 영어말투가 형성되고 영어말투에 익숙해진다.**
(실질 연결대상=you 즉 푸는 주체= you)
(**아**이설**레**이트=선음고음 double slide F : 최고음=하나)

G토씨 시동=You need할 필요성이 있어요, to isolate시키는 것인데 the unknown을 말이다.
to는 solve하기 위해서 a linear equation을 solve하기 위해서 하는 것이다.

Tip] to가 명(대)동형문을 설명해 나가는 것은 전치사는 부사를 제외한 모든 단어를 설명해 나가기 때문이다. 단, 부사로부터는 설명을 받는다. **일반부사**는 일반적으로 전치사부사 또는 동족끼리가 아니면 부사 자신이 기본어 뇌로 작동하지 않는다.

문두 전설뇌로 작동시키면

A- E.. To solve /a linear equation(,) //you need /to isolate /the unknown.
영뇌=전설--〉 설′ ⇨ 기--〉 설--〉 설′ : BEis-Os

☞.. **문장 뼈대**=전설 연결설명어(To) + 기본어(you) + s동사(need) + 연결설명어(to)

How to Read[Speak]

=Tosolvea linearequation youneedto isolate theunknown. : 먼저 감주로 이해한다.

대개 부분 감주[free 감주]로 저절로 엮어지는 것이지 내가 엮는 것은 아니다.

시동= vocal 감각적 주파수로 (자동 설가가 될 때까지) F3+E2 강하게 말하기

to 문맥 연결대상=뒷문장 전체 (실질 연결대상=you) ⇒ 실질 연결대상[즉 마음의 주어]과 s동사 주어가 같을 때는 습관적으로 표현하지 않는다 : **관습적 StE**

↘ 즉 관계분사/관계형용사/to부정사

/동명사 주어와 s동사 주어가 같을 때는 전자 주어를 (관습적으로) 쓰지 않는다. tip)다르면 표현한다 : StE

⇒ 뒷문장 전체를 염두에 두고 먼저 설명하면서 본론을 말해 나가는 뇌로 작동시킨다.

G토씨 시동=대동[to하기 위해서 즉] solve하기 위해서 a linear equation을 solve 하기 위해서는 You need할 필요성이 있어요, to isolate시키는 것인데 the unknown을 말이다 : **비제한적 연결영뇌**

전설에 콤머를 찍으나 안찍으나 두뇌 작동은 같다. 즉, 뜻의 차이는 없다.

콤머불관 연결설명어이기 때문이다. 한국 참고서들은 대부분 찍고 있다.

전설뇌는 문두에 있으면 설명해 주는 뇌가 되고[**전설 설주뇌**], 문미에 있으면 설명해 나가는 뇌가 된다[**전설 설가뇌**].

vs 입장표명 문두 전설뇌로 작동시키면

IIIII.. To do /him /justice, //he is /an honest man.

영뇌=전설—〉 설′—〉 설″ ⇨ 기—〉 설 : BEis–Os

How to Read[Speak]=Todohim justice, heisan honestman.

: 먼저 감각적 주파수로 이해한다.

시동= vocal 감각적 주파수로 (자동 설가가 될 때까지) F3+E2 강하게 말하기

to 문맥 연결대상=뒷문장 전체

(실질 연결대상=입장 표명자로서 전제=I 또는 We: 마음의 주어)

(히–이즈언=line 점형 F + small slide F 히–이즈언=retro–root F : 비합성감주

히–이전=retro–root F : 약한 감정음가[어화]와 합성감주 — 말자가 가장 빠른 리듬이다)

☞.. **我必 Free 감주 간직하기**=To do him justice, he is honest.

시동=대동[즉] 한다면 그를 공평하게 평가한다면 그 사람은 인데 정직한 사람이다.

: **비제한적 연결영뇌** | Free 감주 간직하기

↘ to 연결의미=부사격으로서 견해

입장표명시 관계 현분사처럼 입장표명자는 습관적으로 표현하지 않는 것으로 굳어져 있다.

: **관습적 StE** ☞.. **문장 뼈대**=전설 연결설명어(To) + 기본어(he) + s동사(is)

⇒ 내 입장 아니면 우리입장으로 말하는 것이니 **입장 표명자는 I or We가 된다.**
[=If I/we do him justice, ---. =For me/us to do him justice, --- .]

⇒ 구문법에서는 입장표명시 부정사의 주어가 일반인일 때만 생략한다는 것은 잘못이다. 'I' 일 수도 있다. 독립부정사는 부정사의 주어가 s동사의 주어와 다른 경우이다.

↗ .. **major 감주=** --- isolate the unknown (to) solve -- linear equation.

A.. You need to isolate the unknown to solve a linear equation.

Free 감주로 이해/간직 하기 ⇒ You need to. /Need to. /To isolate. /Isolate the unknown. /To isolate the unknown. /The unknown to. /The unknown to solve. /To solve. /To solve a. /Solve a linear equation. /To solve a linear equation. /You need to isolate. /You need to isolate to solve. /-- etc.

You need to. 여러분들은 할 필요성이 있는 데 무언가 할 필요성이 있다 ⇒ **일종의 to부정사 free 영뇌**
Need to. 할 필요성이 있는데 대동/무언가 할 필요성이 있다/필요성이 있는 데 to할 필요성이 있다.
To isolate. 즉[대동] 분리시키는 것 /즉[대동] 분리시킬 것 /즉[대동] 분리시킨 것 /즉[대동] 분리시키 위해서 : **안내/연결**
//즉[대동] 분리시키다 /즉[대동] 분리시킬 것이다 /즉[대동] 분리시켰다 : **s동사 대용**

Isolate the unknown 분리시키는 것인데 미지수를 분리시키는 것 : **원동사[definition/제목/상황설명]**
분리시켜라, 미지수를 말이다 : **원동사** 분리시키는 데 미지수를 분리시킨다 : **현동사**

To solve. 즉 풀기위해[즉 푸는 것/즉 풀다/즉 풀 것이다/즉 풀었어요]. To solve a. 즉 풀기 위해서 어떤 것위해서
To solve a linear equation. 대동 풀기위해서, 즉 일차 방정식을 풀기위해서 : **비제한적 연결영뇌**
You need to isolate. 여러분들은 할 필요가 있어요, 즉[대동] 분리시킬 필요가 있어요.
You need to isolate to solve. 여러분들은 할 필요가 있어요, 즉[대동] 분리시킬 필요가 있어요,
즉[대동] 문제를 풀려면[풀기 위해서] 말이다.

The unknown to. 미지수인데 대동 미지수[to하기 위한 미지수/무언가 하기 위한 미지수] /미지수인데 to할 미지수
tip) **말문 더 틔우기:** The linear equation with two unknowns is 3X+5Y=16.

The unknown to solve. 미지수, 즉[대동] 풀기 위한 미지수 /미지수, 즉[대동] 풀은 미지수
Solve a linear equation.
푸는 것, 즉 일차방정식을 푸는 것(**definition/제목/상황설명**) : **원동사** 풀었어요(**발생현재**) : **현동사**
풀어라/풀어요, 어떤 일차 일차 방정식을 말이다 : **원동사 또는 현동사, 즉 명령 또는 설명현재**

tip) We ask you not to. 우리는 부탁하는데 여러분들이 (대동) 그렇게 하지 말기를 부탁해요.

⑥ 기본어로 먼저 말하는 뇌 — 먼저 to로 본동사의미를 안내하는 뇌 : 안내영뇌

A.. To conquer /English /is not easy. [=To conquer /is not easy, //English.]

영뇌=기-->설/설 : BEis-Os　　↳기-->설 ⇒ **전설** : 보설이 콤머 전설로 이동가능

or I + I + I : I-Os　or S + S + S : S-Os　　↳ --- , 영어가 말이다.

↗이ㅇ글리쉬이즈 : **고난도 감주**

How to Read[Speak]=Toconquer Englishis noteasy.

or Toconquer English isnoteasy. : 먼저 감각적 주파수로 이해한다.

시동=vocal 감각적 주파수로 (자동 설가가 될 때까지) F3+E2 강하게 말하기

conquer=(일반적) 설명 본동사의미　to=안내대상이 본동사의미 → 대동(對動)

vs 연결대상이 본동사의미 → 대동(代動)

(나리-지=stair F : 아 감정음가　노리-지=stair F : 오 철자음가[알파벳음가]와 t단타와 감주　stair F=계단식 주파수)

⇒ to로 먼저 안내해서 원동사로 설명해 나가면서 그 대상으로 보충 설명해 나가면서, 다시 s동사로 설명해 나가는 뇌 : BEis-Os　to=본동사의미 안내

.. 我必 Free 감주 간직하기

=To conquer English not easy. /The conquering of English not easy.

/Conquering of English not easy. /Conquering English not easy. (안 쉽다)

: 만약 동명사에 the를 붙여 목적어를 쓸 경우 of 사용　cf]The conquering in Korea now easy.

시동=대동 정복하는 것, 영어를 정복하는 것인데 이지않다. 쉽지는 말이다 : **to 안내의미=주격**

G토씨 시동=to conquer 즉 English인데 is not easy이다. (is= '이지' 동질연결[동질])

conquer=(일반적) 설명 본동사의미로서 정복하는 것

[conquer+ no 's' 원형 본동사 의미]

conquer=들어가서 꽥 소리 못하게 하는 것으로서 정복하는 것

[co: come　que: 꽥 소리 못하게 하는 것 + no 's' 원형 자체의미]

·))) to부정사를 영뇌의군으로 작동시키지 않고, 낱개영뇌로 작동시켜도 좋다.

A- E.. To /conquer English /is not easy.

영뇌=기-->설/설 : BEis-Os

시동=to하는 것, 즉 정복하는 것, 영어를 정복하는 것인데 이지않다. --- .

·))) English 뒤에 일반부사와 전치사 영뇌를 추가시키면 :

A- E.. To conquer /Enlish /especially in Korea /is not easy.

영뇌=기-->설-->설′/설 : BEis-Os

⇒ 전치사는 모든 말을 설명해 나갈 수 있다. 단 부사로부터는 설명 받는다.

: 부사의 설명을 받아 English를 설명해 나가는 뇌

.. **문장 뼈대**=기본어(To conquer) + s동사(is)

시동=대동[(즉) 정복한다는 것, 영어를 특히 내소 한국 내소에서[내자 한국에서] 정복하는 것은 이지않다. 쉽지는 말이다[-- 은 안 쉽다]. (is=동질연결[동질]로서 '이지/은')

⇒ **문두에 전치사 영뇌를 추가시키면 :**

A- E -1.. In a short time //to conquer /Enlish especially in Korea /is not easy. **=전설 ⇨ 기-->설/설 : BEis-Os**

시동=내에 단시일 내에[내자 단시일에], 대동[즉] 정복한다는 것, 영어를 특히 내소 ---- .

*in a short time=in a short period of time

B.. 상황설명 : To help /you, to hurt /you, to leave /you, and to love /you.

영뇌=기-->설 + 기-->설 + 기-->설 ⇒ 등전설 ⇒ 기-->설 : BEis-Os [=Help you, --]

시동=(즉/대동) 도와주기도 하고 너를, (즉/대동) 상처를 주기도 하고 너에게, (즉/대동) 이별을 하기도 한다. 너와 말이다. 그리고 또한 (즉/대동) 사랑을 하기도 한다. 너를 말이다 : s동사 대용, 즉 현동사 대용

: To see /Niagara Falls. 대동 보이는 게 나이아가라 폭포이지.

cf]"What are you doing?" "To run, to run, to run, //I'm /running." : 전설로서 상황설명

=전설 ⇒ 기-->설 시동=대동 뛰는 것(으로 해서), 대동 뛰는 것(〃), 대동 뛰는 것인데(〃) 나는 뛰고 있어요.

↳**이때 'to' 의 실질 연결대상=일반인 문맥 연결대상=뒷문장 원동사=(일반적) 설명 본동사의미**

C.. 제목 : 1) To /surrender=**기-->설** 2)To become /stronger =**기-->설**

시동=대동[to하는 것, 즉] 굴복하는 것 /대동 되는 것인데 더 강하게 되는 것

Free 감주로 이해/간직 하기 ⇒ To. /To conquer. /Conquer Enlish. /Enlish is. /Is not. /Not easy. /To conquer is not easy. /Conquer Enlish is not easy. /Enlish is not easy. /Conquer is not easy. /-- etc.

▸ To. 대동 하는 것 /to하는 것/to할 것/to 한 것: **부정전치사** 대자[대처]-- 에게[으로]/수신처/도착지: **일반전치사**

To conquer. 즉[대동] 정복하는 것 : **제목**/definition/**상황설명**

대동 정복하다[정복할 것이다/정복했어요] : **s동사 대용** Enlish is. 영어는 (무언가) 이다.

*무언가=**단어** associate Is not. 이지 않다/되지 않는다. Not easy. 아닌데 쉽지 않다/안 쉽다.

To conquer is not easy. 대동[즉] 정복하는 것은 인데 안 쉽다는 것이다.

Conquer Enlish is not easy. 정복하는 것, 즉 영어를 정복하는 것은 인데 안 쉽다는 것이다 : to **전제**

Enlish is not easy. 영어는 인데 안 쉬운 것이다/이지 않다. 즉 쉽지 않다.

Conquer is not easy. 정복하는 것은 안 쉽다 : to **전제** infml E

Conquer Enlish. 정복하는 것인데 영어를 정복하는 것 : **원동사로서 제목**/definition/**상황설명**

정복하라: **명령** [정복했어요: **발생현재** /정복해요: **설명현재**] 영어를 말이다 : **원동사[현동사]**

영어의 시작과 끝을

2) to부정사 영뇌와 원동사 영뇌

잘 말해주고 있다.

① **전자**=일종의 to원동사로서,
to로 연결시켜 설명해 나가면서 다시 원동사로 설명해 나가는
연결설명어이자 to로 원동사를 안내하는 **기본어** + **s동사 대용**(p257/276)
↘단, 안내일 경우 연결대상=원동사
vs **후자**=그냥 원동사로서 연결 또는 안내 없이
그냥 자신의 뜻만 말하면서[서술하면서] 설명해 나가는 **비연결 설명어**이자 **기본어**이다.
즉 전자는 연결설명어일 경우 연결대상으로 정해놓고 그것을 설명해 나가는 뇌이다.

② 또한 **전자**는 본동사의미이고, **후자**는 자체의미, 본동사의미, 의미원성립이다.

to=전치사 연결설명어로서 부정전치사/일반전치사
부정전치사 뒤 ⇨ 원동사
일반전치사 뒤 ⇨ 명사 /대명사 /동명사 /wh-절 /대명접속사 that /of 문장동격

구문법 용어와 신문법 용어
⇨ to부정사=to원동사 　원형부정사=원동사
caution]부정사라는 말과 원동사라는 말은 결국 같은 말이다.

tip)to부정사와 원동사의 대표적 차이
전자=연결설명어/s동사 대용
후자=비연결설명어/의미원성립

원동사 영뇌=자체의미 /본동사의미 /의미원성립

자체의미=여러가지 본동사의미에 적용시킬 수 있도록 단어마다 만들어 놓은 의미가 담겨져 있는 단어 그 자체=BNW

본동사의미=(원형으로서) 그때 그때의 실제의미로서 현재, 과거, 미래 속에서의 본동사의미
/일반적 실제의미로서 일반적 본동사의미 /실제사실 설명으로서 설명 본동사의미
⇨ 이런 의미에 to를 붙이면 to부정사가 된다 ·))▸ 요컨데 자체의미가 실제로 적용된 의미
↳실제의미
tip]본동사=현동사/과동사/조동사 ⇒ s동사

의미원성립=원형으로 한번 성립시켜 보는 의미 — 하생각
그러면 저절로 기원, 가정, 바람 의미 — 등이 발생함
·))▸ 자체의미와 의미원성립은 실제의미가 아님

IIIII.. 원동사 영뇌 :

① go definition=move or to move 옮겨가는 것 또는 대동[즉] 옮겨가는 것으로서 가는 것
: move 실제의미, 즉 일반적[일반적 설명] 본동사의미로 go라는 단어 자체의미를 만든 것
즉 go=이런 뜻을 담고 있는 단어자체가 바로 자체의미이다. 그래서 자체의미는 원형으로 보존된다.

② We can move right now. We saw him move it. We will move. Move it.
: 현재/과거/미래 속에서의 본동사의미
It is fun to ride horses. : 일반적 본동사의미 또는 일반적 설명 본동사의미
To swim across the English Channel is his ambition. : 일반적 설명 본동사의미
cf] S동사 대용 : Play to restart next month. : 미래 속 본동사의미로서 현동사/미래 조동사 대용
To work, to play. 대동 일하기도 하고 대동 놀기도 한다 ↳=Play restarts/will start -- .
: 일반적 또는 일반적 설명 본동사의미로서 현동사 대용(=Work, play.)

③ (May) You Move! **움직이는 것이 이루어지기를! -- 기원**
People demanded you move. **움직이면 하고 말이다 -- 바람**
If you move it, ---. **(혹시) 움직이는 것이 이루어지면 -- 가정** : 모두 의미원성립

⟫ 여기서 to없는 원동사를 **원형부정사**라하고, to있는 원동사를 **to부정사**라 한다. 그래서 to라는 단어를 써서 원동사로 본동사의미를 나타내면 그것이 바로 to부정사이다. 즉 to를 본동사의미로 설명해 나가는 것이 to부정사이다. 이때 명(대), 동, 형, 문에 연결되는 연결영뇌는 주로 문맥 associate로 처리하면 된다. 가끔 단어/상황/연결 associate가 들어 갈 때도 있다.
***to부정사=전치사 영뇌+원동사 영뇌=to원동사 영뇌 원형 부정사=원동사 영뇌**

지각 /사역 동사와	원동사 영뇌

지각동사/사역동사 뒤에는 바로 지각작용이 일어나고, 바로 사역작용을 일으켜야 하기 때문에 to를 거치지 않고 바로 원동사로 표현하기 시작했다. 그래서 이것도 처음에는 infml E이었으나 나중에 너도 나도 할 것이 많이 쓰다보니 **관용[관습]**으로 완전히 굳어진 것이다.
바로 지각 또는 사역 작용은 관사 미사용 **명사 호격 관습**과 같다.

관습적 E :

A.. I heard her lock the door. 시동=그 여자가 잠그는 것 /(과거) 그때 잠그는 것
: perceive, notice, see, watch, behold, observe, witness -- etc.

cf]1. to사용 과거흔적(Bible) : He makes the deaf to hear and the dumb[mute] to speak.
They saw the dumb to speak, the maimed to be whole, the lame to walk, and the blind to see.
2. 전치사 of 미사용 관습 : He got/went on board the train/boat/bus/plane.[=aboard]

on board=승선했는데 판(板), (즉 열차판/보트갑판/버스판/비행판 위에 말이다.)
lock=heard와 같은 과거 속에서의 본동사의미 : **비연결 설명어**

›› 원동사는 자체의미를 갖고 있기 때문에 현재/과거/미래 속으로 (본동사의미로) 들어 갈 수 있다.

vs • She was heard to lock the door.
시동=그 여자에게 있었다, 들린 일이 있었는데, 대동 (누군가가) 잠그는 소리가, (누군가가) 그 문을 잠그는 소리가 말이다 [=heard for someone to] : She≠to lock **주체**
/그 여자에게 있었는 데, 즉 들린 일이 있었는 데. 대동 (자기가) 잠그는 소리로, (자기가) 문을 잠그는 소리로 말이다 : She=to lock **주체**
/그 여자가 한 것이 들렸는데 대동 잠그는 문 잠그는 소리로 말이다 : She=to lock **주체**

과분사의 BNW는 event이기 때문에 일어난 사실로 **바로 일어나는 감각작용이 아니다.** 그래서 to로 설명해 나가는 것이다. **모든 것의 판단 기준은 BNW이다.**
설령 확장의미[EM]로 바로 일어나는 **피동동작**이 되도 BNW로 판단해야 한다.
tip) I hear say he will come here. : **일종의 바로 일어나는 감각작용**
-- 지각/사역 동사+원동사=관습적 E ☞ p20

피동동작 : 그 여자에게 들렸다. 잠그는 소리가 문을 잠그는 소리가 말이다.
*was=피사체 동질연결로서 '에게' : She was given a Christmas gift.

영어에서 현재라는 의미

현재=지금 현재/동시점 현재 : 동시점 현재가 있으니 과거 속에서 now가 가능
: ① Find him now. (지금) cf]right now 바로 지금
vs He opened the door. Now the noise was very loud.
(바로 그때=at the time just mentioned)

② I want to eat this.
현재 속에서의 현재, 즉 현재 속에서의 본동사의미: 지금 현재
vs I tried only to fail.
tried와 같은 과거 속에서의 그때 현재 -- 과거 그때 동시점 상황이지 tried 이전상황은 아님, 즉 과거 속에서의 (동시점 발생) 본동사의미
시동=시도해봤으나 (그때) 단지 대동 실패만 했어요.

B.. Her husband won' t let her go out to work.

-- 사역동사 뒤 목적어를 사역시킬 때 바로 사역작용을 일으켜야 하기 때문에 원동사 영뇌로 바로 작동시킨다.

▸ let=하도록 허락하는 것으로서 하도록[하게] 하는 것

/들어 오도록 허락하는 것으로서 임대하는 것[세 놓는 것]

[l: allow t⟩d: do ⇒ allow to do or e⟩i: in ⇒ allow in]

'사역' 이란=cause someone to do -- 일으키는 것인데 어떤 사람으로 하여금 하도록 일으키는 것 (He had his wife die. 하면 to미사용)

관습적 사역동사=망명가시다 : make/bid/have/let (단, 비사역의미일 때도 이들 동사와 관계

optional 관습적 사역동사=help ∵ 사역의미와 비사역의미가 비슷하게 쓰이기 때문

비관습적 사역동사=get ∵ 비사역의미으로 훨씬 많이 쓰이기 때문

: He made me move my car. 하도록 만들었다 --⟩ 하게 했다

She bade him enter. 하도록 명령했다

I had the maid sweep the room. 갖도록 시켰다 --⟩하도록 했다 (-- 하여금)

↳목적어 뿐만이 아니라 사역동사와도 뜻 관계 유지

vs This arguing won' t help us (to) win the election.

앞으로 도움을 주지 못할 것이다.

우리들로 하여금 (대동) 승리하도록 하는 데 /우리가 (대동) 이기는 데 -- .

▸ 전자=사역의미 후자=비사역의미

vs Please get her to come here. 제발 하도록 하라.

지각동사/사역동사가 아니더라도 사람들은 바로 원동사로 두뇌를 작동시키는 사람들도 있다. 이럴 경우에는 infml E가 된다.

Infml E : to를 써나 안써나 원동사 자체의 의미는 변함이 없다.

A.. 'We have no intention attack North Korea.'

-- 부시대통령이 axis of evil[악의 축]을 발언한 후 한 말

StE : -- no intention to attack -- . : 사역동사와 뜻 관계가 아닌 경우 to 사용 (앞 명사만 연결설명)

You are so lucky to have him to cling to.

-- 대동 있으니 그 놈, 즉 붙들고 늘어질 대자 그 놈이 있으니 말이다.

B.. 'You killed protect yourself?'

--- Judge Judy가 defendant에게 한 말 ⇒ infml E를 알아야 청취가능

╱합성감주일때 소리가 안나는 것이 아니라 합성감주로 소리나는 것
tip)to 본토말=투/터/더/어/합성감주

Optional 관습적 E :

A.. They helped us (to) push it.

사역의미=도왔는데 (대동) 밀도록 도왔다 **비사역의미**=도왔는데 (대동) 미는 데 도왔다

tip) **비사역** 인데 to를 써지 않아도 되는 것은 **발전 English로서 관습적 E**

: He had his wife die. 당했다. 아내 상(喪)을 말이다.

B.. pout

=(to) push the lips or the lower lip forward esp. to show displeasure or to attract sexual interest -- **사전의 뜻풀이**

C.. What/All you have to do is (to) wait for her to come.

What he's done was (to) spoil the whole thing.

What you need most to do is (to) rest well.

What John did to his suit was (to) ruin it.

What I'm going to do is (to) teach him a lesson.

무엇이냐 하면 내가 진행 시켜야 하는 것은 (대동) -- 밖에 없다.

All my life is (to) think, wait and fast. All I did was (to) press this button.

The only thing we can do is (to) write to him.

-- **강조 be부정사** *fast=음식을 거르는 것으로서 단식하는 것[f: food s: skip]

cf] infml E=비지각/비사역 동사+원동사 :

Come see me.=Come to see me. [=Come and see me.]

Come have dinner. =Come to have dinner. [=Come and have dinner.]

Go fetch!=Go to fetch![=Go and fetch!]

Oh, let it[him] go hang![=go to hang]

하도록 하라 . 그것이 (어떤 상황으로) 가 있도록 , 즉 (그대로) 걸려 있도록 하라.

뜻하는 의미=되는 대로 내버려 둬!

: The TV would go nicely in the corner. -- **go의 상개념**

그 TV는 있는 것 같다. 즉 가 있는 것 같은 데 잘, 내소에 코너 내소에 말이다.

/그 놈이 (어떤 상황으로) 가도록, 즉 (그대로) 교수형에 처해지도록 하라.

tip) **come/go의 to형 명령, 즉 to형 계속명령 : 동사 둘다 명령하는 것**

'지각/사역 동사+원동사'의 관습적 E :

A.. I hear say that there will be an election soon.
들었는 데 말하는 것을 들었다. cf]That story is mere hearsay. *hearsay=풍문/소문
We have all of us heard tell of Robin Hood. *heard=과동사
가지고 있는 데 모두 즉 우리 모두가 들은 적이 있는 것, 말하는 것을 들은 적이 있는 것을 가지고 있다.

> She has so many things that she wants to do.
> -- have동사의 that 절

B.. They made believe they were princes and princesses.
We haven't got meat, so we'll have to make do with bread.
☞ p23

C.. Hold it tight and don't let go. [=don' t let it go.]
Don't let go (of) the handle. [=Don' t let the handle go.]
She let drop[fall] the fact that she was expecting a baby.
☞ p22

D.. He offered to help carry her basket.
제의를 했다. 대동 돕겠다고, 운반하는 것을 돕겠다고, 그녀의 바구니를 말이다.
Go to the scullery and help wash up at the sink. *to=방향대상으로서 대처(對處)
가서, 대처 식기실로 가서 도와라, 씻어 설거지를 끝내도록 구소 싱크대 구소에서 말이다.
*up=일을 다하고 허리를 펴는 것으로서 끝내는 것 at=구역장소로서 구소(區所)

부사와 to부정사 관계

부사는 to 또는 원동사를 설명해 주는 뇌로 작동시킨다.

① **jump bail**, not to come back for trial after bail has been paid
⇨ 하지 않는 데 대동[to하지 않는 것, 즉] 오지 않는 것
or to not come back for trial after being released on bail ⇨ 대동 안 오는 것

② I want you clearly to understand it.
⇨ 분명히 대동 이해하기를
or I want you to clearly understand it. ⇨ 대동 분명히 이해하기를

☞.. 이해는 (언어에 대한 basics를 알았디면) 최종적으로 단어의 최종적인 뜻인 감주로 이해한다.

부가적 연결의미도 일종의 연결 Associate이자, 단어 Associate이다.

부정 전치사 to의 연결영뇌

안내영뇌가 아니라 연결영뇌일 경우 부가적 연결의미는 부정(不定)으로서 변화무쌍하나 명(대), 동, 형, 문과 뜻 관계에 따라 associate로 처리 ⇒ 단어/문맥/상황/연결 associate

: **a-Helper** to=대동/즉+부가적 연결의미 ↗단, 안내의미=주격 : (대동) 하는 것
↘ 목적격/동격/형격/부사격(이유/목적/양보/결과/견해/계속)

to=(본동사의미) 연결로서 대동/즉 (무엇을 하는 것/하는 것)
//대동/즉 (할 /하니까 /그렇게 하려고 /하기위해서 /해도 /하자면) //대동/즉 (그것은)
⇒ 하는 것/할/하니까/하려고/하기 위해서/해도=**문맥** associate 무엇을=**단어** associate 그것은=**연결** associate
↳즉 문맥연결의미 ↳연결설명어 associate

① I want to. ⇒ 나는 원하는 데 대동 하기를[무언가 하기를/그렇게 하기를] 원한다.
"I won't take responsibility for what you do." "Don't worry. Nobody wants you to."
⇒ 아무도 원하지 않는다. 네가 (대동) 그렇게 하기를 말이다.

② I think he should get a job, but you can't force him to if he's not ready (to).
⇒ 하지만 할 수 없어요, 강제로 그를 대동 그렇게[그렇게 하도록] 말이다.

③ Would you like to help me with the washing up? Yes, I'd like to.
⇒ 하시겠오, 즉 당신이 ok하시겠오, 대동 돕는 것에, 내가 처리는 것, 설겆이를 완전히 처리하는 것을 돕는 것에 말이다? 예, 나는 하고 싶어요, ok를 그렇게 말이다.
*would=주체성발생으로서 의향/바람[원함] like=좋은 것으로서 승인, 승인으로서 ok
with=동존처리로서 처리하는 것 up=똑바로 하는 것으로서 완전히

④ 'Did you get a ticket?' 'No, I tried to, but there weren't any tickets left.'
⇒ 애썼는 데, 대동[즉] 그렇게 하려고 애썼는 데 하지만 ----. (그렇게=**문맥/상황** associate)

⑤ Good to see. ⇒ **시동** 1=좋아요, 대동 (만나) 보니까. **시동** 2=좋아요, 대동 보이는 게 말이다.
→ 니까/이는 게=상황에 따라 결정 : **상황** associate ⇒ to associate (말이다=Ekbe 문맥)

⑥ Knowing when to walk away is wisdom, being able to is courage.
⇒ 안다는 것, 시기 즉 대동 걸어 나갈 시기를 안다는 것은 지혜이고, 있다는 것, 할 수 있다는 것, 즉 그렇게 할 수 있다는 것은 용기이다. *is='은' 동질 (연결)

안내영뇌일 때는 대상 '대(對)'
↗'대동' 할 때 '대'=연결영뇌일 때는 이을 '대(代)',

to 부정사의 기능과 영뇌

기능적인 문법보다 연결 또는 안내 영뇌로 해결하라.

❶ To err is human, to forgive is divine. **명사적 용법 vs 기본어: 일반적[일반적 설명] 본동사의미 – 안내영뇌**

❷ Get a chair to sit on. **형용사적 용법 vs 제한적 연결영뇌: 현재 또는 미래 속에서의 본동사의미 — 연결영뇌**

❸ Nice to meet you. **부사적 용법 vs 비제한적 연결영뇌: 현재 속에서의 본동사의미 — 연결영뇌**

❹ God doesn't give you the people you want, he gives you the people you need.
To help you, to hurt you, to leave you, and to love you. **: 동사적 용법 vs s동사 대용 ⋯→ 기본어**
: (일반적) 설명 본동사의미 — 안내영뇌 (그래서 (즉/대동) 도와주기도 하고 너를, (즉/대동) 상처를 주기도 하고 너에게, (즉/대동) 떠나기도 하고 너를, 그리고 (즉/대동) 사랑하기도 한다. 너를 말이다.)
그래서=**문맥** associate **s동사=현동사/과동사/조동사 -- 여기서는 현동사 대용**

☞.. 이해는 최종적으로 단어의 최종적인 뜻인 감주로 이해한다.

3) to부정사 영뇌와 동명사, 관계현분사, 종속접속사 영뇌

to부정사는 to원동사로서 to로 본동사의미를 연결시키는 것이고, 동명사는 서술명사로서 동사 사실의미이다. 원동사의 BNW는 자체의미이다. 자체의미에서 본동사의미로 확장되는 것이다. 이런 것들을 알면 말의 자유가 생긴다. ↗일반적으로 일어나는 사실 입장에서 본 것

1.. She likes to watch TV. -- **일반적 본동사의미[즉 일반적 실제의미]**

to 부정사의 일반적 의미는 **원동사의 일반적 의미**로서 일반적 본동사의미이다. 즉 본동사 의미의 일반성으로서 그때 그때 일어나는 실제의미가 아니라, 일반적으로서 일어나는 실제의미이다. 쉽게 말하면 현동사의 일반적 의미를 원동사로 표현한 것이라고 생각하면 된다 : **일반적 본동사의미는 일반적 설명 본동사의미도 가능**

시동=그 여자는 좋아해요, 대동 보는 것인데 TV보는 것을 말이다.

> "All Korean residents must carry identification cards."
> **원동사의 일반적 또는 일반적 설명 본동사의미**
> **시동**=모든 한국 주민들은 해야 한다. 갖고 다니는 것인데 신분증을 말이다.

vs She likes watching TV. -- **동사 사실의미로서 일반적 사실**

시동=그 여자는 좋아해요, 보는 것을 하는 것인데 ↘일반적으로 해오던 사실 입장에서 본 것

TV를 말이다. /---, 보고 하는 것, 즉 TV를 보고 보고 하는 것을 말이다.

: 하는 것을 하는 사실 또는 하고 하는 사실로 두뇌가 작동하면 **동명사의 일반적 사실**이 된다.

vs She always watches TV. -- **현동사의 일반적 현재로서 현재 일반적 사실**

시동=그 여자는 늘 봐요, TV를 말이다.

: 현재에 늘 그렇게 하고 있는 일반적 사실로 두뇌가 작동하면 **현동사의 일반적 사실**이 된다. tip)이런 의미가 to부정사의 일반적 본동사의미로 나타난다

부정사와 동명사의 일반성과 IS 영뇌 :
다 같이 일반성을 나타내나 IS영뇌 작동시 그 느낌이 다르니 유의하라.

It is fun to ride horses. vs It is fun riding horses.

둘다 뜻하는 의미로 같다할지라도 접근하는 뉘앙스까지 같은 것은 아니다.

전자는 일반적 본동사의미로서 일반성이고, 후자는 동사사실로서 일반성이다.

전자 =대동 타는 것 후자 =타는 것을 하는 것

※**우리말 '타는 것'** =탄다는 것으로서 타는 것 /타는 것을 하는 것으로서 타는 것, 즉 부정사 의미와 동명사 의미 함께 보유. 그래서, 구문법에서는 모두 '타는 것' 으로 번역하고 있다.

tip 1) to 부정사=to 원동사=to 본동사의미

❶ 현과미 속에서의 본동사의미 : • Nice to meet you. • I tried my best only to fail.
• I remember to post the parcels.

❷ 일설 본동사의미 ↗일반적 현상/사실/습성 -- 등

a. 일반적 본동사의미 (⇒ 일반적 설명 본동사의미도 가능) : • To see is to believe.

b. 설명 본동사의미

ㄱ. 일반적 설명 본동사의미 : 비시제의미

• To teach a fish how to swim.[=You teach : s동사 대용]

ㄴ. 현과미 상황에 대한 설명 본동사의미 : 시제의미

— 설명(하는) 입장에서 바라 본 의미

(⇒ 현과미 속에서 본동사의미도 가능 -- 실제의미 입장에서 바라 본 의미)

• Nice to meet you. • I tried my best only to fail.

• I remember to post the parcels.

tip 2) 본동사 의미 연출하는 법

❶ 실제 본동사로 연출 — 본동사로서 본동사의미 : He arrives/arrived/will arrive.

❷ 관계현분사로 연출 — 본동사 의미로 들어가는 것[IN]으로서 본동사의미

• Students getting passing grades.[=who got/to get] ※passing grades=합격점수

❸ to 부정사로 연출 — to 원동사로서 본동사의미

❹ 원동사로 연출 — 자체의미 실제 적용으로서 본동사의미

• We saw him sing. • Bung me a cigarette.

• Make, create, innovate. 만들고 창조하고 혁신하는 것 : 상황설명/제목

2.. It began to rain. vs It began raining.

전자=날씨가 시작했어요, 대동 비가 오기를 말이다.

-- 그때 그때 일어나는 실제의미로서 현재/과거 속에서의 본동사 의미

후자=날씨가 시작했어요, 비가 오는 것을 하기를 말이다.

-- 오고 오고 하는 동사 사실이 실현 되는 의미 : 동사 사실의미의 현재/과거

양쪽 의미[본동사의미/동사사실의미]로 의율이 되는 동사

→ begin, start, like, love, hate, continue, cease, prefer, intend, attempt, ---- etc.

: He never ceases to amaze me. 대동 놀라게 하는 것

We must cease dumping waste in the sea. 마구 쏟아 버리는 것을 하는 것

*cease=그냥 그만두는 것 vs finish=마무리로서 끝내는 것

하지만 상황이 지금 수영하고 싶을 때는 **to 부정사만 써야 한다.** 본동사의미로서 그때 그때 일어나는 의미이기 때문이다. 이럴 경우에는 '좋아해요' 가 아니라 '좋아요' 이다. 일반적 의미일 때는 양쪽이 가능하다. 앵무새처럼 무조건 외우면 안된다. 뜻으로 따져봐야 한다 ☞ vol 2 p444
: I like to swim right now. 좋아요 (*not* swimming) like=좋은 것(ok)으로서 원하는 것[=want]

3.. I remember to post the packages.
vs I remember posting the packages. [=having posted 가진 것인데 부친 사실를 가진 것]
전자=미래 실제의미로서 미래 속에서의 본동사의미로 -- 대동 부치는 것인데
후자=동사사실 의미로서 기[실현] 사실 -- 부치는 것을 한 것인데[EM]/부친 것[사실]인데[IM]
즉, 전자=본동사의미로서 미래의미, **후자**=동사 사실의미로서 과거의미[finished action]

to 부정사의 원동사는 s동사와 같은 본동사 의미에서 출발하기 때문에 발생 본동사의미가 되어도 s동사 이전으로 갈 수 없지만**[StE]**, 동명사는 사실의미에서 출발하기 때문에 s동사 이전으로 확장이 가능하다. 그래서 일반적으로 to부정사는 미래 쪽으로 동명사는 과거 쪽으로 확장된다.

동명사=s동사와 같거나 이전 또는 이후로 확장
vs to **부정사=s동사와 같거나 그 이후로 확장**

4.. Our family want to go out. vs The rain prevented our family from going out.
전자는 본동사의미로 서술의미만 보유하기 때문에 동사의 목적어로 두뇌가 작동하나, 후자는 동사사실 의미로서 명사의미를 하나 더 보유하고 있기 때문에 전치사의 목적어로 두뇌가 작동할 수도 있다. ▭ **동명사=동사+명사, 즉 동사명사 --> 동사사실 의미**

from going out
시동=하지 못하게, 나가는 것[사실]을 하지 못하게/나가는 것을 하는 것을 하지못하게
전치사=사실의미와 의뮬
-- 명사는 기존체에 대한 title로서 사실의미이고, 대명사도 그 사실을 가리키기 때문에 사실의미가 된다. 그래서 둘다 전치사 뒤에 올 수 있고, 동명사도 동사로서 사실의미이기 때문에 그 뒤에 올 수 있다.

tip) Our family want <u>going</u> out. : **동명사의 현과미**[EM]도 동사사실 의미를 보유하기 때문에 단순한 동사서술 의미가 아니다. 그래서 바로 want 뒤에 써도 서로 충돌이 일어나지 않는다. 하지만 원동사는 to가 필요하다.

5.. I hope to drink. **시동**=(희망한다) 대동 마시는 것/마시기(를 말이다)
vs I enjoy drinking. **시동**=마시는 것을 하는 것(을 말이다)
전자=본동사 의미로 현재 또는 미래 상황, 즉 현재 또는 앞으로 마시는 것을 바란다는 말
후자=동사 사실의미로서 마시고 마시고 하는 그런 사실을 즐긴다는 말

BNW가 헌법재판소이다

IIIII.. I enjoy to drink. : Incorrect

의율의 잣대는 BNW이다.

사실을 즐기는 것이지 자체의미를 즐긴다는 것은 말이 안된다. 정신병자가 아니고서는 만들어 놓은 단어 그 자체의미, 즉 뜻풀이 의미[정의적 의미]를 즐길 수 없다. 그래서, enjoy와 동명사가 의율이 되는 것이다.

하지만, 즐기는 것과 좋아 하거나 싫어 하는 것은 다르다.
전자는 동감정이고 후자는 상감정이다. 그래서 자체의미는 즐길 수는 없지만, 그것 자체[즉 자체의미 자체] 또는 사실은 좋아하거나 싫어할 수도 있다. 따라서 like와 dislike, hate는 양쪽이 와도 좋다. 자체의미는 뜻으로서만 존재하기 때문에 to와 함께 쓰이면 본동사 의미가 된다.

그래서, to **부정사의 BNW는 to 본동사 의미가 된다.** 이렇게 본동사 의미가 되도 to부정사는 to를 원동사로 설명해 나가기 때문에 최상위 BNW는 원동사의 BNW 자체의미이다. 그래서 to부정사는 두 가지 BNW로 판단한다.
주의하라.

• 본동사의미[+ 자체의미 의율가능] 수반동사
: hope, expect, promise, refuse, decide, agree, -- ect.
⇒ (이미) 사실로 있는 데/해오던 사실인데 바라거나 약속하거나 -- 동의할 수 없다. 앞으로 하거나 그것 자체는 가능하다. 그래서 이런 동사들은 to부정사와 의율이 된다.

• 동사사실의미 수반동사 ↗ end up + **동명사** -- (해오던 것이 결국) 끝나버리는 것
: enjoy, finish, mind, avoid, deny, postpone, give up, put off, get used to, -- etc.
⇒ (어떤) 사실에 마음 쓰이거나 사실을 피하거나 부인하거나 연기하거나 완전히 주어버리는 것이지 사실으로 일어나지 않는데[즉 자체의미] 그렇게 한다는 것은 정신병자다. 익숙한 것도 어떤 사실에 익숙한 것이다. 예컨데 공격도 하지않는데 피하는 행동을 하는 것은 환자임에 틀림없다.

• 양쪽의미 수반 동사 : like /want /cease /begin /start /continue -- etc.

caution] finish=해오고 있는 것[사실]을 끝내는 것 -- 그래서 동명사와 의율
vs cease=그냥 그만 두는 것/멎는 것 -- 그래서 동명사와 to 부정사와 의율
: We must cease dumping waste in the sea. It ceased to be new.
시동= -- 그치고 말았다. 즉 되는 것인데 새롭게 되는 것이 말이다.
keep=계속해서 지키는 것으로 계속하는 것, 그래서 해오던 것을 계속하니 동명사와 의율
vs continue=해오던 것을 계속하거나 다시 계속하는 것이니 동명사와 to부정사 의율

6.. I stopped to smoke. vs I stopped smoking.

전자=현재 또는 미래 속에서의 본동사 의미 **시동**=나는 멈추었다. 대동 담배피우려고 말이다.

후자=동사사실의미로서 그 동안 하던 것[하고 있는 것]

시동=나는 끊었다[=quit/quitted]. 담배 피우는 것을 하던/해오던 것을 말이다.

∴ 담배를 꺼내 담배 피우려다 담배를 멈춘 경우는 to 부정사로
담배를 피우고 있다가 방금 껐을 경우에는 동명사를 쓰야 한다.

양쪽 의미에 쓰이나
뜻의 차이가 있는 것: stop /go on /try /remember /hate /like, -- etc. ☞ vol 2 p442/443/444

7.. The minister released a law to forbid the import.
vs The minister --- a law forbidding -------.

전자=일반적[일반적 설명] 본동사의미 : (법인데, 대동) 금지하는 법인데
[=which forbids -- 일반적 현재/설명 현재]

후자=관계현분사의 본동사의미로서 일반적 현존의미: (법인데, 즉) 금지를 담고 있는 법인데
[=which forbids]

원동사의 본동사의미=자체의미가 실제로 적용된 의미-- 비연결설명어로서 본동사의미
관계현분사의 본동사의미=
해당동사로 들어가는 것/하겠다는 것[in]으로서 본동사의미-- 연결설명어로서 본동사의미
: 'Turning left, you' ll see -----.'
에서 Turning은 turn으로 들어가는 것으로서 turn하는 것 [=If you turn left]

본동사의미 종류

원동사/to부정사/현분사/현동사[과동사]/조동사의 본동사의미

— 동사사실의미와 진행의미, event는 (단순한 동사서술의미도 아니고) 본동사의미도 아니다.
단순동사는 단순동사로서 단순한 동사서술의미이고 조동사는 생각의미 또는 대동의미이기 때문에 단순한 동사서술의미가 아니다. 그래서 조동사 뒤에 원동사를 써도 충돌이 일어나지 않는다.
(본동사=현동사/과동사/조동사 — 본동사로서 본동사의미 cf]단순동사=원동사/현동사/과동사)
↳본동사 대용으로서 본동사의미
단, 명령=본동사의 대용은 아니지만
그때 그때 일어나는 실제의미로서 본동사의미
∵ 본동사의미=하생각이 아닌 실제의미

8.. We heard the government build the town.
vs We heard the government building the town.

전자=미래 속에서의 본동사의미/과거 속에서의 미래 본동사의미: 짓는 다고

후자=진행의미: 짓고 있다고 tip)지각동사 뒤에 반드시 원동사만 쓰는 것은 아니다.
↳to 부정사를 쓸 경우 원동사를 쓰는 것이다.

*일반현분사=진행의미 vs 관계현분사=진행의미/본동사의미

9.. He seems to have been rich.

시동=그는 인 것같다. 즉/대동 가진 것[가지고 있는 것] 같다. 였던 것인데 부자였던 것을 말이다.

➡ 결국 부자였던 것 같다는 말이다. [=He seems that he has been[was] rich.]

시동=그는 인 것같다. 즉 그가 가진 것 같다. 였던 것[사실]인데 부자였던 것[사실]을 말이다. [그는 인 것 같다, 즉 그가 이었던 것, 부자이었던 것으로 말이다.]

↱독설 보설뇌=먼저 요지+보충 설명

vs It /seems /that he has been[was] rich. =기-->설/설 [=seems (to be) that]

: **it 표현=Formal E** -- situation or preparatory 'it'

시동=그것은 인 것같다. 즉 그가 가진 것 같다. 였던 것[사실]인데 부자였던 것[사실]을 말이다 : preparatory **'it' 로서** referring forward, **즉** referent=that**부터**

preparatory 'it' 일 때 9.. 번 문장과 같다.

or **=기-->설-->설′ : 근설 연설뇌**

그것은 보이는 것 같다, 즉 그가 가진 것으로 이었던 것, 부자이었던 것을 가진 것으로 말이다 : situation **'it' 로서** referring back, **즉** referent=**대화중 상황을 가리킴**

[그것은 보이는 것 같다, 즉 그가 이었던 것, 부자이었던 것으로 말이다.]

10.. He seems to be rich. 시동=그는 인 것 같다. 즉/대동 부자 인 것 같다.

[=He seems (to be) that he is rich.] 시동=그는 인 것같다. (즉) 다시말해 부자 인 것같다.

to be= '연결설명+동질연결' 로서 '즉' that=종맥연결로서 다시말해

vs It seems (to be) that he is rich. -- **it 표현=Formal E : referring forward or back**

시동=그것은 인 것 같다/그것은 보이는 것같다. 즉 그가 부자로 말이다.

∵ 독설 보설뇌

Caution] preparatory 'it' 즉 referring forward인 경우 that 절은 앞으로 이동 가능

: It seems clear that he is rich. 그것은 인 것같은 데 분명한 것 같다. 즉 --- .

[=That he is rich seems clear. or He is rich seems clear.

문장 주어 : Old/infml E]

↱ 그것은 추측에 인 것 같은데 (대자 나에게 인 것 같다.)

tip] It seems[would seem] to me that he is rich.

[=That he is rich seems to me. 인 것은 같은 데 대자 나에게 인 것 같다 or I think that]

I am has sent me to you. : **문장주어**[=That I am] (Exodus 3 : 14)

-- I am=내 스스로 존재하는 자, 즉 God me=God, **즉 내 뜻**(p129) you=Moses

↱ His theory

His theory seems (to be) that, regardless of what he does, it won't be enough.

Gonzales is said to seem confident that he will survive the crisis.

to부정사를 종속접속사로 호환시키는 것은
뜻하는 의미로 같다는 것이지 그 뉘앙스와 문체까지 같은 것은 아니다.

A.. He is too experienced a conductor to mind what the critics say. (너무나 노련한)

≒ He is so experienced a conductor that he doesn't mind ---- .

↳일반형용사 영뇌[=a conductor so experienced that : 관계형용사 영뇌]

↳Left behind was a scene so bare that on a recent visit, it was possible to see the concrete skyline of San Juan about 30 miles west. 광경인데 정말로 벌거벗은 광경이어서 : 허리케인이 지나간 모습

B.. The plate was too hot to touch.
너무나 뜨거웠으니 그 이면의 뜻이 할 수 없었다는 것이다 : s동사 주어와 부정사 목적어가 같을 때는 표현하지 않는다 : **관습적 StE**

≒ The plate was so hot [that] we couldn't touch it.
: 종속절로 새 문장이 생겼으니 it[**목적어**]가 다시 살아남 : **StE**

plus] The ambient nature sounds are making me too sleepy to hunt.
-- 곰 얘기인데 뜻하는 의미는 너무 졸리어 (물고기를) 잡지 못한다는 말
: 주변 자연의 소리들이 하고 있어요, 즉 만들고 있는데, 나를 너무나 졸리게 만들고 있는데 잡으러 하니까.

C.. To be frank with you, I love her.
시동=(즉/대동) 한다면 솔직히 말한다면 즉 너에게 말이다. 내가 사랑하는 여자는 그 여자다.
/(즉) 있게 한다면, 솔직함을 있게 한다면 너에게 --- . (전자=be 뜻　후자=with 뜻)
말한다면=**문맥** associate　with=동존방향으로서 '즉 -- 에게/있게 한다면 -- 에게'
입장 표명자=I [≒ If I am frank with you, I love her.]

D.. To cut a long story short, we said, 'No ! '.
시동=대동 줄인다면 긴 이야기를 짧게 줄인다면　**입장 표명자**=we
≒ If we cut a long story short, ----.

E.. To do him justice, he is not a man of salt.
소금끼=제구실 ⇒ 남자, 즉 쓴 소리를 하는 남자　**완전시동**] 남자, 즉 소금끼가 있는 남자
시동=대동 한다면 그를 공정하게 평가한다면　**입장 표명자**=I or We

to 부정사 영뇌에서도 관계현분사 영뇌처럼 입장표명자를 표현하지 않는 것이 관습이다.
: **관습적 E** -- 만약 표현한다면 ⇒ For us/me to do him justice, he ---- .
≒ If I/we do him justice, ----.

F.. To begin with, he is too young; and besides, he is nothing of a scholar.

시동=대동 말을 시작할 것 같으면 관련해서 말을 시작할 것 같으면 : **밑줄**=(문맥/상황) associate /우선 관련해서 말할 것 같으면 ---- 아무것도 없다, 즉 학자다운데가 말이다.

begin=처음 시작으로서 우선 with=동존시키는 것으로서 관련

입장 표명자=I or We ≒ If I/we begin with, ----.

happen=갑자기 일어나는 것으로서 우연히 : I happened to find the house.

vs To say nothing of French, /he /can' t /speak English. =설 → 기 → 설 → 설'

입장표명이 아니다.

앞에서 먼저 to부정사로 he를 설명해 주고, 다시 he를 중심으로 설명해 나가는 뇌

연결대상=he

시동=(즉/대동) 말을 전혀 못할뿐더러 즉 불어로는 말을 전혀 못할 뿐더러 그는 또한 할 수 없어요, --- . 뿐더러/또한=**문맥** associate

vs Strange /to say, //she has /no friend. =전설→ 설' ⇨ 기 → 설

관계 형용사로 뒷문장 전체를 염두에 두고 말하면서 to부정사로 설명해 나간다.

즉, to 부정사가 전설 뇌로 작동하는 것이 아니라, 관계 형용사가 전설 뇌로 작동하는 것이다.

관계형용사 연결대상=뒷문장 전체 -- 비제한적 연결영뇌

입장 표명자=I or We -- 내 또는 우리 입장에 말하는 것

시동=이상하지만, 대동 말하기에 이상하지만/뭐하지만, 즉 말하기에 뭐하지만

: Needless to say, health is above wealth.

입장 표명자=We **시동**=필요도 없이 대동 말할 필요도 없이

Lucky to say, she escaped from the fort uninjured.

입장 표명자=I or We **시동**=다행히도 대동 말을 하기에 다행히도

plus] 전환을 숙어처럼 외우지 말고, 그냥 단어 하나하나 뜻으로 다 느끼면 된다.

❶ You are too careless not to make mistakes.

≒ You are so careless that you can't but make mistakes.

시동=너는 너무나 주의를 기울이지 않고 있어요. 없도록 하는 데, 즉 실수가 없도록 하는 데는 말이다. 즉 실수가 없도록 하는 데 주의를 기울어야 할 판인데 오히려 주의를 열심히 기울이지 않는 다는 말이니 실수를 할 수 밖에 없다는 말이다.

≒ 너는 정말로 주의를 기울이지 않고 있어요, 그래서 너는 할 수 밖에 없지요. 하는 것인데 실수를 말이다.

tip)to부정사와 collocation : too ~ to, enough ~ to, in order to, so as to, -- etc.

❷ The case is light enough for me to carry.

≒ The case is so light that I can carry **it**.

시동=그 상자는 가벼워요, 충분히 즉 내가 대동 운반할 정도로 충분히 말이다.

≒ 그 상자는 정말로 가벼워요, 그래서 나는 할 수 있어요, 운반하는 것인데 그것을 말이다.

❸ He didn't jump high enough to win a prize.

≒ He didn't jump so high that he could win a prize.

시동=그는 하지 않았어요, 점프를 높이하지 않았는데 충분히, 탈 정도로 상을 탈 정도로 말이다.

≒ 그는 하지 하지 않았어요, 점프를 정말로 높이하지 않았다. 그럴정도, 즉 그가 할 수 있을 정도로, 타는 것인데 상을 탈수 있을 정도로 말이다.

that=결과/목적/†정도 : 그 결과로/그렇게하기 위해서/그럴 정도로

cf] He was so kind as to help me. ≒ He was kind enough to help me.

시동=그는 정말로 친절했어요, 즉 대동 도울 정도로 나를 말이다.

≒ 그는 했는데 친절했는데 충분히 친절했어요, 도울 정도로 나를 도울 정도로 말이다.

so=지정강조로서 저렇게/진정한 강조로서 정말로 as=동급정도로서 즉

❹ They made haste in order[so as] to be in time. (in order to=so as to)

≒ They made haste in order [so] that they might be in time. (in order that=so that)

시동=그들은 했는 데 서둘렀다. 하려고, 달성하려고 즉 있는 것인데 내에 시간 내에 있는 것을 달성하려고 말이다.

[----- 즉 그렇게 되도록, 즉 있도록 내에 시간 내에 있도록 말이다.]

≒ 그들은 했는 데 서둘렀다. 되도록, 달성이 되도록 즉 [그렇게 되도록, 즉], 그들이 되도록 있는 것인데 내에 시간 내에 있는 것이 달성 되도록 [되도록] 말이다.

in=들어가는 것으로서 하는 것

order=목적을 달성시키는 것 [o: objective d: 달성 or done] (purpose + achieving)

might=허락으로서 성립, 성립으로서 되도록 -- 과거 속에서의 허락/성립

연결설명어 영뇌

❺ She made haste in order[so as] not to miss the train.

≒ She made haste so that she might not miss the train.

≒ She made haste lest she should miss the train.

시동=그 여자는 했는 데 서둘렀다. 하려고, 달성하려고 즉 안 놓치는 것인데 그 기차를 안 놓치는 것을 달성하려고 말이다.
[-- 그렇게 되도록, 즉 안 놓치는 것이 되도록 그 기차를 말이다.]

≒ 그 여자는 했는 데 서둘렀다. 그렇게 되도록, 즉 그 여자가 되도록 안 놓치는 것이 되도록 그 열차를 말이다.   might=정생각 허락으로서 성립, 성립으로서 되도록

≒ 그 여자는 했는 데 서둘렀다. 하지 않도록, 그 여자에게 일어나지 않도록, 놓치는 것이 일어나지 않도록 (서둘렀는 데) 그 열차를 말이다.
should=(과거 속에서의) 사발생

lest (LITERARY)=가장 적게 하는 것, 즉 가능성을 없애는 것으로서 걱정(fear) 또는 방지(prevent), 걱정/방지로서 할까봐[하지 않았나]/하지 않도록 (하기 위해서 하는 것)

: I eat lest I should die.

시동=할까봐, 나로 하여금 일어 날까봐, 죽는 게 말이다.
/하지 않도록, 즉 나로 하여금 일어나지 않도록, 죽는 것이 일어나지 않도록 (하기 위해서) 말이다.

so that=purpose/result, 즉 목적/결과로서 그렇게 하도록, 즉/그리하여 그 결과로

: He works hard so that he might succeed. [=that]

시동=그는 일을 열심히 한다. 그렇게 되도록, 즉 자기가 되도록 성공이 되도록 말이다.
[그는 일하는 데 열심히 한다. 즉 그가 되도록 성공하는 것이 되도록 말이다.]

// 그는 일하는 데 열심히 한다. 그리하여 그 결과로 그는 아마도 할 것 같다. 성공을 말이다.

might=정생각 허락으로서 성립/정생각으로서 추측

tip] so that뒤 조동사는 표현하고자 하는 뜻대로 may/might/can/could/will/would -- 등이 가능하다. 문맥에 따라 조동사를 써지 않아도 좋다.

☞.. 이해는 최종적으로 단어의 최종적인 뜻인 감주로 이해한다.

4) to부정사의 자기이전 상황과 발생 본동사의미

to 부정사를 자기 이전상황(특히 s동사이전)으로 만들려면 to have를 과분사로 설명해 나가면 된다. 즉 기의미 성립 event[즉 pp=기준시점 이전의미도 있기 때문]로 설명해 나가면 된다. 특히 원동사는 과거 속이든 현재 속이든 미래 속이든 그때의 현재 또는 미래로 확장되는 것이지, 자기이전 과거로 확장되지 않기 때문이다. 그래서 일반적으로 to부정사는 s동사, 즉 본동사와 같거나 나중시제가 된다. 단, 선과거 처럼 선발생이 될 경우에는 (시차) infml E로 s동사 이전상황이 된다. tip)동명사는 자기이전, 즉 s동사이전으로 확장 가능

IIIII.. She seems to be rich. ⇒ She seems to have been rich.
↳She seems that she is rich. ↳She seems that she was rich.]

A.. 자기 이전상황

1.. She hoped /to have /become /a doctor. =기-->설-->설′-->설″ : BEis-Os

시동=바랬다. 즉[대동] 갖는 것인데, 된 것, 의사가 된 것을 갖는 것을 말이다 : **기의미성립** event

/바랬는데 즉[대동] 갖기를, 되는 것, 의사가 되는 것을 갖기를 바랬다 : **일반적 설명** event

-- **이들 말의 이면의 뜻**=과거 유감[후회]/미발생

▸ She hoped to become a doctor, but she couldn' t/didn' t.

*have=hoped **그때의 본동사 의미**

[=She had hoped to become a doctor. or She hoped to become a doctor.

시동=가지고 있었는데 희망한 것을 가지고 있었다. 대동 되는 것, 의사가 되는 것으로 말이다.]

2.. She was /to have /arrived /by plane. =기-->설-->설′-->설″ : BEis-Os

시동=되어 있었다. 즉[대동] 갖기로 도착한 것을 갖기로 되어 있었다. 편으로 비행기 편으로 말이다

: **기의미성립** event

/되어 있었다. 즉[대동] 갖기로 도착하는 것을 갖기로 되어 있었다 : **일반적 설명** event

-- **이들 말의 이면의 뜻**=과거 유감/미발생 *have=was **그때의 본동사 의미**

▸ She was to arrive by plane, but she didn' t.

[=She was to arrive by plane.

되어 있었다. 즉[대동] 도착하기로 되어 있었다.

: 즉 도착할 예정 이었다는 말 -- **이 말도 이면의 뜻**=과거 유감/미발생]

tip)모든 동사는 자기시제를 갖고 있다.
have=was와 같은 범주의 시제
arrived=이들 보다 앞선시제 상황
↳**각각 IS영뇌를 쉽게 작동시킬 수 있다.**

extreme caution]

「바람동사/be동사의 과거+완료형 부정사」만 과거의 유감 또는 미발생을 뜻하는 것이 아니다.
단순형 부정사도 될 수 있다.

vs She expects[hopes] /to have /finished /by July. =기-->설-->설′-->설″ : BEis-Os

시동=그 여자는 기대해요[희망해요], 즉[대동] 갖는 것인데 완성이 된 것을 쯤에는 7월 쯤에는 말이다.

연결설명어 영뇌

: **기의미성립** event / --- 즉[대동] 갖기를 끝나는 것을 갖기를 --- : **일반적 설명** event

¦ have=**미래 속에서의 본동사 의미** finished=**미래 속에서의 기의미성립/일반적 설명** event
¦ vs to finish **시동**=즉[대동] 끝나기를 -- (finish=미래 속에서의 본동사 의미)

구문법에서는 단순형 부정사는 본동사와 같거나 나중시제[StE], 완료형 부정사는 그 이전시제라고 하는데 expects[hopes] 뒤에 완료형 부정사이더라도 그 이전이 될 수 없다는 것도 있다는데 그 모순이 있다. **엎쳐서 생각하지 말고, 그냥 단어 하나 하나의 의미를 다 느끼면 된다.** finished=expects[hopes] **이후 상황**

: Apple is expected to have earned $3 per share. 애플에게 (현재) 기대되는 데, 대동 가질 것으로 번 것[벌어 들이는 것]을 가질 것으로 주당 3불로 말이다.

earned=is **이후 상황** ∵ have=**미래 속에서의 본동사 의미**

3.. We saw /him have /locked /the door. =기--〉설--〉설′--〉설″ : BEis-Os

have=**과거 속에서의 본동사 의미** locked=have **이전 상황, 즉 기의미성립**

시동=가지는 것을 잠근[잠갔던] 사실을 가지는 것을 말이다.

vs We saw /him lock /the door. =기--〉설--〉설′ : BEis-Os

시동= -- 그 사람이 잠그는 것/그 때 잠그는 것 : **과거 속에서의 본동사의미**

4.. I will /have /gone /there. =기--〉설--〉설′--〉설″ : BEis-Os

시동=나는 앞으로 할 것이다. 갖는 것인데 간 것[도착한 것]을 갖는 것인데 그 곳에 말이다.

: **미래완료일 경우 미래에 완료된 것을 의미하므로 이때** pp**는 언제나 '기의미 성립'** 이다.

¦ have=**미래 속에서의 본동사의미**
¦ gone=**원형 부정사, 즉** have **이전상황, 즉 기의미성립**

vs I will /go /there. =기--〉설--〉설′ : BEis-Os

시동=나는 앞으로 할 것이다. 가는 것인데 거기에 말이다. go=**미래 속에서의 본동사의미**

Attention) Roof "confesses <u>to massacre</u>" : "I did it." -- **발생현재+일반적 본동사의미**

s동사 이전상황이 아니다. 그래서 습관적 일반적 행위로서 일반적 본동사의미가 된다.

시동=루프는 자백했는데 대동 습관적 학살행위를 자백했다.

B.. 부정사[원동사]의 발생 본동사의미

-- 앞동사[s동사]보다 앞선 상황이 아니다. <u>같은 시점</u>에서 발생했거나 발생하는 것이다.

[I] 과거 동시점 발생 본동사의미

a.. 과거 동시점에 발생한 것

• Did /you book /your golf? =기-->설-->설′

⇒ 과거 속에서의 동시점 발생 본동사의미 시동= 했지, -- 부킹한 것인데 -- ?

: A fiery crash left a Ferrai almost completely unrecognizable and its occupants were lucky to be alive. 시동=탄 사람들은 되었는 데 운좋게 되었는 데 즉 살아남게 되었다.

*occupant=점유자로서 탄 사람 Ferrai=자동차 이름

plus] 단순형 부정사의 선발생(infml) ⇒ 즉 원동사의 선발생

: Attack said /to kill /son |but| /spare /Qadhafi. =기→ 설→ 설′ ⇨ 등설 ⇨ 설→ 설′

-- 상황=이미 아들을 죽인 후 나온 보도 ↗tip)s동사와 pp=같은 시점 상황

시동=공격이 (현재에=is) 알려졌어요[(현재에=is) 알려져 있었어요], 원동사=그 이전상황

대동 죽인 것으로 아들은 말이다. 하지만 봐 주었는데 아버지 가다피는 봐 주었어요.

: Starbucks is the latest company to pause advertising across social media platforms. 가장 최근의 회사인데 대동 중지시킨 광고를 중지 시킨 회사로 말이다.

↘ 중지시킨 후의 보도

to=pp(said) 설가뇌 cf] We have seen tigers last year. : infml

kill/spare/pause=(pp/is 이전) 선발생 본동사의미 ☞ p76 〉 to have

-- 엄밀히 말하면 said/is 이전 상황이나 같은 시제 범주로 취급하여 표현하면 infml E가 되고 시차대로 표현하면 StE가 된다. cf] He said he moved yesterday. : 선과거 infml ⇒ StE : had moved

StE : to have killed -- but have spared --- /to have paused : 시차대로 표현

⇒ Paris attacks suspect Salah Abdeslam is believed to have escaped to Syria.

caution] infml E로 단순형 부정사로 표현하나 완료형 부정사로 표현하나 **전달 결과는 같다.**

하지만 to kill이 said이후 상황, 즉 앞으로 죽일 것으로 알려졌다는 의미도 가능하다. 즉 상황에 따라 미래 속에서의 본동사의미도 가능하다. 마치 'I decided to buy this.' 에서 to buy와 같다.

: Only 60 Syrians were trained to fight ISIS.

fight=미래 속에서의 본동사 의미 -- 대동 싸우도록

tip) 1. 과거미래가 현재에 유효할 경우 미래 속에서의 본동사의미도 가능

2. They said to kill. 대동 죽였다고(infml)/대동 죽인다고 말이다.

b.. 과거 동시점에 발생하는 것

• We saw /him lock /the door. =기-->설-->설′ : BEis-Os

lock=과거 속에서의 동시점 발생 본동사 의미

시동= -- 그 사람이 잠그는 것/그 때 잠그는 것 ▭ 잠그는 것=현재형 과거상황

연결설명어 영뇌

2 현재 동시점 발생 본동사의미

• He beats /Tom 3 : O //to win the title. =기-->설 ⇨ 전설 : BEis-Os

beats=발생현재 ⇨ win=현재 속에서의 발생 본동사의미 : 서로 의율

(or beats=과거상황에 대한 설명현재 ⇨ win=과거상황에 대한 설명 본동사의미 : 서로 의율)

시동= 그는 물리쳤는 데 Tom을 3 대 0으로 물리쳤다. 그리하여 (대동) 따냈어요 그 타이틀을 말이다.

: Russia claims to hit ISIS targets. 주장했는데 대동 때렸다고 말이다 : 공격한 후 나온 말

Nishikori defeats /Djokovic //to make US open final.

Nishikori는 물리쳤어요, Djokovic를 물리치고 그리하여 (대동) 만들어 냈어요. 미오픈 최종전을 말이다. *US open final=(관사) 전제 infml E : the US open final

tip) 동시점이 아닌 발생 본동사의미-- 동시점은 두 시제가 공존할 때 나오는 개념이다.

: Rookies to Win : Seiyoung Kim, Hyojoo Kim, Minjee Lee

-- LPGA에서 지금까지 우승한 신인을 두고 한 말 [=Rookies who won]

: (과거/현재 속에서의) 발생 본동사의미 or (과거/현재 상황에 대한) 설명 본동사의미

시동=루키들인데, 대동 승리한 루키들

: The last man to walk on the moon. --지금까지 달 착륙한 사람들을 두고 한 말

Obama to appoint Ron Klain as Ebola czar. : s동사 대용

-- 상황이 현재 지명한 것을 두고 표현한 것이므로 앞으로 지명하는 것이 아니라, '대동 지명했다' 가 된다. 물론 상황에 따라 미래 속에서의 본동사의미도 가능하다.[=will appoint]

[=appoints/taps or appointed/tapped 발생현재/발생과거]

tip)만약 이때 to appoint 대신 원동사만 표현하면 의미원성립이 된다.

⇨ Obama appoint Ron Klain as Ebola czar. 지명하면 좋을 텐데/지명이 이루어지면 해요

cf] There may have been a breach in protocol. [=of protocol] : s동사 이전이 아님

have=현재 속에서의 본동사의미 시동=아마도 있을는지도 모른다. 있었던 것이, 즉 위반한 것, 속의 것, 안전규약 속의 것을 위반한 것이 있었던 것이 말이다. ↗밑줄=전치사 associate

*have=소유로서 '가지다/있다' may=현재 추측 in=내 것으로서 속의 것/내용

cf] around=주변으로서 주변 이야기 : The drama was built around people's relationships.

↘밑줄=전치사 associate : Inside Africa 내부 이야기, 즉 아프리카 내부 이야기

||||.. 자기이전 상황과 동명사의 finished action

전자=기의미 성립 event 후자=동사사실 EM으로서 발생한 것

: to have had 대동 가지고 있다고 가진 것을 말이다 -- 기의미성립 event로서 가진 것

vs having 가지는 것[사실]을 가진 것 -- 동사사실 확장의미로서 가진 것

IIIII.. 발생현재와 발생 본동사의미 match

전자=현재에 발생했다고 알리기 위한 것

후자=동시점 발생 본동사의미

- Unionists use force. : **발생현재** **시동**=사용했어요, 무력을 말이다.
- John defeats him to reach the first final.

: 현동사의 **발생현재와** to부정사의 **현재발생 본동사의미 -- 서로 의율**

시동=물리쳐서-- 대동 이르렀어요 /물리쳤어요, -- 그리하여 대동 이르렀어요. ----.

IIIII.. 동명사의 기존사실과 to부정사의 발생 본동사의미

전자=동명사의 기사실=동사사실 EM으로서 finished action — s동사 이전사항

후자=과거/현재 속에서의 발생 본동사의미

또는 과거/현재 동시점 발생 본동사의미 — s동사와 같은 시점상황

to 부정사는 본동사의미를 갖고 있기 때문에 현재/과거/미래 속으로 들어 갈 수 있고, 동명사도 동사사실 의미를 갖고 있기 때문에 현재/과거/미래 속으로 들어 갈 수 있다. 단, 둘다 과거 속에 들어 가더라도 to 부정사는 (설령 발생 본동사의미가 되더라도) s동사 이전상황으로 들어 갈 수 없지만, 동명사는 그 이전 상황으로 들어 갈 수 있다. 하나는 출발이 s동사와 같은 본동사 의미이고, 다른 하나는 출발이 동사사실 의미이기 때문이다. 그래서 s동사 이전상황으로 표현하려면 동명사로 표현하든지 기의미성립 event로 표현해야 한다.

단순형 부정사의	발생 본동사 의미

과거 속에서의 결과나 연속적인 일도 **과거동시점 발생 본동사의미**이지 그 자체가 본동사이전 상황[즉, s동사 이전상황]으로 두뇌가 작동하는 것은 아니다. 이때 원동사는 **과거 속에서의 본동사 의미**가 된다.

1.. I tried my best only to fail.

시동=(노력을 했는데 최선을 다해 노력을 했는데) 오로지 대동[그때] 실패만 했어요.

--과거 속에서의 실패 발생에 중점을 둔 표현 to=**「연결설명」으로서 대동/그때)**

vs I tried my best only to have failed.

시동=(노력을 했는데 최선을 다해 노력을 했는데) 오로지 대동[그때] 가지게 되었어요, 실패한 사실로 말이다.

--이미 이루어진 실패 건에 중점을 둔 표현이다.

같은 상황을 두고 한 사람은 단순형 부정사로, 또 한 사람은 완료형 부정사로 표현할 수 있다. 하지만 **접근하는 뉘앙스와 문체도 다르고, IS도 달라진다.**

2.. I awoke to find myself famous. 시동=(깨어 났는데) 대동[그때] 발견하게 되었지요.
/깨어나 대동 발견하게 되었지요. (내 자신이 유명하게 된 것을 말이다)
-- 그때 발견이 발생 했다는 것 (깨어나=현재형 과거상황)

vs I awoke to have found myself famous.

시동=대동[그때] 갖게 되었는데 발견한 사실을 갖게 되었다는 것
-- 이미 이루어진 발견 건에 중점을 둔 표현

vs Marie Curie is the only one to win two Nobel prizes. (과거상황에 대한) 설명현재와 (과거상황에 대한) 설명 본동사의미 또는 일반적 설명현재와 선발생

시동=이었는데[인데] 그야말로 유일한 사람이었다[이다]. 대동 수상한 자로서 두개의 노벨 상을 말이다.

vs Madeleine Albright, first woman to serve as secretary of state, dies at 84.

: 선발생과 발생현재 시동=최초의 여자인데 대동 일한 사람으로 동자 장관 즉 국무장관 -- 죽었는데 --

vs Charmian Carr is the first of the actors who played the seven Von Trapp children to pass away. : 발생현재와 발생 본동사의미

-- 'The Sound of Music' 여배우가 방금 죽은 상황을 두고 한 표현 시동=Carr는 되었는데 그야말로 최초의 배우가 되었다. 누구냐 하면 -- 연기한 -- 중에서 대동 죽은 사람으로 말이다.

⇨ **과거상황 그대로 표현** — 원동사를 과거 속으로 가져 가면 된다.

Marie Curie was the only one to win two Nobel prizes.

-- 과거 속에서의 본동사 의미, 즉 과거 속에서의 발생 본동사 의미

시동=이었는 데 -- 대동 수상한 사람으로

Marie Curie was the only one to have won two Nobel prizes. : event 소유가 더 구체적이고 분명한 메시지

-- 과거 속에서의 (발생) 본동사 의미+기의미 성립 event

시동=이었는데 -- 대동 가진 사람, 즉 수상한 것을 가진 사람으로 ---- .

⇦ He was the only one to survive the crash. [=to have survived /who survived]

시동=이었는데 유일한 사람이었는데 대동 살아 남은 사람/목숨을 건진 사람으로 그 충돌사고에서 말이다.

has일 경우 die=선발생 -- 가지고 있는데 아내가 상을 당한 것을 -- .

3.. He had his wife die last year. 시동=그는 당했어요, 자기 wife가 죽은 것을 지난 해에 말이다.

4.. We happened to find a small house, where we stayed for a couple of days.
시동=우연히 (대동/그때) 찾게 되었어요 -- , 그리하여 어디냐 하면은 거기에서 우리는 머물게 되었지요, ---. happened=갑자기 일어난 것으로서 우연히

5.. He had (the) kindness to show me the way. 시동=그는 가졌는데 (그런) 친절함을 가지고서 대동 가르쳐 주었지요 ⇨ 했는데 친절하게 가르쳐 주었다.

That's the reason he had (the) urgency to buy. 시동=그게 바로 그 이유인데 그가 해야만 했던 즉 (그렇게) 긴급[긴박]하게 대동 사야만 했던 이유말이다. 6.. Theresa May : Trump's retweeting was the wrong thing to do. 시동=잘못된 것인데 대동 한 짓이 말이다.

※대동/즉[to]할때 부정사to ⇒ 연결/안내 동사상황이 보이면 되고,
동명사 to ⇒ 방향대상 동사상황이 보이면 된다 : S영뇌

plus-1 ① **부정전치사 to + 원동사**
(vs 일반전치사 to + 명사 /대명사 /동명사 /wh-절 ☞ p313)

to drink=대동[즉] 마시는 것 [t〉d: direction 방향으로서 연결/안내 o: 원동사
⇒ 연결/안내 동사가 원동사인 것으로서 대동(代動/對動)]
cf]代=이을 대/대신 대 對=안내 대/대상 대

vs to drinking=대동[즉] 마시는 것을 하는 것[한 것/할 것] [t〉d: direction o: object]
⇒ 방향대상(對象)이 동사, 즉 동명사인 것으로서 대동(對動)]

: I object to drinking too much.
⇒ look forward to[=to expect (with pleasure)], what do you say to, fall to[=to begin], take to[=to feel a liking for esp. at once], be equal to, be devoted to, with a view to[=*rather fml,* with the intention of /in order to], be opposed to, -- etc. **cf]** Thank you for watching. 해동 — 해주셔서
↳해당대상이 동사인 것으로서 해동, 즉 thank you에 해당하는 동사로서 해동
vs 방향대상이 동사인 것으로서 대동, 이때 동사=원동사 또는 동명사

: I' m looking forward to going to your party.
I look forward to receiving your reply as soon as possible.

시동=나는 (즐겁게) 기대/고대하고 있는데 앞으로 기대/고대하고 있어요, 대동 가는 것을 하는 것 대자[대처] 너의 파티에 가는 것을 하는 것을 말이다.
* ' m=동질연결로서 '는' look=(머리 속으로) 쳐다보고 있는 것으로 (즐겁게) 기대/고대하는 것

시동=나는 기대하고 있는데 앞으로 기대하고 있어요. 대동 받는 것 (하는 것) 인데 너의 대답을 즉 얼마 안가서 즉 가능한 빨리 받는 것을 말이다.
☞ 영뇌영어 vol 2 p310

The meal' s all ready, kids. Fall to!
He fell to thinking about the early days and his lost friends.

시동=(빨리) 떨어져라, 대자 그 식사 쪽으로 말이다!
뜻하는 의미=(빨리) 시작하라, 식사를 말이다!

시동=그는 (갑자기) 떨어졌는 데 대동 생각하는 것을 하는 쪽으로 떨어졌다.
-- 이 말은 결국 생각하기 시작했다는 의미이다.
fall=무언가로 떨어지는 것으로서 시작하는 것

vs The number of subscribers had fallen to 1,000.

It fell to me to give her the bad news. [=My responsibility was]

-- 대자 나에게 떨어졌다는 말은 결국 책임이 부여 됐다는 말이다.

그래서, 영영사전에 있는 이런 뜻은 뜻하는 의미이지 단어 본래[원래] 의미가 아니다.

I took to Paul as soon as we met.

I'm not sure if he'll take to the idea.

시동=나는 (마음이) 가 졌다. 대자 Paul 쪽으로 (마음이) 가 졌는 데 즉 얼마 안가서 즉 우리가 만나자마자 곧 말이다. took=어떤 것에 취해 진 것으로서 어떤 것이 가 졌는 것

뜻하는 의미=나는 즉시 좋아함을 느꼈다. 대자 --- .

시동=나는 확실치 않다. 일 것인지 즉 그가 앞으로 취할 것인지 대자 그 아이디어 쪽으로 말이다.

-- 이 말은 결국 그가 즉시 그 이이디어를 좋하게 될 것인지를 말하고 있다.

We bought the house with a view to retiring there.

시동=가지고서 하나의 견해를 가지고서 대동 은퇴해서 생활하는 것을 하겠다는 견해를 가지고서 거기에서 말이다 -- 이 말은 결국 의도를 갖고서 샀거나 무언가 하기 위해서 샀다는 의미이다.

② (do/can 수반) 제외전치사 but + 원동사

— but이 do나 can과 함께 쓰이면 관습적 English로 원동사로 설명해 나가는 뇌가 된다.

He does nothing but **read** all day. My dog does everything but **speak**.

I couldn't choose but **obey** him. There's nothing to do but **wait**.

I can do nothing but **obey** him. Can't you do anything but **ask** silly questions?

I cannot but **agree** to his terms.

시동=나는 어떠한 것도 할 수 없다/어떠한 가능성도 없다.

제외하고는 동의하는 것을 제외하고는 --- .

vs I have no choice **but to** agree[follow] to his terms[the boss].

There was nothing for it **but to** obey the patriarch/monarch.

아무것도 할 수 없었다. 즉 그것, 즉 하지만 제외하고, 대동 복종하는 것을 제외하고는 말이다.

▶ but=adv. **제외부사**

: 전치사 to가 부사의 설명을 받아 대명사 it을 설명해 나가는 뇌 (it=referring forward)

※to 부정사[=to 원동사] 시동

=대동[즉] 본동사 의미를 느끼는 것 /to에서 '연결' ['안내']만 느끼고 바로 본동사 의미를 느끼는 것 /ᐩto를 영어자체로 느끼고 바로 본동사 의미를 느끼는 것 /to하되 (즉) 본동사 의미로 하는 것

: I would like to go to see a movie.

나는 하겠어요, ok를 대동 가는 것에 즉 보러 가는 것에 (영화를) 말이다.

↗ both in short, to=방향대상이 동사인 것으로서 대동

tip)방향연결/방향안내 대상이 본동사의미인 것으로서 대동 vs 방향연결 대상이 동사사실의미와 EM인 것으로서 대동

plus-2 모든 동사의 뿌리[root]는 원동사이고, 원동사의 BNW는 자체의미이다.

자체의미가 원형으로 실제로 적용되면 **본동사 의미**가 되거나 **의미원성립**이 되고, 그래서, 원동사는 자기 형태 그대로 유지한 채 현재, 과거, 미래 속에서 쓰이게 되고, 자체의미가 현실적으로 형태가 바뀌어 적용되면 현동사, 과동사, 현분사, 과분사, 동명사가 된다.

따라서 모든 동사의 최상위 뜻은 원동사이다. 그래서, 사전에서 동사 뜻풀이를 할 때 원동사로 표기하는 것이다. 따라서, 시[시제]도 현재, 과거, 미래, event시, 진행시, 동명시뿐만이 아니라 원시(原時)도 있다는 것을 알아야 한다. 모든 책들은 현재 /과거 /미래 /진행시는 잘 다루고 있지만 event **시와 원시, 동명시에 대해서는 정확히 알려 주고 있지 않다.**

❖ **기본 : 현재=현동사로 표현 과거=과동사로 표현 미래=will+원동사로 표현**
event시=과분사로 표현
원시[태시胎時]=원동사로 표현 진행시=현분사로 표현 동명시=동명사로 표현
└→ 단어가 태어날 때의 時, 즉 자체의미의 時

.. IS영뇌 쉽게 작동시키기 : 모든 동사는 자기시제를 갖고 있다. 그래서 한 문장에서 동사가 두개이든 세개이든 네개이든 자기시제가 보여야 한다.

원시[태시]가 실제로 적용된 본동사 의미 표현들 :

1.. He can eat right now. He wants to eat now. -- 현재 속에서의 (현재) 본동사의미

2.. I want to buy a car. -- 현재 속에서의 (현재 또는 미래) 본동사의미

3.. We saw him eat. He saw him lock the door.
He seemed to be rich. [=He seemed that he was rich.]
-- 과거 속에서의 (동시점) 발생/상태 본동사 의미로서 과거 속에서의 그때 현재 본동사의미
현동사를 과거 속에서 그 당시 현재로 표현하려면 이렇게 원동사로 표현하면 된다.
시동=그때 먹는 것/그때 잠그는 것 /보이는 것 같았다, 그때 대동 인 것으로 부자인 것으로 말이다.

4.. I decided to buy a car.
-- 과거 속에서의 미래 본동사의미[즉 과거 그때 이후에 발생하는 것] : **과거미래**

5.. He will eat. -- 미래 속에서의 (미래) 본동사의미: **미래미래**

6.. He will decide to buy a house. -- 미래 속에서의 (미래) 본동사의미 : **미래미래**

7.. I want you to come back by noon.
-- 현재 속에서의 미래 본동사의미[즉 현재 이후 발생하는 것] : **현재미래**

8.. He was the only one to survive the crash. -- 과거 속에서의 (동시점 발생) 본동사 의미
시동=(그때) 대동 살아 남은/목숨을 건진 사람으로
※car accident=자동차 사고 car/plane crash=자동차 충돌사고/비행기 추락사고
car wreck=자동차 박살사고

있었는데 대동 술마시기로 되어 있었다.

John was + drank. ⇒ John was to drink. : **과동사 대용**
It starts + rains now. ⇒ It starts to rain now. : **현동사 대용**
We hope + will rain. ⇒ We hope to rain. : **미래조동사 대용**

본동사 의미로 작동해야 IS도 쉽게 작동하고 원동사(의미)도 쉽게 보인다.

이렇게 원동사는 원형으로서 본동사의미가 있기 때문에, 현재/과거/미래 속에서 현재/과거/미래 표현이 가능하다. 그래서, **부정사**[to부정사/원형부정사]**는 별것 아니다.** 문장 속에서 또다시 본동사인 현동사/과동사/조동사를 쓸 수 없으니 문장 속에서 또다시 이런 본동사 의미를 표현하기 위한 것이 **바로 부정사이다**.

다만, to부정사와 원형부정사가 다른 점은 전자는 연결설명어이기 때문에 (연결대상에 연결하는) **연결의미를 보유하고 있고**, 후자는 비연결설명어이기 때문에 연결의미 대신에 그냥 서술해 나가는 **서술의미를 보유하고 있다는 것**이다.

plus-3 be 부정사 의미와 본동사 관계 —

부정사의 원동사는 본동사 대용으로서 본동사의미이기 때문에 현과미 속에 들어갈 수 있고 현과미 속에서의 본동사의미 또는 일설 본동사의미가 된다.

1.. She is to arrive at 7 in the morning. -- **미래 속에서의 본동사의미**[= is arrive : infml E]
vs U.S. to toughen its fuel efficiency standards. ↳**현동사(래발생현재) 또는 조동사(will) 대용**
-- **미래 속에서의 또는 설명 본동사의미 : 현동사(래발생현재/설명현재) 또는 조동사(will) 대용**
*to toughen=(be 동사) **전제** infml E ∴ **비제한적 연결영뇌**
시동=인데 즉[대동] 도착한다는 것이다 /-- 는 즉[대동] 도착할 것이다
//즉[대동] 까다롭게 한다는 것이다[까다롭게 할 것이다] **뜻하는 의미**=is going to

*to=연결설명, 즉 방향대상이 동사인 것으로서 '즉/대동'
쉬-이즈어라이브/쉬-이저라이브 =retro-root F+slide F
쉬- 이즈투어라이브=retro-root F+little slide F+slide F

-- 이럴 때 신문 Headline은 will이나 be 동사를 써지 않고 바로 to부정사를 더 선호하고 의미도 더 강하다.

2.. Nothing was to be seen in the sky. 워즈투=check mark F 워즈어=slide F 워저=slide F
-- **과거 속에서의 본동사의미 : 과동사 또는 could 대용**
시동=무가 있었다. 대동 즉 보여지는 것인데 내소, 하늘 내소에서 말이다.
/아무것도 없었는데 즉 될 수가 없었다. 보여지는 게 말이다.

3.. If you are to succeed, you must work hard.
시동=만약에 네가 이다면 대동 성공하는 것이라면/네가 대동 성공하려면(성립)
-- **설명 본동사의미 : 현동사 대용 뜻하는 의미=의도**(intend to)

4.. You are to obey your teachers. -- **설명 본동사의미** [= are obey : infml E]
: **현동사(설명현재) 또는** should/ought to/must**(사발생/당연성/의무) 대용** → **원동사 자체에 이런 본동사의미가 들어 있다.**
시동=여러 분들은 인데 대동 복종하는 것이다
/-- 하여금 대동 복종이 일어나야 한다 /-- 은 대동 (당연히) 복종해야 한다 ↘일종의 Associate

5.. He was never to see his family. -- **과거 속에서의 본동사의미 : 과동사 대용**
시동=그는 되었어요, 결코 대동 보지 못하는 사람이 되었어요.
뜻하는 의미=운명(be destined/doomed to)

6.. To do is to achieve. To see is to believe. -- **설명 본동사의미 : 현동사 대용**
is to achieve=IstoaCHieve=이즈어취-브/이저취-브=small slide F+retro-root F
시동=대동 실행하는 것이 대동 달성[성취]하는 것이다.
[=Do is achieve. See is believe. : infml E] ＊ is=동질연결로서 '이'
vs All I did was (to) press this button. : optional 관습적 E -- 강조 be부정사

＊be 부정사 의미 외우는 법과 실질적으로 느껴지는 부분: '예가성의 운명과 설명'

-- 원래 이런 의미는 **원동사**에서 느껴져야 한다. to는「연결 또는 안내」역할만 할뿐이다. 그래서, 시제의미, 가능성, 의무 -- 등등은 전치사가 아니라, 원동사에서 느껴진다. to부정사의 원동사는 본동사의 본동사 의미를 대변하기 때문이다.

-- 그래서 to부정사는 조동사의 여러가지 본동사의미가 가능하다
: This is the one for you to help.
≒This is what you can/will/should/must/may help. tip 1)본동사=현동사/과동사/조동사
tip 2)조동사의 미래/가능성/의무 -- 등 =생각의미 vs 원동사의 미래/가능성/의무 -- 등 =실제의미

plus-4 to 부정사의 주어에 표현되는 전치사 for/of/from -- etc.

단어의 뜻 관계, 즉 기/설로 해결 [for=해당사항/해당주체 of=동격 관련/소속/소유 from=출처]
(단, 문맥에 따라 전치사 없이 부정사 주어만 표현 가능)
→ **영어에서는 가주어/진주어라는 말이 없다. 오로지 기/설만 있을 뿐이다.**

.. 이해는 (언어에 대한 basics를 알았디면) 최종적으로 단어의 최종적인 뜻인 감주로 이해한다.

① it을 s동사로 설명해 나가면서 (impossible=for 설가뇌), 다시 to로 보충 설명해 나가는 뇌일 경우 :

- It /is impossible for you /to master English in a few months. =기-->설/설 : **독설 보설뇌**

시동=그것은 인데, 불가능한 것인데 해자 여러분들에게는 불가능한 것이다. 대동 마스터 한다는 것이 말이다. (it=referring forward : 선 it referent=to부터)

: • European finance ministers refused a request <u>from Greece to keep</u> talking for yet another month. • Responsibility <u>of all to participate</u> in rebirth.

시동=거절했는데, 요구서를 거절했다. 이것은 기처 그리스가 대동 계속해서 토킹을 구시 아직도 또 한달 더 하자는 것이다 ➧ a request=from 기본어 /책임이 있는데 즉 모두가 대동 참가할 책임이 있는데 재탄생에 말이다.

vs Greece /failed to strike a deal with its international lenders /<u>to secure more funding</u>. =기-->설 ⇒ 전설 (or --> 설')

시동=실패했다. 대동 종결 짓는 데 합의안을, 동자[동체] 국제 대출기관들과 함께 종결 짓는 데 실패했다. 대동 확보하려다가, 더 많은 재원을 확보하려다가 말이다.

주의]to부정사의 마음의 주어= Greece : s동사 주어와 to부정사 주어가 같을 때는 후자를 쓰지 않는다.

② it을 s동사로 설명해 나가면서[먼저 요지를 밝히면서] for로 보충 설명해 나가는 뇌일 경우 :

- It /is impossible /for you to master English in a few months.=기-->설/설 : **독설 보설뇌**

시동=그것은 인데, 불가능한 것인데 해자[즉] 여러분들이 대동 마스터 한다는 것이 말이다.

[=For you to master -- /is impossible. =기-->설 ∵ **전설처럼 보설 이동 가능**

or You /to master -- /are impossible.=기-->설/설 : **보설 독설뇌**]

tip) Trump <u>to suspend</u> evictions, <u>authorizes</u> Defense Production Act to mobilize businesses to aid coronavirus response. 대동 중지시키면서 강제 퇴거를 중지시키면서, 인가했다.

: If <u>it</u> were not <u>for</u> my father's pension, we would starve. (it=referring forward : 선 it referent=for부터)

Rescue operation /begins /for passengers on ship stuck in Antarctica.

Four hours /are left /for Greeks to vote. [=Four hours /for --- /are left.]

영뇌=기-->설/설 -- It을 for로 설명해 나가나 Rescue operation/Four hours를 for로 설명해 나가나 같다 (ship=(지정사) 전제 infml E -- 단수단독)

시동=만약에[약자] 그것이 없었다면 즉/해자 -- . /구조 작전이 시작되었다[되었도다](발생 현재), 즉 승객 구조 작전인데 타고 있는 배에 승객 구조 작전이 말이다. 그런데 이 배는 꼼짝 달싹 못하고 (얼음에) 붙어 있었는데 내소, 남극 내소에서 붙어 있었다. *그런데=문맥 associate

대부분의 한국 사람들은 가주어/진주어 관계로 생각하여 ②번으로 많이 이해하고 있다. ① 번으로 두뇌가 작동해야 for를 쓸지 of를 쓸지 결정된다.

즉 형용사 내용이 부정사 주어에 해당하는 사항이면 for로 설명해 나가고, 부정사 주어의 성격과 관련이 있으면 of로 설명해 나가면 된다. 예컨데 불가능한 것은 여러분들에게 해당하는 해당사항이지, 여러분들이 소유하고 있는 품성이 아니다. 하지만 친절은 당신이 소유하고 있는 품성이다. 그래서 of가 **성격 형용사**에 작동하는 것이다. from도 마찬가지이다.

- It /is kind of you /to behave like that.=기-->설/설 : **독설 보설뇌**

  시동=그것은 인데 친절함인데, 즉 너의 친절함이다. 대동 행동을 처럼 그처럼 하는 것이 말이다.

  → **character adj.**: nice, kind, good, generous, mean(비열한), foolish, stupid, brave, cowardly, right, wrong, polite, cruel, rude, selfish, wicked, honest, silly, careful, careless, clever, wise

  단, ① good /right /wrong=**판단 의미/성격[품성] 의미**

  전자=잘하는 것 /옳은 것 /그른 것— 해당 사항으로 for로 작동

  후자=착한 것 /올바른 것 /나쁜 것— 품성 관계[소유]로서 of로 작동

  ② **또다른 기/설 관계** : It /is kind /of you to behave like that.=기-->설/설

  — of의 연결대상을 it으로 해도 좋다. 결국 to로 it을 설명해 나가나 of로 it을 설명해 나가나 같다. 둘다 전치사 연결 설명어이니까. you는 일반대명사로서 비연결 설명어이므로 it에 연결시켜 설명해 나가갈 수 없다.

  시동=그것은 친절한 행위이다.

  즉 네가 대동 행동을 동모同模 [처럼] /동자 그처럼 하는 것이 말이다.

- It /was wrong for you /to steal. **시동**=그것은 이었지요, 그른 짓이었지요, 해자[즉] 당신이 저지른 그른 짓이었지요. 대동 훔친 것[도둑질 한 것]이 말이다. to steal=과거 속에서의 (발생) 본동사의미

  vs It /is wrong of you /to steal.

  시동=그런 짓은 나쁜 데, 즉 당신의 성격이 나쁜 것이다. 대동[즉] 훔치는 것은 말이다.

  : "But what happened in Ramadi was a failure of the Iraqi forces to fight," Carter repeated.

  시동=실패인데 즉 이락군의 실패인데 (대동) 싸움의 실패였다고[=for 가능]

  (Carter=U.S. defense secretary)

  or It /is wrong /of you to steal.

  시동=그런 짓은 나쁘다. 즉 네가 대동 훔친다는 것은 말이다.

plus] 명사/대명사 형용사 설가시 : 전치사 사용

Be careful of such people.

It was wrong for[of] you. 그른 짓이었다. 즉 너의 행위가 말이다. /나쁜 짓이었다. 즉 너의 성품이 말이다.

Caution : 중음가 대명사와 to 부정사 관계

it이 가리키는 것이 한 문장 내에 있을 수도 있고, 문장 밖에 있을 수도 있다.

진주어/가주어 개념으로 습관적으로 굳어지면 전자로만 이해하는 우를 범하게 되니 유의하라.

1.. It /is a good time /to invest.=기→ 설/설 **주의]**독설일 때는 동명사도 가능 ∵ 동명사=주어가능

it=referring forward referent=to 이하 -- 즉 preparatory 'it' 로 to이하를 가리킴

시동=그것은 좋은 때인데 대동 투자한다는 것이 말이다.

※ is=동질연결로서 '은'

↗**주의**]연설일 때는 동명사 불가능 ∵ 동명사=비연결설명어

2.. **It is /a good time /to invest.**=기→ 설→ 설′ it=referring back

referent=가물다가 때마침 비가 온 경우-- situation 'it' 로 이런 상황을 가리킴

시동=상황이 지금 좋은 때이다. 대동 노력을 투입하기에 말이다.

영어에서는 원래 가주어/진주어라는 말이 없다. 이것은 한글구조와 일어구조로 해석해보면 it 해석이 없어지니 한국사람과 일본사람이 지어낸 말이다. 원어민들은 이런 경우 가주어라는 말을 써지 않고 대명사 BNW대로 referring forward로서 **preparatory 'it' [선 it]**라 한다.

3.. **It's /as easy /to remember /as your own name.** =기→ 설→ 설′→ 설″

이 표현은 프로그램 사용이 쉽다는 어느 광고 문귀이다.

이 때 it은 referring back으로서 referent는 문장 밖에 있고, 그 회사 판매용 프로그램이다.

G토씨 시동=It's는 as할 정도로 easy해요, 대동[to할 정도 즉] remember할 정도인데 your own name처럼 말이다.

Ekbe 시동=그것[그 프로그램/그 제품]은 같은 정도로 쉽다, 대동 기억할 정도인데, 즉 너 자신의 이름처럼 말이다.

cf] **Nothing is so bitter that a calm mind cannot find comfort in it.**

⇨ **it=mind** (referring back으로서 문장내 앞의 것)

※ **invest =verb [I or T]**

성공하기 위해 판돈을 투입하는 것으로서 투자하는 것 /조끼를 벗어 던지고 일을 하는 것으로서 노력 따위를 투입하는 것 [in: **투입** v: victory s: stake **판돈** vest: **조끼**]

(to put money, effort, time etc. into something to make a profit or to make something succeed) ex]The institute will invest 5 million in the project.

I've invested a lot of time and effort in this project, and I don't want it to fail.

plus-5 원동사의 본동사 의미 종류

1 현재 속에서의 본동사 의미 -- 현재 속에서의 (동시점) 발생 본동사의미도 포함

2 미래 속에서의 본동사 의미

3 과거 속에서의 본동사 의미

❶ 과거 속에서의 (동시점) 미래 본동사 의미

: 단, 미래가 현재에 유효할 경우 '미래 속에서의 본동사의미' 로 작동가능

❷ 과거 속에서의 (동시점) 발생 본동사 의미

4 일반적 본동사 의미 5 설명 본동사 의미 -- 일반적/현재상황/과거상황/미래상황 설명 본동사의미

☞.. 단어 본래의미를 알면 어순이 동일해지고 그 원천기술은 BAM이다.

7. 전치사 영뇌[PREP NB]란 :

무한글 이해, 즉 IS두뇌로 명(대), 동, 형, 문, (드물게) 전에 먼저 (제한적/비제한적으로) 연결시켜 개략적으로 설명해 나가면서, 다시 뒷말로 구체적으로 설명해 나가는 뇌

in short, 연결설명어 in concrete, 콤머불관 연결설명어
또는 전설로 설명해 주거나 기본어로 먼저 말하는 뇌

▭ **전치사 BNW** =직상 일반단어로서 개략적인 연결[제시/안내] 의미 ⇒ 영어는 설가뇌이기 때문에 이런 개략적인 의미를 먼저 표현하거나 이런 것이 먼저 보인다.
그래서, 일반적으로 앞뒤말 또는 뒷말이 필요하다. 드물게, 앞뒤말, 뒷말을 써지 않는 경우도 있다.
주의]먼저 말에 먼저 영뇌로 각인되지 않으면 영뇌가 아니다. 특히 영뇌의군으로 이해시 주의하라.

▭ **개략적인 연결[제시/안내] 의미** : 원어민이 알고있는 의미대로 알고 있어야 순서대로 이해할 수 있다.
=딸/아들로 먼저 제시

또는 갖추고 있는데 /갖추고 있는 것 — 등등
전자=비제한적 연결의미 -- 비제한적 연결영뇌 일반적으로
후자=제한적 연결의미 -- 제한적 연결영뇌 tip)전치사 BAM=00과 그 대상 ⇒ 대상=자(者)

☞.. **감주는 생활 속에서의 언어이자 생활 속에서의 소리이다.**

1) 전치사 영뇌(PREP NB)

무한글 이해, 즉 IS두뇌로 명(대), 동, 형, 문, (드물게) 전에 먼저 (제한적/비제한적으로) 연결시켜 개략적으로 설명해 나가면서, 다시 뒷말로 구체적으로 설명해 나가는 뇌
in short 연결설명어, in concrete 콤머불관 연결설명어
또는 전설로 설명해 주거나 기본어로 먼저 말하는 뇌

전치사의 기본어[앞말]=명(대), 동, 형, 문, (드물게) 전 단, 부사로부터는 설명을 받는다.
전치사 뒷말
=명사[대명사] /동명사 /Wh-절 /(부정전치사 뒤) 원동사 /대명접속사 that /또다른 전치사 /관습적 형용사 /of 문장동격[infml]
전치사=직상개념 /간상개념 + 정(靜)개념 /동(動)개념
tip)to부정사도 일종의 직상이다 : 대동 — 하는 것 /즉 — 하는 것 — 등등

먼저 인식해야 영어승차감이 나온다.

① **명사에 연결시켜 설명해 나가는 뇌**

↙**비제한적 연결영뇌** -- 콤머유무에 관계없이 문맥이 결정함

A.. There is /a barricade /across the road.

영뇌=기-->설-->설′ : BEis-Os [=barricade across road : infml E]

or I + I + I : I-Os or S + S + S : S-Os

How to Read[Speak] ↗고난도 감주

=Thereisa barricadea crossthe road. 〉 Thereisa barricade acrossthe road.

: BEis/IS, 즉 설가뇌와 자동설가뇌로 이해하는 것을 감각적 주파수로 이해한다.

즉 한 단어처럼 뒷말과 말하면 저절로 이해가 실린다.

시동= vocal 감각적 주파수로 ↗**그러면 영어말투가 형성되고 영어말투에 익숙해진다.**

(BEis/IS 영뇌가 될 때까지) F3+E2 강하게 말하기 전치사 연결대상=a barricade

.. 문장 뼈대=기본어/s동사(is) + 연결설명어(across) : there=유도부사

⇨ acrossthe=어크로서 or 어크로스더=cramp F

⇨ isa로 붙여 말해도 여전히 is를 a로 설명해 나가는 두뇌이다. 즉 is/a=is /a이다 ☞p13, 17

.. 我必 Free 감주 간직하기=Barricade across the road.

시동=(이런 게) 있는 데 barricade가 가로 질러 있는 데 도로를 말이다. /-- 가 횡상으로 도로에 말이다. / 있는 데 barricade가 횡자로 도로에 말이다. /있는 데 barricade가 横者 도로에 가로 질러 있다.

↘**횡자[across]할때 가로질러 있는 대상이 보이면 된다 : S영뇌**

there=동사상황을 유도하면서 **referring forward 뇌**

실질적 referent=동사 뒷말 ↗비한글 BNW로 시동

➧ 시동=이런 게 or 유도느낌만 유지하고 동사만 해석

..: **영어는 영어 이해흐름대로 이해돼야 진짜 영어다.**

시동 종류=원애시동 /vocal음 /Free 영뇌 /F3+E2 /일상적인 생활 /Ekbe /†SIUM 말하기 /무한글 /BNW or 비한글 BNW /BAM /BEis 영뇌[=IS 설가뇌] /G토씨 /connotation /영뇌 기본자세 /패턴 /associate — 특히 영맥 파악[이해]=BEis 영뇌, 영어이해=감주

↳특히 기본어/연결설명어/s동사

tip) (역순) 해석뇌 발동의 근본원인은 바로 IS 영뇌가 작동하지 않거나 영어 본래의미를 모르기 때문이다.

↘**영어 본래의미=특히 단어본래의미(+설가뇌 의미=어순본래의미+감주=소리본래의미)**

소리=acROss=cramp 주파수 a=어: 약한 감정음가 ※**단어/어순/소리 본래의미=BAM/Ekbe/감주**

across=가로로 있는 것으로서 가로 질러 있는 것 /어떤 곳을 잘라 놓고 있는 것으로서 가로 질러 있는 것 /가로 상으로서 횡상(横狀))으로 /이들 대상으로서 횡자(横者)

[acro〉caro: 가로 ss: is+is 있는 것 or a: at c: cut] ➧ **across=靜[position] 뇌**

⇨ 횡상으로서 가로질러 있는 것/횡자(横字)로 되어있는 것/이들 대상으로서 횡자

☞.. 어순을 동일하게 하는 원천기술은 기/설[설가뇌]과 단어 본래의미[BAM]이다.

: ① **'elephant,' /an animal /with /two tusks and a trunk**

영뇌=기-->설-->설′-->설″ : BEis-Os

시동= 'elephant,' 란 일종의 동물인데 갖추고 있는 동물이다. 두 개의 tusks와 한 개의 trunk를 말이다 : **제한적 연결영뇌**

/-- 동물인데, 동자 tusks와 한 개의 trunk를 갖추고 있다.

: **비제한적 연결영뇌**

-- 콤머유무와 상관없이 제한적 연결영뇌 or 비제한적 연결영뇌

∵ **콤머불관 연결설명어**

with=동존으로서 소유[구비], 즉 갖추고 있는 것

/동존소유[구비] 대상으로서 동자(同者) -- 를 갖추고 있는 것

② **The answers /to /no one. =기-->설-->설′**

시동=정답은 대자 어느 누구에도 없다.

마지막에 to부정사 영뇌를 추가시키면 :

A- E .. There is /a barricade /across the road //to prevent protest marches[street protests].

영뇌=기-->설-->설′ ⇨ 전설 : BEis-Os

시동=있는 데 바리케이드가 가로 질러 있는 데 그 도로를 가로질러 있어요, 방지하기 위해서 시위행진[거리시위]을 방지하기 위해서 말이다.

Caution] barricade 뒤에 which is를 넣을 수 있으나 장체가 되어 문장이 갈끔하지 못하다.

Free 감주로 이해/간직 하기 ⇒ There is. /Is a. /There is a. /A barricade across. /Across the road. /A barricade across the road. /There is across. /Is across. /There is across the road. /-- etc.

↗ **현동사와 관사 free 영뇌**

There is. 이런 게 있어요/있어요. Is a. 있는데 어떤 하나가 있다. There is a. 이런 게 있는데 어떤 하나가 있다/있는 데 어떤 하나가 있다. A barricade across. 어떤 하나의 바리케이드가 횡상으로[횡자로] 놓여 있어요. Across the road. 횡자로 그 도로에 있다. A barricade across the road. 어떤 하나의 바리케이드가 가로질러 있는 데 그 도로를 말이다. There is across. 있는데 가로질러 있다 /이런 게 있는데 무언가 가로질러 있다[어떤 횡자(橫字)로 있다] ⇒ **일종의 전치사 free 영뇌** ＊무언가/어떤=**단어** associate Is across. 있는 데 (무언가) 가로질러 있다. There is across the road. 이런 게 있는 데 가로질러서 그 도로를 가로질러서 말이다 /있는 데 가로질러 있는 데 그 도로를 말이다 /있는데 횡자 그 도로를 가로질러 있다.

② 대명사에 연결시켜 설명해 나가는 뇌

A.. We /at Samsung /aim /at the better future of man. [=We with Samsung]

영뇌=기-->설/설-->설′ : BEis-Os　　동존근무 대상으로서 동자--에 근무하는데 /동존근무로서 근무하는 데

or I + I + I + I : I-Os or S + S + S + S : S-Os

(역순이해인) ㅈ시동은 걸지마라.
이것은 Ekbe 시동에 의해 저절로 걸리니까.

How to Read[Speak]=Weat Samsung aimatthe betterfutureof man.

: 먼저 감각적 주파수로 이해한다. 감주로 이해하면, 먼저 저절로 소리 자체 또는 소리본체로 이해된다. 이게 바로 감주 의음/의자이다.

시동= vocal 감각적 주파수로 (의음/의자가 될 때까지) F3+E2 강하게 말하기

전치사 연결대상=We　**문장 뼈대**=기본어(We) + 연결설명어(at) + s동사(aim) + 연결설명어(at)

(위어ㅌ=slide F: 약한 감정음가　위애ㅌ=slide F: 강한 감정음가　위애트=slide F)

我必 Free 감주 간직하기=Samsung aims at the better future.

시동=우리들은 근무지가/직자 삼성인데, 겨냥 하고 있어요, 직자 더 좋은 미래[를], 즉 인간의 더 좋은 미래로[를] 말이다. ↘**근무지/직자[at]할때 바로대상 보이면 된다 : S영뇌**

소리=At=애ㅌ/애트 /어ㅌ=post점형 /slide /dot점형 주파수

a=애: 강한 감정음가　어: 약한 감정음가 (vs to=방향대상으로서 '즉'　of=동격으로서 '즉')

at=어떤 대상체가 차지하고 있는 구역과 그 대상으로서 위치[장소/구자(區者)]

/어떤 대상체가 차지하는 구역일치와 그 대상으로서 직자(直者)

[a: area or exact area　t: time /thing]

: There is /no one /to help /you. =기-->설-->설′-->설″ : BEis-Os

시동=(이런 게) 있어요, 무(無)사람이 있는데 대동[즉] 도울 사람으로 당신을 말이다.

: 제한적 연결영뇌 ∵ to부정사의 대명사 연결설명

·))) 무사람이 있다니 결국 아무도 없다는 의미이다.

·))) **회사명 뒤에 comma 영뇌를 추가시키면 :**

A-E .. We /at Samsung, a Seoul-based company, /aim /at the better future of man. **영뇌=기-->설/설-->설′ : BEis-Os**

시동=우리들은 근무지[직장]가 삼성인데, 서울을 근거지로 하고 있는 회사로서, 겨냥하고 있어요, 즉 더 좋은 미래, 즉 인간의 더 좋은 미래로 말이다.

vs North Korea conducted a nuclear test, an official with the S.K. Defense Ministry tells CNN.

: 어떤 한 관리, 동자 남한 국방부에 근무하는 한 관리가=**동존근무 대상**

vs He works for Samsung. Aretha Franklin releases the first album for Columbia Records.

: 해자 삼성에서 -- /해자 콜롬비아 레코드 회사에서 -- =**해당장소 또는 그 대상**

Free 감주로 이해/간직 하기 ⇒ We at. /At Samsung. /Samsung aim. /We aim. /Aim at. /Aim at the better. /Aim at the better future. /Better future of man. /We aim at the better future. /-- etc.

↗ 전치사 free 영뇌

We at. 우리는 근무처[구처]가 tip) **또다른 free 영뇌**=우리는 어떤 곳에 있는 데 At Samsung.
근무처[구처]가 삼성인데[이다] /곳에 삼성이라는 곳에 있는 데[있다]. Samsung aim. 삼성은 겨냥하고 있어요.
Aim at the better. 겨냥하고 있는데 즉 더 좋은 쪽으로 말이다/직자[직체/직처] 더 좋은 것으로 말이다[(**명사 전제**) infml E] tip) free **영뇌로 말문 더 틔우기** : He aimed the gun carefully at me!
We aim at the better future. 우리는 겨냥하고 있는 데 직자[직체] 더 좋은 미래로 말이다.

We aim. 우리는 겨냥하고 있어요/어떤 것을 겨냥하고 있어요.
tip) **또다른** free **영뇌**=우리는 (어떤 곳에/누군가를) 조준하고 있어요.
＊어떤 것/어떤 곳/누군가=**단어** associate
-- 단어 associate는 대개 something/someone -- 등으로 사전의 뜻풀이 속에 들어 있음

③ 동사에 연결시켜 설명해 나가는 뇌 (동사=원동사 /현동사 /과동사 /과분사 /현분사 /동명사 /조동사)

A.. The dog went /across /the road.

영뇌=기-->설-->설′ : BEis-Os
or I + I + I : I-Os or S + S + S : S-Os

↘ **.. major 감주=** -- dog -- across --- road.

How to Read[Speak]
=Thedog wenta crossthe road.
: 먼저 감각적 주파수로 이해한다. 문맥 파악은 BEis이지만 문맥은 감주로 보여야 한다.
시동= vocal 감각적 주파수로 (자동 설가가 될 때까지) F3+E2 강하게 말하기
전치사 연결대상=went

(웨ㄴ트어 크로스어=slide F + cramp F 웨ㄴ터 크로서=slide F + cramp F : 합성감주 웨ㄴ트어 크로스더=slide F+cramp F)

.. 我必 Free 감주 간직하기=Went across the road. or Went across road.
시동=그 개는 갔어요, 가로 질러서 그 도로[차도]를 말이다. ↘**단수단독[infml]**
/횡자[횡동해서] 그 도로[차도]를 말이다/ -- 횡자 그 도로[차도]를 횡동해서 말이다 : **비제한적 연결영뇌**
↘**횡자[across]할때 가로질러 가는 대상이 보이면 된다 : S영뇌**

여기서 across=動[movement] 뇌
across=가로로 움직이는 것으로서 가로 지르는 것과 그 대상
/어떤 곳을 자르면서 움직이는 것으로서 가로 지르는 것 /가로 동으로서 횡동(橫動)해서
/온 사방을 가로지르는 곳으로서 곳곳 : All across Africa 모든 곳곳, 즉 아프리카 곳곳에서
[acro>caro: 가로 o: 움직이는 것 ss>~~: 가로로 움직이는 모양 or a: at c: cutting]

.. 문장 뼈대=기본어(The dog) + s동사(went) + 연결설명어(across)

··))▶ **The dog 뒤에 관계대명사 영뇌를, 전치사 앞에 일반부사 영뇌를 추가시키면 :**

A- E -1 .. The dog /which lives with us /went /fast across the road.

영뇌=기--〉설/설--〉설′ : BEis-Os

시동=그 개, 어떤 개이냐 하면은 살고 있는 개인데 동자 우리와 함께 살고 있는 개인데 갔어요, 빨리 가로질러 갔어요, 그 도로[차도]를 말이다.

··))▶ **went 대신에 다른 말로 바꾸면 :**

A- E -2.. The dog jaywalked /across the road.

영뇌=기--〉설 : BEis-Os

시동=그 개는 무단횡단했어요, 가로지르면서 그 도로[차도]를 말이다.

··))▶ **The dog 뒤에 전치사 영뇌를 추가시키고, road 대신에 다른 말로 바꾸면 :**

A- E -3.. The dog /with strangers /went across the crosswalk.

영뇌=기--〉설/설 : BEis-Os

시동=그 개는 동자 낯선 사람들과 함께 갔어요, 가로 질러서 그 횡단보도를 가로 질러서 말이다.

A.. The dog went across the road. ↗그러면 감주 패턴이 눈에 보인다.

↘ 영어는 항상 어느 부분을 보더라도 free 영뇌, 특히 free 감주로 이해되면 된다.

Free 감주로 이해/간직 하기 ⇒ The dog. /The dog went. /Went across. /Across the. /Across the road. /Across road. /The dog across the road. /-- etc.

··))▶ Went across. 갔는데 가로 질러서 갔다. Across the. 가로 질렀는데 그 어딘가를 가로 질렀다/-- 가로 질러 있는데 -- 가로 질러 있다 : **동상개념** ＊어딘가= `the ̖associate

Across the road. 가로 질렀는데 그 도로[차도]를 가로 질렀다/-- 가로 질러 있는데 -- 가로 질러 있다.

Across road. 가로 질렀는데 도로[차도]를 가로 질렀다/-- 가로 질러 있는데 -- 가로 질러 있다 : **단수 단독 표현 -- (지정사 전제)** infml E The dog across the road. 그 개는 가로 질렀는 데 그 도로[차도]를 말이다/-- 가로 질러 있는데 -- 가로 질러 있다.

The dog. 그 개는 /그 개가 말이야 /그 개이지.

tip) free **영뇌로 말문 더 틔우기** : Children are playing with the family dog.
The guard dog barks all day long.

tip) after=전자(前者) -- 한 후에[a : 먼저 철자로서 전자] : He left after nightfall.

before=후자(後者) -- 하기 전에 [b : a 다음 철자로서 후자] : He left before sunrise.

: 마치 this=후자가 되고, that=전자가 되는 경우와 같다.

behind=뒷위치 대상으로서 후자(後者) -- 뒤에 [hi : hide 숨어있는 위치로서 뒷위치]

: The house is behind some trees.

big tip] 한뇌, 즉 한글구조로 이해하면 간상[후상]이 되고, 영뇌, 즉 영어구조대로 이해하면 직상[전상]이 된다.

B.. The cow /is /in /calf. ↘의미를 나중에 느끼는 것 의미를 먼저 느끼는 것↙

영뇌=기-->설-->설′-->설″ : BEis-Os

How to Read[Speak]=Thecow isin calf. : 먼저 감각적 주파수로 이해한다.

시동= vocal 감각적 주파수로 (자동 설가가 될 때까지) F3+E2 강하게 말하기

전치사 연결대상=is (캐프=slide F 카-프=retro-root F)

☞.. **我必 Free 감주 간직하기**= Cow now in calf. ↗내자[in]할때 품고있는 대상이 보이면 된다 : S영뇌

시동=그 소는 있는데 내자[안에 품고 있는데] 송아지를 말이다. ↘bnw-BAM=단어 본래의미

/ -- 있는데 내자 송아지를 품고 있어요(**IM**=pregnant)

in=내에 있는 것/내로 들어 가는 것[정/동 개념]

//내에 있는 것으로서 안에 품고 있는 것/그 대상으로서 내자 [직상 개념]

[i: is n: 내(內) or i〉 --〉 ···› : 내로 움직이는 모양]

vs **Calf is in the cow.** : 간상 (calf=뱃속 송아지는 완전한 개체가 아닌 물질덩어리 : **비수명사**)

vs **The office is in the refugees.** : 직상 -- **IM**=sheltering/protecting

직상개념=송아지 안에 암소가 있는 것이 아니라, (직접 목적어처럼) 바로 직결되는 의미로서 안에 있는 대상[것]이 바로 송아지이다는 말

: **Diet high in sugar or artificial sweetener.** **시동**=Diet 식품인데 높은 수치가 [를] 안에 들어[함유하고] 있어요. 설탕 또는 인공 감미료로 말이다/ -- 높은 수치, 내자 설탕 또는 감미료의 높은 수치 식품 : **비제한적/제한적 연결영뇌**

⇒ **함유와 그 대상** -- 설탕 속에 있는 높은 수치 식품이라는 뜻이 아니다. 즉, 간상의미로 이해하면 안된다.

big tip] 전치사의 딸과 아들은 직상뇌다 : 원어민들은 직상뇌로 작용하기 때문에 전치사가 비록 버그단어라 할지라도 쉽게 먼저 의미가 결정되고 먼저 쓰는 것이다 ☞ p309

tip] 직상의미 쉽게 나오기 : 원어민들처럼 단어의 뜻을 단어자체의미로 개념적으로 이해하고 있어야 한다. 영한사전처럼 알고 있으면 안된다.

in=개념적 이해 : 안에 있는 것 영한사전식 이해 : — 안에 있는

▭ 우리말 '있다' =발생 /존재[유(有)존재] /위치 /소유 /상태 /발생존재[행위존재]

be동사 BAM=어떤 것이 '있다' 로서 발생[행위 /존재 /상태/동질] ⇒ 동/상/동질 의미 다 됨

/어떤 것이 '이다' 로서 동질/동질연결 [b: object e: 있다/이다] ↘ 최상위 BNW

: 1.. He is running. **시동**=있다(있는 데), 즉 달리고 있다.

이때 '있다' 는 것은 '무언가 하고 있다' 로서 **발생존재[행위존재]**이다. 영뇌로 바로 순서대로 느끼려면 그 사람을 보니까 '하고 있는 것' 부터 먼저 눈에 들어와야 한다 : **개략주의 기/설영뇌**

2.. The concert was yesterday. **시동**= '있었다' 로서 **발생**

3.. There is a dog on the yard. 시동= '있다' 로서 존재, 즉 유(有)존재

4.. I have a car. 시동=나에게 있다. 한 대인데[의] 자동차가 말이다 -- 소유

5.. The house is painted. 시동=있다. 페인트가 칠해져 있다 -- 상태

C.. The Empire State Building was /built /in 1933.

영뇌=기-->설-->설′ : BEis-Os

How to Read[Speak]=TheEmpire StateBuilding wasbuiltin 1933.

: 먼저 감각적 주파수로 이해한다.

시동= vocal 감각적 주파수로 (자동 설가가 될 때까지) F3+E2 강하게 말하기

전치사 연결대상=built (디엠파이어=cramp F : 디=모음 앞 약한소리

디-[디이]엠파이어=line 점형 F + slide F : 자모에 상관없는 강한 소리 이=장음 내성음)

.. 我必 Free 감주 간직하기=Empire State Building built in 1933.

시동=The Empire State Building은 졌는 데, 즉 지어졌는 데 연도는 1993년이었다.

/--- 졌는 데, 즉 지어졌는 데 내자 1933년 내시에 말이다.

/--- 에게 있었다. 지어져 있었는데 내자 1933년에 말이다.

: 비제한적 연결영뇌 ∵ 동사연결 설명 ↘**내자[in]할때 내시대상이 보이면 된다 : S영뇌**

in=내시 대상(즉 내시 내지정 대상)으로서 내자 -- 에 [내자 -- 內時에] [i: is n: 내內]

: in the previous night [in tonight /in the present] vs at present

ex]Life is available only in the present. : Buddha Quote

(살아있는 삶이란 가능한데 오로지 내자 현재 범위 내에서만 가능하다.)

plus] 내소속 대상으로서 내자 -- 의 것 ↗**내자[in]할때 내소속/내속 대상이 보이면 된다 : S영뇌**

//내속 대상으로서 내자 -- 속에서 /내속으로서 속에서 -- 속에서

: The company sold off its 15% stake in Google.

--- 팔아 버렸어요, (자기회사의) 15% 지분을 내자 구글 것으로 말이다.

Killed in earthquake. 내자[속에서] 지진 속에서 말이다 : 보통 사건, 사고 일 경우 내속을 지정함

↗동존지정, 방향대상 지정 -- 등도 모든 전치사 동일

tip) in/on IS 영뇌 쉽게 작동시키기 : ↗**내지정과 내자 → 모두 bnw-BAM=단어 본래의미 → Ekbe와 IS 쉽게 작동**

'내지정과 내자'의 '내'=내소/내시/입작동[입상태]/내범위[내분야]/내소속/간시/내속/내대상 — 등을 가리키고, '상지정과 상자'의 '상'=상소/상일/상작동/상관/상바탕 — 등을 가리키며, '자'=그 대상을 가리킨다. 그래서 내지정 대상 /상지정 대상으로서 내자/상자가 된다. 입작동에는 실행, 내수단, 변화, 入크기 — 등이 있고, 상작동에는 수행, 개시, — 등이 있다. in/on=동개념일 때는 입작동과 상작동을 뜻하고, into/onto=동개념으로서 내방향 대상[이동]과 상방향 대상[이동]이다. 특히, in과 into, on과 onto가 뜻하는 의미로 같을 때가 있어도 그 접근하는 뉘앙스와 IS는 다름에 유의하라.

big tip : 예컨데 '내'가 내소일 경우 '내자'=내소 대상으로서 '내자', 따라서 '내소/내자' 뜻이니 먼저 제시되고 먼저 쓸 수 밖에 없다. 그래서 상자일 경우 상소 대상으로서 '상자'가 된다.

D.. Walking /with /her. **주의]부분 역순이해는 영뇌가 아니다 : Ekbe=완전한 직독직해**

영뇌=기-->설-->설′ : BEis-Os

걷고 있는데, 그 여자와 함께 걷고 있다 : **여전히 한뇌작용**

How to Read[Speak]=Walkingwith her. or Walking withher.

: 먼저 감각적 주파수로 이해한다.

시동= vocal 감각적 주파수로 (자동 설가가 될 때까지) F3+E2 강하게 말하기

전치사 연결대상=Walking

: walking에 with를 붙인 것은 한 단어처럼 말하라는 것이다.

.. 我必 Free 감주 간직하기=Walking with. (어떤 동자와 함께 말이다)

동자[with]할때 동존동반 대상이 보이면 된다 : S영뇌↘ ↗이때 '동' 은 동존동반, '자' 는 그 대상을 가리킴

시동=걷고 있어요, 함께해서 그 여자와 함께해서 말이다/ -- , 동자 그 여자와 함께해서 말이다.

: 비제한적 연결영뇌 with=동존동반으로서 함께해서 /동존동반 대상으로서 동자(同者) -- 와 함께

plus] The lighting of fires is forbidden here. : 동명사 설가뇌

E.. My son got /a scholarship /to study at /M.I.T. .

영뇌=기-->설-->설′-->설″ : BEis-Os

How to Read[Speak]=Myson gota scholarship tostudyat M.I.T. .

: 먼저 감각적 주파수로 이해한다. 감주는 남들보다 머리를 빨리 쓰는 것이다.

시동= vocal 감각적 주파수로 (자동 설가가 될 때까지) F3+E2 강하게 말하기

전치사 연결대상=study

(가-ㅌ러=retro-root F : t단타 그러나 더욱 빨리 말하면 가ㅌ러=slide F가 된다 : **장음의 단음화 현상**)

.. 我必 Free 감주 간직하기= Scholarship to study at M.I.T. .

.. 문장 뼈대=기본어(My son) + s동사(got) + 연결설명어(to/at)

| Free 감주 간직하기

시동=내 아들은 받았어요, 장학금인데 대동[즉] 공부 할 수 있는 장학금인데, 곳에서 [즉/직처/직자] M.I.T.라는 곳에서[M.I.T.에서] 공부할 수 있는 장학금을 말이다.

: 제한적 연결영뇌(to) /비제한적 연결영뇌(at) ↘대동/즉[to]할때 연결동사가 보이면 된다 : S영뇌

↘곳에서/즉/직처/직자[at]할때 바로대상이 보이면 된다 : S영뇌

전설뇌로 작동시켜도 좋다.

즉 앞표현 전체를 염두에 두고 설명해 나가는 뇌로 작동시켜도 좋다.

My son got /a scholarship /to study //at M.I.T. .=기-->설-->설′⇨전설 : BEis-Os

시동=내 아들은 받았어요, 장학금인데 대동[즉] 공부할 수 있는 장학금을 받았어요, 곳에서[즉/직처/직자] M.I.T.라는 곳에서[M.I.T.에서] 말이다.

at=구역일치 대상으로서 '즉' [직처 直處 /직자 直者]

: He always used to /smile at /me. =기-->설-->설' : BEis-Os

시동=그는 늘 하곤 했어요, 미소를 (짓는 것인데) 즉[직자] 나에게 말이다.

단, to=그냥 **비한글** BNW로 시동을 걸었음 : '연결' 만 느끼고 원동사로 바로 시동

F.. You should /apologize to /her.

영뇌=기-->설-->설' : BEis-Os

How to Read[Speak]=Youshoulda pologize toher. : 먼저 감각적 주파수로 0 해한다.

시동= vocal 감각적 주파수로 (자동 설가가 될 때까지) F3+E2 강하게 말하기

전치사 연결대상=apologize

(**you 강한 감정음가** : 유-**슈**드어 **파**ㄹ러자이즈=line 점형 F + slide F + basket F : 유-**셔**드어 **파**ㄹ러자이즈 유-**슈**더 **파**ㄹ러자이즈 유-**셔**더 **파**ㄹ러자이즈 **you 보통 감정음가** : 유**슈**드어 **파**ㄹ러자이즈=dot 점형 F+slide F +basket F : 유**셔**드어 **파**ㄹ러자이즈 유**슈**더 **파**ㄹ러자이즈 유**셔**더 **파**ㄹ러자이즈 드어=비합성 감주 더=합성 감주)

.. 我必 Free 감주 간직하기= Should apologize to her.

↗대자[to]할때 방향대상이 보이면 된다 : S영뇌

시동=너로 하여금 일어나는게 좋을 것같다. 사과하는 것인데 대자 그 여자에게 말이다 : **비제한적 연결영뇌**

*to=방향대상으로서 대자(對者) **.. 문장 뼈대**=기본어(You) + s동사(should) + 연결설명어(to)

vs into=내방향 (이동) 입작동으로서 속으로 /내방향 입작동 대상으로서 내대자 -- 속으로

vs onto=상방향 (이동) 상작동으로서 위로[타는 곳]/상방향 상작동 대상으로서 상대자 -- 위로

: The rescuer put the body onto a blanket.

시동=놓았는데 그 시체를 위로[상대자] 담요 위로 놓았어요.

Officials have reopened Highway 45, with the exception of the ramp that heads onto eastbound Highway 158.

시동=이 경사로는 방향이 타는 곳, 동쪽방향 고속도로 158번를 타는 곳으로 향하고 있다. ramp=큰 길에 붙어 있거나 빠져 나가는 모양으로서 경사로[r :↑+ ↗]

cf] as to=즉 대자 — 관해서 : to=방향대상 관련 as for=즉 해자 — 대해서 : for=해당대상 관련

: There's disagreement as to the causes of the fire.

He's here. As for the others, they'll arrive later. 즉 해자 다른 사람들에 대해서 말할 것 같으면

Caution] '사과하는 것'=여기서는 비연결 설명어의 서술적 영뇌로서 '하는 것' 이지, 연결설명어의 제한적/비제한적 연결영뇌로서 '하는 것' 이 아니다.

plus] She admitted stealing in the bank. : 동명사 설가 시동=내자 은행에서

You should at least. : 조동사 설가

시동=너로 하여금 일어나는게 좋을 것같다. 즉 적어도 말이다.

④ **형용사에 연결시켜 설명해 나가는 뇌**

A.. Who is /responsible /for /this terrible mess?

=기-->설-->설′-->설″ : BEis-Os

or I + I + I + I : I-Os or S + S + S + S : S-Os

How to Read[Speak]=Whois responsible forthis terriblemess?

: 먼저 감각적 주파수로 이해한다.

시동= vocal 감각적 주파수로 (자동 설가가 될 때까지) F3+E2 강하게 말하기

전치사 연결대상=responsible (포-디스=line 점형 F+slide F 퍼디스=cramp F for=line 점형/dot 점형 F)

.. **我必 Free 감주 간직하기**= Who is responsible for this?

시동=누구지[이지], 책임져야 할 사람이? 해자 이런 엉망진창에 대해서 말이야? : **비제한적 연결영뇌**

↘**해자[for]할때 해당대상이 보이면 된다 : S영뇌**

for=해당사항으로서 대해서 /해당대상 (관련)으로서 해자(該者) -- 대해서

[f : 해당 (family를 훼밀리라고 소리내기도 함) o: object 해당체]

: A.. snow for two inches pizza for $20 **시동**= -- 인데 해자 2인치/해자 20 불

Swapped 1,027 prisoners for one soldier. : **해당크기 -- 이스라엘식 해결 방법**

Meeting set for Monday and Tuesday in Geneva.

시동= 죄수 1,027명 당 군인 한명 씩[-- 명에 해자 --명씩]

/해자 월요일과 화요일로 [해당 날짜는/該日은]

vs on=(달력) 상으로서 날짜[상일(上日)]는 /상일 대상으로서 상자 : on Monday

in=내에/내자 -- 내에 : The Greek government is considering closing the country's banks in Monday.

↳vs within/inside of=이내에

B.. infrastructure for energy

Big drops for Dow. Dow up for sixth day. Fight for Libya. [=of]

cf] Corcoran, a small central California city that's home to Corcoran State Prison.

시동=infrastructure인데 즉[해자] energy infrastructure/크게 떨어졌는데 해자 Dow가 크게 떨어진 것 /Dow는 올랐는데 즉[해자] 6일째에도 말이다. /싸움, 즉[해자] 리비아 싸움

⇒ **for=해당사항/해당대상으로서 즉 of=동격/동격소속 대상으로서 즉**

: 다같이 '즉' 이라도 접근 뉘앙스와 IS가 다름 **cf]** to=**방향대상 소속으로서 대자 -- 의**

responsible=무언가에 대해 응답의 부담을 가지는[지는] 것으로서 책임이 있는 것 /책임져야 하는 것 /책임감이 있는 것 [responsi: response 응답 b: 부담]

vs charge=앞으로 짊어지고 가야 하는 책임으로서 책임[책무]

//맡기는 것을 떠맡는 책임으로서 책임[책무]/넘겨 받는 책임으로서 떠맡는 책임[책무]

[ch: 책임 h: shoulder g: go or c: committing or ch: 책임 + a: across]

: They took charge of the fish of sea. She is in charge of young children at the day-care center.

↳**완전번역**[bnw-BAM]=했는데 책임을 짊어졌다 /있는데 하고 있는데 떠맡고 있다.

mess=혼란스럽게 흩어져 있는 것으로서 뒤범벅 [m: mixed ss: scattered+scattered]

연결설명어 영뇌

·))) Who 뒤에 일반부사 영뇌를 추가시키면 :

A- E .. Who here is /responsible /for this terrible mess?=기-->설-->설′

시동=누가, 여기에 누가, 즉 책임져야 하지? 대해서/해체 이런 엉망진창에 대해서 말이야? ＊is=동질/동질연결로서 '즉'

A.. Who is responsible for this terrible mess?

Free 감주로 이해/간직 하기 ⇨ Who is? [.] /Is responsible? /Responsible for? /For this terrible? /For this terrible mess? /Responsible for this? /Who is responsible?

·))) Who is? [.] 누구지/누구이지/누구인지 ·))) **의문대명사** : Who is he? I don' t know --- .

tip) **또다른 free 영뇌**

=누구냐 하면 (이 사람은) 인 사람 ·))) **관계대명사**

: This is the person who is rich. 누구냐 하면 인 사람 부자인 사람이다.

/누구냐 하면 인 사람 ·))) **관계문장 (또는 보절)**

: This is who is rich. 이분은 누구냐 하면 인 사람 즉 부자인 사람이다.

ex] Who never climbs will never fall. **같은 패턴** ☞ p177

/누구냐 하면 인데 -- 이다 ·))) **의문대명사** : Who is Donald Trump. -- **주어**

or 누구냐 하면 인 사람 ·))) **관계문장** : Who is Donald Trump. -- **s동사없는 문장**

Is responsible? 있는가 책임이 있는가? tip) **또다른 free 영뇌** [.]=있는 데 책임이 있다.

Responsible for? 책임이 있는 가[책임져야 하는 가], 무언가에[어떤 해자] 대해서 말이다?

tip) **또다른 free 영뇌** [.]=책임이 있는 데 무언가에[어떤 해자에] 대해서 책임이 있다.

For this terrible? 대해서[해자] 이런 엉망에 대해서 말이다? ※terrible=**(명사전제)** infml E

tip) **또다른 free 영뇌** [.]=대해서[해자] 이런 엉망에 대해서 말이다.

Responsible for this? 책임이 있는 가[책임져야 하는 가], 즉[해자] 이런 것에 말이다?

tip) **또다른 free 영뇌** [.]=책임이 있다[책임져야 한다], 즉[해자] 이런 것에 말이다.

Who is responsible? 누구이지 책임져야 할 사람이 말이다/누가 책임져야 하지?

: **일반대명사[즉 의문대명사] 영뇌** ＊is=동질[동질연결]로서 '가'

tip) **또다른 free 영뇌** [.]=누구냐 하면 이 사람은 인 사람, 즉 책임져야 할 사람

/누구냐 하면 인 사람, 즉 책임져야 할 사람 /누가 책임져야 하는 지

·))) 관계대명사 /관계문장 /일반대명사 영뇌

.. **문장 뼈대**=기본어(Who) + s동사(is) + 연결설명어(for)

B.. You ought to be /ashamed /of /your behavior.

영뇌=기-->설-->설′-->설″ : BEis-Os | Free 감주 간직하기

How to Read[Speak]=Yououghttobea shamedof yourbehavior..

〉Yououghttobe ashamedof yourbehavior

: 먼저 감각적 주파수로 이해한다.

시동= vocal 감각적 주파수로 (자동 설가가 될 때까지) F3+E2 강하게 말하기

전치사 연결대상=ashamed (오-러비어=retro-root F : t단타와 f폐쇄와 합성감주 **세**임드어=cramp F : 비합성감주 어**세**임드어=cramp F : 비합성감주 어**세**임더=cramp F : o의 약한 감정음가와 f폐쇄와 합성감주)

→ 자동형용사[분사형용사] 설가뇌 : BEis-Os

자동[분사] 형용사=surprised/surprising -- etc.. : 일종의 (동사) 형용사

Infested with vermin. : 일반형용사

Vermin infested. : 관계형용사[=Vermin which are infested.]

전자=들끓고 있는 데, vermin으로 말이다[들끓고 있는 데, 동자[동체(同體)] vermin으로 말이다.]

vs Diagnosed with cancer. : 일반과분사

Cancer diagnosed. : 관계과분사[=Cancer that is diagnosed.]

전자=진단을 받았는 데, 있다고[동자] 암이 있다고 말이다[-- , 동자[존체] 암으로 받았다.]

infested=안에서 횡행하는 것으로서 들끓고 있는 것

[in: 내 f: 횡행하는 것 ed: 자동 event 음가 or d: done 자동행위(자동과분사) or 자동형용사] : shark-infested waters/rat-infested kitchen

with=동존으로서 있는 것 /동존대상으로서 동자[동체/존체] -- 으로

[w: v+v 함께하는 모습 i: is th: things]

☺.. **我必 Free 감주 간직하기**= Ought to be ashamed of your behavior.

시동=당신은 당연히 대동 해야하는 데, 부끄러워 해야 해요, 즉 당신의 행동을 말이다.

/당신은 당연히 대동 해야[있어야] 해요, 부끄러워 하는 것인데, 즉 당신의 행동에 대해서[과 관련해서] 말이다 : **비제한적 연결영뇌** ☺.. **문장 뼈대**=기본어(You) + s동사(ought) + 연결설명어(to/of)

↗즉[of]할때 동격/동격관련/동격추가설명 대상이 보이면 된다 : S영뇌

of=동격대상으로서 즉 [o: object f〉p: par/apposition]

/동격관련 대상으로서 즉 -- 와 관련해서 [o: correlation f〉p: par/apposition]

: Of his childhood, I know little.

/동격추가설명 대상으로서 즉 : Shares of pot-related stocks have been soaring.

☞영뇌영어 vol 1 p53 : 동격크기/동격구성/동격일부/동격발생

☞.. 시동으로 (영어) 글자/말 자체에서 뜻이 보이거나 상황이 (머리 속에서) 보이면 된다 : IS 영뇌

be= '있게 하는 것' 으로서 하는 것/가지는 것 (동동사) *be 동사=동동사/상동사/동질동사
: Be careful[ambitious]. (Becare/ful=분리 감주)
시동=있게 하라, 주의하는 마음을 말이다 --> 하라, 즉 주의하라.
/있게 하라, 야망을 품은 마음을 말이다 --> 가져라, 즉 야망을 가져라.

cf]제한적 연결영뇌
: **Benefits /with /the two-year contract.**
Words /with /difficult pronunciation. **cf]Accident /with /6-mile backup.**
영뇌=기-->설-->설' : BEis-Os
시동=혜택이 있는 데, 2년 약정에 있는 혜택[혜택인데, 동자 2년 약정에 들어있는 혜택]
/단어들인데, 있는 어려운 발음이 있는 단어들[단어들인데, 동자 어려운 발음이 들어있는 단어들] cf]사고가 있어서 6마일이나 지체되어 있음[있다]
/사고 때문에 동자 6말이나 지체되고 있음 : **비제한적 연결영뇌**

⑤ 문장에 연결시켜 설명해 나가는 뇌

A.. What do /you say //to jogging /in the park?
영뇌=기-->설 ⇨ 전설-->설' : BEis-Os
or I + I + I + I : I-Os or S + S + S + S : S-Os

How to Read[Speak]=Whatdoyou say tojogging inthe park? or Whatdo yousay — ?
: 먼저 감각적 주파수로 이해한다.
시동= vocal 감각적 주파수로 (자동 설가가 될 때까지) F3+E2 강하게 말하기 : 워러 유-↗세이
전치사 연결대상=What do you say (WHAtdoyou=와-류/워류=retro-root F/slide F ↘중간 tail F
: t단타와 do 폐쇄와 합성감주 or 와-러/워러=retro-root F/slide F : t단타와 d폐쇄와 o/you의 어화와 합성감주
or What doyousay=워트 두유↗세이 : 중간 tail F Inthe=인더 : 비합성감주 /이너=slide 주파수 : th 폐쇄와 합성감주)

⇒ 앞문장 전체를 염두에 두고 전치사로 설명해 나가는 뇌 : BEis-Os
☞.. **我必 Free 감주 간직하기**=[What do] You think about jogging in the park?
시동=뭐라고 너 말하겠니? 즉[대동] 죠깅하는 것과 관련해서 내자[내소에서], 공원 내소에서 할 경우에 말이야? : **비제한적 연결영뇌(to/in)** ∵ **문장/동사연결 설명**
↘즉/대동[to]할때 방향관련 대상이, 내자[in]할때 내소대상이 보이면 된다 : S영뇌

do=묻는 대동의미로서 하지/이지/있지/이라고 -- 하지[d: do 하지 o: 이지/있지/이라고 — 하지]
to=방향관련 대상(이 동사인 것)으로서 즉[대동] -- 와 관련해서 tip) jogging=동명사 또는 명사,
[t>d: direction 방향 o: object/correlation] about=변동(주변관련 대상)
(영영사전의 뜻 : to=in connection with)
☞.. **문장 뼈대**=기본어(What) + s동사(do) + 전설 연결설명어(to) + 연결설명어(in)

: We had /a second drink, //after a Christmas blowout.

영뇌=기-->설 ⇨ 전설 : BEis-Os

전치사 연결대상=We had a second drink | Free 감주+我必 Free 감주 간직하기

-- vocal 감각적 주파수로 (BEis/IS 영뇌가 될 때까지) F3+E2 강하게 말하기

시동=우리는 가졌는 데, 2차를 가졌다. 뒤에도 크리스머스 대 파티를 한 뒤에도 말이다 : **비제한적 연결영뇌**

/ -- 전자[한 후에도] 크리스머스 대 파티를 한 후에도 말이다 : **비제한적 연결영뇌**

/ -- 이런 것을 하고나서도 즉 -- 하고 나서도 말이다 : **비제한적 연결영뇌**

*이런 것=**단어** associate -- referring forward

after=뒤에 일어나는[뒤따라 하는] 것으로서 하고나서[한후]/먼저 철자로서 전자 [f: following a: 먼저 철자]

: Go after me. **시동**=가되 뒤에 가라. 나보다 말이다[전자 나보다 말이다].

blowout=불고 난리 난 것으로서 대파티/대식사

[blow: 부는 것 out: 바깥 쪽으로 뿜어내는 것]

(US Informal a large party or social occasion or UK Informal a very large meal)

the park를 전치사 영뇌로 설명해 나가면 :

A- E .. What do /you say //to jogging /in the park /in the city's downtown?

영뇌=기-->설 ⇨ 전설-->설′-->설″ : BEis-Os

시동=뭐라고 너는 말하겠니? 즉, 죠깅을 내소, 공원 내소에서 하는 데, 내에 있는 도시의 번화가 내에 있는 공원 내소에서 할 경우에 말이야?

Free 감주로 이해/간직 하기 ⇒ What do? /Do you? /Say to? /Say to jogging? /Jogging in? /In the? /Jogging in the? /Jogging in the park? /What do you say? /What do you say to jogging? /-- etc.

What do? 무엇이지/무엇이라고 하지? Do you? 하지/이지, 네가 말이다? : Do you want?

tip) **또다른** free **영뇌**=그렇지 당신이 말이다? =**확인** tag : You don't like me, do you?

또는 그렇다고 밖에 볼 수 없지, 당신은 말이야 [.] =**동의** tag : You don't like me, do you.

Say to? (무엇이라고) 말하겠니 대자[대동]에 대해서 말이다? *무엇이라고=say**의 단어** associate

tip) **또다른** free **영뇌** [.] =말하고 있어요[**설명현재**]/말했어요[**발생현재**], (어떤) 대자[대동]에 대해서 /대자에게 말이다. *어떤=to**의 단어** associate

Say to jogging? (무엇이라고) 말하겠니 대자 죠깅[대동 죠깅하는 것]에 대해서 말이다?

tip) **또다른** free **영뇌** [.] =말하고 있어요[**설명현재**]/말했어요[**발생현재**], 대자 죠깅[대동 죠깅하는 것]과 관련해서 말이다.

Jogging in? 죠깅하는 것인데 (어딘가) 내[내자]에서 하는 것 말인가? *어딘가=in associate
tip) **또다른** free **영뇌** [.] =죠깅하는 것을 하는 것인데 (어딘가) 내[내자]에서 하는 것 : **동명사**
/죠깅하고 있는데 (어딘가) 내[내자/내소]에서 하고 있다 : **일반현분사**
In the? 내소[내자], 즉 그 내소[내자]에서 말인가?
tip) **또다른** free **영뇌** [.] =내소[내자], 그 내소[내자]에서 말이다. *the=(명사) **전제** infml E
Jogging in the? 죠깅하는 것인데 내소[내자], 그 내소[내자]에서 하는 것 말인가?
tip) **또다른** free **영뇌** [.] =죠깅하는 것을 하는 것인데 내소[내자], 그 내소[내자]에서 하는 것
: **동명사** /죠깅하고 있는 데 --- 하고 있다 : **일반현분사**

Jogging in the park? 죠깅하는 것인데 내소[내자], 공원내소[그 공원내소]에서 하는 것 말인가?
tip)**또다른** free **영뇌**[.] =죠깅하는 것을 하는 것인데 내소[내자], 공원내소[그 공원내소]에서 하는 것: **동명사**
/죠깅하고 있는 데 --- 하고 있다 : **일반현분사**
*공원내소=**내부적 지정뇌** 그 공원내소=**외부적 지정뇌**
What do you say? 무엇이라고 너는 말하겠니? -- **의견개진**
[=What/How do you think? or You think? or What/How about you?]
무엇이라고[어떻게] 너는 생각하니? /네 생각은? /무엇이지[어떻지] 변자 너의 생각과 관련해서 말이다?
tip) **또다른** free **영뇌**=무엇이라고 너는 말했니?/말하는 거야? -- **실제물음**
What do you say to jogging? [=What/How do you think about -- ?]
무엇이라고 너는 말하겠니 대자[대동] 죠깅에 대해서 말이다? : **의견개진**
tip) **또다른** free **영뇌**=무엇이라고 너는 말했니 대자[대동] 죠깅과 관련해서 말이다? : **실제물음**
↳ 발생현재 또는 과거상황에 대한 설명현재

tip)despite=불저지[비영향] 양보 : [d: denial>not p: prevented i: influenced t: though]
어떤 것이 있어도 저지되지 않거나 영향을 받지 않는 것으로서 불저지[비영향] 양보와 그 대상으로서
불구하고 -- (불구하고) /불양자(不讓者) -- (저지도 되지않고/영향을 받지 않고)
/불저지[비영향] 양보 대상이 동사인 것으로서 불양동(不讓動) -- (저지도 되지않고/영향을 받지 않고)

a.. I still enjoyed the week despite the weather.
시동=불구하고[불양자] 그런 날씨임에도 불구하고[불양자 그런 날씨에도 영향을 받지않고] 같이다.

b.. Despite pouring with rain, he went out.
시동= 불구하고[불양동] 퍼붓고 있었음에도 불구하고 --- .
/불양동 퍼붓고 있는 것에도 영향을 받지않고 --- . ↗ ☞ **영뇌영어** vol 2 p414
vs in spite of =내자 있음에도 불구하고, 즉 : spite=**저지[영향] 통과 양보**
(in=**입작동 대상으로서 내자**)

⑥ 전치사에 연결시켜 설명해 나가는 뇌

A.. Alice works in /the paddy field //from before sunrise until after sunset.
=기-->설 ⇨ 전설 : BEis-Os or I + I + I : I-Os or S + S + S : S-Os

☞.. 시후자[from before]할때 시작후대상이,
도전자[until after]할때 도달을 먼저하는 대상이 보이면 된다 : S영뇌

How to Read[Speak]=Alice worksinthe paddyfield frombefore sunrise untilafter sunset.
: 먼저 감각적 주파수로 이해한다.
시동= vocal 감각적 주파수로 (자동 설가가 될 때까지) F3+E2 강하게 말하기
전치사 연결대상=from /until ※워어크스=slide F vs walks=워-크스=retro-root F

(워어크스=slide F : ks=무성음 매치 vs says=세즈: 유성음 매치(에=모음도 유성음) ⇒ 단수동사 s, 복수 s, 소유격과 HB동사 줄임말인 apostrophe s['s]도 같은 원리 : cats=캐ㅌㅅ dogs=독즈 하지만 단수동사 s도 복수 s도 소리본체 대로 소리내기도 한다 : **infml 소리**
cf]He's=히-즈 That's=대ㅌㅅ doggie=doggy: infml of a dog vs dogie=AmE a motherless calf(=baby cow) in a group of cattle)

☞.. **我必 Free 감주 간직하기**=Alice works from before sunrise until after sunset.

시동=Alice는 일하는 데 內所, 들판 內所에서[內者 들판에서] 일을 해요. 시작은 전부터 sunrise 전부터 하여 끝나는 시기는 후까지 sunset가 되고 난 후까지이다[-- 하는데 시후자 일출 전부터 시작하여 도전자 일몰 후까지 해요].

※ **시후자(始後者)** ⇒ 후자=뒤에 일어나는 것, 즉 일출 **도전자(到前者)** ⇒ 전자=먼저 일어나는 것, 즉 일몰
↳**시자+후자** ↳**도자+전자**

from=흘러 나오는 것으로서 출처/시작 /기처 /기점 /시일 /시시(始時) /원천(源泉) [f: flow 흘러나오는 곳] //출처로서 발신자/발신처/발생지 //출처[시작/출발] 대상으로서 基者[始者/發者] //출처원인과 그 대상으로서 基因 /基者

基=비롯할 '기'↲

- from Monday[Busan/PGA] to Friday[Seoul/LPGA] from birth
  시자[시일/시시] 월요일부터[시자/발자/발처 부산에서] 대자[종일/종시] 금요일[대자/종처 서울] 까지 //시자[발자] PGA로부터 대자[종자] LPGA에 이르기 까지 //시자[발자] 태어날 때부터
- Life is an opportunity -- benefit from it. 득을 봐라. 원천으로해서, 그것을 원천으로 해서 말이다.
- Banks to take hit from fading hopes of rate hike. Suffered from depression.
  은행들은 대동 할 것인데 얻어 맞을 것이다. 기인(基因)이 생겼기 때문에 즉 사라지는 희망, 즉 금리인상의 희망이 사라지는 기인이 생겼기 때문에 말이다. /고통을 받고 있었는데 기자 우울증 때문이었다[기인은 우울증이었다].
- We don't hide from darker days. 우리는 하지 않는데 무언가를 숨기지 않는다. 기자 -- 로부터 말이다. /하지 않는데 숨기지 않는다. 나오는 것들을 더 어두운 시절로부터 나오는 것들을 말이다 ⇒ **밑줄=동사/전치사** associate
- From Tom : ----. 발신자 A safe stolen from a local bank. 발생지는 어느 지방은행이다.

before=미리[먼저] 일어나는 것으로서 전인 것/앞인 것 [f: forward or: 일어나는 것]
: Go before me. **시동**=가되 먼저 가라. 나보다 말이다.
until[till]=어떤 것, 즉 시간[거리]에 이르는 것으로서 까지/끝나는 시기는 -- 까지
[un: 어떤 것 t〉d: time, distance il: 이르는 것] ⇒ until=WrE till=SpE
⇒ until[till] /to /through /into 도(달) 대상 /방향 대상[종점] /통과끝 /내방향 대상[종점]으로서
'도자[도대(到對)] /대자 /통자[통대(通對)] /내대자 -- 까지'

cf] in=입작동 또는 그 대상으로서 해서//내자[내체] -- 로 : Write in ink. Change in singles.
into=내방향 대상[종점]으로서 내대자 -- 까지 : Extended into Monday.
in=내지정 또는 그 대상으로서 분야에서//내자[내체] -- 분야에서 : Plunge in oil prices. Interested in Music.
↳즉 내분야 또는 그 대상

↗합성감주일때 소리가 안나는 것이 아니라 합성감주로 소리나는 것

tip)of 본토말=어브/어/합성감주/어프

: a.. Inside /of /three hours. =기-->설-->설′ : BEis-Os

🔊 전치사를 다른 전치사로 설명해 나가는 뇌는 마치, 부사를 또 다른 부사로 설명해 나가는 뇌와 같다.

시동=이내, 즉 3시간 이내(이다) ※여기서 inside position=time

inside of=inside
=within[with+inside]

vs Inside on Syria. 내부 상소(에서) 시리아 내부 상소에서

↳ inside position=place : 안쪽으로서 내부

cf] Flight to-and-from Tokyo canceled.

종착과 출발로서 왕복 ⇒ 비행인데 종출[왕복] 비행, 즉 토교 종출[왕복] 비행

to=방향 종점으로서 종착/종착지/종처/수신처 [t〉d : direction + destination]

/방향 종일으로서 종시(終時) [t〉d : direction + destination + day]

b.. as /of /4 p.m.

영뇌=기-->설-->설′ : BEis-Os — of=as 전치사 설가

시동=같은 시간, 즉 4시 오후와 같은 시간[현재, 즉 4시 오후 현재] /인데, 즉 4시 오후 현재인 것

as=동급 time으로 현재, 즉 4시 p.m.과 같은 것으로서 현재

/is동질 time으로서 인 것 [a: class s: same/is] of=동격으로서 즉

: as /it /stands=기-->설-->설′

시동=현재상황, 경기 (스코어) 집계 현재상황

[즉, 경기 점수가 순서대로 세워져 있는 것 -- **완전시동**]

⇒ it=경기를 지칭 stands=어떤 상황이 현재 순서대로 서 있는 것으로서 집계

or as of /4 p.m.=기-->설 (of=어브/어 : 애즈어 어즈어 /애저 : f 폐쇄와 합성감주)

: 부사 as의 설명을 받아 기본어가 되는 뇌로도 작동가능 ∵ **as=전치사/접속사/부사**

🔊 Alice를 관계대명사 영뇌로 설명해 나가면 :

A- E .. Alice /who is diligent /works /in the paddy field // (/) from before sunrise until after sunset.

영뇌=기-->설/설-->설′ ⇨ 전설 or 기-->설/설-->설′-->설″ : BEis-Os

시동=Alice는 누구냐 하면은 부지런한 여자인데 일을 해요, 내소(內所)에서[내자] 들판 내소에서 일을 해요. 시작은 전부터 sunrise전부터 하여 끝나는 시기는 후까지 sunset가 되고 난 후까지이다.

☞.. **문장 뼈대**=기본어(Alice) + s동사(works) + 연결설명어(in) + 전설 연결설명어(from before/until after)

A.. Alice works in the paddy field from before sunrise until after sunset.

Free 감주로 이해/간직 하기 ⇒ Alice works in. /Works in. /Works in the paddy. /Works from before sunrise. /Works until after sunset. /From before until after. /In from before sunrise until after sunset. /-- etc.

🔊 Alice works in. Alice는 일하는 데 (어떤) 내소[내자]에서 일해요. Works in. 일하는 데 (어떤) 내소[내자]에서 일해요. Works in the paddy. 일하는 데 내소[내자], 즉 들판[논] 내소에서 일해요.

*paddy=paddy field=rice paddy Works from before sunrise. 일하는 데 시작은 전에 일출 전에 한다 / -- 시후자 일출 전부터 시작해요. Works until after sunset. 일하는 데 끝나는 시기는 후 일몰 후이다 / -- 도전자 일몰 후까지 해요. From before until after. 시작은 전에 하여 끝나는 시기는 후이다[후 까지 이다] /시후자 전부터 시작하여 도전자 후까지(이다) In from before sunrise until after sunset. 내소[내자]에서 하는 데 시작은 전에, 일출 전에 시작하여 끝나는 시기는 후, 일몰 후 까지이다/ -- 하는 데 시후자 일출 전부터 시작하여 도전자 일몰 후까지 해요. *in=내장소로서 내소 /내소 대상으로서 내자

cf] Issued by. 발행되었는 데 발행한 곳은[행자는] 모처이다 ⇒ 발행처를 말하는 것 ⇒ 외교통상부

*by=행위실체로서 행자 모처=**by의 단어** associate

그래서, passport에 the Ministry of Foreign Affairs and Trade로 기입하면 된다.

: 전치사는 뜻이 토씨가 아니라 직상 일반단어이기 때문에 명사(대명사) 앞에 오는 것이다.

by=지게를 지는 행위로서 행위실체[b: behavior y: 지게모양]

tip)associate가 들어가야 이해가 되는 경우 : Landed soft. It sounds like. : Golf

그것이 들렸는데 (동모/동자) 그처럼 들렸다 ⇒ 그=associate

⑦ 전설로 설명해 주는 뇌

A.. With /luck, //we'll /be /there /in time.

영뇌=전설-->설′ ⇨ 기-->설-->설′-->설″ : BEis-Os

or I + I + I + I + I + I : I-Os

or S + S + S + S + S + S : S-Os

*영뇌초중급자는 단주로 먼저 느끼는 게 좋다.

How to Read[Speak]= Withluck, we'llbe therein time [or thereintime].

: 먼저 감각적 주파수로 이해한다.

시동= vocal 감각적 주파수로 (자동 설가가 될 때까지) F3+E2 강하게 말하기

전치사 연결대상=뒷문장 전체

(위-ㄹ비/위일비=retro-root F/내성음 slide F : e=장음감정 알파벳 음가 위ㄹ비=slide F or basket F : e=단음 알파벳음가)

⇒ 전치사를 명사로 설명해 나가면서 뒷문장 전체를 설명해 주는 뇌 : BEis-Os

☞.. **我必 Free 감주 간직하기**=To be lucky, we'll be in time.

☞.. **문장 뼈대**=전설 연결설명어(With) + 기본어(we) + s동사('ll=will)

동자[with]할때 동존존재 대상이,

↗내자[in]할때 내시대상이 보이면 된다 : S영뇌

시동=동자[있으면] 운이 있으면, 우리는 할 것이다. 있을 것인데[도착할 것인데], 거기에 내에[내자] 시간내에 말이다 : **비제한적 연결영뇌**

↗동자/즉[of]할때 동격관련 대상이 보이면 된다 : S영뇌

: Of /her childhood, //I know /very little.

영뇌=전설-->설′ ⇨ 기-->설 : BEis-Os

시동=동자/즉 관련해서 그 여자의 어린 시절과 관련해서 나는 아는 바가 정말로 거의 없다. /아는 바가 아주 쬐끔이다. **＊전자=이면번역 후자=완전번역--완전시동**

↘각각 IS영뇌가 다르다.

·))) luck 앞에 일반형용사 영뇌를 추가하면 :

A- E .. With /our luck, //we'll /be /there /in time.

영뇌=전설-->설′ ⇨ 기-->설-->설′-->설″ : BEis-Os

시동=동자[있으면] 우리의 운이 있으면, 우리는 할 것이다. 있을 것인데[도착할 것인데], 거기에 내에[내자] 시간 내에 말이다.

A.. With luck, we'll be there in time.

Free 감주로 이해/간직 하기 ⇒ With luck. /With luck, we'll. /We'll be. /Will be. /Will be there. /There in time. /With luck, we'll be. /Be there in. /Be in time. /-- etc.

·))) **With luck.** 동자[있으면] 운이 있으면 말이다. **With luck, we'll.** 동자[있으면] 운이 있으면 우리에게 앞으로 무언가 일어날 것이다[우리는 (무언가) 할 것이다]. ＊앞으로 무언가/무언가=**단어** associate

We'll be. 우리는 앞으로 있을 것이다[도착할 것이다]. **Will be.** 앞으로 있을 것이다[도착할 것이다].

Will be there. 앞으로 있을 것인데 거기에 말이다. ＊will=앞으로 일어나는 것으로서 앞으로

There in time. 거기에 내에[내자] 시간 내에 있게 된다.

With luck, we'll be. 동자[있으면] 운이 있으면 우리는 앞으로 도착할 것이다[있을 것이다].

Be there in. 있을 것인데 거기에 내에[내시/내소에] 말이다 ·))) **미래 속에서의 본동사 의미**

tip) **또다른 free 영뇌**=있거라[도착하라], 거기 내에 말이다 -- **명령 본동사 의미**

있으면 해요[도착하면 해요], 거기 내소에 말이다 -- **의미원성립**

Be in time. 있을 것인데 내에[내자] 시간 내에 있을 것이다[-- 내시, 시간 내시에--].

tip) **또다른 free 영뇌**=있거라[도착하라]/있으면 해요[도착하면 해요], 내에 시간 내에 말이다.

tip) by=근처시간으로서 쯤에[근시]/근시 대상으로서 근자(近者) — (쯤에/쯤까지) [b: about] : by July //(지게) 옆에 있는 것으로서 옆에/옆 대상으로서 측자(側者) — (옆에) [b: 옆에 앉아있는 모습 y: 지게] : by the window //판단으로서 판단이 되는/판단대상으로서 판자(判者) ~ 으로 해서 ☞ vol 2 p214

as=is 동질대상으로서 동자[s: same quality/is]: He plays tennis as a professional.[≠with 동존동자]

⑧ 기본어로 먼저 말하는 뇌

A.. Inside /JoongAng Daily.

영뇌=기--〉설 : BEis-Os or I + I : I-Os or S + S : S-Os

How to Read[Speak]=InsideJoongAng Daily. : 먼저 감각적 주파수로 이해한다.

시동= vocal 감각적 주파수로 (자동 설가가 될 때까지) F3+E2 강하게 말하기

(이ㄴ사이드=slide F 인사이드=cramp F)

⇒전치사로 먼저 개략적으로 말해놓고 다시 구체적으로 뒷말로 설명해 나가는 뇌 : **개략주의 기/설영뇌**

.. **我必 Free 감주 간직하기**= JoongAng Daily inside.

↗**내자[inside]할때 내부대상이 보이면 된다** : S영뇌

직상 뇌로 시동=내부에 있어요/내자, 중앙데일리가 말이다/에 있어요 : **IHT 속에 중앙 데일리가 있는 경우**

간상 뇌로 시동=내부에 있어요, 중앙데일리 내부에 있어요 : **중앙 데일리 속에 IHT가 있는 경우**

-- 어느 뇌인지는 상황에 따라 판단, 실제로는 중앙 데일리를 끼워 배달한다.

: a.. In this issue : Business 13 Culture 12 Style 10 Sports 11 Views 6

In /this issue =기--〉설 : BEis-Os 직상 뇌로 시동=안에[내자] 이런 이슈가 있어요.

-- 신문 1면에 나오는 것으로 여기서는 직상 뇌로 작동시켜야 한다.

b.. Bush: On /the war =기--〉설 : BEis-Os ＊말하고 있는 데=**상황** associate

시동=상관해서 말하고 있는데 그 전쟁과 상관해서 말하고 있다.

/올려 놓고 있는 데 그 전쟁을 올려 놓고 있다.

c.. On /the attacks, /[//] Gadhafi.=기--〉 설--〉 설′ or 기--〉 설 ⇨ **전설** : BEis-Os

시동=(상에) 하고 있어요/하고 있는 중이에요/가하고 있어요, 공격을 Gadhafi에게 말이다. **관계문장/서술문장**

＊on=상(上) 작동으로서 하는 것 tip) in=입작동[넣는 것/주는 것/하는 것]과 그 대상 //내지정과 그 대상

out=외작동으로서 해나가는[해내는] 것 • Change we trust in. 변화만이 우리가 믿음을 줄 수 있는 것/있다

↘We carried out several experiments. • In God we trust. 하는데 신을 우리는 믿는다.

↘수행해 나갔다/수행 해냈다. /내자 신을 우리는 믿는다[신뢰한다]

/안에 있다는 것, 신이 우주 안에 있다는 것을 우리는 믿는다.

간상 또는 직상 뇌로 표현하면 :

c-e.. Attacks /on /Gadhafi. =기--〉 설--〉 설′ : BEis-Os

시동=공격이 가해지고 있어요[상자], 가다피에게 말이다[되고 있어요]. ＊on=상에 미치는 것과 그 대상으로서 가하는 것/상자

tip)on=상을 밑바탕으로 하는 것으로서 상바탕과 그 대상으로서 상자 //상작동 대상이 동사인 것으로서 상동

: He works on a part-time basis. 바탕으로 해서/상자 — 바탕으로 해서/상자 — 로 해서

He was on his hands and knees. 짚고서/상자 — 바탕으로 해서[으로 짚고서] ↗=on our farmers' behalf

On behalf of our farmers, sign here. 상자 대표[대신/대변]해서 즉 — 을 대표[대신/대변]해서

(behalf=서로 절반씩 차지하는 것으로서 대표[대신]/대변) cf] in behalf of 내자 대표[대신/대변]해서 즉 — 을

On hearing the news, foreigners headed for the border. 상동 듣자마자/상동 듣자

in=입작동으로서 하면서[가운데] //입작동 대상이 동사인 것으로서 내동

: In reading the story, he was emotional. 하면서 즉 읽으면서[가운데 즉 읽는 가운데] —

//내동 읽으면서[읽는 가운데] — , 그는 했는데 울먹이었다.

↘**내동[in]할때 입작동대상이 보이면 된다** : S영뇌

d.. To /study /is fun. =기--〉 설/설 or 기--〉 설--〉 설′ : BEis-Os

시동=대동[즉] 공부한다는 것은 즐거운 일이다 : to부정사도 일종의 직상뇌

＊전치사=주기능으로서 주어 ＊is=은

▸ Inside 앞에 주동과 일반과분 영뇌, 일반부사 영뇌를 추가하면 :

A- E .. IHT is /delivered daily /inside JoongAng Daily.=기--〉설--〉설′

시동=IHT는 되는데 배달된다. 매일 안에 넣어서 중앙일보를 안에 넣어서 말이다.

-- IHT 배달이 주 목적이다.

A.. Inside JoongAng Daily.

Free 감주로 이해/간직 하기 ⇨ Inside. /JoongAng Daily. /-- etc.

▸ Inside. 내부에 있어요. JoongAng Daily. 중앙 데일리가 말이다[이에요].

.. 이해는 최종적으로 단어의 최종적인 뜻인 감주로 이해한다.

.. 단어 본래의미를 알면 어순이 동일해진다 : 단어 본래의미=원어민이 알고 있는 의미

2) 주요 전치사 영뇌와 BAM

1.. What's /with /the tabloid magazine?

영뇌=기--〉설--〉설′ : BEis-Os or I + I + I + I : I-Os

or S + S + S : S-Os | Free 감주+我必 Free 감주 간직하기

with=동존소유로서 가지고 있는 것[갖추고 있는 것] ↗이때 '동' 은 동존소유를 가리킴

/동존소유 대상으로서 동자[동체] -- 를 가지고 있는 것

[w: v+v 함께하는 모습 i: is th: things 위ㄷ/위ㅆ=slide F]

시동=무슨 일이지, 가지고 있는 데 타블로이드 판 magazine을 다 가지고 있고 말이다?

/ -- 동자[동체] -- 을 다 가지고 있고 말이다?

즉, '타블로이드판 magazine을 다 가지고 있고 오늘 무슨 날이야?' 하는 느낌이다.

: 1-a.. Talks /with /N.K.. =기--〉설--〉설′ : BEis-Os

with=동존동행으로서 함께하는 /동존동행 대상으로서 동자[동체] -- 와 함께하는

시동=회담인데 함께하는 회담인데 북한과 말이다 /회담인데 동자[동체] 북한과 함께하는 회담

tip) Living without power. 살아가고 있는데 무자 전기/전력로[무자(無者) — 없이] 말이다.

There is no smoke without fire. 있는데 무연기가 있는데 무자 불에는 말이다 : 아니 땐 굴뚝에 연기나랴

Living without helping. 살아가고 있는데 무동 돕지않고서[도와주지 않고서] 말이다.

[without=with+out(없는 것/밖) ⇨ 무자[없는 것]/박 : Heard a cry from without. 외치는 소리[울음소리]를 기자[기처] 밖으로부터 without='밖' 이라는 뜻일 때 : 문어/고어 : a door locked without]

간상을 딸로 전환하면 직상이 된다 bnw-BAM → Ekbe와 IS 쉽게 작동

tip)전치사 본래의미=직상 일반단어 : 딸과 아들 → 대자(to/against) /간자(between) /상횡자[상자](over) /횡자(across) /해자(for) /동자(with/as/like) /내자/내대자(in/into) /행자[근자/측자/차자/판자](by) /상자(on/upon) /상대자(onto) /변자(about) /도자(until/till) /통자(through) /직자[구자](at) /차자(than) /계자(since) /전자(after) /측추자(along) /하자(under) /후자(before/behind) /무자(without) /중자(during/amid/amidst) /속자(among) /차상자(above) /환자(round/around) /차하자(below) /불양자(despite) /방자(toward/towards) /기자(from) /외자(besides/except/save/but) /근자(near) /직하자(beneath) /측자(beside)

상방향 상작동 대상이 동사인 것

//대동(to) /기동(from) /무동(without) /간동(between) /상동/상대동(on/onto) /변동(about) /직동(at) /행동(by) /불양동(despite) /내동/내대동(in/into) /해동(for) /동동(with) /전동(after) /후동(before) /외동(besides)

⇨ **이렇게 영뇌는 뒷말과 관계 없이 먼저 의미가 결정 → 원어민이 알고 있는 의미 → 한뇌기준으로 뒷말에 의해 결정되는 것은 아님**

in=내지정 대상으로서 내자 vs into=내방향 대상으로서 내대자 대동=방향대상이 동사인 것 동동=동존대상이 동사인 것
해동=해당대상이 동사인 것 행동=행위대상이 동사인 것 직동=바로대상이 동사인 것 전동/후동=전자/후자 대상이 동사인 것
무동=하지 않은 대상이 동사인 것 상동=상작동 대상이 동사인 것 불양동=불저지[비영향] 양보 대상이 동사인 것
간동=사이사이에 하는 대상이 동사인 것 내동[내대동]=입작동[내방향 입작동] 대상이 동사인 것 기동=출처대상이 동사인 것 :

No one can stop from running.
↳ 기동 출마하는 것을 말이다.
/기동 — 하는 것으로부터 — .
↳즉 stop의 출처대상이 동사인 것으로서 기동

↘해동/행동/변동[for/by/about]할때 해당/행위/관련 동사상황이 보이면 된다 : S영뇌 (이때 동사=동명사)

1-b.. What's /wrong with /you?

with=동존방향 대상으로서 동자 -- 에게 /동존방향으로서 있는데-- 에게
[w: v+v 함께하는 모습 i: is t: toward or to] [vs to=방향대상 : 대자 -- 에게]

시동=무엇이지, 잘못된 것이 동자 너에게 말이야? / -- , 잘못된 것이 있는데, 너에게 말이다?

: • There is /no in-between /with /you. =기-->설-->설´ : BEis-Os

시동=있는 데, 無끼어들 틈이, 동자 너희들에게 있구먼. /있지만, 無끼어들 틈이 있구먼, 너희들에게 말이다.
/ 있는데, 無끼어들 틈이 있는 데, 너희들에게 있구먼.
즉, 너희 둘 사이에 끼어들 틈이 없다는 말이다.

• Your father and I are very disappointed /with[in] /you. =기-->설-->설´ : BEis-Os

시동=너의 아버지와 나는 매우 실망했는데 동자[내자] 너에게/너와 관련해서 말이다.
cf] in=내관/내시 대상으로서 내자 : in 2017=내자 2017년 (내시)

• Man /kidnapped with Sotloff /speaks out with CNN. =기-->설/설 : BEis-Os

시동=남자, 납치된 남자, 즉 동자[함께] Sotloff와 함께 납치된 남자가 말을 뿜어 내고 있는 데,
동자[함께하면서] CNN에게[과] 말이다 : with=동존 동반[방향] 대상으로서 동자 -- 와 함께[에게]
/동존 동반[동행]으로서 함께[함께 하면서] -- 와
*Man=(지정사) **전제** infml E

: Iraq's PM speaks with Amanpour.

시동=이락 수상은 말하고 있어요, 동자[함께하면서] Amanpour에게[와] 말이다.

vs The Tonight Show with Jay Leno.

시동=The Tonight Show인데 동자/진행자는 Jay Leno이다 : **직상**

vs The Tonight Show by Jay Leno. **시동**= -- 인데 행자/진행자는 Jay Leno이다.

with=동존수행 대상으로서 동자/진행자 by=행위대상으로서 행자/진행자 : **직상**

☞.. **영어본래의미, 즉 Ekbe 시동 또는 감주로 이해되어야 영어승차감이 나온다.**

2.. Doctor Seward is /out /on call /this morning.

영뇌=기-->설-->설′-->설″ : BEis-Os or l + l + l + l : l-Os

or S + S + S + S : S-Os | Free 감주+我必 Free 감주 간직하기

시동=Doctor Seward는 있는데 나가 있는데, 하려고/상자 왕진을 (하려고) 오늘 아침에 말이다.

or Doctor Seward is /out //on call // [/] this morning. ∗out=adj. adv.

영뇌=기-->설 ⇨ 전설/전설 or 기-->설 ⇨ 전설-->설′ : BEis-Os

on=**직상 개념, 즉 직상 뇌** : On the attacks, Qaddafi.

시동=하고 있어요/하고 있는 중이에요, 공격을 Qaddafi에게 말이다.

on=누워 있는 상표면으로서 상면[上地)/上所)]과 그 대상으로서 상자

/접촉면 위에 누르는 것, 즉 상작동으로서 시작[작동] /상작동으로서 실시하는 것[하는 것]

/상작동 대상으로서 상자

[o: 위 n〉 ⊃ / ∨ : 누워 있는 표면/누르는 것 오-ㄴ/아-ㄴ//오ㄴ/아ㄴ/언=line//post/dot 점형 F]

: Tsipras concedes on terms. 양보하기 시작했는데 조건들을 -- : Game on.

/양보를 실시했는데 조건들을 말이다 /양보했는데 상자 조건들을 말이다.[≠concedes]

↳발생현재

call=목소리를 내는 것으로서 부르는 것[요구하는 것]

/전화상 목소리를 내는 것으로서 전화하는 것 /목소리를 내어 (결정 따위를) 선언하는 것

/가서 부르는 것으로서 호방문[[呼訪問]하는 것 ※ 呼訪問=불러 방문하는 것

/호방문 진료로서 왕진[왕간]

[c: voice or c 〉) : 성대모양 ll: 이쪽에서 저쪽으로 이르는 것 또는

ll 〉 ≈ : 목소리가 흘러나오는 모양 or ll : line+line 전화줄 (지금은 전파모양 : ≈)]

옛날에는 '계십니까' 하고 방문하는 것이다. **그래서 訪자에 말씀 언변이 들어 간다.** 요즘은 초인종이 이를 대신하고 있다. 특히, 호방문이 의사이면 왕진이 되고 간호사이면 왕간이 되고, 배이면 기항이 된다 : 주체 helper -- 주체에 따라 뜻, 즉 BAM 결정

: a.. He called her. The milkman calls every day. The pitch was called a strike/ball.

시동=불렀다/전화했다.

//부른다/전화한다/호방문한다. 매일 매일 말이다. //피쳐가 던진 공은 되었는데 선언되었다.

b.. I called (in) on him yesterday. [=paid[made] a call on] I called at her house.

시동=가서 불러서[불러 들어가서] 방문했다. --- . (on=상소에 있는 것으로서 방문하는 것)

/ 불러 방문했다. (at=구처에 있는 것으로서 방문하는 것)

∗call or phone call 전화 : It's your call/phone call.

call in products/loan 불러 들이는 것으로서 회수하는 것 가서=associate

pay=표(表)하는 것으로서
하는 것/지불하는 것/계산하는 것/기울이는 것 [p: 표하는 것]
: I pay. 내가 표한다 ➧ 즉 내가 하겠다[계산하겠다/지불한다/기울인다]는 뜻
This dictionary pays to increase vocabulary power in sample sentences. ➧ 나타내고 있다
They paid much attention to that. ➧ 기울이었다
vs on=상작동으로서 하라는 것[실시]
: Pope <u>called on</u> churches to renew.
목소리를 냈다[요구했다]. 하라고 교회들에게 즉/대동 새롭게 -- . ☞ vol 2, p173
cf]Donald Trump <u>bets on</u> Roy Moore.
걸었는데 상자 -- (상)에 걸었다. Roy Moore에 베팅했다는 말이다.
*on=상소 대상으로서 상자 -- (상에)

c.. The ship calls at Boston.
시동=울리면서 구자[구처/장소/항구] Boston에 이르렀다[기항했다].
⇒ 목소리를 내는 것이 배일 경우 → 울리는 것=주체 helper

tip) at=구역일치로서 시간
on=상일로서 날짜/요일
in=내시로서 연도/달
at=구역으로서 장소/위치
*이르렀다/기항했다=associate

d.. A woman called to read the gas meter. 시동=호방문했다. 대동 검침하려고 말이다.
e.. The door-to-door salesman made <u>calls on</u> his bike.
시동=했다. 여러 곳의 호방문을 타고서 자기 자전거를 타고서 말이다.
make=(어떤 것을) 만드는 것으로서 하는 것
on=상에 있는 것으로서 타고 있는 것

vs On domestic violence. He was arrested on domestic violence.
시동=올려놓고 있다. 가정 폭력을 말이다 ➧ 즉 가정폭력에 대해서 말하고 있다는 말
/그는 되었는데[이었는데] 체포되었다. 올라와[선상에] 있기 때문에,
가정 폭력이 올라와[가정 폭력 선상에] 있기 때문에 말이다/상자 가정 폭력 때문이다.
on=상에 두는 것으로서 (어떤 화제거리를) 올려 놓는 것
/상이유로서 올라와[선상에] 있기 때문에/상이유 대상으로서 상자 -- 때문에

tip) • A teacher makes chemistry fun <u>with</u> exploding experiments. 한 티쳐가 만들고 있어요, 화학 공부를 재미있게 만들고 있어요. 동동 폭발시켜서 여러가지 실험을 폭발시켜서 말이다.
• <u>After</u> turning the water off, he steps out of the shower. 전동 틀어서 그 물을 끈 후에
• <u>Before</u> coming, get out. 후동 오기 전에 움직여서 빠져 나가라.
• No one can stop <u>from</u> running. 기동 출마하는 것을 (하는 것으로부터) 말이다.
• The chairs are lined up <u>along</u> the wall. 측추와 그 대상 ⇒ 따라/측추자(側追者) 벽을 따라 말이다.

3.. **Mubarak Reportedly Leaves Cairo**

Signs Grow /of /Full Transfer of Power : Headline

영뇌=기-->설-->설′ : BEis-Os or I + I + I : I-Os

or S + S + S : S-Os | Free 감주+我必 Free 감주 간직하기

시동=무바라크는 보도에 의하면 떠났다고 해요, 카이로를 말이다. 징조가 점점 더 커지고 있다.
즉 관련해서 완전이양, 권력의 완전이양과 관련해서 말이다. *leave=발생현재

or Signs /Grow /of Full Transfer of Power : Headline

영뇌=기-->설/설 : BEis-Os **전치사 연결대상**=Signs

> ·»» 먼저 주체를 s동사로 설명해 나가면서, 다시 동격 전치사로 분설로 하여 설명해 나가는 뇌로 작동시켜도 좋다.
>
> of가 반드시 근설 뇌만 되는 것은 아니다 : **한국인들의 가장 큰 취약점**
>
> 시동=여러가지 징조가 자꾸 생기고 있는데 즉 완전이양, 권력 완전이양 징조가 말이다.
>
> > of=어떤 것과 격이 같은 것으로 동격/동격으로서 관련성
> >
> > [o: object/correlation f>p : par/apposition]

cf] for분설 : Funeral service /begins /for a slain teenager.=기-->설/설
=Funeral service /for a slain teenager /begins.=기-->설/설

plus] Afghan refugees /come home, /(//) 1.8 million.

영뇌=기-->설/설 (일종의 comma 동격) or 기-->설 ⇨전설 : BEis-Os

시동=아프칸 피난민들이 돌아오고 있는 데 집[고향]으로 말이다. 그 숫자는 1백 80만 명이나 된다.

> **※reportedly/allegedly + 동사=전달동사 대신에 표현하는 말**
>
> : 보도에 의하면 -- 해요
>
> /들리는 바에 의하면[떠도는 소문에 의하면/확실한 근거는 없으나 주장에 의하면]
>
> --- 이라고 해요
>
> a.. Mubarak Reportedly Leaves Cairo.[=Reports have it that Mubarak leaves Cairo.]
>
> ⇦ They say that ---- . *it의 referent=that (it=referring forward)
>
> b.. A sports car, allegedly stolen in Manchester.
>
> ⇦ People say that a sports car is stolen --- .

4.. **This is /a list /of /who comes or not. =기-->설-->설′-->설″ : BEis-Os**

or I + I + I + I : I-Os or S + S + S + S : S-Os | Free 감주+我必
Free 감주 간직하기

시동=이것은 인데 어떤 list인데 즉 누가 올 것인가 안 올 것인가를 적어 놓은 list이다.
↳ 적어 놓은=**문맥/상황** associate

전치사를 설명해 나가는 말 ↱목적절 or 관계문장절
=명사 /대명사 /동명사 /wh–절 /대명접속사 that /관습적 형용사/또다른 전치사 /of 문장동격[infml]
: a.. You'd better make a list of <u>what customers need.</u> ⇨ 목적절=무엇을 고객이 필요로 하는 지
It will depend upon <u>whether you'll do your best or not.</u> 관계문장절=무엇이냐 하면 고객이 필요로 하는 것
전자 what=자기문장의 목적어
I have not the slightest knowledge of <u>who John Travolta is.</u> 후자 what=전치사/관계문장 목적어+선행사
Authorities have not reached any conclusion as to **what brought down the flight.**
as to=즉 대자 -- 에 관해서 : 즉 대자 무엇이 가져와서 추락 시켰는지 그 항공편을 추락시켰는 지에 관해서/대해서 말이다.
b.. All is ok except <u>that</u> he has speculated.
The conclusion is wrong in <u>that</u> it is based on false premises.
I've been lucky in <u>that</u> I have never had to worry about money.
: 대명사로서 전치사의 목적어+최종적으로 자기문장을 주절에 접속시키는 접속사
c.. I don't know **for sure.** News **in brief.** **In short, in shorter.**
d.. Obama : 'Possibility' **of a bomb on downed the plane.** : 일반적으로 문장을 바로 목적절로 할 수 없음
↳ on=상소에 둔 것으로서 설치되어 ↳ StE=of that -- : **대명접속사 사용**

5.. His wife had /a son /(//) 7 years after their wedding.

영뇌=기-->설-->설' [or ⇨ **전설**] : BEis–Os or I + I + I : I–Os
or S + S + S : S–Os | Free **감주+我必** Free **감주 간직하기**

⇒ 명사를 부사의 설명을 받아 전치사로 연설로 설명해 나가거나 전설로 설명해 나가는 뇌
after=의미가 앞뒤말 양쪽에 영향을 줌 : 시간 + after/before + 사건 (7 years=**명부**)

시동=그의 아내는 가졌어요, 아들 하나를 7년후, 자기네들이 결혼하고서 7년 후에 말이다.
//그의 아내는 가졌어요, 아들 하나를 가졌는 데, 7년후, 그들이 결혼하고서 7년 후에 말이다.

vs • It's <u>twenty after five</u> in the afternoon. *it=situation 'it' 로서 시간을 지칭
after=명사를 설명해 나가면서 의미가 뒷말에만 영향을 줌 (**단, twenty=명사**)
시동=시간이 20분인데 뒤[후], 5시 뒤[후] 20분 위치 *'s=이
• The speed trap ahead after the 2nd light.
시동=과속 감시[단속] 장치가 앞에 있는데 지나서 두 번째 신호등 지나서 있다.
• We discussed why there doesn't seem to follow through <u>after</u> market rallies. : **직상**
시동=주거니 받거니 했다. 그 이유 대해서, 즉 하지 못하는 것 같다는 이유에 대해서, 따라 끝까지 <u>쫓아가지</u> 못하는 것 같다는 이유에 대해서 여러번 시장 랠리가 있었음에도 불구하고 말이다.
*there -- rallies=관계문장 doesn't=설명현재 있었음에도 불구하고 말이다=**문맥** associate

연결설명어 영뇌

6.. File /a request with /the appropriate authorities.

영뇌=기-->설-->설′ : BEis-Os or I + I + I : I-Os
or S + S + S : S-Os | Free 감주+我必 Free 감주 간직하기

시동=서류를 갖추어[작성하여] 청원서를 제출하라. 관계당국에 말이다.
/서류를 제출하라. 청원서를, 동자[동체] 관계당국에게 말이다. ※a petition 탄원서

with=동존시키는 것으로서 놓아 두어는 것/제출하는 것
//동존방향 대상으로서 동자/동체(同體) -- 에게
appropriate=adj. ⇨ 적절한 부처로서 해당부처인 것/관계부처 인 것
//verb 적당히 해버리는 것으로서 사물화(私物化)하는 것/착복하는 것

7.. They provided /the police /with several vital clues.

영뇌=기-->설-->설′ [or 설/설] : BEis-Os or I + I + I : I-Os
or S + S + S : S-Os | Free 감주+我必 Free 감주 간직하기

부분 부분으로 시동=They provided -- the police -- with -- several vital clues.
Ekbe로 시동=They는 제공했어요, 경찰에게 가지고서[지니고서], 여러가지 아주 중요한 단서를 말이다. /경찰에게 가지고 있는 -- 단서를 말이다.
//동자[동체], 여러가지 아주 중요한 단서를 가지고서[지니고서] 말이다.
-- with=**직상 개념**
G토씨로 시동=They는 provided했어요, the police에게 with하고서 several vital clues을 말이다.

with=동존소유로서 가지고서[지니고 있는]/동존소유 대상으로서 동자[동체] -- 을 가지고서 [지니고서] [wi: v+v+is th: things]
provide a with b **영뇌**
=provide하는 데 a에게 지니고서 b를 지니고서 말이다 /a에게 가지고 있는 b를 말이다
//a에게 동자[동체] b를 지니고서 말이다
cf] He complied with his wish. vs Don't comply with the subpoena.
가지고서/동자[동체] -- 을 가지고서 vs 지니고 있는/동자[동체] (소환장에 말이다)

↱doesn't=발생현재, hold=발생 본동사의미

tip) He doesn't hold back with his opinion. 그는 하지 않았는데 가지고 있지 않았는데 뒤로 가지고 있지 않았다. 지니고 있는[동자] 자기 견해를 말이다. 즉 자기 견해를 숨기지 않았다는 말이다 : **직상 개념**
hold back=가지되 뒤로 가지는 것으로서 숨기는 것/멈추게 하는 것/막는 것
: Tell me about it - don't hold anything back! She struggled to hold back her tears.
Our economy was being held back by excessive government controls.

↗내자[in]할때 내관대상이 보이면 된다 : S영뇌

8.. Pakistani convicted /in /Mumbai attacks. : **Headline**

I never knew /that you were /in publishing.=기-->설-->설′ | Free 감주+我必 Free 감주 간직하기

시동=유죄 판결을 받았는데 내관되어서[내자],-- 공격과 내관되어서[관련해서] 받았다.

//결코 몰랐아요, 즉 네가 있었다는 것, 종사하고 있었다는 것을 출판과 말이다/내자 출판과 관련해서 -- .

in=내에 있는 것으로서[즉 내로서] 관련성, 즉 내관[內關] /내에 있는 것으로서 종사하고 있는 것 /내관 대상으로서 내자 -- 관련해서 [in: is + n內] (이때 내자의 '내' =내관을 가리킴)

vs of=동격으로서 관련성, 즉 동관[同關]

[o: correlation f 〉 p : par/apposition 어브=little slide F 어=dot 점형 F]

: Of her childhood, I know very little.

시동=(즉) 관련해서 그 여자의 어린시절과 관련해서

(기기의) `정보

cf]About : 주변관련 내용으로서

vs I saw on[with] you.

↗I saw about you.

vs about=주변을 다루는 것으로서 관련성, 즉 변관[邊關] /변관으로서 변관 -- 관한 /변관 대상으로서 변자 -- 관한 [a: around b: by t: take]

: A film about the Spanish Civil War.

그래서, 대략의미로 about, around를 쓰는 것이다 : About 20. Around 20.

vs on=상에 붙어 있는 것으로서 관련성/연관성, 즉 상관[上關] cf] over=걸친관계 -- 걸쳐서 /상관 대상으로서 상자 -- 관한 [o: 위 n〉⊃: 누워있는 표면]

: A book on pregnancy. The UN Security Council to vote on Iran Deal.

시동=책인데 상관된[상자], 임신에 상관된[관한] 책 /대동 투표를 하는 데 상에, 이란 합의안 상에 [상자 이란 합의안과 관련해서] 투표할 것이다.

cf] Bush: On the war. ⇨ on=상작동으로서 위에 올리는 것/그 대상으로서 상자 -- 을 올리는 것

시동=올리고 있는 데, 전쟁에 관한 것을 올리고 있다.

[상자 전쟁에 관한 것을 올리고 있다 -- 결국 그것에 관해서 말하고 있다는 것]

This month on Talk Asia. ⇨ 상[위]의 것으로서 분(分) 시동=이 달분의 Talk Asia편 또는 this month의 associate로서 분의 것 시동=이 달분의 것이 올라간다. Talk Asia편 -- .

cf] Today in history. ⇨ 오늘에 들어있는 역사로서 오늘의 역사[=Today' s history.]

이때 동자의 '동' =존관을 가리킴↰

vs with=동존으로서, 즉 동존하고 있는 것으로서 관련성, 즉 존관[存關] /존관 대상으로서 동자 -- 관한 [wi: v+v+is th: things] : How are things with you?

No country can say : we have nothing to do with refugee crisis.

시동=어때, 일들이 동자[동체] 너와 관련해서 말이야? -- 만났을 때 이렇게 인사하면 된다. /우리는 전혀 없다고 대동 할만한 게 동자[동체] 난민 위기와 관련 지울만게 말이다.

tip) nothing to do는 우리말 '일없다' 할 때 딱 맞는 표현이다.

연결설명어 영뇌

다 같이 관련이더라도 서로 접근하는 뉘앙스와 문체도 다르고, IS도 달라진다.
이런 것을 알아야 IS영뇌를 정확히 작동시킬 수 있다. 특히 상황, 즉 실제상황을 다르게 볼 수 있다.

BNW가 헌법재판소이다

모든 단어의 의율은 BNW[**즉 원래단어의미**]로 판단하여 쓰는 것이지, **뜻하는 의미**로 판단하여 쓰는 것은 아니다. 그래서, 숙어로만 외우고 있으면 표현의 고유한 뉘앙스도 느끼지 못할 뿐더러 단어를 여러 가지 표현에 적용시킬 수 있는 적용력도 키울 수 없다.

IIIII .. Our proposals are in limbo.

in limbo의 뜻하는 의미는 어디로 갈지 모르는 중간지역 내소에 있는 것으로서 불확실한 상태이다. are 뒤에 in을 쓰고, limbo에 in을 쓴 것은 뜻하는 의미와 아무런 관련이 없다. 지역으로서 장소와 관련이 있다. 즉, 있는 데 내소에 있고, 천당도 아닌 지옥도 아닌 중간지역 내소에 있다는 것이다 : **완전번역**
지역/장소 관련으로서 in을 쓴 것이다. 여기서 at이 아니고 in이 나온 연유를 알라.
이때 in limbo의 **뜻하는 의미, 즉 준번역[이면번역]**=a state of uncertainty 불확실한 상태

limbo=(in the Roman Catholic religion) a place which is neither heaven nor hell where the souls of those who have not done evil may go after death, even though they were not Christians during their life. 죽으면 가는 지옥도 아니고, 천당도 아닌 곳, 즉 중간지역
: 세례를 받지 않은 어린이나 예수 강탄이전에 죽은 사람의 영혼이 머무는 곳
vs purgatory 연옥/일시적 처벌[속죄] 장소

9.. 'The hotel was awful! To begin with, //our room was /far too small.'

영뇌=전설 ⇨ 기-->설 : BEis-Os or I + I + I : I-Os
or S + S + S : S-Os | Free 감주+我必 Free 감주 간직하기

시동=즉, 먼저[우선] 관련[존관]해서 말할 것 같으면/대동 말을 시작하면 관련해서 말을 시작하면
*말할 것같으면/말을=(문맥/상황) associate

begin=시작하는 것으로서 우선[먼저] /작에 들어가는 것으로서 시작하는 것
[b: 부터로서 시작 or g: 작 作 in: 들어가는 것으로서 하는 것 or g: go]
to begin with=뒷말(the hotel)을 표현하지 않았음 : Talk about. **시동**=말해보자, 무언가
[변자에/어떤 변자에] 관련해서 말이다. 무언가/어떤=**단어** associate
vs There were six of us to begin with, then two people left.
시동=(이런 게) 있었다, 6사람 즉 우리들 중 6사람이 있었지요, 즉 시작할때, 함께 시작할 때 말이다. [시작을 함께 할때 말이다]. 그런 다음 --- .
of=소속 : 6사람, 즉 우리들 중 6사람 **동격** : 6사람, 즉 우리들 6사람

비한글 BNW 시동=there할 때 동사상황 유도느낌만 갖고 바로 '있었다' 로 연결되면 된다.
there=유도상황+선언급상황 (referring forward) : **실질 referent=동사 뒷말**
with=동존으로서 동행[같은 행동] [wi: v+v+is th: things]

↗대자/대동[to]할때 방향대상이 보이면 된다 : S영뇌

tip)1. **(직상으로) 딸과 아들이 다 되는 경우** : 딸과 아들이 동시에 있기 때문이다.

- Attack response to Saudi killing Yemenis.
  ⇒ 공격대응인데 대자[대동] 사우디 사람이 죽인 것, 즉 예멘사람들을 죽인 것에 대한 공격대응[대응공격]

- With last year's primary still roiling the Democratic party more than a year later, two former Bernie Sanders campaign officials are charging the DNC offered their campaign a less favorable fund-raising deal than Hillary Clinton's team received.
  ⇒ 동자[동동] 지난해의 예비선거 조직[예비선거회]이 여전히 지금까지도 흐리고 있다고 민주당을 일년 이상이 지난 후에도 흐리고 있다고 하면서 -- 혐의주장을 하고 있다. *a less favorable fund-raising deal 덜 유리한 모금 거래

2. **(직상으로) 딸이 둘인 경우** : twins로 시동 • Two were killed along with two suspects. 측동자/쭉 -- 함께

- From before sunrise. 시후자(始後者) 일출전부터 Until after sunset. 도전자(到前者) 일몰후까지
- From under the desk. 기하자(基下者) 책상으로부터 (기자+하자)
- Reporting from around the world. 보도하기, 즉 기환자(基環者) 세계[세상]로부터 보도하기
- Except[Save/But] for that one typo there were no mistakes. 외해자(外該者) 그 한 오타를 제외하고
  vs But for my pension. 반부해자(反不該者) 나의 연금이 없었다면 ⇒ but=반부자 ⇒ 반대부정 종맥실체 =But (it were not) for

for가 없다면 모두=외자(外者) ↑

10.. I am /writing to you //with regard to your letter of 15 March.[=writing you]

영뇌=기-->설 ⇨ 전설 : BEis-Os or I + I + I : I-Os
or S + S + S : S-Os | Free 감주+我必 Free 감주 간직하기

시동=나는 있어요, 쓰고 있어요, 수신자[대자] 당신에게 말이다. 함께 관련해서 즉 당신의 편지, 즉 3월 15일자 편지와 함께 관련해서 말이다. / --- . 함께 관련해서 대체 너의 편지, 즉 --- .

with=동존으로서 함께[wi: v+v+is th: things]
regard=간주하는 것/관련
[g/d: 간주하는 것--d: 주현상 — 구개음화 한글 BNW g/r: 관련 or re: relation]
to=방향대상으로서 수신자/대자(對者)/쪽자/쪽대 //즉/대체(對體) - - 와
[t>d: direction o: object 투-/투/터=line 점형/dot 점형/dot 점형 F]
with regard to=함께 관련지어서 즉 -- 와 (말이다)

add] He went to the school. U.S. vice president Mike Pence arrived to Seoul.
to=방향대상으로서 대자/대처(對處) -- 로[에] /곳으로 -- 라는 곳으로
vs into=내방향 대상[종점]과 내방향으로서 내대자[들어가는 데] -- 까지 : 35℃ into Tuesday.
/내방향 (변화) 입작동 대상으로서 내대자 -- 로 [in: (들어가는 것으로서) 입작동 변화 to: 방향대상]
: Changed into NB English. 바뀌었는데 내대자 -- 로 말이다
Day turns into night. 낮은 변하는데[변했는데] 내대자 밤으로 말이다 : 일반적[발생] 현재
He translated from Latin into English. 기자[기체] 라틴어를 내대자 영어로 말이다.

plus

a.. In regard to protecting temporary workers, the relative bill should be pushed.

in regard to=해서 관련해서, 즉[대동] -- 하는 것과 관련해서/쪽 -- 하는 쪽과 관련해서

in=들어가는 것으로서 하는 것 [i 〉 - · 〉 ···▸ : 움직이는 모양 n: 내內]

b.. They want to talk to you in connection with an unpaid tax bill.

in connection with=해서 연관지어서-- 와 연관지어서

/해서 관련해서, 함께 -- 와 함께 관련해서

/해서 관련해서, 동체[동자] -- 와 관련해서

with=동존시키는 것으로서 짓는 것 /동존으로서 함께

/동존대상으로서 동체[동자] -- 와

c.. I am writing with respect to your letter of 15 June.

with respect to =지어서 관련지어서, 즉 /대체[대자] -- 에[와] 관련지어서

also 'in respect of' sth : formal E respect=관련[re: relation]

영뇌, 즉 원어민 두뇌에는 BAM만 있지 숙어는 없다

with regard to=in regard to =in connection with=with respect to=in respect of

: 영뇌로 각각의 단어의미를 자기 위치에서 바로 느껴라.

모든 단어는 **자기 거주지[BNW]**를 가지고 있다. **IS영뇌 작동시 그것을 느껴야 한다.**

한글과 마찬가지로 **영뇌에서는 BAM만 있지,** (특히 collocation은 있어도) **숙어는 없다.**

11.. Keep in /touch with /the world. tip) in BAM= - · 〉→○ 안으로 들어가는 모습=안으로 들어가는 모습으로서 들어가는 것(동개념)

영뇌=기-->설 -->설' : BEis-Os

or I + I + I : I-Os

or S + S + S : S-Os

i: · 〉○ 안모습 + I 서있는 것=안모습으로서 내소(정개념)

시동=계속해서 하라. 접촉이 있도록 세상과 말이다. /계속하라. 접촉을 함께 세상과 함께 말이다.

/계속해서 하라. 접촉을 동체[동자] 세상과 함께 말이다. tip)계속하라=계속하라(keep)+하라(in)

/계속하라. 내자 접촉을 동자 세상에게 말이다.

in=들어가는 것으로서 하는 것 : **입작동** /들어가 있는 것으로서 되어 있는 것 : **입상태**

/입상태 대상으로서 내자 -- 인 것 : Editor-in-chief

시동=Editor인데 되어 있는 chief(수장)로 되어 있는 편집자로서 편집장[주필]

/ -- 내자 수장인 편집자로서 -- : commander-in-chief 최고 사령관

.. **간상의 직상전환** : A man between two desks. between=사이공간과 그 대상으로서 사이에/간자

간상시동=한 남자가 있는데 사이에 두 책상 사이에 있다 ⇒ 직상시동=한 남자가 있는데 간자 두 책상에 있다.

vs 직상표현 : Two desks between a man. 시동=두 책상이 있는데 사이에/간자 한 남자가 있다.

↳**직상만 가능**

with=동존시키는 것으로서 있도록 하는 것 /동존으로서 함께
//동존대상으로서 동체(同體) /동자(同者) -- 함께

: • Connect with US on Twitter.
시동=connect가 있게 하라. 미국으로 상에서 Twitter상에서 말이다.
/connect하라. 동체[동자], 미국에게 상자 Twitter에서 말이다. *US=U.S.

• Ready to work with transitional National Council.
시동=함께[동체/동자], 권력이양 국가 위원회와 함께 말이다.

add] a.. Jurors say he got away with murder. : **동존행위로서 동시행위**
with=동존행위로서 동시에/동존행위 대상으로서 동자 -- 와 동시에
시동=해버렸다고, 즉 가버렸다고, 동시에 살인과 동시에 말이다.
/(몸을) 움직여 가버렸다고, 동자 살인과 동시에 말이다.

b.. Mongrel, a dog with parents of different breeds.
with=동존소유로서 가지고 있는 것
시동=Mongrel이란 일종의 개로서 가지고 있는 부모, 즉 다른 혈통의 부모를 가지고 있는 개[=잡종] cf]purebred 순종

12.. BOA /in /the red.

영뇌=기-->설-->설′ : BEis-Os or I + I + I : I-Os
or S + S + S : S-Os | **Free 감주+我必 Free 감주 간직하기**

시동=BOA는 내고 있다. 적자를 말이다/ -- 속에 있어요. 적자 속에 있어요. cf] black=흑자
*in=속에 있는 것으로서 내고 있는 것 : Stocks in the red. (red=적자로서 마이너스)

크기두뇌 • **in=내 크기[入크기], 즉 들어 있거나 들어가는 크기 : 입상태/입작동 크기**
: 2 million dollars in US aid 25 years in prison plus]25 years in. 25년 걸린다 : free **영뇌**
시동=2백만 달러어치가 들어 있는 미국 원조 --> 2백만 달러 크기의 미국원조
25년의 세월이 들어 가는 감옥생활 --> 25년 간의 감옥생활

↗걸리는 시간이 두달 또는 그 이하로서 내자 2달 이내
Lose 3 kg in two months. (vs Lose 3 kg in two months or less.)
in=직상으로서 들어가는 크기 또는 들어가는 것으로서 바로 지나는 것 ↗여기서 '내'=入크기를 지칭
시동=빠지는 데 3킬로 빠지는 데 들어가는[걸리는] 시간이 두 달이다/내자 두 달이다.
/-- , 바로 지나면, 바로 두달이 지나면 말이다. /내자 두달 만에 말이다.

It's two o'clock ; I'll come in three hours.[=in no more than three hours]
➾ 걸리는 시간이 세 시간이니 세 시간이 바로 지나면 돌아 온다는 뜻, 즉 세 시간 만에 돌아 온다는 뜻 (=I'll come at five o'clock. 바로 5시에는 돌아 온다는 뜻)

vs It's two o'clock ; I'll come after three hours.

·))) 세 시간이 경과한 후 어느 때고 돌아온다는 뜻, 즉 세 시간 후[뒤]에 돌아온다는 뜻

vs It's two o'clock ; I'll come within three hours. [=in less than/inside (of) three hours]

·))) within=어떤 시간 이내, 즉 세 시간 이내에 돌아오겠다는 뜻[with+inside]

We're going to Italy in April. Two inches of rain in 10 minutes.

·))) in=시간 범주 내, 즉 4월 내에 어느 때고 가겠다는 뜻
/2인치의 강우량인데 내[사이], 10분 내[사이]에 내린 강우량, 즉 10분 동안 내린 강우량
[=for 10 minutes 동안, 10분 동안]

cf] Five years into World War Ⅱ General Dwight D. Eisenhower approved an operation to possibly end the war.

·))) into=들어간 것으로서 되자 ⇒ 5년 쯤 되자, 2차 세계 대전(1939~45)에서

- of=**동격크기** : a cup of coffee ↗우리말 '의' ='크기 의미 /소유격 의미
  시동=한 잔 즉 커피 한잔 --〉 한 잔 크기의 커피/한 잔의 커피
- for=**해당크기** : pizza for $20 **시동**=pizza 즉/해치(該値)/해자 2십 달러짜리 피자
  [= $20 for pizza for=**해당대상** : 2십 달러인데 즉/해자 피자가 그렇다는 것]
  vs Nasdaq up 3% for April. for=**해당기간** : 올랐는 데 즉 3% 올랐는 데 동안 4월 한달 동안 말이다.
- at=**규모크기**[a: (exact) area] : a book at $30 at least 50 people flags at half-staff ↗국기 규모를 반기로 하는 것
  시동=한 권의 책인데 그 값의 규모는[값은/直値/직자] 30불이다 //규모가[직자/숫자가] 적어도 50명

tip)규모크기로서 값/숫자/나이/속도 -- 등 : Died at 89.

: price at the money of real property ↳구역으로서 규모크기,구역일치로서 일치크기, 일치크기의 대상으로서 직자
at=구역일치(exact area)로서 등가
: 값, 즉 등가인데 금액 즉 실제 부동산 금액과 같은 것

vs price in the money of real property 가격인데 월가격 즉 -- 보다 큰 것
in=(가치/값 -- 등이) 더 들어간 것으로서 월(越)가격, 즉 높은 가격 cf]zoom in=점점 확대시키는 것

vs price out of the money of real property 가격인데 못미치는 가격 즉 -- 보다 작은 것
out=(가치/값이) 실제치에서 out되는 것으로서 못미치는 가격, 즉 낮은 가격 cf]zoom out=점점 축소시키는 것

13.. Try to /keep /the children /from throwing food /all over the floor.

영뇌=기--〉설--〉설′--〉설″--〉설‴ : BEis-Os or I + I + I + I + I : I-Os
or S + S + S + S + S : S-Os | Free 감주+我必 Free 감주 간직하기

시동=노력하여 (대동) 유지시켜라. 애들을 기동(基動) 던지는 것으로부터 음식을 전체 걸소, 즉 마루 전체 걸소에 말이다. / --- . 애들에게 생기지 않도록 throwing하는 것이 생기지 않도록 --- .
/ ---. 애들에게 그 자체가 생기지 않도록 throwing하는 것 자체가 생기지 않도록 --- .

from=f: flow로서 출처[근원지] /출처[근원지] 대상으로서 기동 -- 로부터 /출처[근원지]로서 생기는 것[뿌리 그 자체] (+ f: free로서 하지 못하게 하는 것 : IM) ※over=걸친 장소[구역]로서 걸소

vs Prevent the children from throwing food.

시동=막아라. 애들에게 생기는 것, 던지는 일이 생기는 것을 음식을 가지고서 말이다.

/ --- . 애들에게 출행[근행], 즉 던지는 출행[근행]을 ---- .

*가지고서=**문맥/상황** associate from=출처 행위로서 출행/근행(根行) -- 근본적인 행위 그래서 승선 자체를 막을려면 from을 쓴다.

⇒ Hungary bars migrants <u>from boarding</u> trains. 자체[근행], 승선 자체[근행]

vs <u>Prevent</u> the children <u>throwing</u> food.

시동=막아라. 애들이 던지는 것[던지고 있는 것]을 음식을 가지고서 말이다.

: Wrap small ornaments in paper to <u>prevent</u> them <u>being</u> damaged.

14.. The year /in /words.[=Words of the year.]

영뇌=기-->설-->설′ : BEis-Os or I + I + I : I-Os

or S + S + S : S-Os | **Free 감주+我必 Free 감주 간직하기** 다시 보도하는 상황 ↙연말에 큰 사건만 추려

시동=금년에 들어있는 말, 즉 금년의 말들[올해의 말들] cf]year in review 한 해를 하는데 다시 돌아보는 것

in=내에 있는 것으로서 들어있는 것 : 직상뇌 the=외부적 지정으로서 '올해' 를 지정함

plus] today in history cow in calf

직상 Ekbe=오늘에 들어있는 역사[오늘인데 들어있는, 역사가 들어있는 오늘]로서 오늘의 역사

직상 Ekbe=암소인데 들어있는, 송아지가 들어있는 암소

15.. Confidence /in EU /eroding further.

영뇌=기-->설/설 : BEis-Os or I + I + I : I-Os or S + S + S : S-Os

| **Free 감주+我必 Free 감주 간직하기**

시동=신뢰, 즉 내자 EU의 신뢰가 깎여 나가고 있다. 점점 더 말이다.

in=내소유 대상으로서 '내자 -- 의' vs of=동격 소유로서 '의' eroding=(be동사) **전제 infml E**

tip) into=내방향 입작동 대상이 동사인 것으로서 내대동

: President Trump will call on all countries to further pressure North Korea <u>into</u> giving up its nuclear weapons.

-- 은 앞으로 요구할 것이다. 상자 모든 국가에게 대동 좀더 압박하도록 (요구 할 것이다) 북한이 내대동 주고 완전히 손들도록[포기하도록] 자기네들 핵무기를 말이다.

: The Zulu people were not fooled into believing that glass beads were precious stones.

-- 은 바보는 아니었다. 내대동 믿을 정도로/내대동 들어 갈 정도로, 즉 믿고 들어 갈 정도로 ----- .

16.. Suspect will /be kept /in complete isolation /[//]for weeks.

영뇌=기-->설-->설′-->설″[or ⇨ 전설] : BEis-Os or I + I + I + I : I-Os
or S + S + S + S : S-Os | Free 감주+我必 Free 감주 간직하기

시동=혐의자는 할 것이다. 즉 갇힐 것이다[갇혀 있을 것이다]. 해서[내자] 완전 격리로 해서,
동안[구시] 수주 동안 말이다. // 앞으로 하게 될 것이다. 갇히게 되는 데 해서 ------ .

keep=보관하는 것으로서 가두는 것
in=들어 가는 것으로서 하는 것 /입작동 대상으로서 내자 -- 하는 것
for=해당 기간으로서 동안 [구시 -- 동안]
/해당 거리로서 구간 -- 까지 : The couple walked for 10 miles.
cf]소속시기: Dow has the biggest gains of April[=during].
그야말로 가장 크게 상승한 종목수를, (즉) 중에 4월 중에 말이다.
*Suspect=(지정사) **전제** infml E → A/The suspect=StE

17.. Pending home sales /on the rise.

영뇌=기-->설 : BEis-Os or I + I : I-Os
or S + S : S-Os

more) on **상작동**=상소 대상으로서 상자
: I got hooked on her.
나는 했는데 홀딱 반해버렸는데
상자 그 여자 (모습)에게 말이다.

시동=급매 주택 판매량이 타고 있다. 상승을 말이다/하고 있는데 증가하고 있다.

on=상에 있는 것으로서 타고 있는 것/상이유로서 상에 있기 때문에
: Asian markets tumble on the bad China Data. 상에 있었기 때문에/있었어
vs **전치사 부사** : US killed on Osama bin Laden. Capitalize on it.
시동=미국은 죽이는 일을 수행했다. -- 에게 말이다. /자본화 시켜라. 그것을 말이다
on=위에 누르는 것으로서 작동 /상작동으로서 수행[실시], 즉 하는 것
vs in=들어가는 것으로서 수행[실시],
즉 내작동[입작동]으로서 수행[실시], 즉 하는 것과 그 대상으로서 내자
: He zeroed in on her with the camera.
시동=영점을 맞추었다[정조준을 했다/영점조정에 들어갔다],
상자 그 여자에게[그 여자 상에] 동자 카메라를 가지고서 말이다.
Counting starts in referendum vote.
시동=개표가 시작되었다. 내자 국민투표로 말이다.

tip)He closes in on the Wimbledon champion.
시동=마무리해 들어가기 시작했다. -- 에[이 되는 것에] 말이다 : **입작동/상작동 동시작동**
↳이때 'on'=상작동으로서 '시작' : 'Folks, game on!'

18.. **Parasite, /an animal or plant /that lives /on, with, or in /another, /from which /it gets /its food.**

영뇌=기-->설-->설′-->설″-->설‴-->설⁗-->설‴″-->설‴‴ : BEis-Os

or I + I + I + I + I + I + I + I : I-Os

or S + S + S + S + S + S + S + S : S-Os | Free 감주+我必 Free 감주 간직하기

시동=parasite란 일종의 동물 또는 식물로 이들은 사는데 상소에 살거나, 동존해서 살거나, 또는 내소에 사는데, 자기 외 다른 동물이나 식물에서 그렇게 살면서 기처 이들로부터 그 놈은 섭취한다. 자기 먹이를 말이다.

> 자기 외= **단어** associate 그렇게 살면서= **문맥** associate
> parasite=어떤 곳에서 붙어 빨아 먹으며 살아 가는 것으로서 기생체
> [pa: 붙어서 빨아 먹는 것(p+pa) site: 곳]
> 기생체=기생식물/기생충/겨우살이/기생인간 --- 등등
> another=또 다른 것으로서 자기외 다른 것 /또 다른 것으로서 또 하나인 것 [an+other]

19.. **Geely is /looking /at Volvo. He is /good /at Taekeundo. I have /no skill /at sewing.**

영뇌=기-->설-->설′ : BEis-Os or I + I + I : I-Os

or S + S + S : S-Os | Free 감주+我必 Free 감주 간직하기

시동=Geely는 있어요, 쳐다보고[살펴보고] 있는데, 직자[즉/직체] Volvo차를 말이다.

/그는 (인데) 능한데 직자[즉/직체] 태권도에 말이다.

/나는 가지고 있어요, 無 skill을 즉[직동] 바느질 하는 것에 말이다.

> at=구역(완전) 일치 대상[exact]로서 직자[즉/직체]
> /바로 대상이 동사인 것으로서 즉[직동(直動)] [a: area t〉d: direct]
> : Lory back at #1. [be동사 전제 infml] vs to=방향대상 in=내지정 대상
> vs He wins a seat in the general election. 내자/속에서 -- (속) 에서 *a seat=의석 하나

tip) 내지정 대상 종류 : 내소 /내시 /입작동[입상태] /내범위 /내소속 /내관 /간시 /내속 /내대상 -- 등 ☞ p294

(**입작동**=실행, 수단, 변화, 입크기, -- 등 **입크기**=입상태 크기/입작동 크기)

vs 상지정 대상 종류 : 상소 /상일 /상작동 /상관 /상바탕 -- 등

☞.. **in=내지정이 내(속) 대상, 즉 내에 있는 것(들)인 경우** : 일종의 직상

- Summarize the information by selecting and reporting in the main features.
  [=reporting in(**함께동사**)=reporting] **시동**= 요약하되 그 정보를 요약하되 해서[행동] 골라 알릴 내용으로 해서하라, 즉 (graphic) 내에 있는[내자] 그 주요 특징들로 말이다 -- IELTS graphic Writing **문제**=Task 1 cf]Task 2=Essay
  ※graphic **종류**=table/bar graph(also bar chart)/line graph/pie chart/diagram(**도형/그림**)/map

연결설명어 영뇌

☞.. 단어의미를 만들거나 알아내는 원천기술은 BAM이다.

구역일치란 대상체가 차지하는 차지구역 (밑면 뿐만이 아니라 공간구역/3차원 구역까지 포함)과 대상체가 완전히 일치하는 것,

결국 대상체 자신이 되는 경우, 그래서 바로 대상이 된다. 즉 바로 그 대상체를 지칭하는 것이다. 따라서, 영영 사전에서는 이럴 경우 exact로 뜻풀이를 하고 있다. 구역일치로서 바로 대상이다.

: Look at me. 시동=쳐다보라, 직자[즉/바로/직체] 나를 말이다.

직자/구자[at]할때 바로대상/구역대상이 보이면 된다 : S영뇌

at=구역일치[일치구역]와 그 대상으로서 즉/바로/직체/직자 ← 또는 구역일치 지정과 그 대상

[a: exact area] *a: exact=비두자 BNW

: He vomited at the shooting scene photos/the news. (즉/직자 -- 을 보고서/듣고서)

(A) Tsunami survivor gets second chance at life. (즉/직체/직자 인생에서)

하지만 at은 on처럼 완전일치가 안되어도 좋다. ☞ on=상소 또는 선상 : p330

만약 가게 앞에 있어도 at을 표현했다면 at구역을 가게 앞[주변구역]까지 생각한 것이다.

at=구역과 그 대상으로서 장소/구역/구소/구처/구자 ← 또는 구역 지정과 그 대상 [a: area]

: • He is standing at the shop. He might live at or near Seoul.

시동= -- 있는데 서 있는데 장소가 the shop이다[구자/구소(區所)] -- 에 말이다].

/그는 아마도 사는 것 같다. 구자 또는 근자 서울에 말이다[구처 또는 근처에 서울 --].

• The cat laid a dead mouse at my feet. Hundreds honored the sheriff at a vigil.

시동=구자 내 발에 말이다 [구역/구처(區處)]에, 내 발 구역[구처]에 말이다].

/수백명이 모여 높이 기렸는데 -- 구처에서 한 철야 행사로[를 열어서] 말이다.

그래서 'He lives at the capital.' 하면 수도권 지역에 사는 것이 된다.(=He lives in the capital area.)

따라서, 자기가 변두리에 살지 않는다고 분명히 표현하고 싶으면 in을 써야 한다.

: He lives in the capital. ***in=내소(內所)/내자 -- outside와 상대적 개념**

at=애ㅌ/엇/애ㅌ=post/dot 점형/small slide F

↗vs at night=**구시와 그 대상으로서 구시/구자 밤에**(area time)

at을 숫자시간으로 설명해 나갈 때 BNW

↗구역일치 시간[장소/대상]

at two o' clock하면 시계바늘이 바로 가리키는 숫자 구역으로서 **구역일치[바로 대상]**, 그래서 '직자/직시/시간이 -- (이다)' 로 된다. 이때 시간은 실제시간의 구역일치[바로대상]로서 시간이다.

시동=직자/직시/즉, 2시(이다) /시간이 2시(이다). 또는 어떤 때로서 시간[a : 어떤 t: time]

tip) 1. at=직시(직 time)로서 시간은 on=상시기로서 날짜는/요일은 in=내시기로서 년도는/월은

2. at BNW=시기일때 구역 time/시간일때 구역일치 time [a: (exact) area t: time]

(참고: o' clock 할 때 o는 on으로서 시계판 위를 말한다. 그래서, two o' clock에서 two는 시계판 위에 박힌 글자를 의미한다. 시동=두 시인데 상에서 시계판 상에서 말이다.)

plus]**구역일치 속도** : Companies hired at a brisk pace.

20.. Runaway Teenager :

Janis Roberts, /15 years old, /of[at/on] 1647 Sunrise Road, Marion, /left his home last week.

영뇌=기-->설/설/설 : BEis-Os or I + I + I + I : I-Os

or S + S + S + S : S-Os | Free 감주+我必 Free 감주 간직하기

시동=속해 있는 데, 1647번지에 속해 있는 데, /직자[직소(直所)] 1647번지에 사는 데

/상자[상소], 1647번지에 살고 있는 데 -- 나갔어요. --- .

: **집나간 십대 신상**

of=동격으로서 소속 cf]팔방미인! : A man of many talents! (of=**동격구성**)

*있는 데/사는 데 /살고 있는 데=**문맥** associate

자기가 사는 것을 사는 번지에 속해 있는 것으로 관찰했다면 of를, 구역일치로 바로 그 번지에 사는 것이라면 at을, 상번지에 사는 것으로 관찰했다면 on을 쓰면 된다.

번지에 in을 써지 않는 것은 **구역일치 영뇌의식** 때문이다. 사는 곳이 단 1 m^2(one square meter)도 남의 땅이 아니기 때문이다. 언어는 습관의 산물이다. 이렇게 원어민 두뇌는 습관화 되어 있다.

21.. Arranged /for the end of May.

영뇌=기--> 설 : BEis-Os

or I + I : I-Os or S + S : S-Os | Free 감주+我必 Free 감주 간직하기

시동=잘 주선되어 있어요. 해자, 말 즉 5월 말 용으로 말이다.

/ --- 해자(該者), 말 즉 5월 말 해용으로 말이다.

for=해당사항으로서 해당용도 [f: 해당사항 (family를 훼밀리라고 소리내기도 함)]

for의 최상위 BNW는 해당사항이다.

앞뒤 문맥에 따라 해당사항이 해당이유/해당목적/해당기간/해당결과/해당방향/해당대상/해당용도/해당가치/해당금액-- 등으로 바뀌면 된다. (포-/포오=line 점형 F/내성음 slide F : 강한소리 퍼=dot 점형 F : 약한소리)

: Rain for around 2 centimeters.

the Bank for International Settlement Standards (ex: BIS ratio)

More snow tonight for [also, in] Mid-Atlantic, Northeast. An M & A for $1 bil.

Aiming for gold. Leaving for Seoul. The destination for travel stories. Veterans for Trump.

시동=비가 왔는데[오는데] 해당 강수량 [해치(該値)]이 약 -- 이다.

/은행, 즉 국제결제기준 은행 /해자 [해지(該地)] -- 에서

/겨냥하고 있다. 해자[해목(該目) /해대(該對)], 금메달을 향해서 말이다.
/떠나고 있는 데 해자[해대(該對)] 서울을 향해서 말이다.
/여행지[목적지]인데 해자 여행 스토리가 될만한 지역 /해자 -- 을 지지(한다)
arrange=어떤 것/어떤 곳에 이리 저리 노력하여 가지런히 하는 것으로서
정리/정돈/정렬/주선/조정 하는 것 //매듭지어 정하는 것
[a: at r: 로력>노력 rr: 노력반복 or rr: 여러번 노력하는 모습 g: 가지런히 하는 것]

22.. Researchers collected /blood /for diabetes study.

영뇌=기-->설-->설′ : BEis-Os or I + I + I : I-Os
or S + S + S : S-Os | Free 감주+我必 Free 감주 간직하기
시동=혈액[피]을 해자 당뇨병 연구용으로 말이다.

23.. She did /fifteen years in jail //for murder.

영뇌=기-->설 ⇨ 전설 : BEis-Os or I + I + I : I-Os or S + S + S : S-Os
cf]into=내방향 실시 입작동 대상 : Into custody. 내대자 감금시켰다.

시동=해자[그 이유는] 살인 때문이었다. /해유(該由)는 ------ .

for=해당사항으로서 해당이유 [f: 해당사항 r: reason]
in=들어간 것[들어 있는 것]으로서의 내크기 : fifteen years in jail
시동=15년간의 감옥생활 <--- 15년 이라는 기간[세월]이 들어간[가는] 감옥생활
1,000 grand in slush fund. ※grand=a thousand dollars -- 단복명사
시동=일백만불의 비자금 <--- 일백만불이 들어 있는 크키의 비자금
vs into=내방향 크기와 그 대상 : time into flight : 3 hours
시동=시간인데 들어간/내대자, 비행에 들어간 시간[=flight time]
tip)time position=period(시간)/point(시점)
vs of=동격으로서 크기 : A cup of coffee. 한 잔의 커피 <--- 한 잔, 즉 커피 한 잔
그래서 한 잔의 커피로서 a cup in coffee는 안되며, 다음과 같은 표현은 가능하다.
: one million dollars of coffee
=one million dollars in coffee 돈의 가치가 들어 있는 것, 즉 일백만불치의 커피

cf] a cup in coffee 잔 하나인데 내자 커피 속에 들어 있는 잔 : **간상을 직상으로 시동걸기**
=잔 하나인데 속에 커피 속에 들어 있는 잔 : **간상**
≠잔 하나인데 들어있는[내자] 커피가 들어 있는 잔 : **직상**

※우리말 '의'=소유격 의미/크기 의미

※of의 infml 표기=Truth-o-meter : 진실, 즉 측정하는 진실로서 진실 측정기,
즉 미대통령 후보들의 말을 진실 저울에 달아서 false, half truth, or truth로 판단함

24.. Dow, Nasdaq, and S & P down /10% /(//) in 10 days. [=for 10 days]

영뇌=기-->설-->설′ or 기-->설 ⇨ 전설 : BEis-Os or I + I + I : I-Os
or S + S + S : S-Os | Free 감주+我必 Free 감주 간직하기

in=내 범위 시간크기로서 간시(間時)/그 대상으로서 내자 -- 사이 : 사이개념

vs for=해당 기간[시간]으로서 구시(區時)/그 대상으로서 해자 -- 동안 : how long 개념, 즉 해당기간 개념

vs during=시기/발생 진행중으로서 중(中)에/그 대상으로서 중자 -- 중에 : when 중 개념, 즉 어떤 시기 중 개념

: Gold price has risen 6% in the past week. [=during/for the past week] during the interview[film]

He died in the night. [=at night/during night] during 1945/summer/childhood

시동= 죽었는 데 간시[내자] 밤 사이에 말이다[= -- - , 시기는[구자] 밤이었다 /중에[중자] -- -.]

vs at=시간덩어리 구역으로서 시기/그 대상으로서 구자 ⇒ 밤은 해가 지고 어둠이라는 큰 덩어리로 되어 있으니 구역 시기개념이 나올 수 있다. cf]구시(區時)=구간크기의 시간

vs on Tuesday night : 가까운 말과 의율

tip)for와 during을 반드시 숫자기준으로 판단하지 말라. 그냥 뜻으로 판단하라.

for에 비숫자 : Over 300, 000 males used our product for last year.
Deployments will be for weeks. Kids turn to the computer for most of the after-school entertainment. Students protest for the sixth straight day.

during에 숫자 : During the last[past] 40 years, I haven' t had a lot of time.
-- 보통 숫자에 last/past가 붙으면 시기 진행중 개념도 가능하다 : 중에 지난 40년이라는 세월이 흘러가던 중에
[=For/In the last[past] 40 years : 구시[해자] -- 40년 동안/간시[내자] -- 40년 사이]

During July. 중자 7월 중에 vs For July. 해자 7월 동안 vs In July. 내자 7월 사이[vs 내자 7월에]

During 10 days. 중자 10일 중에 vs For 10 days. 해자 10일 동안 vs In 10 days. 내자 10일 사이

↳ 10일이라는 time이 흘러가던 중이라는 말 : It occurred during 10 days.

25.. "It was /65 feet, /downhill, /with a double break. In the hole /for one under."

영뇌=기-->설/설/설 : BEis-Os
or I + I + I + I : I-Os or S + S + S + S : S-Os | Free 감주+我必 Free 감주 간직하기
기-->설 : BEis-Os or I + I : I-Os or S + S : S-Os

시동= 상황은 되었지요, 65 피트나 되었고, 내리막경사이고요, 그리고 거기에다가 갖추고 있었지요[동자], 이중 브렉까지 말이다. 결국 들어 갔는데 홀안으로 빨려 들어 갔지요, 그리하여 (해자) 원 언더가 되었어요.

with=동존추가로서 거기에다 갖추고 있는 것 /동존추가 대상으로서 거기에다 동자 -- 까지

it=그때 그때 상황을 대신하는 말, 즉 situation 'it' [i: instead t: time]

in=내로 들어 가는 것으로서 안으로 들어 가는 것 : 간상개념/동개념

↳ **직상전환** : 입작동 대상 --> (결국) 내자 홀에 들어가서 : 딸로 전환

for=해당사항으로서 해당결과 -- 그리하여 되었지요 /해당결과 대상으로서 해자
[f: 해당사항 r: result/reason o: objective]

add] into=내방향 입작동으로서 들어가는 것[합류하는 것] /그 대상으로서 내대자 --
: Into the lead. **시동**=합류했는 데 선두그룹에 말이다/내대자 선두그룹 속에 들어갔다.

26.. It /is difficult /for a small supermarket to compete against[with] the big supermarkets.

영뇌=기--> 설/설 : BEis-Os or I + I + I : I-Os
or S + S + S : S-Os | Free 감주+我必 Free 감주 간직하기

⇒ it으로 먼저 언급하고 for가 it을 설명해 나가는 뇌 : BEis-Os
시동=그것은 어렵다. 해처[해자] /즉 소형 슈퍼마켓 하나가 경쟁하여 대항한다는 것[경쟁을 함께한다는 것]이 대형슈퍼 마켓들과 말이다.

for=해당사항/해당주체로서 즉/해처(該處)[해자(該者)] -- 가
[f: 'ㅎ음가'로서 해당사항, 해당사항으로서 해당주체]
against=가하는 것[맞기대는 것]으로서 대항하는 것 /반대하는 것
[g: 가하는 것/맞기대는 것 어게인스/어게인스트=cramp F : t 폐쇄와 비폐쇄]

or It /is /difficult /for a small supermarket /to compete against[with] the big supermarkets.=기--> 설--> 설'--> 설"/설 : BEis-Os

⇒ it으로 먼저 언급하고 for가 형용사를 설명해 나가고, to가 it을 설명해 나가는 뇌,
즉 to할 때 it으로 연결되는 머리로 돌아가면 된다 : BEis-Os
시동=그것은 인데 어려운 것인데 해처[해자] /즉 소형 수퍼에게는 어렵다. 경쟁하여 대항한다는 것 [경쟁을 함께한다는것]이 대형슈퍼들과 말이다.

전치사는 일반단어로서 항상 BAM 영뇌로 파악하라. 영어에서는 일반단어 의미를 쉽게 그리고 간단히 표현하기 위해 전치사를 많이 사용한다. 한뇌로 토씨[조사]로만 알고 있으면 s동사 없는 표현을 할 수 없다. 우리말과의 차이가 여기에 있다. 영어에서는 토씨[조사]가 없다. 특히 직상 일반단어이기 때문에 늘 명사/대명사 앞에 온다. **주의]토씨리딩=Konglish**

IIIII.. The international community urged North Korea to stop from provocations.
from=흘러나오는 것으로서 근원(지)/근본[f: flow] 시동=멈추라고 근본, 도발자체 근본을 말이다.
vs The international community urged North Korea to stop provocations.
-- 근본을 멈추라는 것이 아니라 그냥 도발을 멈추라는 것이다.

IIIII.. We're leaving from the main gate at six pm.
from=출처로서 출발지 시동=우리는 떠나기로 되어 있는데 출발지, 정문을 시간은 6시 오후다.
vs We're leaving the main gate at six pm.
-- 출발지를 제시하는 것이 아니라 그냥 정문을 떠나겠다는 것이다.

a.. Toshiba bosses quit over faked profits. Two men held on terror charges. (held=**전제** infml E)
over[on]=걸쳐있는 것[위에 있는 것]으로서 선상에 있는 것
시동=선상에 있어서 거짓 이익 보고서[테러 혐의] 선상에 있어서 말이다. *보고서=**단어** associate

b.. A surfer fought off shark attack. off=떨어지는 것으로서 벗어나는 것
시동=싸우면서 벗어났다. 상어 공격에서 말이다.

Speak[Talk] on the small phone.

c.. On the small phone. on=상에 있는 것으로서 관련성/위에 올리는 것으로서 관해서 말하는 것
시동=상관해서 말하고 있는데 -- 대해서 말이다/올리고 있는 데 -- 관해서 올리고 있다.

d.. On the Monday afternoon. on=상으로서 상시 시동=상시(上時)인데, 월요일 오후 상시
--일정한 날의 오후/아침/저녁일 경우,
날짜가 달력 위에 적혀 있는 것처럼 on **사용** ⇨ on=**상시/상일/상날**
/내자 그날 오후

e.. In the afternoon. in=내로서 내시/내시 대상으로서 내자 시동=내시(內時)인데, 그날 오후 내시
vs Strap in. : **전부** in=안으로 조이게 하는 것으로서 단단히 묶는 것 시동=끈을 단단히 묶어라.

f.. Florida shooter in court. in=내에 있는 것으로 '서다' 는 것
시동=플로리다 총격자는 섰어요, 법정에 말이다.
▸ in을 BAM 영뇌로 이해하면 오히려 '서다' 는 의미가 된다.

vs One day in : Singapore, Hongkong, Tokyo Turn yourself in and ask for forgiveness.
: **전부** in=들어가는 것으로서 소요/입작동으로서 들어가는 것 시동=(다 도는 데) 하루 소요
▸ Turn yourself in=(마음을) 바꾸어 너 자신이 직접 들어가는 것으로서 자수하는 것

tip) 굳이 'Continue to wait the -- .' 로 표현하지 않아도 on으로 간단히 처리할 수 있음

g.. Waiting on the 2nd round of balloting. on=작동으로서 실시/계속 누르는 것으로서 계속
시동=기다리고 있는 데 실시하려고, 2차 투표를 말이다 /기다리기를 계속하고 있다. --- .

h.. 'Ovbiously he had been helping himself to the money.'
to=방향 행위로서 훔치는 것 : im-BAM
그래서 영영사전에서는 to**의미를** 'to steal something' 이라고 풀이하고 있다.
시동=분명히 그는 가지고 있었던 것 같다. 해 왔던 것, 즉 쭉 쉽게 해왔던 것을 자기자신이 훔치는 데
그 돈을 훔치는 데 말이다/분명히 그에게 있었던 것같다. 해 왔던 것, 즉 쭉 쉽게 해왔던 것이 --- .
☞ vol 2, p262 〉help BAM *had=소유로서 가지고 있었던 것/있었던 것
been=기간계속으로서 해왔던 것

연결설명어 영뇌

↗ vs top=끄트머리로서 꼭대기[상단]/상단으로서 (맨)윗면 [t : 끄트머리]

기초 전치사 BAM

a.. on=[o: 위 n〉⊃: 누워있는 표면모양 cf]upon(formal)=up+on]

상자[on]할때 상소대상/상일대상이 보이면 된다 : S영뇌

• on[upon] the desk : **위에 누워 있는 표면으로서 상표면과 그 대상으로서 上面[上所] //상자** : 상면[상소]/상자 책상 (상면/상소) • on June 4 [4 June] on Christmas Day on Monday on my birthday Pontiff arrived on Thursday morning. on a Halloween night : **달력 위 날짜와 그 대상으로서 상일(上日)[날짜/날 /요일] //상자** : 상일/상자 6월 4일(에), 상일/상자 크리스마스날(에), 상일/상자 목요일 아침(에) : day cf]at Christmas/Easter : time(시기/때)

• Seoul is situated in the north-west on the Han River. : **연장 선상과 그 대상으로서 선상//상자**, 즉 반드시 상면/상소가 아니어도 좋다 : (위치하고 있는데) 선상에/상자 한강 선상에

vs **beneath**=보이지 않는 표면으로서 하표면[하면], 즉 물체 밑면과 그 대상 cf]bottom=바닥(면) /보이지 않는 부분에 있는 것으로서 바로 밑과 그 대상 [n:⊃ 표면 + not e: eyes be=is]

: beneath the desk 하표면[직하자], 즉 책상 하표면 /바로 밑[직하자 (直下者)], 책상 바로 밑

They were beneath Gadhafi's compound (비니-쓰=trapezoid F) 바로 밑[직하자 (直下者)], 가다피의 주거단지 바로 밑에 ⇒ 즉 지하실을 두고 한 표현

↳ directly under ↳ 'not contact' 도 가능

b.. **over**=(달리듯이) 위에 걸쳐 있는 것으로서 상걸해 있는 것[상횡]과 그 대상으로서 상횡자(上橫者)

--- 이때 걸쳐 있는 것이 접촉해 있어도 좋고, 떨어져 있어도 좋다 ⇒ 'contact' 도 가능

[o: 위 v 〉∧ 〉⌒ : 걸쳐 있는 모습 r: running]

: We put a rug over him. He lives over the mountain. Police pull over a car.

↳ 끌어내어 걸쳐 놓았다는 것

vs There is a bridge over the river.

A helicopter hovered over us. **뜻하는 비슷한 의미=above**

: Tensions over the border ↳긴장인데 걸쳐 일어나는 긴장, 즉 경계 상에 걸쳐 일어나는 긴장

He wins over Tom. (마주보고) 걸친대결로서 맞대결

vs He wins to Tom. 방향대결로서 대결 /방향대상으로서 대자 -- 에게: 對=대상 대

He wins against Tom. 저항대결로서 대항: 대항에서 Tom과의 대항에서 말이다. /맞설대상으로서 대자: 대자 Tom과의 대항에서 말이다: 對=맞설 대 : sanctions ~ N.K.

제재인데 대자 북한에 가하는 제재

/예상수치 이상과 그 대상으로서 상자[o: 이상 e: expected]

: Over[Over by] 5 days. 이상인데/상자 5일 이상[상차자 5일 이상]

vs **under**=물체 아랫쪽 방향에 있는 것으로서 밑인 것과 그 대상 ↗'contact' 도 가능

-- 이때 밑에 있는 것이 접촉해 있어도 좋고, 떨어져 있어도 좋다 : over와 상대적 개념

[d: down u 〉∨ : 아랫쪽 모습] (under=아래로서 밑 beneath=보이지 않는 부분으로서 바로 밑)

: under the desk 밑인데/하자 책상 밑 **뜻하는 비슷한 의미=beneath the desk**

↗하자 공격을 받고 있다

She put the letter under her pillow. The ice cracked under his feet. Under fire.

vs There's a small table under the window. **뜻하는 비슷한 의미=below**

c.. **above**=보다 위에 위치해 있는 것으로서 보다 위인 것과 그 대상 [a: at b: 보다 o: 위 어바브 =cramp F] : Flags waved above our heads. 보다 위에서/차상자(差上者) 우리의 머리 위에서

뜻하는 비슷한 의미=over *above=보다 위에 있는 것 over=위에 걸쳐 있는 것

vs below=보다 낮게 있는 것으로서 보다 아래 인 것과 그 대상 : above와 상대적 개념

[b: 보다 low: 낮은 것 빌로우=ER F] : They live below us. 뜻하는 비슷한 의미=under

: live below=사는 데 보다 아래에/차하자(差下者)에 사는 것 live under=사는 데 밑에/하자에 사는 것

cf] against=어떤 곳[것]에 가하면서 맞서 서 있는 것으로서 기대는 것/어떤 것에 맞서는 것으로서 반대하는 것[반하는 것/대항하는 것/대비하는 것/대조를 이루는 것] / 그 대상으로서 대자 [at: 어떤 곳 g: 가하는 것 st: stand] : lean against the door Are you for or against my opinion? (for=해당이익으로서 찬성) evidence against the police fight against the enemy an insurance against fire The picture looks good against the light wall. (light=adj. bright) Russia warns against 'hasty conclusions'. 반대한다고/하지말라고 ↘대자 밝은 벽과 대비해서

.. 이해는 (언어에 대한 basics를 알았디면) 최종적으로 단어의 최종적인 뜻인 감주로 이해한다.

3) 전치사의 직상뇌와 간상뇌, 정뇌와 동뇌

전치사는 토씨나 조사가 아닌 **일반단어**로서 마치 동사와 같다. 동사가 직목과 간목을 취하듯이, 전치사도 직상과 간상을 취한다. 뿐만아니라, 동사를 크게 분류하면 상동사와 동동사가 있듯이, 전치사도 정개념과 동개념이 있다. **직상은 직목처럼 직결되는 의미이다.** 즉 뒷말로 바로 직결되는 의미이다. 이렇게 알려면 확실히 알아야 IS영뇌도 쉽게 발생시킬 수 있다.

tip)직목의 직결의미 : We ate pizza. 먹었는데 (그것은) 피자였다.

IHT 영자신문 속에 중앙 데일리 영자신문을 넣어 배달한다.
그래서 처음에는 원어민들이 inside JoongAng Daily라고 신문사 타이틀 밑에 표현했다. 한국 사람들이 전치사의 직상개념을 잘 몰라서, 지금은 달리 표현하고 있다. 이 표현은 맞는 표현이다.

IIIII.. IHT 머리 표현 변천 :
inside JoongAng Daily (초기)
--> inside: JoongAng Daily --> includes Korea JoongAng Daily

1.. inside JoonAng Daily

직상뇌=내부에 있어요, 중앙데일리가 말이다. 간상뇌=내부에 있어요, 중앙데일리 내부에 있어요.

전부뇌 가능 -- 전부뇌일 경우 두 가지 표현 가능
: inside JoongAng Daily or JoongAng Daily inside ⇒ up 30 or 30 up
— 전치사 직상뇌=문맥 또는 상황에 따라 전부뇌로도 작동가능 : 이때 전부도 직상
: Just in good news. 시동=방금 들어 왔어요. 좋은 뉴스가 말이다.
or Good news just in. 시동=좋은 뉴스가 방금 들어 왔어요.

: A new dinosaur was named after a Canadian woman. 직상뇌 : 본떠서
Donald Trump <u>on</u> <u>with</u> all due respect. : 막말하다가 지지율이 급강하니 정신차린 것
직상뇌 : -- 작동시켰다. 갖추기로 완전히 응당[마땅히] 해야 할 존경심을 갖추기로 말이다.

2.. **Two citizens of Japan are kneeling between a man called Jihadi John.**

: ISIS **참수협박** Video **장면**

직상뇌=두 시민 즉 일본의 두 시민은 있는데 무릎을 꿇고 있고, 사이에는 한 남자, 불리는 -- 라고 불리는 남자가 있어요. / -- 있고, 간자(間者) 한 남자가 있는데 이름은 -- 이에요.

↳ †사이에 있는 대상/사이를 만들어 주는 대상

3.. **Who is with you?**

동뇌=누구이지, 동자 너와 함께 온 사람이 말이다?

정뇌=누구이지, 동자 너와 함께 있는 사람이 말이다?

4.. **This book helps you with real English.**

시동=이 책은 도와줘요, 네가 가지고서 하는데 real English를 말이다.

/ -- 가 동자[동체] -- 를 하는 데 말이다.

⇒ with=**직상뇌+동뇌**

with=동존처리로서 가지고서 하는 것/동존처리 대상으로서 동자[동체] -- 를 하는 것

[wi: v+v+is th: thing(s) — 동존]

vs In association with Rolex =내자 협찬을 하는데 동자는 Rolex이다.

/하는 데, 협찬을 (가지고) 수행하는 회사는 Rolex이다.

⇒ in=입작동 대상으로서 내자 /입작동으로서 하는 것 : **직상뇌**

with=동존수행 대상[실체/주체]으로서 동자 /(가지고) 수행하는 회사 : **직상뇌** ☞p309

vs Hatchback, a car with a door at the back.

시동= -- 일종의 차로 갖추고 있어요, 문인데 위치는 뒤이다.

/ -- 동자[동체] 문을 갖추고 있는 데 그 위치는 ---- .

⇒ with=**직상뇌+정뇌** with=동존소유로서 갖추고 있는 것

/동존소유 대상으로서 동자 -- 을 갖추고 있는 것

vs Mostly cloudy with some rain. 시동= -- 그리고 또한/동자 약간의 비도 있다.

↳동존추가와 그 대상으로서 그리고 또한/동자

5.. **With my usual vanity, I thought he might be falling in love with me.**

시동=있었음에도 불구하고 나에게 보통 허사가 있었음에도 불구하고[동자/동체 나의 보통 허사가 있었음에도 불구하고] 나는 생각했어요. 그이가 아마도 할 것 같다고, 즉 빠져 드는데, 사랑에 빠져 들 것 같다고, 동자 나에게 말이다[즉 빠져 드는데, 내자 사랑에 빠져 들 것 같다고, --- .]

with=**직상뇌+정뇌**

앞 with=동존양보로서 있었음에도 /동존양보 대상로서 동자[동체] -- 가 있었음에도

뒷 with=동존방향 대상으로서 동자 -- 에게

: A man who is in love with a woman. Are you in love with her?

시동=어떤 남자, 누구냐 하면 이 사람은 있는 사람, 즉 빠져 있는 사람, 즉 사랑에 빠져 있는 사람인데 동자 어떤 여자에게 말이다[있는 사람, 즉 내자 사랑에 빠져 있는 사람인데]

동존방향 vs 동존동반

5.. 번 뒷 with=동존방향 : 동자[동체] -- 에게 /즉 -- 에게

동존방향은 동존동반과 다르다.

즉, 사랑이 상대방에게 빠지는 것이지, 서로 함께 빠지는 것은 아니다.

↗각각 다른 편으로서 서로

extreme caution] A man and a woman who are in love with each other.

-- each other 때문에 동존방향으로 함께 빠져 있는 것이지 동존동반으로 함께 빠져 있는 것은 아니다. 서로 각각의 방향으로 해서 동존방향이다 ⇒ with each other를 빼면 함께 빠져 있는 것, 그래서 동존방향 예문들을 동존동반으로 '함께'로 해석하는 사람들은 오역을 하는 꼴이 되니 **주의하라.**

영뇌영어 vol 2 ⇒ 동존보유 p318 동존상존 p79 동존비교 p340

↗**즉 동존지정 종류** ↗동존추가 ⇒ p332 /영뇌영어 vol 2 384 동존부착 ⇒ 기본영뇌 vol 2 p329

tip)동존종류 : 동존 소유[구비/동행/동반/근무/방향/(동시) 행위/처리/수행/양보/추가/부착/보유/상존/비교] -- 등

↘최상위 BNW는 동존이다. 동존으로부터 IS영뇌를 작동시켜라. 그러면 쉽게 작동된다.

6.. 상황 : 저쪽 오른 쪽에 별도로 줄이 서 있다. 일부 사람들이 입구에 와서 요구하는 상황

" Line forms to[at] the right."

시동=줄이 서 있는 데 대자[대방/방위/방향]가 오른 쪽이에요.

/직자가 오른 쪽이에요. or 구자[위치/구위]가 오른 쪽이에요.

-- 입구에서 오른 쪽 방향으로 서 있는 것이 아니다. 그래서, at을 써도 전달결과는 같다.

영어는 일형태 다의어로서 **상황도 단어 의미를 결정한다 : 상황 helper**

cf] 한글=대개 일형태 일의어 ↘more ☞ 영뇌영어 vol 1 p110

to/at=직상뇌+정뇌 to=방향대상으로서 대자[대방(對方) /방위(方位) /방향] -- **방향위치**

vs at=구역일치 지정대상으로서 직자 /구역 지정대상으로서 구자[위치/구위(區位)]-- **구역위치**

vs toward=방향은 방향인데 쪽 방향 [to+ward 쪽] : toward the right 쪽으로 오른 쪽으로

tip) to가 방향 종점[대상]이기 때문에 수신처/도착지/종시할 때 to를 써지 toward를 써지 않는다.

- Air strikes on ISIS : to date in Syria – 95. (종시/대자 이 날짜까지 공중 공격수 – 95회)

cf]up-to-date=*adjective* 바로 바짝 종시[대자] 이 날짜까지 붙은 정보로서 최신인 것

more up-to-date, most up-to-date : up-to-date maps

vs state-of-the-art *adjective* 최첨단인 것 : state-of-the-art surgical procedures

plus] YTD Return : –5.80%. year-to-date=연간 수치인데 종시[대자] 이 날짜까지의

today[to+day]=종시[대자] 이날로서 '오늘' return=되돌아 오는 댓가로서 수익(률)

방향대상과 쪽방향[쪽방향 대상]이 일치하는 경우

caution] 영영사전에 to가 toward 의미로 나와 있는 것은 방향대상과 그냥 방향, 즉 쪽 방향이 같을 경우이다. 유의하라. IIIII.. Many families have two working parents and kids turn to televisions, video games and computers for most of their after-school entertainment.

turn to=눈을 돌리는데 대자[대체] -- 쪽으로 돌린다[=toward : -- 쪽으로/방자 -- 쪽으로 돌린다]

But 'They went to the helicopter.' vs 'They went toward/towards the helicopter.'

하지만, 이것은 전자를 '쪽' 으로 해석하면 안된다. 간 방향대상이 헬러콥터이기 때문이다.

전자=갔는 데 간 곳은 헬러콥터였다 [곳으로 헬리콥터라는 곳으로 갔다]

/ 갔는 데 대자 헬리콥터로 말이다. /갔는 데 대자 헬리콥터를 타러 말이다.

⇒ to=방향 대상으로서 간 곳[곳으로 /대자 -- 로] /방향 목적으로서 대자 -- 타러

cf]방향대상 조정: Dance to the music. 대자 그 음악에 맞추어서

방자[toward]할때 쪽방향 대상이 보이면 된다 : S영뇌

후자=순수하게 방향만 의미: 쪽방향과 그 대상으로서 쪽으로/방자(方者) -- 쪽으로

⇒ 그래서, (반드시) 헬러콥터를 타러 간 것이 아닐 수도 있다.

more) 시간/수량 접근 쪽방향과 그 대상으로서 쯤[무렵] /방자 -- 쯤[무렵]

: It was (getting) toward(s) noon when they arrived.

tip)toward/towards=**둘다 전치사** vs back/forward/backward=**형용사/부사** forwards/backwards=**부사**

동동사와 동개념 끼리, 상동사와 정개념 끼리, 동동사와 정개념 끼리 의율이 된다. 하지만 상동사와 동개념은 의율이 될 수 없다.

- Come down the escalator. **동동사 + 동개념**
- They laid the injured woman on the grass. **상동사 + 정개념**

lay=놓아(동) 두는 것(상)=동후상태 -- **최종적인 의미는 상태**

on=상소로서 위에/상소 대상으로서 상자[상체] -- 에 vs onto=상방향 (상작동) 대상으로서 상대자 -- 위로 : Thousands flocked onto the streets of Mumbai.

- I met with Alice for half an hour. **동동사 + 정개념**
- The rescuer laid the body on a blanket for about two hours. **상동사 + 정개념**
- The rescuer laid the body onto a blanket for about two hours. : **not ok**

∵ **상동사+동개념**=no 의율 (말이 안통함)

놓아 두었다고 해놓고 다시 동작이 나올 수 없기 때문이다. 그래서 onto=incorrect

put(놓다/놓아두다) /sit(앉다/앉아 있다) =동동사/상동사

vs place(위치에 두는 것) /lay(두는 것) =상동사

into=내방향과 그 대상
내방향 입작동과 그 대상
onto=상방향과 그 대상
상방향 상작동과 그 대상

- The carpet is laid in the bedroom. [*not* into] (in=내지정/내지정 대상 vs into=내방향 대상[이동] vs on=상지정/상지정 대상)
- Lay the carpet on the balustrade stairs. [*not* onto]
- Alice and I sat in the armchair for half an hour. [*not* into] ∵ into/onto=동뇌

more) Working well into old age. 일을 잘하고 있어요, 내대자 늙은 나이가 되었는데도 말이다.

※into=내방향 대상으로서 내대자 -- 가 되어도

☞.. 이해는 최종적으로 단어의 최종적인 뜻인 감주로 이해한다.

4) 전치사 영뇌와 일반부사 영뇌, 관습적 영뇌, 전부영뇌

① 전치사 영뇌와 일반부사 영뇌 관계 :

부사를 전치사로 설명해 나갈 수 없다. 부사의 설명을 받을 뿐이다. 일반부사는 동족끼리가 아니면 기본어가 될 수가 없기 때문이다. 단, 관계부사/전치사부사는 가능하다. 이들 단어의 뜻이 기/설 관계가 되기 때문이다. 이런 관계를 알면, 본인이 직접 단어를 정확하게 표현할 수 있다.

A.. The business tycoon failed /chiefly for /lack of funds.=기→ 설→ 설′ : BEis-Os

▸ 부사의 설명을 받아 동사를 설명해 나가는 뇌로 작동시킨다.

시동=그 실업계 거물은 실패했다, 주로 그 이유는 부족, 즉 자금부족 때문이었다.

/ 주로 해유가 -- 때문이었다.

chiefly /for=설-->기 : EBis - Os

부사가 앞에서 설명해 주는 뇌: **설주뇌**

B.. The criminals are /still at /large. =기→ 설→ 설′ : BEis - Os

▸ still의 설명을 받아 동사를 설명해 나가는 뇌로 작동시킨다.

시동=그 범죄자들은 있습니다, 여전히 상태에 있는 데, 즉 도망상태에 있습니다.

[=on the run /on the loose]

at=(어떤 구역에 있는 것으로서) 어떤 상태[상황]에 있는 것/어떤 활동중에 있는 것

[a: area a: 어떤 것 t: state/condition or a + at: (continuous) activity]

: a country at war 상태에 있는데 전쟁 상태에 있다 /children at play 하고 있는 중인데 놀고 있다 /same-sex marriage at Supreme Court

/Cardinals at work picking Pope[=work which is picking]

/He was held up at gunpoint. 있었는데 붙잡혀 있었는데 완전히 붙잡혀 있었는데 상태, 총끝으로 겨눈 상태로 말이다.

large=도망상태[탈주상태]에 있는 것으로서 도망상태[탈주상태]

[a: at r: runaway] *picking=**관계현분사**

big tip) OO과 그 대상의 차이 :

예컨데, 내소와 내자의 차이는 in the classroom 했을때, 전자는 IS 영뇌 작동시 내소만 먼저 작동하거나 보이고, 후자는 내소와 그 대상까지 먼저 작동하거나 보인다. 쉽게 말해서 전자는 in했을 때 내소만 먼저 보이고, 후자는 내소도 보이고 classroom도 보인다는 것이다. 그래서 후자가 직상으로 먼저 결정되니까 classroom, shop, college, — 등으로 뒷말이 쉽게 나온다. 이것이 바로 (기/설) 영뇌다.

caution] 전부도 (전치사 뜻 그대로 보유하기 때문에) 전치사처럼 (일반) 부사의 설명을 받거나 기본어가 될 수 있다.

ⅡⅢ.. Breaking news / just in. =B-->E : just 설명을 받아 설명해 나감

Down /in /low .=B-->E(B′)-->E′ (low=adv.)

시동=내려오면서 안으로 들어 왔는데 낮게 들어 왔다.

ⅡⅢ.. Obama : 'Possibility' of a bomb on downed plane. : infml E=단수단독 표현

a bomb /on /downed plane=B-->E(B′)-->E′

: 명사를 전부로 설명해 나가면서 다시 동사로 설명해 나가는 것으로서 기본어′(B′)

시동=가능성이 있는데 어떤 폭탄 하나가 장착[부착]되어 추락시켰을, 비행기를 추락시켰을 가능성이 있다. on=상면 접촉으로서 장착/부착 주의]패턴이 infml E이면 infml E로 이해해야 빨리 이해할 수 있다. 특히 단수단독 표현과 be동사 전제 표현에 유의하라. 전치사의 목적어=문장동격 ☞ p313

② **관습적 영뇌 :**

A.. **News in brief : 관습적 E** ·››› 전치사를 관습적 형용사로 설명해 나가는 뇌

시동=뉴스인데 하고 있는 뉴스, 즉 요약하고 있는 뉴스

/뉴스인데 해놓은 것, 즉 요약해 놓은 뉴스

-- 상황에 따라 의미를 결정하면 된다. 상황이 의미를 안내하기 때문이다.

: of late, in short, for wrong, for lost (즉 잃어버린/실종된 것으로),

in vain, for dead, for sure --etc.

초기에는 일부 사람들이 이렇게 썼을 때는 infml E가 **되었지만,** 많은 사람들이 늘 사용하면 관습적으로 굳어진다. 이것이 바로 언어의 발전이자 언어의 새로운 맛이다.

B.. **His mother believed scientists for wrong.** 시동=즉 틀렸다고

C.. **I don't know for sure[certain]/in general.** 시동=즉 확실히/해서 일반적으로 해서

cf] late/short/wrong/general은 명사도 되니 명사 뇌로 작동시켜도 좋다.

③ **전부영뇌 :** 일종의 부사이지만 명[대]/동/전부를 설가하거나 설주하거나 기본어가 되는 뇌

A.. 「Turn it on.」처럼

대명사일 경우 전치사 부사는 대명사와 영뇌의군을 형성시키는 것이 관습적으로 굳어져 있다 : **관습적 E** 시동=틀어서 그것을 on시켜라.

그래서 「Turn on it.」하면 Written StE에서는 틀린 표현으로 간주한다. 즉 좋은 글이 아닌 것으로 판단한다. 하지만 infml E로 그렇게 표현할 수도 있다.

: Put it on. : **관습적 E** vs Put on it. : infml E

tip)**분사전치사**=notwithstanding/involving (관련해서) /concerning (관해서) /following (뒤따라서) regarding(관련해서) -- etc. : 〃 new products

하지만 명사일 경우 동사 또는 명사와 영뇌의군을 형성시켜도 좋다.
Turn on /the radio. 시동=틀어서 on시켜라. --- 말이다.
or Turn /the radio on. 시동=틀어서 the radio를 on시켜라 ⇒ turn=타동사이니 문맥상 명사이동 가능
cf]with a hat on 하고서 모자를 쓰고서 (with=동존상태로서 하고서)

초기의 기술은 틀어서 작동시켰다. 그 후 눌러서 작동시키기도 한다. 트는 것으로서 작동의미로 굳어져 있기 때문에 눌러서 작동시키는 것도 turn으로 사용한다 : **관습적/발전** English
↳turn=트는 것으로서 작동시키는 것 : Turn the oven to 65 degrees.

tip) on의 **대상=대화 속에 있을 경우** : Put on your hat. 놓아서 쓰라 -- 모자 위가 아니라 머리 위다 Turn the water off. (스윗치를) 틀어서 그 물을 꺼라. Amanpour on CNN. Amanpour 기자가 (기사를) 올린다. CNN에 말이다.
vs on의 **대상=바로 뒷말일 경우** : 놓아라. 상자 너의 모자 (위)에 말이다./Amanpour편이 올라간다[방영된다]. CNN에서 말이다.

on=위에 누르는 것으로서 작동/시작 [o: 위 n: 누르는 것 or n 〉 ∪ 〉 ∨ : 누르는 모습]
/작동으로서 수행[실시] /위에 두는 것으로서 쓰는 것
: Cut /down /on.=B-->E(B')-->E : **전부가 기본어가 되는 예**
시동=cut down 해나가는 것을 수행하라는 것, 즉 줄여 나가는 것을 수행하라는 말
Super Bowl 2016 : folks, it's the game on with the Broncos and the Panthers!
vs off=위에서 떨어지게 하는 것으로 끄는 것 [o: 위 f: fall away] in=들어가는 것으로서 시작
folks=chiefly, US, informal : people in general 사람들/세상 사람들
-- 세상 사람들이여, 바로 그것 즉 그 게임이 시작했도다! ----. [=in]

Plus] • Just in /good news. : **부사의 설명을 받은 기본어** • In /good news. : **기본어**
• Libya: Is it /all about oil? : **명사 설주** -- 모두 거의 기름뿐인가? • This just in. : **대명사 설가**

↗Evangelicals weigh good, evil and Moore.

B.. New Yorkers weigh in on Republican candidates.[=weigh] Sinkhole swallows up cars!

시동=무게를 들어가 얹어서 달기 시작했다 : **완전번역**[bnw-BAM] (in/up/on=전부)
또는 깊이[신중히] 생각하기 시작했다 : **이면번역**[im-BAM] /삼켰는 데 바로[완전히] 삼켰다! : **발생현재**
on=상소에 두고 다는 것으로서 올라가서[얹어서] 달아보는 것 up= swallow하는 쪽으로 똑바로 하는 것으로서 완전히

: Strap in. 시동=끈을 단단히 묶어라. ⇒ in=조이면 힘이 안쪽으로 향하는 것으로서 단단히 하는 것
Polling Place Way In. 시동=투표장 길인데 (투표장으로) 들어가는 길
Touching down in low. 시동=착륙하려고 내려오면서 들어 갔는 데 낮게 들어 갔다. (down/in=**전부**)
All aboard! [=on board 오르세요, 승판에 오르세요] ⇒ aboard=**전부**
vs 225 were aboard missing Malaysia Airlines jet. ⇒ aboard=**전치사** [=on board : **관습적** E]

plus]weigh in=무게를 (내에) 들어가서 달아보는 것으로서 깊이 생각하기 시작하는 것[생각해보는 것]/논쟁을 참가해서 해보는 것
: The boxers weighed in before the fight.[=were weighed : **자동** event] He weighed in at just over 100 kilos.
/The chairman then weighed in with his views.[=joined to argue : **사전의 이런 뜻 표시=뜻하는 의미**]
⇒ 무게를 들어가 달아보았다=**완전번역**[bnw-BAM] /논쟁을 참가해서 해보았다=**이면번역**[im-BAM]
↳**두 번역=IS영뇌가 각각 다르다.**

C.. Moon Landing: 40 years on

·⟫ 명사를 전치사 부사로 설명해 나가는 뇌로 작동시킨다. 시동=40년간 계속하고 있다.

on=계속 누르고 있는 것으로서 계속작동 [o: 위 n: 표면 위를 계속 누르는 것]

전부 on=직상개념+동개념

-- 계속하는 것이 moon landing이기 때문에 직상이 된다. moon landing 위가 아니다.

vs John kept a gun on him. **간상개념+정개념**

on=위에 두고 있는 것으로 차고 있는 것: 계속해서 차고 있었다. 자기 몸에 말이다.

↳ 대명사 associate

cf] They walked about the street. 이리 저리[=here and there]

He had a gun hidden about his person.

숨기고서, 주변에 자기 몸 주변에 숨기고서 [=surrounding]

전치사 영뇌 : 전치사가 동사를 설명해 나가고 다시 뒷말[명사]로 설명해 나가는 뇌

*his person=그 사람 --〉 그 사람 몸 : **명사** associate

Plus-1 전치사 영뇌는 일반적으로 앞뒤말 또는 뒷말을 쓰나 드물게, 뒷말을 써지 않거나 앞뒤말을 써지 않는 경우도 있다. 전치사는 개략적인 말이기 때문에 보통 앞뒤말 또는 뒷말을 쓴다.

1.. Bush on the war. 시동=부시는 올리고 있는 데 전쟁에 관해서 올리고 있다.

-- 이때 올린다는 뜻은 관해서 말한다는 의미이다.

2.. At 5. On looking for it. [=In]

시동=시간[때]가 5시이다. [a : 어떤 t: time] //하고 있는 데 찾고 있다. 즉 그것을 말이다.

3.. Rarely : a.. To begin with, the meal is terrible! 시동=대동 말을 시작할 것 같으면,

관련해서 말을 시작할 것 같으면 **뒷말**=the restaurant **전제**

b.. 'Did you get a ticket?' 'I tried to, but I didn't.'

(디드유–↗/디듀–↗/디쥬–↗=중간 tail F — 문미 tail 주파수가 아니다. 게러=slide F : t단타와 감주, 즉 **단타 감주**)

시동=(나는 하려고 했는데) 그렇게 (하려고 했는데 하지만)

: Talk about. 시동=얘기하자, 관련해서 말이다.

c.. throttle=to stop the breath of by pressure on the throat

시동=즉 누군가의 /어떤 동물의

of **뒷말**=someone /some animal **전제 -- 일종의** associate**로서 단어** associate

: The thief throttled the dog to keep it from barking.

d.. All to play for in Germany.

시동=전원이 경기한다. (title을) 차지하려고 내소, 독일 내소에서 말이다.

: Go on for. 시동=가보자, 계속해서 (어떤 곳을) 향해서 말이다. *어떤 곳=**단어** associate

4.. Very rarely : "About" : 컴퓨터 화면에 이렇게 표현 시동=관련 내용-
↘영어는 토씨가 아니기 때문에 이런 표현도 가능

Plus-2 **전치사 associate** : Wang said the one-child policy was ineffective and nunecessary, since China's fertility rates were already slowing by the 1980s. North Korea must close by Jan.
by=쯤부터[이래로/까지]//근자[=from[since] by /until by] 부터/이래/까지=여기서는 문맥 associate since=존유[존인]//존자

Plus-3 전치사이든 관사이든 be동사이든 어떤 단어이든 특히 A상황이 (생활 속에서의 뜻으로) 확실히 눈에 보일 때까지 보아라. 명사처럼 분명히 뜻이 있으니 무시하지 말라 ⇒ IS가 확실히 작동해야 원어민 두뇌가 된다.
↘관찰력이 좋아야 IS가 쉽게 작동한다.

IIIII .. 65 NB backed up 2 miles at Chickasaw Exit.
back=차 뒤에 가까이 있는 것으로서 밀리는 것 up=바짝바짝 붙어 서 있는 모습
시동= 65 NB 구간에서 밀렸는데 바짝 밀렸다. 2마일이나 말이다. -- -- .
: Bodies (are) torn up. up=torn쪽으로 똑바로 된 것으로서 완전히 /똑바로 들어서는 것으로서 가입/등록하는 것 (↗동개념)
Sign up. 자신의 정보사항을 표시해서 (회원) 가입/(수업에) 등록하라. sign=자신을 나타나는 것으로서 사인하는 것 [s: show i: I or s: self i: indicate]

IIIII .. Coming up with the latest breaking news. Coming up : president Obama
up=바로 나타나는 것으로서 바로[곧]/바로 가까이 가는 것으로서 바짝/위로 올리는 것으로서 보이도록 하는 것[나타내는 것]
시동=나오겠어요, 바로 가지고서 그야말로 가장 최근의 속보를 가지고서 말이다/나오는데 바로 나오겠습니다.
Plus] We have come up with a novel solution. ← 뜻하는 의미=제출[제공]했다는 것
가지고 있어요, 나와 보인 것[나타낸 것]인데 가지고서 -- 을 가지고서 말이다.
We came up with a traveler on foot. (가까이) 갔는데 바짝 동자 -- 에게 해서 도보로 해서 갔다.
"I can't come up with words. She was my everything."
할 수 없는데 나타내 보일 수 없어요. 동자 말로는 말이다 -- 너무 슬퍼서 차마 말할 수 없다는 것이다.
[come=무언가 오는 것으로서 나타나는 것 with=동존 소유[방향/수단] vs on=상수단으로서 해서 /상수단 대상으로서 상자 [o: 위 n: 지탱모습]

Plus-4 **방향중심=of**
— 사방방향[사방향]은 어떤 중심점, 즉 of 중심으로해서 결정되는 것이니 from을 쓰면 안된다.

IIIII .. The helicopter went down on marshland, about 130 miles northeast of London.
Due north of here. 시동= -- 대략 130 마일 떨어진 곳인데 북동쪽, 즉 런던을 중심으로해서 [런던으로부터] 북동쪽으로 말이다. 곧장 북쪽인데 즉 여기를 중심으로 해서 말이다.
*due=directly(곧장)/exactly(정확히)

Plus-5 **관계전형 영뇌, 즉 관계 전치사형용사 영뇌**
일종의 관계형용사 영뇌로서 명사/대명사를 설명해 나가는 연결설명어 cf]일반전형 : He is out.

IIIII .. He is the stupidest man out. [=who/that is out]
↳ 관계전형 : out=adj. 나와 있는 (사람 중에서) ※out=전치사/부사/형용사

IIIII .. She is among the most creative of the artists around. [주변으로서 IM=existing/active/working]

.. 이해는 (언어에 대한 basics를 알았다면) 최종적으로 단어의 최종적인 뜻인 감주로 이해한다.

Plus-6 사람 수로 구별하지 말라. 그냥 BAM으로 판단하라.

• **between**

=서로의 옆틈으로서 사이[각각의 사이로서 공동으로]와 그 대상 /사이 사이에 하는 것으로서 부대상황[간동] [b: by e: each other t: 틈 비투위-ㄴ=root F : 두음을 거의 같게 고음으로 내는 게 좋다.]

-- 사이가 두 사람뿐만이 아니라, 세 사람, 네 사람 각각의 사이 일 수도 있다 : 사이를 만들어 주는 대상

1.. The ball went straight between the goalkeeper's legs.

2.. No consensual sex between different ranks. 여러 사람들의 계급사이이다.

시동=어떠한 합의 섹스도 허용되지 않는다, 사이[간자] 서로 다른 계급 사이에는 말이다. /간자(間者) 서로 다른 계급 간에는 ---- .

3.. They caught twelve fish between them.

시동=공동으로[간자], 그들 공동으로 (two or more : 반드시 두 사람만 뜻하는 것은 아니다)

4.. They own the property between them. 시동=공동으로[간자], 그들 공동으로

5.. Shared between 3 people. *shared=(주동) **전제** infml E

6.. Between collecting, cooking, writing and running the farm, she was very busy.

시동=하면서[간동], 즉 수집하는 것을 하기도 하고, 요리하는 것을 하기도 하고, 글을 쓰는 것을 하기도 하고, 경영하는 것을 하기도, 즉 농장을 경영하는 것을 하기도 하면서 --.

*run=돌리는 것으로서 운영[경영]하는 것

cf] Two citizens of Japan are kneeling between a man called Jihadi John.

: ISIS 참수협박 Video 장면

시동=두 시민 즉 일본의 두 시민은 있는데 무릎을 꿇고 있고, 사이에는 한 남자, 불리는 -- 라고 불리는 남자가 있어요./-- 있고, 간자(間者) 한 남자가 있는데 이름은 -- 이에요.

↳ †사이에 있는 대상/사이를 만들어 주는 대상

중자[amid]할때 어떤 것이 있는 가운데의 대상이 보이면 된다 : S영뇌

vs **amid[amidst]**

=어떤 것이 하는 가운데 일어나는 것으로서 있는 가운데[속에서]와 그 대상으로서 중자(中者)

[a: 어떤 것 m: middle로서 하고 있는 것 어미드=cramp F 어미ㄷ스(트)=cramp F]

: Two shots were fired, and amid the confusion, the killers got away.

↳ 중자 -- 이 있는 가운데[속에서]

속자[among]할때 속을 이루는 대상이 보이면 된다 : S영뇌

vs **among** =어떤 것이 속을 이루는 것과 그 대상으로서 속자(屬者)

[a: 어떤 것 m: middle로서 속 or o: 속 모습]

1.. The president is standing among his bodyguards. 시동=속자, -- 속에

2.. This mountain is among the highest in the world.

시동=속자 -- 에 속한다 **뜻하는 의미**=중의 하나, 즉 가장 높은 산들 중의 하나

Interests among US, Canada, and Latin America.

시동=여러가지 관심사항들, 속자 미국, 캐나다, 그리고 라틴아메리카 속에 있는 관심사항들

뜻하는 의미=-- , 사이[간자], 미국, 캐나다, 그리고 라틴아메리카 사이의 관심[이해관계] 사항들[=between]

He divided the money among the three children.

시동=나누었는데 속자, 그 세명의 어린이 속에서 나누었다. **뜻하는 의미**=between

Among all the magazines on the shelves, only one was of my interest. (of=동격관련)

vs round[BrE] /around[AmE]

=둥근 모양으로서 주위[주변]인 것과 그 대상 : They are all round/around him.

↘주위에[주변에]/환자(環者) -- 주위에[주변에]

addition]

beside=prep. 옆에 있는 것으로서 옆에/그 대상으로서 측자(側者) [be: 있는 것 side: 옆]

vs besides=prep. or adv. 옆에 부가하는 것으로서 외에도/게다가/또한

[be+side + s: side 하나 더 첨가로서 부가]

↘그 대상으로서 외자(外者)

/외대상이 동사인 것으로서 외동(外動)

: We camped beside[near] a lake.

vs I do all the cooking and besides that I help Tom.

※ near=근지역[근시간]과 그 대상으로서 가까이/근자(近者)

Besides doing the cooking I help Susan.

I do all the cooking and help Tom besides. [=in addition to that /as well as that]

Plus-7 1. **wait for+someone/something (I)** : He is waiting for you/your turn.

wait+something (T) : He is waiting his turn/chance.

cf]await[T]+사람/사물 Wall Street waits on GDP. : 기다리기를 시작했다 on=작동으로서 시작

2. **agree with+someone/something** : with=동존동반으로서 동자 -- 함께 /동존방향으로서 동자 -- 의 것에 (것=associate)

We agree with you. 의견을 같이 하는 데 동자 너와 함께 말이다. /동의하는 데 동자 너의 것에 말이다.

I don't agree with that. 하지 않는데, 즉 동의하지 않는 데 동자 그것에 말이다.

agree to+something/someone : We agree to your suggestion. 대자, 너의 제시[제의]에 말이다.

vs We agree to you. 대자, 당신의 것에 말이다. (것=associate)

cf] We agree on that/the price. 상관해서[상자], 그것과 상관해서 말이다/붙어 있는 그 가격에 말이다.

on=상에 붙어 있는 것으로서 상관과 상관 대상 /상면에 있는 것으로서 붙어 있는 것

3. **People are looking for Biden.** : Joe Biden 부통령이 대통령 직에 출마 한다는 설이 있음

look=쳐다보고 있는 것으로서 찾는 것/살펴보는 것//(머리/마음 속으로) 쳐다보고 있는 것으로서 기대/고대하는 것

: BAM으로 이해해야지, 숙어로 무조건 '찾다' 로 이해하지 말라.

국민들은 (속으로) 쳐다보고 있다, 즉 기대/고대하고 있다. 즉/해자 바이든 부통령을 말이다.

cf] Look it up. look up=모습이(look) 보이도록(up) 하는 것/찾고있는 것이 보이도록 하는 것으로서 찾는 것

주의] We are looking. : 네 가지 뜻 -- 실제로 어떤 것을 쳐다보고 있는 것/찾고 있는 것/살펴보고 있는 것

↘여기에 at/for/to/on/up 등 전치사 /(속으로) 기대[고대]하고 있는 것 ☞ **영뇌영어 vol 2 p310**

의미만 가미 될뿐이다 : We are looking at/on the price. (on=붙어 있는 것)

8. 종속접속사 영뇌[SC NB]란 :
무한글 이해, 즉 IS두뇌로 명(대), 동, 형, *문, (드물게) 종에 종맥으로 (주로 비제한적으로) 연결시켜 개략적으로 설명해 나가면서, 다시 뒷말로 구체적으로 설명해 나가는 뇌

in short, 연결설명어 in concrete, 콤머불관 연결설명어
또는 전설로 설명해 주거나 기본어로 먼저 말하는 뇌

▭ **종속접속사 BNW**=복품종맥 or 종맥실체로서 종맥 연결의미 → 전치사처럼 일반단어이지 토씨[조사]가 아니다.
— 주로 주절(또는 명[대], 동, 형)을 종속시키거나 주절에 종속되어
구체적으로 말해 나가는 것, 영어에서 종속이라는 말은 종속시키거나 종속된다는 의미
위치=비등맥이기 때문에 연결대상에 따라 *문미, 문두, 문중 가능 ※종맥실체=시자, 하자, 인자,— 등

▭ **종속접속사 — 복합품사**
=부사접속사 /명사접속사 /대명접속사

— 표현의 자유, 이해의 자유를 누리려거든 복합품사 의미와 기능을 알아야 한다.
그러면 품사와 뜻으로 바로 이해할 수 있다. (구문법 : 부사절, 명사절, 즉 기능으로만 이해)

— 종속접속사는 복합품사이기 때문에 선행사와 주기능, 보조기능이 가능함. 접속기능만 하면 선행사와 주기능을 하지 못함. (구문법 : 주기능=명사절 보조기능=부사절)

tip)절/구는 영뇌의군으로 바로 이해하라. 명사구[절]/형용사구[절]/부사구[절]/전명구는 **영뇌의군**으로 바로 이해한다. 즉 명사 영뇌의군/형용사 영뇌의군/부사 영뇌의군/전치사 영뇌의군으로 바로 이해한다.

→ **먼저 인식돼야 영어승차감이 나온다.**

▭ **종속접속사 영뇌**
=동격을 제외하고 연결대상, 즉 명(대)동형문종과 언제나 비제한적 연결영뇌
단, 동격=제한적 연결영뇌

▭ **종속절 구성**=종속접속사+서술문장/관계문장

즉, 부사접속사 + 서술문장
명사접속사 + 서술문장 /관계문장
대명접속사 + 서술문장 /관계문장

▭ **종속접속사의 (비제한적) 연결[접속]의미**
= 언제냐 하면/시자 — 하게 되면/할 때/경우에
/그것은[즉] — 이다고/인 것이다고 — 등등
↳원어민이 알고있는 의미대로 알고 있어야 순서대로 이해할 수 있다.

→ 원어민=소리값 지배 속에서 모든 게 이루어지고, 비영어권 사람=글자값 지배 속에서 모든 게 이루어진다. 우리도 원어민처럼 바꾸어야 영어를 정복할 수 있다.

1) 종속접속사 영뇌(SC NB)

무한글 이해, 즉 IS두뇌로 명(대), 동, 형, * 문, (드물게) 종에 종맥으로 (주로 비제한적으로) 연결시켜 개략적으로 설명해 나가면서, 다시 뒷말로 구체적으로 설명해 나가는 뇌
in short, 연결설명어 in concrete, 콤머불관 연결설명어
또는 전설로 설명해 주거나 기본어로 먼저 말하는 뇌

> **종속접속사의 기본어[앞말], 즉 연결대상**
> =명(대), 동, 형, 문, (드물게) 종 단, 부사로부터는 전치사처럼 설명을 받는다.
>
> **종속접속사 뒷말**=문장, 즉 관계대명사/관계부사처럼 문장을 거느릴 수 있는 단어

① 명사에 연결시켜 설명해 나가는 뇌

↙**비제한적 연결영뇌** -- 콤머유무에 관계없이 문맥이 결정함

A.. Chaos /as /humanitarian aid arrived.

〈 Chaos as /humanitarian aid arrived. **=기-->설** : 기/설은 크게 잡는 게 좋다

영뇌=기-->설-->설′ : BEis-Os

or I + I + I : I-Os or S + S + S : S-Os

> **How to Read[Speak]**=Chaosas humanitarian aidarrived.
> : BEis/IS, 즉 설가뇌와 자동설가뇌로 되어있는 것을 감각적 주파수로 이해한다.
> 즉 한 단어처럼 뒷말과 말하면 저절로 이해가 발생한다.
> **시동=** vocal 감각적 주파수로 F3+E2 강하게 말하기
> 종사 연결대상=Chaos ☞.. **문장 뼈대**=기본어(Chaos) + 연결설명어(as) : s동사 없음

🔊 HUmaniTArian=휴-매너태(어)리언=retro-root F + slide F cf]SUnday=선데이=slide F
AidaRRived=에이드어라이브드 /에이더라이브드=double slide F 전자=비합성감주 후자=합성감주

⇒ 명사를 종맥으로 설명해 나가는 뇌 : BEis-Os
-- 대혼란은 물자 도착 시기에 생긴 것으로 명사를 종속시키는 뇌

☞.. **我必 Free 감주 간직하기**=Chaos as aid arrived.

↗동시자[as]할때 동시상황을 일으키는 실체가 보이면 된다 : S영뇌

시동=대혼란이었다. 다음과 같은 것이 있었을 때, 즉 인간 구호물자가 도착했을 때 말이다

/ -- 동시자 인간 구호물자가 도착했을 때 말이다 : **비제한적 연결영뇌**

↳ 영어는 항상 어느 부분을 보더라도 free 감주로 이해되어야 한다.

연결설명어 영뇌

: a.. The end /when /the ads are over.

영뇌=기--〉설--〉설′ : BEis-Os | Free 감주+我必 Free 감주 간직하기

시동=그것이 끝나는 데 언제냐 하면[시자] 광고방송이 끝날 때이다 : **비제한적 연결영뇌**

: If our crops can't adapt, /big trouble. =설 --〉기 (딘, 기본어 앞으로 이동가능)

시동=만약에 우리의 농작물이 할 수 없다면, 즉 적응할 수 없다면 큰 골칫거리다.

b.. John, /when the ads was over, /didn't come.

영뇌=기--〉설/설 : BEis-Os | Free 감주+我必 Free 감주 간직하기

-- 연설뇌가 아니라, 독설뇌로 두뇌를 작동시켜야 한다. 존이 오지 않했지, 끝난 때가 오지 않은 것이 아니기 때문이다. 그러면 동사 수일치도 된다.

시동=존은, 때에도[시자] 그 광고가 했을 때에도, 즉 끝났을 때에도, 하지 않했어요, 오기를 말이다. /언제냐하면 그 광고가 끝났을 때에도, --- : **비제한적 연결영뇌**

*was=발생으로서 '했다는 것' /과거 동질로서 '가'

: New videos released by police are giving us a look at the moments right after Tiger Woods was arrested for DUI including images of the golf legend.

-- 연결대상이 주절이 아니라 명사인 경우(DUI=called also DWI)

시동=그 순간 순간들의 모습, 즉 바로 후의 -- 가 체포된 후의 순간 모습들을 -- .

*DUI=Driving Under the Influence DWI=Driving while intoxicated

.. 5W1H Short Talk Drill → Teacher : What was it arrived there? Student : Humanitarian aid. or It was humanitarian aid. Teacher : Then, how was it when humanitarian aid came? Student : Chaos. or It was chaos.

말= As=애즈/어즈=slide/small slide F a=**강한 감정음가/약한 감정음가**

as=동급으로서 동시상황, 동시상황과 그것을 일으키는 실체로서 다음과 같은 것이 있을 때/동시자 [a: apposition 나란히 놓는 것 s: same]

*apposition=p: parallel + position

명사 앞에 일반형용사 영뇌를 추가시키면 :

A- E .. Utter[Complete] chaos /as /humanitarian aid arrived.

영뇌=기--〉설--〉설′ : BEis-Os

시동=완전한 대혼란이었다. 다음과 같은 것이 있었을 때, 즉 인간 구호물자 도착이 있었을 때 말이다 /동시자 -- 도착했을 때 --. *utter=특히 나쁜 것에 사용 (esp. of something bad)

명사 뒤에 전치사 영뇌를 추가시키면 :

A- E .. Chaos in the city /as /humanitarian aid arrived.=기--〉설--〉설′

시동=대혼란이 내소, 그 도시 내소에서 발생했다[있었는데]. 동시자 인도적 구호물자가 도착했을 때 말이다.

*발생했다/있었는데=(chaos의) **상황/문맥** associate

A.. Chaos as humanitarian aid arrived.

Free 감주로 이해/간직 하기 ⇒ Chaos. /Chaos as. /As humanitarian aid. /Aid arrived. /Humanitarian aid arrived. /-- etc.

Free 영뇌는 그 자체만으로도 말이 된다. Full Sentence만이 말이 되는 것은 아니다. 특히 free 영뇌를 알아야 원어민 말을 쉽게 알아 들을 수 있다. free 영뇌는 특히 의군으로 (vocal) 감각적 주파수로 간직한다.

··))▸ Chaos. 대혼란입니다/대혼란 : Fire! 불입니다/불이야! Chaos as. 대혼란이 있었는 데 바로 다음과 같은 것이 [어떤 동시자가] 있었을 때 말이다. Aid arrived. 구호물자가 도착했다. Humanitarian aid arrived. 인도적 구호물자가 도착했어요 ···▸ 이런 문장이 as의 family가 되면 보다 구체적인 시기가 된다.

As humanitarian aid. 다음과 같은 것이 있었을 때, 즉 인도적 구호물자가 말이다 : **동시상황**

tip) 1. **또다른** free **영뇌**=즉 인도적 구호물자로서 : **동질자격, 즉 is동질**

2. As humanitarian aid arrived.=아울러/뿐만이 아니라 -- 도 도착했어요 : **등맥[=등위접속사]**

Plus] Parts of Dexter Avenue and Stocking Street in Mobile closed. Take caution.

문장간[내용간] Free 감주 간직하기 ⇒ Parts closed. Take caution. /Closed, caution. /In Mobile closed, caution. (내지역, 모바일 내지역이) /-- etc.

↗약자[if]할때 만약에 상황을 일으키는 실체가 보이면 된다 : S영뇌

② 대명사에 연결시켜 설명해 나가는 뇌

A.. This, /if the buyer pays cash, /costs $90.

영뇌=기-->설/설 : BEis-Os or I + I + I : I-Os or S + S + S : S-Os

How to Read[Speak] =This, ifthebuyer payscash, costs$90. : 먼저 감각적 주파수로 이해한다. 그러면 저절로 선인영뇌각인/선강후약 영뇌각인이 유지된다=if〉thebuyer pays〉cash

시동= vocal 감각적 주파수로 (선인영뇌 각인이 될 때까지) F3+E2 강하게 말하기

종사 연결대상=This

(코-스/코스=retro-root/slide F : ts 폐쇄 나인디[티]다-ㄹ러스[다을러스/다ㄹ러스]=slide/retro-root[basket/slide] F : t단타/비단타)

⇒ 대명사를 종맥으로 설명해 나가면서 다시 s동사로 설명해 나가는 뇌 : BEis-Os

-- 연설 뇌가 아니라, 독설 뇌로 작동시켜야 한다. 그러면 costs할 때 기본어로 가게되고, 동사 수일치도 된다.

☜.. **我必 Free 감주 간직하기**=This, $90 if buyer pays cash.

시동=이것은, 만약에[약자/혹자] 구매자가 지불을 현금으로 한다면 (그) 값은/치러야 할 돈은 90불이다.

/ (만약에) 이런 게 있으면 -- 지불을 현금으로 하는 게 있으면 : **비제한적 연결영뇌**

☜.. **문장 뼈대**=기본어(This) + 연결설명어(if) + s동사(costs) cf]pays=속문장[절] s동사

연결설명어 영뇌

☞.. 시동으로 (영어) 글자/말 자체에서 뜻이 보이거나 상황이 (머리 속에서) 보이면 된다 : IS 영뇌

말=If=이ㅍ=slide 주파수 if=이면 또는 조건으로서 만약에[혹시] -- 하면[하는 경우]
//만약[혹시]을 일으키는 실체로서 若者[或者] -- 하면
//이런 것을 조건으로 하는 것으로서 (만약에) 이런 게 있으면
[i: 이면(으로서 만약) /이런 것 f〉p: provided 주어지는 것으로서 조건]

➧ **This 뒤에 전치사 영뇌를 추가시키면 :**

A- E .. This by the computer, /if the buyer pays cash, /costs $90.

영뇌=기--〉설/설 : BEis-Os

시동=이것은 옆에 컴퓨터 옆에 있는데, 만약에약자[혹자] 구매자가 지불을 현금으로 한다면 치러야 할 돈은 90불이다.

↗ ☞.. **major 감주=** This, ----- cash, --- $90.

A.. This, if the buyer pays cash, costs $90.

Free 감주로 이해/간직 하기 ⇒ This. /If the buyer. /This, if the buyer. /Pays cash. /Costs $90. /This costs $90. /If the buyer pays cash, costs $90. /Pays cash, costs $90. /-- etc.

➧ This. 이것이야/이것말이지/이것 This, if the buyer. 이것은 약자/혹자[만약] 구매자의 경우에 한한다/구매자가 있는 경우에 한한다 ⇒ **일종의 종사 free 영뇌** Pays cash. 지불을 현금으로 한다. Costs $90. 값[비용]이 90불이다. This costs $90. 이것은 값이 90불이다. If the buyer pays cash, costs $90. 만약에[약자/혹자] 구매자가 지불을 현금으로 할 경우 값이 90불이다.
— 이런 free 영뇌[즉 전달 요소]가 문장 속에 들어 가면 소문자로 바뀐다.

Pays cash, costs $90. 지불은 현금으로 하고, 값은 90불이다.
/지불을 현금으로 할 경우, 값이 90불이다.[=Pays in cash, costs $90.]
: First come, first served. Begun well, almost done.
-- 콤머 영뇌가 문맥, 특히 접속의미를 결정한다. 즉 콤머도 하나의 뜻으로 접속의미이다.
시동=먼저 오면 먼저 서브를 받는다 : **선착순**
/시작한 것이 잘 한 것이면 거의 다한 것이나 다름없다 : **시작이 반이다.**

③ 동사에 연결시켜 설명해 나가는 뇌 (동사=원동사/현동사/과동사/과분사/현분사/동명사/조동사 — 모두 가능)

A.. Rage /as Mubarak stays on.

영뇌=기→ 설 : BEis-Os

or I + I : I-Os or S + S : S-Os

How to Read[Speak]=Rageas Mubarakstayson.
: 먼저 감각적 주파수로 이해한다. 그러면 저절로 의음/의자가 된다.
시동= vocal 감각적 주파수로 (의음/의자가 될 때까지) F3+E2 강하게 말하기
종사 연결대상=Rage

(sTAys=스**테**이스(infml 소리 : 유성음 비매치=소리본체 대로 내었음) /스**테**이즈(단수동사 s의 유성음 매치)=둘다 cramp F)
⇒ 동사를 종맥으로 설명해 나가는 뇌 : BEis-Os
--- Rage=(주어) **전제** infml E [=People rage]

.. 我必 Free 감주 간직하기=Mubarak stays on.
시동=격노하고 있어요, 동유자[다음과 같은 이유 때문에, 즉] Mubarak가 머물기를 계속하고 있기 때문에 말이다 : **비제한적 연결영뇌** **.. 문장 뼈대**=기본어/s동사(Rage) + 연결설명어(as) : s동사 없음
↘**동유자[as]할때 동유상황을 일으키는 실체가 보이면 된다 : S영뇌**

as=동급으로서 동이유,
동이유와 그것을 일으키는 실체로서 다음과 같은 이유 때문에[이유가 있어서] /동유자
[a: apposition 나란히 놓는 것 /reason s: same]

동사 뒤에 전치사 영뇌를 추가시키면 :
A- E .. Rage /throughout the city //as Mubarak stays on.
영뇌=기-->설 ⇨ **전설** : BEis-Os
시동=격노하고 있어요, 곳곳에서 그 도시 곳곳에서 하고 있는 데 동유자[다음과 같은 이유 때문에, 즉] Mubarak가 머물기를 계속하고 있기 때문에 말이다

throughout=(긴 것 또는 모든 것을) 뚫고 나오는 것으로서 내내/도처에
: throughout the year/village

↗ **.. major 감주=** Rage -- Mubarak --- on.
A.. Rage as Mubarak stays on.

Free 감주로 이해/간직 하기 ⇒ Rage. /Rage as. /Stays on. /Mubarak stays. /As Mubarak stays. /-- etc.
Rage. 격노하고 있다. Rage as. 격노하고 있는 데 어떤 동유자[다음과 같은 것이 있기] 때문에 말이다.
Stays on. 머물기를 계속하고 있다. As Mubarak stays. 동유자[다음과 같은 이유 때문에, 즉] 무바라크가 머물고 있기 때문에 ⇒ **일종의 종사 free 영뇌**
tip) **또다른** free **영뇌**=동자[다음과 같이 것이 있을 때, 즉] -- 머물고 있을 때
↳이때 '동' =동급시기를 지칭함

④ **형용사에 연결시켜 설명해 나가는 뇌**

A.. Always happy /when /I play golf.

영뇌=기-->설-->설′ : BEis-Os or I + I + I : I-Os or S + S + S : S-Os

How to Read[Speak]=Alwayshappy whenI playgolf.
: 먼저 감각적 주파수로 이해한다. 그러면 저절로 이해가 된다.

시동= vocal 감각적 주파수로 (자동 설가가 될 때까지) F3+E2 강하게 말하기

종사 연결대상=Always happy

(오-ㄹ웨이즈/오ㄹ웨이즈=basket F[or retro-root F] /slide F

플레이고어프[고-프]=ER F + 내성음 slide F[retro-root F] : I폐쇄) ↗ 소리는 소리본체를 보고 내야 정확하게 낼 수 있다.

↘ 현장 소리는 l음을 잘 안내나 내면 고얼프=내성음 slide F

⇒ 부사의 설명을 받은 형용사를 종맥으로 설명해 나가는 뇌 : BEis-Os

.. 我必 Free 감주 간직하기=Always happy whenever I play golf.

시동=언제나 행복한데, 언제냐 하면[시자] 내가 경기를 할 때인데 golf를 말이다 / -- 행복하다.

: 비제한적 연결영뇌 **.. 문장 뼈대**=기본어(happy) + 연결설명어(when) : s동사 없음

↘시자[when]할때 시기상황을 일으키는 실체가 보이면 된다 : S영뇌

Always happy=(주동) **전제** infml E [=I am always happy]

말=W(H)En=post 점형주파수

when=시기종맥으로서 언제냐 하면 -- 하게 되면[할 때]

/시기종맥을 일으키는 실체로서 時者 -- 할 때

[w: 묻는 관계 en: 언제로서 시기]

always 앞에 일반부사 영뇌를 추가시키면 :

A- E .. As always happy /when /I play golf.

영뇌=기-->설-->설′ : BEis-Os

시동=즉, 늘 그렇듯이 행복해요, 언제냐 하면[시자] 내가 칠 때인데 골프를 말이다.

A.. Always happy when I play golf. ↘ **.. major 감주=** -- happy when -- golf.

Free 감주로 이해/간직 하기 ⇒ Always happy. /Happy when. /When I play. /I play. /I play golf. /-- etc.

Always happy. 늘 행복해요. Happy when. 행복한데 언제냐 하면[시자] 이런 것을 할 때 말이다. When I play. 시자 내가 칠때 말이다 /언제냐 하면[시자] 이런 것을 할 때 즉 내가 칠때 말이다.

tip) 이런 것= referring forward로서 뒷 문장을 가리킴 I play. 나는 쳐요/경기를 해요.

tip) **또다른** free **영뇌**=나는 놀아요 : **애들이 놀 때**

cf] 일을 안하고 놀 때 : I' m out of work. I play golf. 나는 치는 데 골프를 친다.

☞.. 영어본래의미, 즉 Ekbe 시동 또는 감주로 이해되어야 영어승차감이 나온다.

⑤ 문장에 연결시켜 설명해 나가는 뇌

A.. I got /malaria //while /I was traveling in Africa.

영뇌=기-->설 ⇨ 전설-->설′ : BEis-Os

or I + I + I + I : I-Os or S + S + S + S : S-Os

> **How to Read[Speak]**=Igot malariawhile Iwas travelingin Africa.
> : (BEis/IS로 이해되는 것을) 감각적 주파수로 이해한다.
> **시동=** vocal 감각적 주파수로 (자동 설가가 될 때까지) F3+E2 강하게 말하기
> 종사 연결대상=앞문장 ↘**그러면 영어말투가 형성되고 영어말투에 익숙해진다.**
> (멀레리아/멀레리어=ER F : a=에 : 알파벳음가 ei중 e지배음가 a=어 : 약한 감정음가 아 : 철자음가)

⇒ 앞문장 전체를 종맥으로 설명해 나가는 뇌 : BEis-Os

-- 병이 걸린 것은 여행중에 그렇게 되었다고 주절을 종속시키고 있다. **이것이 바로 종맥이다.** ☞.. **문장 뼈대**=기본어(I) + s동사(got) + 전설 연결설명어(while)

☞.. **我必 Free 감주 간직하기**=I got malaria traveling in Africa.

시동=나는 걸렸어요, 말라리아에 말이다. 동안[간시] /간자 내가 하고 있는 동안, 즉 여행을 하고 있는 동안 내소에서 아프리카 내소에서 여행을 하고 있는 동안 그렇게 되었어요.

*하고 있는(was)=**현재형 과거상황**

·))) **전설 뇌로 작동시키지 않고, 연설 뇌로 작동시켜도 좋다.**

I got /malaria /while /I was traveling in Africa.[=I traveling : infml E]

영뇌=기-->설 -->설′-->설″ : BEis-Os

⇒ 연설 뇌일 경우

명사를 종맥으로 설명해 나가는 뇌로 말라리아 병을 어떤 것을 하고 있는 동안 얻었다는 것 : BEis-Os

시동= --- , 말라리아를 동안[간시] /간자 내가 하고 있는 동안, 여행을 하고 있는 동안 내소에서 아프리카 내소에서 말이다 // --- , 간시/간자 내가 하고 있었을 때 즉 여행을 하고 있었을 때 --- .

↘**간자[while]할때 사이상황을 일으키는 실체가 보이면 된다 : S영뇌**

> **소리**=W(H)Ile=slide 주파수
> **while**=행위 사이시간과 그것을 일으키는 실체로서
> 동안[간시(間時)] /간자 -- 하고 있는 동안[하고 있을 때]
> [w)∨: 사이시간 (모습) /between h: 행위/behavior]

🔊▶ **malaria 뒤에 comma 영뇌를 추가시키면 :**

A- E .. I got /malaria, a common disease of hot countries, //while /I was traveling in Africa.

영뇌=기-->설 ⇨ 전설-->설′ : BEis-Os

시동=나는 걸렸어요, 말라리아, 즉 이 병은 보통 질병, 즉 더운 나라의 보통 질병인데 이 병에 걸렸어요. 동안[간시] /간자 내가 하고 있는 동안, 즉 여행을 하고 있는 동안 내소에서 아프리카 내소에서 여행을 하고 있는 동안 그렇게 되었어요.

*이 병은/이 병에 걸렸어요/그렇게 되었어요=**문맥** associate

↗ ☺.. **major 감주=** -- got malaria ---- traveling --- Africa.

A.. I got malaria while I was traveling in Africa.

Free 감주로 이해/간직 하기 ⇨ I got. /Got malaria. /Malaria while. /While I was. /Was traveling. /Traveling in. /In Africa. /While traveling in Africa.

🔊▶ I got. 나는 걸렸어요. Got malaria. 걸렸어요, 말라리아를 말이다. **cf]** Had malaria.=걸려 있었다. ---. Malaria while. 말라리아인데 이런 것을 하는[어떤 간자] 동안 그랬어요. While I <u>was</u>. 간자[간시, 즉] 내가 하고 있었던 동안 : **동동사로서 동지속** Was traveling. 하고 있었는 데 여행하고 있었다. Traveling in. 여행하고 있었는데[있는데] 어떤 내소에서 말이다 : **일반현분사 영뇌**

tip) **또다른** free **영뇌**=여행하는 것을 하기, 즉 내소에서 하기 : **동명사 영뇌**

In Africa. 내소, 아프리카 내소(에서 말이다). While traveling in Africa. : **주동 전제** infml E 이런 것을 하는 동안, 즉 여행을 하는 동안 내소, 아프리카 내소에서 (하는 동안) 말이다.

tip) While I was traveling in Africa.=한편/그런데 나는 하고 있었어요 : **등맥[=등위접속사 영뇌]**

↗that**할때 지정내용을 일으키는 실체가 보이면 된다 :** S**영뇌**

B.. Bush /said //that /we must /disarm /Iraq.

영뇌=기→ 설 ⇨ 전설→ 설′→ 설″→ 설‴ : BEis-Os | Free 감주 간직하기

How to Read[Speak]=Bushsaidthat wemust disarmIraq.

: 먼저 감각적 주파수로 이해한다.

시동= vocal 감각적 주파수로 (자동 설가가 될 때까지) F3+E2 강하게 말하기

종사 연결대상=앞표현 전체

(세대ㅌ/세더ㅌ=double post 점형/slide F : d 폐쇄와 a의 e지배음가와 a의 약한 감정음가

세ㄷ대ㅌ=double slide F: a=ei 알파벳음가중 e지배음가 디스[디즈]아-암=small slide F + line 점형 F)

☺.. **我必 Free 감주 간직하기**=Bush said we must disarm.

⇒ 출처를 먼저 말하고, 지정 접속관계 종맥으로 연결시켜 설명해 나가는 뇌
: BEis-Os
이때 종맥=주절에 종속되어 구체적으로 말해 나가는것, 즉 말했는데 말한 구체적 내용을 that으로 설명해 나가는 뇌

주의]that 의미를 빼먹으면 영뇌가 아니다 : Ekbe=완전한 직독직해

시동=Bush는 말했어요, (그것) 즉 우리가 해야 한다고, → **여전히 한글구조로 이해**
무장해제 시켜야 한다고 이락을 말이다. / --- 해야한다는 것인데,
무장해제를 이락에게 말이다 : **비제한적 연결영뇌** ∵ 동사설가

종속문장 영뇌, 즉 종문뇌로 작동시키면 that을 써지 않아도 된다.

Bush /said //we must /disarm /Iraq.

영뇌=기→ 설 ⇨ 전설→ 설′→ 설″ : BEis-Os

전설뇌를 작동시키지 않고 연설뇌로 작동시켜도 좋다.

Bush said /that /we must disarm Iraq.

영뇌=기→ 설 → 설′ : BEis-Os

⇒ 연설 뇌일 경우 동사를 종맥으로 설명해 나가는 뇌, 즉 동사를 that으로 설명해 나가면서 that을 다시 뒷문장으로 설명해 나가는 뇌 : BEis-Os

말=THAt=대ㅌ/대트=post접형/slide 주파수
that=지정 접속관계로서 그것은 즉 /즉 (그것은) [th: the 지정 t: connect/tie]

⑥ 종속접속사에 연결시켜 설명해 나가는 뇌

A.. They don't /come //because /when /the ad is over.

영뇌=기→ 설 ⇨ 전설→ 설′→ 설″ : BEis-Os

or I + I + I + I + I : I-Os

or S + S + S + S + S : S-Os

How to Read[Speak]=Theydon't come becausewhenthe adis over.
: 먼저 감각적 주파수로 이해한다.
시동= vocal 감각적 주파수로 (자동 설가가 될 때까지) F3+E2 강하게 말하기
종사 when 연결대상=because

(데이도운트[도운]=double slide F : t비폐쇄와 폐쇄 **애**디즈=slide F 주의] 디/더는 철자 기준이고, a/an은 소리 기준이다.)

⇒ 원인이유 종맥을 다시 시기 종맥으로 설명해 나가는 뇌 : BEis-Os

문장 뼈대=기본어(They) + s동사(don't) + 전설 연결설명어(because when)

연결설명어 영뇌

.. **我必 Free 감주 간직하기**=They don' t come when the ad is over.

시동=그들은 하지 않아요, 즉 오지 않아요, 왜냐하면[원유자] 때가 되었기 때문에, 즉 그 광고가 끝날 때가 되었기 때문이다 : **비제한적 연결영뇌** *is='가' **原由者**=원인을 밝히는 이유의 실체

↘원유자[because]할때 원인을 밝히는 실체가 보이면 된다 : S영뇌

원동사 뒤에 일반부사 영뇌를 추가시키면 :

A- E .. They don' t /come here //because /when /the ad is over.

영뇌=기→ 설 ⇨ 전설→ 설′→ 설″ : BEis–Os

시동=그들은 하지 않아요, 즉 오지 않는데 여기에 말이다. 왜냐하면[원유자] 때가 되었기 때문에, 즉 그 광고가 끝날 때가 되었기 때문이다.

↗ .. **major 감주=** -- don' t come ---- ad is over.

A.. They don' t come because when the ad is over.

Free 감주로 이해/간직 하기 ⇒ They don' t. /Don' t come. /Don' t come because. /Because when. /Because the ad is over. /When the ad is over. /They don' t come when the ad is over. /Don' t when the ad is over.

They don' t . 그들은 하지 않아요. Don' t come. 하지 않는데 오지 않는다/오기를 말이다. <u>Don' t</u> come because. 하지않는데 오지않아요, 왜냐하면[원유자가] <u>무슨 이유</u>가 있기 때문이다 : **서술 대동조동사** 하지마라. --- : **명령 대동조동사** vs <u>Do</u> come here. 정말로 와라. 이곳에 말이다 : **강조의미** Because when. 왜냐하면[원유자] 시기 때문이다. Because the ad is over. 왜냐하면 [원유자] 광고가 끝났기 때문이다. When the ad is over. 언제냐 하면[시자] 광고가 끝났을 때이다. They don' t come when the ad is over. 그들은 하지 않는데 즉 오지 않아요, 언제냐 하면[시자] 광고가 끝났을 때에도 말이다. Don' t when the ad is over. 하지 않아요, 언제냐 하면[시자] 광고가 끝났을 때에도 말이다.

: Don' t do it. 하지 않아요, 실행하는 것인데 그것을 말이다.

Don' t come. Don' t come because. Don' t when the ad is over. : **서술 대동조동사**

tip) **또다른** free **영뇌** : 하지마라. 오는 것을 말이다 -- : **명령 대동조동사**

무슨 이유=**단어** associate

∵ because definition=used when you are giving the reason for <u>something</u> or for the reason <u>that</u>

여기서 something과 that이 because의 단어 associate가 된다.
그리고 that 때문에 종속접속사에 referring forward 의미가 생긴다.
: 왜냐하면 <u>이런 이유</u>가 있기 때문에

B.. He /talks //as if[though] /he had /loved her.

영뇌=기→ 설 ⇨ 전설→ 설′→ 설″ : BEis-Os

How to Read[Speak]=Hetalks asif[though] hehad lovedher.
: 먼저 감각적 주파수로 이해한다.

시동= vocal 감각적 주파수로 (자동 설가가 될 때까지) F3+E2 강하게 말하기
종사 if/though 연결대상=as | Free 감주+我必 Free 감주 간직하기

☞.. **문장 뼈대**=기본어(He) + s동사(talks) + 전설 연결설명어(as if/though)

시동= -- 마치 혹시[그래도/그렇지만/양자] -- (과거에) 가졌던 것처럼 사랑한 사실을 가졌던 것처럼--- : **비제한적 연결영뇌** tip) 讓者=양보종맥 실체로서 양자

뜻하는 의미=마치 했던 것처럼 사랑 했던 것처럼
as=동급비교로서 마치 if/though=만약으로서 혹시 /반대양보로서 그래도
had=과거 속에서의 의미과성립

tip) **albeit**=formal, even though ; although
: Christ went with her, albeit reluctantly. She appeared on the show, albeit briefly. It was an amazing computer, albeit expensive.

⑦ 전설로 설명해 주는 뇌

A.. The way /you did it, //we don't /like you.

영뇌=전설→ 설′ ⇨ 기→ 설 : BEis-Os
or I + I + I + I : I-Os or S + S + S + S : S-Os

How to Read[Speak]=Thewayyou didit, wedon't likeyou.
: 먼저 감각적 주파수로 이해한다.

시동= vocal 감각적 주파수로 (자동 설가가 될 때까지) F3+E2 강하게 말하기
종사 연결대상=뒷문장 전체
(더웨이유- =cramp F + line 점형 F)

⇒ 종속접속사를 문장으로 설명해 나가면서, 다시 뒷문장 전체를 종맥으로 설명해 주는 뇌 : BEis-Os

☞.. **我必 Free 감주 간직하기**=The way you did, we don't like.

시동=그런 식으로 네가 했기 때문에, 즉 그것을 했기 때문에, 우리는 하지 않는다. 좋아 하는 것인데 너를 말이다 : **「명부접속사+서술문장」으로서 비제한적 연결영뇌**
/그런 식 --- 했던 식으로, 그것을 했던 식으로 우리는 하지 않아요, --- .
: **「명사접속사+관계문장」으로서 비제한적 연결영뇌**

☞.. **문장 뼈대**=전설 연결설명어(The way) + 기본어(we) + s동사(don't)

연결설명어 영뇌

the way= 문장을 거느리면서 자기문장과의 관계에서는 명사부사 또는 관계문장의 선행사 가 되면서, 자기문장으로 최종적으로 주절를 종속시키면서 접속시키기 때문에 종속접속사이다.

> 말=theWAy=cramp F
> way=방법 관계로 연결설명하는 것으로서 그런 식으로 -- 하기 때문에
> /그런 식-- 하는 식으로
> [w: v+v 방법 관계]

마지막에 일반부사 영뇌를 추가시키면 :

A- E .. The way /you did it, //we don't /like /you dead.

영뇌=전설→ 설′ ⇨ 기→ 설→ 설′ : BEis-Os

시동=그런 식으로 네가 했기 때문에, 즉 그것을 했기 때문에, 우리는 하지 않는다. 좋아 하는 것인데/좋아하기를 너를 죽어도 말이다.

: I don' t know dead. [=IDKD]

.. major 감주= -- way you did ---, we don't ---- .

A.. The way you did it, we don't /like you.

Free 감주로 이해/간직 하기 ⇨ The way. /You did. /Did it. /We don't. /Don't like. /Like you. /The way you did. /You did it. /We don't like. /Don't like you. /You did it, we don't like. /-- etc.

The way. 그런 식으로 tip) **또다른** free **영뇌**=그런 식이야. You did. 당신이 했지요. Did it. 했는 데 그것이었지. We don't. 우리는 하지 않아요. Don't like. 하지 않는 데 좋아하지 않는다. Like you. 좋아하는 데 당신이지. The way you did. 그런 식으로 네가 했기 때문에 tip) **또다른** free **영뇌**=그런 식, 네가 했던 식으로 말이야. You did it. 네가 했지요, 그것을 말이야. We don't like. 우리는 하지 않아요, 좋아하기를 말이다. Don't like you. 하지 않아요, 좋아하는 것인데 당신을 말이다. tip) free **영뇌로 말문 더 틔우기** : Don't like you, if so. 하지 않는데, 좋아하지 않아요. 당신을 만약에 그렇다면 말이야.

> You did it, we don't like. 네가 했지, 그것을 말이야, 그래서 우리는 하지않아요, 좋아하기를 말이다 /네가 했다면, 즉 그것을 했다면 우리는 하지 않아요, 호(好)를 말이다.
> : **콤머 영뇌, 즉** comma infml E -- 이유/조건

⑧ 기본어로 먼저 말하는 뇌 ↗즉[that]할때 지정내용을 일으키는 실체가 보이면 된다 : S영뇌

A.. That /she should /betray /me!

영뇌=기→ 설→ 설′→ 설″ : BEis-Os

or I + I + I + I : I-Os or S + S + S + S : S-Os

How to Read[Speak]=Thatshe should betrayme! or — shouldbetrayme!

: 먼저 감각적 주파수로 이해한다.

시동= vocal 감각적 주파수로 (자동 설가가 될 때까지) F3+E2 강하게 말하기

(슈드/셔드=slide/small slide F : 유=u지배음가와 알파벳 음가 여=o지배음가와 약한 감정음가

비츄**레**이미/비쳐**레**이미=dot 점형 F + cramp F + dot 점형 F)

⇒ 종속접속사로 먼저 개략적으로 말해 놓고 다시 구체적으로 뒷말로 설명해 나가는 뇌

: 개략주의 기/설 영뇌 -- 일종의 후동격

.. 문장 뼈대=기본어(That) + 속문장 기본어(she) + 속문장[절] s동사(should) : s동사 없음

.. 我必 Free 감주 간직하기=She should betray me!

시동=즉, 그 여자에게[그 여자로 하여금] 일어 나다니, 배반하는 것인데 나를 말이다!

: That he is rich. 후동격 -- 즉 그가 부자라는 것이다.

should=사발생으로서 정생각

[h/l: happen+let d: did+decide]

plus] That she should betray is wrong!

: 종속접속사 또는 일반대명사 영뇌

— 전자도 주기능 가능함 ∵ 복합품사

전자= 대명접속사로서 대명사로서 관계문장의 선행사되면서 최종적으로 자기문장을 앞에서 s동사에 접속시키는 접속사 -- 주절

후자=대명사로서 관계문장의 선행사가 되면서 s동사의 주어가 되는 뇌

she에 comma 영뇌를 추가시키면 :

A- E .. That /she, only just 16, /should /betray me!

영뇌=기→ 설→ 설′→ 설″ : BEis-Os

시동=즉, 그 여자는 겨우 16살인데, 일어 나다니 배반하는 것인데 나를 말이다!

A.. That /she should /betray /me!↘ .. **major 감주=** --- should betray --!

Free 감주로 이해/간직 하기 ⇒ That! /She should! /Should betray! /Betray me! /Should betray me! /She should betray me! /That she should! /That she should betray! /-- etc.

That! 즉! /즉 그것 말이야! tip) **또다른** free **영뇌**=그것이지/그것 : period**일 경우**

She should! 그 여자로 하여금 일어나다니/일어나야 하다니!

tip) **또다른** free **영뇌** [.]=그 여자로 하여금 일어나다/일어나야 한다/일어나는 게 좋겠다.

Should betray! 누군가로 하여금 일어나다니, 배반하는 것이 말이다! tip) **또다른** free **영뇌** [.]=누군가로 하여금 일어나다. 배반하는 것이 말이다. ∗누군가=should associate

Betray me! 배반하다니 나를 말이다!

tip) **또다른** free **영뇌** [.]=배반해요, 나를 말이다. Should betray me! 누군가로 하여금 일어나다니, 배반하는 것인데 나를 말이다! tip) **또다른** free **영뇌** [.]=누군가로 하여금 일어나다. 배반하는 것인데 나를 말이다. She should betray me! 그녀로 하여금 일어나다니 -- !

That she should! 즉 그 여자로 하여금 일어나다니! That she should betray! 즉 그 여자로 하여금 일어나다니, 배반하는 것이 말이다!

B.. Bill : When does the program come on?

Tom : When /the ads are /over!

영뇌=기→ 설→ 설′ : BEis-Os

How to Read[Speak]=Whenthe adsare over!

: 먼저 감각적 주파수로 이해한다.

시동= vocal 감각적 주파수로 (자동 설가가 될 때까지) F3+E2 강하게 말하기

(웬(h)디/웬(h)더/웨(h)너=slide F : 모음 앞 the의 더=모음에 상관없이 빠르게 감주로 리듬을 주면 어화(청취시 유의) : infml 소리 웨(h)너=th 폐쇄와 infml 소리로서 어화와 합성감주 애ㄷ즈어/애ㄷ저/애ㄷ즈아=slide F : 비합성 또는 합성 감주 are=아 – /어)

| Free 감주+我必 Free 감주 간직하기

시동=언제냐 하면[시자] 광고들이 끝날 때이지 /이런 게 있을 때, 즉 -- 끝날 때 말이다.

are=동질[동질연결]로서 는/이/가

when=때 묻는 관계로서 언제냐 하면 -- 할 때 /때 접속연결과 그 실체로서 이런 게 있을 때, 즉 [시자 -- 할 때] [w: 묻는관계/접속연결 en: 언제로서 time]

C.. Because /they can't /hear me //when /I'm yelling /at them!!!

영뇌=기→ 설→ 설′ ⇨ 전설→ 설′→ 설″ : BEis-Os

How to Read[Speak]=Because theycan't hearme whenI'm yellingat them!!!

: 먼저 감각적 주파수로 이해한다.

시동= vocal 감각적 주파수로 (자동 설가가 될 때까지) F3+E2 강하게 말하기

when **연결대상[기본어]=앞말전체** -- 앞말전체를 when으로 종속시키고 있다.

(예ㄹ링애ㅌ/예ㄹ링애ㅌ=basket F + post 점형 F /basket F + small slide F : 애=강한 감정음가

예ㄹ링어ㅌ=basket F+dot 점형 F : 어=약한 감정음가 웨나잉=slide F)

| Free 감주+我必 Free 감주 간직하기

시동=왜냐하면[이유는/원유자] 그들이 할 수 없기 때문인데, 즉 들을 수 없기 때문인데 내 말을 말이야.
때에도[시자] 내가 고함을 고래고래 질러 대고 있을 때에도 바로 그들에게 질러 대고 있을 때에도 말이다.
➾ 즉 내가 고래 고래 고함을 질러 댔는 데도 그들은 내 말을 들을 수 없기 때문에 무언가 그렇게 됐다는 말이다.

▭ **when=시기/때 양보**

vs **though=반대양보 if=조건(인정) 양보 as=동급양보/is동질양보**

plus 종속접속사가 문장 앞에 오는 이유 :

우리말은 동사 뒤에 오지만

첫째, 영어는 개략주의 기/설 영뇌이기 때문이다. 즉 원어민 두뇌는 개략적으로 먼저 말하고 다시 구체적으로 설명해 나가는 뇌이다. 전치사, 조동사, 묻는 말, 감탄말도 마찬가지이다.

둘째, 종속접속사 속에 that이라는 **단어** associate가 들어 있기 때문이다.

when definition=at the time that 즉 그런 때, 즉 이런 게 일어날 때 ⇨ 이런 것이 있을 때, 즉

because definition=for the reason that 즉 그런 이유 때문에, 즉 이런 이유 때문에

⇨ 왜냐하면 이런 이유 때문에, 즉

if definition=on condition that

바탕으로 해서, 조건 이런 조건을 바탕으로 해서 ⇨ 만약 이런 게 있다면 ***that=종속접속사**

이렇게 영영사전에서는 뜻풀이로 that으로 표현하고 있고, 구체적인 의미는 that 이하이기 때문에 이런 것이, 이런 시기, 이런 이유, 이런 게, -- 등으로 시동이 걸리고 의미는 referring forward 이다. 그래서 자연적으로 문장 앞에 놓을 수 밖에 없고 뒷문장이 referent가 된다.

셋째, 종속접속사를 명대로 설명해 나가기 때문이다 : **종맥실체로 시동**

↳**종맥을 일으키거나 종맥이 되게 하는 실체로 시동**

- when=시자 -- 할때 • whether=하자 -- 인지[이든]
- after=전자 -- 한 후 • before=후자 -- 전에 • if=약자[혹자] -- 하게 되면 /인자 -- 인지
- until/till=도자 -- 할/될 때까지 • because=원유자(原由者) -- 때문에 • where=처자 -- 하는 곳에
- though=양자 -- 이다할지라도 • since=계자 -- 이래로 (쭉)/존유자 (存由者) -- (있기) 때문에
- while=간자 -- 하는 사이/하는 동안 • as=동시자/동유자/동동자/동행자 -- 하자마자[하면서]/때문에/함에따라 /하는 대로 ☞ vol 2 p407 tip)종맥과 종맥실체=bnw-BAM=단어 본래의미

.. 이해는 (언어에 대한 basics를 알았다면) 최종적으로 단어의 최종적인 뜻인 감주로 이해한다.

2) 주요 종속접속사 영뇌와 BAM

① when 영뇌[when NB] — 시기종맥과 그것을 일으키는 실체

시기 묻는관계 //시기 연결관계 //(그냥) 시기관계 종맥과 (그냥) 시기관계 실체로서
언제냐 하면[시자] — 하게 되면 : **부사접속사+서술문장** *시자=명사부사/명사
/언제냐 하면 — 할 때[경우] //이런 게 있을[이런 것을 할] 때 즉 — 할 때 : **대명접속사+관계문장**
//때에[시자] — 할 때 : **명사접속사+관계문장** *이런 게/이런 것=referring forward
↳ 시기종맥 실체, 즉 시기종맥을 일으키는 실체로서 時者
[w: 묻는관계/접속연결 en: 언제로서 시기] 말=W(H)En=post 점형주파수 언제냐=부사/대명사

A.. **Fire /the rocket //when /I give /the signal.** [=, giving my signal/to give my signal.]
영뇌=기→ 설 ⇨ 전설→ 설′→ 설″ : BEis–Os
or I + I + I + I + I : I–Os or S + S + S + S + S : S–Os
I Free 감주+我必 Free 감주 간직하기 ※**고난도 감주** — 원어민들은 접속사라고 해서 반드시 끊어 말하지 않는다. 그래서 듣기가 어렵다.

시동=발사하라. 그 rocket을 발사하라. ⇒ Firethe rocketwhen Igivethe signal.
Butaboutthe basics, theylearned.
↳**버**ㅅ더**바**웃더

언제냐 하면[시자] 내가 보내게 되면 신호를 말이다 : **부사접속사+서술문장** /언제냐 하면[이런 것을 할 때, 즉] 내가 보낼 때[경우]인데 신호를 말이다 : **대명접속사+관계문장** /때에[시자] 즉 내가 보낼 때에 신호를 말이다 : **명사접속사+관계문장**

시자[when]할때 시기상황을 일으키는 실체가 보이면 된다 : S영뇌

좀더 구체적으로 말하면, 복합품사의 앞 표현은 자기문장과의 관계 또는 s동사와의 관계를 나타내고, 뒷 표현은 최종적인 자기역할을 나타낸다. 여기서는 s동사와 관계하는 것은 없다. 즉 자기문장과의 관계에서 부사기능을 하면서 접속 기능을 하면 **부사접속사**가 되고, 관계문장의 선행사가 되면서 접속기능을 하면 **대명/명사 접속사**가 된다.
비록 관계문장일 경우에는 **제한적 연결영뇌**가 되나 종속접속사[부사접속사/대명접속사/명사접속사]는 일반적으로 동격을 제외하고 명(대), 동, 형, 문과의 관계에서는 **비제한적 연결영뇌**이다.

cf] • I don't care whens[when] and wheres[where].
-- **명사일 경우**=시기와 장소 **대명사와 부사일 경우**=언제 또는 어디

• When Jesus comes back, I bet it'll be on a Monday. ↗부사[대명] 접속사로서
언제냐하면 -- 다시 온다면[올 경우] : 언제냐 =**부사 또는 대명사** 언제냐 하면=**종속접속사**

·))) **문두 전설뇌로 작동시키면**

A-E.. When /I give /the signal, //fire /the rocket.

영뇌=전설→ 설′→ 설″ ⇨ 기→ 설 : BEis-Os

시동=언제냐 하면[시자] 내가 보내게 되면[보낼 때] 신호를 보내게 되면[보낼 때], 그때 -- .
/(언제냐 하면) 이런 것을 할 때 즉, --- .
/때에[시자] 내가 보낼 때 신호를 보낼 때, 발사하라, 그 로켓을 말이다.

when=관계부사 /종속접속사 /일반부사[즉 의문부사] /명사 /일반대명사
·))) 뜻으로 간단히 처리 : 언제냐 하면/언제/때 //시자

·))) **동설뇌로 작동시키면**

↱ 어떻게 시자 -- 할때[어떻게 할 때 즉 --]

A-E.. Fire, /when I give the signal, /the rocket. [= --, how when -- .]

↳부사의 종사 설주뇌

영뇌=기→ 설/설 or 기→ 설→ 설′ : BEis-Os

시동=발사하라, 때에[시자] 내가 줄때 신호를 줄 때, the rocket를 말이다.
/ ---, 언제냐 하면 [이런 것을 할 때, 즉] 내가 줄 때 신호를 줄 때, --- .
/ 언제냐 하면[시자] 내가 주게 되면, 신호를 주게되면, --- .

(종사와 구두점=StE : 문중/문두=콤머필요(required) 문미=optional -- 각종 시험영어 Writing시 유의)

B.. Sarah didn' t /flinch once, // [/] when the doctor was cleaning the wound.

영뇌=기→ 설 ⇨ 전설 or 기→ 설→ 설′ : BEis-Os
or I + I + I : I-Os or S + S + S : S-Os

시동=Sarah는 하지 않았어요, 움찔하기를 한번도 말이다. 언제냐 하면[이런 것을 했을 때, 즉] the doctor가 하고 있었을 때, 소독을 하고 있었을 때에 그랬는데, 그 상처에 말이다.
: **대명접속사+관계문장** | Free 감주+我必 Free 감주 간직하기

/-- 때에[시자] -- 때에 그랬는 데 : **명사접속사+관계문장** *그랬는데=문맥 associate

·))) **문두 전설뇌로 작동시키면**

B-E.. When /the doctor was cleaning the wound, //Sarah didn' t /flinch once.

영뇌=전설→ 설′ ⇨ 기→ 설 : BEis-Os

↱문맥 associate

시동=때에[시자], the doctor가 하고 있었을 때 소독을 그 상처에 하고 있었을 때. **그때**, Sarah는 --.

tip)의문부사의 종사 설주뇌와 관계문장 :

We want a system where when people come in illegally, they have to go out.

⇨ a system=관계문장의 선행사 they family=관계문장 -- Trump의 불법 이민에 대한 말

시동=우리는 원해요, 어떤 시스템인데 어디 언제이든 사람들이 들어올 때, 즉 불법적으로 들어올 때는 그들은 반드시 해야 하는, 즉 대동 나가야 하는 시스템을 우리는 원한다. ※where=의문부사

연결설명어 영뇌

➾ **명설뇌로 작동시키면**

B-E.. Sarah , /when /the doctor was cleaning the wound, /didn't /flinch once.

영뇌=기→ 설→ 설′/설→ 설′ : BEis-Os

➾ 명사를 보충 설명해 나가면서 s동사로 설명해 나가는 뇌로 작동시킨다.

시동=Sarah는 시자[언제냐 하면] -- 하고 있었을 때, 소독을 그 wound에 하고 있었을 때 하지 않았어요 : **뒷말 한쪽시기**

Cf] 앞뒷말 양쪽시기 :

• The plane was turning off the runway onto a taxiway <u>when</u> it slid in slippery conditions.

시동=그 비행기는 있다가 돌고 있다가 탈선해서, 활주로를 탈선해서 올라 가버렸다. 유도로에 말이다[상자 유도로에 올라 가버렸다]. <u>이때가</u> 어떤 상황이었던가 하면 그 비행기는 쏵 미끄러져 계속해서 미끄러지고 있는 상태였다. /언제냐 하면 --- 계속해서 미끄러지고 있을 때 말이다.

➾ in=속/중에 있는 것으로서 계속성 s=발생반복 복수 when=등맥으로서 양쪽 시기 /종맥으로서 한쪽시기

• Adam fucked the apple and <u>when</u> Eve ate it she got pregnant. -- Humour

시동=언제냐 하면 <u>그때</u> 먹었는데 그것을 먹었고 <u>이때</u> 그 여자는 -- . fuck=놀아나는 것

↳ **놀아난 시기와 먹은 시기로서 양쪽시기** -- 마치 before, after가 앞뒤말에 영향을 미치는 것과 같다.

② if 영뇌[if NB] — 조건/확인 종맥과 그것을 일으키는 실체

• **조건관계 종맥과 그 실체로서**   **cf] if+주어+하생각 ⇒ 가상종맥과 그것을 일으키는 실체**

만약에[약자] — 하면/이렇게 하면, 즉 — 하면 : **부사접속사(+서술문장)**

//만약[약자] — 하는 경우[이렇게 할 경우, 즉 — 할 경우] : **명사[대명] 접속사(+관계문장)**

[i: 이면/이런 것이면으로서 만약의 조건 or f>p: provided 조건] ※ '이렇게' =지시부사/대명사

⇒ 약자=조건종맥 실체, 즉 조건종맥을 일으키는 실체로서 약자(若者)

• **확인관계 종맥과 그 실체로서**

만약 한다면[인자] —— 하는 것인지 : **명사접속사(+관계문장)**

//인지/인자 [그런 것인지 즉] — 하는 것인지 : **명사[대명] 접속사(+관계문장)**

//만약 한다면[인자] —— 하는 지 : **명사접속사(+서술문장)**

//인지/인자 [그런 것인지 즉] — 하는 지 : **명사[대명] 접속사(+서술문장)**

[i: 인지로서 확인] (認=확인할 인)

⇒ 인자=확인종맥 실체, 즉 확인종맥을 일으키는 실체로서 인자(認者)

말=If=이프=slide 주파수 ※ '만약' =부사/명사 '약자' =명사부사/명사 '인지' =(확인서술) 명사/동사

tip)if=조건/가정/real condition : 조건종맥/가정종맥/real 종맥 ☞ vol 2 p75

A.. The 16 inch colour television costs /$525, // [/] if the buyer pays cash.

영뇌=기→ 설 ⇨ 전설 or **기→ 설→ 설′** : BEis-Os
or I + I + I : I-Os or S + S + S : S-Os

시동=The -- TV는 값이 525불 나가요, 약자[만약에/이렇게하면 즉], 구매자가 지불을 cash로 **하게되면** 그렇다 : **부사접속사+서술문장** ↘약자[if]할때 만약에 상황을 일으키는 실체가 보이면 된다 : S영뇌

cf] Do it, if possible. if=ad
⇒ 약자/만약에/이렇게 하면(**부사접속사**) -- 하면(**서술문장**)
⇒그렇다=**문맥** associate | Free 감주+我必 Free 감주 간직하기

//약자/만약 [이렇게 할 경우, 즉] -- 로 **하는[할] 경우**에는 말이다 : **명사[대명] 접속사+관계문장**
-- 명사/대명사로서 관계문장의 선행사가 되고 최종적으로 자기문장을 주절에 접속시키는 접속사

구문법에서는 접속사가 이끄는 절, 즉 종속절이 주절과 관계에서 보조기능을 하면 **부사절**이라 하고, 주기능을 하면 **명사절**이라 한다. 종속접속사를 단일품사로서 주기능, 보조기능을 하면서 접속기능까지 하는 것으로 보고 있다. 하지만, 복합품사로 느껴야 주기능과 보조기능, 접속기능을 쉽게 느낄 수 있다. ※명사절=주어절 /목적절 /보어절 /동격절 **tip)구문법** : 관계대명사/관계부사=형용사절/부사절
신문법 : 제한적 연결영뇌/비제한적 연결영뇌

·))) 동설뇌로 작동시키면

A-E.. The 16 inch colour television /costs, /if the buyer pays cash, /$525.

영뇌=기→ 설→ 설′→ 설″ or **기→ 설→ 설′/설′** : BEis-Os

·))) 명(대), 동, 형, 문 가운데 동사 설가

시동=The -- TV의 costs는 만약[약자] 구매자가 지불을 현금으로 할 경우 525불이다. (↗**관계문장**)
↘**밑줄전체**=관계문장 의미가 들어간 **명사접속사**↙

·))) 명설뇌로 작동시키면

A-E.. The 16 inch colour television, /if the buyer pays cash, /costs $525.

영뇌=기→ 설/설 : BEis-Os

·))) s동사를 나중에 말할 때는 연설뇌보다 독설뇌로 작동시켜야 한다. costs는 TV값이지 만약의 상황이 값이 되는 것은 아니다. 그래서, 명사에 보설로 먼저 보충하고, 다시 s동사로 설명해 나가는 뇌로 작동시키면 된다. 그러면 **동사 수일치**도 된다.

시동= -- television은 만약/약자[이렇게 할 경우 즉], 구매자가 지불을 현금으로 할 경우 그값은 -- 이다. ↘**밑줄전체**=관계문장 의미가 들어간 **명사[대명] 접속사**↙

›› **문두 전설뇌로 작동시키면**

A-E.. **If the buyer pays cash, //the 16 inch colour television costs /$525.**

영뇌=전설 ⇨ 기→ 설 : BEis-Os

시동=만약/약자 [이렇게 할 경우 즉], the buyer가 pays를 cash로 할 경우 -- - .

A-E-1.. **If the buyer pays cash, /the 16 inch colour television /costs $525.**

영뇌=설→ 기→ 설 : BEis-Os

›› 설명을 받고, 설명을 해나가는 뇌로도 작동시켜도 좋다.

cf] Take your raincoat in case it rains.

⇒ 전치사로 접속사 대신에 주절[문장]에 연결시키는 뇌

case=관계문장의 선행사

it rains=(주기능 비소유) 관계문장=제한적 연결영뇌 it=weather

in=들어가는 것으로서 대비해서/입작동, 즉 대비 대상으로서 내자 -- 대비해서

시동= -- . 대비해서[내자] 경우를 대비해서, 즉 날씨가 비가 오는 경우를 대비해서 말이다.

tip)Unless we have more paper. : **조건부정 종맥과 그 실체**

만약에[불약자 不若者] 우리가 갖지못할 경우에는 더 많은 종이를 갖지못할 경우에는 어떻하지. **밑줄=(문맥/상황)** associate [un>on>con : condition e : except]

We earned $200 less travel expenses.

B.. **A foreigner asked /me //(/) if I could speak English.**

영뇌=기→ 설 ⇨ 전설 or 기→ 설/설 or 기→ 설 → 설′ : BEis-Os

›› if를 **전설뇌**로 작동시켜도 좋고, **독설뇌**로 작동시켜도 좋고, 아니면 **연설뇌**로 작동시켜도 좋다. 아무래도 s동사가 앞에 있기 때문에 연설뇌가 훨씬 더 쉽다.

| Free 감주+我必 Free 감주 간직하기

시동=한 외국인이 물어 왔다, 나에게 인자[인지 즉/만약 한다면/그런 것인지 즉] 내가 **가능한 것인지** 말하는 것인데 영어로 말이다. ↘**인자[if]할때 확인상황을 일으키는 실체가 보이면 된다 : S영뇌**

① 인자[인지 즉/만약 한다면] /그런 것인지 즉=**명사/대명 접속사** 가능한 것인지=**관계문장**

›› if=명사/대명사로서 관계문장의 선행사가 되면서, s동사의 목적어도 되고, 최종적으로 (ultimately) 자기문장을 주절에 접속시키는 접속사

만약 접속기능을 빼면 **명사/대명사 뇌**로 작동한다. 즉 명사/대명사로서 s동사의 목적어가 되고, 관계문장의 선행사가 되면서, 관계문장으로 설명해 나가는 뇌로도 작동시킬 수 있다.

tip)관계문장은 제한적 연결영뇌이나 최종적으로 접속시키는 것은 비제한적 연결영뇌이다.

② 인자[인지 즉/만약 한다면] /그런지, 즉=**명사/대명 접속사** 가능한 지/할 수 있는 지=**서술문장**

▸ if=명사/대명사로서 s동사의 목적어 역할을 하면서 최종적으로 자기문장을 주절에 접속시키는 접속사

tip)관계문장이 아니니, s동사와의 관계에서 명사/대명사라는 것을 찾아야 한다.

*s동사의 목적어=직목 tip) free **영뇌**=A foreigner asked me if.

plus] A foreigner asked /me / if I could speak English.

=기→ 설/설 : 독설 목적어

=구문법에서는 이럴 경우 종속절을 명사절이라 한다 ▸ 종속절=부사절/명사절

⇒ 그냥 "명사/대명 접속사+서술문장/관계문장„으로서 바로 이해하면 된다.
구문법처럼 단순히 기능두뇌로 이해하지 않고 영뇌, 즉 기/설 두뇌로
이해하면 전설뇌 또는 연설뇌로도 두뇌를 작동시킬 수 있다.

기/설 두뇌는 뜻 두뇌이다.
or 기→ 설 ⇨ 전설 목적어 or 기→ 설 → 설′ : 연설 목적어

cf] I don' t like ifs. Do it, if necessary. if=noun/adv.

우리말 '만약/만일' 도 명사 또는 부사이다.

C.. I can' t /decide // [/] if I want to study abroad or stay in Korea.

영뇌=기→ 설 ⇨ 전설 or 기→ 설 → 설′ : BEis-Os

| Free 감주+我必 Free 감주 간직하기

시동=나는 할 수 없어요, 즉 결정할 수 없어요. 인자[인지 즉/그런지 즉] 내가 원하는 지, 대동 공부를 해외에서 하기를 원하는 지 아니면 거주를 내국에서 하기를 원하는 지 말이다.

/ --. 결정하는 것인데, 인자[인지 즉 /그런지 즉] 내가 원하는 지-- 원하는 지를 결정하는 것을 -- .

↘인자[if]할때 확인상황을 일으키는 실체가 보이면 된다 : S영뇌

: 명사[대명] 접속사+서술문장

▸ **if=s동사와의 관계**에서는 명사/대명사로서 목적어 역할을 하면서 최종적으로 자기문장을 주절 또는 동사에 접속시키는 접속사 -- 종속접속사는 이렇게 복합품사이기 때문에 주기능이 가능한 것이다. **※주기능=주어/목적어/보어**

만약 관계문장일 경우 : 원하는 것인지

if=명사/대명사로서 s동사의 목적어/관계문장의 선행사+최종적으로 접속기능

D.. I'm /not sure / [//] if this is the right road or not.

영뇌=기→ 설 → 설′ or 기→ 설 ⇨ 전설 : BEis-Os

| Free 감주+我必 Free 감주 간직하기

시동=나는 확신이 안가요. 인자 [즉 <u>인지</u>/그런 것인지 즉], 이것이 <u>인지</u> 옳은 길인지 아닌지 말이다.

＊앞 '인지' =**확인 서술명사** 그런 것=**대명사** 뒷 '인지' =**확인 서술동사**

: 명사[대명] 접속사+서술문장

▸ 명사/대명사로서 형용사의 목적어 역할을 하고 최종적으로 자기문장을 형용사 또는 주절에 접속시키는 접속사

형용사가 목적어를 가질 경우=절이 아니면 of전치사를 취함 : Be careful of him.

E.. The bottom line /is /if /they have intercontinental ballistic missile technology.

영뇌=기→ 설 → 설′→ 설″ : BEis-Os | Free 감주+我必 Free 감주 간직하기

시동=그야말로 정말로 중요한 것은 인자[인지/그런 것인지 즉], 그들에게 <u>가지고 있는 지</u> 대륙간 탄도미사일 기술을 <u>가지고 있는지</u> 하는 것이다. ＊ is=은 하는 것=**문맥** associate

: 명사[대명] 접속사+서술문장

▸ 명사/대명사로서 동사의 (연설) 보어 역할을 하고 최종적으로 자기문장을 주절에 접속시키는 접속사 그래서, 종속접속사=주기능(보어) + 접속기능

bottom line=마지막 줄에 손익을 표시하는 것으로서 이익 또는 손실(profits or losses) /가장 중요한 것(the most important part) /최소한 금액(the least amount of money)

tip) '인자/인지' 명사에 접속의미[접속기능]가 부여되면 명사접속사가 된다.

▸ 전설뇌로 작동시키면

E-E.. The bottom line /is //if /they have intercontinental ballistic missile technology. **영뇌=기→ 설 ⇨ 전설→ 설′ : BEis-Os**

먼저 감각적 주파수로 이해하라.

시동=vocal 감각적 주파수로 (BEis/IS 영뇌가 될 때까지) F3+E2 강하게 말하기

종사 연결대상=앞문장, 즉 앞문장을 염두에 두고 설명해 나가는 뇌로 작동시키면 된다.

☞.. 단어 본래의미를 알면 어순이 동일해지고 그 원천기술은 BAM이다.

③ that 영뇌[that NB] –– 지정종맥과 그것을 일으키는 실체

지정 결과관계 종맥으로서 그 결과로 : **부사접속사** [th: the 지정관계 t: to 결과]
/지정 목적관계 종맥으로서 그렇게 되도록 (하기 위해서) : **부사접속사** [th: the a: aim 목적]
➠ so=결과/목적[성립] [그리하여[그래서]/그렇게 하도록] ∴ so=that=so that : result /purpose[realization]

/지정 정도관계 종맥으로서 그럴 정도로 : **부사접속사** [th: the t〉d: degree 정도]
/지정 이유관계 종맥으로서 그렇게 되서 (즉) : **부사접속사** [th: the a: reason]

//지정 접속관계 종맥으로서 그것은 즉 : **대명접속사** [th: the t: connect/tie]
/지정 동격관계 종맥으로서 즉 (그것은) : **대명접속사** [th: the a: apposition]

말=THAt=대ㅌ/대ㅌ[더ㅌ]=post점형/slide/dot점형 주파수 (a=애: 강한 감정음가 어: 약한 감정음가)
tip] that 영뇌=관계대명사/일반대명사 /관계부사/일반부사(즉, 지시부사) /종속접속사 영뇌

A.. My headache is /so bad //[/] that I cannot think straight.

영뇌=기→ 설 ⇨ 전설 or 기→ 설→ 설′ : BEis–Os or I + I + I : I–Os
or S + S + S : S–Os | Free 감주+我必 Free 감주 간직하기

How to Read[Speak] =Myheadache issobad thatIcannot thinkstraight.

시동=내 두통이 정말로 심해서 그 결과로[그래서] 나는 할 수 없어요, 생각을 똑바로 말이다.

＼that할때 결과상황을 일으키는 실체가 보이면 된다 : S영뇌

: **부사접속사+서술문장**
–– 지시부사로서 referring back하고, 최종적으로 자기 문장을 주절에 접속시키는 접속사
비한글 BNW 시동=해석한글로 시동걸지 않고 **그냥 지정결과**로 이해가 스쳐가게 한다.

➠ **종속문장 영뇌, 즉 종문뇌로 작동시키면**

A–E.. My headache is /so bad //[/] I cannot think straight.

영뇌=기→ 설 ⇨ 전설 or 기→ 설→ 설′ : BEis–Os

먼저 요지를 밝히고, 종속문장으로 연결시켜[주절 또는 형용사에 종속되어] 설명해 나가는 뇌
시동=내 두통이 정말로 심해서 나는 할 수 없어요, --- .

종속문장 영뇌=일종의 문장 연결설명어로서 종속접속사 that 대신에 쓰이는 **비제한적 연결영뇌**

: You might be paying the water mafia, which is basically <u>they come around and sell you 20 liters of water for a pretty high price</u>.

시동=여러분들은 허락해야 할 것같다. 즉 앞으로 지불하는 것인데 물 마피아 조직에게 말이다. 이 조직은 어떤 조직이냐 하면 기본적으로 그들이 주변에 와서 파는 조직이다. 여러분들에게 20리터의 물을 즉 꽤 높은 가격에 말이다.

tip) Insomuch that the multitude wondered, when they saw the dumb to speak, the maimed to be whole, the lame to walk, and the blind to see. : 지각동사 뒤 to흔적 -- Bible

했기 때문에 정말로 크게 놀랄 정도로 일어났기 때문에 그래서 다수의 사람들은 의아해 했다.

(that=결과로서 그래서 in=들어간 것으로서 한 것 so=지정강조로서 진정한 강조 밑줄부분=문맥 associate)

B.. I packed /him /a little food //that /he wouldn't get hungry.

영뇌=기→ 설→ 설′ ⇨ 전설→ 설′ : BEis-Os

or 기→ 설/설 ⇨ 전설→ 설′ : BEis-Os | Free 감주+我必 Free 감주 간직하기

(기→ 설→ 설′ : 연설 간목직목 기→ 설/설 : 독설 간목직목)

↗that할때 목적상황을 일으키는 실체가 보이면 된다 : S영뇌

시동=나는 싸 주었어요, 그에게 약간의 음식을 싸 주었어요. 그렇게 되도록, 즉 그가 하지 않도록, 배가 고프지 않도록 말이다 [하지 않도록 즉 되지 않도록 배고픔이 말이다].

/ -- 그 결과로 -- 하지 않을 것같다. 배고픔이 말이다 [되는 것인데 배고픔이 말이다].

: 부사접속사+서술문장

*목적[성립]=referring forward referent= 뒷문장 결과=referring back referent=앞문장

↳목적[성립]일 때는 오히려 주절이 that절에 종속되지만 결과일 때는 주절에 종속되어 구체적으로 나타남 : 종맥관계

종속문장 영뇌, 즉 종문뇌로 작동시키면

B-E.. I packed /him /a little food //so he wouldn't get hungry.

영뇌=기→ 설→ 설′ ⇨ 전설 : BEis-Os

or 기→ 설/설 ⇨ 전설 : BEis-Os

that=so that=so : 목적[성립]/결과 (so=adv.)

-- so that=그렇게 되도록, 즉 /그래서 그 결과로

↗that할때 정도를 일으키는 실체가 보이면 된다 : S영뇌

C.. He didn't /jump so high //[/] that he could win a prize.

영뇌=기→ 설 ⇨ 전설 or 기→ 설→ 설′ : BEis-Os or I + I + I : I-Os

or S + S + S : S-Os | Free 감주+我必 Free 감주 간직하기

시동=그는 하지 하지 않았어요, 점프를 정말로 높이하지 않았다. 그럴정도로, 즉 그가 할 수 있을 정도로, 타는 것인데 상을 탈수 있을 정도로 말이다 : 부사접속사+서술문장

*여기서 that=정도 -- referring forward referent=뒷문장

[=He didn't jump high enough to win a prize. 그는 하지 않았어요, 점프를 높이하지 않았는데 충분히, 탈 정도로 상을 탈 정도로 말이다.]

D.. I'm /glad //that you're here. I am /sorry //that you lost your dog.

영뇌=기→ 설 ⇨ 전설 시동=나는 애석하게 생각한다. 그렇게 되서 즉 네가 잃어버렸어 -- .

↳(내 생각엔) 안되었구먼. (☞ very -- that=영뇌영어 vol 2 p375)

↘that할때 이유를 일으키는 실체가 보이면 된다 : S영뇌

E.. Bush /said //that we must disarm Iraq.

영뇌=기→ 설 ⇨ 전설 : BEis-Os

or I + I + I : I-Os or S + S + S : S-Os

| Free 감주+我必 Free 감주 간직하기

시동=Bush는 말했어요, (그것) 즉 우리가 **해야 한다고**, 무장해제 시켜야 한다고 이락을 말이다.

/Bush는 말했어요, 그것은 우리가 **해야한다는 것**인데 무장해제를 이락에게 말이다.

↘that할때 지정내용을 일으키는 실체가 보이면 된다 : S영뇌

: **대명접속사+서술문장/관계문장**

서술문장일 경우=대명사로서 s동사의 목적어 역할을 하면서 최종적으로 자기 문장을 주절에 접속시키는 접속사, 그래서 **종속접속사**=주기능(목적어) + 접속기능

관계문장일 경우=대명사로서 s동사의 목적어 역할을 하면서, 관계문장의 선행사가 되고, 최종적으로 자기 문장을 주절에 접속시키는 접속사

그래서 **종속접속사**=주기능(목적어) + 선행사 + 접속기능

하지만, 관계문장일 때 **일반대명사 영뇌로 작동시켜도 좋다.** 즉 접속기능을 작동시키지 않고, 연설 뇌로 작동시키면 된다.

: Bush said /that /we must disarm Iraq. =기→ 설 → 설′

▸ s동사를 대명사로 설명해 나가고, 이 대명사를 선행사로 하여 관계문장으로 설명해 나가는 뇌로 작동시킨다 : Trump will do that he wants. ⇒ 그것, 즉 그가 원하는 것

cf] He will do what/whatever he wants.

만약 이 대명사에 접속기능을 부여하면 대명접속사가 된다.

: Bush /said /that we must disarm Iraq.

영뇌=기→ 설 → 설′ : BEis-Os (S+V+O)

-- 명(대)동형문 가운데 동사 설가

↗여기서 접속기능을 빼면 관계문장의 대명사가 된다

: 보어+접속사 역할로서 대명접속사 : The truth[fact] is that she has been ill in bed.

cf]의대접속사도 일종의 대명접속사 : Whatever you have, it's mine.

▸ **종문 전설뇌로 작동시키면**

E-E.. Bush /said //we must disarm Iraq.=기→ 설 ⇨ 전설 : BEis-Os

시동=부시는 말했어요, 우리가 해야 한다고, 무장해제를 시켜야 한다고 이락을 말이다.

·))) **종문 연설뇌로 작동시키면**

E−E.. **Bush said /we must /disarm Iraq.**=기→ 설 → 설′ : BEis−Os

↗that절=후동격

↙**제한적 연결영뇌 ⇒ 주로 동격일 때**

일종의 관계문장↖

F.. Concerns /that /he might fail /grow.[=Concerns /he might fail /grow. 문장동격]

영뇌=기→ 설 → 설′/설 : BEis−Os or I + I + I + I : I−Os

or S + S + S + S : S−Os | Free 감주+我必 Free 감주 간직하기

How to Read[Speak]=Concernsthat hemight failgrow.

: 먼저 감각적 주파수로 이해한다. ↘**고난도 감주**

시동=vocal 감각적 주파수로 (BEis/IS **영뇌가 될 때까지**) F3+E2 강하게 말하기

종사 연결대상=Concerns

−−시기/장소/이유/방법이 아니기 때문에 동격 종속접속사이지 관계부사가 아니다.

that 동격종맥=명사에 연결시켜, 즉 종속되어 뒷말로 구체적으로 설명해 나가는 것

이때는 명사를 종속시키는 종맥이 아니다.

more]The president <u>saying</u> the US would soon leave Syria signaled US inaction.

: **동명사와 (문장) 동격** signaled=s동사

/설=걱정이 자꾸 생기는 것이지 실패가 자꾸 생기는 것이 아니다.

그래서, s동사는 독설뇌로 작동시켜야 한다. **따라서, /설 로 표시된다.**

↗that**할때 동격내용을 일으키는 실체가 보이면 된다 : S영뇌**

시동=이런 저런 걱정, 즉 그가 할 것 같은, 실패 할 것은 같은 걱정이 자꾸 생기고 있어요.

/ −− 이것은, 즉 그가 할 것 같은 것, 실패 할 것 같은 것인데 −−−− . **: 제한적 연결영뇌**

tip)동격 접속사일 때는 연결대상과 관계는 제한적 연결영뇌이다.

그외 종속접속사와 명(대)동형문과의 관계는 비제한적 연결영뇌이다.

↗ ☞ more p174

↗which 동격접속사=infml E that 동격접속사=StE

: **대명접속사+관계문장[=which he −−** : 어떤 것이냐 하면 — 대명접속사+관계문장]

동격으로서 주기능 −− 대명사로서 지정 동격역할을 하면서 관계문장의 선행사가 되고,

자기문장을 명사에 **제한적으로** 접속시키는 접속사

그래서, **종속접속사=동격지정[주기능]+선행사+접속기능**

동격관계 종속절을 구문법에서는 명사절로 보고 있는 데 제한적 연결영뇌 대명접속사로 바로 이해하라. 명사절은 읽어 나가면서 명사절 느낌을 가질 수 없으나 대명접속사는 대명접속 느낌을 가질 수 있기 때문이다.

tip) that 관계대명사/관계부사처럼 종속접속사 that도 콤머없이 두가지 영뇌가능 ⇒ 동격 : 제한적 연결영뇌

비동격 : 비제한적 연결경뇌

분설뇌로 작동시키면

F-E.. Concerns /grow /that he might fail.

영뇌=기→ 설 /설 : BEis-Os

종사 연결대상=Concerns

요지를 먼저 말하고, 동격 지정을 분리해서 설명해 나가는 뇌로 작동시킨다.

시동=이런 저런 걱정이 자꾸 생겨요, 즉 그것은 그가 할 것같은 것인데 실패를 말이다.

: **분설 동격인 경우**

||||| .. Truth be said to anyone that he is a moocher.

be=**의미원성립으로서 바람** -- 진실이 되면 좋겠어요, 즉 알려지면 좋겠어요. ---- .

연결대상=Truth

vs 관계대명사의 분설

: John /is odd /that behaves like that. =기→ 설/설 : BEis-Os

시동=John은 참 이상하다. 즉 이 사람은 행동을 처럼, 그처럼 하는 사람이니까 /하니까 말이다. (**전자**=제한적 연결영뇌 **후자**=비제한적 연결영뇌)

cf] That /he might fail /grows. **=기→ 설/설**

시동=즉, 그가 할 것 같은 것, 실패할 것 같은 것이 자꾸 생기고 있어요.

- **일반대명사일 경우** : 관계문장으로서 일종의 대명사와 문장동격 — 일종의 후동격
  : 대명사를 관계문장으로 설명해 나가면서 다시 s동사로 설명해 나가는 뇌, 즉 대명사=주어
- **종속접속사일 경우** : 일종의 종속접속사와 문장동격
  : 대명접속사를 관계문장으로 설명해 나가면서 다시 s동사로 설명해 나가는 뇌, 즉 종속절=주어

vs His word my hope secures. 그이의 말씀(이 있었는데) 즉 나의 희망은 안전하는 말씀(이 있었다) : **명사와 문장동격**(His=God' s)

EgyptAir retracts claim debris from the missing jet was found. : **명사와 문장동격**

사람과 동격 뇌인 경우

addition] • The suspects that they will be captured. : infml E -- s동사없이 표현

시동=그 용의자들, 즉 그들은 -- 할 용의자들(이다).

• Someone that he might fail came here.

-- 모두 관계대명사도 아니고 관계부사도 아니다. 종속접속사로서 동격이다.

연결설명어 영뇌

G.. It' s /odd /that I haven' t heard of him.

영뇌=기→ 설/설 : BEis-Os | Free 감주+我必 Free 감주 간직하기

단, 뒷설의 기본어에는 is제외

연결대상=It -- '선 it' 으로서 referring forward tip) it=emphasis it이 아니다.

that=이것도 일종의 분리 지정 동격관계 종맥 -- 명(대), 동, 형, 문 가운데 대명사 설가

시동=그것은 참 이상하다. 즉 내가 갖지 못했다는 것인데 들은 사실을, 그 사람과 관련해서 말이다.

: **대명접속사+관계문장** 's=동질[동질연결]로서 은

일반대명사 영뇌로 작동시키면

G-E.. That /I haven' t heard of him /is odd.[=I haven' t heard of him is odd. : Old Use]

영뇌=기→ 설/설 : BEis-Os

시동=즉 내가 갖지 못했다는 것은 들은 사실을, 관련해서 그 사람과 관련해서 갖지 못했다는 것은 참 이상하다.

: **대명사(+관계문장)**

-- 대명사로서 관계문장의 선행사가 되면서 s동사의 주어가 되는 뇌

이 대명사에 **접속기능을 부여하면** 대명접속사로서 종속접속사 영뇌가 된다.

-- 대명사로서 관계문장의 선행사

+ 자기문장을 앞에서 s동사에 접속시키는 접속사

Cf] God said to Moses, "I am who I am. This is what you are to say to the Israelites: 'I am has sent me to you.' "

: This=referring forward로서 colon 뒷말을 가르킴

시동=하나님은 말했거늘 대자 모세에게 " '나는 (인데) 누구냐 하면 내 스스로 존재하는 자이니라' 라고 말이다. 그리고 이것은 무엇이냐 하면 네가 말을 해야 하는 것인데 대자 이스라엘 백성에게 말을 해야 하는 것이다. 즉 내 스스로 존재하는 자가 가지고 있다고, 전한 것인데 자기 뜻을 대자 당신에게 전한 것을 가지고 있다" 고 말이다. ☞ p129

tip) 이제 영어공부 방법을 바꾸자 :

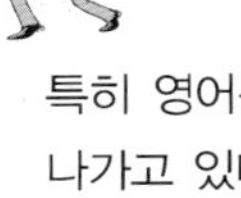

영어는 단어의 뜻대로[뜻관계로] 이해하되 최종적으로 최종적인 단어의 뜻인 감주로 이해한다. 그래서 듣거나 말하는 것도 감주로 하면 된다. tense 식, 전환식, 패턴식, 공식식, 기능식 접근은 비현실적인 학문적 접근이자 순수 문법적 접근으로 원어민들이 이해하는 방식이 아니다. 그런데 한국인들, 특히 영어선생들은 이런 것이 바탕이 돼야 영어가 되는 것으로 알고 있고, 이런 것을 기초로 해서 영어를 쌓아 나가고 있다. 우리 한글은 그렇게 하지 않으면서 유독 영어만이 그렇게 한다는 게 흥미롭다. 아무리 단어를 알아도 학문적 접근으로 영어를 정복할 수 없다. 감주, BAM[associate], TF 영뇌를 알아야 영어정복이 가능하다.

④ **whether 영뇌[whether NB] -- 부정선택/부정확인 종맥과 그것을 일으키는 실체**

부정 선택적 양보관계 종맥과 그 실체로서
어느 것/어떤 것으로[하자] — 하든 : **부사접속사** [w: 부정 wh: which th: though/although]

/부정 선택적 확인관계 종맥과 그 실체로서
어느 것인지 [하자 — 한 것인지] : **대명/명사 접속사** [w: 부정 wh: which e/e: eyes]
/부정 지정 확인관계 종맥과 그 실체로서
어떤 것인지 [하자 — 한 것인지] : **대명/명사 접속사** [w: 부정 e/e: eyes th: the]
⇒ 何者=부정선택과 부정확인 종맥실체로서 하자

말=WHEther=slide F 하자=명사부사/명사 어느 것/어떤 것=지정부사/대명사
※ 종속접속사=주기능[즉 명사절/대명사절]과 보조기능[즉 부사절], 모두 가능

A.. The search will /continue, // [/] whether you agree or not.
영뇌=기→ 설 ⇨ 전설 or 기→ 설→ 설′ : BEis-Os or I + I + I : I-Os
or S + S + S : S-Os
↗하자[whether]할때 부정선택 상황을 일으키는 실체가 보이면 된다 : S영뇌
시동=그 수색[검색]은 할[될] 것인데 계속할[될] 것이다. 하자[어떤 것으로 하든, 즉] 네가 동의를 하든 안하든 말이다. / -- 할 것이다. 계속하는 것인데 -- . (컨티뉴/컨테뉴=cramp F : 후자= ε 감정음가)
: **부사접속사+서술문장**
-- 자기문장과의 관계에서는 부사역할을 하면서 자기문장을 앞문장 또는 원동사에 접속시키는 접속사 : 명(대), 동, 형, 문 가운데 문장 또는 동사 설가

cf] whether for good or for evil (whether=adv.)
-- 어떤 것이든 즉 선이든 아니면 즉 악이든

B.. I /wonder /whether she is married or not.
영뇌=기→ 설→ 설′ (S+V+O) : BEis-Os | Free 감주+我必 Free 감주 간직하기
⇒이렇게 연설로 이해할 경우 명(대)동형문 가운데 동사 설가

시동=나는 잘 모르겠다. 하자[어느 것인지] 그녀가 결혼을 한 것인지 안한 것인지 말이다.
: **명사/대명 접속사+관계문장**
-- 명대로서 s동사의 목적어 역활을 하면서 관계문장의 선행사가 되고, 자기문장을 동사에 접속시키는 접속사 **그래서, 종속접속사**=주기능/선행사+접속기능
↘하자[whether]할때 부정확인 상황을 일으키는 실체가 보이면 된다 : S영뇌

/나는 잘 모르겠다. 하자[어느 것인지, 즉] 그녀가 결혼을 했는지 안했는지 말이다

: 명사/대명 접속사+서술문장

-- 명대로서 s동사의 목적어가 되면서 자기문장을 동사에 접속시키는 접속사

그래서, 종속접속사=주기능+접속기능

: He said that she is rich.

that **대명접속사=지시 대명사+접속사**

vs whether **대명접속사=부정 대명사+접속사**

연설뇌 대신 전설뇌로 작동시키면

I /wonder //whether she is married or not. =기→ 설 ⇨ 전설 : BEis-Os

tip)연설이든 전설이든 접속사 대신 whether도 명대로 관계문장의 선행사 가능

cf] This is where she was born. **: 대명[명사] 접속사/대명사[명사] + 관계문장**

특히 이때 대명[대명사]/명사=선부 대명사/명사 -- where=주기능으로서 보어

그래서 where=**접속사/명사/대명사** 시동=어디냐 하면 -- 한 곳 / 곳 -- 한 곳 [=the place where]

cf] We did not know whether. 어떤 것인지/어느 것인지**(부정대명사)**

Vote on whether[how] to accept the new constitution. 어떤 것인지[어떻게]

Decision on whether[how] the trial will be televised. 어떤 것인지 (즉 -- 앞으로 방영될 것인지) /하자 -- vs how=방식으로서 어떤 방식으로 할지[어떻게 할지] /정도로서 어느 정도로 할지

Whether we believe in God or karma, ethics is the foundation of every religion.

어떤 것이든/하자

C.. Mr. Rice /asked /whether /he was hungry.

영뇌=기→ 설→ 설′→ 설″ : BEis-Os | **Free 감주+我必 Free 감주 간직하기**

⇒ 종속 접속사 동사 설가

↗하자[whether]할때 부정확인 상황을 일으키는 실체가 보이면 된다 : S영뇌

시동=하자[어떤 것인지, 즉] 그가 (그때) 인 것인지, 즉 배가 고팠던 것인지 말이다.

: 명사/대명 접속사+관계문장

-- 접속기능을 빼어 두뇌를 작동시키면 **명사/일반대명사 영뇌**가 된다. 즉 관계문장 영뇌로 작동시키면 된다.

/Mr. Rice는 물어 봤어요, 하자[어떤 것인지, 즉] 그가 (그때) 인지, 즉 배가 고팠는지/고픈지 말이다.

: 명사/대명접속사+서술문장 *인지/고픈지=**현재형 과거상황** 그때=**단어 또는 문맥** associate

연설뇌 대신 전설뇌로 작동시키면

C-E.. **Mr. Rice /asked //whether he was hungry.**

영뇌=기→ 설 ⇨ 전설 : BEis-Os

cf] It remains to be seen whether personal grievance or some type of ideology was behind the attack. : **명사/대명 접속사+관계문장**

시동=그것은 계속해서 대동 보이는 것같다. 즉 하자[어떤 것이, 즉] 개인적인 불만인지 아니면 어떤 종류의 이데올로기인지 모르겠으나 (아무튼) 어떤 것이 있었던 것으로 배후에 그 공격 배후에 있었던 것으로 말이다.

behind=뒤에 있는 것으로서 배후에 있는 것 : Reportedly behind Paris attacks.

⑤ as 영뇌[as NB] -- 동급/동질 종맥과 그것을 일으키는 실체

a. 동급으로서 동시상황, 동시상황 종맥과 그것을 일으키는 실체로서 동시자 — 하자마자 /바로 다음과 같은 것이 있을 때 /하자마자 /이런 것이 있자마자 : **부사접속사**

***동시강조**=just as 때마침 동시자 — 할 때 (여기서 동시자=명사부사)

//동시자 — 하면서 /이런 것을 하면서 : **부사접속사** (여기서 밑줄=부사구)

[a: apposition 나란히 놓는 것, 즉 병렬/병치 s: same]
말=As=slide F (a=강한 감정음가 : 애ㅈ 약한 감정음가 : 어ㅈ)
***as**=관계대명사/종속접속사/일반부사/전치사

A.. **As /I walked into the room, //the phone started /ringing.**

영뇌=전설→ 설′ ⇨ 기→ 설 : BEis-Os or I + I + I + I : I-Os
or S + S + S + S : S-Os

↗**동시자[as]할때 동시상황을 일으키는 실체가 보이면 된다 : S영뇌**

시동=하자마자/이런 것을 하자마자, /동시자, 내가 걸어 들어가 방에 있자마자, ---- .

: **부사접속사(+서술문장)**

-- 자기문장과의 관계에서는 부사역할을 하면서 최종적으로 자기문장을 주절에 접속시키는 접속사
그래서 종속접속사=보조기능(보조어) + 접속기능 ※ 들어가/있자마자=**현재형 과거상황**

tip]대명/명사 접속사가 되려면 대명/명사로서 s동사 또는 자기문장과의 관계에서 주기능을 하든지 아니면 관계문장의 선행사가 되든지 돼야 한다. 그렇지 않으면 **부사접속사**이다.

연결설명어 영뇌

B.. The thief was /seen /as /he was climbing over the wall.

영뇌=기→ 설→ 설′→ 설″ : BEis-Os | Free 감주+我必 Free 감주 간직하기

연결대상=일반과분사
⇒ IS두뇌로 명(대)동형문 가운데 동사 설가뇌 : BEis-Os

시동= -- 되었는 데 발각되었다. 동시자 그가 하면서, 즉 올라가면서 타고서 벽을 타고서 말이다. /(이런 것을) 하면서 즉 그가 올라가면서 타고서 벽을 타고서 말이다.

*was=과거발생으로서 하면서/과거 동질연결로서 '가'

전설뇌로 작동시키면

B-E.. The thief was /seen //as /he was climbing over the wall.

영뇌=기→ 설 ⇨ 전설→ 설′ : BEis-Os

연결대상=앞문장, 즉 앞문장을 염두에 두고 설명해 나가는 뇌로 작동시키면 된다.

시동= -- 되었는데 발각되었어요. 동시자[하면서/이런 것을 하면서] 그가 올라가면서 타고서 벽을 타고서 -- .

vs a.. When /I got home, //I had /a bath.

영뇌=전설→ 설′ ⇨ 기→ 설 : BEis-Os | Free 감주+我必 Free 감주 간직하기

when=시기 묻는 관계 종맥으로서 언제냐하면 -- 할 때 -- (그때)
/시기 연결관계 종맥으로서 이런 것을 할 때 즉 -- 할 때 -- (그때)
/그냥 시기 관계 종맥과 그것을 일으키는 실체로서 때에[시자] -- 할때
vs as=동급시기 관계 종맥

시동=언제냐하면 [이런 것을 했을 때, 즉] 내가 도착했을 때, 집에 말이다. 그때 ---- .
/때에[시자] 내가 도착했을 때, ---, 그때 --- .
-- 도착과 목욕은 동시에 일어 날 수 없다. 도착하고나서 그 시기에 목욕을 한 것이다.

b.. While /I read /the paper, //she cleaned up /the kitchen.

영뇌=전설→ 설′→ 설″ ⇨ 기→ 설 : BEis-Os | Free 감주+我必 Free 감주 간직하기

*말=W(h)Aile=와일=slide F -- i=알파벳 음가

while=행위 사이시간으로서 사이 동시[同時] 상황,
사이 동시상황 종맥과 그것을 일으키는 실체로서 사이/간자 -- 하는 사이
/이런 것을 하는 사이, 즉 -- 하는 사이 [w>∨: 사이시간 /틈새 (모습) h: 행위/behavior]
: **명사/대명 접속사+관계문장** 그래서 **종속접속사=선행사+접속기능**

시동=사이/이런 것을 하는 사이, 내가 읽는 사이, 즉 신문을 읽는 사이, 그 여자는 청소를 깨끗이 했어요, --- . cf] in=내 범위크기 시간 vs while=행위 사이시간
//사이/간자 -- 읽는 사이 신문을 말이다, 그러는 사이 -- . *그러는 사이=**문맥** associate

b. 동급으로서 동이유, 즉 동이유 종맥과 그것을 일으키는 실체로서 동유자(-- 때문에) /다음과 같은 이유가[것이] 있기 때문에 : **부사접속사** [a: apposition 나란히 놓는 것 s: same] — 동이유=as 뒷말과 동이유, 즉 referring forward 이유

A.. As /we were /asleep, //we didn't /hear /the doorbell.

영뇌=전설→ 설′→ 설″ ⇨ 기→ 설→ 설′ : BEis-Os
or I + I + I + I + I+ I : I-Os or S + S + S + S + S + S : S-Os
| Free 감주+我必 Free 감주 간직하기
↗동유자[as]할때 동유상황을 일으키는 실체가 보이면 된다 : S영뇌

시동=다음과 같은 이유가 있었기 때문에, 즉 /동유자 우리가 있었기 때문에 잠들어 있었기 때문에 우리는 하지 못했어요, 듣는 것인데 그 doorbell 소리를 말이다. (동유자=同由者)
: **부사접속사(+서술문장)**
-- 자기문장 관계=부사 역할 문장 전체 관계=접속사 역할
그래서, 종속접속사=보조어+접속기능

vs a.. We didn't /hear /the doorbell, //because /we were /asleep.

영뇌=기→ 설→ 설′ ⇨ 전설→ 설′→ 설″ : BEis-Os
| Free 감주+我必 Free 감주 간직하기

말=beCAUse=비코-즈=trapezoid 주파수
: au=a의 감정음가 오와 우가 합쳐저서 '오-'로 된 것이다.
because=원인을 밝히는 종맥, 즉 원유종맥과 그것을 일으키는 실체로서
왜냐하면/원유자[**부사의미**] -- 이기 때문에[**접속의미**] : **부사접속사**
[b: 밝히는 것 cause: 원인] 여기서 '원유자' =명사부사

시동=왜냐하면[원유자] 우리는 있었기 때문인데 잠들어 가지고 말이다: **부사접속사 (+서술문장)**
↘원유자[because]할때 원인을 밝히는 실체가 보이면 된다 : S영뇌

c. 동급/is동질로서 동양보, 동양보 종맥과 그것을 일으키는 실체로서 동양자
: **부사접속사** [a: apposition 나란히 놓는 것 s: is]

A.. Man as /he is, //he is /as timid /as a hare.
Tired as /he was, //he offered /to carry /her.
영뇌=전설→ 설′ ⇨ 기→ 설→ 설′ : BEis–Os
or I + I + I + I + I : I–Os or S + S + S + S + S : S–Os
| Free 감주+我必 Free 감주 간직하기

시동=남자 같다할지라도/남자이다할지라도 그 사람은 말이야, 그는 같은 정도로 겁장이이다. 즉 산토끼처럼 말이다/피로했다할지라도 그 사람이 말이야 --
//남자인데 동양자 그와 같은 사람이다 할지라도 /남자인데 동양자 그 사람이다 할지라도
↘동양자[as]할때 동양보 상황을 일으키는 실체가 보이면 된다 : S영뇌

as=is 동질로서 글 속에 쓰일 때는 is대신에 쓰는 것으로 이해하면 된다. 마치 현동사, 과동사, will을 써지 않고, 문장 속에서는 원동사로 쓰는 원리와 같다.
man as=as가 양보일 때 보어는 **도치영뇌**, 특히 명사는 관사없이 **도치 영뇌**로 작동시킨다.
: **관습적 E, 즉 관습적 영뇌** : He turned doctor.
vs He will /my shield and portion /be.=**기→ 설→ 설′** : 'Amazing Grace' 가사 일부
옛날 어순이지 도치관습이 아니다[=He will be my shield and portion.]
시동=그는 앞으로 나의 방패와 일부분이 될 것이다 : **미래 속에서의 본동사의미**

vs a.. Though /it was pouring, //the girls went /to school.
영뇌=전설→ 설′ ⇨ 기→ 설 : BEis–Os | Free 감주+我必 Free 감주 간직하기

though=반대양보 종맥과 그것을 일으키는 실체로서 비록[양자] -- 이다 할지라드 /이런 게 있다고 할지라도 즉 [h: however 하지만 o: 양보]
※although=강조 반대양보: 설사[설령] /정말로 양자 -- 이다할지라도
↗양자[though]할때 양보상황을 일으키는 실체가 보이면 된다 : S영뇌

시동=비록[양자] 날씨가 하고 있음에도 불구하고, 퍼붓고 있음에도 불구하고, 그 여석[여자] 애들은 갔어요, 즉 학교로 말이다. /이런 게 있다고 할지라도, 즉 날씨가 하고 있다고 할지라도, 즉 퍼붓고 있다고 할지라도, ---- .
: **부사접속사+서술문장** 그래서 **종속접속사**=보조어+접속기능 *양자=명사부사/명사

vs b.. He says /he hasn't /got any money //when /in fact he's got /thousands of dollars in /his account. =기→ 설→ 설′ ⇨ 전설→ 설′→ 설″ → 설‴ : BEis–Os

when=시기양보 종맥과 그것을 일으키는 실체로서
언제냐 하면[이런 게 있을 때에도, 즉] /시자 -- 하는 때에도: **대명/명사 접속사**
언제냐 하면 /시자 -- 함에도 불구하고: **부사접속사**
[h: however/though en: 언제로서 시기]

* 시자=명사부사/명사 언제냐 =대명사/부사 | Free 감주+我必 Free 감주 간직하기

시동=그 사람 말에 의하면 그는 없다고 해요, 가진 것이 한푼도 없다고 해요, 시자 [언제냐하면 /이런 게 있었을 때에도, 즉] 내자 사실은 그가 가지고 있었을 때에도, 수천달러를 넣어 두고서 자기 구좌에 말이다 : **명사/대명 접속사+관계문장** *in=내범위 또는 그 대상으로서 내자
⇒ 내자 사실은 /내에서 즉
사실 범위내에서 말할 것같으면

vs c.. If /she is /poor, ///at least //she' s /honest.

영뇌=대전설→설′→ 설″ ⇨ **소전설** ⇒ **기→ 설** : BEis-Os

if=조건 인정양보 종맥과 그것을 일으키는 실체로서 만약[약자] -- 이라고 하더라도 /인 것이더라도 : **부사접속사/명사접속사**
[i: 인정 f>p: provided 조건] ※ **'만약' =부사/명사 '약자' =명사부사/명사**
| Free 감주+我必 Free 감주 간직하기

시동=만약[약자] 그 여자가 가난 한 사람이라고 하더라도, 아무튼 어떻게 생각하더라도[직자 적어도] 그 여자는 정직하다 : **명사접속사+관계문장** 그래서 **종속접속사=**선행사+접속기능

/만약[약자] 그 여자가 가난하다고 치더라도, --. * is /' s=동질/동질연결로서 '가' / '는'
: **부사접속사+서술문장** 그래서 **종속접속사=**보조어+접속기능

at=구역으로서 규모, 규모로서 생각규모/생각범위 [a: area 구역]
at least=생각의 범위를 아무리 적게하더도 [생각을 아무리 적게하더라도]
--> 아무튼 어떻게 생각하더라도 //직자 적어도
even if=강조 조건인정 양보=확실히 만약 -- 하더라도/정말로 약자 -- 하더라도

d. 동급으로서 동이동, 동이동 종맥과 그것을 일으키는 실체로서
동동(同動)/동동자 — 함에따라 //함에따라 : **부사접속사**

A.. As /time passed, //things seemed /to get /worse.

영뇌=전설→ 설′ ⇨ **기→ 설→ 설′** : BEis-Os or I + I + I + I + I : I-Os
or S + S + S + S + S : S-Os | Free 감주+我必 Free 감주 간직하기

연결설명어 영뇌

↗동동자[as]할때 동이동 상황을 일으키는 실체가 보이면 된다 : S영뇌

시동=동동[함에 따라] /동동자 시간이 흘러 감에 따라, 상황이 보이는 것 같았다. 즉 되는 것인데 더 악화 되는 것으로 말이다 : **부사접속사(+서술문장)** 그래서 **종속접속사**=보조어+접속기능

e. 동급으로서 동행위, 동행위 종맥과 그것을 일으키는 실체로서 동행(同行)/동행자 — 하는 대로 //대로 — 하는 대로 //똑같이 — 하는 대로 : **부사접속사**

A.. Do /exactly //just as /I said.

영뇌=기→ 설 ⇨ 전설→ 설′ : BEis-Os or I + I + I + I : I-Os

or S + S + S + S : S-Os | Free 감주+我必 Free 감주 간직하기

시동=하라, 똑같이 하되 그냥 동행[똑같이/동행자] 내가 말한 대로 말이다 : **부사접속사(+서술문장)**

↘동행자[as]할때 동행상황을 일으키는 실체가 보이면 된다 : S영뇌

비한글 BNW 시동

=해석한글로 시동 걸지 않고, as할 때 그냥 '동행위' 를 느낌

↗as할때 동시등맥 상황이 보이면 된다 : S영뇌

vs a.. Wall street /declines | as | oil /falls.

영뇌=기→ 설 ⇨ 등전설 ⇨ 기→ 설 | Free 감주+我必 Free 감주 간직하기

as=동급으로서 동시등맥, 동시등맥으로서 동시에/아울러/뿐만이 아니라

vs Russia as Olympic Host. (as=prep. is 동질로서 동질역할)

: --- 즉 -- 로서 역할하는 나라 ☞ vol 2 p479/482

등위접속사 영뇌=순서대로 같은 비중으로 설명해 나가는 뇌, 요컨데 등맥설명어

그래서 as=접속사일 경우 종속접속사/등위접속사, 즉 종맥/등맥

시동=월스트리트 주가도 뒷걸음 쳤고, 아울러 기름값도 떨어졌다.

cf] infml **종속접속사**

: I hate acting <u>like</u> I don't care when it's really tearing me up inside.

⑥ since 영뇌[since NB] — 계속/존유 종맥과 그것을 일으키는 실체

a. 계속 종맥과 그것을 일으키는 실체로서 이런 것 이래로, 즉 : **대명접속사** /계자 — 이래로 (쭉/줄곧/내내) : **명사접속사** 이래로 쭉[줄곧/내내] : **명사접속사** [s : series c : continue] SInce=slide F ＊이래=명사 계자=繼者

A.. We've /been friends //(ever) since we met at school.

영뇌=기→ 설 ⇨ 전설 : BEis-Os or I + I + I : I-Os

or S + S + S : S-Os | Free 감주+我必 Free 감주 간직하기

시동=우리는 가지고 있지요, 된 것, 서로 친구가 된 것을 (그야말로) 이래로/계자 쭉 [이런 것 이래로 즉], 우리가 만난 이래로 쭉 구처 학교에서 말이다 : **명사[대명] 접속사 (+관계문장)**

↘계자[since]할때 계속상황을 일으키는 실체가 보이면 된다 : S영뇌

school=(지정사 없는) **관습적 E, 즉 단수 단독표현의 관습적 E**

: in court /in prison /in town (위-[위이]브비-ㄴ=retro-root/line 점형 F or 위-[위이]비-ㄴ=ve폐쇄)

> b. 존재이유, 즉 존유종맥과 그것을 일으키는 실체로서 이런 게 있기 때문에, 즉]
> //존유자 — 있기[있는 것] 때문에 : **부사/명사/대명 접속사** [i: is c: cause]
>
> vs because=원인을 밝히는 이유, 즉 원인이유 종맥과 그것을 일으키는 실체로서
> 왜냐하면/원유자 — 때문에
> ※원유(原由) 그래서 why의 response로서 because를 쓴다 [b: 밝히는 것 + cause]
> beCAUse=비코-즈=trapezoid F cf]for=해당이유 등맥과 그 실체=해유/해유자

A.. Since /you can't answer the question, ///perhaps //we'd better /ask someone else.

영뇌=대전설→ 설′ ⇨ 소전설 ⇨ 기→ 설 : BEis-Os

↗존유자[since]할때 존유상황을 일으키는 실체가 보이면 된다 : S영뇌

시동=존유[이런 게 있기 때문에, 즉] /존유자 여러분들이 할 수 없기[없는 것이 있기] 때문에, 대답하는 것인데 그 질문에 대해서 말이다. 그래서 아마도 우리는 하는 게 더 좋을 것같다. 물어보는 것인데 어떤 사람, 그밖에 어떤 사람에게 말이다. | Free 감주+我必 Free 감주 간직하기

: **부사/명사/대명 접속사 (+서술문장/관계문장)**

tip)여기서 존유/존유자 =명사부사/명사 이런게=지시부사/대명사 -- 전자 : this easy

그래서=문맥 associate 존유=存由 cf]with=동존이유 종맥과 그 실체로서 동유/동유자

to=방향이유 종맥과 그 실체로서 방유/방유자

plus 종맥과 등맥을 함께 쓴 infml E : but=redundant

- When your parents piss you off, but you can't say anything.

말을 하다보면 이렇게 불필요하지만 문맥은 통하기 때문에 but을 말하기도 한다.

시동=언제냐 하면 -- 오줌을 너에게 쌀때 /쌀 경우에도 하지만 --- .

--〉 Standard WrE :

- When your parents piss you off, you can't say anything.

3) 기타 종속접속사 영뇌와 BAM

A.. Whatever /you have, //it is /mine.

영뇌=전설→ 설′ ⇨ 기→ 설 : BEis-Os | Free 감주+我必 Free 감주 간직하기

말=WHAtEver=cramp F

시동=그 무엇이든지 네가 가진다해도 : **의대접속사+서술문장** ∴ **종속접속사=목적어+접속기능**

/그 무엇이든지 네가 가진 것은 그것도

: **의대접속사+관계문장** ∴ **종속접속사=목적어/선행사+접속기능**

의대접속사

=의문대명사로서 자기문장에서는 주기능 또는 주기능+선행사 역할을 하면서 자기문장을 주절에 접속시키는 접속사 -- **일종의 대명접속사**

tip)**명사/대명사는 선행사만 가능하나 종속접속사는 선행사 뿐만이 아니라 접속사도 가능하다.**

↳ ∵ **복합품사**

whatever=부정사물 양보강조 종맥으로서

(그) 무엇이든지[**의대의미**] ----- 한다해도[**비제한적 접속의미**]

/무엇이든지[**의대의미**]

-- 하는 것[**관계문장의 제한적 접속의미**, 하지만 연결대상과의 관계에서는 **비제한적 접속의미**, 즉 관계문장일 경우 **종속절 내=제한적 연결영뇌** **명[대]/동/형/문 관계=비제한적 연결영뇌, 단 동격일 때=제한적 연결영뇌**]

[what+ever — w: 不定 t: thing ever: 양보강조]

vs a.. 'Whatever you have is mine.' 의 두 가지 분석

- **의문대명사 (+관계문장)로 볼 경우** =목적어/선행사+주어
  =의문대명사로서 관계문장의 목적어가 되면서 선행사가 되고 또한 s동사의 주어가 되는 것

- **의대접속사 (+관계문장)로 볼 경우** =목적어/선행사/주어+접속기능
  =의문대명사로서 관계문장의 목적어+선행사가 되고, s동사의 주어가 되면서 최종적으로 자기문장을 앞에서 s동사 또는 뒷문장(is mine)에 접속시키는 것

vs b.. Mr Rice asked /Mike /where he lived.

영뇌=기→ 설 → 설′ : BEis-Os | Free 감주+我必 Free 감주 간직하기

시동= -- Mike에게 곳인데[처자], 그가 사는 곳[살았던 곳]을 말이다 : **명사(+관계문장)** [=the place where]

/ -- 어디인지 그가 사는 곳[살았던 곳]이 어디인지 말이다 : **대명사(+관계문장)**

⇒ **명사/대명사=s동사의 목적어 + 관계문장의 선행사**

tip)이들 단어에 접속기능을 부여하여 명(대)동형문 가운데 명사, 즉 Mike 설가로 작동시키면 명사/대명 접속사가 된다. 구문법대로 목적절로만 관찰하면 명사/대명사/의문부사만 될 뿐이다.

or -- Mike에게 어디에 그가 사는 지[살았는 지] 말이다.

: **의문부사(+서술문장) -- 목적절로 관찰**

*사는 곳/사는 지=**현재형 과거상황** -- asked와 같은 동시점 과거

살았던 곳/살았는 지=**시차 infml E로서 선과거[대과거]** --> WrE : had lived

-- 그냥 모두 단순한 과거 사실로 말할 수 있으나 엄밀히 말하면 시차가 존재한다.

독설뇌로 작동시키면

b-e-1 .. Mr Rice asked /Mike /where he lived.

영뇌=기→ 설/설 : BEis-Os ⇒ S+V+IO+DO=간목, 직목은 연설뇌 또는 독설뇌 가능

전설뇌로 작동시키면

b-e-2 .. Mr Rice asked /Mike //where he lived.

영뇌=기→ 설 ⇨ 전설

: 대명/명사 접속사(+관계문장)

=목적어/선행사 + 접속기능 -- 앞표현 전체에 접속시키는 뇌

B.. Once /he arrives, //you can /start.

영뇌=전설→ 설′ ⇨ 기→ 설 : BEis-Os | Free 감주+我必 Free 감주 간직하기

말= ONce=slide F O는 WOn=와ㄴ으로 소리나는 감정음가이다.

시동=일단 그가 도착하면 너는 가능하다. 출발하는 게 말이다.

: **부사접속사+서술문장 ∴ 종속접속사=보조어+접속기능** -- 자기문장과의 관계에서는 부사로서 작용하고, 최종적으로 자기문장을 주절에 접속시키는 접속사

*once=일단 종맥으로서 일단 --하게 되면 [o: 일단 + 움직이는 것 or on: once o: 움직이는 것]

연결설명어 영뇌

C.. The way /you did it, //we don't /like you.

영뇌=전설→ 설′ ⇨ 기→ 설 : BEis–Os | Free 감주+我必 Free 감주 간직하기

말=theWAy=cramp F

시동=그런 식으로 네가 했기 때문에 그것을 말이다. 그래서, 우리는 하지 않는다. 좋아 하는 것인데 너를 말이다 : **명부접속사+서술문장** ∴ **종속접속사=보조어+접속기능**
/그런 식 --- 했던 식, 즉 그것을 했던 식으로 : **명사접속사+관계문장**
∴ **종속접속사=선행사+접속기능** tip)그런=the 의미 식=명사

the way=지정 방법관계 종맥으로서 그런 식으로 -- 때문에 /그런 식-- 하는 식
[the: 외부적 지정 w: v+v 방법]

D.. Where /you stood, // I was /last night.

영뇌=전설→ 설′ ⇨ 기→ 설 : BEis–Os | Free 감주+我必 Free 감주 간직하기

말=W(H)Ere=slide F

시동=곳에[처자] 네가 서 있었던 곳에 나도 있었어요, 지난밤에 – – –– .
: **명사접속사 (+관계문장)** ∴ **종속접속사=선행사+접속기능**
/어디냐 하면 -- 했던 곳 : **대명접속사 (+관계문장)** ∴ **종속접속사=선행사+접속기능**

명사/대명사로서 관계문장의 선행사 역할을 하면서 최종적으로 자기문장을 주절에 접속시키는 접속사 이때 명사/대명사는 주기능 비소유 관계문장이면 관계문장의 선행사만 된다.

where=장소 관계/장소묻는 관계 종맥으로서 곳(인데) -- 하는 곳
/어디냐 하면 -- 하는 곳에
[w: 관계모습/묻는 모습 r>l: location]

전치사 전설뇌와 관계부사 영뇌로 작동시키면

D–E–1 .. At /the place /where you stood, // I was /last night.

영뇌=전설→ 설′→ 설″ ⇨ 기→ 설 : BEis–Os

시동=곳에서, 그 곳, 즉[어디냐 하면] 네가 서 있었던 곳에서, ---- .

전치사 전설뇌와 관계문장 영뇌로 작동시키면

D–E–2 .. At /the place /you stood, // I was /last night.

영뇌=전설→ 설′→ 설″ ⇨ 기→ 설 : BEis–Os

E.. Where /you like, //you can /sit.

영뇌=전설→ 설′ ⇨ 기→ 설 : BEis–Os | Free 감주+我必 Free 감주 간직하기

말=W(H)Ere=slide F

시동=곳[장소/처자], 네가 좋아하는 곳[장소]에 너는 가능해요, 앉는 것이 말이다.

: 명사접속사+관계문장 ∴ 종속접속사=선행사/목적어+접속기능

/어디냐하면 네가 좋아하는 곳에 ---- .

: 대명접속사+관계문장 ∴ 종속접속사=선행사/목적어+접속기능

¦ 명사/대명사로서 like의 목적어가 되면서 동시에 관계문장의 선행사도 되고, 최종적으로 자기문장을 주절에 접속시키는 접속사

전치사 전설뇌와 관계대명사 영뇌로 작동시키면

E–E.. At /the place /which you like, //you can /sit.

영뇌=전설→ 설′→ 설″ ⇨ 기→ 설 : BEis–Os

시동=곳에, 그 곳, 즉[어떤 곳이냐 하면] 네가 좋아하는 곳에 ---- .

전치사 전설뇌와 관계문장 영뇌로 작동시키면

E–E.. At /the place /you like, //you can /sit.

영뇌=전설→ 설′→ 설″ ⇨ 기→ 설 : BEis–Os

시동=곳에, 그 곳, 즉 네가 좋아하는 곳에 ---- .

tip)관계문장을 모르면 도저히 이해할 수 없다.

: So much is changing where people shop. 처자/곳에/어디냐 하면 쇼핑하는 곳에서는 말이다.

They are meeting the customer where he is.

처자/곳에/어디냐 하면 그가 있는 곳에서 말이다.

F.. Wherever /you like, ///here //you can /camp.

영뇌=대전설→ 설′ ⇨ 소전설 ⇛ 기→ 설 : BEis–Os

말=WHErEver=웨어에버=double slide F | Free 감주+我必 Free 감주 간직하기

시동=어떤 곳이든 여러분들이 좋아하는 곳이면 이곳에서는 여러분들에게는 가능해요, camp하는 것이 말이다. /곳마다 -- 곳마다 ---- .

: 대명/명사 접속사+관계문장 ∴ 종속접속사=선행사/목적어+접속기능

wherever=부정장소 지정강조/그냥 장소강조 종맥으로서
어떤 곳이든[어느 곳이든/어디 든지] -- 하는 곳에
/곳마다 -- 곳마다 [w: 不定 r〉l: location ever: 지정강조/그냥강조]

G.. Wherever /you go, //she follows /you.

영뇌=전설→ 설′ ⇨ 기→ 설 : BEis-Os | Free 감주+我必 Free 감주 간직하기

시동=어디든지 네가 가도,---- .

: **부사접속사, 즉 의부접속사+서술문장 ∴ 종속접속사=보조어+접속기능** (의부=의문부사)

/어디든지 당신이 가는 곳마다, --- . /곳마다 당신이 가는 곳마다 , ---- .

: **대명/명사 접속사+관계문장 ∴ 종속접속사=선행사+접속기능**

wherever=부정장소 양보/지정 강조 종맥으로서
어디든지 -- 해도/어디 든지 -- 하는 곳마다
/그냥 장소 강조 종맥로서 곳마다 -- 하는 곳마다
[w: 不定 r〉l: location ever: 양보/지정 강조 /그냥강조]

cf] Wherever you go. [or You go wherever.] wherever=adv.
시동=어디든지 너는 간다.

강조명부와 부사접속사 뇌로 작동시키면

G-E.. No matter where /you go, //she follows /you.

영뇌=전설→ 설′ ⇨ 기→ 설 : BEis-Os

where=의부접속사, 즉 부사 접속사이지 의문부사가 아니다. 자기 문장과의 관계에서는 부사역할을 하면서 최종적으로는 자기문장을 주절에 접속시키는 접속사이기 때문이다.

∴ 종속접속사=보조어+접속기능

시동=아무런 차이가 없어요/아무런 영향을 받지 않아요, 어디를 네가 가도 그 여자가 따라 다니는 것에는 너를 따라 다니는 것에는 말이다.

cf] No matter if I am in Seoul. 시동=아무런 차이[문제]가 없어요, -- -- .

No matter the result, Sunday's national referendum won't solve the Greece crisis.

시동=아무런 차이가 없다. 그 결과가 무엇이든[=The result whatever, ---- .]

↳ **문맥** associate

H.. You can't /camp //anywhere you like /// these days.

영뇌=기→ 설 ⇒ 소전설 ⇨ 대전설 : BEis-Os

말=AnyWHEre=애니웨어=double slide F | Free 감주+我必 Free 감주 간직하기

시동= -- 어떠한 곳에서도/어떠한 곳을 네가 좋아해도 요즘은 말이다.

: **대명접속사+서술문장 ∴ 종속접속사=목적어+접속기능**

/ -- 어떠한 곳에서도 네가 좋아하는 곳이 있어도/어떤 곳이든 네가 좋아하는 곳이 되도 -- .

: **대명접속사+관계문장 ∴ 종속접속사=선행사/목적어+접속기능**

대명사로서 서술문장일 때는 목적어로 작동하고, 관계문장일 때는 선행사와 목적어로 작동하면서, 최종적으로 자기문장을 주절에 접속시키는 접속사

[=at anyplace which/that you like]

anywhere=부정장소 양보강조 종맥으로서 어떠한 곳에서도

[any: 부정 양보강조 where: 장소/곳]

연설뇌로 작동시키면

H-E.. You can't /camp /anywhere you like // these days.

영뇌=기→ 설→ 설′ ⇨ 전설 : BEis-Os

시동=여러분들은 할 수 없어요, 캠프하는 것인데, 어떠한 곳에서도 여러분들이 좋아하는 곳이 있어도, 요즘은 말이다.

I.. Sit /anywhere /you like.

영뇌=기→ 설→ 설′ : BEis-Os | Free 감주+我必 Free 감주 간직하기

말=AnyWHEre=애니웨어=double slide F

시동=앉아라, 어떠한 곳이든(지) 네가 좋아하는 곳이면(곳으로) 말이다.

: **대명접속사+관계문장 ∴ 종속접속사=선행사/목적어+접속기능**

anywhere=부정장소 지정강조 종맥으로서 어떠한 곳이든 -- 하는 곳이면

[any: 부정 지정강조 where: 장소/곳]

⇨ anywhere=**부정장소 양보강조/지정강조 종맥**

연결설명어 영뇌

J.. His cats /follow /him //everywhere he goes.

영뇌=기→ 설→ 설′ ⇨ 전설 : BEis-Os | Free 감주+我必 Free 감주 간직하기

말=EveryWHEre=애버리웨어=double slide F

시동= -- 따라 다녀요, 그를 곳마다 그가 가는 곳마다 말이다.

: **명사접속사+관계문장** ∴ **종속접속사=선행사+접속기능**

원어민들이 콤머를 찍지 않는 이유를 알라. 종속접속사는 콤머불관 연결설명어이기 때문이다. **cf]** Everywhere Jenny goes, she' s mistaken.

연설뇌로 작동시키면 종속접속사의 대명사 설가

J-E.. His cats follow /him /everywhere /he goes.

영뇌=기→ 설→ 설′→ 설″ : BEis-Os

everywhere=접속기능+선행사
he goes=관계문장

시동= -- 따라 다녀요, 그를 곳마다 그가 가는 곳마다 말이다.

everywhere=장소 매 강조 종맥으로서 곳마다 -- 곳마다
[every: 마다마다 where: 장소/곳]

K.. No matter ///what you may have, //it is /mine.

영뇌=대전설 ⇨ 소전설 ⇒ 기→ 설 : BEis-Os

말=WHAt=post점형/slide 주파수 | Free 감주+我必 Free 감주 간직하기

시동=아무런 문제[차이]가 없어요/아무런 영향을 받지 않아요, 무엇을 네가 해도, 가진다 해도 그것은 내 것이라는 데는 말이다 : **의대접속사+서술문장** ∴ **종속접속사=목적어+접속기능**

의문대명사로서 자기문장에서는 목적어 역할을 하면서 동시에 자기문장을 주절에 접속시키는 접속사이고, 최종적인 품사는 접속사이다. **의대접속사도 일종의 대명접속사이다.** 만약 구문법대로 의문대명사라면 자기문장을 주절에 접속시킬 수 없다. 의문대명사는 비연결설명어로 자신만 말할 뿐이지 접속능력이 없기 때문이다 : **구문법의 오류**

no matter=명사부사 -- 뒷부분 전체를 설명해주는 뇌
: to make no difference/should not affect something may=허가로서 양보
what=사물을 모르는 것, 즉 부지의문 종맥으로서 무엇[w: 부지[의문] 모습 t: thing(s)]
tip) "I may be delayed for a few minutes." "No matter." 전혀 문제가 없어요

L.. She follows /me //wherever I go.
영뇌=기→ 설 ⇒ 전설 : BEis-Os | Free 감주+我必 Free 감주 간직하기

시동= -- 어디든지 내가 가도 : **부사접속사(+서술문장)** ∴ 종속접속사=보조어+접속기능
/ -- 어디든지 -- 가는 곳마다 : **대명접속사(+관계문장)** ∴ 종속접속사=선행사+접속기능
/ -- 곳마다 내가 가는 곳마다 : **명사접속사(+관계문장)** ∴ 종속접속사=선행사+접속기능

연설뇌로 작동시키면 종속접속사의 대명사 설가
L-E.. She follows /me /wherever I go.
영뇌=기→ 설→ 설′ : BEis-Os

↗복품과 관계문장의 중요성을 알라.

tip)명사/대명사로서 연설이 되려면 s동사의 주기능이 되어야 한다.
그래서 여기서는 종속접속사로만 연설이 된다. 관계문장의 선행사가 된다고 해서 명사/대명사의 연설로 판단하면 안된다.

시동= -- 곳마다 내가 가는 곳마다
/ -- 어디든지 -- 가는 곳마다

tip)부사 접속사의미로 시동을 걸면 오역 :
Let's talk about <u>where</u> you live. Can your describe and explain your neighborhood.

관련해서 어디에 네가 사는지에 관련해서
↘주소로 묻는 걸로 오해
→ 관련해서 곳인데 네가 사는 곳과 관련해서
: 명사 접속사/대명 접속사
/관련해서 어디냐 하면 네가 사는 곳과 관련해서
※describe/explain 분명히/쉽게 설명하는 것

M.. She follows /me //no matter where I go.
영뇌=기→ 설 ⇨ 전설 : BEis-Os | Free 감주+我必 Free 감주 간직하기
where=부지장소 종맥

시동= -- 따라 다니는 데 나를 따라 다니는 데는 아무런 문제가 없다고 한다/아무런 영향을 받지 않는다고 한다. 어디를 내가 가도 말이다.

: 의부접속사+서술문장
∴ 종속접속사=보조어+접속기능
-- 자기문장과의 관계에서는 의문부사 역할을 하면서 최종적으로는 주절에 접속시키는 접속사

vs m.. I don't know / [//] where /she is.

영뇌=기→ 설→ 설′ or 기→ 설 ⇨ 전설→ 설′ : BEis-Os

시동=나는 모른다. 곳[처자 處者], 그 여자가 있는 곳을 말이다.[=the place which]

: **명사+관계문장 또는 명사접속사+관계문장** | Free 감주+我必 Free 감주 간직하기

/나는 모른다. 어디냐 하면 그 여자가 있는 곳을 말이다.

: **대명사+관계문장 또는 대명접속사+관계문장** [=the place which]

tip) 명사/대명사로만 연설이 되려면 s동사의 주기능도 되어야 한다. 주기능이 안될 때 관계문장을 접속시킬 필요가 있다. 그래서 종속접속사가 필요한 것이다.

: He was born where she liked. : **명사/대명 접속사**

cf] I don't know what you like. [=the thing which=that which]

시동=무엇을 네가 좋아하는 지말이다 : **의문대명사+서술문장**

/무엇이냐 하면 네가 좋아하는 것을 말이다 : **대명사/대명접속사+관계문장**

/ -- 어디에 그 여자가 있는 지 말이다 : **의문부사+서술문장**

cf]종속절=종속접속사+서술문장=비제한적 연결영뇌 -- 서술문장 자체는 서술적 영뇌이나, 종속절과 명(대)동형문과의 관계에서는 연결설명어로서 **비제한적 연결영뇌**가 된다.

≠의문사+서술문장=서술적 영뇌

-- 의문사, 즉 의문대명사/의문부사는 비연결설명어이기 때문에 전체적으로 **서술적 영뇌**가 된다.

종속절=종속접속사+관계문장=비제한적 연결영뇌 -- 관계문장 자체는 제한적 연결영뇌이나, 종속절과 명(대)동형문과의 관계에서는 연결설명어로서 **비제한적 연결영뇌**가 된다. (단 동격제외)

명사/대명사(+관계문장)일 경우

=명사/대명사로서 관계문장의 선행사가 되면서 s동사의 목적어, 자기문장 동사의 보어로서 양쪽 기능을 한다. 하지만 **의문부사일 경우** 자기문장만 관계하면서 본동사의 목적절이 된다. 즉, 의문부사의 설명을 받아 'where she is'가 목적절 역할을 하는 것이다.

명사/대명 접속사(+관계문장)일 경우

=명사/대명사로서 s동사의 목적어가 되면서 관계문장의 선행사와 보어가 되고, 최종적으로 **자기 문장, 즉 자기 관계문장**을 앞문장에 접속시켜 설명해 나가는 접속사

∴ **종속접속사=목적어/선행사/보어+접속기능**

☜.. 이해는 최종적으로 단어의 최종적인 뜻인 감주로 이해한다.

4) 종속접속사 영뇌와 등위접속사 영뇌

□ **종속접속사**

=종맥으로 주절을 종속시키거나 주절에 종속되는 **연결 설명어** (후자=that/if/whether)

vs **등위접속사**=순서대로 등맥, 즉 같은 비중으로 설명해 나가는 **등맥 설명어**

그래서 전자는 위치가 자유롭지만, 후자는 위치가 자유롭지 못하다.
등맥과 종맥을 알아야 단어의 뜻을 정확하게 파악할 수 있고, 표현, 특히 말도 자유롭게 구사할 수 있다.

before /after /though /while /as
=종속접속사 /등위접속사
— 접속사일 경우 종맥과 등맥 두 가지 뜻으로 두뇌가 작동

A. **before 영뇌** =먼저 움직이는 것으로서

먼저하는 것[전에 하는 것/미리하는 것] /후종맥 실체로서 후자 -- 전에 : **종맥**

//먼저 움직이는 것으로서 먼저하고 나중에 하는 것 : **등맥**

[f: forward 미리/전 o: 움직이는 것 or b: a다음 글자, 즉 뒤에 일어나는 것으로서 후자]

↘A before B=A : 전상 B : 후상

1.. You /go /before /he comes. =기→ 설 → 설′ → 설″ : BEis-Os

s동사를 종속접속사로 종속[구속]시키는 뇌로 작동

시동=가되 먼저 가고 그가 오기전에 말이다.

↗후자[before]할때 나중상황을 일으키는 실체가 보이면 된다 : S영뇌

or You /go //before /he comes. =기→ 설 ⇨ 전설→ 설′ : BEis-Os

주절을 종맥으로 종속[구속]시키는 뇌로 작동

시동=네가 가라, 전에[후자] 그가 오기전에 말이다.

vs .. His birth mother /died | before | he /married.

영뇌=기→ 설 ⇨ 등전설 ⇨ 기→ 설 : BEis-Os

그냥 비중이 같게 순서대로 일어나는 일로 두뇌가 작동

시동=그의 본 엄마가 죽었는데 먼저 죽었고, 나중에 그가 결혼했어요.

↘before할때 시기전후 등맥상황이 보이면 된다 : S영뇌

vs .. His birth mother /died //before /he married.

영뇌=기→ 설 ⇨ 전설→ 설′ : BEis-Os

주절을 종속시키는 뇌로 작동, 즉 주절은 전에 일어난 일이라고 종속[구속]시키는 뇌로 작동시킨다.

시동=자기 본 엄마는 죽었어요, 전에[후자] 자기가 결혼하기 전에 말이다.

※birth mother=natural mother=real mother

⇨ Before he married, his birth mother died.

or His birth mother, before he married, died.

-- 종속 접속사 영뇌일 경우 자기가 종속시키고자 하는 곳에 놓으면 된다.

즉 명(대), 동, 형, 문에 연결시켜 설명해 나가거나 설명해 주는 뇌로 작동시키면 된다.

2.. Two years before /the war broke out, //he was /born.

영뇌=전설→ 설′ ⇨ 기→ 설 : BEis-Os

two years 명사부사의 설명을 받아 접속시키는 뇌

before=앞뒤말에 영향이 미치는 종맥뇌 : 전인데 -- 하기 전

시동=2년전인데 (후자) 전쟁이 발생하기 2년 전에 ------ .

cf] He had married two years before.

(before=adv. 그로부터 -- 전 ago=adv. 현재로부터 -- 전)

B. after 영뇌

=뒤에 일어나는 것으로서 후[뒤]에 하는 것 /선종맥 실체로서 전자 -- 한 후에 : **종맥**

//뒤에 일어나는 것으로서 나중에[뒤에] 하고, -- 가 먼저[그전에] 하는 것 : **등맥**

[f: following 뒤따라 가는 것으로서 뒤에 일어나는 것

or a: 먼저 글자, 즉 먼저 일어나는 것으로서 전자]

↘A after B=A : 후상 B : 전상

1.. You /go /after /he comes. =기→ 설 → 설′→ 설″ : BEis-Os

s동사를 종속접속사로 종속[구속]시키는 뇌로 작동

시동=가되 뒤에 가고 그가 온 후에 말이다.

or You /go //after /he comes.=기→ 설 ⇨ 전설→ 설′ : BEis-Os

주절을 종맥으로 종속[구속]시키는 뇌로 작동

시동=네가 가되, 후에[전자] 그가 온 후에 말이다.

↘전자[after]할때 먼저상황을 일으키는 실체가 보이면 된다 : S영뇌

↗after할때 시기후전 등맥상황이 보이면 된다 : S영뇌

vs.. His birth mother /died | after | he /married.

영뇌=기→ 설 ⇒ 등전설 ⇒ 기→ 설 : BEis–Os

그냥 비중이 같게 순서대로 시기전후 일로 작동시키는 뇌

시동=그의 본 엄마는 죽었는데 나중에/뒤에 죽었고, 그 전에 그가 결혼했어요.

vs .. His birth mother /died //after /he married.

영뇌=기→ 설 ⇨ 전설→ 설′ : BEis–Os

주절을 종속시키는 뇌로 작동, 즉 주절은 후에 일어난 일이라고 종속[구속]시키는 뇌로 작동시킨다.

시동=자기 본엄마는 죽었어요, 후에[전자] 자기가 결혼한 후에 말이다.

or His birth mother /died /after /he married.

영뇌=기→ 설 → 설′→ 설″ : BEis–Os ⇒ 동사를 종속시키는 뇌로 작동

시동=자기 본엄마는 죽었는 데 뒤에 죽었고, 하고나서 자기가 결혼하고 나서 말이다.

⇨ After he married, his birth mother died.

or His birth mother, after he married, died.

종맥은 자기가 종속시키고자 하는 곳에 놓으면 된다(**뒷문장 종속 /명사 종속**)

C. though[also, although] 영뇌

1.. Though[Although] /it rained a lot, //they enjoyed /their holidays.

영뇌=전설→ 설′ ⇨ 기→ 설 : BEis–Os

시동=비록[정말로 비록] /양자[정말로 양자] 날씨가 비가 많이 왔다할지라도

↘**양자[though]할때 양보상황을 일으키는 실체가 보이면 된다 : S영뇌**

though/although=반대양보 종맥과 그 실체[강조 〃]로서 비록[양자]/정말로 비록[양자] -- 이다 할지라도

[h: however 하지만 o: 양보 al: all 강조 그래서 even though=although]

↳even although는 없다

vs .. His English has /improved greatly, | though | he should /continue /to attend /classes.

↘**though할때 지정반대 등맥상황이 보이면 된다 : S영뇌**

영뇌=기→ 설 ⇒ 등전설 ⇒ 기→ 설→ 설′→ 설″ : BEis–Os

시동=그의 영어는 가지고 있어요, 향상된 것, 크게 향상 된 것을 말이다. 그렇지만 그로 하여금 발생시키는 게 좋을 것같다. 계속해서 참석하는 것인데 수업에 말이다.

***should=사발생 정생각**

though=**지정**반대 양보등맥으로서 그렇지만/그래도 [th: the + h: however]

although (**강조 등맥**)=정말로[설사/설령] 그렇지만/그러하지만

[al: all 강조 th: the + h: however]

D. while 영뇌

1.. I got /malaria //while /I was traveling in Africa.

영뇌=기→ 설 ⇨ 전설→ 설′ : BEis-Os

↘간자[while]할때 사이상황을 일으키는 실체가 보이면 된다 : S영뇌

while=사이행위 종맥과 그 실체로서 (그러던) 사이/간자 -- 하는 사이

//(이렇게) 하는 동안/간자 -- 하는 동안

[w〉∨: 사이모습 /between h: 행위/behavior]

tip)사이 대상을 의미하는 between '간자'와 다르다.

vs .. He loves /his daughter, | while | his wife hates /her.

영뇌=기→ 설 ⇨ 등전설 ⇨ 기→ 설 ↘while할때 화제전환 등맥상황이 보이면 된다 : S영뇌

while=사이시간으로서 잠시, 잠시 화제를 돌리는 등맥으로서

한편/다른 한편/그런데(=whereas)

[w〉∨: 사이시간 (모습) /between] cf] It would take a while. : **명사부사**

tip)While the Nolan Credit Union parking area is now open to the public, a section has been reserved for credit union employees. : **종속접속사**=한편 -- 이지만

등맥설명어=앞으로 이동 불가 ∵ 등맥

※the Nolan Credit Union 놀란 신용협동조합

E. as 영뇌

1.. She /slipped //as /she was getting off the bus.

영뇌=기→ 설 ⇨ 전설→ 설′ ↘동시자[as]할때 동시상황을 일으키는 실체가 보이면 된다 : S영뇌

as=동급으로서 동시상황, 동시상황 종맥과 그 실체로서 하면서/동시자 -- 하면서

↳하면서/동시자 그녀가 하면서 즉 움직여 내려오면서

vs .. Japan's economy /stagnates | as | production /slows.

영뇌=기→ 설 ⇨ 등전설 ⇨ 기→ 설 : BEis-Os

as=동급으로서 동시상황, 동시상황 등맥으로서 -- 동시에/아울러/뿐만이 아니라

↘as할때 동시상황 등맥상황이 보이면 된다 : S영뇌

F. but 영뇌

1.. He would /have won easily, //but /he fell and broke his leg.

영뇌=기→ 설 ⇨ 전설→ 설′ : BEis-Os

but=반대부정 종맥과 그 실체로서

-- 그러나/반부자(反不者) 그가 하지 않았더라면, (넘어져 부러뜨리지 않았더라면)

↘반부자[but]할때 반대부정 상황을 일으키는 실체가 보이면 된다 : S영뇌

: **종맥뇌** [b: 반대 ut: not] fell/broke=과거 속에서의 의미과성립
종맥뇌일 경우 **문두 전설뇌, 문중 대설뇌** 작동도 가능하다.
1-E.. But he fell and broke his leg, he would have won easily.
or He, but he fell and broke his leg, would have won easily.
: 대명사 설가

vs .. He would /have won easily, |but | he fell and broke /his leg.
영뇌=기→ 설 ⇒ 등전설 ⇒ 기→ 설 ↘but할때 반대[차이] 등맥상황이 보이면 된다 : S영뇌
but=반대[차이] 등맥으로서 -- 그러나[하지만] (넘어져서 부르뜨렸지 뭐람)
[b: 반대 t〉d: different] : **등맥뇌**

2.. But he <u>were</u> dead, yet shall he live. (New Testament) [=although]
반대양보 종맥과 그 실체로서 주절전체를 설명해 주는 뇌로 작동시킴
[b: 반대 t: though]

↗반양자[but]할때 반대양보 상황을 일으키는 실체가 보이면 된다 : S영뇌
시동=하지만/반양자(反讓者) 그가 되었다고 할지라도, 즉 죽었다고 할지라도 하지만 아직도 틀림없이 발생할 것이다. 그에게 살아 있다는 게 말이다.
-- 영원히 죽지 않는다는 뜻

but의 **종맥뇌**=고어에서 많이 발견 were=**과거 속에서의 의미과성립**
be**동사의 의미과성립=인칭에 관계없이** were **사용** ⇒ formal E or StE

↗반부해자[but for]할때 반대부정과 해당 대상이 보이면 된다 : S영뇌
cf] But for my father's pension, we would starve.
시동=하지만/반부자(反不者), 즉[반부해자(反不該者)] 나의 아버지의 연금이 없다면/없었다면, 우리는 <u>할 것같다</u>. 즉 굶어 죽을 것 같다/<u>했을 것이다[했을텐데</u>], 즉 굶어 죽었을 것이다[텐데].
-- would=정생각/과생각/의미과성립
↘여기서 만약 과생각과 의미과성립을 완료형으로 표현 ⇒ 더 구체적이고 분명한 메시지

plus-1

IIIII .. I will go, **provided/providing (that)** you go too.
⇒ 관계과분사/관계현분사 (+종속접속사/종속문장)
시동=나도 할 것이다. 가는 것인데, 주어진다면/준다면 (즉) 네에게 가는 것이 역시 말이다.

⇒ 전치사와 종속접속사 영뇌로 작동시키면
: on condition that (상에 조건상에 있다면 즉)

plus-2 일반부사는 기본어가 될 수 없다.

일반적으로 동족끼리가 아니면 일반부사(단, 전치사부사/관계부사 제외)는 기본어가 될 수 없다. 오로지 설명해 주거나 설명해 나가는 뇌로 작동한다.

IIIII .. Even if /you take /a taxi, //you'll /still miss /your train.

영뇌=전설→ 설′→ 설″ ⇨ 기→ 설→ 설′ : BEis-Os

➧ even은 if를 설명해 주는 말이고, if는 even의 설명을 받아, 뒷말 전체를 설명해 주는 뇌로 작동한다.

시동=확실히/설령/정말로 만약에[약자] 네가 잡는다 할지라도 택시를 말이다, 그래도 너는 할 것이다. 여전히 놓칠 것인데 너의 열차를 말이다.

plus-3 의형 종속접속사

IIIII .. Whichever method /you choose, //you' re /right.

영뇌=전설→ 설′ ⇨ 기→ 설 : BEis-Os 시동=어느 방법을 네가 선택해도 너는 맞다.

뒷말과의 관계에서는 의문형용사 역할을 하면서 최종적으로는 자기문장을 주절에 접속시키는 접속사로서 일종의 복합품사이다.

plus-4 whether와 if의 차이

전자 BNW=**부정 선택/부정 확인** : 어떻게 해도/어느 것인지/어떤 것인지

후자 BNW=**그냥 서술 확인** : 인지/있는지

① 「whether or not」구문은 쓸 수 있지만 「if or not」구문은 써지지 않는다.

∵ 전자는 이언등맥과 의율이 되지만 후자는 의율이 안되기 때문이다. 즉 or의 이언등맥, 즉 다시말해도[달리 말하면]의 뜻도 서술의미이기 때문에 서로 충돌이 일어나기 때문이다.

a.. I don't care whether or not your car breaks down. (○)

: not=**부사로서 뒷문장 설주 전설**

시동=어떻게 해도 다시말해 안되어도 당신 차가 고장이 나서 다운되는 게 안되어도 말이다.

b.. I don't care if or not your car breaks down. (×)

vs a.. I couldn' t remember if you took sugar in your coffee or not.

시동=있었는지, 네가 탄 일이 있었는지

b.. Do you know if/whether she' s coming? 시동= 인지/어떤 것인지 -- 즉 올 것인지

② whether는 주어가 될 수 있지만 if는 주어로 못 쓴다. ∵ 서술 확인

a.. Whether it rains or not doesn't concern me. (○)

b.. If it rains or not doesn't concern me. (×)

③ whether는 to부정사 설가뇌, 전치사 또는 preparatory 'it' 설가뇌로 사용
['not' if ∵ 서술 확인]

a.. The question is whether to go or stay. : 대명사 설가

b.. It depends on whether he's ready or not. : 대명접속사/대명사=전치사 목적어+접속기능/관계문장

c.. It's your decision whether you go or stay.
: 대명접속사=일종의 분리동격으로 설명해 나가는 뇌

↗ 문맥에 따라 if, though, -- 등등 대용

plus-5 **도치 의미원성립/의미과성립/정생각 — 종사대용 의미**

A.. **Find she a four-leaf clover, she'll have good luck.** find=찾는 것이 이루어 지면/찾는 다면
: 도치 의미원성립
-- 하생각이 도치되면 접속상상 의미가 된다.

B.. **Were the government to cut Value Added Tax, prices would fall.**
were=지금 이루어 졌으면/지금 되었으면
: 도치 의미과성립
-- 하생각이 도치되면 접속상상 의미가 된다.

C.. **Could I conquer Englis, I can fly to you.** could=지금 할 수만 있었다면 : 도치 의미과성립

D.. **"Should you be interested in our offer, contact us."**
should=정생각으로 공손한 뜻 -- 하신다면
: 도치 정생각 -- 정생각이 도치되면 접속생각 의미가 된다.

plus-6 대명사/명사 속에 선대의미가 들어 있으면 **선대대명사, 선대명사**라 하고, 여기에 다시 접속의미[접속기능]가 들어가면 **선대 대명접속사 또는 선대 명사접속사**라 한다.

A.. This is what you like.
시동=이것은 무엇이냐 하면 네가 좋아하는 것이다. [=the thing which]
: (선대) 대명사 (+관계문장) 또는 (선대) 대명접속사(+관계문장)
여기서 **종속접속사**=보어/선행사/목적어+접속기능

B.. This is where you like. [=the place which]
시동=이곳은 어디냐 하면 네가 좋아하는 곳이다 : (선대) 대명사 (+관계문장)
/이곳은 장소인데 네가 좋아하는 장소이다 : (선대) 명사 (+관계문장)
또는 (선대) 대명/명사 접속사(+관계문장)
여기서 **종속접속사**=보어/선행사/목적어+접속기능

C.. This is when you like. [=the time which]
시동=이번이 언제냐 하면 네가 좋아하는 때이다 : (선대) 대명사 (+관계문장)
/이번이 때인데 네가 좋아하는 때이다 : (선대) 명사 (+관계문장)
또는 (선대) 대명/명사 접속사(+관계문장)
여기서 **종속접속사**=보어/선행사/목적어+접속기능

tip)as=대명접속사/부사접속사

: China is watching as Taiwan votes on Saturday.
시동=중국은 있는데 주시하고 있다. 동자[다음과 같은 것, 즉] 타이완이 투표하는 것을 상자 토요일에 투표하는 것을 말이다. /동자[다음과 같은 것을 하기때문에, 즉] 타이완이 투표를 하기 때문에 상일 토요일에 말이다.

구문법의 모순] 윗 표현은 모두 같은 표현이다.
양쪽 주기능, 즉 is의 보어와 like의 목적어로서 같은 표현이고, 관계문장의 선행사로서 같은 표현이다. 그리고 모두 다 **뜻하는 의미**로 선대로 달리 표현할 수 있다. 그래서, what이 관계대명사라면 where/when도 넣었어야 했다. **이게 바로 구문법의 자기 모순이다.**
이때 Longman에서도 what은 관계대명사가 아니라고 분명히 말하고 있다. 따라서, what은 그냥 대명사 아니면 대명접속사이고, where/when도 그냥 대명사[명사] 아니면 대명[명사] 접속사이다. 다만 이들 단어 속에 뜻하는 의미로 선대의미가 들어 있을 뿐이다.

그리고 이럴 때 많은 참고서들은 명사/대명사인지 접속사인지 정확하게 구분하지 못하여 관계대명사 또는 관계부사 편에 넣거나 접속사 편에 넣는 사람도 있다. 웃지못할 상황은 관계부사 편에 넣어 where/when을 '선행사+관계부사' 로 전환시키고 있다는 것이다. 분명히 잘못된 것이다. 주기능을 하면 선대로 호환시켜야 할 것이다.

tip) 7대 기본품사와 기능 -- 명동형부접대전 ☞ **영뇌영어 vol 2 p99**
품사기능=주기능 /보조기능 /접속기능 /서술기능 **기타**: 수식기능

① **주기능**=주어/목적어/보어 : 명사[대명사] /동명사[to부정사] /형용사 /종속 접속사(↗명사절) /전치사
② **보조기능**=보조어 : 부사 /종속 접속사[부사절] /전치사
③ **접속기능**=접속어: 접속사 ④ **서술기능**=서술어: 동사
⑤ **수식기능**=수식어: 형용사/전치사(형용사구)
⇒ **접속사**=종속접속사/등위접속사 -- 종속접속사=복합품사이기 때문에 주기능과 보조기능 가능
전자=주기능/보조기능/선행사+접속기능 -- 종속접속사는 선행사되고 접속사도 된다.

IIIII **종속접속사** -- 복합품사로서 동격을 제외하고 명(대)동형문과의 관계에서는 비제한적 연결영뇌
= **부사접속사** [명부접속사/의부접속사 포함]
/**명사접속사** [선대/선부 명사접속사 포함]
/**대명접속사** [의대접속사 //선대/선부 대명접속사 포함]

관계문장 선행사 또는 주기능
↗ 이때 **속품사**=명사/대명사는

□ **앞부분 명칭**=자기문장과의 관계 또는 s동사와의 관계에서 작용하는 품사
□ **뒷부분 명칭**=명[대], 동, 형, 문, 종에 자기문장을 최종적으로 접속시키는 품사
그래서 최종적인 역할만 보면 모두 접속사이다.
사전에서는 최종적인 역할만 기록하고 있다.

⇨ **자기문장**=서술문장/관계문장
따라서, 종속절은 다음과 같이 표현되고, 전달 결과는 같다할지라도 뜻 표현이 달라진다.

종속절 구성= | **부사접속사 + 서술문장** ⇨ 부사 성격을 가지고 있는 접속사
| **명사접속사 + 서술문장/관계문장** ⇨ 명사 성격을 가지고 있는 접속사
| **대명접속사 + 서술문장/관계문장** ⇨ 대명사 성격을 가지고 있는 접속사

※ 그냥 명사/대명사와 달리 종속접속사는 복합품사이기 때문에 선행사도 되고 접속사도 된다.
또한 복합품사이기 때문에 주기능과 보조기능도 가능하다.

and more,

↙**제한적 연결영뇌** ↙**비제한적 연결영뇌**
문장 연결설명어=관계문장[RS NB] vs 종속문장[SS NB]
전자=노콤머 관계대명사/관계부사와 같고, 주기능 소유 관계문장과 주기능 비소유 관계문장
후자=종속접속사 that과 같음
: He said <u>he was a teacher</u>. He is so rich <u>he can buy the car</u>.

vs **서술문장**=비연결설명어로서 **서술적 영뇌** : 보통 단문문장과 같은 것
: He said. He was a teacher. He is so rich. He can buy the car.
↳할 수 있다.
<u>사는 것</u>인데 자동차를 말이다.

종속접속사+서술문장/관계문장=비제한적 연결영뇌
-- 동격제외, 명[대]동형문과의 관계에서 비제한적 연결영뇌
vs 의문사+서술문장=서술적 영뇌 cf]종사문장=서술문장/관계문장

□ 시동 '하는 것'
=① 연결설명어로서 '하는 것', 즉 제한적/비제한적 연결영뇌로서 '하는 것'
② 비연결설명어로서 '하는 것', 즉 서술적 영뇌로서 '하는 것'

tip)문장을 거느릴 수 있는 연결설명어=관계대명사/관계부사/종속접속사 vs 관계문장/종속문장=문장자체가 연결설명어
↳즉, 속문장

CONTENT INDEX

영뇌세포만들기

BAM 영뇌

F 영뇌

연결설명어 영뇌

관계대명사 영뇌

CONTENT INDEX

CONTENT INDEX

전치사 영뇌

종속접속사 영뇌

관계문장 영뇌

게리오웬의 기본영뇌 Vol. 1

지은이　Garryowen J. Rhee　표지 류지웅
발행처　NB English (앤비 잉글리쉬)　인쇄　BookTory

초판 발행　2015년 8월 15일　개정1판 발행　2018년 6월 11일
개정2판 발행　2019년 10월 11일　개정3판 발행　2023년 4월 25일

등 록　1999. 1. 28　No 4-120
전 화　031-285-3908
팩 스　031-285-3909
도메인　www.nbenglish.co.kr or www.genglish.com

정가　31,000원
종이책 ISBN　978-89-98825-41-6
전자책 ISBN　978-89-98825-46-1

Native Brain Books

..게리오웬의 영뇌서적 출간 순서

영뇌종합서
리딩, 청취, 영작,
특히 신문법과
구문법 병기

**영뇌
리딩
기본서**

**영뇌
리스닝 스피킹
기본서**

**단어영뇌
기본서**

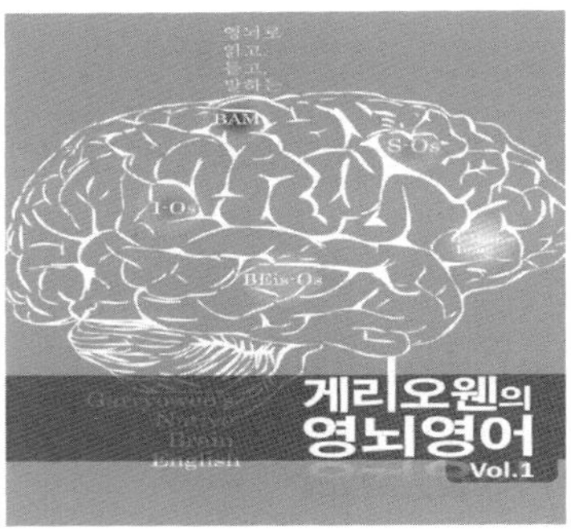

영뇌영어-종합완결편-
BEis영뇌 + IS영뇌
+ BAM영뇌 + F영뇌
+ Twenty Four 영뇌
+ *영뇌실전/영뇌리딩
(+수학리딩/영뇌요약)
+ 영뇌청취(+한글통역)
+ 영뇌말하기(+영어통역)
+ *영뇌쓰기

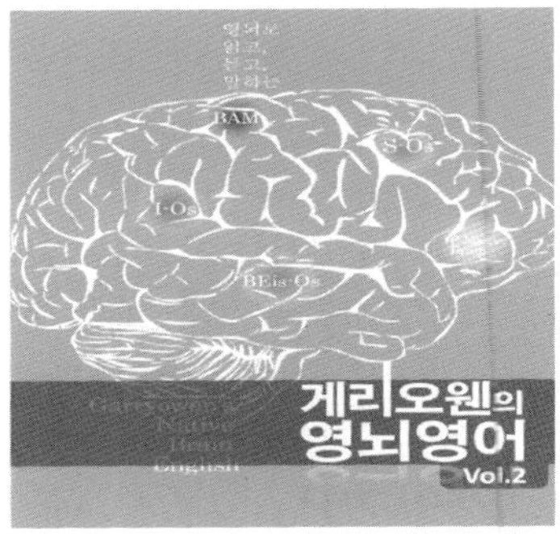

기본영뇌-기초편-
BEis영뇌 + IS영뇌
+ BAM영뇌 + F영뇌
+ Twenty Four 영뇌
+ *Free 영뇌
+ 영뇌청취/영뇌말하기